Nils Hoffmann

# Renaissance der Geopolitik?

Die deutsche Sicherheitspolitik nach dem Kalten Krieg

Springer VS

Nils Hoffmann
Bonn, Deutschland

Zgl. Dissertation an der Rheinischen Friedrich-Wilhelms-Universität Bonn, 2012

ISBN 978-3-531-19433-2          ISBN 978-3-531-19434-9 (eBook)
DOI 10.1007/978-3-531-19434-9

Die Deutsche Nationalbibliothek verzeichnet diese Publikation in der Deutschen National-
bibliografie; detaillierte bibliografische Daten sind im Internet über http://dnb.d-nb.de
abrufbar.

Springer VS
© VS Verlag für Sozialwissenschaften | Springer Fachmedien Wiesbaden 2012
Das Werk einschließlich aller seiner Teile ist urheberrechtlich geschützt. Jede Verwertung,
die nicht ausdrücklich vom Urheberrechtsgesetz zugelassen ist, bedarf der vorherigen Zustimmung des Verlags. Das gilt insbesondere für Vervielfältigungen, Bearbeitungen, Über-
setzungen, Mikroverfilmungen und die Einspeicherung und Verarbeitung in elektronischen
Systemen.

Die Wiedergabe von Gebrauchsnamen, Handelsnamen, Warenbezeichnungen usw. in diesem
Werk berechtigt auch ohne besondere Kennzeichnung nicht zu der Annahme, dass solche
Namen im Sinne der Warenzeichen- und Markenschutz-Gesetzgebung als frei zu
betrachten wären und daher von jedermann benutzt werden dürften.

*Einbandentwurf*: KünkelLopka GmbH, Heidelberg

Gedruckt auf säurefreiem und chlorfrei gebleichtem Papier

Springer VS ist eine Marke von Springer DE. Springer DE ist Teil der Fachverlagsgruppe
Springer Science+Business Media
www.springer-vs.de

# Danksagung

Die vorliegende Studie ist eine geringfügig überarbeitete Fassung meiner Dissertation, die ich im Jahr 2011 an der Philosophischen Fakultät der Rheinischen Friedrich-Wilhelms Universität Bonn einreichte. Zu einem besonderen Dank bin ich dem Betreuer der vorliegenden Arbeit, Professor Dr. Christian Hacke, verpflichtet. Er betreute bereits meine im Jahr 2007 an der Universität Bonn vorgelegte Magisterarbeit. Im Verlauf meines Studiums an der Universität Bonn seit dem Jahr 2001 und an der Brandeis University im akademischen Jahr 2004-2005, während der Examensphase und der anschließenden Promotionsphase war er stets ein bereitwilliger Ansprechpartner, der mein Studium mit seinen scharfsinnigen, oft humorvollen, stets hilfreichen Ratschlägen bereicherte. Herzlich danken möchte ich ferner Professor Dr. Tilman Mayer, der sich spontan bereiterklärte, als Zweitgutachter der vorliegenden Arbeit zur Verfügung zu stehen.

Die ersten Anregungen für eine Arbeit über die Geopolitik erhielt ich im Studienjahr 2004-2005 von Robert Art, Professor für Internationale Beziehungen an der Brandeis University in Waltham bei Boston, USA. In seinem Kurs über *American Foreign Policy* behandelten wir die klassischen angelsächsischen Geopolitiker, Mackinder, Spykman und die amerikanische Politik gegenüber Europa in der ersten Hälfte des 20. Jahrhunderts. Mit Robert Arts ausgesprochener Leidenschaft für geopolitische Themen, die ich in den folgenden Jahren in einigen Gesprächen mit ihm teilen konnte, begann auch mein Interesse für die Geopolitik. Es mündet nun in eine Untersuchung zu den Zusammenhängen zwischen Geopolitik und deutscher Sicherheitspolitik. Robert Art danke ich für seine Anregungen, die am Beginn meiner eigenen Beschäftigung mit der Thematik standen.

Unzählige Personen haben die Entstehung dieser Arbeit begleitet. Mit ihren Einsichten trugen Vizeadmiral a.D. Ulrich Weisser, Dr. Heinz Brill, Dr. Friedemann Müller, Dr. Frank Umbach, Dr. Stefan Meister, Marcel Viëtor, Oberst i.G. Ralph Thiele sowie weitere Gesprächspartner zur Entstehung dieser Arbeit bei. Herzlich danke ich dem damaligen Leiter des Planungsstabs im Auswärtigen Amt, Dr. Markus Ederer, für ein informatives Hintergrundgespräch zu der Thematik, das wir im Juli 2010 in Berlin führen konnten. Den Mitarbeiterinnen und Mitarbeitern der Bibliothek der Deutschen Gesellschaft für Auswärtige Politik in Berlin danke ich für die Unterstützung während meiner Aufenthalte bei der

DGAP in Berlin sowie bei der Literaturrecherche. Danken möchte ich ferner Bärbel Rodenbüsch für Ihre hilfreichen Anmerkungen sowie Anette Villnow für die verlegerische Betreuung.

Mit der Landtagsabgeordneten Astrid Schmitt, bei der ich parallel zu der Arbeit an meiner Dissertation einen Einblick in den politischen Alltag gewinnen konnte, verbindet mich eine gute Zusammenarbeit über mehr als zwei Jahre und einige Höhen und Tiefen des politischen Geschäfts hinweg. Sie gewährte mir den nötigen Freiraum, um die Dissertation fertig stellen zu können.

Ein besonderer Dank gilt schließlich meiner Familie. Ohne die Unterstützung meines Vaters Dieter Hoffmann und seiner Partnerin Sybille Dethof und ohne die Aufmunterungen meiner Schwester Anna Lisa wäre die Erstellung der vorliegenden Arbeit nicht möglich gewesen. Schließlich gebührt ein Dank – und zugleich eine Entschuldigung für mein wiederholtes ‚Abtauchen' in die Geopolitik – meiner Freundin Nadine Billgen. Sie fand stets die richtigen Momente, mich vom wissenschaftlichen Arbeiten abzulenken.

Bonn, im März 2012                                                         Nils Hoffmann

# Inhaltsverzeichnis

**1 Zur Einführung** ........................................................................... 11

1.1 Problemstellung, Leitfragen und Methode der Arbeit ..................... 11

1.2 Aufbau der Arbeit ........................................................................ 17

1.3 Anmerkungen zum Forschungsstand ............................................ 21

**2 Eine theoretische Einbettung** ...................................................... 25

2.1 Die Genese des geopolitischen Denkens im 20. Jahrhundert............... 25
2.1.1 Ursprünge der Geopolitik .................................................... 26
2.1.2 Die deutsche Schule und ihr schwieriges Erbe ........................ 29
2.1.3 Die angelsächsische geopolitische Tradition und die
Entwicklung eines modernen Verständnisses von Geopolitik ............. 34
2.1.4 Die Vielfalt der geopolitischen Ansätze ................................ 40

2.2 Zur definitorischen Klärung der Grundbegriffe ............................ 43
2.2.1 Geopolitik: Praktisches geopolitisches Handeln und dessen
wesenseigene Kriterien ............................................................... 43
2.2.2 Geopolitische Interessen ...................................................... 50
2.2.3 Geopolitische Herausforderungen ......................................... 53
2.2.4 Geopolitische Codes ........................................................... 53

**3 ‚Renaissance der Geopolitik' in der wissenschaftlichen
Debatte nach 1990?** ....................................................................... 55

3.1 Die Debatte um Kontinuität und Wandel der deutschen Außen- und
Sicherheitspolitik ....................................................................... 57

3.2 Ansätze einer geopolitischen Debatte im
wiedervereinigten Deutschland.................................................... 65

**4 Geopolitik und die Neuausrichtung der deutschen Sicherheitspolitik: Die konzeptionellen Grundlagen**........................................................... **81**

4.1 Vorbemerkungen ............................................................... 81
4.1.1 Wirkweisen der Geopolitik bei der Politikformulierung: Die methodischen Grundlagen einer Analyse der praktischen Sicherheitspolitik ................................................ 81
4.1.2 Neue Rahmenbedingungen für die deutsche Außen- und Sicherheitspolitik ............................................................ 86

4.2 Die Lageanalyse in außen- und sicherheitspolitischen Grundsatzreden und -dokumenten seit der Wiedervereinigung ............ 95
4.2.1 ‚Mittellage' im ‚Stabilitätsraum Europa' .............................. 95
4.2.2 Internationale Umbrüche als geopolitische Herausforderungen: Instabilität als Triebkraft der neuen deutschen Sicherheitspolitik ...... 100

4.3 Der konzeptionelle Anspruch der neuen deutschen Sicherheitspolitik 108
4.3.1 Eine Antwort auf die geopolitischen Herausforderungen: ‚Stabilitätsexport' als Aufgabe der neuen deutschen Sicherheitspolitik .............................................................. 108
4.3.2 Zwischenfazit: Die Schaffung eines ‚erweiterten Stabilitätsraums' als konzeptionelle geopolitische Leitidee .............................. 120

**5 Geopolitik und die Neuausrichtung der deutschen Sicherheitspolitik: Stabilitätsexport in der politischen Praxis, 1991-1999**........................... **125**

5.1 Deutschland und die NATO-Osterweiterung, 1993-1997 .................. 127
5.1.1 Geopolitik von der Hardthöhe? Die Konzeption des Verteidigungsministeriums ................................................ 127
5.1.2 Aspekte der Implementierung I: Deutschland, die Vereinigten Staaten und die NATO-Osterweiterung ................. 141
5.1.3 Aspekte der Implementierung II: Spannungen innerhalb der Bundesregierung ........................................................ 146
5.1.4 Zur Einordnung: Geopolitik und die NATO-Osterweiterung ............ 152

5.2 Die Ausweitung der Interessenzone: Geopolitische Momente der deutschen Balkanpolitik, 1991-1999 ...................................... 154
5.2.1 Slowenien und Kroatien, 1991-1992: Deutsche Entscheidungsfindung zwischen strategischen, idealistischen und innenpolitischen Motiven .............................................. 155

5.2.2 Aspekte der deutschen Balkanpolitik, 1992-1999 ............... 164

5.2.3 Sicherheitspolitische Interessendefinition im Zuge des
Kosovo-Konflikts ............... 168

5.2.4 Deutsche Politik im Kosovo-Konflikt............... 179

5.2.5 Zur Einordnung: Geopolitische Überlegungen und die
deutsche Rolle auf dem Balkan............... 195

5.3 Ausweitung der geopolitischen Interessenzone und ,erweiterter
Stabilitätsraum': Jenseits des europäischen Kontinents? ............... 199

5.4 Zwischenfazit: Stabilitätsexport als Leitlinie der deutschen
Sicherheitspolitik? ............... 210

**6 Vor neuen Herausforderungen: Deutschland und die
Energie-Geopolitik, 2006-2009............... 217**

6.1 Energiepolitik ist Geopolitik: Energie als ,Machtwährung der
internationalen Beziehungen' ............... 217

6.1.1 Geographie: Energierohstoffe im Fokus............... 218

6.1.2 Interessen: Auswirkungen auf die Machtstruktur des
internationalen Systems ............... 223

6.1.3 Einflussnahme: Ressourcenwettläufe als Kennzeichen der
internationalen Energiepolitik............... 226

6.1.4 Zwischenfazit: Geopolitische Tendenzen auf dem Energiesektor ...... 228

6.2 Lange verschlafen, plötzlich entdeckt: Deutschland und die
geopolitische Dimension der Energiepolitik............... 230

6.2.1 Lange verschlafen: Deutschland und die Geopolitik des
Energiesektors im internationalen Vergleich............... 230

6.2.2 Plötzlich entdeckt: Deutschland und die
Geopolitik der Energieversorgung............... 236

6.3 Deutschlands energiepolitische Beziehungen zu Russland............... 248

6.3.1 Russlands Energiepolitik I: Staatliche Kontrolle
des russischen Energiesektors............... 248

6.3.2 Russlands Energiepolitik II: Russische
Energieaußenpolitik im postsowjetischen Raum ............... 254

6.3.3 Russlands Energiepolitik III: Die EU und Russland –
Symmetrische oder asymmetrische Partnerschaft?............... 261

6.3.4 Deutschland und die europäisch-russischen Energiebeziehungen:
Ein Überblick................................................................................... 269

6.3.5 Die Ostseegaspipeline.................................................................... 272

6.4 Deutsche und europäische Zentralasienpolitik............................ 280

6.4.1 Der Kontext: Die Vereinigten Staaten, China und Russland
im ‚Great Game' um die Energievorkommen Zentralasiens............. 280

6.4.2 Deutschland und Zentralasien: Rückkehr der Geopolitik?................ 290

6.4.3 Die Zentralasien-Strategie der EU.................................................. 296

6.4.4 Zentralasienpolitik im Zeichen des Great Game:
Die Nabucco-Pipeline..................................................................... 303

6.5 Zwischenfazit: Deutschland und die Energie-Geopolitik.............. 318

**Resümee und Ausblick: Geopolitik und deutsche Sicherheitspolitik
zwischen konzeptionellem Anspruch und praktischer Politik**............ 323

**Literaturverzeichnis**.................................................................... 331

# 1 Zur Einführung

## 1.1 Problemstellung, Leitfragen und Methode der Arbeit

Seit der deutschen Wiedervereinigung wird in Wissenschaft und Publizistik vermehrt die Auffassung geäußert, dass in der Bundesrepublik eine ‚Renaissance der Geopolitik'[1] zu beobachten sei. Geopolitisches Denken habe Einzug in die deutsche Wissenschaftslandschaft sowie in die Formulierung der praktischen Außen- und Sicherheitspolitik gehalten, so die wiederholt geäußerte These. Tatsächlich ist eine Zunahme geopolitischer Schriften und Argumentationszusammenhänge unübersehbar und selbst außenpolitische Praktiker argumentieren, dass die Bedeutung geopolitischer Zusammenhänge für die Formulierung der Außen- und Sicherheitspolitik zwischenzeitlich auch in Berlin nicht mehr in Frage gestellt werde.[2] Diese Beobachtungen gehen mit der Auffassung einher, dass die internationale Politik insgesamt von einer ‚Rückkehr der Geopolitik' gekennzeichnet sei: Machtpolitische Fragen, Interessenpolitik und geopolitische

---

[1] Siehe unter anderem Heinz Brill, „Geopolitik und deutsche Ostpolitik", in: WeltTrends Nr. 65, November/Dezember 2008, S. 33-46, Frank Herold, „Die Rückkehr der Geopolitik", in: Berliner Zeitung, 21. September 1999, Daniel Josten, Gibt es eine Renaissance der Geopolitik?, Norderstedt 2004, Heinz Magenheimer, „Renaissance der Geopolitik. Deutschland und Mitteleuropa 1890-1990", in: Österreichische militärische Zeitschrift 2/1991, S. 131-139, Jürgen Oßenbrügge, „Die neue Geopolitik und ihre Raumordnung", online unter http://www.geowiss.uni-hamburg.de/i-geogr/personal/ossenbruegge/polgeo/geopolitik_aktuell (Zugriff am 15. November 2010) und Interview mit Oberst i.G. Ralph Thiele, geführt am 27. Oktober 2010. Siehe ferner den wissenschaftlichen Ansatz bei dem deutschen Historiker Gregor Schöllgen, der als einer der profiliertesten Kenner der deutschen Außenpolitik gilt – und dessen Erklärungen des Untersuchungsgegenstands von geopolitischen Argumentationsmustern geprägt sind. So etwa Gregor Schöllgen, Angst vor der Macht. Die Deutschen und ihre Außenpolitik, Frankfurt am Main 1993. Siehe hierzu insbesondere Kapitel 3 in dieser Arbeit. Kritisch beschäftigen sich mit der Thematik Manfred Faßler, Johanna Will und Marita Zimmermann (Hrsg.), Gegen die Restauration der Geopolitik. Zum Verhältnis von Ethnie, Nation und Globalität (Schriftenreihe des Evangelischen Studienwerks Villigst Band 17), Gießen 1996.
[2] So die Einschätzung des deutschen Diplomaten Hans-Ulrich Seidt, „Brill, Heinz, Geopolitische Analysen", in: Die Erde. Zeitschrift der Gesellschaft für Erdkunde zu Berlin, 137. Jahrgang, 2006, Heft 1-2, S. 45-46, hier S. 46.

Dynamiken seien ein zentrales Kennzeichen des internationalen Staatensystems zu Beginn des 21. Jahrhunderts.[3]

Unter ‚Geopolitik' wird eine Methode der Sicherheitspolitik[4] verstanden, die maßgeblich auf geographische Faktoren gestützt ist, deren Grundlage eine dezidierte Raumorientierung ist und die geographische Zusammenhänge ins Zentrum ihrer Analysen und Überlegungen stellt.[5] Vor diesem Hintergrund ist die von Wissenschaft und Publizistik beobachtete ‚Renaissance der Geopolitik' gerade in der deutschen Sicherheitspolitik durchaus bemerkenswert – galt entsprechendes Raumdenken im Nachkriegsdeutschland doch lange Zeit als pseudowissenschaftliche Rechtfertigungslehre für die expansionistische Außenpolitik Nazi-Deutschlands und das Streben nach ‚Lebensraum' im Osten des Kontinents. Über Jahrzehnte nach dem Zweiten Weltkrieg war geopolitisches Denken in der Bundesrepublik diskreditiert. Geopolitik wurde in der Politikwissenschaft bis auf wenige Ausnahmen nicht thematisiert, war als konzeptionelle Richtschnur für außen- und sicherheitspolitisches Handeln geradezu verpönt. Man tat sich schwer mit dem belasteten Begriff und den damit verbundenen politischen Initiativen. Der ehemalige Außenminister Frank-Walter Steinmeier bekannte noch im Jahr 2010 anlässlich einer Rede zum Thema „Geopolitische Neuordnung", ihn habe beim Lesen des gewünschten Vortragstitels ein „kurzer Schreck"[6] durchfahren – lasse ihn der Verweis auf die Geopolitik doch an finstere Traditionen deutscher Außenpolitik denken.

Dennoch steht die wissenschaftliche Beobachtung im Raum, dass die deutsche Sicherheitspolitik von einer neuen Besinnung auf geopolitisches Handeln geprägt sei. In der Bundesrepublik werde vermehrt und unbefangener in entsprechenden Kategorien gedacht, das wiedervereinigte Deutschland verfolge im neuen internationalen Umfeld und befreit von den Abhängigkeiten des Kalten

---

[3] So argumentiert etwa Robert Kagan, Die Demokratie und ihre Feinde. Wer gestaltet die neue Weltordnung? (Bundeszentrale für politische Bildung Schriftenreihe Band 714), Bonn 2008.

[4] Sicherheitspolitik „dient dazu, dass die Gemeinschaft durch unmittelbare Verteidigung, aber auch weitergehend durch aktives Handeln und durch Gestalten der Umwelt so weit wie möglich drohenden Gefahren gewachsen und vor ihnen *geschützt* ist." Vgl. Stephan Böckenförde, „Die Veränderung des Sicherheitsverständnisses", in: ders. und Sven Bernhard Gareis (Hrsg.), Deutsche Sicherheitspolitik. Herausforderungen, Akteure und Prozesse, Opladen und Farmington Hills 2009, S. 11-44, hier S. 12 (Hervorhebung im Original).

[5] Im Verlauf der Analyse werden die arbeitsrelevanten Begriffe detailliert erörtert und definiert. Siehe hierzu Kapitel 2.2 in dieser Arbeit.

[6] Frank-Walter Steinmeier, „‚Geopolitische Neuordnung', Rede an der Helmut Schmidt-Universität Hamburg am 28.4.2010", online unter http://www.spdfraktion.de/cnt/rs/rs_dok/0,,51969,00.html (Zugriff am 15. November 2010).

12

Krieges eigenständige geopolitische Ansätze und geopolitische Interessen, so die These außenpolitischer Beobachter.[7]

Dies wirft Fragen auf, denen für eine Bewertung der deutschen Sicherheitspolitik eine herausgehobene Bedeutung zukommt: Fragen zunächst nach dem Wesen der Geopolitik und nach deren Relevanz in einer von der Globalisierung und dem scheinbaren ,Verschwinden des Raumes' geprägten Zeit, nach dem schwierigen historischen Erbe der Geopolitik in Deutschland – insbesondere aber nach dem geopolitischen Gehalt der deutschen Sicherheitspolitik, mithin also nach dem Einfluss geopolitischer Überlegungen auf die Formulierung der zeitgenössischen deutschen Sicherheitspolitik. Wie also steht es um den Zusammenhang von geopolitischen Überlegungen und deutscher Sicherheitspolitik? Diese Frage steht am Beginn der Untersuchung, sie ist deren Ausgangspunkt. Eine entsprechende Untersuchung ist umso interessanter, als die vermutete ,Renaissance der Geopolitik' – wie auch der Begriff Geopolitik selbst – oftmals als schlagwortartige Floskel in die Debatten eingeworfen wird, ohne die damit verbundenen Aussagen zu präzisieren. Die Thematik ist bislang nicht detailliert untersucht worden, sodass die vorliegende Arbeit erstmals ein differenziertes Licht auf die oft behaupteten und bislang nicht eingehend dargestellten Zusammenhänge von Geopolitik und deutscher Sicherheitspolitik nach der Wiedervereinigung wirft.[8] Dabei werden die entsprechenden wissenschaftlichen Erörterungen ebenso betrachtet wie insbesondere die praktische Sicherheitspolitik in ihrer konzeptionellen und praktischen Ausprägung.

Die Leitfrage impliziert eine Reihe weiterer Fragen: Was ist unter ,Geopolitik' im wissenschaftlichen und im politisch-praktischen Sinne zu verstehen? Worin liegt die historische Problematik im Verhältnis von Geopolitik und deutscher Außenpolitik und wie wirkungsmächtig stellt sich diese Problematik in zeitgenössischen Debatten dar? Zeigen sich in der deutschen Wissenschaftslandschaft nach der Wiedervereinigung Züge einer ,Renaissance der Geopolitik'? Schließlich – und dieser Fragenkomplex bestimmt den größten Teil der Arbeit: Inwiefern prägen geopolitische Erörterungen die konzeptionelle und praktische Formulierung der deutschen Sicherheitspolitik seit der Wiedervereinigung? Zeigt sich hinter der terminologischen Tabuisierung eine Besinnung auf geopolitisches Handeln, also auf die Formulierung geopolitischer Interessen und die Suche nach Möglichkeiten zu deren Durchsetzung? Diese Frage hat höchste Relevanz für

---

[7] Oberst i.G. Ralph Thiele, ehemaliger Kommandeur des Zentrums für Transformation der Bundeswehr, drückt dies folgendermaßen aus: „Man kann immerhin feststellen, dass langsam, Zug um Zug, Verbesserungen eintreten, dass politische Akteure zunehmend entspannter und ausgewogener urteilen und agieren." Interview mit Oberst i.G. Ralph Thiele, geführt am 27. Oktober 2010.

[8] Der Geograph Jürgen Oßenbrügge hat den Zusammenhang zwischen geopolitischen Theorien und der deutschen Außen- und Sicherheitspolitik kursorisch untersucht. Vgl. Oßenbrügge, „Die neue Geopolitik".

eine Bewertung der deutschen Sicherheitspolitik nach dem Kalten Krieg, insbesondere vor dem Hintergrund, dass die Politikwissenschaft der deutschen Außen- und Sicherheitspolitik oftmals eine „Machtvergessenheit"[9] und eine Vernachlässigung realpolitischer Interessen gegenüber idealistischen, moralischen Zielvorstellungen vorwirft.[10]

Das zentrale Erkenntnisinteresse der Untersuchung ist folglich die Suche nach geopolitischen, raumbezogenen Erörterungen in der praktischen Politik. Eng damit verbunden ist die Frage nach deren Bedeutung für die Neuausrichtung der deutschen Sicherheitspolitik nach dem Kalten Krieg. Die Arbeit fußt daher methodisch (nach einem Blick auf die Thematisierung der Geopolitik in der deutschen Wissenschaftslandschaft) im Wesentlichen auf einer empirischen Untersuchung mehrerer Fallstudien zur deutschen Sicherheitspolitik. Dies bietet ein solides Fundament, um Rückschlüsse auf die Bedeutung geopolitischer Erörterungen zu ziehen.

Eine solche methodische Schwerpunktsetzung ist gerade im deutschen Falle gleichwohl mit einigen Besonderheiten verbunden: Das ‚Aufspüren' geopolitischer Erörterungen ist nicht durch einen Abgleich von wissenschaftlich erarbeiteten geopolitischen Theorien bzw. Modellen und praktischem Handeln möglich, da entsprechende Theorien in Deutschland nicht vorliegen. Eine ‚institutionalisierte' Beschäftigung mit der Geopolitik gibt es in der Bundesrepublik nicht. Auch dieser Mangel an geopolitischen Referenzrahmen erschwert zudem eine Klärung der Frage, inwiefern politische Initiativen, die einen faktischen geopolitischen Charakter haben, auch einer bewussten Beschäftigung mit geopolitischen Theorien und Zusammenhängen entsprangen oder aber als geopolitisch unreflektierter Ausfluss anderer Handlungsmotivationen erscheinen. Die Komplexität sicherheitspolitischer Prozesse und die intellektuellen Hintergründe der Entscheidungsträger liegen allzu oft im Halbschatten, lassen sich allzu selten klar ausleuchten.

Wie also kann es trotz dieser Schwierigkeiten gelingen, den Zusammenhang von Geopolitik und deutscher Sicherheitspolitik aufzuzeigen? Die geschilderten Gegebenheiten machen einige methodische Schwerpunktsetzungen notwendig, um eine kohärente Analyse zu ermöglichen und die konzeptionelle Fundierung der deutschen Sicherheitspolitik abschätzen zu können. Mittels mehrerer erkenntnisleitender Fragen und auf mehreren Analyseebenen können die relevan-

---

[9] Hans-Peter Schwarz, Die gezähmten Deutschen. Von der Machtbesessenheit zur Machtvergessenheit, Stuttgart 1985.
[10] Siehe hierzu exemplarisch Christian Hacke, Die Außenpolitik der Bundesrepublik Deutschland. Von Konrad Adenauer bis Gerhard Schröder, Berlin 2. Auflage 2004. Eine andere Auffassung vertritt August Pradetto, „Ganz und gar nicht ohne Interessen. Deutschland formuliert nicht nur klare Ziele. Es setzt sie auch durch", in: Internationale Politik 1/2006, S. 114-121.

ten Erkenntnisse aus der Gesamtheit sicherheitspolitischen Handelns herausgeschält werden. Die methodische Vorgehensweise soll an dieser Stelle einführend erläutert werden; sie wird zu gegebener Zeit im Verlauf der Analyse, am Beginn der empirischen Kapitel, erneut aufgegriffen und dort detailliert thematisiert.[11]

Den Ausgangspunkt der Analyse bildet die geopolitische Prämisse, dass sich die Bundesrepublik nach dem Kalten Krieg mit einem fundamental gewandelten geopolitischen Umfeld und in diesem Zuge mit neuen, dezidiert geopolitischen Herausforderungen konfrontiert sah. Die Notwendigkeit der Positionierung stellt die Relevanz geopolitischen Handelns heraus – eine Relevanz, der sich auch die deutsche Politik anzunehmen hatte. Angesichts dieser Herausforderungen galt es, die Bundesrepublik zu positionieren. Die entsprechenden geopolitischen Herausforderungen, zu Beginn der empirischen Kapitel beschrieben, sind der inhaltliche Rahmen, innerhalb dessen die geopolitische Positionierung der Bundesrepublik untersucht wird. Diese Schwerpunktsetzung verweist auf die faktische geopolitische Ausprägung der deutschen Sicherheitspolitik und lässt die Frage nach den Triebkräften des jeweiligen Handelns daher zunächst nachrangiger erscheinen: Die grundlegende Frage, wie sich das neue geopolitische Umfeld der Bundesrepublik mit seinen neuen geopolitischen Herausforderungen in der Formulierung der deutschen Sicherheitspolitik widerspiegelte, bestimmt die Untersuchung der praktischen Sicherheitspolitik in den empirischen Kapiteln zunächst maßgeblich.

Innerhalb des so gesetzten geopolitischen Rahmens kann sodann auf einer tiefer liegenden Analyseebene die Positionierung der Bundesrepublik detaillierter und zielgerichteter untersucht werden: Formulierte die deutsche Politik im Zuge dieser Reaktion selbst einen ‚geopolitischen Ansatz'? Zur Beantwortung dieser Frage ist es unabdingbar, zunächst analytisch klar zu fassen, was unter Geopolitik zu verstehen ist und welche Kriterien praktischem geopolitischem Handeln wesenseigen sind. Hierzu bietet sich ein Ansatz an, der als *intellectual history* bezeichnet werden kann: das Aufzeigen wesentlicher theoretischer Entwicklungsschritte der (wissenschaftlichen) Geopolitik. Aufbauend auf diesem historischen Exkurs und unter steter Rückbesinnung auf die dort gewonnenen Erkenntnisse, werden in einem Definitionsprozess die zentralen Untersuchungsbegriffe eindeutig bestimmt und zugleich jene Kriterien extrapoliert, die als konstitutiv für praktisches geopolitisches Handeln gelten können. Diese Vorüberlegungen ermöglichen erst die Suche nach geopolitischen Ansätzen und bilden daher das unabdingbare Fundament für die anschließende Untersuchung der empirischen Studien. Während der Analyse der praktischen Sicherheitspolitik

---

[11] Siehe Kapitel 4.1.1 in dieser Arbeit.

erfolgt eine stete Rückbesinnung auf die Kriterien praktischen geopolitischen Handelns.[12]

Besondere Bedeutung kommt auf einer dritten Analyseebene der Frage zu, ob die so definierten geopolitischen Initiativen, so sie sich im historischen Rückblick aufzeigen lassen, das Ergebnis originärer strategischer Konzeptionen, Planungen und Entscheidungen waren. Diese Frage betrifft direkt die Wirkweisen geopolitischer Erörterungen bei der Politikformulierung. Wie im Verlauf der Analyse dargelegt wird, kann geopolitisches Handeln idealtypisch erstens auf einer praktischen Umsetzung wissenschaftlich erarbeiteter geopolitischer Theorien fußen und zweitens zumindest ein Ausfluss einer pragmatischen, gleichwohl konzeptionell reflektierten, strategisch-sicherheitspolitischen Beschäftigung mit den entsprechenden Raumfaktoren sein. Diese beiden originär geopolitischen Erscheinungsformen sind zu trennen von politischem Handeln, bei dem geopolitische Momente die entsprechenden Initiativen begleiten, ohne jedoch deren eigentliche Triebkraft zu sein und ohne diese konzeptionell zu begründen.[13]

Inwiefern geopolitisches Handeln in den jeweiligen Fällen konzeptionell unterfüttert war und insofern raumbezogenen, sicherheitspolitischen Überlegungen folgte (etwa unter direktem Bezug auf die Geopolitik und ihre Theorien oder über die strategische Beschäftigung mit den jeweils relevanten Raumfaktoren), wird im Verlauf der Analyse der Fallstudien thematisiert. Ein Rückbezug auf diese idealtypischen Erscheinungsformen geopolitischen Handelns bietet ein Raster, mit dem die Wirkweisen geopolitischen Denkens abgeschätzt werden können. In der Zusammenschau der unterschiedlichen Analyseebenen, von der faktischen geopolitischen Positionierung bis zur Entwicklung eigener geopolitischer Ansätze, bietet sich die Möglichkeit einer Gesamtschau auf die geopolitische Positionierung der deutschen Sicherheitspolitik nach dem Kalten Krieg. In mehreren Zwischenfazits werden die bis zu dem jeweiligen Punkt erarbeiteten Erkenntnisse zusammengeführt und eingeordnet.

Der empirische Teil der Arbeit folgt einem klassischen politikwissenschaftlichen Ansatz: der Untersuchung von Rhetorik und Realität, Anspruch und Wirklichkeit. Das Aufspüren geopolitischer Ansätze in der deutschen Sicherheitspolitik bezieht sich hierbei einerseits auf konzeptionelle Argumentationsmuster, andererseits auf praktische Handlungsmuster. Diese Dichotomie prägt die Untersuchung maßgeblich. Für eine Untersuchung des Zusammenhangs von Geopolitik und deutscher Sicherheitspolitik ist es unabdingbar, beide Ebenen in die Analyse einzubeziehen, um so den Einfluss geopolitischer Erörterungen auf die Formulierung der deutschen Sicherheitspolitik zwischen Anspruch und Wirklichkeit

---

[12] Siehe hierzu insbesondere die Definition in Kapitel 2.2 dieser Arbeit für eine detaillierte Beschreibung jener Momente, die konstitutiv für die praktische Geopolitik sind.
[13] Siehe hierzu die Definition in Kapitel 2.2 dieser Arbeit.

auszuloten. Die Zusammenschau beider Analyseebenen ermöglicht es abzuschätzen, inwiefern geopolitische Erörterungen die konzeptionellen Überlegungen und Zielformulierungen der deutschen Sicherheitspolitik prägten und inwiefern sodann eine Umsetzung dieses Anspruchs in die politische Praxis gelang.

## 1.2 Aufbau der Arbeit

Die Leitfragen und die skizzierten methodischen Schwerpunktsetzungen bestimmen den Fortgang der Analyse und strukturieren diese inhaltlich. Die Analyse gliedert sich in vier zentrale Teile. Sie beginnt im ersten Teil mit einem Blick auf die Genese des geopolitischen Denkens in Deutschland und der angelsächsischen Welt. Dieser Abriss einer *intellectual history* des Untersuchungsgegenstands ist aus zwei Gründen geboten: Ein vertieftes Verständnis des Zusammenhangs von Geopolitik und zeitgenössischer deutscher Sicherheitspolitik kommt nicht umhin, einen Blick auf das problematische Verhältnis von Geopolitik und deutscher Außenpolitik während des ‚Dritten Reichs' zu werfen, das den historischen Ausgangspunkt für die anschließende Tabuisierung darstellt. Darüber hinaus bietet ein Blick auf die viele Facetten umfassende Geschichte des geopolitischen Denkens jenseits der deutschen Tradition wertvolle Hinweise für eine Definition der arbeitsrelevanten Begriffe. Um diese Definition auf eine fundierte Basis zu stellen, ist ein historischer Rückblick sinnvoll.

Daran anschließend werden die zentralen Begriffe der Untersuchung definiert und analytisch klar gefasst. ‚Geopolitik' – dieser Begriff ist so schwammig, wird oft so unscharf verwendet, dass eine klare Begriffsbestimmung unabdingbar ist. Zentrale Bedeutung für diese Arbeit hat Geopolitik weniger als wissenschaftstheoretischer Begriff, sondern vielmehr als Ausdruck praktischen Regierungshandelns. Auf die Definition praktischer Geopolitik mit den ihr wesenseigenen Momenten wird im weiteren Verlauf der Analyse wiederholt rekurriert, sie ist daher umso bedeutender für deren Kohärenz. Dieser erste Teil der Arbeit, an dessen Schluss begriffliche Klarheit über die zentralen Begriffe und deren maßgebliche Kriterien herrscht, bildet das Fundament für die weitere Untersuchung.

Der zweite Teil bietet nach diesen historischen und definitorischen Grundlagen einen Blick auf die erste Facette der Geopolitik: Geopolitik als Kategorie der Politikwissenschaft. Es gilt, die Thematisierung der Geopolitik in der deutschen Wissenschaftslandschaft auszuloten. Dabei richtet sich der Blick zunächst auf jene Triebkräfte, die geopolitische Erklärungsmuster nach der Wiedervereinigung erneut in die Politikwissenschaft hineintrugen. Darauf aufbauend werden die Ansätze einer neuen geopolitischen Debatte in der Bundesrepublik nachgezeichnet – mit Blick auf die kritisch argumentierenden sowie auf die praktischen

17

Ansätze geopolitischer Forschung. Diese Betrachtung der wissenschaftlichen Geopolitik hat auch Bedeutung für die sich anschließenden Untersuchungen zur praktischen Sicherheitspolitik, denn in vielen Staaten ergeben sich vielfältige Wechselwirkungen zwischen geopolitischer Theorie und politischer Praxis.[14] Inwiefern diese Wechselwirkung auch in der Bundesrepublik zu beobachten ist und inwiefern die wissenschaftlichen Debatten hierfür Ansatzpunkte bieten, ist eine der Leitfragen in diesem Teil.

Anschließend wendet sich die Analyse im dritten Teil den eigentlichen Zielkapiteln zu: der praktischen deutschen Sicherheitspolitik. Die bereits angedeuteten Herausforderungen der Analyse werden zunächst in einer methodischen Vorbemerkung erläutert. Das Kapitel thematisiert die Wirkweisen geopolitischer Erörterungen bei der Politikformulierung; zudem werden an der Stelle jene Leitfragen spezifiziert, die die anschließende Analyse der praktischen Sicherheitspolitik leiten. Ein methodischer Einschub nach dem ersten Drittel der Arbeit ist hilfreich, da er den Leser im Verlauf der Analyse und auf der Grundlage der bereits erarbeiteten Erkenntnisse durch die weiteren Untersuchungsschritte führt.

Die Analyse geht sodann von der bereits erwähnten Leitfrage aus: Wie wirkten die neuen geopolitischen Gegebenheiten auf die deutsche Sicherheitspolitik, wie also positionierte sich die Bundesrepublik angesichts dieser geopolitischen Umbrüche und Herausforderungen? Diese Fragestellung verweist auf den faktischen geopolitischen Gehalt der deutschen Sicherheitspolitik. Vor diesem Hintergrund und darauf aufbauend wird untersucht, ob die Bundesrepublik selbst einen geopolitischen Ansatz entwickelte, ob dieser das Ergebnis strategischer sicherheitspolitischer Planung oder Ausfluss anderer Handlungsmotive war – und wie sich dies in Anspruch und Wirklichkeit, zwischen konzeptioneller Grundlegung und praktischer Implementierung, manifestierte. Um die Beschreibung des ‚geopolitischen Ansatzes' zu spezifizieren, erfolgt eine stete Rückbesinnung auf die vorgelegte Definition der praktischen Geopolitik mit ihren prägenden Momenten.

Zu Beginn der empirischen Kapitel gilt es zunächst, die neuen geopolitischen Herausforderungen nach der Zeitenwende von 1989 näher zu bestimmen. Dies geschieht zum einen in einem Kapitel, das die neuen Rahmenbedingungen der deutschen Außen- und Sicherheitspolitik einleitend vorstellt, insbesondere jedoch anhand eines Überblicks, der die relevanten Entscheidungsträger selbst zu Wort kommen lässt. Der Blick wird auf konzeptionelle Grundsatzreden zur deutschen Außen- und Sicherheitspolitik gelenkt, ebenso auf (militär-)strategische Grundsatzpapiere. Das Kapitel stellt diese Herausforderungen dar und bietet

---

[14] Vgl. mit Blick auf die Vereinigten Staaten Stefan Fröhlich, Zwischen selektiver Verteidigung und globaler Eindämmung. Geostrategisches Denken in der amerikanischen Außen- und Sicherheitspolitik während des Kalten Krieges, Baden-Baden 1998.

zugleich einen Überblick über die konzeptionelle Seite der deutschen Außen- und Sicherheitspolitik und die Einschätzungen der handelnden Politiker. Die an der Stelle getroffenen Aussagen bilden die Grundlage für die Untersuchung von Anspruch und Wirklichkeit.

Die konzeptionellen Dokumente verdeutlichen tatsächlich einen dezidiert geopolitischen Ansatz, der sich nach der Wiedervereinigung als Grundlage der neuen deutschen Sicherheitspolitik herauskristallisierte: Angesichts der neuen Herausforderungen, deren prägendes Moment die Instabilität im geographischen Umfeld der Bundesrepublik war, schickten sich die hier untersuchten Bundesregierungen – in großer konzeptioneller Kontinuität – an, ,Stabilität zu exportieren', also die Entwicklung in geographisch bedeutsamen Regionen mitzugestalten. Wie im Verlauf der Analyse deutlich wird, folgte die konzeptionelle Zielformulierung des ,Stabilitätsexports', zumal im Verlauf der 1990er Jahre, jenen Momenten, die als grundlegend für geopolitisches Handeln gelten können.

Der klare (geopolitische) Anspruch wird sodann an der politischen Praxis gemessen. Nun konzentriert sich die Analyse auf die Frage, inwiefern der konzeptionelle Anspruch des Stabilitätsexports in die politische Praxis umgesetzt wurde. Zwei konkrete Ausformulierungen werden in Fallstudien untersucht. Dies ist erstens die deutsche Initiative für die Osterweiterung der NATO, im Jahr 1993 maßgeblich im deutschen Verteidigungsministerium erarbeitet und dezidiert geopolitisch begründet. Die Frage nach der Bedeutung raumbezogener Erörterungen steht ebenso im Mittelpunkt wie die Frage, ob diese Erörterungen planvoll oder unreflektiert in die Formulierung der entsprechenden Politikinitiative einflossen. In einer zweiten Fallstudie wird die deutsche Politik angesichts der Balkan-Kriege – auch dies eine dezidiert geopolitische Herausforderung – nachgezeichnet. Erneut bestimmt die Frage nach geopolitischen Begründungen die Analyse. Ein Blick auf die deutsche Politik gegenüber außereuropäischen Regionen rundet den dritten Teil der Arbeit ab, der zusammenfassend Aufschlüsse darüber gibt, inwiefern der Ansatz des Stabilitätsexports geopolitische Erörterungen in die deutsche Sicherheitspolitik hineintrug.

Im vierten Teil der Arbeit wird schließlich ein Politikfeld untersucht, das sich in den vergangenen Jahren als *die* geopolitische Herausforderung für die Bundesrepublik herauskristallisierte: die geopolitischen Entwicklungen auf dem internationalen Energiesektor. Wegen der Komplexität der Thematik scheint es geboten, zunächst in einem ausführlichen Überblick die spezifisch geopolitischen Triebkräfte aus dem komplexen Zusammenspiel politischer und ökonomischer Momente auf dem Sektor herauszuarbeiten. Nach dem einleitenden Überblick folgt die Analyse erneut dem Gegensatzpaar von Anspruch und Wirklichkeit: Zunächst wird der konzeptionelle (geopolitische) Anspruch der Bundesregierung dargelegt, um diesen sodann an der politischen Praxis zu messen – hier konkret an den deutschen Energiebeziehungen zu Russland und Zentralasien.

Eine Zusammenschau dieser unterschiedlichen Zielpunkte der Analyse (die definitorischen Grundlagen der Geopolitik, die Geopolitik in der Wissenschaft sowie angesichts zentraler Herausforderungen in der politischen Praxis) gibt Aufschluss über die Frage, inwiefern geopolitische Erörterungen erneut Einzug in die deutsche Wissenschaftslandschaft und in die deutsche Politik gehalten haben. Es gilt, die Zusammenhänge zwischen Geopolitik und deutscher Sicherheitspolitik aufzuzeigen und so das Spannungsfeld von terminologischer ‚Tabuisierung' und faktischer Nutzbarmachung geopolitischer Erörterungen auszuleuchten.

Dabei ist es selbstverständlich, und die Skizze des Verlaufs der Untersuchung verdeutlicht dies, dass angesichts der großen Komplexität und Bandbreite des Untersuchungsgegenstands eine Auswahl, mithin auch das Auslassen für die Analyse weniger relevanter Aspekte, unabdingbar ist. Ziel der Arbeit kann und soll es nicht sein, die Neuausrichtung der deutschen Sicherheitspolitik nach dem Kalten Krieg auch nur annähernd in ihrer Gänze darzustellen. Zielpunkt der Analyse ist die praktische Sicherheitspolitik. Ihr widmet sich der größte Teil der vorliegenden Arbeit. Auch innerhalb dieses Ausschnitts ist eine Konzentration notwendig. Die Auswahl der Fallstudien folgt der Relevanz des jeweiligen Politikfelds für die Beantwortung der Leitfragen.

Verschiedene Aspekte hätten in diese Zusammenstellung aufgenommen werden können, sind jedoch bewusst nicht aufgegriffen worden. Neben einer Untersuchung der NATO-Osterweiterung könnte auch die Untersuchung der deutschen Haltung zur EU-Osterweiterung zweifelsohne zum Verständnis des Untersuchungsgegenstands beitragen. Andererseits würde dies wegen der Komplexität des Prozesses den Rahmen dieser Untersuchung sprengen und zudem die Gefahr mit sich bringen, repetitiv zu sein. Wegen der Bedeutung der NATO-Politik für die Entwicklung des Ansatzes des Stabilitätsexports wird dieser Initiative daher der Vorzug gegeben. Auch eine Betrachtung der Transformation der Bundeswehr bzw. deren Neuausrichtung angesichts neuer Bedrohungen kann zum Verständnis des Zusammenhangs von Geopolitik und deutscher Sicherheitspolitik beitragen. Die vorliegende Arbeit folgt jedoch bewusst einem geographischen Ansatz – der Betrachtung der deutschen Politik gegenüber bestimmten Regionen – statt einer Betrachtung der deutschen Politik in bestimmten Politikfeldern. Innerhalb des regionalen Ansatzes werden entsprechende Zusammenhänge jedoch an relevanter Stelle in die Analyse eingeflochten. Schließlich konzentriert sich die Untersuchung der Energiepolitik auf die Fallstudien zu Russland und Zentralasien. Dies bietet ein solides Fundament, um die Wirkungsmacht geopolitischer Erörterungen für die deutsche Energiepolitik abzuschätzen, sodass auf weitere Fallstudien bewusst verzichtet werden kann.

Stets liegt der Fokus zudem auf den Debatten innerhalb der deutschen Bundesregierung, auch wenn die entsprechenden Politikinitiativen in einem multilateralen Rahmen, etwa innerhalb der NATO oder der EU, implementiert wurden. Bündnisweite Debatten und Argumentationen fließen, wo sie relevant sind, in die Analyse ein. Dem Erkenntnisinteresse der Untersuchung folgend liegt deren Schwerpunkt jedoch bei der Betrachtung der Politik, wie sie in Bonn bzw. Berlin konzipiert wurde.

## 1.3 Anmerkungen zum Forschungsstand

Der Forschungsstand zur Geopolitik in Deutschland wird in Kapitel 3 detailliert dargestellt. Ebenso wird in Kapitel 6.2 die entsprechende Literatur zu den Zusammenhängen zwischen Geopolitik und Energiepolitik vorgestellt. Diese ausführlichen Überblicksdarstellungen über die Forschungslage im Verlauf der Analyse dienen dem Ziel, eine Gesamtschau der geopolitischen Einflüsse, Debatten und Argumentationszusammenhänge in der Bundesrepublik zu bieten. Hierzu gehören neben der Betrachtung der praktischen Sicherheitspolitik gerade auch die entsprechenden wissenschaftlichen Debatten. Der Überblick über den Forschungsstand und dessen Einordnung sollen daher nicht an dieser Stelle, sondern jeweils im Verlauf der Analyse geleistet werden. Die Anmerkungen zur Forschungslage beschränken sich hier zunächst auf einige wesentliche Aspekte.

Zunächst gilt es, erneut auf den Umstand hinzuweisen, dass die Beobachtung einer ‚Renaissance der Geopolitik', die gleichsam den Ausgangspunkt für die Analyse darstellt, zumeist ohne inhaltliche Präzisierung in die entsprechenden Debatten eingebracht wird. Das Schlagwort erscheint als eine zunächst inhaltsleere Floskel. Die vorliegende Untersuchung möchte diese Forschungslücke schließen; sie thematisiert erstmals umfassend den Zusammenhang zwischen Geopolitik und deutscher Sicherheitspolitik und beleuchtet dabei insbesondere die Wirkweisen geopolitischer Erörterungen bei der Formulierung der praktischen Politik. Entsprechende Studien liegen bislang nicht vor, denn die deutsche Außen- und Sicherheitspolitik ist bislang nicht umfassend unter geopolitischen Gesichtspunkten analysiert worden. Einzelne Darstellungen weisen auf dezidierte Zusammenhänge zwischen geopolitischen Erörterungen und der Formulierung der deutschen Sicherheitspolitik hin, führen diesen Gedanken jedoch nicht aus. Hier sei insbesondere ein kurzer Aufsatz des Geographen Jürgen Oßenbrügge

21

genannt.[15] Darüber hinaus finden sich geopolitische Erörterungen allenfalls als untergeordneter Randaspekt in allgemeinen Untersuchungen zur deutschen Außen- und Sicherheitspolitik.

Die deutsche Außen- und Sicherheitspolitik ist wissenschaftlich gut erforscht. Grundlegende Werke, die diese in ihrem Gesamtzusammenhang darstellen und auch für die vorliegende Arbeit eine grundlegende Bedeutung haben, sind die Untersuchungen der Politikwissenschaftler Christian Hacke,[16] Stephan Bierling[17] und Helga Haftendorn.[18] Ein im Jahr 2007 vorgelegter Sammelband beleuchtet die zeitgenössische deutsche Außenpolitik in ihrer ganzen Vielfalt und in unzähligen Facetten.[19] Verschiedene Gesamtdarstellungen untersuchen auch die spezifischen Bedingungen und Ausprägungen der deutschen Sicherheitspolitik seit dem Kalten Krieg.[20]

Die Veränderungen, denen die deutsche Außen- und Sicherheitspolitik nach der Wiedervereinigung unterworfen war, brachten eine Vielzahl von Studien hervor, die die deutsche Außenpolitik im Spannungsfeld von Kontinuität und Wandel untersuchen und dabei auch die neuen internationalen Rahmenbedingungen aufzeigen. Die intensiv geführte wissenschaftliche Debatte wird in Kapitel 3 nachgezeichnet, da sie vielfältige Aufschlüsse über die ‚Renaissance der Geopolitik' in der Bundesrepublik bietet. Bereits bald nach den weltpolitischen Umbrüchen, die das Ende des Kalten Krieges mit sich brachte, veröffentlichten die Politikwissenschaftler Wilfried von Bredow und Thomas Jäger eine Untersuchung über die *Neue deutsche Außenpolitik*.[21] Einleitend sei an dieser Stelle ferner auf die Studie des Politikwissenschaftlers Franz-Josef Meiers über die *deutsche Sicherheits- und Verteidigungspolitik in einer Welt des Wandels*[22] hingewiesen, deren Argumentation auch für die vorliegende Arbeit grundlegende Bedeutung hat.

Der Regierungswechsel von 1998, der erstmals eine rot-grüne Regierung in die Regierungsverantwortung brachte – die zudem von einem Bundeskanzler geführt wurde, der den Krieg nicht bewusst erlebt hatte und vielmehr in den

---

[15] Oßenbrügge, „Die neue Geopolitik".

[16] Hacke, Außenpolitik der Bundesrepublik Deutschland.

[17] Stephan Bierling, Die Außenpolitik der Bundesrepublik Deutschland. Normen, Akteure, Entscheidungen, München 2. Auflage 2005.

[18] Helga Haftendorn, Deutsche Außenpolitik zwischen Selbstbeschränkung und Selbstbehauptung, Stuttgart und München 2001.

[19] Siegmar Schmidt, Gunther Hellmann und Reinhard Wolf (Hrsg.), Handbuch zur deutschen Außenpolitik, Wiesbaden 2007.

[20] Vgl. u. a. Böckenförde und Gareis (Hrsg.), Deutsche Sicherheitspolitik.

[21] Wilfried von Bredow und Thomas Jäger, Neue deutsche Außenpolitik. Nationale Interessen in internationalen Beziehungen, Opladen 1993.

[22] Franz-Josef Meiers, Zu neuen Ufern? Die deutsche Sicherheits- und Verteidigungspolitik in einer Welt des Wandels 1990-2000, Paderborn 2006.

Nachkriegsjahren groß wurde –, führte erneut zu einer wissenschaftlichen Debatte über die neuen Bedingungen und Ausprägungen der deutschen Außen- und Sicherheitspolitik. Auch dieser Gedanke wird in Kapitel 3 aufgegriffen. In dem Kontext steht, darauf sei einleitend verwiesen, die Studie des Politikwissenschaftlers Sebastian Sedlmayr, die die Neuausrichtung der deutschen Politik in der Welt während der Regierungszeit der rot-grünen Koalition darstellt.[23]

Alle genannten Untersuchungen thematisieren auch die gewaltigen geopolitischen Verwerfungen, mit denen sich die Bundesrepublik nach dem Kalten Krieg konfrontiert sah. Sie untersuchen gleichwohl nicht die Bedeutung, die geopolitischen Erörterungen selbst für die deutsche Politik nach dem Kalten Krieg zukam. So bleibt die wissenschaftliche und publizistische Beobachtung einer ‚Renaissance der Geopolitik' bislang ein Schlagwort. „Gerade heute, nach der Vereinigung der beiden deutschen Staaten, sind Studien, die den Einfluss von ‚geopolitischen Theorien bzw. Interessen' und deren Umsetzung in die ‚politische Praxis' aufzeigen, für die deutsche Außen- und Sicherheitspolitik von besonderem Interesse",[24] urteilte daher schon vor mehreren Jahren der Geopolitiker Heinz Brill. Das Ziel der vorliegenden Arbeit ist es, zur Klärung dieser Frage beizutragen und damit eine bislang nicht ausgeleuchtete Facette der deutschen Sicherheitspolitik in den Fokus zu rücken.

---

[23] Sebastian Sedlmayr, Die aktive Außen- und Sicherheitspolitik der rot-grünen Bundesregierung 1998-2005, Wiesbaden 2008.
[24] Heinz Brill, „Geopolitik in der Diskussion", in: Zeitschrift für Politik 45. Jg. 2/1998, S. 205-219, hier S. 205.

# 2 Eine theoretische Einbettung

## 2.1 Die Genese des geopolitischen Denkens im 20. Jahrhundert

Geopolitik – dieser Begriff, oft unscharf verwendet und nur unzureichend definiert, soll zunächst bestimmt werden: Was ist darunter zu verstehen, wenn im Folgenden von ‚Geopolitik' die Rede ist? Wer sich mit der Geopolitik beschäftigt, sieht sich rasch mit deren definitorischer Unschärfe konfrontiert. Den Geographen John O'Loughlin verleitet dies zu der ironischen Bemerkung: „For most people, the parallels with an elephant are obvious; while both are hard to describe, you recognize them when you see them."[25] Diese Unbestimmtheit des Begriffes, die praktisch alle Wissenschaftler beklagen, die sich mit den definitorischen Grundlagen der Geopolitik beschäftigen,[26] ist eines der Grundprobleme der geopolitischen Forschung. Was eine generelle Vorbedingung wissenschaftlicher Arbeiten ist, gilt daher in diesem Falle umso mehr: Gerade weil die entsprechenden Begriffe oft nur unzureichend definiert sind und zudem oft unscharf verwendet werden, ist eine theoretische Fundierung der Untersuchung, in deren Verlauf die arbeitsrelevanten Begriffe möglichst genau bestimmt und abgegrenzt werden, unabdingbar.

Ein historisch-chronologischer Blick auf die theoretische Entwicklung des geopolitischen Denkens insbesondere im 20. Jahrhundert soll zunächst Aufschluss über die zentralen Aussagen der Geopolitik in ihren unterschiedlichen Ausprägungen und in ihrer historischen Entwicklung geben.[27] Der Schwerpunkt liegt auf der Betrachtung wichtiger geopolitischer Theoretiker. Dieser Umweg zurück ins 20. Jahrhundert dient der Annäherung an eine Definition. Dies geschieht in der Überzeugung, dass der Blick auf die Geschichte des geopolitischen Denkens in all seinen Varianten den Blick dafür schärft, welche Aspekte in eine

---

[25] John O'Loughlin, „Introduction", in: ders. (Hrsg.), Dictionary of Geopolitics, Westport und London 1994, S. vii-xi, hier S. vii.

[26] Vgl. Jonathan Haslam, No Virtue like Necessity. Realist Thought in International Relations since Machiavelli, New Haven und London 2002, S. 162. Zudem ist jüngst eine „bislang kaum da gewesene Schlagworthaftigkeit" bei der Nutzung des Begriffes zu beobachten, die eine Definition erschwert. Andrea Riemer, Strategie wofür? Texte zu strategischen Überlegungen im 21. Jahrhundert (ISS International Security Studies Band 6), Frankfurt am Main u. a. 2007, S.10.

[27] Naturgemäß muss diese als kurze Einführung in wesentliche Aussagen der Geopolitik konzipierte Hinführung fragmentarisch bleiben.

Definition des Gegenstands einfließen sollten. Der Historiker Manfred Görtemaker betont dementsprechend, dass angesichts der vielfältigen Strömungen ein Blick auf die historische Genese der Geopolitik einen viel versprechenden Ansatzpunkt für die Analyse und für genaue Begriffsbestimmungen bietet.[28]

Darüber hinaus gebietet es eine Untersuchung über Geopolitik und deutsche Außenpolitik, auch die historischen Vorläufer und deren problematisches Erbe zu thematisieren. Die Geschichte der deutschen Geopolitik der Zwischenkriegszeit und des ‚Dritten Reichs' mit all ihren problematischen Facetten hat große Bedeutung für das heutige Verhältnis zwischen Geopolitik und deutscher Außenpolitik. Sie soll daher in aller Kürze im Rahmen der folgenden *intellectual history* dargestellt werden. Ausgangspunkt und zugleich erster Anhaltspunkt der Rückschau ist die weitest mögliche und an sich noch wenig konkrete Beschreibung des Untersuchungsgegenstands: „Geopolitik ist die Lehre vom Einfluß des geographischen Raumes auf die Politik eines Staates".[29]

### 2.1.1 Ursprünge der Geopolitik

Wie auch im Falle anderer Ideen und Ideologien gilt für die Geopolitik: Welche spezifische Form von Geopolitik in einer bestimmten Periode prägend war, ist zu einem großen Teil abhängig von den jeweiligen spezifischen historischen und ideengeschichtlichen Umständen.[30] Geopolitik ist ein Kind der politischen und intellektuellen Verwerfungen des ausgehenden 19. Jahrhunderts, des imperialistischen Zeitalters.[31] Gleichzeitig ist die Entwicklung des geopolitischen Denkens Ausdruck des Bedürfnisses nach einer „Verwissenschaftlichung der Politik"[32] in jenen Jahren.

Die Ursprünge und Vorläufer lassen sich indes bis in die Antike zurückverfolgen und sind damit „as old as the Old Testament."[33] Von Aristoteles bis Napo-

---

[28] Vgl. Manfred Görtemaker, „Politischer Zeitgeist und Geopolitik – Über die zeitbedingten Voraussetzungen anwendungsorientierter Wissenschaft", in: Irene Diekmann, Peter Krüger und Julius H. Schoeps (Hrsg.), Geopolitik. Grenzgänge im Zeitgeist. Band 1, Potsdam 2000, S. 15-36, hier S. 17-18.

[29] Heinz Brill, Geopolitische Analysen. Beiträge zur deutschen und internationalen Sicherheitspolitik 1974-2004, Bissendorf 2005, S. 33.

[30] Dass der jeweilige geopolitische Diskurs stets von dem jeweiligen Zeitgeist abhängt, arbeitet vor allem Görtemaker heraus. Vgl. Görtemaker, „Zeitgeist und Geopolitik".

[31] So die Formulierung bei Geoffrey Parker, Western Geopolitical Thought in the Twentieth Century, New York 1985, S. 10.

[32] Fröhlich, Zwischen selektiver Verteidigung und globaler Eindämmung, S. 37.

[33] Saul B. Cohen, Geography and Politics in a World Divided, London und Toronto 2. Auflage 1973, S. 33. Allgemein zum Einfluss geographischer Faktoren auf die internationale Politik seit der Antike: Michael Salewski, „Geopolitik und Ideologie", in: Irene Diekmann, Peter Krüger und Julius H.

26

leon – stets hatten Theoretiker und Praktiker der internationalen Politik geographische Einflüsse auf politisches Handeln im Blick. Die Wirkungsmächtigkeit der Geographie für die Politikformulierung kann also nicht in Abrede gestellt werden, auch wenn diese Geopolitik *avant la lettre* durchaus zeigt, wie dehnbar der Begriff ist.[34]

Der erste Wissenschaftler, der den Zusammenhang zwischen geographischen Faktoren und politischen Dynamiken umfassend und systematisch zu erforschen suchte und daher gewissermaßen als Begründer des geopolitischen Denkens (auch wenn der Begriff in seinen Werken nicht vorkommt) gelten kann, war der deutsche Geograph Friedrich Ratzel.[35] Seine Arbeiten waren „der erste große Entwurf einer systematischen Gesamtkonzeption eines neuen Teilgebietes der Geographie."[36] Bezeichnend für die Grundaussagen seiner Studien zur Politischen Geographie ist die Tatsache, dass Ratzel Zoologe war. Wiederholt begegnen uns in Ratzels Schriften Verweise auf das Verhalten von Lebewesen. Der *spiritus rector* der Geopolitik zeigte sich dementsprechend überzeugt davon, „daß wir es im Staate mit einem organischen Wesen zu tun haben."[37] Ratzels Werk ist von einer biologistischen Auffassung des Staates als Lebewesen durchzogen und darüber hinaus „vollständig von einem organizistischen Sozialdarwinismus beherrscht."[38]

Ratzel stellte den Staat als Organismus in den Mittelpunkt seiner Betrachtungen. Jener Bezug auf den Staat ist ein erstes Kriterium, das auch für Geopolitiker späterer Generationen zu einem zentralen Bezugspunkt werden sollte;

---

Schoeps (Hrsg.), Geopolitik. Grenzgänge im Zeitgeist. Band 2, Potsdam 2000, S. 357-380, hier S. 359-365.

[34] Eine solche Ausweitung ist deshalb problematisch, da sie all jene Theoretiker als Geopolitiker zu vereinnahmen versucht, die sich irgendwann einmal mit geographischen Fragen befasst haben. Die Politikwissenschaftlerin Sabine Feiner argumentiert dementsprechend, dass Napoleon wie auch Bismarck den Begriff nicht kannten, wohl aber die Dynamik der geographischen Einflüsse auf die Politik. Sie hält es gleichwohl für wenig aussagekräftig, all jene Praktiker der Politik gleichsam als ‚Geopolitiker' zu begreifen. Vgl. Sabine Feiner, Weltordnung durch US-Leadership? Die Konzeption Zbigniew K. Brzezinskis, Wiesbaden 2000, S. 168. So argumentieren auch Fröhlich, Zwischen selektiver Verteidigung und globaler Eindämmung, S. 37 und Rainer Sprengel, „Geopolitik und Nationalsozialismus: Ende einer deutschen Fehlentwicklung oder fehlgeleiteter Diskurs?", in Diekmann, Krüger und Schoeps (Hrsg.), Geopolitik. Band 2, S. 147-172, hier S. 148.

[35] Eine Biographie Ratzels wurde vorgelegt von Günther Buttmann, Friedrich Ratzel. Leben und Werk eines deutschen Geographen 1844-1904, Stuttgart 1977. Siehe auch das hervorragende Werk von Michel Korinman, Quand l'Allemagne pensait le monde. Grandeur et décadence d'une géopolitique, Paris 1990. Das Werk zeichnet auch die weitere Entwicklung der deutschen Schule der Geopolitik nach und gilt hierfür nach wie vor als grundlegend.

[36] Fröhlich, Zwischen selektiver Verteidigung und globaler Eindämmung, S. 37.

[37] Friedrich Ratzel, „Die Gesetze des räumlichen Wachstums der Staaten. Ein Beitrag zur wissenschaftlichen politischen Geographie", in: Josef Matznetter (Hrsg.), Politische Geographie, Darmstadt 1977, S. 29-53, hier S. 30.

[38] Geert Bakker, Duitse Geopolitiek 1919-1945. Een imperialistische ideologie, Assen 1967, S. 170.

Staatszentriertheit ist einer der Faktoren, die als konstitutiv für eine geopolitische Betrachtungsweise der Welt gelten können.[39] Für Ratzel waren Staaten biologischen Gesetzen unterworfen, die er in einem grundlegenden Aufsatz formulierte.[40] In der Beobachtung, dass Staaten immer jeweils auf einem Volk basierten, das „wie eine flüssige Masse sich vor- oder rückwärts bewege",[41] sah Ratzel die Ursache für die Dynamik des internationalen Systems. Die Beobachtung dieser Dynamik führte ihn zu der Annahme, dass Staaten – im ‚Idealfalle' – wachsen und sich umliegende Gebiete einverleiben. Ein wachsender Staat strebe zunächst nach den wertvollen Gebieten, was Ratzel als „Auslese der geographischen Vorteile"[42] bezeichnete. So strebe jeder Staat nach Größe und ‚Lebensraum' – auch dies eine Begriffsschöpfung Ratzels.[43] Vor allem Größe und Ressourcen bestimmen laut Ratzel folglich die Lebensfähigkeit eines Staates.[44]

Ratzels Überlegungen blieben nicht ohne Einfluss auf die praktische Politik, sie trugen vielmehr zur imperialistischen Expansion der europäischen Mächte um die Jahrhundertwende bei.[45] So manifestiert sich bereits hier ein weiterer Wesenszug des geopolitischen Denkens, der bis heute Relevanz hat: der Praxisbezug der wissenschaftlichen Geopolitik. Ratzel sah seinen Platz nicht in einem Elfenbeinturm fernab des politischen Tagesgeschehens, vielmehr verstand sich das Gründungsmitglied des Alldeutschen Verbandes als „Ratgeber der Reichsführung bei der Jagd nach dem ‚Platz an der Sonne'".[46] Er gilt somit nicht nur als Begründer der Geopolitik, sondern er steht ebenso am Beginn einer langen Tradition von Geopolitikern, die sich als Regierungsberater verstanden und mit ihrer Forschung stets den Einfluss auf politische Entscheidungsträger suchten. Der Geograph Geraóid Ó Tuathail beschreibt den literarischen Ausfluss der in dieser Tradition stehenden Wissenschaftler als „advice to the prince"-Literatur.[47]

---

[39] Vgl. Josef Matznetter, „Einleitung", in: ders. (Hrsg.), Politische Geographie, S. 1-27, hier S. 7.
[40] Vgl. Ratzel, „Gesetze".
[41] Ebd., S. 30.
[42] Ebd., S. 45.
[43] Zum Lebensraumbegriff Ratzels siehe insbesondere Friedrich Ratzel, Der Lebensraum. Eine biogeographische Studie. Sonderausgabe. Unveränderter reprografischer Nachdruck, Darmstadt 1966.
[44] Vgl. zur Einordnung Görtemaker, „Zeitgeist und Geopolitik", S. 19.
[45] Vgl. Oßenbrügge, „Die neue Geopolitik". Siehe zum Hintergrund auch Karl-Georg Faber, „Zur Vorgeschichte der Geopolitik. Staat, Nation und Lebensraum im Denken deutscher Geographen vor 1914", in: Heinz Dollinger, Horst Gründer und Alwin Hausschmidt (Hrsg.), Weltpolitik – Europagedanke – Regionalismus. Festschrift für Heinz Gollwitzer zum 65. Geburtstag, Münster 1982, S. 389-406.
[46] Fröhlich, Zwischen selektiver Verteidigung und globaler Eindämmung, S. 38.
[47] Gearóid Ó Tuathail, „Introduction. Thinking critically about geopolitics", in: ders. u. a. (Hrsg.), The Geopolitics Reader, London 2. Auflage 2007, S. 1-12, hier S. 9.

Ausgehend von Friedrich Ratzels Überlegungen zum Zusammenhang von Geographie und Politik fächerte sich das geopolitische Denken in zwei große Strömungen auf: einerseits die deutsche Geopolitik der Zwischenkriegszeit und des ‚Dritten Reichs', andererseits die angelsächsische Geopolitik.

### 2.1.2  Die deutsche Schule und ihr schwieriges Erbe

Eine Arbeit über die ‚Renaissance der Geopolitik' in Deutschland gebietet eine einleitende Beschäftigung mit deren intellektuellem Erbe. Dabei wird deutlich, dass die alte deutsche Spielart der Geopolitik sich im ‚Dritten Reich' nicht nur nachhaltig diskreditierte, sondern auch auf unwissenschaftlichen Annahmen fußte. Für die anschließende Tabuisierung geopolitischen Denkens in Deutschland kommt beiden Aspekten eine überragende Bedeutung zu.

Diese Erkenntnis ist auch deshalb bedeutsam, weil nach dem Kalten Krieg der Versuch eines Teils der politik- und geschichtswissenschaftlichen Zunft zu beobachten war, aufbauend auf jenen alten Ideen eine neue deutsche Geopolitik auszurufen. Stellvertretend sei hier der Historiker Frank Ebeling genannt. Ebeling, der eine Studie zu Karl Haushofers Geopolitik vorgelegt hat,[48] argumentiert wie folgt: In Zeiten erneuter weltpolitischer Umbrüche in den 1990er Jahren sei eine Rückbesinnung auf die Geopolitik als Methode zur Lösung weltpolitischer Probleme notwendig. Explizit betont er: „In diesem Zusammenhang erscheinen die theoretischen Grundlagen, die Karl Haushofer vor siebzig Jahren erarbeitet hatte, als fruchtbare und ausbaufähige Basis."[49] Hinter solchen Formulierungen steht der Versuch, die Beiträge der deutschen Geopolitik der Zwischenkriegszeit und des ‚Dritten Reichs' auf die heutige Zeit zu übersetzen. Die folgenden Bemerkungen verdeutlichen jedoch, wie wenig diese tatsächlich als Basis für eine erneute Thematisierung der Geopolitik geeignet sind.

Der konkrete historische Kontext hat eine überragende Bedeutung für die Entwicklung der deutschen Geopolitik im frühen 20. Jahrhundert: Diese Spielart geopolitischen Denkens wurzelte historisch in der deutschen Niederlage im Ersten Weltkrieg, nachdem der Traum von der Weltmacht mit dem Vertrag von Brest-Litowsk so nahe gewesen schien. Angesichts der düsteren Atmosphäre, die sich nach der Niederlage des dereinst machtvollen Reiches einstellte, waren deutsche Geopolitiker von dem Ziel geleitet, die Nachkriegsordnung in Europa

---

[48] Frank Ebeling, Geopolitik. Karl Haushofer und seine Raumwissenschaft 1919-1945, Berlin 1994.
[49] Ebd., S. 24. Siehe zum Versuch der Rehabilitierung Haushofers durch verschiedene Wissenschaftler auch die Kritik des Historikers Rainer Sprengel: Rainer Sprengel, Kritik der Geopolitik. Ein deutscher Diskurs 1914-1944, Berlin 1996, S. 16-18.

zugunsten Deutschlands zu verändern.[50] Essenz der deutschen Geopolitik jener Jahre war die Funktion als „Kampfmittel gegen Versailles"[51] und als Vehikel zur Überwindung des Status quo. Mit ihren Konzepten lieferte die Geopolitik eine pseudo-wissenschaftliche Rechtfertigung für die Expansion und den (notfalls gewaltsamen) Wiederaufstieg Deutschlands.

Um jenen ‚Kampf gegen Versailles' zu führen und den Status quo zugunsten Deutschlands zu verändern, entwickelte die deutsche Geopolitik[52] eine Reihe von Konzepten, denen eine organische Staatsauffassung zugrunde lag. Geopolitische Schriften waren stets von der Annahme geleitet, dass der Staat ein Organismus sei. Daraus folge zwangsläufig, „dass dieser Organismus, genau so wie alle anderen, die Gesetze, die in der Biologie allgemein gültig seien, befolgen solle."[53] Diese Prämissen übernahmen Geopolitiker wie etwa Karl Haushofer von Friedrich Ratzel. Prägend wirkte auch der Schwede Rudolf Kjellén. Kjellén, dem wir die Wortschöpfung ‚Geopolitik' verdanken, schrieb unter dem Eindruck Ratzels. Auch er vertrat eine organizistische Staatsauffassung, die sich in seiner Definition des Untersuchungsgegenstands widerspiegelt: „Geopolitik ist die Lehre über den Staat als geographischem Organismus oder als Erscheinung im Raum".[54] Schließlich ging auch Kjellén von der Prämisse aus, dass Großmächte expandieren müssten und Raum zur Entfaltung bräuchten. Der germanophile Wissenschaftler sah Deutschland als Zentrum eines nordisch-deutschen Staatenbundes, der sich nach Kjelléns Vorstellungen von Hamburg bis Bagdad erstrecken sollte.[55]

Ausdruck dieser organizistischen Staatsauffassung war das ursprünglich von Ratzel erdachte Konzept des *Lebensraums*. Lebensraum, dieser Grundbegriff der deutschen Geopolitik der 1920er bis 1940er Jahre, war für Haushofer „Grundlage jeder Erörterung der Fragen auswärtiger Politik".[56] Von dieser zentralen Position des Lebensraum-Konzepts im Gedankengebäude der deutschen Geopolitik leitete Haushofer zwei konkrete Forderungen an die Politik ab: Erstens, den bestehenden Lebensraum zu schützen und zweitens, diesen zu vergrö-

---

[50] Vgl. Parker, Western Geopolitical Thought, S. 51.

[51] Sprengel, „Geopolitik und Nationalsozialismus", S. 149.

[52] Schwerpunkt des folgenden kursorischen Abrisses ist – nicht nur aus Platzgründen – die Geopolitik des Karl Haushofer, der als zentrale Figur der deutschen Geopolitik gelten kann. Vgl. etwa Hans-Adolf Jacobsen, Karl Haushofer. Leben und Werk. 2 Bände, Boppard 1979. Sprengel hingegen bestreitet den Einfluss Haushofers und weist auf den Umstand hin, dass mehrere hundert Personen an der Formulierung geopolitischer Thesen im ‚Dritten Reich' beteiligt gewesen seien. Vgl. Sprengel, „Geopolitik und Nationalsozialismus", S. 151.

[53] Bakker, Duitse Geopolitiek, S. 169.

[54] Rudolph Kjellén, Der Staat als Lebensform, Leipzig 1917, S. 46.

[55] Vgl. Parker, Western Geopolitical Thought, S. 55.

[56] Hans-Adolf Jacobsen, „‚Kampf um Lebensraum'. Karl Haushofers ‚Geopolitik' und der Nationalsozialismus", in: Aus Politik und Zeitgeschichte 34-35/1979, S. 17-29, hier S. 24.

ßern.[57] Deutsche Geopolitiker ließen keinen Zweifel daran, dass es in Zukunft großer Räume bedürfe, um das Überleben eines Staates zu gewährleisten: *Geopolitik der Pan-Ideen*[58] – so nannte Haushofer sein Konzept einer Welt, die auf drei bis vier großen Kulturräumen basieren sollte.

Diese allgemeinen Überlegungen zur zukünftigen Gestaltung der Welt übersetzte Haushofer in konkrete Politikempfehlungen aufgrund der Lage Deutschlands in Europa. Gab es universelle Gesetze für den Kampf um Lebensraum, so sah er diese Aufgabe im deutschen Falle als besonders dringlich an: „Wo steht geschrieben, daß von allen großen Völkern der Erde allein das unsere geprellt und verstümmelt sein soll in seinem Lebensraum und daß nur wir nicht das Recht auf freies Atmen haben sollen?"[59] Damit ist eine essentielle Prämisse der deutschen Geopolitik benannt: Die nach dem Ersten Weltkrieg benachteiligten Staaten – neben Deutschland auch Italien und Japan, die Haushofer als natürliche Verbündete Deutschlands sah – müssten sich ihre Vormachtstellung in der Welt erkämpfen. Konkret angewendet auf die deutsche Situation bedeutete dies: Die Staaten Mittelosteuropas waren den Geopolitikern ein Dorn im Auge. Ganz im Gegensatz zum Status quo in Europa stand für Haushofer und seine Mitstreiter fest: Unter den ausgebreiteten Schwingen des preußischen Adlers[60] sollte ein *Mitteleuropa* entstehen, in dem Deutschland zu alter Macht aufsteigen werde. Dieses neue Mitteleuropa sollte unter deutscher Führung verschiedene Länder umfassen, neben Österreich auch die Tschechoslowakei, Ungarn, Jugoslawien, Polen, Rumänien und Bulgarien.[61]

Für den Jesuiten Bruno Hipler, der die Beziehung Haushofers zu Hitler in einer Studie thematisiert, war Haushofer der „ideologische Lehrmeister Hitlers und der geistige Vater der NS-Ideologie."[62] Hipler sieht Haushofers 1913 erschienenes Buch *Dai Nihon*,[63] das schriftstellerische Resultat eines Japan-Aufenthalts Haushofers, als ideologischen Schlüssel zum Weltbild des Geopolitikers. Ausgehend von *Dai Nihon* skizziert Hipler charakteristische Elemente in Haushofers Weltbild, als dessen Grundlage er einen aggressiven Sozialdarwi-

---

[57] Vgl. ebd., S. 24.

[58] Karl Haushofer, Geopolitik der Pan-Ideen, Berlin 1931.

[59] Karl Haushofer, zitiert nach Hans-Adolf Jacobsen, Karl Haushofer. Leben und Werk. Band I: Lebensweg 1869-1946) und ausgewählte Texte zur Geopolitik, Boppard 1979, S. 245.

[60] So die Formulierung bei Parker, Western Geopolitical Thought, S. 53.

[61] Vgl. Bakker, Duitse Geopolitiek, S. 176. Die in den Augen der Geopolitiker ‚richtige' Grenze Deutschlands verlaufe entlang des „warägischen Grenzsaums" entlang einer Linie Leningrad – Rostov. Dieser sei die „natürliche Abgrenzung der norddeutschen Tiefebene und sei auch die äusserste Grenze vom Geltungsbereich der deutschen Verkehrssprache." Ebd., S. 175.

[62] Bruno Hipler, Hitlers Lehrmeister. Karl Haushofer als Vater der NS-Ideologie, St. Ottilien 1996, S. 211.

[63] Karl Haushofer, Dai Nihon. Betrachtungen über Groß-Japans Wehrkraft, Weltstellung und Zukunft, Berlin 1913.

nismus ausmacht. Über den *intermédiaire* Rudolf Hess, Haushofers Student und Freund, habe Haushofer großen Einfluss auf die Ausformung von Hitlers Weltbild gehabt. Er habe sich in der Rolle des Hintergrundspielers für Hitler gesehen und so die Ideologie und Außenpolitik des ‚Dritten Reichs' entscheidend geprägt.[64] Auch der Historiker Jürgen Osterhammel argumentiert: Geopolitik gehöre – obwohl sie ihrem Wesen nach nur die revisionistische deutsche Außenpolitik bis 1939, nicht aber die rassistische Großraumordnung im Osten legitimierte – zu jenem „ideologischen Konglomerat",[65] auf dem der Imperialismus Nazi-Deutschlands fußte.

Der bereits erwähnte Ebeling zeichnet ein gegensätzliches Bild von Haushofers Haltung zum Nationalsozialismus und von der Bedeutung der Geopolitik für die NS-Außenpolitik. Die Schuld für die Verstrickungen zwischen Geopolitik und Nationalsozialisten sieht Ebeling bei letzteren, die „Missbrauch (...) mit ihr trieben".[66] Ebeling zeichnet das Bild einer nicht zwangsläufig imperialistischen,[67] auf friedlichen Ausgleich zwischen den Völkern hinarbeitenden[68] und dem Nationalsozialismus skeptisch gegenüberstehenden[69] Geopolitik, die sich erst durch die anfänglichen außenpolitischen Erfolge des ‚Dritten Reichs' auf den Nationalsozialismus eingelassen habe.[70]

Zwischen diesen Polen gibt es differenzierter argumentierende Studien, insbesondere die erschöpfende Haushofer-Biographie in zwei Bänden des Politikwissenschaftlers Hans-Adolf Jacobsen,[71] deren erster Band auch das Verhältnis Haushofers zum Nationalsozialismus ausführlich thematisiert.[72] Zwar kommt auch Jacobsen zu dem Schluss, dass Haushofer den Mächtigen im ‚Dritten Reich' allzu lange die Treue hielt. Sein Einfluss auf Hitlers Denken werde gleichwohl häufig überschätzt. Es habe der Geopolitik nicht bedurft, um Hitler auf einen Aggressionskurs zu bringen, so Jacobsens Fazit. Haushofers Einstellung gegenüber Hitler sei ambivalent gewesen und Hitler selbst habe mit der Geopolitik nur wenig anfangen können. So habe das Credo einer räumlichen Bedingtheit der Politik nicht nur dem ‚Führerprinzip', sondern auch dem Rassegedanken entgegengestanden. Auch wenn Jacobsen Berührungspunkte etwa

---

[64] Vgl. Hipler, Hitlers Lehrmeister. Die Rolle Hess' als *intermédiaire* thematisiert auch Fröhlich, Zwischen selektiver Verteidigung und globaler Eindämmung, S. 43.

[65] Jürgen Osterhammel, „Die Wiederkehr des Raumes: Geopolitik, Geohistorie und historische Geographie", in: Neue Politische Literatur 43 (1998), 3, S. 374-397, hier S. 374.

[66] Ebeling, Geopolitik, S. 18.

[67] Vgl. ebd., S. 244.

[68] Vgl. ebd., S. 242.

[69] Vgl. ebd., S. 187-189.

[70] Vgl. ebd., S. 143.

[71] Jacobsen, Haushofer.

[72] Vgl. Jacobsen, Haushofer. Band I.

hinsichtlich eines gewissen ‚konservativen Antisemitismus' bei Haushofer ausmacht (dies trotz der Tatsache, dass Haushofers Frau jüdischer Abstammung war), sei der Einfluss der Geopolitik auf die Außenpolitik des ‚Dritten Reichs' unter dem Strich doch wesentlich geringer als gemeinhin angenommen.[73]

Insgesamt bleiben also durchaus Zweifel am Einfluss der Geopolitik auf die Formulierung der NS-Ideologie: Jene Autoren, die in Haushofer den Ideengeber Hitlers sehen, vernachlässigen einen entscheidenden Punkt: die überragende Bedeutung von Rassismus und insbesondere Antisemitismus in Hitlers Weltbild. Diese Faktoren waren jedoch „konstitutiv für die nationalsozialistische Außenpolitik und ihre Ziele".[74] Weit mehr als Raumvorstellungen prägten Rassevorstellungen das Gedankenbild des Diktators. Die Bedeutung Haushofers für die Entwicklung der nationalsozialistischen Ideologie sollte folglich nicht überschätzt werden.[75]

Ungeachtet dieser Erkenntnis lässt sich dennoch feststellen: Wegen ihrer Andienung an die nationalsozialistischen Machthaber, wegen der spezifischen Ziele, Aussagen und Methoden hat sich die deutsche geopolitische Schule um Karl Haushofer selbst diskreditiert.[76] So bleiben Forderungen, diese Spielart der Geopolitik für die heutige Zeit erneut fruchtbar zu machen, höchst problematisch: Die Geopolitik fungierte wenn nicht als Ursprung der NS-Ideologie, so doch als pseudo-wissenschaftliche Rechtfertigung der nationalsozialistischen Expansionspolitik.

Auch die Methoden der alten deutschen Geopolitik trugen zu deren Diskreditierung bei. Der Geograph Peter Schöller wies bereits in den 1950er Jahren auf die Problematik der organizistischen Wurzeln hin.[77] Auch der Determinismus, mit dem die Geopolitiker argumentierten, steht im Zentrum der Kritik: Der Bezug auf biologische Gesetze, die Pflicht zum Wachstum, Größe als Garant für die Lebensfähigkeit von Staaten, eine Beschränkung der Handlungsfreiheit von Politikern durch die Geographie[78] – solche Art der Argumentation führte den Staatsrechtler und politischen Philosophen Hermann Heller bereits in den 1930er Jahren zu der einfachen wie scharfsinnigen Aussage, dass zwar die geophysische

---

[73] Vgl. ebd., S. 449-452, 460.

[74] Klaus Hildebrand, Das Dritte Reich (Oldenbourg Grundriss der Geschichte Band 17), München 6. Auflage 2003, S. 179.

[75] So argumentiert auch Fröhlich, Zwischen selektiver Verteidigung und globaler Eindämmung, S. 42.

[76] Vgl. ebd., S. 42.

[77] Der Text ist in Matznetters Sammelband abgedruckt: Peter Schöller, „Wege und Irrwege der politischen Geographie und Geopolitik", in: Matznetter (Hrsg.), Politische Geographie, S. 249-302.

[78] Vgl. Sprengel, Kritik der Geopolitik, S. 170. Obwohl die Geopolitik sich immer als Handlungsanweisung an Politiker verstanden habe, ergebe sich ein Determinismus dadurch, dass die Erdgebundenheit stets politisches Handeln begrenze.

Lage von Staaten eine Konstante darstelle, die geopolitische Lage aber durchaus von Menschen gemacht werde und daher auch verändert werden könne. Für politische Entwicklungen sei ungeachtet aller geographischen Gegebenheiten letztlich stets menschliches Handeln maßgeblich[79]

All dies verdeutlicht, warum die alte deutsche Geopolitik weder einen Bezugspunkt für eine neue Beschäftigung mit der Thematik noch eine Traditionslinie oder auch nur geeignete Anknüpfungspunkte für die moderne Wissenschaft bietet. Zentrale Aufgabe einer erneuten Thematisierung der Geopolitik in Deutschland scheint vielmehr die Überwindung jener überkommenen Ideen zu sein. Dennoch plädiert der Historiker Stefan Fröhlich dafür, wegen des problematischen Erbes der deutschen Geopolitik „nicht pauschal den Stab über alle Varianten geopolitischen Denkens [zu] brechen".[80] Insbesondere in den Vereinigten Staaten von Amerika und in Großbritannien entwickelte sich parallel zu Deutschland das geopolitische Denken. Hier bildete sich eine auch nach dem Zweiten Weltkrieg ungebrochene geopolitische Tradition heraus, die mit ihren vielfältigen Ansätzen durchaus Wege zu einer modernen, zukunftsweisenden Geopolitik aufzeigt. In dieser Tradition lassen sich viel versprechende Ansatzpunkte für eine Definition des Untersuchungsgegenstands finden, wie ein Blick auf ausgewählte angelsächsische Denker verdeutlicht.

### 2.1.3 Die angelsächsische geopolitische Tradition und die Entwicklung eines modernen Verständnisses von Geopolitik

Anders als die deutsche Geopolitik mit ihrer romantisch-mystischen, verklärten Sichtweise des Staates als Lebewesen und der daraus abgeleiteten Notwendigkeit zur Expansion des Staates auf Kosten der Nachbarstaaten, entwickelte sich das geopolitische Denken in den angelsächsischen Ländern im Verlauf des 20. Jahrhunderts auf der Grundlage größerer Rationalität: Das Staatsverständnis ist geprägt von Rationalität statt Romantik, der Staat begegnet uns nicht als Lebewesen, sondern vielmehr als soziales Konstrukt. Während die deutsche Geopolitik eine Geopolitik der nationalen Expansion war und diesem Ziel alles unterordnete, entwickelte sich die angelsächsische Tradition zu einer Spielart der Gleichgewichtspolitik, die auf Interessenausgleich statt auf bedingungslose Expansion abzielte.[81] Die angelsächsische Geopolitik ist zudem, insbesondere seit den Arbeiten Nicholas Spykmans in den 1940er Jahren, stark an die Schule des außen-

---

[79] Vgl. Hermann Heller, Staatslehre, herausgegeben von Gerhart Niemeyer, Leiden 1934, S. 143 und 147.
[80] Fröhlich, Zwischen selektiver Verteidigung und globaler Eindämmung, S. 43.
[81] Siehe zu dieser Einschätzung insbesondere Haslam, No Virtue like Necessity, S. 162-163.

politischen Realismus angelehnt. Diese enge Bindung an die Theorieschule des außenpolitischen Realismus ist das erste spezifische Charakteristikum insbesondere der amerikanischen Geopolitik.

Das zweite Charakteristikum ist der aus einer mehr als 100-jährigen Tradition resultierende Facettenreichtum der angelsächsischen Geopolitik. Dieser Facettenreichtum hat mitunter negative Folgen für die definitorische Schärfe des Begriffes: Das geopolitische Denken fächerte sich in der Tat so weit auf, dass manche (nach eigener Etikettierung) geopolitischen Ansätze einen expliziten geographischen Bezug vermissen lassen. Eine Vielzahl von Politikwissenschaftlern und Politikern nutzt den Begriff im Sinne von Weltordnungspolitik oder Weltpolitik per se, wobei explizite geographische Bezüge kaum erkennbar sind bzw. vollkommen vernachlässigt werden.

Der britische Geograph Sir Halford Mackinder steht am Anfang einer langen Reihe angelsächsischer geopolitischer Denker. Er schuf mit dem *Heartland*-Konzept die wohl bedeutsamste Idee in der Geschichte der Geopolitik. Geschichte verstand Mackinder im Wesentlichen als Kampf von Landmacht gegen Seemacht. Im frühen 20. Jahrhundert sah Mackinder die Seemächte vor große Herausforderungen gestellt und prognostizierte ein Erstarken der Landmächte. Erstmals 1904 thematisierte Mackinder den Zusammenhang zwischen Geographie und Geschichte und machte eine Landmacht als den Dreh- und Angelpunkt der Weltgeschichte, als den „pivot of history" aus. Er sah ihn im inneren Eurasien (Russland/Zentralasien). Dieses Kerngebiet sah er von „marginal regions" umgeben, beides zusammen forme die „World-Island".[82] Seine Stellung als Drehpunkt der Weltgeschichte verdanke das *Heartland* zunächst der Tatsache, dass es von Seemächten kaum zu erobern sei. Zudem sei es reich an Bodenschätzen und werde sich bald durch technische Entwicklungen wie die Eisenbahn durch eine noch größere militärische und ökonomische Dynamik und innere Kohärenz auszeichnen.

Als Mackinder seine Erkenntnisse im Jahr 1919 – vor dem Hintergrund des gerade beendeten Ersten Weltkriegs und mit Blick auf die besondere Bedeutung Osteuropas für die Verhinderung eines deutsch-russischen Blocks – erneut zusammenfasste, schuf er sein berühmtes Diktum: „Who rules East Europe commands the Heartland. Who rules the Heartland commands the World-Island. Who rules the World-Island commands the World."[83]

---

[82] Halford J. Mackinder, „The Geographical Pivot of History", in: The Geographical Journal, Vol. 23, No. 4, April, 1904, S. 421-437. Die See-bezogene Spielart der amerikanischen Geopolitik begründete Alfred Thayer Mahan, The Influence of Sea Power Upon History 1600-1783, Boston 1890.

[83] Sir Halford Mackinder, Democratic Ideals and Reality. A Study in the Politics of Reconstruction, London 1919, S. 194. Siehe zu diesem Zusammenhang allgemein Parker, Western Geopolitical Thought, S. 16-31.

Aufbauend auf Mackinders Überlegungen, beeinflusst aber auch von den Herausforderungen durch die deutsche Geopolitik, entwickelte der in Amsterdam geborene amerikanische Politikwissenschaftler Nicholas John Spykman während des Zweiten Weltkriegs Strategieempfehlungen für die amerikanische Außenpolitik nach dem Krieg. Über Kontakte zu dem Emigranten Arnold Wolfers vom Wilsonianismus der frühen 1920er Jahre zur realistischen Schule gekommen,[84] avancierte Spykman zu einem Vordenker des politischen Realismus. Spykman verstand die Geopolitik als Ausdrucksform des Realismus und trug maßgeblich zu einer Verschmelzung von Geopolitik und politischem Realismus bei.[85] Zentrale realistische Konzepte – Staaten als Analysekategorie, Macht als maßgeblicher Faktor der internationalen Politik, die Anarchie des internationalen Systems sowie die Idee eines Machtgleichgewichts – ziehen sich wie ein roter Faden durch Spykmans Schriften.

Seine geopolitische Theorie entwarf Spykman insbesondere in dem posthum veröffentlichten Werk *The Geography of the Peace*.[86] Diesem liegt ein Begriffsverständnis von Geopolitik als „planning of the security of a country in terms of its geographic factors"[87] zugrunde. Er stellte die Geopolitik damit in direkten Zusammenhang zur Sicherheitspolitik. Gleichzeitig grenzte Spykman seine geopolitischen Überlegungen von den zur selben Zeit in Deutschland veröffentlichten geopolitischen Schriften ab: „The end in view is the peace and independence of the state, not its territorial expansion or the aggrandizement of its power at the expense of the rest of the world."[88] In der Tat ist das Kernanliegen der Geopolitik Spykmans nicht die machtpolitische Expansion Amerikas, sondern das Erreichen eines Machtgleichgewichts in Eurasien.

Aufbauend auf den Ideen Mackinders, sah Spykman die Hauptgefahr für die Sicherheit und Unabhängigkeit Amerikas in einem anarchischen internationalen System, in dem Macht die zentrale Komponente sei,[89] ebenfalls von Eurasien ausgehen. Die kritische Zone sei jedoch nicht das *Heartland*, vielmehr gehe die größte Gefahr für die westliche Hemisphäre von dessen europäischen und asiatischen Randzonen, dem sogenannten *Rimland*, aus.[90] Spykmans geopolitische Empfehlung lautete unmissverständlich: Die Vereinigten Staaten müssten international aktiv und engagiert sein, Einfluss auf die geographischen Schlüsselregionen nehmen und einen geopolitischen Pluralismus in Eurasien, insbesondere im *Rimland*, herstellen und aufrechterhalten. Diese Idee eines geopolitischen

---

[84] Vgl. Fröhlich, Zwischen selektiver Verteidigung und globaler Eindämmung, S. 96.
[85] Vgl. ebd., S. 96. Dies thematisiert auch Haslam, No Virtue like Necessity, S. 179-180.
[86] Nicholas John Spykman, The Geography of the Peace, New York 1944.
[87] Ebd., S. 5.
[88] Ebd., S. 6.
[89] Vgl. ebd., S. 3.
[90] Vgl. ebd., S. 43.

Machtgleichgewichts in Eurasiens Randregionen, das auch durch Zusammenarbeit mit Großbritannien und der Sowjetunion erreicht werden sollte,[91] ist das zentrale Vermächtnis des Geopolitikers Spykman und bis in die heutige Zeit wirkungsmächtig.

Diese Wirkungsmächtigkeit Spykmans wird bei der Betrachtung eines dritten amerikanischen Geostrategen deutlich: Zbigniew Brzezinski. Dieser hat seit den 1970er Jahren maßgeblichen Einfluss auf die amerikanische Außenpolitik und gilt heute als einflussreichster amerikanischer Geostratege. Bereits als Nationaler Sicherheitsberater Präsident Jimmy Carters in den 1970er Jahren analysierte Brzezinski die Welt nach geopolitischen Vorgaben, und mit der Veröffentlichung seiner Studie *Game Plan*[92] in den 1980er Jahren machte sich Brzezinski auch bei einem breiteren Publikum einen Namen als Geostratege ersten Ranges. Besondere Relevanz für die Zeit nach dem Kalten Krieg hat Brzezinskis Studie *Die einzige Weltmacht*,[93] in der er Strategieempfehlungen für die Vereinigten Staaten gegenüber Eurasien entwickelt.[94] Wie bereits bei Mackinder und Spykman hat die ,Weltinsel' überragende Bedeutung für Brzezinskis Weltbild: „Eurasien ist das Schachbrett, auf dem der Kampf um globale Vorherrschaft auch in Zukunft ausgetragen wird",[95] schreibt der Autor. Er sieht die zentrale Aufgabe der Vereinigten Staaten folglich darin, dieses ,Spiel' aktiv mitzuspielen, indem sie „den geopolitischen Aspekt der neu entstandenen Lage im Auge behalten und ihren Einfluß in Eurasien so einsetzen, dass ein stabiles kontinentales Gleichgewicht mit den Vereinigten Staaten als politischem Schiedsrichter entsteht."[96]

---

[91] Vgl. ebd., S. 60.

[92] Zbigniew Brzezinski, Game Plan. A Geostrategic Framework for the Conduct of the U.S.-Soviet Contest, Boston 1986. Siehe zu dessen Geopolitik grundsätzlich Feiner, Weltordnung.

[93] Zbigniew Brzezinski, Die einzige Weltmacht. Amerikas Strategie der Vorherrschaft, Frankfurt am Main 8. Auflage 2004.

[94] Es soll nicht unerwähnt bleiben, dass Brzezinskis Erkenntnisinteresse der Formulierung praktischer Strategieempfehlungen gilt, nicht aber der Weiterentwicklung der geopolitischen Theorie. Vgl. Feiner, Weltordnung, S. 165. Feiner betont hier, dass Geostrategie für Brzezinski eine Methode sei, das Konzept von Weltordnung unter amerikanischer Führung in eine praktische Strategie umzusetzen.

[95] Brzezinski, Weltmacht, S. 57. Brzezinski belässt es indes nicht bei dieser groben, kontinentalen Einteilung der Welt, sondern er differenziert die wichtigsten Spieler auf dem eurasischen ,Schachbrett': *Geostrategische Akteure* sind laut Brzezinski „Staaten, die die Kapazität und den nationalen Willen besitzen, über ihre Grenzen hinaus Macht oder Einfluß auszuüben, um den geopolitischen *status quo* in einem Amerikas Interessen berührenden Ausmaß zu verändern." Ebd., S. 66. *Geopolitische Dreh- und Angelpunkte* definiert Brzezinski als „Staaten, deren Bedeutung nicht aus ihrer Macht und Motivation resultiert, sondern vielmehr aus ihrer prekären geographischen Lage". Ebd., S. 66-67. Geographische Bezüge lassen sich bei Brzezinski somit einerseits auf der inter-kontinentalen Ebene (die Lage der Kontinente und deren Beziehungen zueinander), darüber hinaus aber auch auf einer intra-kontinentalen Ebene (die geographische Lage und Bedeutung bestimmter Staaten auf dem eurasischen Kontinent) herausarbeiten. Vgl. Feiner, Weltordnung, S. 204.

[96] Brzezinski, Weltmacht, S. 16.

Brzezinski beschreibt hier eine geographisch geprägte Sichtweise der Welt. Dies ist der Kern seiner Geopolitik: Die Vereinigten Staaten müssten ihre Außenpolitik insbesondere an lagebezogenen Gegebenheiten ausrichten und den entsprechenden herausgehobenen Zielregionen besondere Aufmerksamkeit beimessen.

Wie schon bei seinen Vordenkern impliziert die geopolitische Sichtweise Brzezinskis somit vor allem die Notwendigkeit einer aktiven Sicherheitspolitik im Sinne einer Einflussnahme der Vereinigten Staaten auf zentrale geopolitische Schlüsselregionen. Mackinder bezog diese aktive Einflussnahme im Sinne der Verfolgung eigener Interessen und der Durchsetzung politischer Ordnungsvorstellungen auf die Verhinderung einer deutsch-russischen Dominanz im *Heartland*, Spykman bezog den Anspruch der Einflussnahme auf die Gestaltung der politischen Entwicklung in den Randzonen der ‚Weltinsel'. Diese Zielformulierung findet sich auch bei Brzezinski. Stets begegnet uns also der Anspruch der Geopolitik, Handlungsanweisungen für die praktische Außen- und Sicherheitspolitik im Sinne einer Einflussnahme (Durchsetzung eigener Ordnungsvorstellungen) auf geopolitische Schlüsselregionen zu bieten.

Bei Mackinder und Spykman, gerade aber bei Brzezinski, erscheint Geopolitik zudem weniger als eine wissenschaftstheoretische Disziplin, sondern vielmehr als eine pragmatische Form des Regierungshandelns bzw. der Politikberatung. Geopolitik erscheint als unmittelbar handlungsorientierte Disziplin, deren Ziel weniger die theoretische Reflexion des Untersuchungsgegenstands ist, sondern vielmehr die direkte Politikberatung, der direkte Praxisbezug. Insbesondere Brzezinskis Geopolitik zeichnet sich durch ihre Nähe zur außen- und sicherheitspolitischen Praxis aus. Der Stratege sucht auf der Basis geographischer Gegebenheiten nach Handlungsanweisungen für die praktische Politik. Angelsächsische Geopolitik entwickelte sich nach dem Zweiten Weltkrieg insgesamt als eine pragmatische, geographiebezogene Spielart der Realpolitik – mit einer ungebrochenen Tradition bis in die heutige Zeit.

Der anwendungsbezogene, pragmatische Charakter der Geopolitik Brzezinskis lässt sich anhand einer Betrachtung des Konzepts der nationalen bzw. geopolitischen Interessen aufzeigen. Diesen kommt in Brzezinskis Ansatz besondere Bedeutung zu. Geopolitische Interessen sind für ihn der Ausgangspunkt einer jeden Geostrategie, die er als „den strategischen Umgang mit geopolitischen Interessen"[97] definiert. Damit wird der Anwendungsbezug deutlich, während er eine detaillierte theoretische Definition der Begriffe schuldig bleibt. Er stellt unter Beweis, dass ihm primär an einer praxisorientierten Politikempfehlung gelegen ist.[98]

---

[97] Ebd., S. 57.
[98] Zur Bedeutung von ‚geopolitischen Interessen' für Brzezinskis Geopolitik vgl. ebd., S. 57. Siehe zum Praxisbezug Brzezinskis auch Feiner, Weltordnung, S. 165.

In der Tat lassen sich zwischen den geopolitischen Strategen und der praktischen amerikanischen Außenpolitikformulierung zahlreiche Verbindungen ausmachen. Die geopolitischen Schriften beeinflussten stets auch die praktische Politik.[99] Gerade über die Geostrategie ist Geopolitik ein fester Bestandteil des amerikanischen Agierens in der Welt, es bestehen zahlreiche implizite wie explizite Wechselwirkungen zwischen Theorie und Praxis – wobei den Empfehlungen Brzezinskis hierbei eine besondere Bedeutung zukommt.[100] Die praktische Außen- und Sicherheitspolitik ist auch im amerikanischen Falle gleichwohl oft von pragmatischem Handeln geprägt. Geostrategie zeichnet sich daher weniger durch die Umsetzung theoretischer geopolitischer Schriften in die politische Praxis aus, sondern vielmehr durch die „Fähigkeit zu einer sachgemäßen und regional differenzierenden Erkenntnis der Weltlage und zu einer abgestuften Definition nationaler Interessen."[101] Der Gedanke verweist direkt auf den pragmatischen Charakter praktischen geopolitischen Handelns. Diese Unterscheidung wird uns später erneut begegnen.

Bei aller Thematisierung geopolitischen Denkens in den Vereinigten Staaten auch nach dem Zweiten Weltkrieg und bei der Rolle, die geopolitische Momente für die praktische Außenpolitik durchaus spielen, darf nicht übersehen werden, dass der Begriff ‚Geopolitik' selbst auch in der amerikanischen Wissenschaft und Publizistik lange Zeit weitgehend verpönt war.[102] Derjenige, der fast im Alleingang für die Renaissance des Begriffes verantwortlich zeichnete, war Henry Kissinger.[103] Kissinger versinnbildlicht allerdings deutlich die Auffächerung dessen, was als amerikanisches geopolitisches Denken bezeichnet wird. Denn sein Begriffsverständnis unterscheidet sich erheblich von dem anderer Theoretiker. Kissinger definiert Geopolitik folgendermaßen: „By ‚geopolitical' I mean an approach that pays attention to the requirements of equilibrium."[104] Diese Definition verdeutlicht: Kissinger versteht Geopolitik als Gleichgewichts-

---

[99] Diese Wechselwirkungen hat Fröhlich äußerst detailliert untersucht. Er kommt zu dem Schluss, dass die Praktiker der amerikanischen Außenpolitik im Verlauf des Kalten Krieges zwar keine direkte Umsetzung der geopolitischen Theoriemodelle verfolgten. Auf der indirekten Ebene habe es jedoch zahlreiche Verbindungen zwischen Theorie und Praxis gegeben. Vgl. Fröhlich, Zwischen selektiver Verteidigung und globaler Eindämmung. Unzweifelhaft bestanden stets Wechselwirkungen zwischen den geopolitischen Strategieempfehlungen und der praktischen Außenpolitik. Diese hatte auch während des – gemeinhin auf eine ideologische Auseinandersetzung reduzierten – Kalten Krieges mit der Sowjetunion geopolitische Implikationen, etwa hinsichtlich der Einflussnahme auf die europäische Gegenküste.

[100] Siehe zu dieser Einschätzung Feiner, Weltordnung, S. 176.

[101] Osterhammel, „Wiederkehr des Raumes", S. 383.

[102] Nur wenige Ausnahmen sind zu verzeichnen, unter anderem thematisierte der Geograph Saul B. Cohen Geopolitik ausführlich. Vgl. Cohen, Geography and Politics in a World Divided.

[103] Vgl. in diesem Zusammenhang Feiner, Weltordnung, S. 180.

[104] Henry Kissinger, The White House Years, Boston und Toronto 1979, S. 914.

politik, doch er bezieht nicht den geographischen Aspekt der zwischenstaatlichen Beziehungen in sein Verständnis von Geopolitik ein.[105] Kissingers Geopolitik ist aus diesem Grund nicht vereinbar mit der Geopolitik etwa eines Zbigniew Brzezinski, denn Bezüge zu geographischen Faktoren bleiben bei Kissinger stets nebensächlich und sind allenfalls durch Regionalisierungen innerhalb dieses globalen Kräftegleichgewichts und durch den Umstand gegeben, dass Kissingers Machtpolitik sich in einer Welt der Territorialstaaten abspielt.[106] Ausgehend vom Begriffsverständnis der Geopolitik als Machtpolitik entwickelte sich im anglo-amerikanischen Wissenschaftsbereich und vor allem auch in der Publizistik eine Strömung, die diesem Begriffsverständnis folgt. Geopolitik begegnet uns hier als Synonym für Weltordnungspolitik und als Beschreibung von Machtrivalitäten zwischen internationalen Mächten.

### 2.1.4  Die Vielfalt der geopolitischen Ansätze

Die bisher behandelten Theoretiker repräsentieren die anwendungsbezogene und auf die Formulierung nationaler Sicherheitsstrategien abzielende Spielart der amerikanischen Geopolitik. Eine entscheidende Wendung und damit auch eine weitere Facette des angelsächsischen geopolitischen Denkens findet sich in den Arbeiten des britischen Geographen Peter Taylor. Taylor geht über den Anwendungsbezug hinaus und thematisiert Geopolitik als wissenschaftlich-theoretische Disziplin. In seiner Analyse baut er teilweise auf Arbeiten seiner Vorgänger auf, setzt sich jedoch in seiner Methodik von ihnen ab. Taylor geht es weniger um Typisierungen von Regionen per se. Seine Zielsetzung ist vielmehr die Dekonstruktion, er untersucht also außenpolitische Entscheidungsprozesse und erforscht, *wie* Territorien bestimmt werden.[107]

Zu diesem Zweck nutzt Taylor eine Analysemethode, in deren Zentrum der Begriff der „geopolitical codes"[108] steht. Geopolitische Codes definiert er als „political geography assumptions that underlie a country's foreign policy."[109]

---

[105] Siehe zu diesem Gedanken Fröhlich, Zwischen selektiver Verteidigung und globaler Eindämmung, S. 438.

[106] So argumentiert Stefan Fröhlich, „Geopolitisches Denken und amerikanische Strategiepolitik während des Kalten Krieges", in: Diekmann, Krüger und Schoeps (Hrsg.), Geopolitik. Band 2, S. 559-589, hier S. 576 und S. 583.

[107] Vgl. Jürgen Oßenbrügge, „Entwicklungslinien der Politischen Geographie nach 1945. Konzeptionen der internationalen und globalen Maßstabsebene", in: Diekmann, Krüger und Schoeps (Hrsg.), Geopolitik. Band 2, S. 382-402, hier S. 390.

[108] Colin Flint und Peter Taylor, Political Geography. World-Economy, Nation-State and Locality, Essex 5. Auflage 2007, S. 45. Es handelt sich hierbei um die fünfte Auflage eines Buches, das Taylor erstmals im Jahr 1985 veröffentlichte.

[109] Ebd., S. 45.

Geopolitische Codes sind somit ein Analyseinstrument zur Untersuchung außenpolitischer Entscheidungsprozesse. Dessen grundlegender Ausgangspunkt ist das Konzept des nationalen Interesses.[110] Aufbauend auf einer Definition nationaler Interessen entwickeln Regierungen eine Wahrnehmung der geographischen Bedingungen zur Wahrung jener Interessen. Vor dem Hintergrund dieses politisch-geographischen bzw. geopolitischen Perzeptionsrahmens formulieren sie schließlich Strategien zur Interessenrealisierung.[111]

Auch der Historiker John Lewis Gaddis hat das Konzept der geopolitischen Codes auf eine Analyse der amerikanischen Außenpolitik angewendet und dabei für die Zeit des Kalten Krieges den *Containment*-Code als *den* prägenden Code herausgearbeitet.[112] Darauf bezieht sich auch Fröhlich, der die Unterscheidung in den regionalen und den globalen geopolitischen Code zur Grundlage seiner Arbeit zur amerikanischen Geopolitik macht.[113] Das Analyseinstrument zielt weniger auf objektive ‚Wahrheiten' als vielmehr auf Perzeptionen der handelnden Politiker ab. Taylor und Gaddis beschreiten mit ihren Arbeiten den Weg hin zu einer Dekonstruktion politischer Entscheidungsprozesse.

Die Entwicklung des geopolitischen Denkens nach dem Kalten Krieg zeigt einmal mehr dessen Vielfalt und Variantenreichtum. Der Ansatz der *Critical Geopolitics*[114] folgt dem von Taylor vorgezeichneten Weg, geht jedoch einen Schritt weiter. Kernthese des post-strukturalistischen Ansatzes ist, dass Räume nicht objektiv bestimmbar sind, sondern vielmehr von politischen Handlungsträgern sozial konstruiert werden.[115] Die ‚kritische Geopolitik' ist stark geprägt von den postmodernen Ansätzen etwa Michel Foucaults und Jacques Derridas. Das *Wie* der sozialen Konstruktion rückt in den Mittelpunkt der Untersuchungen, ebenso die bestimmten „sozialen Attribute" geographischer Gegebenheiten. Ziel der Analysen ist daher das Verstehen jener sozialen Konstrukte und der „diskursiven Praxis".[116] Die entsprechenden Ansätze stellen die Bedeutung sozialen Konstruktionen heraus. Somit zielt ‚kritische Geopolitik' stets auf die Anwen-

---

[110] Siehe zum Konzept des nationalen Interesses Kapitel 2.2 dieser Arbeit.

[111] Vgl. Flint und Taylor, Political Geography, S. 45.

[112] Vgl. John Lewis Gaddis, Strategies of Containment. A Critical Appraisal of Postwar American National Security Policy, Oxford und New York 1982.

[113] Vgl. Fröhlich, Zwischen selektiver Verteidigung und globaler Eindämmung. Fröhlich bezieht sich u. a. auf S. 20 auf die geopolitischen Codes.

[114] Siehe als Grundlagenwerk Geraóid Ó Tuathail, Critical Geopolitics. The Politics of Writing Global Space, London 1996. Siehe ferner Klaus Dodds, Geopolitics. A Very Short Introduction, Oxford und New York 2007 und Jan Helmig, „Geopolitik – Annäherung an ein schwieriges Konzept", in: Aus Politik und Zeitgeschichte 20-21/2007, S. 31-37.

[115] Vgl. Ó Tuathail, Critical Geopolitics, S. 59.

[116] Dies beschreibt Helmig, „Geopolitik", S. 34-35.

dung sozialwissenschaftlicher oder philosophischer Methoden im geographischen Kontext ab.[117]

Darüber hinaus lassen sich Versuche beobachten, die zumeist mit Machtpolitik und Konflikt assoziierte Geopolitik als ‚Friedenswissenschaft' zu etablieren. Auftrieb erhielten diese Versuche nach dem Ende des Kalten Krieges, als eine größere Anzahl entsprechender Publikationen veröffentlicht wurde. Die Geographen John O'Loughlin und Henning Heske werfen der traditionellen Geopolitik Determinismus vor, ferner sehen sie diese als Wegbereiterin von Imperialismus und Krieg. Die ‚Geopolitik des Friedens' definieren sie als eine geographische und politikwissenschaftliche Anstrengung, globale wie regionale politische und ökonomische Prozesse zu untersuchen, um so die Grundlage für Konfliktbeilegung und gemeinsame Sicherheit zu legen.[118] Neben allgemeinen Absichtserklärungen zeigen die Autoren gleichwohl keinen Weg auf, wie eine so definierte ‚Geopolitik des Friedens' realpolitisch umzusetzen sein könnte.

Auch nach dem Ende des Kalten Krieges ist das geopolitische Denken insgesamt nach wie vor von machtpolitischen Ansätzen geprägt: Ob Samuel Huntington mit seiner These sich feindlich gegenüberstehender Kulturräume[119] oder Immanuel Wallerstein[120] und Peter Barnett[121] mit ihren geographisch geprägten Untersuchungen über die zukünftige Ausrichtung der amerikanischen Außenpolitik: Geopolitische Weltbilder zeichnen sich auch nach der Zeitenwende primär durch die Analyse weltpolitischer *Konflikte* aus. Konfliktbezogen ist darüber hinaus auch ein weiterer Ansatz, der versucht, neue Determinanten des internationalen Systems mit einer klassischen geopolitischen Analyse zu verbinden. Diesen entwickelte der amerikanische Stratege Edward Luttwak: Die von ihm maßgeblich begründete Geoökonomie[122] ist von der Absicht geleitet, die Kontinuität geopolitisch motivierter Überlegungen auch in Zeiten der zunehmenden Ökonomisierung der internationalen Beziehungen zu gewährleisten.

---

[117] Vgl. ebd. und zum Überblick Simon Dalby, Creating the Second Cold War. The Discourse of Politics, New York 1990.

[118] Vgl. John O'Loughlin und Henning Heske, „From ‚Geopolitik' to ‚Geopolitique'. Converting a Discipline for War to a Discipline for Peace", in: Nurit Kliot und Stanley Waterman (Hrsg.), The Political Geography of Conflict and Peace, London 1991, S. 37-59. Siehe ferner Nurit Kliot, „The Political Geography of Conflict and Peace. An Introduction", in: ders. und Waterman (Hrsg.), Political Geography, S. 1-17.

[119] Samuel P. Huntington, The Clash of Civilizations and the Remaking of World Order, New York 1996.

[120] Immanuel Wallerstein, Alternatives: The U.S. Confronts the World, Boulder 2004.

[121] Peter Barnett, The Pentagon's New Map: War and Peace in the Twenty-First Century, New York 2004.

[122] Vgl. Edward N. Luttwak, Weltwirtschaftskrieg. Export als Waffe – aus Partnern werden Gegner, Reinbek bei Hamburg 1994, S. 36-48.

42

Luttwak und andere Geoökonomen gehen von der Annahme aus, dass ökonomisch-handelspolitische Methoden militärische Methoden in der Auseinandersetzung von Staaten ablösen – und dass der Nationalstaat eben *nicht* zunehmend von der Bildfläche verschwindet, sondern im Zuge neuer Konflikte aufgewertet wird: So lange Staaten existieren, werde es deren Triebkraft sein, miteinander zu konkurrieren – nun primär mit ökonomischen Mitteln. Dementsprechend definiert Luttwak Geoökonomie als „moderne Version der alten Rivalität zwischen den Staaten".[123] Luttwak zeichnet das Bild sich feindlich gegenüberstehender Wirtschaftsräume.

Auch die Entwicklung des geoökonomischen Denkens ist ein Ausdruck der Übergangsphase, in der sich die Geopolitik seit einigen Jahren befindet. Traditionelle bzw. neo-klassische Ansätze stehen neben neuen Ansätzen, praxisbezogene Strategieempfehlungen neben kritischen Analysen. Auch dies trägt zu dem verwirrenden Eindruck bei, der sich bei einer Beschäftigung mit der Geopolitik mitunter einstellt.

## 2.2 Zur definitorischen Klärung der Grundbegriffe

### 2.2.1 *Geopolitik: Praktisches geopolitisches Handeln und dessen wesenseigene Kriterien*

Die vorangegangene Analyse verdeutlicht, dass definitorische Schärfe angesichts des Dickichts an Strömungen, Konzepten und Meinungen schwer zu erreichen ist – selbst die als *point de départ* des historischen Exkurses gewählte, sehr weit gefasste Beschreibung des Untersuchungsgegenstands als Zusammenhang von Geographie und Politik lässt sich bei manchem Theoretiker nur schwerlich nachweisen. So unscharf ist der Begriff, dass Strömungen unter ihm zusammengefasst werden, die kaum Berührungspunkte haben, kaum miteinander vereinbar sind.

Geopolitik wird zumeist, auch dies ist eine Erkenntnis des historischen Exkurses, in einem *globalen* Rahmen definiert – etwa bezüglich der Lage von Kontinenten zueinander, wie insbesondere in den Schriften Mackinders, Spykmans und Brzezinskis. Eine ähnliche Definition findet sich auch bei Ó Tuathail, der Geopolitik mit dem „Olympian viewpoint" gleichsetzt, der dazu beitrage, das „big picture"[124] des Weltgeschehens abzubilden. Für den amerikanischen Politikwissenschaftler Robert Art ergibt sich das große geopolitische Bild aus einer

---

[123] Ebd., S. 114.
[124] Ó Tuathail, „Introduction", S. 1.

Analyse der „broad contours of the international environment".[125] Der Geograph Geoffrey Parker schließlich geht von folgendem Begriffsverständnis aus: Geopolitik sei die „study of the international scene from a spatial or geocentric viewpoint, the understanding of the whole – what Ritter called *Ganzheit* – being its ultimate object and justification."[126] Staaten seien die Bausteine, die Struktur des gesamten Systems sei das Erkenntnisinteresse der Geopolitik. Hier begegnet uns erneut der Bezug zur Globalität.

Der Grund für dieses Begriffsverständnis liegt in der Tatsache, dass insbesondere die angelsächsische Schule der Geopolitik, welche die Entwicklung des Untersuchungsgegenstands nach dem Zweiten Weltkrieg maßgeblich prägte, für die Sicherheitspolitik relevante politisch-geographische Zusammenhänge im Weltmaßstab untersucht. Die Lage von Kontinenten, ihre Beziehungen zueinander und die Einflüsse dieser kontinentalen Gegebenheiten auf die Politik von Staaten sind die großen Themen der angelsächsischen Geopolitik. Statt einzelne, regionale Räume zu untersuchen – wobei dies innerhalb des globalen Rahmens immer wieder Relevanz hat – entwarfen Theoretiker zumeist globale Szenarien. Realhistorisch wurzelt dieser Ansatz in der weltweiten Interessenlage des britischen Empire bzw. der Vereinigten Staaten von Amerika.[127]

Zudem wird Geopolitik oft im Kontext von Machtpolitik, Machtgleichgewicht und nationalen Interessen ohne expliziten geographischen Bezug definiert, auch hier zumeist im Sinne von Weltpolitik bzw. globalen Zusammenhängen. Beide Definitionsansätze verzerren den Untersuchungsgegenstand insofern, als sie von einer unter spezifischen Vorzeichen entwickelten amerikanischen Geopolitik abgeleitet sind und geopolitische Zusammenhänge unterhalb der globalen Ebene vernachlässigen. In ihrem weiten, ja globalen Anspruch engen sie den Untersuchungsgegenstand letztlich doch ein. Dies soll in einer dieser Arbeit zugrunde liegenden Definition vermieden werden. Insbesondere der bei manchem Theoretiker vernachlässigte geographische Bezug ist zudem ein konstitutiver Bestandteil der Geopolitik, der die unverzichtbare Grundlage einer entsprechenden Definition darstellt.[128]

Als Ausgangspunkt der Begriffsbestimmung dient somit die Feststellung, dass Geopolitik eine Analysemethode der internationalen Beziehungen mit be-

---

[125] Robert Art, A Grand Strategy for America, Ithaca und London 2003, S. xv.

[126] Parker, Western Geopolitical Thought, S. 2 (Hervorhebung im Original).

[127] Siehe hierzu – zumal mit Blick auf Brzezinskis Geopolitik – Feiner, Weltordnung, S. 204.

[128] Thiele argumentiert dementsprechend, der geographische Bezug sei konstitutiv für die Geopolitik: „Generell besteht Geopolitik für mich genau aus diesen beiden Wortzusammenhängen: die Frage der Geographie und die Frage politischer Ziele, Zwecke, Mittel die man entwickelt bzw. einsetzt – und der Zusammenhang, der zwischen diesen beiden Dingen, der Geographie und diesen politischen Zielen, Zwecken, Mitteln besteht. Das ist für mich im Grunde der Wirkungszusammenhang von Geopolitik." Interview mit Oberst i.G. Ralph Thiele, geführt am 27. Oktober 2010.

sonderem Bezug zur Geographie ist, einerseits als akademische Disziplin, andererseits als praktische Methode sicherheitspolitischer Entscheidungsfindung und –umsetzung.[129] Die akademische Disziplin ist geprägt von engen Bezügen zur Politischen Geographie und Anthropogeographie. Darüber hinaus bildete sich außerhalb des rein akademischen Bereichs jene militärisch-sicherheitspolitische Traditionslinie heraus, deren wichtigster Vertreter in Deutschland Karl Haushofer war. Auch in anderen Ländern existiert diese akademische Traditionslinie.[130] Die akademische Geopolitik untersucht mit einem analytisch-deskriptiven Anspruch den Einfluss, den geographische Gegebenheiten und Dynamiken auf politische Entwicklungen haben, wobei der Schwerpunkt auf außen- und sicherheitspolitischen Entwicklungen liegt.

In diesem Sinne argumentiert Brill, Geopolitik sei „die Untersuchung des Einflusses von Faktoren wie Geographie, Ökonomie und Bevölkerungszahl auf die Politik, insbesondere die Außenpolitik eines Staates."[131] Ein ähnliches Begriffsverständnis vertritt die österreichische Geopolitikerin Andrea Riemer. Riemer weist auf die verschiedenen Geofaktoren hin, womit sie die Teilbereiche der als Oberbegriff fungierenden Geopolitik benennt. Die Untersuchung des Zusammenhangs zwischen Ökonomie und internationaler Politik bezeichnet Riemer als Geoökonomie, die Untersuchung des Zusammenhangs zwischen Geographie und Strategie als Geostrategie.[132] Trotz des wissenschaftlichen Anspruchs ist den Ansätzen indes auch der Anwendungsbezug gemein: Geopolitische Analysen internationaler Zusammenhänge trachten danach, Strategieempfehlungen für die praktische Politik zu bieten. Insofern hat auch diese Tradition der akademischen Geopolitik stets einen Praxisbezug, wobei die Übergänge zum praktischen Regierungshandeln fließend sind und beide Varianten sich oftmals nicht klar voneinander abgrenzen lassen.

Geopolitik ist darüber hinaus eine sicherheitspolitische Methode und damit ein Ausdruck des praktischen Regierungshandelns – das, was Spykman als „planning of the security of a country in terms of its geographic factors"[133] definierte. Dieser praktischen sicherheitspolitischen Geopolitik, der Geopolitik als Ausschnitt aus der Gesamtheit des sicherheitspolitischen Regierungshandelns, kommt in dieser Arbeit ein besonderes Interesse zu. Die entsprechende Definition basiert also weniger auf wissenschaftlicher Reflexion, sondern vielmehr auf

---

[129] Korrespondenz mit einem Mitarbeiter des Auswärtigen Dienstes der Bundesrepublik Deutschland, 1. Juni 2010.

[130] Ebd.

[131] Heinz Brill, Geopolitik heute. Deutschlands Chance?, Frankfurt am Main und Berlin 1994, S. 20.

[132] Vgl. Andrea K. Riemer, Geopolitik und Strategie am Beginn des 21. Jahrhunderts. Theoretische Überlegungen (ISS International Security Studies Band 3), Frankfurt am Main u. a. 2006, S. 158-171.

[133] Spykman, Geography of the Peace, S. 5.

den „für die operative Politik relevanten Konzeptionen."[134] Eine entsprechende Definition kann von den bisherigen Aussagen abgeleitet werden, wobei das geographische Moment, der unmittelbare Anwendungsbezug sowie der Bezug zu sicherheitspolitischen Überlegungen die zentralen Bezugspunkte für eine Definition sind. Verschiedene weitere Aspekte ergänzen diesen Rahmen.

Versteht man praktische Geopolitik als einen von geographischen Gegebenheiten maßgeblich beeinflussten Ausdruck politischen Handelns, so ist die erste Richtschnur für eine Definition bereits gesteckt: Eine entsprechende Definition geht von Geopolitik als einem Prozess aus. Dieser steht im Kontext sicherheitspolitischer Interessendefinition und Interessenverfolgung. Damit ist eine Synthese geographischer und politikwissenschaftlicher Analyseansätze möglich. Geopolitik ist der „Kontext oder Rahmen, in dem nationale Interessen formuliert werden müssen. Auf der einen Seite stellen geographische Gegebenheiten einen wichtigen Einflussfaktor dar. (...) Auf der anderen Seite ist nur unter Beachtung der Machtverhältnisse im Raum eine realistische Interessenartikulation möglich."[135] Erinnert sei in diesem Zusammenhang insbesondere an Brzezinskis Begriffsverständnis der praktischen Geopolitik. Dieser geht von einem prozessualen Charakter der Geopolitik aus und stellt die Verfolgung geopolitischer Interessen in den Mittelpunkt der Definition.

In den Worten Osterhammels ist geopolitisches Handeln entlang dieser Kriterien weniger von der Umsetzung geopolitischer Theorien in die politische Praxis gekennzeichnet, sondern vielmehr von einer durchaus pragmatischen, oft vielleicht gar instinktiven „Fähigkeit zu einer sachgemäßen und regional differenzierenden Erkenntnis der Weltlage und zu einer abgestuften Definition nationaler Interessen."[136] Er spricht hier den oftmals pragmatischen Charakter der praktischen Geopolitik an: Weniger die wissenschaftlich angeleitete Entscheidungsfindung, sondern vielmehr die pragmatische Beschäftigung mit und Anerkennung von geographischen Dynamiken und sicherheitsrelevanten geographischen Gegebenheiten bestimmt oftmals die praktische geopolitische Politikformulierung. Geopolitik erscheint insgesamt eher als pragmatische Erfahrungslehre denn als ausgereifte Theorie bzw. Theorieumsetzung.

Schließlich begegnete uns im historischen Rückblick ein weiteres Moment, das für geopolitisches Handeln konstitutiv ist und daher einen zentralen Platz in der Definition einnimmt. Im Rahmen des historischen Rückblicks wurde wieder-

---

[134] Brill, „Geopolitik und deutsche Ostpolitik", S. 34.
[135] Sebastian Glatz, Die Energiesicherheit der Bundesrepublik Deutschland. Nationale Interessen im geopolitischen Kontext (Forum Junge Politikwissenschaft, Band 26), Bonn 2010, S. 64.
[136] Osterhammel, „Wiederkehr des Raumes", S. 383.

holt deutlich, dass das Moment der aktiven Sicherheitspolitik,[137] mithin der Einflussnahme und des Gestaltungsanspruchs in bestimmten geopolitischen Schlüsselregionen, geopolitisches Handeln prägt. Im Sinne eines weiten Sicherheitsverständnisses ist damit die Aufgabe eines Gemeinwesens angesprochen, seine Umwelt zu kontrollieren, um (potentiell) negative Entwicklungen zu beeinflussen oder zu verhindern.[138] Praktische Geopolitik zielt auf einen solchen gestaltenden Anspruch gegenüber geopolitischen Schlüsselregionen ab. Vor dem Hintergrund dieser Prämissen soll praktische Geopolitik wie folgt definiert werden:

*Praktische Geopolitik bezeichnet eine Methode der Sicherheitspolitik, deren Initiativen auf einer besonderen Berücksichtigung geographischer Faktoren (z.B. Raum, Lage, Demographie, Ressourcen) fußen und darauf aufbauend von der Definition und Verfolgung geopolitischer Interessen gekennzeichnet sind. Geopolitik ist als eine aktive Sicherheitspolitik zu verstehen, die vor diesem geographischen Hintergrund nach Einflussnahme in bestimmten Zielregionen sucht und dort mit einem Gestaltungsanspruch und der Durchsetzung von Ordnungsvorstellungen verbunden ist. Praktisches geopolitisches Handeln manifestiert sich demnach in geographisch begründeten, aktiven sicherheitspolitischen Initiativen.*

Das geographische Moment sowie das Moment der aktiven Sicherheitspolitik mit einem Gestaltungsanspruch sind konstitutiv für die vorgelegte Definition, beide Momente sind praktischen geopolitischen Ansätzen wesenseigen. Dabei ist gerade der Bezug zur Geographie unabdingbar, um das oftmals als Worthülse gebrauchte Präfix ‚geo' sinnvoll zu beschreiben: Geopolitische Ansätze kennzeichnet in erster Linie die grundlegende Bedeutung und die konkrete Anerkennung *geographischer Faktoren* für die Formulierung einer entsprechenden sicherheitspolitischen Initiative.

Die Definition geht zudem über die selbstverständliche und an sich wenig aussagekräftige Feststellung hinaus, dass geographische Gegebenheiten in gewisser Weise die Sicherheitspolitik eines Landes beeinflussen. Die Definition weist auf das *Wie* der Interaktion zwischen Geographie und Politik hin: Geopolitisches Handeln äußert sich in der grundlegenden Bedeutung geographischer Zusammenhänge, in der Definition und Verfolgung geopolitischer Interessen sowie in einem Gestaltungsanspruch in bestimmten Räumen. Diese drei Momente grenzen originär geopolitisches Handeln von bloßem Handeln im Raume ab, wie es aller Politik naturgemäß eigen ist.

---

[137] Definiert auch im Sinne Sedlmayrs, der darunter eine planvolle Ordnungspolitik versteht, die eine Einflussnahme auf eine bestimmte Region sucht und zudem mit einem Führungsanspruch verbunden ist. Vgl. Sedlmayr, Außen- und Sicherheitspolitik, S. 9.

[138] Vgl. Böckenförde, „Veränderung des Sicherheitsverständnisses", S. 12.

47

Es sollte deutlich werden, dass ein solches Verständnis von Geopolitik jenen geographischen Determinismus vermeidet, der die deutsche geopolitische Schule des vorigen Jahrhunderts charakterisierte. War diese von der Prämisse einer geographischen Bedingtheit der Politik[139] ausgegangen, ist für die vorgelegte Definition ein hohes Maß an Subjektivität kennzeichnend. Sie geht geradezu davon aus, dass die geopolitische Analyse einer Regierung von Erfahrungen, Wahrnehmungen und persönlichen Eindrücken der jeweiligen Entscheidungsträger geprägt ist. Einer der Gründe, warum Fröhlich den Begriff Geostrategie für geeigneter hält, liegt darin, dass er diesen aufgrund seiner größeren Offenheit und Subjektivität als weniger deterministisch interpretiert. Fröhlich definiert Geostrategie als

> „ein Strategiekonzept (militärisches, politisches und ökonomisches) (…), welches vor dem Hintergrund der Beurteilung der Bedeutung bestimmter geographischer Räume nach Ressourcen, Lage etc. (Unterscheidung zwischen vitalen und peripheren Interessenzonen) entwickelt wird und dabei gleichermaßen außergeographische Faktoren (…) zur Bereitstellung einer umfassenden Analyse der internationalen Beziehungen berücksichtigt."[140]

Definiert man Geopolitik jedoch als einen Politikprozess mit subjektiven Bezügen, so entgeht man ebenso dieser Gefahr einer deterministischen Sichtweise. Die vorgelegte Definition von Geopolitik deckt sich somit weitgehend mit Fröhlichs Definition von Geostrategie, wobei Geopolitik hier als umfassender Prozess der Perzeption internationaler Umstände, der Definition geopolitischer Interessen sowie deren Verfolgung verstanden wird.[141] Aus diesem Grund wird in der vorliegenden Arbeit der Bezeichnung ‚Geopolitik' ein Vorrang vor der als Ausschnitt aus der Gesamtheit des geopolitischen Handelns zu verstehenden ‚Geostrategie' gegeben.

Alle hier zitierten Äußerungen verdeutlichen: Geopolitik im Sinne einer Beschäftigung mit Raumfaktoren, geographischen Gegebenheiten, Zusammenhängen und Dynamiken kann, zumal wenn sie strategisch begründet ist, der prakti-

---

[139] Diese Grundannahme durchzieht alle Schriften der deutschen geopolitischen Schule. Eine entsprechende Referenz macht auch Feiner, Weltordnung, S. 168.

[140] Fröhlich, Zwischen selektiver Verteidigung und globaler Eindämmung, S. 54.

[141] Geopolitik ist anwendungsbezogen und somit ein Teil des praktischen Regierungshandelns, dies unterscheidet sie von der auf eine wissenschaftliche Analyse bezogenen Politischen Geographie. Während Politische Geographie und Geopolitik außerhalb Deutschlands oft synonym verwendet werden, sind gerade in Deutschland Versuche von Geographen zu beobachten, die Geographie von der als diskreditiert angesehenen Geopolitik ‚reinzuwaschen'. In der Bundesrepublik argumentierte so etwa Schöller, „Wege und Irrwege". Siehe auch Gerhard Sandner, „Wiederbegegnung nach 40 Jahren: Peter Schöller und der Start der Auseinandersetzung der Geographie mit der Geopolitik im ‚Dritten Reich'", in: Diekmann, Krüger und Schoeps (Hrsg.), Geopolitik. Band 2, S. 403-418.

schen Sicherheitspolitik eines Staates eine Orientierungshilfe und eine Richtschnur bieten, indem sie zu einer Priorisierung geographischer Räume beiträgt. Sie ist eine Methode, um sicherheitspolitische Entscheidungen bezogen auf bestimmte Räume strategisch zu begründen – zu begründen, welche Räume für die Sicherheit eines Staates herausgehobene Bedeutung haben, auf welche Räume ein Staat besonderes Augenmerk richten soll, in welchen Räumen ein Staat, abhängig von den politischen Entwicklungen vor Ort, durchaus auch gestaltenden Einfluss suchen soll.

Die vorangegangenen Überlegungen verdeutlichen, dass das raumbezogene Handeln eines Staates, welches den Kriterien der vorgelegten Definition folgt, ursächlich mehreren möglichen Ausprägungen entspringen kann. Dies sind idealtypische Beschreibungen, die Anhaltspunkte für die Wirkweisen geopolitischer Erörterungen bei der Politikformulierung bieten. Politisches Handeln, das die Trias von Geographie, Interessen und Einflussnahme miteinander verbindet, kann erstens Ausfluss einer bewussten, planmäßigen und konzeptionell reflektierten Beschäftigung mit der theoretischen Geopolitik und somit eine Umsetzung geopolitischer Theorien in die politische Praxis sein. Ein solch direkter, *theoriegeleiteter* Zusammenhang wird im deutschen Falle kaum zu beobachten sein. Hierfür fehlen der Politik klar formulierte geopolitische Referenzrahmen.

Die vorliegende Definition weist indes auf eine zweite mögliche Erscheinungsform praktischen geopolitischen Handelns hin, hebt diese hervor und stellt sie als dessen gängigste Form heraus. In diesem Sinne ist ein auf der Trias von Geographie, Interessen und Einflussnahme fußender geopolitischer Ansatz nicht das Ergebnis einer Beschäftigung mit geopolitischen Theorien, sondern vielmehr der Ausfluss einer sicherheitspolitisch motivierten, strategisch und konzeptionell reflektierten Beschäftigung mit den entsprechenden sicherheitsrelevanten geographischen Gegebenheiten. Diese erscheinen als strategisch reflektierte Grundlage einer originär sicherheitspolitischen Initiative.

Ein entsprechend fundierter Ansatz bringt, ohne unmittelbar von geopolitischen Theorien abgeleitet zu sein, eine pragmatische strategische Beschäftigung mit Raumfaktoren in die Entscheidungsprozesse ein. In diesem Sinne begegnet uns *pragmatisches* geopolitisches Handeln. Charakteristisch hierfür sind die bewusste strategische Beschäftigung mit Raumfaktoren als Ausgangspunkt einer Politikinitiative, die darauf aufbauende Definition sicherheitspolitischer Interessen und die Suche nach Einflussmöglichkeiten in geopolitischen Schlüsselregionen. Dies ist das eigentliche in der Definition thematisierte geopolitische Handeln als originär sicherheitspolitische Methode vor dem Hintergrund und auf der Grundlage einer dezidiert raumbezogenen Strategieplanung.

Zu trennen sind diese originär geopolitischen Ansätze von Begebenheiten, in denen geographische Faktoren in einen Entscheidungsprozess hineinwirken,

49

diesen Prozess jedoch nicht maßgeblich prägen, nicht als dessen Grundlage erscheinen, ihn nicht raumbezogen-strategisch begründen. Entsprechendes Handeln eines Staates mit geopolitischen Implikationen kann insofern durchaus das Resultat eines unbewussten und *unreflektierten* Umgangs mit geopolitischen Gegebenheiten sein – etwa als ein nicht strategisch-sicherheitspolitisch reflektiertes ,Beiprodukt' anderer Motivlagen, seien sie etwa innenpolitischen, bündnispolitischen oder idealistischen Ursprungs.

Die idealtypischen Beschreibungen geopolitischen Handelns bilden ein Raster für die Abschätzung geopolitischer Wirkweisen bei der Politikformulierung. Hierbei sind der bewusste Raumbezug und die Bedeutung des sicherheitspolitischen Impetus entscheidend. Beide Momente grenzen originär geopolitische Ansätze von unreflektiertem geopolitischem Handeln ab.

### 2.2.2 Geopolitische Interessen

Geopolitische Interessen sind ein Kernbestandteil geopolitischen Handelns, ja geradezu dessen Ausgangspunkt. Geopolitische Interessen leiten sich von nationalen Interessen ab, die der Politikwissenschaftler Joseph Frankel als „umfassendste Beschreibung des gesamten Wertkomplexes der Außenpolitik"[142] definiert. Ähnlich wie der Begriff Geopolitik bezeichnet der (oft verwendete aber selten eindeutig definierte) Begriff des nationalen Interesses einerseits eine Kategorie der Politikwissenschaft, andererseits ein Instrument der praktischen Außen- und Sicherheitspolitik. Gerade das außenpolitische Handeln basiert auf der Verfolgung von Interessen in der Welt, wobei Staaten Macht[143] einsetzen, um ihre Interessen durchzusetzen.[144]

---

[142] Joseph Frankel, zitiert nach Hacke, Außenpolitik der Bundesrepublik Deutschland, S. 535.

[143] Nach der klassischen Formel Max Webers „jede Chance, innerhalb einer sozialen Beziehung den eigenen Willen auch gegen Widerstreben durchzusetzen, gleichviel worauf diese Chance beruht." Max Weber, Soziologische Grundbegriffe, Tübingen 3. Auflage 1976, S. 71. Siehe insbesondere Christian Hacke, „Macht", in: Wichard Woyke (Hrsg.), Handwörterbuch Internationale Politik, Opladen und Farmington Hills 11. Auflage 2008, S. 311-325 und Karl Dietrich Bracher, Betrachtungen zum Problem der Macht, Opladen 1991.

[144] Vgl. Tobias Bunde, „Im deutschen Interesse? Der Begriff des ,nationalen Interesses' in der deutschen Außenpolitik", in: Arne Niemann (Hrsg.), Herausforderungen an die deutsche und europäische Außenpolitik. Analysen und Politikempfehlungen, Dresden 2005, S. 27-53, hier S. 27-31. Zu Stärken und Schwächen des Konzepts siehe ebd., S. 33-38. Siehe ferner Olaf Theiler (Hrsg.), Deutsche Interessen in der sicherheitspolitischen Kommunikation (Schriften der Akademie der Bundeswehr für Information und Kommunikation Band 24), Baden-Baden 2001. Hier werden auch Zweifel an der Nützlichkeit des Begriffes thematisiert, so insbesondere bei dem Politikwissenschaftler August Pradetto, der die politische Instrumentalisierbarkeit von nationalen Interessen hervorhebt und den Begriff daher gerade aus wissenschaftlicher Sicht nicht für hilfreich hält. Vgl. August Pradetto, „Interessen und ,nationale Interessen' in der Außen- und internationalen Politik. Definition und

Nationale Interessen gelten in Deutschland – durchaus analog zur Geopolitik – nach wie vor häufig als problematisch, weil der Begriff für manche einen Bezug zu Großmachtstreben und egoistischer Machtpolitik beinhaltet.[145] Dennoch ist der Begriff zur Klärung der Außenpolitik eines Landes „nützlich, weil er auf umfassende Weise eine Wunschperspektive umschreibt und gleichzeitig eine Vergleichsmöglichkeit für diese Wünsche mit der tatsächlichen Politik ermöglicht".[146] In diesem Zusammenhang – und in Abgrenzung zu jeder Art von Kreuzzungsmentalität in der Politik – hatte der Begründer der realistischen Schule, Hans Morgenthau, bereits in den 1950er Jahren nationale Interessen ins Zentrum seiner Analysen gestellt.[147]

Den Weg zur Definition geopolitischer Interessen innerhalb dieses Gesamtzusammenhangs beschreitet Frankel mit der Unterscheidung in *Subjectivists* und *Objectivists* bei der Definition nationaler Interessen.[148] Vor allem die konstruktivistische Schule interpretiert Interessen als Reflexion subjektiver Wünsche von Gruppen und Individuen und gibt so die zentrale Aussage der Subjektivisten wieder: Interessen seien das Ergebnis innenpolitischer Diskussionsprozesse und daher vor allem subjektiv geprägt. Der Politikwissenschaftler Alexander Siedschlag konstatiert folglich, dass nationale Interessen aufgrund der innenpolitisch motivierten, subjektiven Definition und wegen einer zunehmenden politischen und wirtschaftlichen Globalisierung immer weniger auf geographischen Faktoren beruhten: „Fest steht auf jeden Fall, dass Interessenbestimmungen sich immer weniger plausibel und innenpolitisch durchsetzbar aus geopolitischen Faktoren (…) herleiten lassen."[149]

Die Position der ‚Objektivisten' weist wiederum auf den geopolitischen Gehalt hin, den nationale Interessen durchaus haben. Auch wenn die entsprechenden Wissenschaftler neben geographischen Faktoren auch innenpolitische

---

Reichweite des Begriffs", in: Theiler (Hrsg.), Deutsche Interessen, S. 33-68. An die entsprechenden Positionen ist der folgende kurze Überblick angelehnt.

[145] Vgl. Bunde, „Im deutschen Interesse?", S. 30 sowie allgemein Christian Hacke, „Nationales Interesse als Handlungsmaxime für die Außenpolitik Deutschlands", in: Karl Kaiser und Joachim Krause (Hrsg.), Deutschlands neue Außenpolitik. Band 3: Interessen und Strategien (Schriften des Forschungsinstituts der Deutschen Gesellschaft für Auswärtige Politik e.V., Bonn, Reihe Internationale Politik und Wirtschaft Band 62), München 1996, S. 3-13.

[146] Hacke, Außenpolitik der Bundesrepublik Deutschland, S. 535.

[147] Vgl. Hans Morgenthau, In Defense of the National Interest. A Critical Examination of American Foreign Policy, New York 1951, S. 37. Siehe ferner Christoph Rohde, Hans J. Morgenthau und der weltpolitische Realismus, Wiesbaden 2004, S. 166-167. Siehe zu Vor- und Nachteilen des Interessenkonzepts Bunde, „Im deutschen Interesse?", S. 33-38.

[148] Vgl. Joseph Frankel, National Interest, London 1970, S. 16-17.

[149] Alexander Siedschlag, „Definition und Reichweite des Interessenbegriffs in den Internationalen Beziehungen. Unter besonderer Berücksichtigung innenpolitischer Aspekte der Interessendefinition in der deutschen Außen- und Sicherheitspolitik", in: Theiler (Hrsg.), Deutsche Interessen, S. 17-32, hier S. 23-24.

Bestimmungsfaktoren für die Definition nationaler Interessen anerkennen, liegt deren Schwerpunktsetzung auf den objektiven Gegebenheiten: Interessen seien objektiv bestimmbar, sie ergäben sich also zum Beispiel aus der geographischen bzw. geopolitischen Lage eines Staates sowie aus dessen Machtposition im (anarchischen) internationalen System. Diese Gedanken weisen auf das Interessenkonzept des außenpolitischen Realismus hin.[150]

Hacke verortet dementsprechend geopolitische Faktoren ganz oben auf der Liste jener Faktoren, die das nationale Interesse prägen.[151] Auch Görtemaker argumentiert: „Die Determinanten der neuen deutschen Außenpolitik ergeben sich jedenfalls heute (…) zu einem erheblichen Teil auch wieder aus der geographischen Lage."[152] So verstanden sind Interessen geradezu ein zentraler Bestandteil geopolitischer Überlegungen.[153] Der geopolitische Gehalt der Interessen ergibt sich folglich erstens aus den geographischen Gegebenheiten eines Staates, die (neben anderen Faktoren) in die Definition spezifischer Interessen einfließen. Die Definition von Interessen ist darüber hinaus zweitens ein Ausdruck praktischen geopolitischen Handelns eines Staates im geographischen Umfeld. Beide Momente bedingen sich unmittelbar und weisen auf eine Definition geopolitischer Interessen hin.

*Geopolitische Interessen sind Interessen, die aus der geopolitischen Lage eines Staates erwachsen und bezeichnen somit jene Zielvorstellungen, die auf geographische Faktoren zurückzuführen sind.* Obwohl auch geopolitische Interessen im Verlauf eines Definitionsprozesses innenpolitisch formuliert werden und somit zweifellos ein hohes Maß an Subjektivität aufweisen,[154] haben sie letztlich doch objektive Grundlagen im Sinne geographischer Gegebenheiten, die politische Entscheidungsträger in die Formulierung der Außen- und Sicherheitspolitik einzubeziehen haben.

---

[150] Siehe zu diesen Gedanken die entsprechende Diskussion bei Bunde, „Im deutschen Interesse?" sowie Rainer Baumann, Volker Rittberger und Wolfgang Wagner, Macht und Machtpolitik. Neorealistische Außenpolitiktheorie und Prognosen für die deutsche Außenpolitik nach der Vereinigung (Tübinger Arbeitspapiere zur internationalen Politik 30), Tübingen 1998 und Rohde, Morgenthau, S. 155-167. Gleichwohl sind die Interessen der wiedervereinigten Bundesrepublik nicht allein mit der neuen Lage bzw. Machtposition zu erklären. So weist etwa der Politikwissenschaftler Dieter Senghaas darauf hin, dass die deutschen Interessen „verflochtene Interessen" seien und auch von den institutionellen Einbindungen Deutschlands bestimmt seien. Vgl. Dieter Senghaas, „Deutschlands verflochtene Interessen", in: Internationale Politik 8/1995, S. 31-37.

[151] Vgl. Hacke, Außenpolitik der Bundesrepublik Deutschland, S. 540.

[152] Görtmaker, „Zeitgeist und Geopolitik", S. 33.

[153] Vgl. Riemer, Strategie wofür?, S. 49.

[154] Vgl. Bunde, „Im deutschen Interesse?", S. 33.

### 2.2.3 Geopolitische Herausforderungen

Geopolitische Interessen als Ausfluss der geopolitischen Lage eines Staates sind auch von spezifischen (geographisch beschreibbaren) Sicherheitsherausforderungen bedingt, mit denen ein Staat sich konfrontiert sieht. *Geopolitische Herausforderungen bezeichnen dabei die ganze Bandbreite politischer Krisen, Konflikte und Entwicklungen, die insbesondere aufgrund geographischer Zusammenhänge unmittelbar oder potentiell negative Rückwirkungen auf die Sicherheit eines Staates haben.* Dazu gehören politische Konflikte, die wegen der räumlichen Nähe bzw. der spezifischen Lage der Krisenregion die Sicherheit eines Staates direkt oder indirekt beeinflussen. Damit geht oftmals auch eine demographische Folge in Form von unkontrollierten Migrationswellen einher. Auch das geologische bzw. geographische Moment der Ressourcenverteilung stellt bei politischer Instrumentalisierung eine geopolitische Herausforderung dar. Die verschiedenen Aspekte geopolitischer Herausforderungen werden im Verlauf der Untersuchung näher spezifiziert.

### 2.2.4 Geopolitische Codes

Die zentralen Fragen dieser Untersuchung beziehen sich auf die geopolitischen Wahrnehmungen von Entscheidungsträgern sowie auf die Art und Weise, in der diese Perzeptionen die Definition und Verfolgung geopolitischer Interessen beeinflussen. Es gilt zu untersuchen, wie Entscheidungsträger die internationalen Gegebenheiten nach dem Kalten Krieg aufgriffen und inwiefern sie auf die Umbrüche im internationalen System mit geopolitischen Ansätzen im Sinne einer raumbezogenen Sicherheitspolitik reagierten.

Um diese Fragen zu erörtern, ist das von Taylor eingeführte Analyseinstrument der geopolitischen Codes hilfreich. Diese sind ein konkreter Ausdruck der wissenschaftlich-theoretischen Form der Geopolitik. Zur Erinnerung: Taylor definiert geopolitische Codes als „political geography assumptions that underlie a country's foreign policy."[155] Geopolitische Codes beschreiben damit die subjektiven Aspekte der oben entwickelten allgemeinen Definition von Geopolitik, sie lenken den Fokus der Analyse auf Wahrnehmungen und subjektive Aspekte der Politikformulierung.[156]

---

[155] Flint und Taylor, Political Geography, S. 45.
[156] In diesem Sinne folgt die Analyse in dieser Arbeit dem Konzept der geopolitischen Codes insofern, als hier ebenfalls die Definitionsbestrebungen geopolitischer Interessen bzw. außenpolitische Entscheidungsprozesse untersucht werden. Sie folgt indes nicht dem Ansatz der ebenfalls darauf aufbauenden kritischen Geopolitik, die auf der These der sozialen Konstruktion von Räumen beruht.

Vor diesem Hintergrund ist nun zunächst zu fragen, welche Thematisierung die Geopolitik nach dem Kalten Krieg in der deutschen Wissenschaftslandschaft fand und inwiefern sich hier Anknüpfungspunkte für die praktische Politik auffinden lassen.

# 3 ‚Renaissance der Geopolitik' in der wissenschaftlichen Debatte nach 1990?

Nach dem Zweiten Weltkrieg wurde die Thematisierung der Geopolitik in der deutschen Wissenschaftslandschaft über Jahrzehnte vernachlässigt, ja tabuisiert. Aufgrund des schwierigen Erbes der deutschen Geopolitik in der Zwischenkriegszeit und während des ‚Dritten Reichs' galt die Geopolitik als historisch belastet, wurde insbesondere von der Politischen Wissenschaft nicht als Analysekategorie herangezogen. Während des Kalten Krieges war es im deutschen Sprachraum daher insbesondere die Geographie, die die Wechselwirkungen zwischen Geographie und Politik untersuchte. Nur vereinzelt forderten auch Politikwissenschaftler die Beschäftigung mit der diskreditierten Geopolitik.[157]

Der Geograph Josef Matznetter formulierte die Forderung an die Politikwissenschaft, die Tabuisierung geopolitischen Denkens zu überwinden. Das Verhältnis von Politischer Geographie und Politischer Wissenschaft sei praktisch inexistent, konstatierte Matznetter im Jahr 1977 und bemängelte die geringe Gesprächsbereitschaft in beiden Disziplinen. Für die Gesellschafts- und Sozialwissenschaften führe dies zu einer zunehmend a-historischen und a-geographischen Grundtendenz. Die Politische Wissenschaft sei gefordert, in Zukunft verstärkt geographische Zusammenhänge in ihre Analysen einzubeziehen.[158] Matznetter bot mit seinem Sammelband, der grundlegende Aufsätze von Ratzel über Mackinder bis zu Peter Schöller umfasst, eine Bestandsaufnahme geopolitischen Denkens im Laufe der Jahrzehnte.[159] Weitere Geographen, die sich zumal im Verlauf der 1980er Jahre in ihren Studien um eine solche Be-

---

[157] So im Jahr 1985 der Politikwissenschaftler Hans-Peter Schwarz, der bemerkte, dass das Vakuum, das nach der Diskreditierung der Geopolitik eingetreten war, noch nicht gefüllt sei. Vgl. Schwarz, Die gezähmten Deutschen, S. 137. Einen Überblick über geopolitische Schriften während des Kalten Krieges bietet Heinz Brill, „Politische Geographie in Deutschland", in: Zeitschrift für Politik 39. Jg. 1/1992, S. 86-109.

[158] Vgl. zu dieser Kritik Matznetter, „Einleitung", S. 23-25.

[159] Vgl. Matznetter, Politische Geographie.

standsaufnahme bemühten, waren etwa Klaus-Achim Boesler,[160] Jürgen Oßenbrügge,[161] Ulrich Ante[162] und Klaus Kost.[163]

In den 1980er Jahren griff auch die deutsche Geschichtswissenschaft geopolitische Erklärungsmuster verstärkt auf, um die deutsche Rolle in Europa zu analysieren. Hier spielte insbesondere der Bezug auf die deutsche Mittellage in Europa eine Rolle.[164] Erwähnt sei an dieser Stelle der Historiker Michael Stürmer, dessen außenpolitische Analysen stets maßgeblich von einer Thematisierung der deutschen Mittellage in Europa geprägt sind.[165] Der Historiker Andreas Hillgruber nutzte bereits im Jahr 1980 ähnliche Erklärungsmuster für seine Geschichte Preußens: Das Land habe der Herausforderung begegnen müssen, Außenpolitik aus der Position einer geopolitischen Mittellage im Herzen Europas zu formulieren.[166] Es war insbesondere der Bezug auf die Mittellage, der in den 1980er Jahren geopolitische Erklärungsmuster in die deutsche Geschichtswissenschaft hineintrug, wenn auch der Begriff Geopolitik selbst bewusst vermieden wurde.[167] Die entsprechenden Schriften haben wiederum in der Regel einen historischen Anspruch. Erst nach dem Ende des Kalten Krieges begegnen uns (auch und vor allem in der Politikwissenschaft) geopolitische Erklärungsmuster mit Blick nicht auf die vergangene, sondern auf die zeitgenössische und zukünftige deutsche Außenpolitik.

---

[160] Klaus-Achim Boesler, Politische Geographie, Stuttgart 1983.

[161] Jürgen Oßenbrügge, Politische Geographie als räumliche Konfliktforschung. Konzepte zur Analyse der politischen und sozialen Organisation des Raumes auf der Grundlage anglo-amerikanischer Forschungsansätze (Hamburger Geographische Studien 40), Hamburg 1983.

[162] Ulrich Ante, Zur Grundlegung des Gegenstandsbereiches der Politischen Geographie. Über das ‚Politische' in der Geographie, Stuttgart 1985.

[163] Klaus Kost, Die Einflüsse der Geopolitik auf Forschung und Theorie der Politischen Geographie von ihren Anfängen bis 1945. Ein Beitrag zur Wissenschaftsgeschichte der Politischen Geographie und ihrer Terminologie unter besonderer Berücksichtigung von Militär- und Kolonialgeographie (Bonner Geographische Abhandlungen 76), Bonn 1988 und allgemein Brill, „Politische Geographie in Deutschland".

[164] Siehe als Überblicksdarstellung Hans-Peter Schwarz, „Das deutsche Dilemma", in: Karl Kaiser und Hanns W. Maull (Hrsg.), Deutschlands neue Außenpolitik. Band 1: Grundlagen (Schriften des Forschungsinstituts der Deutschen Gesellschaft für Auswärtige Politik e.V., Bonn, Reihe Internationale Politik und Wirtschaft Band 59), München 1994, S. 81-97.

[165] Vgl. beispielsweise Michael Stürmer, Die Grenzen der Macht. Begegnung der Deutschen mit der Geschichte, Berlin 1992.

[166] Vgl. den Ansatz bei Andreas Hillgruber, Die gescheiterte Großmacht. Eine Skizze des deutschen Reiches 1871-1945, Düsseldorf 1980.

[167] Siehe als entsprechende Überblicksdarstellung zu dem hier beschriebenen Gesamtzusammenhang Josten, Gibt es eine Renaissance der Geopolitik?, S. 21-24 sowie kritisch Hans-Ulrich Wehler, Entsorgung der deutschen Vergangenheit? Ein polemischer Essay zum „Historikerstreit", München 1988.

## 3.1 Die Debatte um Kontinuität und Wandel der deutschen Außen- und Sicherheitspolitik

Mit der deutschen Wiedervereinigung veränderten sich nicht nur die internationalen Parameter, auch die deutsche Außenpolitik selbst wandelte sich. Über das Ausmaß von Kontinuität und Wandel vom Übergang aus der Bonner zur Berliner Republik gibt es seit Jahren eine wissenschaftliche Debatte, geht es für die Bundesrepublik doch um nicht weniger als die „Neukalibrierung außenpolitischer (...) Handlungsprioritäten".[168] Betont ein Teil der Politikwissenschaft die Bedeutung von Kontinuitätslinien, hebt ein anderer Teil den grundlegenden Wandel in Substanz und Mitteln der deutschen Außen- und Sicherheitspolitik seit den frühen 1990er Jahren hervor.[169] Beide Positionen sind mit entsprechenden Wertungen verbunden, haben eine klare normative Konnotation: Die Anhänger der Kontinuitäts-These fordern zumeist, Deutschland solle die Rolle als multilateral und kooperativ agierende ‚Zivilmacht' beibehalten, während die Vertreter der These des Wandels eine ‚Normalisierung' der deutschen Außen- und Sicherheitspolitik im Sinne einer stärkeren Interessenorientierung fordern. Zur Debatte stehen somit das ‚Zivilmacht-Konzept' und das ‚realistische Konzept'.

Die Debatte begann fast unmittelbar nach der Wiedervereinigung und erreichte Mitte der 1990er Jahre einen ersten Höhepunkt. Sie setzte sich im Zuge des Schröder'schen Nein zum amerikanischen Irak-Krieg Mitte der 2000er Jahre fort. Eine kurze Skizzierung der Positionen ist geboten, denn im Kontext dieser Debatte ist auch eine erneute Beschäftigung mit geopolitischen Zusammenhängen zu sehen: Verschiedene Wissenschaftler bezogen sich in ihren Äußerungen sowie in den Forderungen an die deutsche Außen- und Sicherheitspolitik auf geopolitische Argumentationsmuster. Diese bildeten die Grundlage der entsprechenden Argumentation.

Kontinuität in der deutschen Außenpolitik von der Bonner zur Berliner Republik betont der Politikwissenschaftler Hanns W. Maull. Noch im Jahr 2006 hob Maull auch angesichts der gewaltigen weltpolitischen Umbrüche Kontinuität

---

[168] Wilfried von Bredow, „Machtpolitikresistenzanordnungsproblem", in: WeltTrends 43 (Sommer) 12. Jahrgang, 2004, S. 18-22, hier S. 18.

[169] Im Spiegel der Theorien Internationaler Beziehungen erwarteten die realistischen Denkansätze eine stärkere Machtorientierung und die Suche nach neuen Einflussmöglichkeiten durch das wiedervereinigte Deutschland. Siehe hierzu den pointierten Artikel von John J. Mearsheimer, „Back to the Future. Instability in Europe after the Cold War", in: International Security, Vol. 15, No. 1 (Summer 1990), S. 5-56. Anhänger institutionalistischer Denkschulen betonten hingegen die anhaltende Bedeutung der Einbindung in europäische und atlantische Organisationen. Siehe hierzu Ernst-Otto Czempiel, „Determinanten zukünftiger deutscher Außenpolitik", in: Aus Politik und Zeitgeschichte 24/2000, S. 13-21. Siehe zu der Debatte auch Thomas Risse, „Kontinuität durch Wandel: Eine ‚neue' deutsche Außenpolitik?", in: Aus Politik und Zeitgeschichte 11/2004, S. 24-31.

sowohl in den Grundorientierungen als auch im *modus operandi* der deutschen Außenpolitik hervor, sprach gar von „Beharrungstendenzen".[170] Die Wertorientierung sowie die Ablehnung von militärischer Macht, die Absage an Sonderwege, die Westbindung, der Souveränitätsverzicht zugunsten einer vertieften europäischen Integration sowie die Wahrung der Sicherheit und Stabilität Gesamteuropas sind für Maull die wesentlichen Kontinuitätslinien in der außenpolitischen Grundorientierung Deutschlands. Kontinuität hinsichtlich des *modus operandi* sieht Maull in der Politik der Vertrauensbildung, der Präferenz für multilaterale Ansätze, der „Kultur der Zurückhaltung", der Suche nach Kompromissen sowie in dem „Engagement für eine Institutionalisierung und Verrechtlichung" der internationalen Beziehungen.[171]

Maull fasst dies im Konzept der „Zivilmacht" zusammen.[172] Dieses sei seit der Wiedervereinigung nie grundsätzlich in Frage gestellt, lediglich hier und da modifiziert worden: Eine stärkere Betonung militärischer Macht, eine selbstbewusstere Betonung nationaler Interessen sowie eine neue außenpolitische Rhetorik zählt Maull dazu – auch über vermeintliche Zäsuren wie Regierungswechsel hinweg.[173] „Insgesamt zeichnen sich (…) offenbar weniger gewollte und bewusste Kontinuitätsbrüche als vielmehr eine gewisse Lässigkeit im Umgang mit dieser Kontinuität ab".[174] Kontinuitätslinien hätten aus verschiedenen (auch innenpolitischen) Gründen an Bedeutung verloren, seien aber nach wie vor gültig. Maull lässt indes keinen Zweifel daran, dass er diese Zivilmacht-Orientierung gutheißt.

Dementsprechend argumentiert auch der Politikwissenschaftler Gunther Hellmann deutlich normativ in einem Artikel „Wider die machtpolitische Resozialisierung der deutschen Außenpolitik."[175] Er plädiert für die Beibehaltung einer zivilen Außenpolitik und wendet sich entschieden gegen die machtpolitische ‚Normalisierung' der deutschen Außenpolitik. Eine weitere Vertreterin der Kontinuitäts-These ist die Politikwissenschaftlerin Helga Haftendorn. Sie betont weniger die Zivilmacht-Rolle, sondern hebt vielmehr die internationalen Interde-

---

[170] Hanns W. Maull, „Die prekäre Kontinuität: Deutsche Außenpolitik zwischen Pfadabhängigkeit und Anpassungsdruck", in: Manfred G. Schmidt und Reimut Zohlnhöfer (Hrsg.), Regieren in der Bundesrepublik Deutschland. Innen- und Außenpolitik seit 1949, Wiesbaden 2006, S. 421-446, hier S. 421.

[171] Ebd., S. 425-426.

[172] Vgl. Hanns W. Maull, „Deutschland als Zivilmacht", in: Schmidt, Hellmann und Wolf (Hrsg.), Handbuch, S. 73-84 und ders. „Zivilmacht Bundesrepublik Deutschland. Vierzehn Thesen für eine neue deutsche Außenpolitik", in: Europa-Archiv 10/1992, S. 269-278.

[173] Vgl. Maull, „Die prekäre Kontinuität".

[174] Hanns W. Maull, „‚Normalisierung' oder Auszehrung? Deutsche Außenpolitik im Wandel", in: Aus Politik und Zeitgeschichte 11/2004, S. 17-23, hier S. 20.

[175] Gunther Hellmann, „Wider die machtpolitische Resozialisierung der deutschen Außenpolitik. Ein Plädoyer für offensiven Idealismus", in: WeltTrends 42 (Frühjahr) 12. Jahrgang, 2004, S. 79-88.

pendenzen hervor. So bleibe auch das wiedervereinigte Deutschland fest in Europa eingebunden. Dies sei ein Kennzeichen für außenpolitische Kontinuität.[176] Haftendorn sieht einen Wandel höchstens hinsichtlich des Stils der deutschen Außenpolitik – mit einem selbstbewussteren Auftreten nach dem Amtsantritt der rot-grünen Bundesregierung nach 1998.[177]

Eine Reihe außenpolitischer Beobachter forderte nach der Wiedervereinigung eine Neuausrichtung der deutschen Außenpolitik. Diese Position lässt sich unter dem Schlagwort einer ‚Normalisierung' zusammenfassen. Ziel der ‚Normalisierung' sei es, dass die Bundesrepublik eine Außenpolitik entlang der Richtschnur nationaler Interessen verfolgen solle. Mit Gregor Schöllgen forderte ein prominenter Historiker und ausgewiesener Kenner der deutschen Außenpolitik bereits unmittelbar nach der Wiedervereinigung eine Besinnung auf die Formulierung nationaler Interessen, verbunden mit der Feststellung: „Gänzlich unerwartet sieht sich die Bundesrepublik angesichts des wachsenden eigenen Gewichts und des dramatischen Zerfalls der alten Machtstrukturen im östlichen Europa in die Rolle einer europäischen Großmacht gedrängt."[178] Die Bundesrepublik als Großmacht – diese These vertrat der Historiker mit Nachdruck schon früh in den 1990er Jahren und forderte, die Bundesrepublik müsse diese neue Lage realistisch anerkennen und verantwortungsvoll damit umgehen.[179] Deutschland dürfe sich nicht weiter von der Vergangenheit lähmen lassen und müsse in Zukunft die eigenen Interessen definieren, anerkennen und verfolgen. Selbstverständlich sei dabei, dass die Bundesrepublik ihre neue Macht in den Dienst der Völkergemeinschaft stellen und auch weiterhin in internationale Strukturen eingebunden bleiben müsse.[180]

Ähnlich argumentiert der Politikwissenschaftler Hans-Peter Schwarz, der Deutschland als „Zentralmacht Europas"[181] bezeichnet. Die Lage der Bundesre-

---

[176] Vgl. dazu etwa Haftendorn, Deutsche Außenpolitik, S. 388-390 und dies., „Gulliver in der Mitte Europas. Internationale Verflechtung und nationale Handlungsmöglichkeiten", in: Kaiser und Maull (Hrsg.), Deutschlands neue Außenpolitik. Band 1, S. 129-152. Siehe zu der Position auch Dirk Peters, „The debate about a new German foreign policy after unification", in: Volker Rittberger (Hrsg.), German foreign policy since unification. Theories and case studies (Issues in German Politics), Manchester und New York 2001, S. 11-33, hier S. 20-24. Siehe auch die entsprechende Argumentation des Politikwissenschaftlers Karl Kaiser, etwa in dem von ihm herausgegebenen Band über die Zukunft der deutschen Außenpolitik, aus dem deutlich die Erwartung von Kontinuität spricht: Karl Kaiser (Hrsg.), Zur Zukunft der Deutschen Außenpolitik. Reden zur Außenpolitik der Berliner Republik, Bonn 1998.
[177] Vgl. Haftendorn, Deutsche Außenpolitik, S. 389.
[178] Schöllgen, Angst vor der Macht, S. 7.
[179] Vgl. ebd., S. 41.
[180] Vgl. Gregor Schöllgen, „Geschichte als Argument. Was kann und was muß die deutsche Großmacht auf dem Weg ins 21. Jahrhundert tun?", in: Internationale Politik 2/2007, S. 1-7.
[181] Hans-Peter Schwarz, Die Zentralmacht Europas. Deutschlands Rückkehr auf die Weltbühne, Berlin 1994.

publik führe dazu, dass Deutschland europaweit und im Vergleich mit anderen europäischen Staaten in einer „überlegenen Position"[182] sei. Verbunden mit dem politischen, demographischen und ökonomischen Potential sei das Land die (nicht nur geographisch) zentrale Macht des Kontinents. Die Deutschen jedoch gewöhnten sich erst langsam an das neue Machtpotential. Schwarz folgert aus seinen Beobachtungen, dass eine stringente Definition und Verfolgung nationaler Interessen dringend geboten sei.

Beide Autoren veröffentlichten diese Thesen erstmals Anfang bis Mitte der 1990er Jahre. Zu der Zeit bildete sich in Wissenschaft und Publizistik zudem eine ‚neue demokratische Rechte' heraus, deren Autoren zumeist für konservative Publikationen wie *Die Welt* schrieben. Sie gingen in ihren Forderungen weiter als diese moderaten Befürworter einer stärker an eigenen Interessen ausgerichteten deutschen Außenpolitik. In dem Kreis der neuen Rechten wurde selbst die außenpolitische Maxime der Westbindung hinterfragt – auch wenn sich die entsprechenden Autoren nach Abwägung der Alternativen schließlich doch gegen eine solcherart unilaterale Politik aussprachen.[183]

Die Debatte flammte einige Jahre später erneut auf. Angesichts des deutsch-amerikanischen Zerwürfnisses in der Irak-Krise veröffentlichte Schöllgen zu Beginn der 2000er Jahre einen Essay, der *Deutschlands Rückkehr auf die Weltbühne*[184] beschreibt. Internationale Politik versteht Schöllgen hier als klassische Machtpolitik. Deren konstitutive Momente seien Macht, Machtgleichgewichte und die Bildung von Gegenmacht gegen eine vorherrschende Macht. Er interpretiert die deutsch-französische Achse als eine solche Gegenmacht, sieht die Bundesrepublik gar als „führende Gegenmacht zu den USA",[185] die durch die Gegenmachtbildung „zu sich selbst"[186] fand. Hier kommt erneut die Idee einer ‚Normalisierung' zum Vorschein: Deutschland habe sich zu einer selbstbewussten Macht emanzipiert, vertrete eigenständig seine Interessen und habe so die Komplexe der Vergangenheit zugunsten einer ‚normalen' Rolle auf der Weltbühne hinter sich gelassen.

Es wäre ein Missverständnis davon auszugehen, dass diese Sichtweise nur in konservativen Kreisen vorherrscht. Einer der wortgewaltigsten Rufer nach einer ‚Normalisierung' der deutschen Außenpolitik ist seit Jahren schon der Sozialdemokrat Egon Bahr. Für Bahr ist es ‚Normalität', dass Macht einen zentralen Stellenwert im internationalen System hat und dass Realpolitik Realität

---

[182] Ebd., S. 75.

[183] Siehe zu dieser Gruppe vor allem Peters, „The debate about a new German foreign policy", S. 15-17. Aus diesem Kreis stammt auch die dezidiert geopolitische Studie von Alfred Zänker, Epoche der Entscheidungen. Deutschland, Eurasien und die Welt von morgen, Asendorf 1992.

[184] Gregor Schöllgen, Der Auftritt. Deutschlands Rückkehr auf der Weltbühne, Berlin 2004.

[185] Ebd., S. 103.

[186] Ebd., S. 133.

ist.[187] „Die Staaten folgen ihren Interessen, selbst wenn Deutschland andere Probleme für wichtiger hält und die internationalen Fragen mit Blick auf Bundestagswahlen ausblendet."[188] Bahr fordert dementsprechend: „Normal ist, dass jeder Staat seine Interessen vertritt und versucht, seine Ziele durchzusetzen, ohne sich von seiner Vergangenheit lähmen zu lassen."[189] Normalisierung der Außenpolitik bedeute folglich, dass Deutschland selbstbewusst Interessen formulieren und verfolgen solle. Bedeutsam ist die Forderung des Sozialdemokraten, da er seine Schriften durchaus als Anleitung für die von Sozialdemokrat Gerhard Schröder geführte Bundesregierung verstand.

Die Verfechter der These einer ‚Normalisierung' der deutschen Außenpolitik beziehen sich wiederholt auf geopolitische Argumentationsmuster, wenn sie die Bundesrepublik zur Groß- bzw. Zentralmacht ausrufen. Grundlagen für die neue Machtposition seien die neue Größe, die neue Lage und die gestiegene Bevölkerungszahl des wiedervereinigten Deutschlands: „Weniger denn je ist in diesem Zusammenhang die geopolitische Situation zu unterschätzen. Die Vereinigung der beiden deutschen Staaten hat die Bundesrepublik (…) von der ‚Randlage' in die alte ‚kontinentale Mittellage' geschoben",[190] schreibt etwa Schöllgen. So liege Deutschland nun in einer „nicht nur geographisch zentralen Lage."[191] Hinzu kämen Faktoren wie die Wirtschaftskraft, die militärische Stärke und die kulturelle Attraktivität Deutschlands, die das neue deutsche Machtpotential begründeten. Geographische Faktoren erscheinen hier als Grundlage und Vorbedingung für den perzipierten neuen Großmachtstatus. So auch bei Schwarz: Er hebt die „Gunst der zentralen Lage"[192] als zentrale Determinante des neuen deutschen Machtstatus hervor. Auch geopolitisch gesehen sei Deutschland die Zentralmacht in Europa,[193] wozu auch die Größe des Landes beitrage.[194]

Hacke betont ebenfalls die geographischen Grundlagen der neuen deutschen Machtposition im internationalen System: Nicht mehr der Frontstaat am Rande Europas, sondern nun in dessen Herzen gelegen, könne Deutschland hier „ein völlig anderes machtpolitisches Kraftfeld entwickeln"[195] und erhalte durch die

---

[187] Vgl. Egon Bahr, Deutsche Interessen. Streitschrift zu Macht, Sicherheit und Außenpolitik, München 1998, S. 17-18.

[188] Ebd., S. 9.

[189] Egon Bahr, Der deutsche Weg. Selbstverständlich und normal, München 2003, S. 137.

[190] Schöllgen, Angst vor der Macht, S. 29. Siehe zu der Diskussion um die Mittellage mit ihren geopolitischen Implikationen auch Rainer Baumann, „Deutschland als Europas Zentralmacht", in: Schmidt, Hellmann und Wolf (Hrsg.), Handbuch, S. 62-72.

[191] Schöllgen, Angst vor der Macht, S. 7.

[192] Schwarz, Zentralmacht Europas, S. 11.

[193] So explizit ebd., S. 97.

[194] Vgl. ebd., S. 78. Prosperieren könne Deutschland dennoch nur, wenn es in die europäischen Strukturen eingebunden bleibe.

[195] Hacke, Außenpolitik der Bundesrepublik Deutschland, S. 382.

„territoriale und bevölkerungspolitische Vergrößerung (...) ein größeres Machtpotential."[196] Der Historiker Arnulf Baring zieht Parallelen zwischen der neuen Lage Deutschlands in der Mitte Europas und der Position des Reiches ab dem Jahr 1871. Erneut sei Deutschland der Staat im Zentrum des Kontinents – und müsse aufgrund seiner Lage dem Osten jenes Kontinents besondere Aufmerksamkeit widmen.[197] Dank der Mittellage könne Deutschland sowohl als Brücke als auch als Sperre fungieren, könne Allianzen in Europa begründen wie erschweren, so eine weitere Einschätzung.[198]

Im Zuge der Debatten um eine neue deutsche Außenpolitik begegnen uns bei jener heterogenen Gruppe von Wissenschaftlern, die eine interessenorientierte deutsche Außenpolitik fordern, geopolitische Erörterungen. Gemein ist diesen Ansätzen die Betonung der Wechselwirkung zwischen neuer Lage, neuer Größe und neuer internationaler Machtposition der Bundesrepublik. Der Zusammenhang zur Debatte um die neue deutsche Außenpolitik ist ein erster Schritt zu einem Verständnis dafür, warum die Beschäftigung mit der Geopolitik in der politikwissenschaftlichen Forschung just nach 1990 auf so fruchtbaren Boden fiel und nach Jahren der Tabuisierung erneut aufgegriffen wurde. Die wissenschaftliche Debatte infolge des geopolitischen Umbruchs von 1989 wirkte als Katalysator für eine Rückkehr geopolitischen Denkens in die deutsche Politikwissenschaft.

Politikwissenschaftliches Denken ist immer auch eine Reflexion der spezifischen Anforderungen der jeweiligen Epoche. Diese stellen nicht nur die Politik vor neue Aufgaben, sondern sie fordern auch die Wissenschaft zu neuen konzeptionellen Ansätzen heraus.[199] Ein Ausschnitt aus dieser Neubesinnung nach dem Kalten Krieg war die erneute Thematisierung geopolitischer Ansätze. Die Mitteleuropa-Konzeption und die neue deutsche Vorreiterrolle in der Mitte Europas waren wesentliche Triebkräfte für das neu erwachte Interesse an geopolitischen Fragestellungen in der Bundesrepublik nach 1990.[200]

---

[196] Ebd., S. 383.

[197] Vgl. Arnulf Baring, „Germany, What Now?", in: ders. (Hrsg.), Germany's New Position in Europe. Problems and Perspectives (Germany Historical Perspectives VIII), Oxford und Providence 1994, S. 1-20 und ders., „Wie neu ist unsere Lage? Deutschland als Regionalmacht", in: Internationale Politik 4/1995, S. 12-21. Ähnlich – und ebenfalls mit Verweis auf die Situation des Reiches von 1871 – argumentiert William Wallace, „Deutschland als europäische Führungsmacht", in: Internationale Politik 5/1995, S. 23-28.

[198] Vgl. Rainer Winkler, „Deutschlands geopolitische Lage im sich wandelnden Europa", in: WeltTrends Nr. 6, 1995, S. 98-111, hier S. 105.

[199] Siehe zu diesem Gedanken Manfred Mols, „Einführung und Überblick. Politik als Wissenschaft: Zur Definition, Entwicklung und Standortbestimmung einer Disziplin", in: ders., Hans-Joachim Lauth und Christian Wagner (Hrsg.), Politikwissenschaft: Eine Einführung, Paderborn u. a. 5. Auflage 2006, S. 25-66, hier S. 37.

[200] Vgl. Görtemaker, „Zeitgeist und Geopolitik", S. 16.

Weitere Momente des epochalen Umbruchs trugen zur erneuten Thematisierung der Geopolitik bei. Die Debatte um die außenpolitischen Prioritäten Deutschlands angesichts der neuen Lage der Bundesrepublik verdeutlicht die Suche nach neuen Erklärungsmustern für die Analyse der internationalen Politik: Deutschland selbst hatte sich verändert, Europa und die Welt hatten sich verändert. Wie würde sich das wiedervereinigte Deutschland positionieren? Würde es nationale Interessen definieren und verfolgen? Wo würden angesichts der zahlreichen Herausforderungen die politischen Prioritäten liegen? Welche Konsequenzen würde der Umbruch in Mittel- und Osteuropa für Deutschland mit sich bringen? Die so umrissenen Herausforderungen boten einen Nährboden für die Suche nach Orientierung, nach außenpolitischen Richtschnüren, nach einem „Kompass"[201] für die deutsche Außen- und Sicherheitspolitik bzw. für deren wissenschaftliche Betrachtung.

Nicht nur die Lage der Bundesrepublik wandelte sich also, sondern Deutschland stand angesichts des Zusammenbruchs des Sowjetimperiums zudem vor gewaltigen neuen außen- und sicherheitspolitischen Herausforderungen. Das Zusammenspiel dieser Faktoren führte dazu, dass sich

> „in den letzten Jahren die internationale Diskussion über die Geopolitik, angefacht von den beträchtlichen Veränderungen in Europa seit 1989 – vornehmlich der Zusammenbruch der Sowjetunion und des Ostblocks, der deutschen Wiedervereinigung und der Problematik von Vertiefung und Erweiterung der Europäischen Gemeinschaft – neu zu entfalten begann."[202]

Der Umbruch der internationalen Gegebenheiten machte die Suche nach neuen Erklärungsmustern notwendig, wozu die Geopolitik einen Beitrag leistete. Eine gewisse ‚Renaissance der Geopolitik' in der wissenschaftlichen Debatte war somit auch das Produkt einer intensiven Suche nach neuen Analysemöglichkeiten für das internationale System angesichts nationaler wie internationaler Verwerfungen.

Die Politikwissenschaftlerin Sabine Feiner teilt diese Argumentation. Sie sieht dies im Zusammenhang mit der Analyse geopolitischer Codes. Feiner schreibt, dass die lange Zeit vorherrschenden Codes mit dem Ende des Kalten Krieges in sich zusammengefallen seien. Der Aufschwung geopolitischen Denkens und Argumentierens könne damit erklärt werden, dass Wissenschaftler wie Praktiker angesichts internationaler Umbrüche nach neuen Codes suchten.[203]

---

[201] Hans-Peter Schwarz, Republik ohne Kompass? Anmerkungen zur deutschen Außenpolitik, Berlin 2005.
[202] Irene Diekmann, Peter Krüger und Julius H. Schoeps, „Vorwort", in: dies. (Hrsg.), Geopolitik. Band 1, S. 9-12, hier S. 9.
[203] Vgl. Feiner, Weltordnung, S. 173.

Dies habe wie ein Katalysator auf die internationalen Diskussionen gewirkt. Während die kleineren Staaten während des Kalten Krieges das geopolitische Denken vor allem den Vereinigten Staaten und der Sowjetunion überließen, war nach 1989 eine Rückkehr jener Ideen festzustellen.[204] Es waren die Umbrüche der Wendejahre, die den Kulturwissenschaftler Karl Schlögel Mitte der 1990er Jahre konstatieren ließen: „Vom ‚Verschwinden des Raumes' kann (…) keine Rede mehr sein, das Gegenteil ist der Fall: Europa treibt wieder Erdkunde."[205] Eine erneute Beschäftigung mit dem osteuropäischen Raum war das Ergebnis jenes Prozesses.

Darüber hinaus wirkte auch die internationale Wissenschaft äußerst befruchtend auf die sich entwickelnde Diskussion in der Bundesrepublik. Die internationalen Diskurse waren wiederum ebenfalls von den weltpolitischen Umbrüchen maßgeblich beeinflusst. Vielfältige Wechselwirkungen sind zu beobachten, nicht zuletzt mit der französischen Geopolitik. Diese hatte bereits in den späten 1970er Jahren eine Renaissance erlebt, verbunden insbesondere mit dem Namen des Geographen Yves Lacoste. Lacoste versteht die Geopolitik als ein Herrschaftsinstrument und als Werkzeug, mit dessen Nutzbarmachung Geographen Einfluss auf Entscheidungsträger in Politik und Wirtschaft nehmen können. Geographisches Wissen ist daher für ihn strategisches Wissen; Lacostes Geopolitik zeigt einen klaren Bezug zur politischen Aktion, sie ist anwendungsbezogen.[206] Die „zentrale Gestalt der Wiedergeburt"[207] der französischen Geopolitik verschaffte der auch in Frankreich lange als ‚deutsche Wissenschaft' tabuisierten Geopolitik einen neuen Auftrieb, der sich in unzähligen Studien, einem umfangreichen Wörterbuch der Geopolitik[208] und einem Universitätsstudiengang niederschlug. Eine Auswahl seiner geopolitischen Schriften erschien im Jahr 1990 in einer deutschen Übersetzung unter dem programmatischen Titel *Geographie und politisches Handeln. Perspektiven einer neuen Geopolitik.*[209]

Gérard Dussouy, selbst ein ausgewiesener Geopolitiker,[210] erklärt die große Attraktivität der Geopolitik in Frankreich mit den Umbrüchen des internationa-

---

[204] Vgl. Klaus Dicke, „Raumbezogene Leitbilder in der politischen Ideengeschichte", in: Karl Schmitt (Hrsg.), Politik und Raum (Veröffentlichungen der Deutschen Gesellschaft für Politikwissenschaft DGfP Band 19), Baden-Baden 2002, S. 11-27, hier S. 15.

[205] Karl Schlögel, „Die Wiederkehr des Raumes", in: ders. (Hrsg.), Go East oder die zweite Entdeckung des Ostens, Berlin 1995, S. 17-33, hier S. 17.

[206] Siehe hierzu Joachim Fritz-Vannahme, „Die Nation als Idee und Theater", in: Die Zeit, 11. Februar 1994 und Ó Tuathail, Critical Geopolitics, S. 160-168.

[207] Gérard Dussouy, „Die neue Attraktivität der Geopolitik in Frankreich", in: Diekmann, Krüger und Schoeps (Hrsg.), Geopolitik. Band 2, S. 507-519, hier S. 507.

[208] Yves Lacoste (Hrsg.), Dictionnaire de géopolitique, Paris 1995.

[209] Yves Lacoste, Geographie und politisches Handeln. Perspektiven einer neuen Geopolitik (Kleine kulturwissenschaftliche Bibliothek, Band 26), Berlin 1990.

[210] Vgl. Gérard Dussouy, Quelle géopolitique aus XXIe siècle ?, Brüssel 2001.

len Systems nach dem Ende des Kalten Krieges. Für die französische Geopolitik und ihre Analysen sei die Nation eine besondere Bezugsgröße – und diese habe durch die weltpolitischen Umbrüche neue Bedeutung erfahren, so wie sie vor neue Herausforderungen gestellt worden sei.[211] Lacoste selbst argumentiert, dass sich die Nationen, „bei denen es sich in Wirklichkeit um geopolitische Erscheinungsformen handelt",[212] angesichts der Globalisierung nicht etwa auflösen würden. Vielmehr „bleiben sie bestehen und gewinnen sogar an Bedeutung."[213] Lacoste betont zudem die geopolitischen Herausforderungen, vor denen die Nationen Europas nach den Umwälzungen von 1989 standen. Hierdurch entstand ein neuer Raum, den Lacoste als Mitteleuropa bezeichnet.[214] Diese Gedanken verdeutlichen die Katalysatorwirkung, die die internationalen Umbrüche auch auf geopolitische Ansätze im Ausland hatten. Deutsche Wissenschaftler berufen sich indes mit großer Regelmäßigkeit nicht nur auf amerikanische Vorbilder, sondern vor allem auch auf den Geographen aus dem Nachbarland, Yves Lacoste.[215]

Es war also die Trias aus der neuen Lage der Bundesrepublik, den neuen internationalen Herausforderungen durch den Zusammenbruch der Sowjetunion und der internationalen wissenschaftlichen Befruchtung, die nach der Wiedervereinigung zu einer erneuten Thematisierung der Geopolitik in der deutschen Wissenschaft führte. Dies sind die realhistorischen Gegebenheiten, vor deren Hintergrund erneut eine ‚geopolitische Debatte' in Deutschland ihren Lauf nahm.

### 3.2 Ansätze einer geopolitischen Debatte im wiedervereinigten Deutschland

Neben den bereits zitierten Wissenschaftlern, die im Rahmen der Debatte um die Neuausrichtung der deutschen Außenpolitik auch auf geopolitische Argumentationsmuster rekurrierten, erschienen dezidiert geopolitische Schriften im wiedervereinigten Deutschland zunächst im Dunstkreis rechtskonservativer Kreise und am äußersten rechten Rand des politischen Spektrums. Diese Art der Argumentation kennzeichnet der Bezug auf die Geopolitiker des ‚Dritten Reichs', allen

---

[211] Bereits Ende der 1970er Jahre erfuhr die Geopolitik in Frankreich eine Welle der Aufmerksamkeit im Zuge militärischer Auseinandersetzung innerhalb der kommunistischen Welt Südostasiens zwischen China, Kambodscha und Vietnam. Mithilfe ideologischer Erklärungsmuster waren diese nicht zu erklären. Lacoste führte die Geographie als Erklärungsansatz ins Feld. Vgl. Dussouy, „Attraktivität der Geopolitik", S. 509.

[212] Lacoste, Geographie und politisches Handeln, S. 18.

[213] Ebd., S. 18.

[214] Vgl. ebd., S. 16.

[215] So etwa Brill. Vgl. Brill, Geopolitik heute, S. 21. Lacostes Definition erscheint hier als richtungsweisend für Brills Studie.

voran Karl Haushofer, verbunden mit dem Versuch einer Rehabilitierung der alten deutschen Geopolitik. Stellvertretend sei an die bereits zitierte Studie von Ebeling erinnert. Ebeling argumentiert, im Zusammenhang mit den weltpolitischen Umbrüchen der frühen 1990er Jahre erschienen „die theoretischen Grundlagen, die Karl Haushofer vor siebzig Jahren erarbeitet hatte, als fruchtbare und ausbaufähige Basis"[216] und unternimmt so den Versuch, die Geopolitik von den Verstrickungen mit dem Nationalsozialismus reinzuwaschen.

Aus dem extrem rechten Kreis sticht zudem ein weiterer Autor hervor, der sich in seiner Untersuchung ebenfalls detailliert mit Haushofers Geopolitik auseinandersetzt: der ehemalige stellvertretende Bundesvorsitzende der NDP, Felix Buck.[217] Die populärwissenschaftliche Abhandlung Bucks fußt auf der Geopolitik Haushofers. Diese gelte im Ausland als „wegweisend".[218] Zwar räumt Buck ein, dass die Geopolitik der heutigen Zeit wegen der veränderten realpolitischen Hintergründe eine andere sei als noch während des ‚Dritten Reichs'. Die überaus detaillierte Beschäftigung mit Haushofer als „Leitfigur der deutschen Geopolitik"[219] fällt gleichwohl auf.

Von diesen rechten Kreisen, so der Geograph Jürgen Oßenbrügge in einer kritischen Beurteilung, sei nach dem Ende des Kalten Krieges der „roll-back"[220] mit dem Ziel ausgegangen, unmittelbar an die alte deutsche Geopolitik anzuknüpfen – wozu Apologeten wie Ebeling und Buck ihren Beitrag leisteten. Sei es der Geopolitik im ‚Dritten Reich' darum gegangen, den Status quo von vor dem Versailler Frieden wiederherzustellen, sei diese Intention „auch den heutigen rechtsextremen Propagandisten der Geopolitik zu unterstellen, die die unerwarteten ‚Chancen' des Umbruchs nutzen wollen und entsprechend im ehemaligen Ostpreußen, Oberschlesien, Sudetenland u. a. agitieren."[221] Auch der Publizist Rudolph Walther wirft den rechten Denkern dementsprechend „offenen Nationalismus und Revisionismus"[222] vor. In der Tat fällt die rasche Beschäftigung rechter Kreise mit der Geopolitik auf – und eben der kennzeichnende Bezug auf die Ideen der alten deutschen Geopolitik.

---

[216] Ebeling, Geopolitik, S. 24. Siehe zum Versuch der Rehabilitierung Haushofers durch verschiedene Wissenschaftler auch die Kritik von Sprengel: Sprengel, Kritik der Geopolitik, S. 17.

[217] Felix Buck, Weltordnung im Wandel. Geopolitik 2000. Deutschland in der Welt am Vorabend des 3. Jahrtausends, Frankfurt am Main und Bonn 1996.

[218] Ebd., S. 8.

[219] Ebd., S. 19.

[220] Oßenbrügge, „Die neue Geopolitik".

[221] Ebd.

[222] Rudolf Walther, „Ein alter Begriff macht erneut Karriere: die ‚Geopolitik'", in: Die Zeit, 21. Juli 1995. Kritisch äußert sich ferner Henning Heske, „Haushofers neue Epigonen. Eine Warnung vor der Rehabilitierung der deutschen Geopolitik", in: Geographie und Schule 17, Heft 93, 1995, S. 43-45.

Bald nach dem Ende des Kalten Krieges griffen jedoch auch Wissenschaftler aus der Mitte der deutschen Geschichts- und Politikwissenschaft das Thema auf.[223] So fanden geopolitische Erörterungen den Weg in die Mitte der geschichts- und politikwissenschaftlichen Forschung. Die rechte Geopolitik bleibt eine Randerscheinung der frühen 1990er Jahre, neue Ansätze haben seitdem die Deutungshoheit erlangt. Sie greifen auf jene Ideen zurück, die sich in den vergangenen Dekaden im anglo-amerikanischen Raum und in Frankreich herausbildeten.

Erneut ist die zeitliche Nähe zur Wiedervereinigung auffallend. Bereits in den frühen 1990er Jahren befasste sich Schlögel mit der „Wiederkehr des Raumes".[224] Zwei Momente kennzeichnen Schlögels Beschäftigung mit der Geopolitik: erstens die Bedeutung des weltpolitischen Umbruchs von 1989 und zweitens die Konzentration auf Europas Osten. Beide Momente sollten für die weitere Debatte in der deutschen Wissenschaft prägend werden. Schlögel sieht die Rückkehr des Raumdenkens in den weltpolitischen Umbrüchen begründet, die das Ende des Kalten Krieges mit sich brachte: Die Zeit des Umbruchs sei der „historische Ort für das Comeback der Geopolitik."[225] Habe in den 1950er Jahren eine „Enträumlichung der Politik" begonnen, führte der Umbruch von 1989 zu einer neuen „Verräumlichung des Politischen".[226] Der Osten Europas steht dabei stets im Mittelpunkt der Betrachtungen. Jener Raum öffnete sich nach dem Zerfall der Sowjetunion für das Bewusstsein westlicher Politiker, Handel und Verkehr erschlossen den Raum, auch die Öffentlichkeit befasste sich nun mit der Geographie dieser Region.[227] Diese Entwicklung stellte vor allem die Bundesrepublik vor mentale Herausforderungen, waren doch raumbezogene Begriffe in Deutschland „semantisch aufgeladen und schwer belastet".[228] Ausgehend von der Beobachtung Schlögels, dass das Raumdenken einen neuen Boom erlebe, entspannte sich seit den frühen 1990er Jahren eine neue geopolitische Debatte in der deutschen Wissenschaft.

Erstens erschienen der praktischen, handlungsbezogenen Geopolitik distanziert gegenüberstehende, durchweg historisch und kritisch argumentierende Stu-

---

[223] Siehe als Überblicksdarstellungen die Literaturberichte von Heinz Brill aus den Jahren 1998 und 2004: Brill, „Geopolitik in der Diskussion" und ders., „Geopolitisches Denken in den Internationalen Beziehungen", in: Zeitschrift für Politik 51. Jg. 2/2004, S. 201-219.
[224] Schlögel, „Wiederkehr des Raumes". Siehe ferner dessen spätere Studien: Karl Schlögel, Die Mitte liegt ostwärts. Europa im Übergang, München 2002 und ders., Im Raume lesen wir die Zeit. Über Zivilisationsgeschichte und Geopolitik, München 2003.
[225] Schlögel, „Wiederkehr des Raumes", S. 29.
[226] Ebd., S. 30.
[227] Vgl. ebd., S. 17-21.
[228] Ebd., S. 17.

dien.[229] Deren Ziel ist eine Auseinandersetzung mit der praktischen Geopolitik aus einer distanzierten Perspektive; hierzu zählen historische Studien zur Aufarbeitung der alten deutschen Geopolitik ebenso wie die Ansätze der aus der angelsächsischen Welt übernommenen ‚kritischen Geopolitik'. Darüber hinaus erschienen zweitens, insbesondere in der vom außenpolitischen Realismus geprägten Politikwissenschaft, eine Reihe handlungsbezogener geopolitischer Schriften, die geopolitische Leitlinien für die praktische deutsche Außen- und Sicherheitspolitik angesichts neuer Herausforderungen fordern bzw. zu erarbeiten suchen: Auch Ansätze einer ‚neoklassischen', praxisbezogenen Geopolitik sind in der deutschen Wissenschaftslandschaft also durchaus erkennbar.

Bereits im Jahr 1993 widmete die Zeitschrift *WeltTrends* dem Thema Geopolitik eine Ausgabe; das Heft ist als Bestandsaufnahme der Forschung konzipiert, in dem die kritisch und historisch argumentierenden Studien überwiegen. So bietet ein Aufsatz des Historikers Gerhard Sandner einen Überblick über die geopolitische Forschung in Deutschland vor und nach dem Zweiten Weltkrieg sowie – in komparatistischer Perspektive – in der angelsächsischen Welt und in Frankreich.[230] Das Heft verdeutlicht zudem die internationale Befruchtung der geopolitischen Diskussion in der Bundesrepublik: Yves Lacoste stellt in dem Band seinen aktionsbezogenen Ansatz ebenso vor[231] wie Taylor das von ihm entwickelte Konzept der geopolitischen Codes.[232] Die Publikation verdeutlicht, dass die Geopolitik nur rund drei Jahre nach der Wiedervereinigung einen ersten wichtigen Schritt in die politikwissenschaftliche Forschung der Bundesrepublik getan hatte.

Zwei im Jahr 2000 von den Historikern Irene Diekmann, Peter Krüger und Julius H. Schoeps herausgegebene Sammelbände über Geopolitik als *Grenzgänge im Zeitgeist*[233] bestätigen diesen Eindruck. Die Bände bieten eine reiche Fundgrube an geopolitischen Studien – erneut jedoch primär aus einer historischen, der praktischen Geopolitik kritisch gegenüberstehenden Perspektive. Dies kommt im ersten Band zum Ausdruck, der sich aus historischem Blickwinkel mit der Geopolitik der ersten Hälfte des 20. Jahrhunderts beschäftigt. Eine Aufarbeitung insbesondere der deutschen Geopolitik der Zwischenkriegszeit und des ‚Dritten Reichs' steht im Mittelpunkt des wissenschaftlichen Interesses. Die

---

[229] Da der Schwerpunkt in dieser Arbeit auf der praktischen Sicherheitspolitik liegt, bilden entsprechende handlungsbezogene Ansätze auch in dieser Zusammenschau der wissenschaftlichen Geopolitik den Schwerpunkt gegenüber den nicht-handlungsbezogenen Studien.

[230] Vgl. Gerhard Sandner, „Deterministische Wurzeln und funktionaler Einsatz des ‚Geo' in Geopolitik", in: WeltTrends Nr. 4, 1994, S. 8-20.

[231] Vgl. Yves Lacoste, „Für eine neue und umfassende Konzeption der Geopolitik", in: WeltTrends Nr. 4, 1994, S. 21-24.

[232] Vgl. Peter J. Taylor, „Geopolitische Weltordnungen", in: WeltTrends Nr. 4, 1994, S. 25-37.

[233] Diekmann, Krüger und Schoeps (Hrsg.), Geopolitik. 2 Bände.

Beiträge sind von Historikern verfasst: Görtemaker beleuchtet den Zusammenhang zwischen den Ausprägungen der Geopolitik und dem jeweils herrschenden Zeitgeist,[234] Hans-Dietrich Schultz untersucht die Lehre Ratzels im Spiegel der deutschen Geographie des 19. Jahrhunderts[235] und Rainer Sprengel analysiert den Zusammenhang von Geopolitik und Nationalsozialismus.[236] Daneben untersucht Hans-Jürgen Schröder den amerikanischen Frontier-Mythos[237] und Dirk van Laak das Verhältnis von Land- und Seemacht von Mahan zu Carl Schmitt[238] – allesamt sind dies historische Abhandlungen ohne direkten Bezug zur zeitgenössischen deutschen Außen- und Sicherheitspolitik. Diese historische Aufarbeitung ist die Grundlage für den in Band II unternommenen Versuch, die deutsche Forschungslandschaft an die internationale Debatte und die dort etablierten Modelle und Methoden heranzuführen.

Band II behandelt die Geopolitik nach 1945. Der Band verdeutlicht, dass die internationale Debatte um die Geopolitik nach dem Zweiten Weltkrieg keineswegs beendet war, dass sich insbesondere in der angelsächsischen Welt vielmehr eine reiche Fülle an geopolitischen Analysen, Ansätzen und Methoden herausbildete. Oßenbrügge skizziert die Entwicklungslinien der Geopolitik außerhalb Deutschlands. Neben den lagebezogenen Ansätzen etwa eines Nicholas Spykman nennt er das Modell der regionalen Differenzierung Saul Cohens und das darauf aufbauende Modell der geopolitischen Codes Taylors.[239] Aufgrund der facettenreichen Forschungslandschaft und der daraus hervorgegangenen Erkenntnisse stellt der Historiker Michael Salewski in seinem Beitrag fest, dass die Wissenschaftlichkeit der Geopolitik zumal in den Vereinigten Staaten nicht mehr in Frage gestellt werde.[240] Geopolitik als anerkannte Wissenschaft – Ende der 1990er Jahre war dies durchaus keine ungewöhnliche These mehr in einer politikwissenschaftlichen Publikation im wiedervereinigten Deutschland. Salewski weist ferner auf die Dynamik hin, die das Forschungsfeld nach dem Ende des Kalten Krieges kennzeichne.[241]

Der Politikwissenschaftler Wilfried von Bredow schließlich bettet das Forschungsfeld Geopolitik in den Zusammenhang der Theorien internationaler Be-

---

[234] Görtemaker, „Zeitgeist und Geopolitik".

[235] Hans-Dietrich Schulz, „Die deutsche Geographie im 19. Jahrhundert und die Lehre Friedrich Ratzels", in: Diekmann, Krüger und Schoeps (Hrsg.), Geopolitik. Band 1, S. 39-84.

[236] Sprengel, „Geopolitik und Nationalsozialismus".

[237] Hans-Jürgen Schröder, „Frontier - Mythos und Realität in den USA", in: Diekmann, Krüger und Schoeps (Hrsg.), Geopolitik. Band 1, S. 239-251.

[238] Dirk van Laak, „Von Alfred T. Mahan zu Carl Schmitt: Das Verhältnis von Land- und Seemacht", in: Diekmann, Krüger und Schoeps (Hrsg.), Geopolitik. Band 1, S. 257-282.

[239] Oßenbrügge, „Entwicklungslinien".

[240] Vgl. Salewski, „Geopolitik und Ideologie", S. 357.

[241] Vgl. ebd., S. 377.

ziehungen ein. Geopolitik mit ihrem Raumbezug sei fest im außenpolitischen Realismus mit seiner Betonung von Nation, Macht und Raum verwurzelt. In seinem Beitrag stellt er zudem die anhaltende Bedeutung der Geopolitik heraus: Zwar geht von Bredow davon aus, dass der Raum in Zeiten transnationaler NGOs, weltweiter Herausforderungen und ballistischer Raketen seine Bedeutung als politischer Einflussfaktor zunehmend verliere. Dennoch gebe es zahlreiche Ungleichzeitigkeiten im internationalen System, sodass der Staat ein Kernbestandteil der internationalen Politik bleibe.[242] Trotz aller Einschränkungen verweist von Bredow damit auf eine anhaltende Bedeutung geopolitischer Forschung.

So kommt den von Diekmann, Krüger und Schoeps herausgegebenen Sammelbänden eine immense Bedeutung für die erneute wissenschaftliche Thematisierung der Geopolitik in der Bundesrepublik zu. Nicht nur bieten sie eine umfassende Beschäftigung mit der alten deutschen Geopolitik, sondern sie führen auch neuere Erkenntnisse aus Politischer Geographie und Geopolitik in die deutsche Forschungslandschaft ein. Historische Studien und geopolitische Modelle fanden hierdurch ebenso ihren Weg in die Mitte der Politikwissenschaft wie das Fazit, dass Geopolitik auch im 21. Jahrhundert ihren Beitrag zum Verständnis der internationalen Politik bieten kann, dass also der Raum ein wichtiger Einflussfaktor für außen- und sicherheitspolitisches Handeln bleibt.

Auch die Geographie befasste sich nach dem Kalten Krieg verstärkt mit geopolitischen Fragestellungen. Sie griff den angelsächsischen Ansatz der *Critical Geopolitics* auf, wobei die Übergänge zur Politikwissenschaft fließend sind. Mit der Kernthese von der sozialen Konstruktion von Räumen steht sie in einer post-strukturalistischen Tradition. Es sind diese kritischen Ansätze, die den Nutzen geopolitischer Handlungsanweisungen an die Politik in Frage stellen. Ihr Erkenntnisinteresse ist es, die Instrumentalisierung des Raumes für politische Zwecke, ja die soziale Konstruktion von Räumen selbst herauszuarbeiten. In der Formel von Geopolitik als „Form der Realitätskonstruktion"[243] kommt dies zum Ausdruck. In Deutschland vertreten verschiedene Geographen den Ansatz der kritischen Geopolitik, wobei ein Aufschwung der ‚kritischen' geopolitischen Forschung seit den 1980er Jahren zu beobachten ist. Besonders stark sind die Bezüge zu französischen und angelsächsischen Forschungstraditionen. Auch hier zeigt sich eine internationale Befruchtung der Wissenschaft, die das Forschungs-

---

[242] Vgl. Wilfried von Bredow, „Internationale Politik als Raumordnung", in: Diekmann, Krüger und Schoeps (Hrsg.), Geopolitik. Band 2, S. 433-452.

[243] Paul Reuber und Günter Wolkersdorfer (Hrsg.), Politische Geographie. Handlungsorientierte Ansätze und Critical Geopolitics (Heidelberger Geographische Arbeiten 112), Heidelberg 2001, S. 40. Die Analyse in dieser Arbeit hebt sich insofern von den Analysen der kritischen Geopolitik ab, als hier zwar auch geopolitische Diskurse untersucht werden, die Analyse aber nicht von der sozialen Konstruktion von Räumen ausgeht.

feld in der Bundesrepublik maßgeblich beeinflusste.[244] Die ‚kritische Geopolitik'
ist gekennzeichnet von einer Ablehnung neoklassischer Ansätze, die wiederum
eine Anwendung der Forschungsergebnisse in der politischen Praxis anstreben.

Die so gescholtenen neoklassischen Ansätze erschienen neben den distanzierten, den kritischen und den historischen Ansätzen auch in der wiedervereinigten Bundesrepublik der 1990er und 2000er Jahre. Sie sind handlungsbezogen,
verstehen sich als konkrete Politikberatung und haben die Erarbeitung von Leitlinien für die praktische Sicherheitspolitik zum Ziel. Handlungsbezogene Ansätze wurden nach der Wiedervereinigung von einigen wenigen Politikwissenschaftlern vorgelegt. Zu nennen ist in erster Linie Heinz Brill, ehemals Wissenschaftlicher Direktor im Zentralen Forschungs- und Studienbereich des Amtes
für Studien und Übungen der Bundeswehr. Es ist keineswegs ungewöhnlich,
dass ausgerechnet ein Forscher mit engen Verbindungen zum Militär die praktische Geopolitik in Deutschland nachhaltig prägte, denn in Militärkreisen ist seit
jeher eine enge Beziehung zu geopolitischen bzw. geostrategischen Fragestellungen sowie räumlicher Planung zu beobachten.[245] Brill wiederum forschte
bereits während des Kalten Krieges zu dem Thema.

Nach dem Kalten Krieg erschien Mitte der 1990er Jahre seine Monographie
über *Geopolitik heute. Deutschlands Chance*.[246] In der Studie bemängelt Brill
zunächst die „Degeneration"[247] der geopolitischen Forschung in Deutschland,
um sodann deren Wiederbelebung zu fordern. Geopolitik definiert Brill recht
allgemein als „Lehre vom Einfluß des geographischen Raumes auf die Politik
eines Staates"[248] und spezifiziert diese allgemeine Bestimmung durch einen
Verweis auf Lacostes Diktum von der Konkurrenz um Macht und Territorien.[249]
Nach einer ausführlichen Diskussion der geopolitischen Interessen der Supermächte gegenüber Deutschland zeigt er erst im letzten Teil der Arbeit eigene
geopolitische Optionen der Bundesrepublik auf.[250] Die Lage im Herzen Europas,
in der Deutschland keiner direkten Bedrohung mehr ausgesetzt sei, führe dazu,
dass die Bundesrepublik als „Drehscheibe"[251] und „Brücke zu den mittel- und
osteuropäischen Staaten"[252] fungieren könne. Das gleichzeitige Aufkommen

---

[244] Siehe insbesondere Helmig, „Geopolitik" sowie Reuber und Wolkersdorfer (Hrsg.), Politische
Geographie.
[245] Interview mit Oberst i.G. Ralph Thiele, geführt am 27. Oktober 2010.
[246] Brill, Geopolitik heute.
[247] Ebd., S. 22.
[248] Ebd., S. 21.
[249] Vgl. ebd., S. 22.
[250] Vgl. ebd., S. 149-175.
[251] Ebd., S. 155.
[252] Ebd., S. 156.

neuer Risiken[253] kennzeichne eine weltpolitische Situation, in der ein zentral in Europa eingebettetes Deutschland auch angesichts neuer Bedrohungen erneut die Geopolitik als außen- und sicherheitspolitischen Kompass diskutiere.

Angesichts dieser ausführlichen Positionsbestimmung skizziert Brill abschließend auf recht knappem Raum die Optionen für die deutsche Politik, die er zwischen der transatlantischen und der europäischen bzw. eurasischen Option verortet sieht. „Die Frage, welche der genannten Optionen Deutschlands Interessen am ehesten entspricht, kann zur Zeit nicht abschließend beantwortet werden",[254] denn dafür sei die weltpolitische Situation (zum Zeitpunkt des Erscheinens der Studie im Jahr 1994) von zu großen Umbrüchen gekennzeichnet. Brill vermeidet es, klare geopolitische Handlungsanweisungen zu geben, er belässt es bei dem Aufzeigen diverser möglicher Optionen – wobei das Vermeiden von klaren Aussagen zweifellos eine Schwachstelle darstellt, lässt es doch Zweifel am prognostischen Wert der Geopolitik aufkommen.

Auch in Brills Sammelband über *Geopolitische Analysen*[255] findet die neue geopolitische Lage der Bundesrepublik erhebliche Würdigung – von einer Diskussion der Supermächte-Interessen gegenüber Deutschland bis zu dem Zusammenhang zwischen der Lage der Bundesrepublik und deren Wehrverfassung: Die Bandbreite geopolitischer Analysen wird deutlich.[256] Vom NATO-Beitritt Spaniens[257] bis hin zu geopolitischen Interessen der Mächte im Balkan-Konflikt[258] thematisiert Brill geopolitische Probleme der vergangenen Jahre. Der als Zusammenfassung der geopolitischen Schriften des Autors von 1974 bis 2000 konzipierte Sammelband bietet jedoch erneut nur wenig konkrete Aussagen hinsichtlich der geopolitischen Optionen für die Bundesrepublik. Auch hier ist zu lesen, dass aufgrund der Umbruchsituation eine abschließende Bewertung der Optionen (noch) nicht möglich sei.[259] Trotz dieser Schwachstelle gilt Brill unter Politikwissenschaftlern, die für eine erneute Thematisierung der Geopolitik plädieren, als wichtiger Vorreiter, dessen Werke die Grundlage für weitergehende Forschungsanstrengungen sein könnten.[260] Insbesondere die langjährige Forschungsarbeit sowie die große Bandbreite der von Brill untersuchten Fallstudien tragen zu diesem Ruf bei.

---

[253] Vgl. ebd., S. 160-161.

[254] Ebd., S. 173.

[255] Brill, Geopolitische Analysen.

[256] Vgl. ebd., S. 51-172.

[257] Vgl. ebd., S. 175-199.

[258] Vgl. ebd., S. 337-381.

[259] Vgl. ebd., S. 143.

[260] Siehe hierzu insbesondere Tilman Mayer, „Im Raum sehen. Heinz Brills schluderig gesammelte Aufsätze zur Geopolitik", in: Frankfurter Allgemeine Zeitung, 5. September 2005.

Neben Brill setzen sich weitere Wissenschaftler für eine erneute Etablierung der Geopolitik ein – wenngleich dieser Beitrag sich zumeist in der Forderung nach einer Rückbesinnung auf die Geopolitik erschöpft und die tatsächliche Formulierung geopolitischer Leitlinien für die Bundesrepublik bzw. eine Weiterentwicklung der geopolitischen Theorie ausbleiben. In diesem Sinne fordert Hacke nachdrücklich eine Beschäftigung mit der Geopolitik als Forschungsaufgabe der Politikwissenschaft: „Die revolutionäre Veränderung der politischen Landkarte Deutschlands, Europas und der Welt fordert auch eine wissenschaftliche geopolitische Neuorientierung".[261] Angesichts der neuen Realitäten könne – und müsse – sich geopolitisches Denken auch in Deutschland neu entfalten.

Hacke, in der realistischen Tradition der internationalen Beziehungen verwurzelt, sieht eine Thematisierung des Raumes als zentrale Forderung an die Politikwissenschaft. Diese lebe davon, nicht nur nüchtern-mathematisch zu analysieren, sondern Zeit und Raum, die historische wie die geopolitische Tradition, Persönlichkeit und Diplomatie umfassend abzubilden. „Für die außenpolitischen Realisten von Herodot und Thukydides bis zu Spykman, Kissinger und Brzezinski sind geopolitische Kategorien unverzichtbar."[262] Die Politikwissenschaft lebe von der Empirie, von einer Analyse großer politischer und historischer Zusammenhänge. „Geopolitische Betrachtungen verweisen auf die neue Vielfalt planetarischer Politik nach dem Zusammenbruch der ideologischen Systeme."[263] Hacke geht es in dem Aufsatz nicht um die Formulierung eigener geopolitischer Leitbilder. Dennoch spricht er einige Fragestellungen an, die die Geopolitik auch für das 21. Jahrhundert relevant erscheinen lassen: Neben einer Analyse der Herausforderungen, die sich aus Deutschlands neuer Lage in der Mitte Europas ergeben, sieht er Notwendigkeiten in der Analyse der Globalisierung und der These vom „Verschwinden des Raumes" hin zu einem *global village*.[264]

Mit ähnlichen Argumenten fordert auch Görtemaker eine erneute Beschäftigung mit der Thematik. Angesichts der drängenden globalen Fragen sowie der Herausforderungen, die sich aus Deutschlands neuer Lage ergäben, habe Geopolitik wieder einen prognostischen Wert und könne zur Klärung der hieraus resultierenden Fragen beitragen.[265] Görtemaker steht an der Schnittstelle von distanziert argumentierender und handlungsbezogener Wissenschaft. So schreibt er einerseits, Geopolitik habe heute nicht mehr den Anspruch, unmittelbare Handlungsanweisung für die praktische Politik zu sein. Dennoch argumentiert er wei-

---

[261] Christian Hacke, Zuviel Theorie? Zuwenig Geschichte? Eine kritische Zwischenbilanz der Disziplin der Internationalen Beziehungen in Deutschland (Studien zur Internationalen Politik Heft 2 (2003)), Hamburg 2003, S. 87.

[262] Ebd., S. 87.

[263] Ebd., S. 88.

[264] Vgl. ebd., S. 88.

[265] Vgl. Görtemaker, „Zeitgeist und Geopolitik", S. 32-33.

ter: „Durch praxisbezogene geopolitische Argumentation und Diskussion wird die Außenwelt schärfer wahrgenommen und im Ergebnis zu ‚geopolitischen Codes' zusammengefasst, die wiederum (…) politisches Handeln entsprechend den jeweiligen Interessen ermöglichen."[266] Zwei Momente spricht Görtemaker hier an; einerseits die geopolitischen Codes einer distanzierten, auf kritische Reflexion geopolitischer Handlungen bezogenen Analyse, andererseits die Maßgabe des politischen Handelns entsprechend politischer Interessen. Letzteres weist auf praktisches politisches Handeln hin. In der Tat sieht der Wissenschaftler die „Notwendigkeit, deutsche Außenpolitik unter geopolitischen und geostrategischen Gesichtspunkten zu betrachten",[267] was wiederum auch der praktischen Außenpolitik zugute kommen kann und einen Handlungsbezug immerhin impliziert.

Die Determinanten der deutschen Außen- und Sicherheitspolitik seien zu einem erheblichen Teil Ausfluss der geographischen Lage der Bundesrepublik, so Görtemaker weiter. Folgende konkrete Aufgaben für die deutsche Politik betont er: Das Finden einer Strategie gegenüber Osteuropa, die Weiterentwicklung der europäischen Integration, die Wahrung der äußeren Sicherheit im Rahmen der Atlantischen Allianz, die Förderung außenwirtschaftlicher Verflechtung und die Wahrnehmung der weltpolitischen Verantwortung in der UNO.[268] Zumindest die ersten drei Aufgaben sind ein direkter Ausfluss der geopolitischen Lage der Bundesrepublik. Folglich sieht Görtemaker den Schwerpunkt geopolitischer Interessen Deutschlands in Osteuropa: Aufgrund ihrer Lage trage die Bundesrepublik eine besondere Verantwortung für diesen Raum. Die entsprechende geopolitische Prioritätensetzung weist darauf hin, dass es Görtemaker durchaus an einer handlungsbezogenen Erörterung der Geopolitik gelegen ist – wobei auch er keine ausgereiften Strategieempfehlungen formuliert. Zweifellos jedoch nimmt Görtemaker die geographische Lage der Bundesrepublik zum Anlass, um darauf aufbauende Leitlinien für die deutsche Außen- und Sicherheitspolitik zu skizzieren – ein deutlicher geopolitischer Ansatz.

Mit Hans-Ulrich Seidt fordert auch ein Diplomat und politischer Praktiker seit Jahren schon eine Rückbesinnung auf die Geopolitik als Richtschnur für die deutsche Sicherheitspolitik. Er bezieht dies auf die Etablierung der Disziplin sowohl als wissenschaftliches Forschungsfeld als auch als Leitschnur politischen Handelns. Im akademischen Bereich solle Geopolitik nicht als Geowissenschaft im engeren Sinne, sondern vielmehr als Teil der Politikwissenschaft mit interdisziplinärem Bezug gelehrt werden. So könne eine „realitätsnahe Konfliktfor-

---

[266] Ebd., S. 28.
[267] Ebd., S. 35.
[268] Vgl. ebd., S. 34.

schung"[269] etabliert werden, die auch zur Ausbildung junger Diplomaten und politischer Führungskräfte heranzuziehen sei.

> „In der politischen Praxis kann Geopolitik als pragmatische und ideologisch resistente Sicherheitspolitik wirkungs- und raumorientiert alle Instrumente staatlichen Handelns bündeln. Sie berücksichtigt dabei die Bedeutung des Faktors ‚Raum' in angemessener Weise, ohne ihn überzubewerten."[270]

Geopolitik in diesem Begriffsverständnis entspreche der angelsächsischen *grand strategy*. Geopolitisches Handeln müsse dort wirksam werden,

> „wo lebenswichtige Eigeninteressen und unverzichtbare Wertvorstellungen auf dem Spiel stehen. Für eine (…) deutsche Sicherheitspolitik (…) gewinnen dabei raumdefinierte Leitvorstellungen neben dem Zeitfaktor und dem strategischen Kräftekalkül eine zentrale Bedeutung."[271]

Ausgehend von dieser Vorstellung von Geopolitik als einer zukunftsweisenden, raumbezogenen Sicherheitspolitik skizziert Seidt die gegenwärtige Lage sowie die zukünftigen Aufgaben der Bundesrepublik. Mit den Schwerpunkten des Auslandsengagements der Bundeswehr in Bosnien und Afghanistan seien bereits der westliche und der östliche Grenzbereich eines Großraumes abgesteckt, der im Norden das Schwarze Meer und den Kaukasus umfasse, im Süden vom östlichen Mittelmeer zum Persischen Golf verlaufe. Der Raum decke sich großflächig mit der enorm rohstoffreichen „strategischen Ellipse".[272]

Die langfristige politische, wirtschaftliche und kulturelle Präsenz Deutschlands und Europas in diesem Großraum sei „zur eigenen Daseinsvorsorge unerlässlich".[273] Europa müsse für die Region eine Langzeitstrategie entwickeln, die unter anderem eine europäische Perspektive für die Türkei, das Eintreten für einen modernen und weltoffenen Iran und Entspannung im Konflikt zwischen Israel und den Palästinensern beinhalte. Schlussendlich gehe es um eine Stabilisierung dieses Großraums und darum, „entlang der weiten Strecke nach Kabul Prosperitätsinseln mit politischer und sozialer Modellfunktion zu entwickeln."[274] Seidts Ansatz ist somit deutlich von dem Moment der Einflussnahme auf eine geopolitische Schlüsselregion gekennzeichnet, verbunden mit der Durchsetzung

---

[269] Hans-Ulrich Seidt, „Eurasische Träume? – Afghanistan und die Kontinuitätsfrage deutscher Geopolitik", in: Orient Jg. 45/2004/Heft 3, S. 1-20, hier S. 19.
[270] Ebd., S. 19.
[271] Ebd., S. 19.
[272] Vgl. ebd., S. 20.
[273] Ebd., S. 20.
[274] Ebd., S. 20.

politischer Ordnungsvorstellungen. Seine Überlegungen zeichnen sich ferner dadurch aus, dass er die Geopolitik sowohl als wissenschaftliche als auch als praktische Disziplin etabliert sehen möchte, die ausgehend von der Lage der Bundesrepublik eine räumliche Einteilung des geographischen Umfelds vorsieht. Diese Einteilung könne zu einer an geographischen Gegebenheiten orientierten Priorisierung außen- und sicherheitspolitischer Initiativen führen.[275]

Gemein ist den verschiedenen hier vorgestellten Entwürfen, dass sie die drängendsten Aufgaben für das wiedervereinigte Deutschland im Osten verorten – von der EU- und NATO-Erweiterung bis zur Stabilisierung Zentralasiens. Auch dies ist ein Anzeichen dafür, dass der Zerfall der Sowjetunion eine maßgebliche Triebkraft für die erneute Beschäftigung mit geopolitischen Fragestellungen in Deutschland war. In den von dem weltpolitischen Umbruch am meisten tangierten Regionen sehen geopolitisch argumentierende Wissenschaftler die zentralen Herausforderungen für die deutsche Sicherheitspolitik. Dieser Gedanke wird im folgenden Kapitel aufgegriffen und aus der Sicht der politischen Entscheidungsträger detailliert erörtert.

Einige Wissenschaftler thematisieren schließlich geopolitische Fragestellungen, indem sie harsche Kritik an der in der Bundesrepublik zu beobachtenden ‚Renaissance der Geopolitik' üben. So wehrt sich ein Teil der Wissenschaft gegen Versuche, die Geopolitik als praxisbezogene Wissenschaft wiederzubeleben. Auch diese kritischen Stimmen zeigen die große Vielfalt, in der die Geopolitik mittlerweile in der Bundesrepublik wieder thematisiert wird.[276] Der Historiker Hans-Ulrich Wehler sieht Raumdenken seit den Zeiten des ‚Dritten Reichs' als „radikal diskreditiert"[277] an. Mittlerweile jedoch werde von der Geopolitik wieder wie von einem honorigen wissenschaftlichen Konzept gesprochen. Geopolitik sei jedoch eher banal als erleuchtend, sie zeichne sich durch krude Argumentation und eine Vereinfachung an sich komplexer Sachverhalte aus, so Wehler. Simple Größen und stereotypisierte Denkmuster führten zu einer Verengung des wissenschaftlichen Denkens.[278] Der Historiker Rainer Sprengel bezeichnet die in der Bundesrepublik etablierten neuen Ansätze als „pseudowestlichteutonisch".[279] Der Bezug auf den Westen (etwa die französische oder die angelsächsische Geopolitik) geschehe allein aus argumentationstaktischen Gründen, um davon abzulenken, dass den Vordenkern einer neuen deutschen Geopolitik

---

[275] Darüber hinaus beschäftigt sich Seidt auch mit historischen Aspekten der Geopolitik. Siehe dazu insbesondere Hans-Ulrich Seidt, Berlin, Kabul, Moskau. Oskar Ritter von Niedermayer und Deutschlands Geopolitik, München 2002.

[276] Siehe als Zusammenschau Faßler, Will und Zimmermann (Hrsg.), Gegen die Restauration der Geopolitik.

[277] Hans-Ulrich Wehler, Politik in der Geschichte. Essays, München 1998, S. 93.

[278] Vgl. ebd., S. 94-98.

[279] Sprengel, Kritik der Geopolitik, S. 16.

im Prinzip an einem Rückgriff auf alte deutsche Denkmuster gelegen sei. Dazu gehöre primär die Rehabilitierung Haushofers.[280]

Problematisch an dieser Kritik ist, dass sie die viele Facetten umfassende Debatte mit pauschalem Verweis auf eine Pseudo-Wissenschaftlichkeit praktischer Ansätze sowie auf deren „teutonische" Gesinnung generell ablehnt. Die vorangegangenen Überlegungen zeigen, dass es in der Tat Bestrebungen gab, Haushofers Thesen zu rehabilitieren; dies ist jedoch nicht der Kern der neuen Debatte um eine handlungsbezogene Geopolitik. Deutlich wird vielmehr, dass die neuen geopolitischen Überlegungen sich in ihren Methoden und Zielen grundsätzlich von der alten Geopolitik unterscheiden. Nicht mehr das pseudowissenschaftlich begründete ‚Wachstum von Staaten', nicht mehr Expansion und Herrschaft stehen im Mittelpunkt der Überlegungen. Die von Brill, Görtemaker, Seidt, Hacke und anderen Politikwissenschaftlern geforderte moderne Sicherheitspolitik mit besonderer Betonung geopolitischer Zusammenhänge ist auf multilaterale Kooperation ausgerichtet und hat eine *Einbindung* vitaler Regionen zum Ziel. Kooperation statt Konfrontation, so lautet die alle Ansätze verbindende Vorgabe. Diesen Kern der neuen Debatte blendet die allzu pauschal vorgetragene Kritik aus.

Ist all dies nun als ‚Renaissance' der akademischen Geopolitik in der deutschen Politikwissenschaft zu bezeichnen? In der Tat ist ein Wandel festzustellen: Geopolitik als Forschungsgegenstand hielt in den vergangenen Jahren wieder Einzug in die deutsche Wissenschaftslandschaft und wird zwischenzeitlich intensiv diskutiert. Noch vor wenigen Jahren wurde auch der Begriff ‚Geopolitik' in wissenschaftlichen Schriften gemieden. Anders heute: Das Forschungsfeld wird, wie die oben skizzierten Positionen zeigen, mittlerweile in seiner ganzen Bandbreite diskutiert. Dies gilt zunächst für die kritisch-distanzierten Ansätze, die die Geopolitik etwa aus einem historischen oder konstruktivistischen Blickwinkel erörtern.

Doch auch die handlungsbezogene Geopolitik ist auf einem neuen Weg. Die Rufe aus der Wissenschaft nach einer erneuten Nutzbarmachung des Konzepts als Grundlage für eine Strategiedebatte zur deutschen Außen- und Sicherheitspolitik sind durchaus zahlreich und deutlich zu vernehmen. Vor allem aus den Reihen des außenpolitischen Realismus sind entsprechende Plädoyers zu hören. Studien und Sammelbände, Tagungen und Symposien (die Deutsche Gesellschaft für Politikwissenschaft widmete ihre Jahrestagung 2000 dem Thema „Raum und Politik" mit dem ausdrücklichen Ziel einer Enttabuisierung des Untersuchungsgegenstands)[281] und neue Ansätze neben traditionellen geopoliti-

---

[280] Vgl. ebd., S. 17-18.
[281] Siehe dazu den Tagungsbericht von Schmitt (Hrsg.), Politik und Raum.

schen Schriften: Diese Vielfalt ist ein deutlicher Wandel gegenüber der Situation noch in den 1980er Jahren.

Dennoch fällt auf, dass sich der überwiegende Teil der Forschung nicht auf handlungsbezogene Ansätze bezieht. Deren Thematisierung ist allenfalls rudimentär, der Schritt zu einer anwendungsbezogenen Wissenschaft ist bislang nicht zu erkennen. Von einer ‚Renaissance der Geopolitik' im Sinne einer Nutzbarmachung der wissenschaftlichen Ansätze für die praktische Außen- und Sicherheitspolitik kann daher keine Rede sein. Von einer solchen Renaissance zu sprechen, wenn der Großteil der Forschung sich auf Ansätze bezieht, die der (praktischen) Geopolitik *kritisch* gegenüberstehen, erscheint äußerst zweifelhaft. Statt einer originären ‚Renaissance der Geopolitik' ist vielmehr eine Aufarbeitung der geopolitischen Vergangenheit in Deutschland zu beobachten; statt neuer, zeitgemäßer neoklassischer Ansätze arbeitet sich die Wissenschaft nach wie vor an den einstigen deutschen Geopolitikern ab, die das Fachgebiet nachhaltig diskreditierten. Geopolitik hat nach wie vor keinen zentralen Platz in den Strategiedebatten in der Bundesrepublik.

Handlungsbezogene Ansätze lassen sich allenfalls an einer Hand abzählen, während die Politikwissenschaft nach wie vor keine geopolitischen Leitbilder für die deutsche Außen- und Sicherheitspolitik erarbeitet hat. Die zahlreichen Rufe und Plädoyers für eine erneute Nutzbarmachung der Geopolitik werden allzu oft nicht mit eigener Forschung unterfüttert. Oftmals werden die benannten Ansätze im Kollegenkreis durchaus begrüßt; zahlreiche Wissenschaftler erachten eine erneute Thematisierung der Geopolitik als Richtschnur für die praktische Politik als sinnvoll. Zustimmung zu geopolitischer Forschung erschöpft sich jedoch meist in entsprechenden Rezensionen und Kommentaren, nicht aber in einer Weiterentwicklung der Forschung.[282] So bleibt die neoklassische Geopolitik stark vernachlässigt. Es fehlt nach wie vor an Definitionen und Grundlagen ebenso wie an fundierten Studien zu den geopolitischen Bedingungen der deutschen Außen- und Sicherheitspolitik. Es ist durchaus bezeichnend, dass der Politikwissenschaftler Tilman Mayer den Geopolitiker Brill als „Think Tank in einer Person"[283] bezeichnet, der allein einen Großteil der Forschungsarbeit bewältige. Es tue Not, so Mayer in seinem Plädoyer, „das geopolitische Denken auf breitere Grundlagen zu stellen und dafür größere Forschungszusammenhänge zu entwickeln."[284]

---

[282] Siehe dazu insbesondere die Rezensionen zu Brills Veröffentlichungen: Lutz Mäurer, „Heinz Brills geopolitische Analysen. Deutschlands prekäre Mittellage als politische Herausforderung", in: Das Parlament 42/2005, Mayer, „Im Raum sehen", Ernst-August Roloff, „Die Wiederentdeckung des Raumes", in: Das Parlament 21-22/1995 und Hans-Ulrich Seidt, „Brill".

[283] Mayer, „Im Raum sehen".

[284] Ebd.

Auch muss der von Oßenbrügge beobachtete inflationäre Gebrauch des Begriffes[285] als Kennzeichen einer von ihm festgestellten ‚Renaissance der Geopolitik' bezweifelt werden. Ein inflationärer Gebrauch ist allenfalls dann zu beobachten, wenn man hier auch jene unzähligen Begebenheiten mit einschließt, in denen der Begriff ‚Geopolitik' definitorisch gänzlich unscharf im Sinne von internationaler Politik genutzt wird. Mit genuiner Geopolitik im Sinne einer Wechselwirkung von Geographie und Politik hat dies freilich wenig zu tun. Dies ist ein weiterer Hinweis darauf, dass selbst die Frage nach einheitlichen Definitionen weiterer Forschungsanstrengungen bedarf und verdeutlicht einmal mehr die wissenschaftliche Vernachlässigung der Geopolitik.

Die Übergangssituation, die das Forschungsfeld nach wie vor kennzeichnet, ist von einem Nebeneinander kritisch-distanzierter und anwendungsbezogener Ansätze gekennzeichnet, bei einem deutlichen Übergewicht auf ersteren. Erst jüngst ist auch mit Bezug auf anwendungsbezogene Ansätze ein Wandel zu beobachten – im Zusammenhang mit der ‚zweiten Welle' geopolitisch geprägter Forschung über die aktuellen Entwicklungen in der internationalen Energiepolitik. Der entsprechenden Debatte wird in dieser Arbeit ein eigenes Kapitel gewidmet.[286]

Hier interessiert nun die Frage, welche Bedeutung geopolitischen Methoden und Erörterungen in der praktischen Politik nach der Wiedervereinigung zukam – ungeachtet des Mangels an wissenschaftlich erarbeiteten geopolitischen Referenzrahmen. In einer Rezension zu Brills Studie über die deutsche Geopolitik schreibt Seidt, dass „deren Bedeutung für die internationale Sicherheit heute auch in Berlin nicht mehr in Frage gestellt wird."[287] Diese Bemerkung bietet einen Ausgangspunkt für die nun folgende Untersuchung.

---

[285] Vgl. Oßenbrügge, „Die neue Geopolitik".
[286] Vgl. Kapitel 6.2 in dieser Arbeit.
[287] Seidt, „Brill", S. 46.

# 4 Geopolitik und die Neuausrichtung der deutschen Sicherheitspolitik: Die konzeptionellen Grundlagen

## 4.1 Vorbemerkungen

### 4.1.1 Wirkweisen der Geopolitik bei der Politikformulierung: Die methodischen Grundlagen einer Analyse der praktischen Sicherheitspolitik

Die Analyse wendet sich nun der praktischen Sicherheitspolitik zu. Dass die Sicherheitspolitik eines jeden Staates sich im Raum abspielt, ist eine Selbstverständlichkeit und Trivialität, die per se keine weitere Untersuchung rechtfertigt. Interessant ist es jedoch zu untersuchen, welcher Stellenwert, welche Bedeutung raumbezogenen Erörterungen und geopolitischen Argumentationsmustern bei der Neuausrichtung der deutschen Sicherheitspolitik nach dem Kalten Krieg zukam. Interessant ist auch eine Untersuchung, inwiefern eigenständige geopolitische Ansätze diese Neuausrichtung prägten bzw. welche konkreten Ausprägungen raumbezogener Initiativen die deutsche Sicherheitspolitik kennzeichneten. Diese grundlegenden Fragen bilden den Ausgangspunkt der Untersuchung, sie stehen folglich an deren Beginn.

Auf den folgenden Seiten gilt es zunächst, die Besonderheiten und methodischen Schwerpunktsetzungen kurz zu erläutern, um so eine fundierte Grundlage für die weiteren Ausführungen zu schaffen. Eine entsprechende Analyse steht vor der Frage, in welcher Form geopolitische Erörterungen die praktische Sicherheitspolitik prägten. Sie muss dabei zwei Gegebenheiten beachten. Erstens ist dem Umstand Rechnung zu tragen, dass sich eine direkte Wechselwirkung zwischen geopolitischer Theorie und außen- bzw. sicherheitspolitischer Praxis im Falle der deutschen Außenpolitik schlicht aus dem Grund nicht nachweisen lässt, da Geopolitik in der Bundesrepublik lange Zeit wissenschaftlich und praktisch als tabuisiert galt und geopolitische Theorien und Strategieanweisungen auch aus diesem Grund in Deutschland nach wie vor nicht vorliegen. Der Überblick über die Forschungslandschaft verdeutlichte den Mangel an geopolitischen Referenzrahmen für die praktische Politik.

Insofern muss diese Arbeit von anderen Prämissen ausgehen als etwa Fröhlichs entsprechende Untersuchung zur amerikanischen Außenpolitik, in der er diese mit den Aussagen der wichtigsten amerikanischen geopolitischen Theoretiker abgleicht.[288] Da ein direkter Abgleich von Theorie und Praxis im deutschen Falle einen Nullbefund ergeben würde, muss nach anderen Wegen gesucht werden, etwaiges geopolitisches Handeln in der deutschen Sicherheitspolitik aufzuzeigen. Ein Beobachter urteilt damit übereinstimmend: „Geopolitische Theorien haben meiner Ansicht nach keinen Einfluss auf die deutsche Politik gehabt, aber sehr wohl geopolitische Erfahrungen und Einsichten".[289] Ziel der Analyse soll es daher sein, diese „geopolitischen Erfahrungen und Einsichten" aufzuzeigen und deren Bedeutung für die Neuausrichtung der deutschen Sicherheitspolitik nach dem Kalten Krieg zu eruieren.

Der fehlende wissenschaftliche bzw. theoretische Referenzrahmen für die praktische Politik erschwert zudem eine Beantwortung der Frage, inwiefern politische Initiativen, die einen faktischen geopolitischen Charakter aufweisen, auch einer bewussten Beschäftigung mit geopolitischen Theorien und Zusammenhängen entsprangen oder aber als geopolitisch unreflektierter Ausfluss anderer Handlungsmotivationen erscheinen. Die Komplexität sicherheitspolitischer Entscheidungsprozesse und die intellektuellen Hintergründe der Entscheidungsträger liegen oftmals im Halbschatten, lassen sich nicht in jedem Falle klar ausleuchten. Gerade die Übergänge sind vielfach kaum voneinander zu trennen, zudem ist in der Regel eine Überlagerung mehrerer Entscheidungskriterien und Handlungsmotivationen zu beobachten.

Die Unmöglichkeit eines direkten Abgleichs von Theorie und Praxis sowie die Unbestimmtheit der Wirkweisen geopolitischer Argumentation müssen bei der folgenden Analyse berücksichtigt werden. Nun könnte man vor diesem Hintergrund der Versuchung erliegen, den Begriff ‚Geopolitik' so sehr auszuweiten, dass jede Art der Außenpolitik, die sich nun einmal auf die Interaktion mit geographisch beschreibbaren Räumen bezieht, in einem weiten Sinne als ‚Geo'politik verstanden wird.[290] Dies würde jedoch zu einer Schlagworthaftigkeit führen, die einen brauchbaren wissenschaftlichen Erkenntnisgewinn unmöglich macht.

Die Analyse steht also zunächst vor der Aufgabe, einen Analyserahmen zu setzen, der den geschilderten Gegebenheiten Rechnung trägt und eine kohärente Untersuchung ermöglicht. Die Analyse des geopolitischen Gehalts der deutschen Sicherheitspolitik nähert sich dem Untersuchungsgegenstand mit drei erkenntnis-

---

[288] Vgl. Fröhlich, Zwischen selektiver Verteidigung und globaler Eindämmung.

[289] Korrespondenz mit einem Angehörigen des Auswärtigen Dienstes der Bundesrepublik Deutschland, 2. Juni 2010.

[290] Vgl. Osterhammel, „Wiederkehr des Raumes", S. 383.

leitenden Fragen. Vor dem Hintergrund der oben geschilderten Gegebenheiten ermöglichen diese eine kohärente Analyse auf mehreren Analyseebenen. Die Fragen bzw. die durch sie implizierten Analyseebenen können gleichwohl nicht strikt voneinander getrennt bzw. sukzessive beantwortet werden. Vielmehr greifen sie ineinander, überlappen sich teils und sind eng miteinander verwoben. Mittels einer Gesamtschau auf die im Verlauf der Analyse gewonnenen Erkenntnisse kann eine Ausleuchtung des Kerns der Wirkweisen geopolitischer Überlegungen in der deutschen Sicherheitspolitik gelingen.

*1. Die Prämisse: Die Positionierung der Bundesrepublik angesichts neuer geopolitischer Herausforderungen.* Geopolitik begegnet uns zunächst als Kennzeichen des internationalen Umfelds der Bundesrepublik: Geopolitische Herausforderungen sowie ein neues geopolitisches Umfeld forderten die deutsche Politik nach der Wiedervereinigung, sie erforderten eine Positionierung Deutschlands.[291] Die Notwendigkeit der Reaktion auf geopolitische Herausforderungen stellt die Relevanz der Geopolitik deutlich heraus – eine Relevanz, der sich auch die deutsche Politik annehmen musste. In jenem Rahmen bewegte sich Deutschlands Außen- und Sicherheitspolitik. Auf der grundlegenden Analyseebene interessiert daher die Frage, wie sich das neue geopolitische Umfeld mit seinen neuen geopolitischen Herausforderungen in der Formulierung der deutschen Sicherheitspolitik widerspiegelte.

Der spezifisch geopolitische Charakter der jeweiligen Herausforderungen wird im folgenden Kapitel skizziert – dies primär in den Worten der relevanten Entscheidungsträger innerhalb der Bundesregierung. Damit wird einerseits der geopolitische Rahmen abgesteckt, innerhalb dessen die Bundesrepublik nach der Wiedervereinigung sicherheitspolitisch agierte. Andererseits gibt dieser grundlegende Überblick Hinweise auf die Rezeption geopolitischer Dynamiken seitens der deutschen Politik. Diese Schwerpunktsetzung stellt die Notwendigkeit geopolitischen Handelns heraus, sie verweist auf die faktische geopolitische Positionierung der deutschen Politik und lässt zudem die Frage nach der bewussten oder unbewussten Nutzung geopolitischer Erörterungen zunächst nachrangiger erscheinen.

*2. Die Politikformulierung: Die Herausbildung eines geopolitischen Ansatzes.* Ausgehend von dieser Prämisse zielt die Analyse auf einer tiefer liegenden Analyseebene auf die Frage ab, inwiefern die deutsche Politik im Zuge dieser Reaktion selbst einen geopolitischen Ansatz formulierte. Nun begegnet uns die Geo-

---

[291] Diesem Ansatz folgt auch die anschließende Fallstudie über die Energie-Geopolitik. Auch diese geht zunächst von einer geopolitischen Herausforderung aus, worauf aufbauend die Reaktion der Bundesregierung dargestellt wird.

politik als eine sicherheitspolitische Methode, die in bestimmte Politikinitiativen mündete. In diesem Zusammenhang gilt es, der Versuchung zu widerstehen, Geopolitik allzu unscharf und schwammig als Außenpolitik in einer Welt der Territorialität zu verstehen. Andererseits bezieht Geopolitik sich im deutschen Falle nicht auf die Anwendung theoretischer Ideen, Modelle oder Strategieanweisungen auf die sicherheitspolitische Praxis. Zwischen diesen beiden Polen ist die ‚praktische Geopolitik' analytisch klar zu fassen. Hierzu ist ein Rückgriff auf die vorgelegte Definition geboten, die die Kriterien für geopolitisches Handeln klar absteckt. Im Aufzeigen solcher Initiativen einer raumbezogenen und aktiven Sicherheitspolitik liegt das zentrale Erkenntnisinteresse.

Vor diesem Hintergrund kann sich auch der Frage angenähert werden, *wie* entsprechende Ansätze zustande kamen, welche konkreten Wirkweisen also den Einfluss geopolitischer Überlegungen kennzeichneten. Der Definitionsprozess des Begriffes ‚Geopolitik' verdeutlichte, dass praktische geopolitische Ansätze idealtypisch *theoriegeleitetem* oder *pragmatischem* Handeln entspringen können: Während *theoriegeleitete* Ansätze sich in der deutschen Sicherheitspolitik schwerlich finden lassen werden, kann ein entsprechender Ansatz zumindest aber das Ergebnis originär sicherheitspolitischer und strategischer Entscheidungen sein, also der Ausfluss einer strategisch-sicherheitspolitischen und konzeptionell reflektierten Beschäftigung mit den entsprechenden Raumfaktoren und in diesem Sinne *pragmatisches* geopolitisches Handeln.

Zu trennen sind diese beiden Erscheinungsformen geopolitischen Handelns von dem Handeln eines Staates im Raum, bei dem geopolitische Momente nicht die konzeptionelle Grundlage bilden, bei dem geopolitische Erörterungen nicht strategisch begründet und allenfalls *unreflektiert* in Entscheidungsprozesse einfließen – etwa als ein strategisch nicht reflektiertes ‚Beiprodukt' eines Handelns aus anderen Motivlagen.

Inwiefern geopolitisches Handeln im Falle der deutschen Sicherheitspolitik bewusst und konzeptionell unterfüttert war, inwiefern es auf einer planmäßigen Beschäftigung mit den entsprechenden sicherheitsrelevanten Raumfaktoren fußte, wird in der folgenden Analyse thematisiert. Die vorgestellten möglichen Wirkweisen geopolitischer Erörterungen bieten dabei ein Raster, um die Frage nach der Bedeutung geopolitischer Strategieplanung abzuschätzen. Auch wenn eine Abgrenzung der Motivlagen und Entscheidungskriterien nicht in jedem Falle zweifelsfrei möglich sein mag und zweifellos vielfältige Überlappungen zu beobachten sind, führen Annäherungen anhand dieser Kriterien doch zu belastbaren Erkenntnissen hinsichtlich der Wirkweisen der Geopolitik in der deutschen Sicherheitspolitik: Legt man die Kriterien gleichsam als Raster über die außerordentlich komplexen politischen Entscheidungsprozesse, lassen sich diese Fragen beleuchten. Anhand detaillierter Analysen sicherheitspolitischer Reden und

Grundsatzdokumente und anhand eines detaillierten Blicks auf konkrete Entscheidungsprozesse kann die Rolle einer strategisch-konzeptionellen Fundierung der Politik erörtert werden. Die Bedeutung des Raumbezugs als Grundlage der Politikformulierung und der sicherheitspolitische Impetus grenzen originär geopolitische Ansätze von unreflektiertem geopolitischem Handeln ab.

*3. Anspruch und Wirklichkeit: Geopolitik zwischen konzeptioneller Grundlegung und praktischer Implementierung.* Geopolitische Erörterungen können auf der konzeptionellen Ebene ebenso wirksam werden wie im praktischen Handeln. Die Frage nach Anspruch und Wirklichkeit geopolitischer Ansätze strukturiert daher die weiteren Ausführungen. Das folgende Kapitel bietet zunächst einen Überblick über die deklaratorische bzw. konzeptionelle Seite der deutschen Sicherheitspolitik. Dies bietet eine erste Annäherung an die Thematik über den gesamten Untersuchungszeitraum hinweg. Zwangsläufig bleibt diese Zusammenschau kursorisch; sie stellt die wesentlichen *topoi*, Aussagen und Entwicklungslinien vor. Hier steht die Frage im Mittelpunkt, inwiefern sich in den sicherheitspolitischen Debatten eine konzeptionelle ‚Leitidee' eines geopolitischen Ansatzes herauskristallisierte.

Die Erkenntnisse bilden die Grundlage für die anschließenden Fallstudien. Anhand konkreter Herausforderungen werden die Erkenntnisse dort *en detail* betrachtet, in ihrer chronologischen Entwicklung untersucht und somit konkretisiert. Die Kontrastierung von konzeptionellen Grundlagen einerseits und konkreten Ausformulierungen andererseits bietet die Möglichkeit, die deutsche Sicherheitspolitik unter geopolitischem Blickwinkel im Spannungsfeld von Anspruch und Wirklichkeit zu analysieren.[292] Hier wird – im komplexen Zusammenspiel mit innenpolitischen und internationalen Gegebenheiten – untersucht, inwiefern die Bundesrepublik in der operativen Politik tatsächlich einen geopolitischen Ansatz verfolgte. Eine Schwerpunktsetzung basierend auf diesen erkenntnisleitenden Fragen ermöglicht eine kohärente Analyse.[293]

---

[292] Wobei selbstverständlich zu beachten ist, dass eine strikte Trennung in konzeptionelle und praktische Ebene nicht möglich ist. Die konzeptionellen Grundlegungen der deutschen Außen- und Sicherheitspolitik manifestierten sich stets vor dem Hintergrund konkreter Herausforderungen, sodass hier mannigfaltige Wechselwirkungen zu beobachten sind.

[293] Entsprechende Studien liegen bislang nicht vor. Ansatzweise untersucht Oßenbrügge die Rolle, die geopolitische Vorstellungen für die deutsche Sicherheitspolitik spielen. Siehe dazu Oßenbrügge, „Die neue Geopolitik". Oßenbrügge kommt zu dem Schluss, dass geopolitische Ideen zunehmend die deutsche Außenpolitik – insbesondere die Militärpolitik – beeinflussen. Auf dieser Grundlage aufbauend untersucht diese Arbeit detailliert konzeptionelle wie praktische deutsche Sicherheitspolitik nach dem Einfluss geopolitischer Erörterungen.

Angesichts der langen Tabuisierung der Geopolitik, auch darauf sei einleitend verwiesen, ist die rhetorische Umschreibung geopolitischer Zusammenhänge durch politische Entscheidungsträger eine Tatsache, die uns bei der Analyse wiederholt begegnen wird. Plakativ betonte der ehemalige Außenminister Frank-Walter Steinmeier im Jahr 2010 anlässlich einer Rede zum Thema „Geopolitische Neuordnung", ihn habe beim Lesen des gewünschten Vortragstitels ein „kurzer Schreck"[294] durchfahren.

Die nun folgende Untersuchung verdeutlicht hingegen, dass die konzeptionelle Debatte um eine Neuausrichtung der deutschen Sicherheitspolitik nach dem Kalten Krieg zu einem bedeutenden Teil von raumbezogenen, mithin also geopolitischen, Argumentationsmustern geprägt war – dies trotz der offiziellen Tabuisierung der Geopolitik in der Bundesrepublik, trotz der Absage an geopolitisches Denken seitens eines Großteils der handelnden Politiker und trotz der nach wie vor mangelnden wissenschaftlichen Beschäftigung mit dem Thema.[295] In diesem Zusammenhang sei auf eine Äußerung Lacostes aus dem Jahr 1990 verwiesen. Der französische Geopolitiker prognostizierte seinerzeit: „Ob man das Wort ‚Geopolitik' nun mit mehr oder weniger großen Skrupeln benutzt oder ob man seine Verwendung völlig ablehnt – auf jeden Fall wird man in Zukunft (…) sehr viel mehr über Probleme diskutieren, die nun einmal geopolitischer Natur sind."[296]

### 4.1.2 Neue Rahmenbedingungen für die deutsche Außen- und Sicherheitspolitik[297]

Es erscheint sinnvoll, eingangs in aller gebotenen Kürze einige Determinanten der deutschen Sicherheitspolitik während des Kalten Krieges und deren Veränderung nach 1990 zu skizzieren, um so die vermeintliche ‚Renaissance der Geopolitik' einordnen zu können. Aufbauend auf dieser einleitenden Skizze werden im

---

[294] Steinmeier, „Geopolitische Neuordnung".

[295] In den Fallstudien wird die Bedeutung des Faktors Persönlichkeit für das Vorbringen geopolitischer Ansätze thematisiert.

[296] Lacoste, Geographie und politisches Handeln, S. 19.

[297] Siehe als grundlegende Werke hierzu Kaiser und Maull (Hrsg.), Deutschlands neue Außenpolitik. Band 1 und dies. (Hrsg.), Deutschlands neue Außenpolitik. Band 2: Herausforderungen (Schriften des Forschungsinstituts der Deutschen Gesellschaft für Auswärtige Politik e.V., Bonn, Reihe Internationale Politik und Wirtschaft Band 61), München 1995 sowie Kaiser und Krause (Hrsg.), Deutschlands neue Außenpolitik. Band 3, Haftendorn, Deutsche Außenpolitik, Hacke, Außenpolitik der Bundesrepublik Deutschland, Wilfried von Bredow, Turbulente Welt-Ordnung, Stuttgart 1994, James Rosenau, Turbulence in World Politics. A Theory of Continuity and Change in World Politics, Princeton 1992. Die kursorische Einführung orientiert sich an der entsprechenden Passage bei Meiers, Zu neuen Ufern?, S. 64-79.

Verlauf der folgenden Analyse die neuen Rahmenbedingungen der deutschen Außen- und Sicherheitspolitik nach dem Kalten Krieg detailliert betrachtet. Dies betrifft einerseits den Handlungsspielraum der deutschen Außen- und Sicherheitspolitik, andererseits die Rahmenbedingungen im internationalen Umfeld.

Der außen- und sicherheitspolitische Handlungsspielraum der Bundesrepublik war während des Kalten Krieges durch interne wie externe Faktoren eingeschränkt. Ein grundlegendes Charakteristikum der deutschen Politik nach den Jahren von Nazi-Terror und Eroberungskriegen im deutschen Namen war eine machtpolitische Zurückhaltung der deutschen Außenpolitik, die mit der Betonung von Einbindung, Verflechtung und Multilateralismus einherging. Hinzu kam die normative Ausrichtung des Grundgesetzes, welches die Friedenswahrung im internationalen Rahmen als zentrales außenpolitisches Ziel hervorhebt.[298] Die Aufgabe der Bundeswehr bestand während des Kalten Krieges folglich darin, die territoriale Integrität der Bundesrepublik zu sichern – ausdrücklich nicht durch Machtprojektion, sondern allein durch die Abschreckung möglicher Bedrohungen.[299] Kapazitäten zur Machtprojektion entwickelten die deutschen Streitkräfte daher nicht.

Angesichts der Abneigung gegen militärische Maßnahmen zur Friedenssicherung stand ein Einsatz der Bundeswehr außerhalb des Bündnisgebiets außer Frage. Vor dem Beitritt der Bundesrepublik zu den Vereinten Nationen setzte sich die Interpretation durch, dass die Bundeswehr aus Verfassungsgründen nicht außerhalb des NATO-Bündnisgebiets eingesetzt werden dürfe.[300] Inwiefern sich diese ‚Kultur der Zurückhaltung' nach den Umbrüchen der Wendejahre wandelte, wird in einer der folgenden Fallstudien untersucht.

Besonders relevant für diese Untersuchung erwiesen sich darüber hinaus die „strukturellen Abhängigkeiten in der Sicherheitspolitik"[301] während des Kalten Krieges. Der Grad der Abhängigkeit veränderte sich im Laufe der Zeit und abhängig von dem jeweiligen Politikfeld. Doch gerade die Sicherheitspolitik war von einem durchgehend hohen Maß an Abhängigkeit von auswärtigen Mächten

---

[298] Mit der Formel, „dem Frieden der Welt zu dienen" kommt dies in der Präambel des Grundgesetzes an prominenter Stelle zur Geltung. Bundeszentrale für politische Bildung (Hrsg.), Grundgesetz für die Bundesrepublik Deutschland, Bonn 2010, S. 12. Siehe zu diesem Komplex auch Rüdiger Wolfrum, „Grundgesetz und Außenpolitik", in: Schmidt, Hellmann und Wolf (Hrsg.), Handbuch, S. 157-168 sowie das grundlegende Werk von Josef Isensee und Paul Kirchhof (Hrsg.), Handbuch des Staatsrechts der Bundesrepublik Deutschland. Band VII: Normativität und Schutz der Verfassung – Internationale Beziehungen, Heidelberg 1992.

[299] Vgl. Meiers, Zu neuen Ufern?, S. 77. Siehe auch die Ausführungen zum Urteil des Bundesverfassungsgerichts zu Auslandseinsätzen der Bundeswehr vom Juli 1994 in dieser Arbeit.

[300] Vgl. Haftendorn, Deutsche Außenpolitik, S. 392 und Bierling, Außenpolitik der Bundesrepublik Deutschland, S. 12.

[301] Meiers, Zu neuen Ufern?, S. 67.

gekennzeichnet.[302] Sie war damit „weitgehend außengeleitet".[303] Der Grund hierfür lag in den strukturellen Kennzeichen des internationalen Systems während des Kalten Krieges. Die größte sicherheitspolitische Bedrohung lag in einem konventionellen oder nuklearen Angriff der Staaten des Warschauer Pakts auf das Territorium der Bundesrepublik. Am östlichen Rande des westlichen Verteidigungsbündnisses gelegen, war es der Bundesrepublik nicht möglich, mit eigenen Mitteln eine solche militärische Bedrohung abzuwehren. Die Bundesrepublik war im Verlauf des Kalten Krieges ein Importeur von Sicherheit – gewährleistet insbesondere durch die Vereinigten Staaten von Amerika.[304]

In den 1960er Jahren griff der spätere Bundeskanzler Helmut Schmidt diesen Gedanken auf. Er wies darauf hin, dass die Bundesrepublik aufgrund ihrer Lage zwischen den beiden Blöcken im Falle einer konventionell oder nuklear geführten Auseinandersetzung der Schauplatz der Kampfhandlungen sein werde.[305] Die Abschreckung eines sowjetischen Angriffs stand daher im Mittelpunkt der deutschen Sicherheitspolitik. Sicherheit für Deutschland sollte durch die enge Bindung an die Vereinigten Staaten und damit durch den Import amerikanischer Sicherheitsgarantien erreicht werden. Die Vereinigten Staaten gewährten dies vor allem mittels ihres Nuklearpotentials. Die Bundesrepublik blieb somit abhängig von den nuklearstrategischen Planungen Washingtons und suchte nach Einflussmöglichkeiten auf die Entscheidungsfindung der Supermacht – vom Strategiewechsel zur *flexible response* in den 1960er Jahren über die Frage einer Multilateralen Atomstreitmacht unter deutscher Beteiligung bis hin zu der von Bundeskanzler Schmidt forcierten Entscheidung über den NATO-‚Doppelbeschluss' in den 1980er Jahren.[306] Stets war die Bundesrepublik indes auf den amerikanischen (nuklearen) Schutzschirm angewiesen, um Sicherheit vor der zentralen Bedrohung zu gewährleisten.

Im Rahmen ihrer Möglichkeiten verfolgte die Bundesrepublik unterhalb der globalen Ebene ihre sicherheitspolitischen Interessen; durch die aktive Integrationspolitik im europäischen Rahmen, durch ihren Beitrag zur Verteidigungspolitik im Rahmen des NATO-Bündnisses und schließlich durch die aktive Ostpoli-

---

[302] Vgl. Haftendorn, Deutsche Außenpolitik, S. 432-433.

[303] Meiers, Zu neuen Ufern?, S. 64. So argumentiert auch Helga Haftendorn, Sicherheit und Entspannung. Zur Außenpolitik der Bundesrepublik Deutschland 1955-1982, Baden-Baden 2. Auflage 1986, S. 738.

[304] Siehe zu diesem Komplex Meiers, Zu neuen Ufern?, S. 67-69 sowie grundsätzlich Haftendorn, Sicherheit und Entspannung und Waldemar Besson, Die Außenpolitik der Bundesrepublik. Erfahrungen und Maßstäbe, München 1970.

[305] Vgl. Helmut Schmidt, Strategie des Gleichgewichts. Deutsche Friedenspolitik und die Weltmächte, Stuttgart 1969. Dieser Gedanke findet auch Erwähnung bei Meiers, Zu neuen Ufern?, S. 68.

[306] Der Komplex wird ausführlich beschrieben bei Haftendorn, Sicherheit und Entspannung. Siehe ferner Christoph Hoppe, Zwischen Teilhabe und Mitsprache. Die Nuklearfrage in der Allianzpolitik Deutschlands 1959-1966, Baden-Baden 1994.

tik mit den Nachbarn jenseits des ‚Eisernen Vorhangs'.[307] Der zentralen Bedrohung konnte die Bundesregierung indes zu keiner Zeit aus eigener Kraft begegnen. Innen- wie außenpolitische Bestimmungsfaktoren resultierten so in einem eingeschränkten Handlungsspielraum der deutschen Außen- und Sicherheitspolitik. Insbesondere die Frage nach Import bzw. Export von Sicherheit wird uns in der folgenden Untersuchung erneut begegnen.

Gewiss, auch während des Kalten Krieges nahmen deutsche Entscheidungsträger die Lage der Bundesrepublik zum Anlass für die Formulierung der Außenpolitik. Mit dem Anerkennen der prekären Mittellage lag ein geopolitisches Moment der Ausrichtung der deutschen Außenpolitik nach dem Zweiten Weltkrieg zugrunde. Der historische Blick auf die deutsche Außenpolitik verdeutlicht, dass aus den Erfahrungen der Kriegsjahre

> „Lehren gezogen worden sind. Hierzu zählen die realistischere Einschätzung der Umwelt und der Rolle der neuen mittleren Macht Deutschland, Augenmaß für das Notwendige und Machbare, Zurückhaltung, Friedenspolitik und Verantwortung im Umgang mit anderen Staaten. Voraussetzungen dafür waren vor allem die demokratische Kultur als Grundlage, Integration, kollektives Verteidigungsbündnis und ein stetiger Interessenausgleich.“[308]

Der erste Kanzler der Bundesrepublik Deutschland, Konrad Adenauer, sah dementsprechend die Gefahr für die Bundesrepublik, in der Mitte Europas zerrieben zu werden.[309]

Die von Adenauer vorangetriebene Maxime der konsequenten Westbindung und der europäischen Einigung, die Absage an jede Schaukelpolitik zwischen Ost und West, ab den 1960er Jahren auch die Deutschlandpolitik und die Nachbarschaftspolitik gegenüber den Staaten jenseits des ‚Eisernen Vorhangs' unter der sozial-liberalen Bundesregierung – all diesen Initiativen im Verlauf des Kalten Krieges lagen gewiss auch geopolitische Einsichten in dem Sinne zugrunde, dass die deutsche Politik ihren außenpolitischen Schwerpunkt im unmittelbaren Umfeld sah und nach Wegen suchte, mit der prekären Mittellage Deutschlands umzugehen.[310] So „erforderte es die exponierte geostrategische Position des

---

[307] Vgl. Böckenförde, „Veränderung des Sicherheitsverständnisses“, S. 23.
[308] Hans-Adolf Jacobsen, „Geopolitik im Denken und Handeln deutscher Führungseliten. Anmerkungen zu einem umstrittenen Thema“, in: WeltTrends Nr. 4, 1994, S. 39-46, hier S. 46.
[309] Vgl. Konrad Adenauer, Erinnerungen 1945-1953, Stuttgart 1965, S. 96. Hacke weist dementsprechend darauf hin, dass Adenauer jede Art von Schaukelpolitik zwischen Ost und West ablehnte und vielmehr eine konsequente Westbindung anstrebte. Vgl. Hacke, Außenpolitik der Bundesrepublik Deutschland, S. 49-54.
[310] Allgemein dazu: Hacke, Außenpolitik der Bundesrepublik Deutschland und Haftendorn, Deutsche Außenpolitik.

Landes, auf einen weitgehenden Abbau der Spannungen in Mitteleuropa hinzuwirken, weil es von jeder Verschärfung des Ost-West-Konflikts mehr als seine Partner betroffen war."[311] Nachdem die Einbindung der Bundesrepublik im Westen gelungen war, rückte schließlich im Zusammenhang mit der deutschen Traditionslinie des Brückenkonzepts zwischen Ost und West auch die geographische und politische Mittellage Deutschlands wieder ins Bewusstsein der Politik.[312]

Die geopolitische Ausrichtung der deutschen Außen- und Sicherheitspolitik erfolgte während des Kalten Krieges insgesamt jedoch allenfalls durch eine unbestimmte Anerkennung der geopolitischen Lage der Bundesrepublik. In diesem Zusammenhang ist der begrenzte Handlungsspielraum besonders relevant. Hinzu kamen die ebenfalls von den systemischen Charakteristika des Kalten Krieges bedingten geringen Einflussmöglichkeiten auf die Region im geographischen Umfeld der Bundesrepublik. Originäre geopolitische Initiativen im Sinne einer geographiebezogenen, aktiven Sicherheitspolitik und eines an geopolitischen Interessen orientierten Gestaltungsanspruchs in geopolitischen Schlüsselregionen konnte die Bundesrepublik daher zu keiner Zeit verfolgen.

Eine Trias von Faktoren veränderte die Rahmenbedingungen für die deutsche Sicherheitspolitik nach dem Kalten Krieg grundlegend.[313] Dies macht eine Untersuchung des Einflusses geopolitischer Erörterungen in der Zeit nach dem Kalten Krieg besonders lohnenswert: Erstens vergrößerte sich der Handlungsspielraum der deutschen Außen- und Sicherheitspolitik gegenüber dem geographischen Umfeld, zweitens resultierten die internationalen Umbrüche nach dem Zerfall der Sowjetunion in einer neuen geopolitischen Lage für die Bundesrepublik, drittens sah sich Deutschland mit neuen internationalen (und dezidiert geopolitischen) Herausforderungen konfrontiert. „Nicht die Vereinigung Deutschlands für sich betrachtet, sondern die aus der Vereinigung entspringenden Folgen mit einer fundamental veränderten internationalen Umwelt schafften [also] die neuen Herausforderungen für die deutsche Außenpolitik."[314] Alle drei Momente

---

[311] Bierling, Außenpolitik der Bundesrepublik Deutschland, S. 278.

[312] Vgl. Hacke, Außenpolitik der Bundesrepublik Deutschland, S. 340, 529-531.

[313] Von „drastisch anderen Rahmenbedingungen" schreiben Karl Kaiser und Hanns W. Maull, „Einleitung: Die Suche nach Kontinuität in einer Welt des Wandels", in: dies. (Hrsg.), Deutschlands neue Außenpolitik. Band 1, S. xv-xxv, hier S. xv. Die Politikwissenschaftlerin Jana Puglierin urteilt, erst die „Zeitenwende" der Wiedervereinigung habe zu einer vollen Entfaltung der Machtpotentiale und Handlungsmöglichkeiten der Bundesrepublik geführt. Eben dies mache es so lohnenswert, die neuen Parameter der deutschen Außen- und Sicherheitspolitik zu untersuchen. Vgl. Jana Puglierin, Zwischen realistischem Interessen und moralischem Anspruch. Eine theoriegeleitete Analyse der deutschen Außenpolitik seit 1989/90 (Studien zur Internationalen Politik Heft 1 (2004)), Hamburg 2004, S. 9-10.

[314] Karl Kaiser, „Das vereinigte Deutschland in der internationalen Politik", in: ders. und Maull (Hrsg.), Deutschlands neue Außenpolitik. Band 1, S. 1-9, hier S. 5. Die Herausforderungen be-

werden im Folgenden dargestellt. Die Kombination aus den neuen Gegebenheiten führte indes in der Politikwissenschaft zu einer intensiveren Beschäftigung mit der lange unbeachteten Geopolitik.

Die Bundesrepublik erhielt nun mehr Möglichkeiten als noch während des Kalten Krieges, sicherheitspolitisch gestaltend wirken zu können.[315] Diese fundamental gewandelten Parameter stellten die Bundesrepublik vor weitgehende strategische Herausforderungen, stand sie doch vor keiner geringeren Aufgabe als der Neuausrichtung ihrer Sicherheitspolitik angesichts der neuen Gegebenheiten. Es galt, eine neue außen- und sicherheitspolitische Linie für die Zeit nach dem Kalten Krieg zu finden;[316] die Bundesrepublik war nicht länger Importeur von Sicherheit und war nun gefordert, sich zum Exporteur von Sicherheit zu wandeln.[317] Dies macht es so lohnenswert zu untersuchen, inwiefern in diesem Prozess raumbezogene, geopolitische Erörterungen die praktische Politik kennzeichneten.

Mit dem ,Zwei-plus-Vier-Vertrag'[318] erhielt die Bundesrepublik im Jahr 1990 formal die volle völkerrechtliche Souveränität. Mit der Wiedervereinigung war die Bundesrepublik nunmehr das größte Land Europas: Mit rund 82 Millionen Einwohnern ist sie das politische Schwergewicht in der EU. Inmitten der Union gelegen, grenzt die Bundesrepublik mit Dänemark, den Niederlanden, Belgien, Luxemburg, Frankreich, der Schweiz, Österreich, der Tschechischen Republik und Polen an neun Nachbarstaaten – und verfügt darüber hinaus über Zugänge zu Nord- und Ostsee. Deutschland ist ein Land, das an eigenen Rohstoffen arm ist. Die Bundesrepublik sei, urteilt Hacke, durch die Wiedervereinigung maritimer geworden – mit einer geopolitischen Schwerpunktverlagerung nach Nordosten.[319]

Neben der völkerrechtlichen Souveränität und dem Zuwachs an Machtpotentialen gewann die Bundesrepublik gerade im außen- und sicherheitspolitischen Bereich einen größeren Handlungsspielraum. In der Sicherheitspolitik zeichneten sich nach der Wiedervereinigung deutliche Veränderungen ab, und in jenem Kontext stehen die neuen Diskussionen über die Geopolitik: „Mit der

---

schreibt auch Christian Hacke, „Deutschland und die neue Weltordnung. Zwischen innenpolitischer Überforderung und außenpolitischen Krisen", in: Aus Politik und Zeitgeschichte 46/1992, S. 3-16.

[315] Dies ging zudem mit einer gestiegenen Erwartung der internationalen Partner einher, wie im weiteren Verlauf der Untersuchung deutlich wird.

[316] Vgl. Wolfram Hilz, Europas verhindertes Führungstrio. Die Sicherheitspolitik Deutschlands, Frankreichs und Großbritanniens in den Neunzigern, Paderborn u. a. 2005, S. 243.

[317] Vgl. Bierling, Außenpolitik der Bundesrepublik Deutschland, S. 278.

[318] „Vertrag zwischen der Bundesrepublik Deutschland, der Deutschen Demokratischen Republik, Frankreich, Großbritannien, der Sowjetunion und den Vereinigten Staaten über die abschließende Regelung der Deutschland-Frage, unterzeichnet in Moskau am 12. September 1990 (mit Brief des deutschen Außenministers)", in: Europa-Archiv, Folge 19/1990, S. D 509-D 514.

[319] Vgl. Hacke, Außenpolitik der Bundesrepublik Deutschland, S. 383.

Ablösung der europäischen Nachkriegsordnung sind die strukturellen Abhängigkeiten vor allem im Bereich der Sicherheitspolitik entfallen bzw. relativiert worden."[320] Die deutsche Außen- und Sicherheitspolitik war nun weit weniger außengeleitet als noch wähend des Kalten Krieges. Es gelang der deutschen Politik, die Abhängigkeiten teils in neue Einflussmöglichkeiten umzuwandeln; Deutschland konnte nun sehr viel stärker eigene ordnungspolitische Vorstellungen vorbringen.[321] Zusammenfassend argumentiert Hacke, dass das wiedervereinigte Deutschland durch die Wiedervereinigung, den Zuwachs der Bevölkerung und die Rückkehr in die Mitte Europas größeres Machtpotential erhalten habe und „zum neuen politischen Kraftzentrum in Europa"[322] geworden sei.

Diese neuen Handlungsmöglichkeiten waren gleichwohl auch Handlungs-*notwendigkeiten* bzw. „Gestaltungsanforderungen",[323] denn sie waren auch eine Folge der neuen internationalen Rahmenbedingungen: Die Bundesrepublik lag nun nicht mehr am Rande des östlichen Verteidigungsbündnisses. Eine direkte militärische Bedrohung war nicht mehr gegeben. Davon zeugen die im Folgenden zitierten Äußerungen in aller Deutlichkeit. Andere Gefährdungen traten in den Mittelpunkt der neuen Bedrohungsanalysen, erforderten eine Positionierung der Bundesrepublik: Das Interesse der westlichen Staaten an der ‚Dritten Welt' ließ mit dem Ende des Kalten Krieges merklich nach. Wirtschaftshilfe aus beiden Blöcken ging zurück, die in der Regel schwachen Staaten waren sich selbst überlassen.[324] In der Folge wurden die Staaten Europas mit Instabilitäten im Osten, Südosten und Süden des Kontinents, mithin also mit einem „Sicherheitsvakuum Mittel- und Osteuropas"[325] konfrontiert.

Dabei war die Entwicklung in dieser Region heterogen. In Jugoslawien zerbrach der Vielvölkerstaat entlang ethnischer Grenzen in blutigen Kriegen, die erst gegen Ende der 1990er Jahre ihr Ende fanden. Die politischen Prozesse in den ehemals kommunistischen Staaten Mittelosteuropas waren von transformatorischen Entwicklungen geprägt,[326] doch verlief die Entwicklung hier ohne die

---

[320] Meiers, Zu neuen Ufern?, S. 122.

[321] Siehe hierzu Haftendorn, Deutsche Außenpolitik, S. 10 und Michael Staack, „Normative Grundlagen, Werte und Interessen deutscher Sicherheitspolitik", in: Böckenförde und Gareis (Hrsg.), Deutsche Sicherheitspolitik, S. 45-78, hier S. 46.

[322] Hacke, Außenpolitik der Bundesrepublik Deutschland, S. 383.

[323] Kaiser und Maull, „Einleitung", S. xv. Siehe auch grundlegend Böckenförde, „Veränderung des Sicherheitsverständnisses".

[324] Vgl. Sedlmayr, Außen- und Sicherheitspolitik, S. 14. Siehe zu den neuen Konflikten nach dem Kalten Krieg grundlegend Franz Nuscheler, Entwicklungspolitik (Bundeszentrale für politische Bildung Schriftenreihe Band 488), Bonn 2005, S. 26-33 sowie S. 42-46.

[325] Michael Stürmer, „Deutsche Interessen", in: Kaiser und Maull (Hrsg.), Deutschlands neue Außenpolitik. Band 1, S. 39-61, hier S. 44.

[326] Siehe zum Überblick Georg Brunner (Hrsg.), Politische und ökonomische Transformation in Osteuropa (Osteuropaforschung Band 36), Berlin 3. Auflage 2000 sowie Axel Sell und Tobias

Gewalt der kriegerischen Zusammenstöße, die das Ende des Kalten Krieges auf dem Balkan markierte. Nachdem die sowjetische Macht im Zuge der Perestroika[327] im Verlauf des Jahres 1991 endgültig implodierte, strebten die Staaten der Region nach nationaler Unabhängigkeit.[328] Während die Übergangsphase – gekennzeichnet durch die Einführung rechtsstaatlicher und pluralistischer Strukturen – bereits nach wenigen Jahren abgeschlossen war, dauerte die eigentliche Transformation, insbesondere hinsichtlich einer Umgestaltung der Wirtschaftspolitik, wesentlich länger. Sie verlief in den Staaten unterschiedlich schnell und erfolgreich, wobei Polen, die Tschechische Republik und Ungarn am raschesten fortschritten.[329]

Die Transformation der mittelosteuropäischen Staaten hin zu demokratischen und marktwirtschaftlichen Strukturen wurde von zahlreichen potentiellen Gefahren begleitet: Wirtschaftliche Unsicherheit ging mit politischen Spannungen einher – beides führte zu einer neuen politischen Instabilität in der Region.[330] Liest man aus heutiger Sicht politikwissenschaftliche Analysen aus jenen Jahren, so fällt die Betonung der Unsicherheit ob der zu erwartenden Entwicklungen deutlich ins Auge.[331]

Der ehemalige Botschafter Günter Joetze fasst dies in einer rückblickenden Betrachtung zusammen. Neben den fragilen Reformprozessen in den ehemals kommunistischen Staaten, Nationalismus und Demagogie spricht er auch die auf dem Balkan aufgebrochenen ethnischen Konflikte an:

> „Internal stability was lacking throughout Central and Eastern Europe and the former Soviet Union. Administrative, financial and legal structures were totally inadequate after the collapse of the Communist party systems. Mass unemployment and,

---

Schauf (Hrsg.), Bilanz und Perspektiven der Transformation in Osteuropa (Institut für Weltwirtschaft und Internationales Management Band 10), Münster 2003.

[327] Vgl. Michail Gorbatschow, Perestroika. Die zweite russische Revolution. Eine neue Politik für Europa und die Welt, München 1989. Siehe auch Marshall I. Goldmann, What went wrong with Perestroika?, New York u. a. 1992.

[328] Siehe zu dem gesamten Komplex grundlegend von Bredow und Jäger, Neue deutsche Außenpolitik, S. 187-212.

[329] Vgl. Roland Freudenstein, „Die neuen Demokratien in Ostmitteleuropa und die Europäische Union", in: Kaiser und Maull (Hrsg.), Deutschlands neue Außenpolitik. Band 2, S. 103-119, hier S. 104-105.

[330] Die Herausforderungen werden ausführlich beschrieben ebd., bei von Bredow und Jäger, Neue deutsche Außenpolitik sowie August Pradetto, „Europa nach der Revolution. Ost und West vor säkularen Herausforderungen", in: Aus Politik und Zeitgeschichte 6/1992, S. 3-10.

[331] Vgl. etwa Anna Wolff-Poweska, „Die Zukunft Osteuropas. Herausforderungen, Probleme, Strategien", in: Europa-Archiv 19/1991, S. 567-572. Siehe hierzu grundlegend von Bredow und Jäger, Neue deutsche Außenpolitik.

worse, a lost sense of identity gave rise to demagoguery. Irresponsible nationalists (…) advocated solving ethnic conflicts by force."[332]

Durch diese Entwicklungen sah sich die Bundesrepublik nach der jahrzehntelangen Bedrohung durch die Sowjetunion nun im nahen und weiteren Umfeld mit neuen Herausforderungen konfrontiert. Die politischen Entwicklungen in Mittelosteuropa und Südosteuropa waren für Deutschland wegen der räumlichen Nähe der Bundesrepublik zu den (potentiellen) Krisenherden und den damit möglichen Migrationsströmen von Bedeutung. Unkontrollierte Migration stellte die Sozialsysteme der europäischen Staaten vor Herausforderungen, sie hatte zudem Implikationen für die innere Sicherheit der Zielstaaten.[333] Die Entwicklungen in der Region schlugen daher nachhaltig auf die Sicherheit der westeuropäischen Staaten zurück.

> „Die Entwicklung der Transformationsprozesse in Osteuropa ist (…) einer der wichtigsten Bestimmungsfaktoren für die Veränderung des internationalen Umfeldes, in dem die deutsche Außenpolitik agieren muss. Am stärksten von der Strukturkraft des Ost-West-Konflikts geprägt, ist die deutsche Außenpolitik auch am stärksten vom Ende dieses Konflikts betroffen. (…) Neben spezifischen deutschen Interessen (etwa Abzug der russischen Truppen aus Ostdeutschland) gilt vor allem, daß Deutschland von negativen Entwicklungen in Osteuropa am stärksten betroffen wäre. Migration durch Armut oder Bürgerkrieg, Umweltkatastrophen, Kriminalisierungsprozesse und Hilfeersuchen wirken sich in Europa zuerst auf Deutschland aus."[334]

Anders als viele Partner in den westlichen Ländern Europas, so argumentierte auch Schwarz zu Beginn der 1990er Jahre, „kann sich Deutschland jedoch den Problemen dieser Regionen überhaupt nicht entziehen, selbst wenn es dies versuchen wollte."[335] Geographische Nähe zu dem Raum war der entscheidende Faktor für die Notwendigkeit deutschen Handelns. Die Herausforderungen werden nun primär in den Worten der seinerzeit handelnden Entscheidungsträger sowie mit Blick auf die Strategiepapiere zur deutschen Außen- und Sicherheits-

---

[332] Günter Joetze, „Pan-European Stability: Still a Key Task?", in: Hanns W. Maull (Hrsg.), Germany's Uncertain Power. Foreign Policy of the Berlin Republic, Houndsmills und New York 2008, S. 152-162, hier S. 152-153.

[333] Siehe hierzu Steffen Angenendt, „Migration: Herausforderung deutscher und europäischer Politik", in: Kaiser und Maull (Hrsg.), Deutschlands neue Außenpolitik. Band 2, S. 175-199 und ders. (Hrsg.), Migration und Flucht. Aufgaben und Strategien für Deutschland, Europa und die internationale Gemeinschaft, Bonn 1997.

[334] Von Bredow und Jäger, Neue deutsche Außenpolitik, S. 188 und 208.

[335] Schwarz, „Das deutsche Dilemma", S. 95.

politik genauer beleuchtet.[336] Hierbei wird besonderer Wert auf die Beschreibung geopolitischer Momente gelegt und zudem untersucht, inwiefern die deutsche Politik diese geopolitische Bedeutung aufgriff.

## 4.2 Die Lageanalyse in außen- und sicherheitspolitischen Grundsatzreden und -dokumenten[337] seit der Wiedervereinigung

### 4.2.1 ,Mittellage' im ,Stabilitätsraum Europa'

Trotz der offiziellen Vermeidung des Begriffes ,Geopolitik' und trotz des Mangels an wissenschaftlichen Referenzen: Bei einer Analyse von Reden und Strategiepapieren, die die Neuausrichtung der deutschen Sicherheitspolitik nach dem Kalten Krieg beschreiben, fällt auf, dass diese in überaus großem Maße mit Bezügen zu geographischen Gegebenheiten – mithin mit geopolitischen Referenzen – begründet wurde. Geopolitische Erörterungen waren geradezu *die* zentrale Triebkraft für die konzeptionelle Neuausrichtung der deutschen Sicherheitspolitik. Geographie wurde zu einer Grundlage der konzeptionellen Überlegungen. Die im Folgenden analysierten Dokumente zeugen zudem von der durchaus bewussten, strategischen Beschäftigung mit geographischen Faktoren.

Auffallend ist außerdem die große Kontinuität in den entsprechenden Äußerungen und Strategiedokumenten von den frühen 1990er Jahren bis weit in die 2000er Jahre hinein. Gewiss, alle politischen Entscheidungsträger brachten ihre persönlichen Hintergründe und Erfahrungen in die Formulierung der deutschen Sicherheitspolitik ein und formulierten ihre Beurteilungen angesichts eines sich wandelnden internationalen Systems, das auch im Verlauf der 1990er Jahre stän-

---

[336] Diese deutsche Reaktion auf neue Herausforderungen ging mit Erwartungen der internationalen Partner einher, dass die Bundesrepublik ihre gewachsene Rolle anerkennen und sich an internationalen Missionen zur Konfliktbeilegung beteiligen solle. Es waren also das Bewusstsein für die neuen Bedrohungen sowie internationaler Druck, die die deutsche Politik nach neuen Ansätzen suchen ließen.

[337] Gegenstand der folgenden Betrachtung sind insbesondere Reden von außen- und sicherheitspolitischen Entscheidungsträgern, die im Bulletin des Presse- und Informationsamts der Bundesregierung und in den Plenarprotokollen des Deutschen Bundestags veröffentlicht sind. Der Schwerpunkt liegt auf den programmatischen Reden, also etwa Regierungserklärungen und weiteren Reden, die Auskunft über die generelle Ausrichtung der Außen- und Sicherheitspolitik geben. Besondere Relevanz haben in diesem Zusammenhang auch Reden von Regierungsvertretern bei der Konferenz für Sicherheitspolitik in München. Im Wesentlichen handelt es sich bei den ausgewählten Reden um Stellungnahmen von Bundeskanzlern, Verteidigungs- und Außenministern. Darüber hinaus werden die wichtigsten militärstrategischen Papiere analysiert. Zeitlich beschränkt sich die Darstellung im Wesentlichen auf die Jahre der Kohl- und Schröder-Regierungen, da in diesen Jahren die konzeptionellen Arbeiten an einem neuen sicherheitspolitischen Ansatz unternommen wurden. Dies spiegelt sich auch in den zu untersuchenden Fallstudien wider.

digen Veränderungen unterworfen war. Dennoch ähneln sich die Lagebeschreibungen sowie die Schlüsse, die sukzessive Regierungen daraus zogen. Hier begegnet uns die Kontinuität, in der alle Regierungen handeln, so vor allem bezogen auf die Amtsführung ihrer Vorgänger und die Interaktion mit anderen Regierungen.[338]

Ausgangspunkt der Erörterungen in offiziellen Verlautbarungen zur neuen deutschen Sicherheitspolitik ist die ganz selbstverständliche Referenz an die neue *Mittellage* der Bundesrepublik in Europa nach dem Fall des ‚Eisernen Vorhangs'. Der Blick auf die wissenschaftliche Geopolitik verdeutlichte, dass ein Bezug auf die Mittellage zur Erklärung der deutschen Außenpolitik noch in den 1980er Jahren allenfalls eine Randerscheinung war. Demgegenüber ziehen sich entsprechende Verweise wie ein roter Faden durch die strategischen Lageanalysen, die die deutsche Politik nach der Wiedervereinigung vorlegte. So zeigt sich einmal mehr, welch enorme Katalysatorwirkung der deutschen Wiedervereinigung und dem Entstehen einer neuen politischen Landkarte in Europa für die Thematisierung geopolitischer Zusammenhänge in der Bundesrepublik zukam. Die Referenz an die Mittellage legt einen geopolitischen Zusammenhang bei der Neuausrichtung der deutschen Sicherheitspolitik nahe, wurde hiermit doch ein geographisches Moment zu deren Ausgangspunkt.

Die Sicherheitslage der Bundesrepublik verbesserte sich nach dem Kalten Krieg grundlegend: Nicht mehr am unmittelbaren östlichen Rand des westlichen Bündnisses gelegen, war Deutschland nicht mehr direkt von einer großen militärischen Konfrontation in Mitteleuropa bedroht. Mit den politischen Reformen in Deutschlands östlichen Nachbarstaaten war die Bundesrepublik nunmehr von Partnern mit demokratischen politischen Systemen umgeben. Verteidigungsminister Volker Rühe (in diesem Amt von 1992 bis 1998) definierte die neue Mittellage folglich so: „Deutschland hat von den Veränderungen in Europa am meisten profitiert. Von der Front des Kalten Krieges sind wir in die Mitte Europas zurückgekehrt. Deutschland hat die meisten Nachbarn in Europa – und alle sind Verbündete und Freunde."[339] Damit ist angesprochen, welche Momente die neue Mittellage konstituierten: Die Bundesrepublik lag nun nicht nur in der geographischen Mitte Europas, sondern auch inmitten demokratisch verfasster Staaten – und damit geopolitisch gesehen in jener neuen ‚Mittellage'.

Stellvertretend für unzählige vergleichbare Stellungnahmen sei eine weitere Äußerung Rühes aus dem Jahr 1993 zitiert. Hier bezog sich der damalige Verteidigungsminister direkt auf geopolitische Implikationen der Mittellage – wenn er

---

[338] Interview mit Oberst i.G. Ralph Thiele, geführt am 27. Oktober 2010.

[339] Volker Rühe, „‚Verantwortung Deutschlands in der internationalen Völkergemeinschaft.' Rede des Bundesverteidigungsministers in Düsseldorf", 12. Januar 1993, in: Presse- und Informationsamt der Bundesregierung (Hrsg.), Bulletin 6/1993 (18. Januar 1993), S. 41-44, hier S. 41.

diese auch mit negativer Konnotation anführte: „Deutschland ist nicht länger Frontstaat und auch nicht mehr in der geschichtlich belasteten geopolitischen Mittellage. Zentraleuropa ist zur strategischen Ruhezone geworden."[340] Das Zitat verdeutlicht: Nach dem Kalten Krieg galt die neue deutsche Mittellage in Europa – nach der Auslegung eines Teils der Geschichtswissenschaft über Jahrhunderte der Ausgangspunkt für Konflikte auf deutschem Boden und von deutschem Boden aus[341] – nicht länger als potentieller Unruheherd, sondern vielmehr als Garant für eine friedliche und sichere Entwicklung der Bundesrepublik und ihrer Nachbarstaaten.

Damit ist ein zentraler Punkt der Lageanalyse angesprochen, denn eigentliche Bedeutung für die sicherheitspolitische Diskussion in der Bundesrepublik hatte die neue Mittellage nicht per se, sondern vor allem durch eine besondere Qualität: Europa hatte sich nach dem Zweiten Weltkrieg zu einem ‚Stabilitätsraum' entwickelt. In der Mitte jenes ‚Stabilitätsraums' war nun die Bundesrepublik verortet. Für die sicherheitspolitischen Analysen nach dem Kalten Krieg sowie für die Neuausrichtung der deutschen Sicherheitspolitik hatte der Umstand der stabilen Nachbarschaft eine besondere, ja überragende Bedeutung. Entsprechende Verweise an einen ‚Stabilitätsraum' finden sich durchgehend in sicherheitspolitischen Stellungnahmen im gesamten Untersuchungszeitraum, von Anfang der 1990er Jahre in großer Kontinuität bis in jüngste Zeit. Der ‚Stabilitätsraum' ist damit eine ganz wesentliche Grundtatsache der deutschen Sicherheitspolitik.

Schon 1991 bezeichnete der damalige Außenminister Hans-Dietrich Genscher die Europäische Gemeinschaft als „Stabilitätsraum",[342] Verteidigungsminister Rühe sprach in seinen Ausführungen oftmals von einer „Stabilitätszone des Westens".[343] Der ‚Stabilitätsraum' bildete noch für die sicherheitspolitischen Überlegungen der Regierung Schröder ab dem Jahr 1998 eine zentrale Grundlage. Im Jahr 2002 legte Verteidigungsminister Rudolf Scharping dar, dass es *die* zentrale Aufgabe der deutschen Sicherheitspolitik sei, den „Stabilitätsraum" vor

---

[340] Volker Rühe, „‚Neue Strategie für die Zukunft der euro-atlantischen Gemeinschaft.' Rede des Bundesministers der Verteidigung in Paris", 29. September 1992, in: Presse- und Informationsamt der Bundesregierung (Hrsg.) Bulletin 104/1992 (30. September 1992), S. 973-974, hier S. 973.

[341] Vgl. die Diskussion des Historikerstreits in Kapitel 3 dieser Arbeit. Siehe auch Schwarz, „Das deutsche Dilemma".

[342] Hans-Dietrich Genscher, „Perspektiven gemeinsamer Politik kooperativer Sicherheit in Europa", 8. Juli 1991, in: Presse- und Informationsamt der Bundesregierung (Hrsg.), Bulletin 81/1991 (12. Juli 1991), S. 655-657, hier S. 655.

[343] Volker Rühe, „Die NATO als Fundament der Sicherheitsarchitektur der Zukunft", 21. Mai 1993, in: Presse- und Informationsamt der Bundesregierung (Hrsg.), Bulletin 46/1993 (2. Juni 1993), S. 493-494, hier S. 494. Vgl. auch Rühes Ausführungen zur Notwendigkeit der NATO-Osterweiterung in dieser Arbeit.

äußeren Bedrohungen zu schützen.[344] Im Zusammenhang mit der Erweiterung von NATO und EU nach Osten, so Gerhard Schröder im Jahr 2004, habe auch die Bundesrepublik maßgeblich dazu beigetragen, den „Stabilitätsraum", von dem die Bundesrepublik so profitiere, auszudehnen.[345]

Einen zentralen Stellenwert hat jener Raum schließlich als Ausgangspunkt der sicherheitspolitischen Überlegungen im Weißbuch des Verteidigungsministeriums von 2006, das einen deutlichen Schwerpunkt auf den ‚Stabilitätsraum Europa' legt. Dieser sei eine Konstante für die Sicherheitspolitik der in der Mitte Europas liegenden und von Freunden und Verbündeten umgebenen Bundesrepublik und bestimme damit die außenpolitische Ausrichtung der Bundesrepublik maßgeblich mit: „Die euro-atlantischen Sicherheitsstrukturen haben einen einzigartigen Stabilitätsraum geschaffen."[346] Die innere Konsolidierung und die äußere Absicherung sind die daraus resultierenden und im Weißbuch näher beschriebenen Aufgaben für die deutsche Sicherheitspolitik.

Von Bundeskanzler Kohl, der im Jahr 1993 Stabilität im geographischen Umfeld als „sicherheitspolitisches Grundinteresse"[347] der Bundesrepublik beschrieb bis zu den Ausführungen des Weißbuchs von 2006, das den ‚Stabilitätsraum' in den Mittelpunkt der Überlegungen stellt, war somit die Beschreibung der deutschen Mittellage in Europa stets untrennbar mit der Maxime verknüpft, in einem stabilen europäischen Umfeld zu leben. Dabei kam der Beschreibung des ‚Stabilitätsraums Europa' ein besonderer Stellenwert zu – auch über die Regierungswechsel von 1998 und 2005 hinweg. Erst in diesem Kontext entfaltete sich die Bedeutung der neuen Mittellage.

Stabilität wurde indes nach dem Kalten Krieg auch in Deutschland im Kontext des erweiterten Sicherheitsbegriffs[348] definiert. Der mehrdimensional ausge-

---

[344] Vgl. Rudolf Scharping, „‚Globale Sicherheit – Neue Herausforderungen, neue Strategien.' Rede des Bundesministers der Verteidigung, Rudolf Scharping, auf der 38. Konferenz für Sicherheitspolitik am 3. Februar 2002 in München", in: Presse- und Informationsamt der Bundesregierung (Hrsg.), Bulletin 6-3/2002 (4. Februar 2002), CD-ROM-Version, Berlin 2010. Die Ausgaben des Bulletins von 1996 bis 2009 sind auf CD-ROM verfügbar und werden entsprechend ohne Angabe von Seitenzahlen zitiert.

[345] Vgl. Gerhard Schröder, „Rede von Bundeskanzler Gerhard Schröder zur Eröffnung der Bundesakademie für Sicherheitspolitik am 19. März 2004 in Berlin", in: Presse- und Informationsamt der Bundesregierung (Hrsg.), Bulletin 25-3/2004 (19. März 2004), CD-ROM-Version, Berlin 2010.

[346] Bundesministerium der Verteidigung (Hrsg.), Weißbuch 2006 zur Sicherheitspolitik Deutschlands und zur Zukunft der Bundeswehr, Berlin 2006, S. 16.

[347] Helmut Kohl, „‚Die Sicherheitsinteressen Deutschlands.' Rede des Bundeskanzlers in München", 6. Februar 1993, in: Presse- und Informationsamt der Bundesregierung (Hrsg.), Bulletin 13/1993 (10. Februar 1993), S. 101-105, hier S. 104.

[348] Relevant für die Unterscheidung ‚harter' und ‚weicher' Sicherheitsfaktoren ist die Unterscheidung des Politikwissenschaftlers Joseph Nye in *hard power* und *soft power*. Vgl. Joseph S. Nye, Jr., Soft Power. The Means to Success in World Politics, New York 2004. Davon ausgehend hat sich die Differenzierung in *hard security* und *soft security* durchgesetzt, wobei letztere vor allem die nichtmi-

richtete erweiterte Sicherheitsbegriff nimmt auch nicht-militärische Facetten von Sicherheit sowie die Ursachen für sicherheitsrelevante Bedrohungen in den Blick, so etwa Umweltgefahren, grenzüberschreitende Kriminalität, Gesundheitsgefahren sowie wirtschaftlich-soziale Probleme (insbesondere Migration).[349] Aus der Fülle der entsprechenden Veröffentlichungen der Regierung Kohl mögen zwei Beispiele die Argumentation verdeutlichen. Nach Aussage der Verteidigungspolitischen Richtlinien (VPR) von 1992 bedeutet der Bezug auf den erweiterten Sicherheitsbegriff, dass

> „Sicherheitspolitik nicht mehr wie in der Vergangenheit in erster Linie an militärischen Potentialen und numerischer Parität orientiert ist, sondern künftig mehr an der Notwendigkeit, das internationale Beziehungssystem nach sozioökonomischen, rechtlichen sowie Ordnungs- und strukturpolitischen Stabilitätsfaktoren zu gestalten".[350]

Deutlich wird dies ebenfalls in der Beantwortung einer Großen Anfrage zur neuen deutschen Sicherheitspolitik aus dem Jahr 1996. Dort ist zu lesen:

> „Stabilität ist ein umfassendes Konzept. Stabilität gewinnen wir heute nicht mehr aus der Balance rivalisierender Mächte, die womöglich in wechselnden Koalitionen um Einflußzonen konkurrieren. Stabilität erhalten wir auch nicht mehr – wie in der Ära des Kalten Krieges – durch das Gleichgewicht militärischer Potentiale. (...) Frieden und Stabilität existieren dort, wo Menschenrechte gelten, gefestigte demokratische Strukturen bestehen und wo es wirtschaftliches Wachstum und soziale Gerechtigkeit gibt."[351]

---

litärischen Aspekte der Sicherheit betrifft. Vgl. Helmut Hubel, „Deutsche Außenpolitik vor neuen sicherheitspolitischen Herausforderungen", in: Thomas Jäger, Alexander Höse und Kai Oppermann (Hrsg.), Deutsche Außenpolitik. Sicherheit, Wohlfahrt, Institutionen und Normen, Wiesbaden 2007, S. 71-86, hier S. 73. Siehe zum erweiterten Sicherheitsbegriff insbesondere Bundesakademie für Sicherheitspolitik (Hrsg.), Sicherheitspolitik in neuen Dimensionen. Kompendium zum erweiterten Sicherheitsbegriff, Hamburg 2001. Der Band bietet einen hervorragenden Überblick über die mehrdimensionalen neuen Dimensionen von Sicherheit. Aus der Perspektive der frühen 1990er Jahre findet sich ein Überblick bei von Bredow und Jäger, Neue deutsche Außenpolitik, S. 127-157. Siehe ferner Dieter Wellershoff, Mit Sicherheit. Neue Sicherheitspolitik zwischen gestern und morgen, Bonn 1999.

[349] Diese Auflistung findet sich bei Hubel, „Deutsche Außenpolitik", S. 79.

[350] Bundesministerium der Verteidigung (Hrsg.), Verteidigungspolitische Richtlinien. Erlassen vom Bundesverteidigungsministerium am 26. November 1992, online unter http://www.ag-friedensforschung.de/themen/Bundeswehr/vpr1992.html (Zugriff am 15. Juni 2010).

[351] Deutscher Bundestag (Hrsg.), Antwort der Bundesregierung auf die Große Anfrage der Abgeordneten Angelika Beer, Winfried Nachtwei, Christian Sterzing und der Fraktion Bündnis 90/Die Grünen „Neue Sicherheitspolitik der Bundesrepublik Deutschland (I)", Drucksache 13/5181, 2. Juli 1996, S. 2.

Eine erneute Aufwertung erfuhr das Konzept der erweiterten Sicherheit während der Regierungszeit Bundeskanzler Schröders. Nichtmilitärische Sicherheitsherausforderungen und nichtmilitärische Antworten darauf wurden zu *dem* Markenkern der rot-grünen Sicherheitspolitik, wie in der folgenden Analyse wiederholt deutlich wird.[352] An dieser Stelle mögen dies einige Beispiele belegen: Bereits im Koalitionsvertrag von 1998 vereinbarten die neuen Regierungsparteien eine Ausweitung der Sicherheitspolitik insofern, als auch die Entwicklungspolitik als Bestandteil der sicherheitspolitischen Analyse beschrieben wurde. Institutionalisiert wurde dies durch die Aufnahme des Ressorts in den Bundessicherheitsrat.[353] Auch die von Verteidigungsminister Peter Struck im Jahr 2003 erlassenen Verteidigungspolitischen Richtlinien basieren auf dem erweiterten Sicherheitsbegriff: „Deutsche Sicherheitspolitik ist umfassend angelegt und berücksichtigt politische, ökonomische, ökologische, gesellschaftliche und kulturelle Bedingungen und Entwicklungen. Sicherheit kann weder vorrangig noch allein durch militärische Maßnahmen gewährleistet werden."[354]

Die Zusammenschau zeigt: Stabilität in Mitteleuropa, mit der Bundesrepublik in einer Mittellage des ‚Stabilitätsraums Europa', wurde zur Grundtatsache in offiziellen Lageeinschätzungen, die in großer Kontinuität stets den Ausgangspunkt für alle weiteren sicherheitspolitischen Überlegungen bildete. Die neuen sicherheitspolitischen Herausforderungen sollen nun untersucht werden. Auch hier liegt der Fokus nicht nur auf der Suche nach geographischen Begründungen, sondern auch auf der Frage nach Kontinuität und Wandel angesichts interner (Regierungswechsel) wie externer (Entwicklungen im internationalen System) Faktoren.

### 4.2.2 *Internationale Umbrüche als geopolitische Herausforderungen: Instabilität als Triebkraft der neuen deutschen Sicherheitspolitik*

Parallel zu der Beschreibung eines mitteleuropäischen ‚Stabilitätsraums', in dessen Mitte die wiedervereinigte Bundesrepublik verortet ist, geben die konzeptionellen Reden und Strategiepapiere Auskunft über die Definition bestimmter

---

[352] Siehe dazu auch Sedlmayr, Außen- und Sicherheitspolitik, S. 112-121.

[353] Vgl. Sozialdemokratische Partei Deutschlands (SPD) und Bündnis90/Die Grünen, „Aufbruch und Erneuerung – Deutschlands Weg ins 21. Jahrhundert. Koalitionsvereinbarung zwischen der Sozialdemokratischen Partei Deutschlands und Bündnis90/Die Grünen", Bonn 20. Oktober 1998, online unter http://archiv.gruene-partei.de/gremien/rot-gruen/vertrag/vertrag-i.htm (Zugriff am 14. September 2010).

[354] Bundesministerium der Verteidigung (Hrsg.), Verteidigungspolitische Richtlinien. Erlassen vom Bundesminister für Verteidigung am 21. Mai 2003, online unter http://www.ag-friedensforschung.de/themen/Bundeswehr/vpr2003.html (Zugriff am 15. Juni 2010).

geopolitischer Herausforderungen, mit denen sich die Bundesrepublik nach dem Kalten Krieg konfrontiert sah.[355] Für die Bundesrepublik waren die mit dem Zerfall der Sowjetunion einhergehenden sicherheitspolitischen Herausforderungen deshalb so bedeutend, da die Bundesrepublik in der unmittelbaren geographischen Nachbarschaft zu den Orten der (potentiellen) Instabilität lag. Der direkte Zusammenhang zwischen Geographie und Sicherheitspolitik weist auf den geopolitischen Charakter der jeweiligen Herausforderungen hin.

Die außen- und sicherheitspolitischen Grundsatzdokumente sind von einer Dichotomie gekennzeichnet. Diese Dichotomie ist die Grundlage des spezifischen Weltbilds, vor dessen Hintergrund die Neuausrichtung der deutschen Sicherheitspolitik erfolgte. Sie ist, um mit Taylor zu sprechen, ein geopolitischer Code, der in einem bestimmten außen- und sicherheitspolitischen Handeln resultierte. Geographische Faktoren bestimmen diesen Code maßgeblich: Das Gegenpaar zum ,Stabilitätsraum Europa' bildet die Beschreibung neuer Instabilitäten in einer ,Krisenzone' im direkten geographischen Umfeld, in der Peripherie jenes ,Stabilitätsraums'. Im Mittelpunkt der Dichotomie steht somit „der Wettbewerb zwischen den Kräften der Integration und denen der Fragmentierung, zwischen den historischen Chancen für Frieden und Stabilität und neuen, gefährlichen Risiken."[356]

Diese Dichotomie kennzeichnet sowohl Äußerungen der Regierung Kohl als auch der Regierung Schröder; bezogen auf die grundsätzliche Lagebeurteilung zeigt sich erneut eine große Kontinuität. Mit der ,Peripherie' bezogen sich die Entscheidungsträger beider Regierungen indes auf einen oftmals nicht genau spezifizierten Raum im geographischen Umfeld des europäischen ,Stabilitätsraums', im Einzelnen zumeist auf Mittelosteuropa, Südosteuropa, zudem Nordafrika und teils auch auf den Nahen Osten.

Bundeskanzler Kohl verwies bereits zu Beginn der 1990er Jahre explizit auf die Peripherie des ,Stabilitätsraums Europa' als Ursprung für krisenhafte Entwicklungen: „Wir müssen klar sehen, daß heute wesentliche Gefährdungen der europäischen Stabilität von der Peripherie her kommen."[357] Es bestehe die Gefahr eines Übergreifens der Krisen auf andere Regionen. „Dies wiederum wäre eine unmittelbare Gefahr für die Sicherheit ganz Europas."[358] Die Dichotomie kommt hier deutlich zur Sprache, ebenso der geographische Faktor als Grundla-

---

[355] Detailliert werden die Herausforderungen in den Fallstudien zur NATO-Osterweiterung und zur deutschen Balkanpolitik beschrieben.

[356] Rühe, „,Die NATO als Fundament der Sicherheitsarchitektur der Zukunft", S. 493.

[357] Helmut Kohl, „Regierungserklärung des Bundeskanzlers zu aktuellen Fragen der deutschen Außenpolitik", in: Deutscher Bundestag (Hrsg.), Plenarprotokoll 12/87, 2. April 1992, S. 7175-7179, hier S. 7176.

[358] Kohl, „Sicherheitsinteressen Deutschlands", S. 105.

ge der entsprechenden Sicherheitsherausforderungen. Verteidigungsminister Rühe sprach dies Mitte der 1990er Jahre ebenfalls in aller Deutlichkeit an:

> „Das Maß an Stabilität, das wir erreicht haben oder erreichen wollen, unterscheidet sich von Region zu Region in und um Europa. Ein Gürtel von Krisen und Instabilität reicht von Nordafrika über den Nahen Osten bis zum Kaukasus. Dieser Krisenbogen bringt die südliche Flanke der NATO aus einer vormaligen Randlage ins Zentrum unseres strategischen Interesses."[359]

An anderer Stelle bezog sich Bundeskanzler Kohl noch deutlicher auf die geographischen Implikationen jener Dichotomie: Es sei „richtig, daß uns die Sicherheitslage in unserer nächsten Nachbarschaft am unmittelbarsten berührt. Dies muß auch die Prioritäten unseres Handelns bestimmen."[360] Ferner betonte Kohl, „daß wir eben nicht auf einer Insel leben, sondern im Herzen Europas und daß wir ganz unmittelbar und *mehr als andere* von dem berührt werden, was in unserer Nachbarschaft geschieht."[361]

Insbesondere in der Dekade nach der Wiedervereinigung wurden die wesentlichen Sicherheitsherausforderungen für die Bundesrepublik geographisch begründet: Wegen der direkten geographischen Nähe und der dadurch gegebenen direkten Rückwirkung der Entwicklungen auf die Sicherheit der Bundesrepublik interpretierten Entscheidungsträger die Umbrüche in Mittelost- und Südosteuropa als dezidiert geopolitische Herausforderungen, wobei der Osten stets im Mittelpunkt der Betrachtungen stand. Dementsprechend argumentierte Kohl schon im Jahr 1991, es zeige sich deutlich, „wie eng unser Schicksal mit den Entwicklungen in unserer Nachbarschaft verbunden ist – im Osten unseres Kontinents wie auch im Nahen und Mittleren Osten."[362] An anderer Stelle führte er aus: „Im ehemals kommunistischen Osten sind lange unterdrückte Spannungen freigesetzt. Alter Nationalismus bricht sich wieder Bahn. Die systematische, vertiefte Integration im westlichen Europa wird begleitet von rapider und unberechenbarer Desintegration im Osten Europas."[363] In all jenen Zitaten kommen sowohl die grundlegende Dichotomie zwischen ‚Stabilitätsraum' und ‚Krisenperipherie' als

---

[359] Volker Rühe, „‚Sicherheit in und für Europa.' Vortrag von Bundesverteidigungsminister Volker Rühe vor dem Royal-Institute of International Affairs und der Konrad-Adenauer-Stiftung in Chatham House am 19. November 1996 in London", in: Presse- und Informationsamt der Bundesregierung (Hrsg.), Bulletin 94/1996 (22. November 1996), CD-ROM-Version, Berlin 2010.

[360] Kohl, „Regierungserklärung des Bundeskanzlers zu aktuellen Fragen der deutschen Außenpolitik", S. 7176.

[361] Ebd., S. 7178 (Hervorhebung des Verfassers).

[362] Helmut Kohl, „‚Unsere Verantwortung für die Freiheit', Regierungserklärung des Bundeskanzlers vor dem Deutschen Bundestag", 30. Januar 1991, in: Presse- und Informationsamt der Bundesregierung (Hrsg.), Bulletin 11/1991 (31. Januar 1991), S. 61-76, hier S. 63.

[363] Rühe, „Neue Strategie".

102

auch der geographische Bezug der sicherheitspolitischen Herausforderungen in aller Deutlichkeit zur Sprache.

Auch Vertreter der Regierung Schröder bezogen sich auf die Gefahr von Instabilitäten im geographischen Umfeld als Herausforderung für die Sicherheit der Bundesrepublik. Bundeskanzler Schröder selbst wies in seiner ersten Regierungserklärung eindringlich darauf hin: „Der weltpolitische Umbruch hat in vielen Regionen neue Instabilitäten und gewaltsame Konflikte ausgelöst, auch vor unserer Haustür in Europa."[364] In weiteren Grundsatzreden der Regierung Schröder spielte die Lage auf dem Balkan eine besondere Rolle. So betonte der Bundeskanzler im Jahr 2001 explizit den Zusammenhang zwischen Instabilität auf dem Balkan und der Sicherheit der Bundesrepublik:

> „Es ist mir wichtig, dass das klar wird. Die Deutschen sind auf dem Balkan, weil sie ein eigenes nationales Interesse an der Stabilität in der Region haben; *denn Instabilität in der Region bedroht uns vielleicht nicht unmittelbar und gegenwärtig, aber potenziell schon.* Deswegen ist es so wichtig, dass wir den Menschen, die sich nicht jeden Tag mit Politik beschäftigen können und wollen, klarmachen, dass es ein nationales Interesse Deutschlands an der Stabilität in dieser Region gibt."[365]

All jenen Äußerungen ist gemein, dass das Übergreifen destabilisierender Entwicklungen auf den ‚Stabilitätsraum Europa' als wichtigste Sicherheitsherausforderung interpretiert wurde.

Mehr noch als die außen- und sicherheitspolitischen Grundsatzreden erlauben die militärstrategischen Papiere seit der Wiedervereinigung einen detaillierten Blick auf Kontinuität und Wandel der Lagebeschreibungen im Verlauf von rund 15 Jahren, in den Regierungszeiten der Bundeskanzler Kohl, Schröder und Merkel. Mit den Verteidigungspolitischen Richtlinien aus dem Jahr 1992[366] legte das Bundesministerium der Verteidigung (BMVg) erstmals nach dem Kalten Krieg ein strategisches Grundlagendokument für die Neuausrichtung der Sicher-

---

[364] Gerhard Schröder, „,Weil wir Deutschlands Kraft vertrauen.' Regierungserklärung des Bundeskanzlers vor dem Deutschen Bundestag – in der Dritten Sitzung des Deutschen Bundestages am 10. November 1998", in: Presse- und Informationsamt der Bundesregierung (Hrsg.), Bulletin 74/1998 (11. November 1998), CD-ROM-Version, Berlin 2010.
[365] Gerhard Schröder, „Rede von Bundeskanzler Gerhard Schröder zur Beteiligung bewaffneter deutscher Streitkräfte am NATO-geführten Einsatz auf mazedonischem Territorium zum Einsammeln und Zerstören der Waffen, die durch die ethnisch albanischen bewaffneten Gruppen freiwillig abgegeben werden in der Debatte der 184. Sitzung des Deutschen Bundestages am 29. August 2001 in Berlin", in: Presse- und Informationsamt der Bundesregierung (Hrsg.), Bulletin 53-1/2001 (29. August 2001), CD-ROM-Version, Berlin 2010 (Hervorhebung des Verfassers).
[366] Bundesministerium der Verteidigung (Hrsg.), Verteidigungspolitische Richtlinien 1992.

heitspolitik vor, gefolgt vom Weißbuch 1994, erarbeitet ebenfalls im BMVg.[367] Erst im Jahr 2003 erschienen die neuen Verteidigungspolitischen Richtlinien,[368] im Jahr 2006 schließlich das aktuelle Weißbuch.[369] Die im Jahr 2011 von Verteidigungsminister Thomas de Maizière erlassenen Verteidigungspolitischen Richtlinien[370] liegen weit außerhalb des Untersuchungszeitraums und werden daher nur am Rande in die Untersuchung einbezogen.

Die jeweils im BMVg erarbeiteten Dokumente sind die detailliertesten Ausformulierungen sicherheitspolitischer Interessen, die die deutsche Politik nach der Wiedervereinigung vorlegte. Sie fußen jeweils auf der bereits bekannten Beschreibung der deutschen Mittellage im ,Stabilitätsraum Europa'. Insbesondere das Weißbuch von 1994 thematisiert die verbesserte Sicherheitslage in der Mitte Europas als Folge der Umwälzungen am Ende des Kalten Krieges.[371] Auch die Verteidigungspolitischen Richtlinien von 2003 und das Weißbuch aus dem Jahr 2006 erwähnen explizit den ,Stabilitätsraum', in dessen Mitte die Bundesrepublik keine direkten militärischen Bedrohungen zu befürchten habe.[372]

In den Verteidigungspolitischen Richtlinien von 1992 lassen sich erstmals detaillierte Erörterungen der Herausforderungen aufspüren. Auch die Dichotomie findet sich hier: Fortschreitender Integration im Westen Europas stehe eine zunehmende Fragmentierung staatlicher Einheiten im Osten und Süden des Kontinents gegenüber. Zwar wird erwähnt, dass sich Sicherheitspolitik unter den neuen Gegebenheiten „weder inhaltlich noch geographisch eingrenzen"[373] lasse. Doch trotz der Implikation einer *nicht* auf geographischen Bedrohungsfaktoren basierenden Sicherheitspolitik, die stattdessen in einem entgrenzten globalen Rahmen Handlungsmöglichkeiten entwickeln müsse, ist das Dokument von einer Zentriertheit auf die europäische Situation und auf angrenzende, ,periphere' Regionen gekennzeichnet.

Als klassische geopolitische Erörterung werden Sicherheitsrisiken geographisch beschrieben und vor allem durch räumliche Nähe zur Bundesrepublik als

---

[367] Bundesministerium der Verteidigung (Hrsg.), Weißbuch 1994 zur Sicherheit der Bundesrepublik Deutschland und zur Lage und Zukunft der Bundeswehr, Bonn 1994.

[368] Bundesministerium der Verteidigung (Hrsg.), Verteidigungspolitische Richtlinien 2003.

[369] Bundesministerium der Verteidigung (Hrsg.), Weißbuch 2006.

[370] Bundesministerium der Verteidigung (Hrsg.), Verteidigungspolitische Richtlinien. Nationale Interessen wahren – Internationale Verantwortung übernehmen – Sicherheit gemeinsam gestalten, Berlin, 18. Mai 2011, online unter http://www.bmvg.de/portal/a/bmvg/!ut/p/c4/LYsxEoAgDATf4gdIb-cv1MYBzcQbMDgQ8ftSONtssUsrddQ3iDdk9YlmWnaM4XXhauIq9pPLybB65wRDdF6FQzZ2R4 7PxdqtcTHGAXlU_q72byv9tgQFK91xGj6tRgx1/ (Zugriff am 22. Mai 2011).

[371] Vgl. Bundesministerium der Verteidigung (Hrsg.), Weißbuch 1994, S. 23-24.

[372] Vgl. Bundesministerium der Verteidigung (Hrsg.), Verteidigungspolitische Richtlinien 2003, Bundesministerium der Verteidigung (Hrsg.), Weißbuch 2006, S. 16.

[373] Bundesministerium der Verteidigung (Hrsg.), Verteidigungspolitische Richtlinien 1992.

Herausforderungen definiert. Im „erweiterten geographischen Umfeld"[374] sei mit neuen Konflikten zu rechnen – auch in Europa seien innerstaatliche Konflikte wieder möglich. „Weitere unmittelbare Risiken gehen von Militärpotentialen an der europäischen Peripherie aus."[375] Die in den VPR angesprochenen Sicherheitsrisiken haben damit eine deutliche geopolitische Konnotation. Ihr potentielles Übergreifen auf den ‚Stabilitätsraum Europa' leitet die Bedrohungsanalysen des Papiers.

Auch das Weißbuch 1994 folgt dieser geographischen Definition der Sicherheitsherausforderungen, auch hier findet zunächst der globale Anspruch der neuen Sicherheitspolitik Erwähnung: Risikoanalysen dürften sich nicht allein auf Europa konzentrieren, sondern müssten vielmehr die Interdependenz von regionalen und globalen Entwicklungen berücksichtigen.[376] De facto steht jedoch auch im Weißbuch von 1994 Europa mit den peripheren Regionen im Mittelpunkt der Überlegungen, werden Sicherheitsherausforderungen basierend auf geographischer Nähe definiert. Als größte Herausforderungen nennt das Dokument die mögliche Umkehr der Reformprozesse in Osteuropa sowie die Konflikte auf dem Balkan. Beides könne zu einem „Teufelskreis sich gegenseitig verstärkender Destabilisierungsprozesse"[377] führen, welche wiederum auf die Industriestaaten übergreifen könnten. Flucht und Migration von den Krisenregionen in die stabilen Regionen werden explizit als Folgen der krisenhaften Prozesse erwähnt.[378]

Diese geographisch beschreibbaren Risiken decken sich mit entsprechenden Lagebeurteilungen der NATO. Das strategische Konzept des Verteidigungsbündnisses von 1991 stellt die vielschichtigen neuen Herausforderungen für die Sicherheit der Mitgliedsstaaten ins Zentrum der strategischen Analysen. In dessen Mittelpunkt wiederum stehen direkte und indirekte negative Folgen von Instabilitäten im Umkreis des euro-atlantischen ‚Stabilitätsraums'.[379] Das Konzept aus dem Jahr 1999 bezieht sich auf „countries in and around the Euro-Atlantic area"[380] als Ursprung krisenhafter Entwicklungen. Ökonomische, politische und soziale Konflikte, ethnische Auseinandersetzungen und Territorialkon-

---

[374] Ebd.

[375] Ebd.

[376] Vgl. Bundesministerium der Verteidigung (Hrsg.), Weißbuch 1994, S. 26.

[377] Ebd., S. 32.

[378] Vgl. ebd., S. 34.

[379] Vgl. North Atlantic Treaty Organization (Hrsg.), „The Alliance's Strategic Concept agreed by the Heads of State and Government participating in the meeting of the North Atlantic Council, 7.-8. November 1991", online unter http://www.nato.int/cps/en/natolive/official_texts_23847.htm (Zugriff am 14. September 2010).

[380] North Atlantic Treaty Organization (Hrsg.), „The Alliance's Strategic Concept. Approved by the Heads of State and Government participating in the meeting of the North Atlantic Council in Washington D.C., 24. April 1999", online unter
http://www.nato.int/cps/en/natolive/official_texts_27433.htm (Zugriff am 14. September 2010).

flikte könnten zu lokaler und sogar regionaler Instabilität führen; die Gefahr für die NATO-Staaten bestehe in einem Übergreifen der Instabilitäten.[381]

„Die Sicherheitslage hat sich grundlegend gewandelt."[382] Diese Aussage leitet die Verteidigungspolitischen Richtlinien von 2003 und damit das erste wichtige Strategiepapier zur deutschen Sicherheitspolitik nach dem 11. September 2001 ein. Erstmals stehen nicht mehr geopolitische Risiken im Mittelpunkt der Betrachtungen, sondern die Analyse der entgrenzten Gefährdungen durch den internationalen Terrorismus, der unabhängig von geographischen Gegebenheiten „jederzeit, an jedem Ort der Welt"[383] und auch von jedem Ort der Welt aus verübt werden kann: „Dementsprechend lässt sich Verteidigung geografisch nicht mehr eingrenzen, sondern trägt zur Wahrung unserer Sicherheit bei, wo immer diese gefährdet ist."[384] Religiös motivierter Terrorismus und die Weiterentwicklung und Proliferation von Massenvernichtungswaffen stehen im Mittelpunkt der ‚entgrenzten' Bedrohungsanalyse.

Dennoch gehen auch die VPR von 2003 erneut auf geopolitische Risiken ein. Nach wie vor stehe die Bundesrepublik *auch* vor der Herausforderung, den ‚Stabilitätsraum Europa' abzusichern. Europa sei von Krisen an seiner östlichen und südlichen Peripherie unmittelbar betroffen. Vor allem aufgrund der durch sie ausgelösten Migrationsbewegungen wirkten sich die Krisen auf die Sicherheit der Bundesrepublik aus.[385] Stabilität der Peripherie bleibt somit der zweite, geopolitische Pfeiler der deutschen Sicherheitspolitik, wobei die Entwicklung auf dem Balkan hier explizite Erwähnung findet.[386]

Noch stärker als die VPR von 2003 beschreitet das Weißbuch 2006 den Weg hin zu einer Definition entgrenzter globaler Sicherheitsvorsorge. Die Schaffung des europäischen ‚Stabilitätsraums' wird in dem Dokument weniger als eine konkrete Herausforderung beschrieben, sondern vielmehr als eine bereits geleistete Errungenschaft der vergangenen Jahre – Ausdruck der zwischenzeitlich erreichten Konsolidierung der Stabilisierungsbemühungen im geographischen Umfeld: „Die euro-atlantischen Sicherheitsstrukturen haben einen einzigartigen Stabilitätsraum geschaffen",[387] so die zentrale Aussage. Zweifellos bildet der internationale Terrorismus den Schwerpunkt des Weißbuchs.[388] Weitere Geographie-unabhängige Risiken wie die Proliferation von Massenvernichtungswaffen ergänzen diese Einschätzung ebenso wie die Risiken durch die Glo-

---

[381] Vgl. ebd.

[382] Bundesministerium der Verteidigung (Hrsg.), Verteidigungspolitische Richtlinien 2003.

[383] Ebd.

[384] Ebd.

[385] Vgl. ebd.

[386] Vgl. ebd.

[387] Bundesministerium der Verteidigung (Hrsg.), Weißbuch 2006, S. 16.

[388] Vgl. ebd., S. 20.

106

balisierung, etwa neue Formen von Angriffen aus dem Cyber-Raum. Durch die Globalisierung werde die Sicherheit der Bundesrepublik auch über große geographische Distanzen hinweg bedroht.[389] Als klassische geopolitische Herausforderungen werden jedoch auch hier Konflikte im geographischen Umfeld erwähnt: „Ungelöste politische Konflikte an der Peripherie des Stabilitätsraums Europa (…) berühren zunehmend auch die Sicherheit Deutschlands und seine europäischen Partner."[390] Selbst auf dem europäischen Kontinent bestehe weiterhin Potential für Konflikte.[391] Auch Migration als Folge von Konflikten findet als sicherheitspolitische Bedrohung Erwähnung.[392]

Einen deutlichen Schritt zu einer weiteren konzeptionellen ‚Entgrenzung' der deutschen Sicherheitsvorsorge gehen die Verteidigungspolitischen Richtlinien aus dem Jahr 2011. Das zentrale Charakteristikum des Sicherheitsumfelds der Bundesrepublik wird wie folgt beschrieben: „Sicherheit wird nicht ausschließlich geographisch definiert. Entwicklungen in Regionen an Europas Peripherie und außerhalb des europäischen Sicherheits- und Stabilitätsraumes können unmittelbaren Einfluss auf die Sicherheit Deutschlands entfalten."[393] Daher sei es in Zukunft immer wahrscheinlicher, dass Krisen und Konflikte in allen Teilen der Welt „ein schnelles Handeln auch über große Distanzen erforderlich machen."[394]

Deutlich wird in der Zusammenschau, dass geographische Gegebenheiten, insbesondere räumliche Nähe, bis weit in die 1990er Jahre und teils bis in aktuelle Diskussionen hinein die Erörterung der Sicherheitsherausforderungen bestimmten und insofern zu *der* Triebkraft der sicherheitspolitischen Neuausrichtung wurden. Internationale Krisen und Konflikte nach dem Kalten Krieg wurden als dezidiert geopolitische Herausforderungen beschrieben – auch wenn die Bezeichnung Geopolitik ausdrücklich keine Erwähnung fand. Angesichts der Feststellung geopolitischer Herausforderungen stellt sich die Frage nach der deutschen Positionierung angesichts der so umrissenen Herausforderungen.

---

[389] Vgl. ebd., S. 19-20.
[390] Ebd., S. 20.
[391] Vgl. ebd., S. 21.
[392] Vgl. ebd., S. 22.
[393] Bundesministerium der Verteidigung (Hrsg.), Verteidigungspolitische Richtlinien 2011, S. 2.
[394] Ebd., S. 2.

## 4.3 Der konzeptionelle Anspruch der neuen deutschen Sicherheitspolitik

### 4.3.1 Eine Antwort auf die geopolitischen Herausforderungen: ‚Stabilitätsexport' als Aufgabe der neuen deutschen Sicherheitspolitik

Die neue Lage der Bundesrepublik sowie die neuen Sicherheitsherausforderungen erforderten die Suche nach neuen Ansätzen für die deutsche Sicherheitspolitik. Die beschriebenen Herausforderungen waren die bedeutendste Triebkraft für deren konzeptionelle Neuausrichtung. So kristallisierte sich im Verlauf der 1990er Jahre ein sicherheitspolitischer Ansatz heraus, dessen Kern es war, Instabilität und die damit einhergehenden negativen Rückwirkungen von der Bundesrepublik und dem ‚Stabilitätsraum Europa' fernzuhalten. Die von dieser Zielformulierung abgeleiteten Initiativen zielten stets darauf ab, geographisch bedeutsame, instabile Schlüsselregionen zu stabilisieren. Der Ansatz wurde als ‚Export von Stabilität' in die instabilen Regionen oder kurz als *Stabilitätsexport* beschrieben; diese Idee wurde zum Kernanliegen und zur zentralen Zielvorstellung der neuen deutschen Sicherheitspolitik und prägt diese seit Anfang der 1990er Jahre – und in abgewandelter Form bis heute.

Auf den folgenden Seiten wird die Entwicklung der Idee des Stabilitätsexports auf der deklaratorischen, konzeptionellen Ebene nachgezeichnet. Dabei wird deutlich, dass dem Ansatz, zumal im Verlauf der 1990er Jahre, jene Momente zugrunde lagen, die als konstitutiv für geopolitisches Handeln erachtet werden können: ein ausgeprägter geographischer Fokus, die Formulierung geopolitischer Interessen sowie der Anspruch einer gestaltenden Politik in bestimmten, aus geographischen Gründen als bedeutsam erachteten, Zielregionen. Ein außenpolitischer Praktiker und langjähriger Beobachter der deutschen Außenpolitik bestätigt die Einschätzung des dezidiert geopolitischen Charakters des Stabilitätsexports explizit: „Mit Europa die europäische Peripherie sichern",[395] also die Entwicklung in für die Bundesrepublik bedeutenden Regionen im eigenen Sinne zu gestalten, sei zu *der* geopolitischen Richtlinie der deutschen Sicherheitspolitik nach dem Kalten Krieg geworden.

Beide Facetten des Ansatzes, der geographische Fokus sowie der Gestaltungsanspruch, prägten die Erörterungen bereits in der Zeit unmittelbar nach der Wiedervereinigung. Erstmals deutete Bundeskanzler Kohl in einer großen konzeptionellen Rede nach der Wiedervereinigung, der Regierungserklärung vom 31. Januar 1991, den Ansatz des Exports politischer Stabilität in Krisenregionen an. Noch ohne Details zu beschreiben, erläuterte Kohl, dass die Bundesrepublik einen maßgeblichen Beitrag zu Stabilität in Mittel-, Ost- und Südosteuropa leis-

---

[395] Korrespondenz mit einem Angehörigen des Auswärtigen Dienstes der Bundesrepublik Deutschland, 2. Juni 2010.

108

ten müsse. So trage die Bundesrepublik zur Nachbarschaftsstabilität im geographischen Umfeld bei.[396] Diesen Anspruch spiegelt zudem eine Aussage Bundeskanzler Kohls in einer Regierungserklärung zu aktuellen Fragen der Außenpolitik am 2. April 1992 wider. Hier erscheint geographische Nähe als Triebkraft des Ansatzes eines Stabilitätsexports, den Kohl als „Politik der Stabilisierung"[397] umschrieb. Auch die Einflussnahme (im Sinne einer Unterstützung der Reformprozesse) sprach er bereits zu diesem Zeitpunkt an:

> „Politische Instabilität, wirtschaftliche Not, sozialer Unfrieden, ja, revolutionäre Entwicklungen bei unseren östlichen Nachbarn würden direkt auch auf die innere Situation Deutschlands zurückwirken. Indem wir den Ländern Mittel-, Ost- und Südosteuropas helfen, helfen wir auch uns selbst. Man kann diesen Satz nicht oft genug und nicht laut genug auch in der deutschen Öffentlichkeit sagen."[398]

Damit verdeutlichte der Bundeskanzler, dass die Antwort der Bundesrepublik auf die Instabilitäten im geographischen Umfeld ein Beitrag zur Stabilisierung der dortigen Entwicklungen sein müsse.

Eine weitere frühe Referenz an den Ansatz machte Verteidigungsminister Rühe im Jahr 1992. Ausgehend von der dichotomischen Einteilung des geographischen Umfelds in eine „Stabilitätszone" Mitteleuropa und neue Instabilitäten an Europas Peripherie leitete Rühe den strategischen Anspruch ab, die Krisenzonen zu stabilisieren. Die Zielformulierung erschien seinerzeit noch weitgehend diffus und vage. So sprach Rühe davon, dass die neue internationale Situation, in der Deutschland einerseits in einer „strategischen Ruhezone"[399] liege, jedoch von den Gefahren einer „unruhigen und konfliktträchtigen Welt"[400] betroffen sei, das internationale Krisenmanagement vor neue Aufgaben stelle.[401] Detaillierte Ausführungen finden sich in dieser Rede nicht – vielmehr deutet die Aussage, die Sicherheitslandschaft liege „in diffusem strategischen Licht"[402] und die Ankündigung, dass der Minister ein Planungskonzept auf der Grundlage dieser Lageanalyse ausarbeiten lasse[403] darauf hin, dass konkrete Antworten auf die Herausforderungen durch neue Instabilitäten zu der Zeit noch nicht ausformuliert waren.

---

[396] Vgl. Kohl, „Verantwortung für die Freiheit", S. 64.
[397] Kohl, „Regierungserklärung des Bundeskanzlers zu aktuellen Fragen der deutschen Außenpolitik", S. 7178.
[398] Ebd., S. 7178.
[399] Rühe, „Neue Strategie", S. 973.
[400] Ebd., S. 973.
[401] Vgl. ebd., S. 974.
[402] Ebd., S. 974.
[403] Vgl. ebd., S. 974.

Eine wichtige Wegmarke für die konzeptionelle Herausbildung des Ansatzes waren die Planungen zur NATO-Osterweiterung: Mit der Initiative wurden die Überlegungen zum Stabilisierungsansatz erstmals konkretisiert, anhand einer bestimmten Herausforderung ausformuliert und mit Leben gefüllt. Verteidigungsminister Rühe setzte diese Initiative im Frühjahr 1993 auf die Agenda; sie stand unter dem expliziten Anspruch eines Stabilitätsexports in Deutschlands geographische Nachbarschaft und ist von einem damaligen Vordenker im Rückblick explizit als eine geopolitische Initiative beschrieben worden.[404] Im Kern sahen die Überlegungen zur NATO-Osterweiterung vor, die Reformprozesse in den mittelosteuropäischen Staaten mittels politischer wie militärischer Integration in das westliche Verteidigungsbündnis abzusichern und die Reformstaaten langfristig an ihre westlichen Nachbarstaaten anzubinden. Wie in der entsprechenden Fallstudie dargelegt wird, nutzte insbesondere Minister Rühe hierfür die Formel von einem Export politischer Stabilität.

Ausgehend von den ersten, wenig konkreten Überlegungen zu Beginn der 1990er Jahre und deren erster Konkretisierung im Rahmen der NATO-Osterweiterung ab dem Jahr 1993 entwickelte sich die Idee des Stabilitätsexports sodann bis hinein in die 2000er Jahre. In den konzeptionellen Dokumenten begegnet sie uns wiederholt als Kernanliegen der deutschen Sicherheitspolitik, wobei der geographische Fokus mit einer klar definierten Zielregion lange Zeit im Mittelpunkt der konzeptionellen Äußerungen stand. Der geographische Fokus entwickelte sich analog zu den beschriebenen geopolitischen Herausforderungen im geographischen Umfeld der Bundesrepublik: Welche Region stabilisiert werden sollte, war (zumal im Verlauf der 1990er Jahre) eine strategische Frage, die insbesondere vor dem Hintergrund geographischer Gegebenheiten beantwortet wurde. Ein Blick auf entsprechende Verlautbarungen verdeutlicht diesen geographischen Fokus.

Der Ansatz des Stabilitätsexports kommt in den Verteidigungspolitischen Richtlinien von 1992 bereits deutlich zur Geltung und wird in dem Dokument ausschließlich geographisch definiert. Das Strategiepapier beschreibt die Vorbeugung, Eindämmung und Vermeidung von Konflikten, die Deutschlands Unversehrtheit und Stabilität beeinträchtigen, als zentrales Ziel der deutschen Sicherheitspolitik. Ausgehend von einer Analyse der Konflikte „im erweiterten geographischen Umfeld"[405] skizziert das Papier eine Politik der „Stabilitätsorientierung"[406] der deutschen Sicherheitspolitik im Hinblick auf diese Region. Kon-

---

[404] Im Detail werden die entsprechenden Hintergründe, Planungen und Konzeptionen, die der Initiative zugrunde lagen, wegen ihrer Bedeutung für die Weiterentwicklung der deutschen Sicherheitspolitik in einem gesonderten Kapitel untersucht. Siehe hierzu Kapitel 5.1 in dieser Arbeit.
[405] Bundesministerium der Verteidigung (Hrsg.), Verteidigungspolitische Richtlinien 1992.
[406] Ebd.

krete Angaben über die Instrumente, mit denen das Ziel der Stabilisierung erreicht werden soll, fehlen jedoch. Allenfalls allgemein ist von der „Stabilisierung der östlichen Reformprozesse",[407] einer Förderung der Nachbarschaftsstabilität und der „Fähigkeit zum europäischen Krisen- und Konfliktmanagement"[408] die Rede. Immerhin wird bereits an der Stelle die stabilisierende Wirkung der NATO auch an Europas Peripherie erwähnt.[409]

Geopolitische Überlegungen prägen die Ausführungen des Weißbuchs 1994, denn auch hier erscheinen geographische Faktoren als eine zentrale Triebkraft für die Ausrichtung der Sicherheitspolitik. Das Zielgebiet der deutschen Sicherheitspolitik sehen die Autoren des Weißbuchs „im nahen und erweiterten Umfeld Deutschlands."[410] Der geographische Bezug wird hier regional konkretisiert. Dezidiert als Herausforderungen angesprochen werden sowohl die Entwicklung in Mittelosteuropa als auch die Konflikte auf dem Balkan, die die deutsche Außenpolitik wegen der geographischen Nähe im Blick haben müsse, da sie wiederum die deutsche Sicherheit beeinflussten. Daher liege auch die Stoßrichtung des Stabilitätsexports in jenen Regionen: „Mit Blick auf Zentral- und Osteuropa wird die Politik Deutschlands daher von drei Schlüsselbegriffen geprägt: Stabilisierung durch Kooperation und Integration."[411]

Die Regierung Schröder stellte sich nach dem Regierungswechsel und angesichts der sich verschärfenden Krise um das Kosovo bewusst in die außenpolitische Tradition der Regierung Kohl. Kontinuität demonstrierte der neue Bundeskanzler nicht nur durch wiederholte Beteuerungen der deutschen Verlässlichkeit[412] angesichts der Herausforderung im geographischen Umfeld. Die neue Regierung übernahm für ihre Sicherheitspolitik auch die Formel des Stabilitätsexports. Bundeskanzler Schröder verknüpfte dies stärker als die Vorgängerregierung mit den Anforderungen der erweiterten Sicherheit: Bezogen auf die Sicherheitsarchitektur der Welt müsse die deutsche Politik einen Beitrag zur Zukunftssicherung leisten: „Wir können es ruhig so nennen: Es wird ein Export politischer Stabilität sein müssen. (…) Dabei kann moderne Sicherheitspolitik heute nur noch umfassend verstanden werden."[413]

---

[407] Ebd.
[408] Ebd.
[409] Vgl. ebd.
[410] Bundesministerium der Verteidigung (Hrsg.), Weißbuch 1994, S. 43.
[411] Ebd., S. 44.
[412] Siehe hierzu Kapitel 5.2.4 in dieser Arbeit.
[413] Gerhard Schröder, „,Ausgestaltung einer europäischen Sicherheits- und Verteidigungspolitik.' Rede von Bundeskanzler Gerhard Schröder anläßlich der XXXV. Münchner Konferenz für Sicherheitspolitik am 6. Februar 1999 in München", in: Presse- und Informationsamt der Bundesregierung (Hrsg.), Bulletin 8/1999 (22. Februar 1999), CD-ROM-Version, Berlin 2010.

Zwar war der Stabilitätsexport hier bereits in einem potentiell globalen Rahmen angelegt, doch die weiteren Verweise bezogen sich insbesondere auf die Situation auf dem Balkan, der mit Blick auf den Stabilitätsexport zum Hauptanliegen zumal der ersten Amtszeit der Regierung Schröder wurde. Geographisch begründet war auch Schröders Stellungnahme, dass die Ausweitung der Europäischen Union nach Mittel- und Osteuropa „für unsere Sicherheit ein ganz wesentlicher Stabilitätstransfer"[414] sei. Die Mittellage, Sicherheit im ‚Stabilitätsraum Europa' und dessen Absicherung – alle drei Momente finden sich zudem in einer Rede Verteidigungsminister Rudolf Scharpings aus dem Jahr 1999: „Deutschland fällt aufgrund seiner geostrategischen Lage in der Mitte Europas (…) eine Schlüsselstellung für die Gestaltung eines sicheren europäischen Umfelds zu. Diese Schlüsselstellung ist gleichzeitig Verantwortung und Chance."[415]

Anlässlich der Diskussionen über das neue strategische Konzept der NATO aus dem Jahr 1999 lehnte die Bundesregierung in den bündnisinternen Diskussionen eine von der US-Regierung geforderte geographische Ausweitung des Einsatzgebiets mit dem Argument ab, dass die Stabilität im euro-atlantischen Raum, insbesondere in Mitteleuropa, die Kernaufgabe des Bündnisses sei.[416] Eine sukzessive geographische Ausweitung der mitteleuropäischen Stabilitätszone in deren ‚Peripherie' – dieses Ziel der deutschen Sicherheitspolitik legt überdies auch eine Stellungnahme aus dem Bericht der ‚Weizsäcker-Kommission' über die Reform der Bundeswehr von 2000 nahe: NATO und Europäische Union bildeten einen „Raum verlässlicher Stabilität. Diesen Stabilitätsraum nach innen zu stärken und nach außen zu erweitern ist vorrangiges ‚deutsches Sicherheitsinteresse'."[417] In aller Deutlichkeit spricht aus dieser Äußerung die geographische Dimension der Stabilitätspolitik. Sie ist ein Verweis auf die Bedeutung von Raumdenken im Zusammenhang mit der Idee des Stabilitätsexports, der einmal mehr als eine Leitidee der deutschen Sicherheitspolitik erscheint.

Weit mehr als der Regierungswechsel von 1998 führte mit der neuen Herausforderung des internationalen Terrorismus schließlich ein *externer* Faktor zu einer Neuausrichtung des Stabilitätsansatzes. Analog zu der gewandelten Bedro-

---

[414] Gerhard Schröder, „‚Deutsche Politik zu Beginn des neuen Jahrhunderts.' Rede von Bundeskanzler Gerhard Schröder bei der Konferenz der Leiterinnen und Leiter deutscher Auslandsvertretungen am 4. September in Berlin", in: Presse- und Informationsamt der Bundesregierung (Hrsg.), Bulletin 53/2000 (4. September 2000), CD-ROM-Version, Berlin 2010.

[415] Rudolf Scharping, „‚Grundlinien deutscher Sicherheitspolitik.' Rede von Bundesverteidigungsminister Rudolf Scharping an der Führungsakademie der Bundeswehr am 8. September 1999 in Hamburg", in: Presse- und Informationsamt der Bundesregierung (Hrsg.), Bulletin 56/1999 (23. September 1999), CD-ROM-Version, Berlin 2010.

[416] Siehe zu dieser Debatte Meiers, Zu neuen Ufern?, S. 192-193.

[417] „Gemeinsame Sicherheit und Zukunft der Bundeswehr", Bericht der Kommission an die Bundesregierung, 23. Mai 2000, online unter http://www.spdfraktion.de/cnt/rs/rs_datei/0,,1663,00.pdf (Zugriff am 15. Juni 2010), S. 24.

hungswahrnehmung nach dem 11. September 2001 (entgrenzte Herausforderungen) setzte auch hinsichtlich der geographischen Begründung für den Stabilitätsexport zu Beginn der 2000er Jahre ein Wandel ein. Wurde die Formel vom Stabilitätsexport bis dahin ganz überwiegend aufgrund geographischer Gegebenheiten angewandt und fast ausschließlich auf den an Europa angrenzenden Raum bezogen, so erfolgte deren Definition nun im globalen Rahmen: Anfang 2002 kündigte Verteidigungsminister Scharping eine ausdrücklich global ausgerichtete Stabilisierungspolitik an, da „eine Verschiebung der geographischen Problemachsen"[418] stattgefunden habe.

Nicht mehr rein geographisch begründet, konnten Gefährdungen für den europäischen ‚Stabilitätsraum' nun von jedem Ort der Welt ausgehen. Das deutsche Engagement zur Stabilisierung Afghanistans war Ausdruck dieses nun globalen Operationsgebiets der deutschen Sicherheitspolitik. Die Ausweitung des Operationsgebiets „auf fast alle Teile der Welt"[419] (so Bundeskanzlerin Angela Merkel im Jahr 2006) war die Folge. Der Paradigmenwechsel erfolgte erst zu Beginn des neuen Jahrzehnts. In diesem Zusammenhang ‚entgrenzte' sich der Operationsrahmen der vormals geographisch motivierten Stabilitätspolitik sowohl konzeptionell als auch in der praktischen Politik.[420] In diesem entgrenzten Sinne kann daher nicht mehr von einer originär geopolitischen Motivation gesprochen werden: Als Determinante für die Sicherheit wird der Faktor Raum seitdem zunehmend unbedeutend.

Trotz dieser Entwicklung nach 2001 blieb die Idee eines Stabilitätsexports in Regionen, die aufgrund *geographischer* Zusammenhänge Bedeutung für die deutsche Sicherheit haben, weiterhin bestehen. Die konzeptionellen Dokumente und Reden nach 2001 sind insofern von einer Gleichzeitigkeit eines globalen, entgrenzten sowie eines regionalen, nach wie vor geographisch begründeten Bezugsrahmens geprägt. Deutlich lässt sich dies aus dem Weißbuch 2006 herauslesen: Neben globalen Antworten auf die Herausforderungen des Terrorismus gelte nach wie vor die Aufgabe einer „Stärkung des europäischen Stabilitätsraums durch (…) aktive Nachbarschaftspolitik der Europäischen Union mit den Staaten Osteuropas, des südlichen Kaukasus, Zentralasiens und des Mittelmeerraums."[421] Nach wie vor müsse die deutsche Sicherheitspolitik der Gefahr

---

[418] Scharping, „Globale Sicherheit – Neue Herausforderungen, neue Strategien".

[419] Angela Merkel, „‚Deutschlands Außen- und Sicherheitspolitik vor globalen Herausforderungen.' Rede von Bundeskanzlerin Dr. Angela Merkel auf der 42. Münchner Konferenz für Sicherheitspolitik am 4. Februar 2006 in München", in: Presse- und Informationsamt der Bundesregierung (Hrsg.), Bulletin 12/2006 (5. Februar 2006), CD-ROM-Version, Berlin 2010.

[420] Vgl. Berthold Meyer, Von der Entgrenzung nationaler deutscher Interessen. Die politische Legitimation weltweiter Militäreinsätze (HSFK-Report 10/2007), Frankfurt am Main 2007.

[421] Bundesministerium der Verteidigung (Hrsg.), Weißbuch 2006, S. 23.

von Konflikten „auf dem europäischen Kontinent und an seiner Peripherie"[422] Rechnung tragen, die auch die Sicherheit Deutschlands und seiner europäischen Partner berührten. Somit blieb die Idee eines Stabilitätsexports nach wie vor eine (auch) regionale, geographisch bedingte und begründete Aufgabe der deutschen Sicherheitspolitik.[423]

Die Bedeutung des geographischen Fokus für die Entwicklung des Stabilitätsexports steht auch im Mittelpunkt der rückblickenden wissenschaftlichen Betrachtungen. Meiers argumentiert, dass seit den 1990er Jahren Stabilitätsprojektion, Konfliktverhütung und Krisenbewältigung den Kern der neuen deutschen Sicherheitsvorsorge ausmachten – er stellt den euro-atlantischen Raum und dessen Peripherie als wichtigstes Operationsgebiet dar.[424] Der Politikwissenschaftler Helmut Hubel hingegen sieht den Startschuss für die Stabilisierungsbemühungen in den „Zonen der Instabilität"[425] mit den Terroranschlägen vom 11. September 2001. Damit würdigt Hubel jedoch nicht die wesentliche Differenzierung in geographisch beschreibbare und bedingte sowie in entgrenzte Herausforderungen, wobei letztere sich in der Tat erst mit dem Aufkommen des internationalen Terrorismus herauskristallisierten. Den Anspruch einer Stabilisierungspolitik, das zeigen die analysierten Äußerungen, hatte die deutsche Politik schon zuvor entwickelt.

Der Politikwissenschaftler Gunther Hellmann wiederum betont ausdrücklich deren geographische Dimension. In der Formel des Stabilitätstransfers drücke sich der grundlegende Wandel der deutschen Sicherheitspolitik nach 1990 aus: Der jahrzehntelange Importeur von Sicherheit, angewiesen auf die Unterstützung durch Verbündete, sah sich nun erstmals in der Lage, selbst Sicherheit in andere Regionen zu projizieren: „Wer unter welchen Voraussetzungen in den Genuss dieses Exportgutes kommen sollte und in welcher Form der Export zu bewerkstelligen war, wurde zur herausragenden strategischen Frage."[426]

---

[422] Ebd., S. 20-21.

[423] Auch Thiele argumentiert, dass die peripheren Regionen unmittelbares Zielgebiet des Stabilitätsexports gewesen seien: So könne man „eben doch feststellen, dass die Sicherheit in angrenzenden Regionen uns unmittelbarer und direkter betrifft. Nehmen Sie beispielsweise Afrika und die Flüchtlingsströme – das betrifft uns unmittelbarer als vergleichbare Herausforderungen in Asien. Das Thema Flüchtlingsströme begegnete uns auch damals im Zusammenhang mit den Krisen/Konflikten in Südosteuropa in den 90er Jahren: Da waren auf einmal über 300.000 Leute aus Bosnien mitten in Deutschland. Die kosteten uns jährlich dreieinhalb Milliarden DM und brachten mit sich jede Menge Probleme für unsere Innere Sicherheit. Also gab es einen hohen *incentive* zu Handeln. Vergleichbares entwickelt sich auch im Zusammenhang mit Afrika." Interview mit Oberst i.G. Ralph Thiele, geführt am 27. Oktober 2010.

[424] Vgl. Meiers, Zu neuen Ufern?

[425] Hubel, „Deutsche Außenpolitik", S. 81.

[426] Gunther Hellmann, „Sicherheitspolitik", in: Schmidt, Hellmann und Wolf (Hrsg.), Handbuch, S. 605-617, hier S. 611.

114

Hellmann weist darauf hin, dass geographische Faktoren bei der Beantwortung dieser strategischen Frage lange Zeit einen maßgeblichen Stellenwert hatten:

> „Das Operationsgebiet – also jene Regionen, in denen der Wert ‚Stabilität' im Sinne demokratischer, rechtsstaatlicher und möglichst auch marktwirtschaftlicher Strukturen sicherheitspolitische Maßnahmen zu erfordern schien – beschränkte sich in den 1990er Jahren weitgehend auf Europa. Allerdings bestimmte nicht allein das Ausmaß der Gewaltanwendung das sicherheitspolitische Engagement. Ausschlaggebend waren vielmehr unterschiedliche Mischungen von normativen Überzeugungen (…) und realpolitischen Kalkülen (z. B. Machtpotential denkbarer Gegner oder die *geographische Nähe sowie Bedeutung einer Region oder eines Landes für die politische Stabilität bzw. das sozio-ökonomische Wohlergehen Deutschlands*."[427]

Dieser Einschätzung stimmt schließlich Thiele zu, der sich zumal in seiner Funktion als Kommandeur des Zentrums für Transformation der Bundeswehr mit entsprechenden strategischen Fragen befasste. Thiele hebt den geopolitischen Charakter des Stabilitätsexports hervor:

> „Wenn man diese Aufgabe des Stabilitätsexports konkretisiert, dann muss man genau hinschauen, wohin man Stabilität exportieren will, was der Hintergrund ist. So kommen sie eben immer wieder zu ganz spezifischen Räumen und entscheiden, was man beitragen kann und muss, und wie man das priorisiert. Wo setze ich also an, was sind meine Hauptziele, wie priorisiere ich diese? Damit werde ich ganz schnell konkret, und damit auch geopolitisch. Manche Dinge sind nahe liegender, andere entfernter, und damit hat Geopolitik auch hier eine besondere Bedeutung."[428]

So bleibt die Einschätzung, dass der Stabilitätsexports, zumal im Verlauf der 1990er Jahre, teils auch darüber hinaus, ein geographisch bestimmter Ansatz war, dessen Zielgebiet maßgeblich aufgrund der geopolitischen Bedeutung der jeweiligen Region für die Sicherheit Deutschlands definiert wurde.[429]

Neben diesem prägenden geographischen Bezug ist der Anspruch einer gestaltenden Ordnungspolitik, also der Suche nach aktiver Einflussnahme in der jeweiligen Zielregion im Einklang mit Deutschlands geopolitischen Interessen, die zweite Facette des Stabilitätsexports. Manch ein Beobachter spricht in diesem Zusammenhang gar von dem Versuch der westlichen Industriestaaten, die

---

[427] Ebd., S. 612 (Hervorhebung des Verfassers). Die von Hellmann beobachtete Mischung aus normativen und realpolitischen Antriebskräften wird uns bei der Diskussion in den Fallstudien erneut begegnen.

[428] Interview mit Oberst i.G. Ralph Thiele, geführt am 27. Oktober 2010.

[429] Das Zusammenspiel solch geopolitischer Begründungen mit weiteren handlungsleitenden Motiven wird in den Fallstudien näher betrachtet.

instabilen Regionen in der Peripherie zu *kontrollieren*, um so die eigene Stabilität und Sicherheit zu gewährleisten.[430] In der politischen Rhetorik lehnten Entscheidungsträger stets jede direkte Referenz an eine Einflussnahme in den jeweiligen Regionen oder gar an deren Kontrolle entschieden ab: „Es geht eben nicht um die Ausdehnung von Einflußzonen. Das ist altes Denken. Denn die Ausbreitung von Frieden, Freiheit und Wohlstand bedroht niemanden",[431] äußerte Verteidigungsminister Rühe im Jahr 1995 mit Blick auf die NATO-Osterweiterung. Gleichwohl verdeutlichen die Überlegungen zu der Leitidee des Stabilitätsexports, dass damit stets auch eine dezidierte Einflussnahme auf innere Entwicklungen in bestimmten Staaten einherging.[432]

Hinter der Leitidee des Stabilitätsexports verbirgt sich eine Vielzahl unterschiedlicher Methoden und Instrumente zur externen Stabilisierung einer Region. Stabilitätsexport erscheint so als eine allgemeine Zielformulierung, die angesichts konkreter Herausforderungen jeweils konkret mit Leben zu füllen ist. Daher wäre es ein Trugschluss zu vermuten, dass deutsche Stabilisierungsbemühungen sich in militärischen Beiträgen erschöpfen, wie dies einige einschlägige Untersuchungen nahe legen. Auch prominente Initiativen der deutschen Außenpolitik lassen mitunter zunächst an den Einsatz der Bundeswehr denken, um Stabilität in eine Region – etwa den Balkan oder Afghanistan – zu exportieren.[433] Die folgenden Fallstudien verdeutlichen hingegen die große Bandbreite der möglichen Maßnahmen und Instrumente zum Export politischer Stabilität. Als Richtschnur erscheint es sinnvoll, die Stabilisierungsbemühungen zu unterscheiden erstens in die verschiedenen Möglichkeiten zur externen Förderung von demokratischen Transformationsprozessen und zweitens in externe Bemühungen, zerfallende und zerfallene Staaten zu stabilisieren bzw. deren Wiederaufbau voranzutreiben.[434]

---

[430] Vgl. etwa Sedlmayr, Außen- und Sicherheitspolitik, S. 23.

[431] Volker Rühe, „‚Agenda einer neuen Friedensordnung für Europa.' Rede von Bundesminister Rühe in Bonn", 20. April 1995, in: Presse- und Informationsamt der Bundesregierung (Hrsg.), Bulletin 32/1995 (24. April 1995), S. 270-273, hier S. 271.

[432] Siehe hierzu grundlegend Wilhelm Knelangen, „Demokratisierungs- und Stabilisierungspolitik", in: Woyke (Hrsg.), Handwörterbuch Internationale Politik, S. 51-62.

[433] Siehe als entsprechende Untersuchung etwa Stefan Mair, „Deutsche Friedens- und Stabilisierungseinsätze", in: Josef Braml u. a. (Hrsg.), Einsatz für den Frieden. Sicherheit und Entwicklung in Räumen begrenzter Staatlichkeit (Jahrbuch Internationale Politik Band 28), München 2010, S. 181-189. Mair legt seinen Fokus hier auf die militärischen Maßnahmen zur Stabilisierung. Die Politikwissenschaftlerin Julia Stütz erwähnt bei ihrer Auflistung wichtiger deutscher Institutionen und Organisationen zum *State Building* hingegen insbesondere die deutschen Organisationen der Entwicklungszusammenarbeit. Vgl. Julia Stütz, „State Building" – aus theoretischer und praktischer Perspektive (Nomos Universitätsschriften Band 158), Baden-Baden 2008, S. 221-223.

[434] Diese Unterscheidung macht Knelangen, „Demokratisierungs- und Stabilisierungspolitik".

Sedlmayr trifft eine vergleichbare Unterscheidung. Er untersucht mit Blick auf die rot-grüne Regierungszeit, welche Mittel dieser Regierung für ihre „aktive Außenpolitik" (definiert im Sinne einer planvollen Ordnungspolitik, die eine Einflussnahme auf eine bestimmte Region sucht und zudem mit einem deutschen Führungsanspruch verbunden ist)[435] zur Verfügung standen. Sedlmayr betrachtet das Instrumentarium entlang eines Spektrums von der *Prävention* auf der einen Seite bis zur *Intervention* auf der anderen Seite. In diesem Spektrum entfalten sich die Möglichkeiten zur politischen Einflussnahme. Intervention bezeichnet dabei den Einsatz von Ressourcen „*während* einer Krise mit dem Ziel, *polity* und/oder *policy* auf fremdem Territorium im eigenen Sinne nachhaltig zu beeinflussen. (...) Prävention ist der Einsatz eigener Ressourcen (...) *vor* einer Krise mit dem Ziel, den Ausbruch einer Krise zu verhindern".[436]

Beide Momente – sowohl die (in der Regel militärische) akute Krisenintervention als auch die vorbeugende Prävention, diese ihrerseits mittels eines breiten Instrumentariums – finden sich in den offiziellen Äußerungen als Instrumente des Stabilitätsexports. Nicht zuletzt aufgrund der langen Tabuisierung militärischer Einsätze der Bundeswehr hatten militärische Möglichkeiten der Einflussnahme bis Ende der 1990er Jahre gleichwohl einen deutlich untergeordneten Stellenwert.[437] Vor allem im Zuge der Kosovo-Krise, die einen Paradigmenwechsel in der deutschen Außenpolitik markierte, wurden entsprechende Maßnahmen detaillierter thematisiert. In frühen Reden und Dokumenten findet sich weniger die Referenz an militärische Möglichkeiten zur Stabilisierung einer Krisenregion, sondern vielmehr die Betonung vorausschauender, präventiver Möglichkeiten: „Konfliktverhütung und Krisenbewältigung im erweiterten geographischen Umfeld (...) müssen (...) im Vordergrund der Sicherheitsvorsorge stehen."[438] Es gehe darum, „Risiken schon am Ort ihres Entstehens und vor ihrer Eskalation zu einem akuten Konflikt mit einer vorbeugenden Politik aufzufangen",[439] lautete also die frühe Grundausrichtung des Stabilitätsexports.

---

[435] Vgl. Sedlmayr, Außen- und Sicherheitspolitik, S. 9.

[436] Ebd., S. 24 (Hervorhebungen im Original).

[437] Vgl. Sven Bernhard Gareis, „Militärische Beiträge zur Sicherheit", in: Böckenförde und Gareis (Hrsg.), Deutsche Sicherheitspolitik, S. 99-129, Meiers, Zu neuen Ufern?, S. 246-315 und, als Überblick über die Einsätze im Verlauf der 1990er Jahre, Peter Goebel (Hrsg.), Von Kambodscha bis Kosovo. Auslandseinsätze der Bundeswehr, Frankfurt am Main und Bonn 2000.

[438] Bundesministerium der Verteidigung (Hrsg.), Verteidigungspolitische Richtlinien 1992.

[439] Ebd.

Präventive Maßnahmen setzen bei der externen Demokratieförderung an,[440] wie sie insbesondere angesichts der Transformationsprozesse in Mittelosteuropa wirksam wurden. Dazu zählte in jenem Falle zunächst die Hilfe beim wirtschaftlichen Wiederaufbau der Reformstaaten.[441] Deutschland, so Bundeskanzler Kohl im Jahr 1993, werde den Prozess der Reformstaaten „mit Rat und Tat (…) begleiten. Diese Aufgaben sind natürlich nicht allein mit ermutigenden Worten zu lösen. Hinzukommen müssen finanzielle Transfers."[442] Nach Auskunft des Bundesfinanzministeriums zahlte die Bundesrepublik in den ersten vier Jahren nach dem Fall des ‚Eisernen Vorhangs' insgesamt rund 45,5 Milliarden D-Mark an Finanzhilfen an die mittelosteuropäischen Reformstaaten, hinzu kamen 100 Milliarden D-Mark an die Nachfolgestaaten der Sowjetunion – insgesamt zwei Drittel der gesamten Zahlungen aus westlichen Staaten.[443]

Mit der NATO-Osterweiterung suchte die Bundesregierung eine Stabilisierung der Reformstaaten und eine Absicherung der dortigen Transformationsprozesse durch die politische Integration Polens, Ungarns und Tschechiens in das Verteidigungsbündnis zu erreichen. So sollte die politische Entwicklung in den Reformstaaten abgesichert werden. Es galt, das Sicherheitsvakuum zu füllen und die Reformregierungen zu stützen.[444] Intervenierende Möglichkeiten des Stabilitätsexports standen hingegen über weite Strecken im Mittelpunkt der internationalen Balkanpolitik, wenngleich diese letztlich von der ganzen Bandbreite des Instrumentariums geprägt war: von der akuten Krisenreaktion durch militärische Intervention bis zur (nachsorgenden) Krisenprävention in Folge des Kosovo-Krieges. Im Kosovo ging der Kriegseinsatz im weiteren Verlauf in einen anspruchsvollen und umfassenden Versuch des multilateralen *State Building*[445]

---

[440] Siehe insbesondere den grundlegenden Text: Eberhard Sandschneider, „Demokratieförderung von außen", in: Internationale Politik 5/1997, S. 11-18 sowie ders., Externe Demokratieförderung. Theoretische und praktische Aspekte der Außenunterstützung von Transformationsprozessen. Gutachten für das Centrum für angewandte Politikforschung, München 2003. Siehe zu den Transformationsprozessen generell Wolfgang Merkel, Systemtransformation. Eine Einführung in Theorie und Empirie der Transformationsforschung, Opladen 1999.

[441] Vgl. Rühe, „Verantwortung Deutschlands in der internationalen Völkergemeinschaft", S. 42.

[442] Kohl, „Sicherheitsinteressen Deutschlands", S. 105.

[443] Zu diesen Zahlen: Siehe Reinhard Wolf, „The Doubtful Mover: Germany and NATO Expansion", in: David G. Haglund (Hrsg.), Will NATO go East? The Debate over Enlarging the Atlantic Alliance, Kingston 1996, S. 197-224, hier S. 218.

[444] Siehe hierzu Kapitel 5.1 in dieser Arbeit.

[445] Siehe zum *State Building* insbesondere Braml u. a. (Hrsg.), Einsatz für den Frieden, Stütz, State Building, David Chandler (Hrsg.), State Building and Intervention. Policies, Practices and Paradigms, London 2009, Francis Fukuyama, Staaten bauen. Die neuen Herausforderungen internationaler Politik, Berlin 2004, Stefan Mair, „Intervention und ‚state failure'. Sind schwache Staaten noch zu retten?", in: Internationale Politik und Gesellschaft 3/2004, S. 82-98, Robert I. Rotberg (Hrsg.), When States fail. Causes and Consequences, Princeton 2004 sowie Alexander Straßner und Margarete Klein (Hrsg.), Wenn Staaten scheitern. Theorie und Empirie des Staatszerfalls, Wiesbaden 2007.

118

über, bei dem insbesondere NATO und Vereinte Nationen Sicherheit und Verwaltung gewährleisteten.[446]

Krisenprävention als außenpolitisches Instrument wurde indes zu einem Markenkern der rot-grünen Außenpolitik nach 1998.[447] Die Regierung Schröder bemühte sich um eine konzeptionelle Unterfütterung und um die Entwicklung eines Gesamtkonzepts zu diesem Themenkomplex. Sie legte im Jahr 2004 den ‚Aktionsplan Zivile Krisenprävention, Konfliktlösung und Friedenskonsolidierung'[448] vor, der ressortübergreifend die entsprechenden Maßnahmen zu koordinieren suchte. Erstmals bot der Aktionsplan eine Bestandsaufnahme der bereits laufenden Maßnahmen zur Konfliktprävention und definierte zugleich die Herausforderungen und Handlungsfelder der Zukunft. Besonders hervorgehoben wurden unter anderem die Stärkung staatlicher Strukturen in den Zielländern, die Stärkung der Zivilgesellschaft, wirtschaftliche und umweltpolitische Verknüpfungen und der Ausbau einer nationalen Infrastruktur für zivile Krisenprävention.[449] Mit zwei Grundlagendokumenten zur zivilen Krisenprävention definierte die Regierung Schröder das Feld als Kernthema rot-grüner Außen- und Sicherheitspolitik – zumindest auf der konzeptionellen Ebene.[450]

---

[446] Vgl. Kapitel 5.2.4 in dieser Arbeit.

[447] Siehe Gunilla Fincke und Arzu Hatakoy, „Krisenprävention als neues Leitbild der deutschen Außenpolitik: Friedenspolitik mit zivilen und militärischen Mitteln?", in: Sebastian Harnisch, Christos Katsioulis und Marco Overhaus (Hrsg.), Deutsche Sicherheitspolitik. Eine Bilanz der Regierung Schröder, Baden-Baden 2004, S. 59-87. Die Autoren argumentieren, dass die Bundesrepublik ihr Engagement nach 1998 signifikant ausgeweitet und innovative Instrumente zur Krisenprävention geschaffen habe. Verbesserungspotentiale bestünden hinsichtlich der Koordinierung der unterschiedlichen Instrumente sowie zwischen den Ressorts. Vgl. ebd., S. 60.

[448] Auswärtiges Amt (Hrsg.), Aktionsplan „Zivile Krisenprävention, Konfliktlösung und Friedenskonsolidierung", 12. Mai 2004, online unter http://www.auswaertiges-amt.de/diplo/de/Aussenpolitik/Themen/Krisenpraevention/Downloads/Aktionsplan-De.pdf (Zugriff am 14. September 2010).

[449] Vgl. ebd. S. 1-68.

[450] „Der Aktionsplan ‚Zivile Krisenprävention, Konfliktlösung und Friedenskonsolidierung' der Bundesregierung wartet auf drei Jahre nach seiner Verabschiedung noch auf seine ernsthafte Umsetzung." So urteilt der Politikwissenschaftler Christian Weller über die Umsetzung der geplanten Maßnahmen. Christian Weller, „Aktionsplan Zivile Krisenprävention der Bundesregierung – Jetzt ist dynamische Umsetzung gefordert. Eine Zwischenbilanz nach drei Jahren", Institut für Entwicklung und Frieden, INEF Policy Brief 2007, online unter http://inef.uni-due.de/page/documents/PolicyBrief02.pdf (Zugriff am 10. September 2010), S. 2.

### 4.3.2 Zwischenfazit: Die Schaffung eines ‚erweiterten Stabilitätsraums' als konzeptionelle geopolitische Leitidee

Der Bezug auf geographische Gegebenheiten hatte einen zentralen Stellenwert für die Neuausrichtung der deutschen Sicherheitspolitik nach dem Kalten Krieg. Deutsche Entscheidungsträger rekurrierten in diesem Zusammenhang auf geopolitische Erklärungsmuster, ja sie stellten sie ins Zentrum der strategischen Analysen. Auch wenn die deutsche Sicherheitspolitik mittlerweile in einem entgrenzten, globalen Zusammenhang wirksam ist, zeigt sich doch: Für deren Neuausrichtung nach dem Kalten Krieg und für die ihr zugrunde liegende Zieldefinition spielten Bezüge auf die geographischen Determinanten der Bundesrepublik und ihres Umfelds, mithin also geopolitische Erklärungsmuster, eine entscheidende Rolle. Die geopolitischen Herausforderungen, vor denen die Bundesrepublik nach 1990 stand, wirkten als Triebkraft für den Rückgriff auf geopolitische Erklärungen.

Im historischen Rückblick zeichnet sich eine ‚Renaissance der Geopolitik' im Sinne der Bedeutung geopolitischer Erörterungen deutlich ab: Die Verortung der Bundesrepublik in der ‚Mittellage' inmitten eines ‚Stabilitätsraums' und die Verortung der sicherheitspolitischen Bedrohungen in dessen Peripherie – diese Dichotomie kennzeichnet den geopolitischen Code, der den konzeptionellen Überlegungen zugrunde lag. Darauf aufbauend erfolgte die Definition von Bedrohungen aufgrund geographischer Nähe und der dadurch möglichen Rückwirkungen auf die Bundesrepublik. Schließlich kristallisierte sich der Ansatz des Exports politischer Stabilität heraus. Es galt, Stabilität in Regionen zu exportieren, denen aufgrund geographischer Zusammenhänge eine besondere Bedeutung für die Sicherheit Deutschlands beigemessen wurde.

Auffallend ist die große Kontinuität entsprechender Verlautbarungen. Die rhetorischen Formeln ähneln sich ebenso wie das Operationsgebiet, das die Regierungen im Verlauf der 1990er Jahre im Blick hatten. Im Zusammenhang mit der NATO-Osterweiterung sprach Verteidigungsminister Rühe im Jahr 1996 von folgender Maxime: „Entweder wir exportieren Stabilität oder die Instabilität kommt zu uns."[451] Geographisch bezog Rühe diesen Anspruch auf die Peripherie des ‚Stabilitätsraums Europa'. Explizit griff Bundeskanzler Schröder die Formulierung von einem „Export politischer Stabilität"[452] auf. Bundeskanzler Schröder

---

[451] Volker Rühe, „‚Die neue NATO.' Vortrag von Bundesverteidigungsminister Volker Rühe an der Johns Hopkins School for Advanced International Studies/American Institute for Contemporary German Studies am 30. April 1996 in Washington D.C.", in: Presse- und Informationsamt der Bundesregierung (Hrsg.), Bulletin 34/1996 (2. Mai 1996), CD-ROM-Version, Berlin 2010.

[452] Schröder, „Ausgestaltung einer europäischen Sicherheits- und Verteidigungspolitik".

bezog diesen Anspruch geographisch ebenfalls auf die Peripherie des ‚Stabilitätsraums Europa'. Auf jenem Raum lag das Hauptaugenmerk der deutschen Bundesregierungen im Verlauf der 1990er Jahre. Für die Sicherheit der Bundesrepublik wurde diesem eine zentrale Bedeutung beigemessen.

Zumal in den 1990er Jahren waren die Sicherung und Stabilisierung dieser ‚Peripherie' aus geopolitischer Sicht *die* zentralen Anliegen der deutschen Sicherheitspolitik. Langfristig galt es, den ‚Stabilitätsraum' auszudehnen und einen *erweiterten Stabilitätsraum* im Vorfeld des ‚Stabilitätsraums Europa' zu schaffen. Dies verdeutlichte Verteidigungsminister Rühe im Jahr 1997: „Die Krisenherde auf dem Balkan, im Kaukasus, im Nahen Osten und Nordafrika bergen Gefahren für uns alle in Europa. Es ist unsere Aufgabe, für Stabilität zu sorgen in Europa selbst, aber auch *in den angrenzenden Regionen*. Denn Sicherheit in und Sicherheit für Europa gehören untrennbar zusammen."[453] Die Ausdehnung des ‚Stabilitätsraums' in dessen ‚Vorfeld' und die damit einhergehende Gestaltung des geographischen Umfelds – diese Motivation kennzeichnete den Stabilitätsexport im Verlauf der 1990er Jahre. In der Wissenschaft ist dieser Anspruch durchaus auch mit der Schaffung eines *cordon sanitaire*,[454] eines Sicherheitsgürtels um die Bundesrepublik, bezeichnet worden. Hierin lag gerade in der Dekade nach der Wiedervereinigung der Anspruch der deutschen Sicherheitspolitik und deren konzeptioneller Kern angesichts neuer geopolitischer Herausforderungen. Die geopolitische Ausrichtung manifestiert sich in der direkten Verknüpfung geographischer Faktoren mit dem Anspruch einer aktiven Gestaltung des geographischen Umfelds.

Der Ansatz des Stabilitätsexports erscheint indes als vage Idee. Eine konzeptionell durchdachte, ausgereifte und ausformulierte Strategie lag dem Ansatz zu keiner Zeit zugrunde. Es erscheint daher geboten, den Stabilitätsexport als eine *Leitidee* der deutschen Sicherheitspolitik zu bezeichnen: ‚Stabilitätsexport' war eine allgemeine Zieldefinition, ein Sammelbegriff für unterschiedliche konkrete Maßnahmen zur externen Einflussnahme auf politische Prozesse in bestimmten Regionen. Der Ansatz bestimmte die grundsätzliche Positionierung der Bundesrepublik angesichts neuer geopolitischer Herausforderungen, wobei die konkrete Ausgestaltung dieser allgemeinen Leitidee jeweils neu zu bestimmen war. Dies wurde zu einer zentralen strategischen Aufgabe der deutschen Sicher-

---

[453] Volker Rühe, „‚Der Marshall-Plan – Signal der Solidarität und des Aufbruchs.' Rede von Bundesminister Rühe auf der Konferenz des George C. Marshall European Center for Security Studies am 29. April 1997 in Garmisch-Partenkirchen", in: Presse- und Informationsamt der Bundesregierung (Hrsg.), Bulletin 36/1997 (12. Mai 1997), CD-ROM-Version, Berlin 2010 (Hervorhebung des Verfassers).

[454] Vgl. Schöllgen, Der Auftritt, S. 93.

121

heitspolitik. Als generelle Zielformulierung bot der Ansatz einen Anhaltspunkt, einen Orientierungsrahmen für jeweilige praktische Initiativen.

Geographische Momente prägten zwar die konzeptionellen Überlegungen zu der Neuausrichtung der deutschen Sicherheitspolitik maßgeblich. Gleichwohl zeigt sich bereits an diesem Punkt ebenso deutlich, dass das geographische Moment als Begründung für die Sicherheitspolitik im Wesentlichen ein Ausfluss des unmittelbar Notwendigen war: Geographisch geprägt war insbesondere die Begründung, dass die deutsche Sicherheitspolitik sich mit geographisch *nahe liegenden* Herausforderungen befassen müsse. Weniger die Priorisierung geopolitischer Schlüsselregionen per se war das Ergebnis der konzeptionellen Überlegungen. Die aufgrund der geographischen Nähe gegebene unmittelbare Betroffenheit von den jeweiligen Entwicklungen verdeutlicht einerseits den geopolitischen Charakter der Herausforderungen, zeigt andererseits jedoch auch, dass die deutsche Politik sich primär jenen Problemen annahm, die die Bundesrepublik wegen der direkten Nähe unmittelbar betrafen. Dies verdeutlicht den über lange Zeit ausschließlich regionalen Anspruch der deutschen Sicherheitspolitik. Bereits an dieser Stelle deutet sich darüber hinaus jedoch bereits eine gewisse Ad hoc-Mentalität, mithin gar eine mangelnde strategische Weitsicht in der Formulierung der deutschen Sicherheitspolitik an. Inwiefern sich dies in der politischen Praxis manifestierte, suchen die folgenden Fallstudien zu erörtern.

Wie also lässt sich der Einfluss geopolitischer Überlegungen auf die deutsche Sicherheitspolitik auf der konzeptionellen Ebene zusammenfassen? Aufgrund der im Untersuchungszeitraum nach wie vor weitgehenden Tabuisierung geopolitischer Analysekategorien in der Wissenschaft mangelte es der Politik an geopolitischen Referenzkategorien in Form von Theorien und Modellen. Daher erscheinen die entsprechenden konzeptionellen Äußerungen nicht als eine bewusste Reflexion geopolitischer Theorien; eine explizite Beschäftigung mit der Geopolitik und deren Anwendung auf die Situation Deutschlands im Sinne theoriegeleiteter Ansätze ist nicht zu erkennen. Gleichwohl fällt die deutliche Beschäftigung mit den jeweiligen sicherheitsrelevanten Raumfaktoren und Dynamiken durchaus auf. Auch wenn die konzeptionellen Äußerungen über den ‚Stabilitätsexport' somit keiner direkten Beschäftigung mit den theoretischen Aussagen und Grundlagen der Geopolitik an sich entsprangen, waren sie doch der Ausfluss einer strategischen Beschäftigung mit geographischen Gegebenheiten, Raumzusammenhängen und geographisch motivierten Dynamiken.

Die analysierten Strategiepapiere und Reden zeugen deutlich von der zentralen, ja grundlegenden Bedeutung, die geographischen Gegebenheiten für die Politikformulierung zukam. Ganz bewusst bezogen sich die Entscheidungsträger im Verlauf der 1990er Jahre in ihren Reden auf die räumlichen Bedingungen der sicherheitspolitischen Herausforderungen und machten diese zur Grundlage der sicherheitspolitischen Planungen; dezidiert und detailliert formulierten gerade die Strategiepapiere diese geographische Dimension. In der grundlegenden Rezeption sicherheitsrelevanter Raumfaktoren erscheint der ‚Stabilitätsexport' als pragmatischer Ausdruck geopolitischen Handelns, konzeptionell auf klar erkennbare geopolitische Einsichten gestützt. In diesem Sinne wirkten „geopolitische Erfahrungen und Einsichten"[455] auf die deutsche Sicherheitspolitik, lässt sich eine ‚Renaissance der Geopolitik' aufzeigen.

Angesichts der geopolitischen Herausforderungen, mit denen die Bundesrepublik sich konfrontiert sah, spiegelt der Ansatz letztlich einen durchaus planmäßig anmutenden geopolitischen Anspruch wider: durch eine aktive Politik das geographische Umfeld Deutschlands vorausschauend zu gestalten, in diesem Sinne zur „Stabilisierung instabiler Räume"[456] beizutragen, einen Sicherheitsgürtel um den ‚Stabilitätsraum Europa' zu etablieren und einen ‚erweiterten Stabilitätsraum' zu schaffen. Diese Erkenntnis ist die Grundlage für die weiteren Untersuchungen. Von nun an folgt die Analyse der Frage, wie der Ansatz des Stabilitätsexports sich im Laufe der Jahre entwickelte. Insbesondere wird hier thematisiert, ob sich der Ansatz als eine Leitlinie auch der *praktischen* deutschen Sicherheitspolitik herauskristallisierte und ob der so formulierte konzeptionelle Anspruch planmäßig umgesetzt werden konnte.

---

[455] Korrespondenz mit einem Angehörigen des Auswärtigen Dienstes der Bundesrepublik Deutschland, 2. Juni 2010.
[456] Brill, „Geopolitik und deutsche Ostpolitik", S. 39.

# 5 Geopolitik und die Neuausrichtung der deutschen Sicherheitspolitik: Stabilitätsexport in der politischen Praxis, 1991-1999

Der Ansatz des Stabilitätsexports prägte die konzeptionellen Debatten über die Neuausrichtung der deutschen Sicherheitspolitik nach dem Kalten Krieg. Die konzeptionellen Betrachtungen verdeutlichten den geopolitischen Gehalt des Ansatzes: Er entwickelte sich zu einem Ausdruck praktischen geopolitischen Handelns in der deutschen Sicherheitspolitik. Jener Gedanke wird nun anhand zweier Fallstudien auch auf der Ebene der praktischen Politik untersucht – denn es galt, die allgemeine Zielformulierung auf konkrete Herausforderungen anzuwenden und mit Leben zu füllen.

In den 1990er Jahren hatte die deutsche Sicherheitspolitik zwei regionale Schwerpunkte; beide verkörpern praktische Ausformulierungen des Stabilisierungsansatzes. Mit der NATO-Osterweiterung und der Konflikteindämmung auf dem Balkan lag das Augenmerk der deutschen Stabilisierungsbemühungen im Osten der Bundesrepublik – und damit in jenen Regionen, die durch die geopolitische Umwälzung, die das Ende der Sowjetunion hervorgerufen hatte, direkt betroffen waren. Die Auswahl der nun zu untersuchenden Fallstudien folgt dem Umstand, dass die geographisch beschreibbare Interessenzone der Bundesrepublik (zumal im Verlauf der 1990er Jahre) auf dem europäischen Kontinent lag – und dass Herausforderungen im östlichen Teil des Kontinents die deutsche Politik forderten.[457]

Beiden Initiativen kommt zudem eine besondere Bedeutung für die Neuorientierung der deutschen Außen- und Sicherheitspolitik zu: Nicht nur war die NATO-Osterweiterung ein zentrales sicherheitspolitisches Ziel der Regierung Kohl, sie verdeutlicht auch exemplarisch das Fortwirken des „old board"[458] in der Zeit nach dem Kalten Krieg, also strategischer, militärischer Erwägungen auch in der deutschen Außen- und Sicherheitspolitik. Für die Neuorientierung der deutschen Sicherheitspolitik war die aktive Mitwirkung an der geographi-

---

[457] Im Anschluss an die Fallstudien wird in einem weiteren Kapitel die Ausweitung der Interessenzone auf außereuropäische Regionen thematisiert.
[458] Patrick Keller, Von der Eindämmung zur Erweiterung. Bill Clinton und die Neuorientierung der amerikanischen Außenpolitik (Forum Junge Politikwissenschaft, Band 13), Bonn 2008, S. 146.

schen Erweiterung des atlantischen Verteidigungsbündnisses zweifellos ein zentraler Baustein. Mit Blick auf die Entwicklung des Stabilitätsansatzes kommt der Initiative zudem die Funktion eines Katalysators zu – sie verdient daher eine genaue Betrachtung auch unter geopolitischem Blickwinkel.[459]

Die Kriege auf dem Balkan verdeutlichen ebenso das Fortwirken machtpolitischer Kräfte auf dem europäischen Kontinent im ausgehenden 20. Jahrhundert. Im Zuge des Kosovo-Konflikts erfolgte der tiefgreifendste Wandel der deutschen Sicherheitspolitik nach dem Kalten Krieg. Er war eine Zäsur nicht nur für die NATO,[460] sondern auch für die deutsche Außen- und Sicherheitspolitik. Die deutsche Reaktion auf die Entwicklungen auf dem Balkan spiegelt die Weiterentwicklung des Stabilisierungsansatzes wider. Beide Fallstudien beschreiben damit nicht nur die geographische Ausweitung der deutschen Interessenzone. Die Osterweiterung der NATO und die Reaktion auf den Zerfall Jugoslawiens gelten als zentrale Wendepunkte bei der Neuorientierung der deutschen Sicherheitspolitik. Inwiefern geopolitische Argumentations- und Handlungsmuster diese entscheidenden Initiativen prägten, ist eine Frage, die die Analyse beider Fallstudien so lohnenswert macht.

Die jeweiligen Initiativen, mit denen die Bundesrepublik auf die Herausforderungen reagierte, unterlagen dabei ihren ganz eigenen strategischen Ausgangsbedingungen und Einflussfaktoren: Einerseits deutsche Diplomatie im Zeichen von Integration und Kooperation im Falle der NATO-Osterweiterung, andererseits die Entscheidung über Krisenreaktion, Krieg und militärische Einflussnahme im Falle der Balkan-Kriege: Dies waren die realhistorischen Hintergründe, vor denen die Bundesregierungen im Verlauf der 1990er Jahre den Anspruch des Stabilitätsexports mit jeweils unterschiedlichen Mitteln in die politische Praxis umzusetzen suchten.

---

[459] Auf eine Untersuchung der deutschen Politik für die EU-Erweiterung wird an dieser Stelle verzichtet. Die äußerst komplexe EU-Osterweiterung würde den Rahmen der vorliegenden Analyse sprengen. Zudem spielten aus sicherheitspolitischer Sicht hier Argumente eine Rolle, die durchaus mit denen zur NATO-Osterweiterung vergleichbar sind. Eine parallele Untersuchung beider Fallstudien würde daher Gefahr laufen, repetitiv zu sein. Wegen der Bedeutung der NATO-Osterweiterung für die Idee eines ,Stabilitätsexports' wird dieser Initiative daher der Vorzug gegeben.

[460] Vgl. Karl-Heinz Kamp, „Die NATO nach Kosovo: Friedensengel oder Weltpolizist?", in: Erich Reiter (Hrsg.), Jahrbuch für internationale Sicherheitspolitik 2000, Hamburg u. a. 2000, S. 709-723, hier S. 709.

## 5.1 Deutschland und die NATO-Osterweiterung, 1993-1997

### 5.1.1 Geopolitik von der Hardthöhe? Die Konzeption des Verteidigungsministeriums

„The controversy over NATO enlargement provides an opportunity to study German foreign policy in an unchartered area, where no ready-made answers existed."[461] Die westliche Politik stand Anfang der 1990er Jahre vor der Herausforderung, die Transformation der mittelosteuropäischen Staaten hin zu Demokratie und Marktwirtschaft abzusichern. Noch im Jahr 1992 war das Urteil zu lesen: „Die bisherigen Ansätze zur Stabilisierung des Wandels in Mittel- und Osteuropa leiden (…) an einem Defizit an strategischer Orientierung. Sie sind weitgehend Ad-hoc-Maßnahmen, zu kurz greifend und ohne kohärente Konzeption."[462]

Die Bundesregierung legte mit der Initiative zur NATO-Osterweiterung eine umfassende Strategie zu einer Absicherung der Transformationsprozesse vor. Die Initiative wurde von deutscher Seite im Bundesministerium der Verteidigung (BMVg) geplant und von Minister Rühe vorangetrieben. Für das Zustandekommen der NATO-Osterweiterung kann dessen Rolle nicht hoch genug eingeschätzt werden: Rühe war der erste hochrangige westliche Politiker, der das Thema auf die Agenda setzte. Er war, was Goldgeier in seiner hervorragenden Studie zur NATO-Osterweiterung einen *policy entrepreneur* nennt, also einer jener „top-level individuals who are keen on pushing particular projects."[463] Mit der Hervorhebung der Rolle Rühes ist der Faktor Persönlichkeit für die Entwicklung der Konzeption angesprochen, wobei in diesem Zusammenhang auch auf Rühes zentralen Berater, den damaligen Leiter des Planungsstabs im BMVg, Vizeadmiral Ulrich Weisser, verwiesen sei. Rühe selbst gehörte einer neuen Generation jüngerer, aufstrebender Politiker an. Kohls ,Kronprinz' gab sich, als er 1992 vom Generalsekretärsposten der CDU ins Verteidigungsministerium wechselte, nicht damit zufrieden, sich allein mit militärischen Fragen zu befas-

---

[461] Max Otte, A Rising Middle Power? German Foreign Policy in Transformation, 1989-1999, New York 2000, S. 157.
[462] Werner Weidenfeld und Manfred Huterer, „Osteuropa, Deutschland und die Strategie des Westens", in: Deutschland-Archiv 3/1992, S. 225-227, hier S. 226.
[463] James M. Goldgeier, Not Whether but When: The U.S. Decision to Enlarge NATO, Washington, D.C. 1999, S. 8.

127

sen. Rühe wollte die Außenpolitik der Bundesrepublik mit gestalten.[464] Weisser wiederum lieferte ihm das Thema: die Osterweiterung der NATO.[465]

Der Vizeadmiral, der sich selbst als Erfinder der NATO-Osterweiterung bezeichnet,[466] hatte bereits in einer im Jahr 1992 erschienenen Studie über die *NATO ohne Feindbild*[467] eine Osterweiterung des Bündnisses zumindest implizit angedeutet, wenn auch noch nicht explizit angesprochen. Die Rolle der NATO versteht Weisser in der Studie als stabilisierende Komponente einer neuen europäischen Friedenspolitik. Das Bündnis könne weit über seine Grenzen hinaus in den instabilen Raum einwirken und so dazu beitragen, konfliktträchtige Entwicklungen einzudämmen. Mit Blick auf Europa konstatiert er: „Europa wird sich in Richtung Mitteleuropa nur integrativ arrondieren können, wenn es die historische Chance nutzt, die sich während der Jahre russischer Innengebundenheit bietet."[468] Dies sei nicht nur ein Gebot der Menschlichkeit, sondern „auch ein strategischer Imperativ."[469] Weisser bezieht sich hier hauptsächlich auf die Europäische Gemeinschaft, doch schon zu diesem frühen Zeitpunkt ist die Ausdehnung der NATO durchaus implizit angedeutet.

Die Initialzündung innerhalb des Bündnisses für die öffentliche Debatte über die NATO-Osterweiterung war schließlich die ‚Alastair Buchanan Memorial Lecture', die Verteidigungsminister Rühe am 26. März 1993 vor dem *International Institute for Strategic Studies* in London hielt. Die Rede hatte den programmatischen Titel „Shaping Euro-Atlantic Policies – a Grand Strategy for a New Era".[470] Nach einem Überblick über die strategischen Herausforderungen nach dem Kalten Krieg und Bezügen zur europäischen Einigung trug Rühe den für die Osterweiterung der NATO entscheidenden Absatz gegen Ende der Rede vor:

> „The Atlantic Alliance must not become a ‚closed shop'. I cannot see one good reason for denying future members of the European Union membership in NATO. (…)

---

[464] Vgl. Ronald D. Asmus, Opening NATO's Door: How the Alliance Remade Itself for a New Era, New York 2002, S. 220.

[465] Bereits vor Rühes Wechsel ins Verteidigungsministerium hatte Weisser großen Einfluss auf Rühes sicherheitspolitisches Denken. Vgl. Johannes Volker Heisig, Warum eine Osterweiterung der NATO? Analyse der Entscheidungsprozesse und Kontroversen in Deutschland und in den USA im Zusammenhang der sicherheitspolitisch-strategischen Orientierungsdebatten nach dem Ost-West-Konflikt, Berlin 2004, S. 220.

[466] Interview mit Vizeadmiral a.D. Ulrich Weisser, geführt am 26. April 2010.

[467] Ulrich Weisser, NATO ohne Feindbild. Konturen einer europäischen Sicherheitspolitik, Bonn 1992.

[468] Ebd., S. 197.

[469] Ebd., S. 197.

[470] Die Rede ist in dem amerikanischen Magazin *Survival* abgedruckt: Volker Rühe, „Shaping Euro-Atlantic Policies: A Grand Strategy for a New Era", in: Survival, vol. 35, no. 2, Summer 1993, S. 129-137.

I am asking myself whether membership in the European Union should necessarily precede accession to NATO."[471]

Mit dieser Rede – die von den Zuhörern überwiegend kühl aufgenommen wurde – hatte Rühe die NATO-Osterweiterung auf die politische Agenda gehoben. Als erster ranghoher westlicher Politiker stieß er damit jenen Prozess an, der im Jahr 1999 mit der Aufnahme Polens, Ungarns und Tschechiens in die Verteidigungsgemeinschaft einen vorläufigen Höhepunkt fand.

Die deutsche Politik ging die Herausforderung der instabilen östlichen Nachbarschaft offensiv an. Die konzeptionellen Überlegungen aus dem Verteidigungsministerium spiegeln deutlich den geopolitischen Gehalt der Erweiterungspolitik wider. In der Tat war die Konzeption zur NATO-Osterweiterung, die ab Herbst 1992 in enger Abstimmung zwischen Weisser und Rühe erarbeitet wurde, eine geopolitische Initiative. Alle Komponenten geopolitischen Denkens finden sich hier: Geographische Gegebenheiten als Triebkraft der Politik, eine vor diesem Hintergrund vorgenommene Formulierung deutscher Sicherheitsinteressen, die angestrebte Einflussnahme auf die Entwicklung eines bestimmten geographischen Raumes. All dies ging mit einer deutlichen konzeptionellen Unterfütterung einher.

Inwiefern erscheint der Einfluss geopolitischer Überlegungen auf die Formulierung der Initiative unreflektiert und unbewusst oder doch reflektiert und bewusst? Weisser selbst betont, dass er es gewohnt sei, in Kategorien zu denken, die man durchaus als Geopolitik bezeichnen könne. Er versteht darunter, „dass man bei politischen Initiativen und bei der Formulierung der eigenen Politik die Geographie, Ressourcen, die Potentiale und die politische Ausrichtung eines Landes mehr berücksichtigt als eher idealisierte Zielvorstellungen."[472] In Deutschland gebe es gerade angesichts der Lage und der spezifischen Herausforderungen eine „Notwendigkeit, geopolitisch denken und handeln zu müssen".[473] Diese Erkenntnis sei, so der ehemalige Chef des Planungsstabs im BMVg, auch die Grundlage für die Erarbeitung der Konzeption zur NATO-Osterweiterung gewesen. Ein außenpolitischer Praktiker betont folglich, Weisser gehöre zweifelsohne „zu den herausragenden geopolitischen Denkern im ersten Jahrzehnt nach der Zäsur von 1989/91".[474] Dies zeigte sich auch am Beispiel der Osterweiterung des Bündnisses, denn diese „basierte auf den klaren geopolitischen Erkenntnissen"[475] Weissers. In der Londoner Rede vom März 1993 bezog sich

---

[471] Ebd., S. 135.
[472] Interview mit Vizeadmiral a.D. Ulrich Weisser, geführt am 26. April 2010.
[473] Ebd.
[474] Korrespondenz mit einem Angehörigen des Auswärtigen Dienstes der Bundesrepublik Deutschland, 2. Juni 2010.
[475] Ebd.

Rühe direkt auf den „geopolitical impact"[476] einer erweiterten NATO. Weisser spricht im Rückblick davon, dass dieser Passus bewusst so formuliert worden sei.[477]

Auffallend ist der pragmatische Charakter der Planungen. Die Initiative fußte nicht auf bestimmten geopolitischen Theoriegebäuden, sie war keine praktische Umsetzung geopolitischer Theorien, Leitlinien oder Maximen. Deutsches Handeln basierte indes auf einer deutlich erkennbaren strategischen und konzeptionell fundierten Beschäftigung mit Raumzusammenhängen – Raumdenken war der Kern der Überlegungen. Dies belegen die folgenden Untersuchungen in aller Deutlichkeit. Ein dezidiert geopolitisches Weltbild leitete die konzeptionellen Überlegungen. Es sei 1992 und 1993 bei der Erarbeitung der Initiative nicht um eine „geopolitische Denk- und Praxisübung"[478] gegangen, betont Weisser. Leitlinie des deutschen Handelns sei vielmehr eine pragmatische Beschäftigung mit Raumzusammenhängen gewesen. Darauf aufbauend erfolgte die Definition „geopolitischer Interessen"[479] der Bundesrepublik, schließlich die Suche nach Möglichkeiten zu deren Durchsetzung.

Für diese reflektierte Beschäftigung mit geographischen Gegebenheiten war der Faktor Persönlichkeit maßgeblich: Vor allem Weisser war um eine konzeptionelle Fundierung der deutschen Politik auf der Grundlage geographischer Zusammenhänge und geopolitischer Interessen bemüht. In der bewussten konzeptionellen Beschäftigung mit geographischen Faktoren und der darauf aufbauenden Definition und Verfolgung geopolitischer Interessen liegt der spezifische geopolitische Charakter der Planungen zur NATO-Osterweiterung, der nun näher beleuchtet wird.

„Die Öffnung des Bündnisses nach Osten entspricht dem vitalen Interesse Deutschlands. Man muß kein strategisches Genie sein, um dies zu verstehen; es reicht ein Blick auf die Landkarte."[480] Der Blick auf die Landkarte – mithin also die Geographie – bildete den Ausgangspunkt der Konzeption des BMVg zur NATO-Osterweiterung. Ein spezifischer geopolitischer Code, ein bestimmtes geopolitisches Weltbild, lag dem zugrunde: die perzipierte Dichotomie von Stabilität und Instabilität. Hier begegnet uns erneut der ‚Stabilitätsraum Europa' mit seiner instabilen Peripherie. Während Westeuropa einschließlich der Bundesrepublik von Stabilität gekennzeichnet sei, zeigten sich die jungen Demokratien Mittelosteuropas nach wie vor in einer instabilen Lage. Zwischen Stabilität und Instabilität laufe eine „Trennlinie zwischen arm und reich, sicher und unsi-

---

[476] Rühe, „Shaping Euro-Atlantic Policies", S. 134.
[477] Interview mit Vizeadmiral a.D. Ulrich Weisser, geführt am 26. April 2010.
[478] Ebd.
[479] Ebd.
[480] Rühe, „Die neue NATO".

cher"[481] mitten durch Europa. Referenzen an eine „Stabilitätszone des Westens"[482] ziehen sich wie ein roter Faden durch die Reden des Ministers. Auf der anderen Seite gebe das „Krisen- und Konfliktpotential in unserer näheren und weiteren Nachbarschaft (…) Anlass zu Sorge und Unruhe."[483] Deutlich drückte Rühe dies an anderer Stelle aus, hier mit Blick auf Europas Süden:

> „Das Maß an Stabilität, das wir erreicht haben oder erreichen wollen, unterscheidet sich von Region zu Region in und um Europa. Ein Gürtel von Krisen und Instabilität reicht von Nordafrika über den Nahen Osten bis zum Kaukasus. Dieser Krisenbogen bringt die südliche Flanke der NATO aus einer vormaligen Randlage ins Zentrum unseres strategischen Interesses."[484]

Die geographische Einteilung zwischen dem stabilen Mitteleuropa und der instabilen Peripherie kommt hier deutlich zum Ausdruck, während Begriffe wie der vom ‚Gürtel von Krisen und Instabilität' oder vom ‚Krisenbogen' an klassische geopolitische Schriften erinnern. Die Dichotomie findet auch in der wissenschaftlichen Literatur ihren Ausdruck: Neben der „Wohlstands- und Stabilitätsgrenze"[485] zwischen Mittel- und Osteuropa bezeichnet O'Loughlin Mittelosteuropa als eine „crush zone",[486] der Politikwissenschaftler Robert Kagan als eine „geopolitische Bruchlinie"[487] zwischen dem Westen und Russland. Deutschland, so argumentiert schließlich Meiers, lag vor der NATO-Osterweiterung geographisch an der Schnittstelle von integrierten und nicht-integrierten Ordnungsstrukturen.[488] Auch dies sind deutliche Ausdrücke des vorherrschenden geopolitischen Codes, der der Osterweiterung der NATO zugrunde lag.

Weisser wiederum beschäftigt sich in seinen Studien intensiv mit dem Begriff der Stabilität und deren Determinanten. Stabilität ist ein weiterer Dreh- und

---

[481] Volker Rühe, „„Deutschlands Verantwortung – Perspektiven für das neue Europa.' Rede von Bundesminister Rühe in Düsseldorf", 12. September 1994, in: Presse- und Informationsamt der Bundesregierung (Hrsg.), Bulletin 86/1994 (22. September 1994), S. 804-807, hier S. 805.

[482] Rühe, „Sicherheit in und für Europa".

[483] Volker Rühe, „„Angemessene Sicherheitsvorsorge ist das Gebot der Zeit.' Erklärung von Bundesminister Rühe zum Jahreswechsel", in: Presse- und Informationsamt der Bundesregierung (Hrsg.), Bulletin 1/1994 (4. Januar 1994), S. 5.

[484] Rühe, „Sicherheit in und für Europa".

[485] Sven Bernhard Gareis, Deutschlands Außen- und Sicherheitspolitik. Eine Einführung, Opladen und Farmington Hills 2. Auflage 2006, S. 133.

[486] John O'Loughlin, „Ordering the ‚Crush Zone': Geopolitical Games in Post-Cold War Eastern Europe", in: Nurit Kliot und David Newman (Hrsg.), Geopolitics at the End of the Twentieth Century, London 2000, S. 34-56.

[487] Kagan, Die Demokratie und ihre Feinde, S. 17.

[488] Vgl. Meiers, Zu neuen Ufern?, S. 202.

Angelpunkt seiner sicherheitspolitischen Überlegungen und für ihn die Hauptpriorität für Deutschlands Handeln im geographischen Umfeld. „Der Feind von heute heißt Instabilität"[489] schreibt er plakativ in seinen Erinnerungen zur NATO-Osterweiterung. Eine „moderne Stabilitätsphilosophie"[490] müsse dem neuen internationalen Umfeld Rechnung tragen, in dem Stabilität nicht mehr auf einem Gleichgewicht der Mächte beruhe. Stabilität fuße auf der Achtung der Menschenrechte, auf demokratischen Strukturen, einer prosperierenden Wirtschaft und sozialer Gerechtigkeit. Für Europas Sicherheit sei die Beseitigung der Instabilität in der Peripherie essentiell.[491] Der Verteidigungsminister drückte dies im Jahr 1996 in einem Vortrag ähnlich aus:

> „Das Schlüsselkonzept für Europa heißt Stabilität - eine Stabilität, die den Geboten von Moral und Vernunft folgt. Es geht nicht mehr um die Stabilität der Vergangenheit, die aus dem prekären Gefüge rivalisierender Mächte - der ‚balance of power' - oder dem brisanten Gleichgewicht gegeneinander gerichteter Militärpotentiale wie im Kalten Krieg erwuchs. Moderne Stabilität entsteht, wenn Menschenrechte gelten, feste demokratische Strukturen existieren, Marktwirtschaft floriert und soziale Gerechtigkeit herrscht. Im Äußeren gewinnen wir sie aus guter Nachbarschaft, aus enger Kooperation und der Integration von kleineren und größeren Nationen als gleichberechtigte Partner. Das ist für uns Deutsche die Lehre der Geschichte; für uns alle ist es ein Gewinn."[492]

Dieses „Grundinteresse an einem stabilen Umfeld"[493] prägte die weiteren Überlegungen zur Osterweiterung.

Geographie und Stabilität – beiden Momenten kam in der Konzeption eine besondere Rolle zu. Die Bundesrepublik war indes von der Instabilität in Mittelosteuropa zuallererst betroffen – aufgrund ihrer geopolitischen Lage am Rande des westlichen Verteidigungsbündnisses und des westlichen Teils des jahrzehntelang vom ‚Eisernen Vorhang' getrennten Europas. „Clearly, given its geopolitical position, the united Germany realized the importance of avoiding turmoil on its eastern borders at an early stage."[494]

---

[489] Weisser, Sicherheit für ganz Europa, S. 16.

[490] Ebd., S. 17.

[491] Vgl. ebd., S. 14.

[492] Volker Rühe, „Ansprache des Bundesverteidigungsministers Volker Rühe anläßlich einer Festveranstaltung zum sechsten Jahrestag der Deutschen Einheit am 3. Oktober 1996 im Roten Rathaus von Berlin", in: Presse- und Informationsamt der Bundesregierung (Hrsg.), Bulletin 78/1996 (8. Oktober 1996), CD-ROM-Version, Berlin 2010.

[493] Weisser, Sicherheit für ganz Europa, S. 23.

[494] Paul Létourneau und Philippe Hébert, „NATO Enlargement: Germany's Euro-Atlantic Design", in: Charles-Philippe David und Jacques Lévesque (Hrsg.), The Future of NATO: Enlargement, Russia, and European Security, Montreal 1999, S. 108-118, hier S. 111.

Bereits im Verlauf der Londoner Rede wies Rühe auf die Migration aus Mittelosteuropa in die Staaten der EG hin und betonte den dadurch gegebenen „threat to the internal stability of our democracies".[495] Rühe stellte klar: „Germany alone cannot (…) absorb all of the economic refugees coming from the East – functioning as a *cordon sanitaire* for the rest of Europe."[496] Die Bundesrepublik als östlicher Vorposten der westlichen Staatengemeinschaft – dies war ein gängiger Topos in der Argumentation des Ministers. Alles, was die Lage in der Region instabil mache, greife früher oder später auch auf die Bundesrepublik über, so Rühe Anfang 1994. Es sei in Deutschlands Interesse, dass Demokratie und Prosperität nicht an Deutschlands Ostgrenze endeten.[497] An anderer Stelle führte der Minister aus:

> „Wir wollen nicht, daß die Grenze zwischen Stabilität und Instabilität, zwischen NATO und Europäischer Union und dem Rest Europas mit unserer Ostgrenze auf Dauer zusammenfällt. Es liegt im Interesse unseres Landes, von stabilen Demokratien umgeben zu sein, von Verbündeten und Partnern. Wir wollen nicht Randstaat des westlichen Europa sein."[498]

Hier verband Rühe explizit die Dichotomie zwischen Stabilität und Instabilität mit der Lage der Bundesrepublik und leitete daraus Handlungsanweisungen für die deutsche Außenpolitik ab. Dies war der Kern der geopolitischen Konzeption.

Erstes Ziel der Konzeption des BMVg war folglich die Schaffung eines sicheren Vorfelds, strategischer Tiefe[499] und durchaus also eines Sicherheitsglacis[500] im Osten der Bundesrepublik. Es galt, den ‚Stabilitätsraum Europa' in das instabile Vorfeld hinein auszudehnen. Um Deutschland vor Konflikten im Osten – beispielsweise Konflikten zwischen Russland und den ehemaligen sowjetischen Teilrepubliken – zu schützen, müsse der Bundesrepublik im Osten ein Ring befreundeter Staaten vorgelagert werden: eine klare geopolitische Zielsetzung. Dies bestätigt Weisser im Rückblick explizit. Für ihn spielten bei der Erarbeitung der Konzeption klassische militär- und sicherheitspolitische Überlegungen eine wichtige Rolle: So sei es „sicherer für Deutschland, wenn es (…) zu

---

[495] Rühe, „Shaping Euro-Atlantic Policies", S. 134.

[496] Ebd., S. 134 (Hervorhebung im Original).

[497] Vgl. Rühe, „Angemessene Sicherheitsvorsorge", S. 5.

[498] Volker Rühe, „‚Mut zur Verantwortung – Deutschland und der Frieden in Europa.' Rede von Bundesverteidigungsminister Volker Rühe im Rahmen der Vortragsreihe ‚Politik und Moral' in der Hauptkirche St. Katharinen am 5. Februar 1996 in Hamburg", in: Presse- und Informationsamt der Bundesregierung (Hrsg.), Bulletin 15/1996 (14. Februar 1996), CD-ROM-Version, Berlin 2010.

[499] Vgl. Létourneau und Hébert, „Euro-Atlantic Design", S. 110.

[500] Vgl. Goldgeier, Not Whether but When, S. 34.

einem Konflikt mit einem östlichen Land kommt, eine Grenze in Polen zu verteidigen als in Deutschland."[501]

Lagebeurteilungen zur Lage der Bundesrepublik gehen gemeinhin von der Prämisse aus, dass sich Deutschlands Lage als Frontstaat am Rande der westlichen Verteidigungsgemeinschaft nach dem Kalten Krieg in eine neue Mittellage in Europa gewandelt habe.[502] Dieser Umstand war jedoch nicht das Resultat einer natürlichen Entwicklung; die Mittellage entstand nicht gleichsam naturgemäß, sie wurde vielmehr *geschaffen* durch die Ausdehnung der westlichen Verteidigungsgemeinschaft.[503] In diesem Sinne war es ein erklärtes Ziel der deutschen Politik zu Beginn der 1990er Jahre, die Bundesrepublik aus ihrer Randlage zu befreien.[504] Die Schaffung einer neuen Mittellage für die Bundesrepublik war folglich das überragende geopolitische Argument der Entwickler der entsprechenden Konzeption.[505]

Mit der Aufnahme Polens, Ungarns und Tschechiens in die NATO war die Bundesrepublik in der Tat nunmehr von befreundeten Staaten mit demokratischen, marktwirtschaftlichen Systemen umgeben und damit in eine neue (alte) Mittellage in Europa zurückgekehrt. Die Tatsache, dass Minister Rühe bis zur endgültigen Erweiterung der NATO stets davon sprach, dass die Bundesrepublik nicht der Grenzstaat des Westens bleiben dürfe, verdeutlicht: Erst nach der Osterweiterung sah er dieses große geopolitische Ziel realisiert. Es war das Ergebnis eines aktiven, von der Bundesregierung maßgeblich gestalteten Prozesses mit dem Ziel, „räumliche Tiefe zu schaffen".[506] Die bewusste Schaffung einer neuen geopolitischen Lage für die Bundesrepublik war aus deutscher Sicht das wichtigste geopolitische Ziel der NATO-Osterweiterung. Dieses konnte indes nur dann realisiert werden, wenn die Erweiterung gleichzeitig zu einer Stabilisierung der mittelosteuropäischen Region beitrug, die dortigen Reformprozesse stützte und so das neu geschaffene ,Vorfeld' langfristig absicherte.

Neben der Schaffung eines strategischen Vorfelds und der Rückkehr der Bundesrepublik in eine europäische Mittellage war die Stabilisierung des mittelosteuropäischen Raumes daher das zweite strategische Ziel der Initiative.[507]

---

[501] Interview mit Vizeadmiral a.D. Ulrich Weisser, geführt am 26. April 2010.

[502] Vgl. aus der Vielzahl der diesbezüglichen Einschätzungen etwa Hacke, Außenpolitik der Bundesrepublik Deutschland, S. 382 und Brill, Geopolitik heute, S. 143-145.

[503] Vgl. etwa Stephen F. Szabo, „Enlarging NATO: The German-American Design for a New Alliance", in: Helga Haftendorn u. a. (Hrsg.), The Strategic Triangle: France, Germany, and the United States in the Shaping of the New Europe, Washington, D.C. 2006, S. 327-349, hier S. 331.

[504] Vgl. Haftendorn, Deutsche Außenpolitik, S. 401.

[505] Vgl. Szabo, „Enlarging NATO", S. 331.

[506] Brill, „Geopolitik und deutsche Ostpolitik", S. 41.

[507] Heinz Brill, „Die NATO-Osterweiterung und der Streit um Einflusssphären in Europa", in: Österreichische militärische Zeitschrift 6/2009, S. 715-726 thematisiert, inwiefern dies mit der Schaffung einer Einflusssphäre einherging. Brill kommt zu dem Schluss: Das Konzept der Einflusssphären habe

Das Zusammenspiel beider Momente resultierte in der Erweiterung des europäischen ‚Stabilitätsraums'. So formulierte Weisser das Ziel, „den westlichen Stabilitätsraum nach Osten auszudehnen und damit gleichzeitig zu verhindern, dass östliche Instabilität auf den Westen übergreift."[508] In ihrem Aufsehen erregenden Artikel „Building a New NATO" argumentierten die amerikanischen Politikwissenschaftler Ronald Asmus, Richard Kugler und F. Stephen Larrabee im September 1993, dass Deutschland nicht vor einem neuen „Drang nach Osten" stehe, sondern dass die prekäre Situation in der östlichen Nachbarschaft vielmehr in einem „Zwang nach Osten" resultiere. „[T]he need to stabilize its eastern flank is Bonn's number one security concern."[509] Beide Zielsetzungen der Konzeption waren somit direkt miteinander verknüpft und gingen Hand in Hand: Die Ausdehnung des ‚Stabilitätsraums' nach Osteuropa schuf ein Vorfeld und eine neue Lage für die Bundesrepublik, und die Stabilisierung jenes Vorfelds sollte mit der Integration der mittelosteuropäischen Staaten in die NATO erreicht werden.

Die Erweiterung des Bündnisses kann daher als originäre Umsetzung des deutschen Anspruchs eines Stabilitätsexports in die europäische Peripherie gelten. Im Zuge der Initiative wurden zudem die konzeptionellen Überlegungen zu dem Ansatz erstmals konkretisiert. Die NATO-Osterweiterung wurde so zu einem Katalysator für die weitere konzeptionelle Entwicklung des Stabilitätsansatzes. Erneut erscheint Weisser als konzeptioneller Ideengeber der deutschen Position. Im Jahr 1992 schrieb er:

> „Die stabilisierende Wirkung der NATO wird künftig keineswegs an den Grenzen ihrer Mitgliedsstaaten enden. Mit ihrem Einfluß auf das sicherheitspolitische Umfeld in Europa kann die NATO entscheidend zur Stabilisierung der Lage in Mittel-, Ost- und Südeuropa beitragen. Mit ihren strategischen Fähigkeiten kann sie auch konfliktträchtige Entwicklungen an Europas Peripherie eindämmen."[510]

Weissers Äußerung spiegelt die Idee eines Stabilitätsexports in Europas Peripherie wider. Der Verteidigungsminister griff dies auf, argumentierte etwa im Jahr 1996: „Es ist Deutschlands Aufgabe, für Stabilität zu sorgen – vor allem in seinem nahen und weiteren Umfeld. Moderne Sicherheitspolitik schafft dafür die

---

nach wie vor Gültigkeit für die Politik auch der Bundesrepublik. Zur grundlegenden Bedeutung der Stabilisierung siehe auch Wolf, „Doubtful Mover", S. 198-199 und Meiers, Zu neuen Ufern?, S. 201. Hier argumentiert Meiers: „Die Öffnung des Bündnisses nach Mittel- und Osteuropa sah die Bundesregierung grundsätzlich unter dem Gesichtspunkt des Stabilitätstransfers."

[508] Weisser, Sicherheit für ganz Europa, S. 25.

[509] Ronald D. Asmus, Richard L. Kugler und F. Stephen Larrabee, „Building a New NATO", in: Foreign Affairs Vol. 72, No. 4, Sep.-Oct., 1993, S. 28-40, hier S. 34. Seitens der deutschen Politik galt ein Scheitern der Reformbemühungen in Polen als größtes Risiko für die Bundesrepublik.

[510] Weisser, NATO ohne Feindbild, S. 199.

Rahmenbedingungen."[511] Im Jahr 1996 äußerte Rühe jenen Schlüsselsatz, der bereits einleitend zitiert wurde: „Entweder wir exportieren Stabilität oder die Instabilität kommt zu uns."[512] In der Äußerung zeigt sich in aller Deutlichkeit der Anspruch, auf die Peripherie aktiv und gestaltend einzuwirken und mittels Einflussnahme auf die Entwicklung der dortigen Staaten zu deren Stabilisierung beizutragen.

Rühe sah die NATO als geeignetes Instrument hierfür an: „Wir brauchen eine ‚Neue NATO', die auf die neuen Herausforderungen flexibel reagieren kann – durch vorbeugendes und aktives Krisenmanagement, durch Stabilitätstransfer und Kooperation. Denn der Feind von heute heißt Instabilität."[513] Während der Londoner Rede vom März 1993 beschrieb Rühe die Aufgabe der Stabilisierung näher. Er verdeutlichte, dass es nicht um eine militärische, sondern vielmehr um eine *politische* Stabilisierung der Region gehe: „The ‚containment policy' that was applied to the Warsaw Pact in the Cold War era must now be replaced by a policy of political and economic cooperation and development".[514]

Weniger die Schaffung neuer Konfliktlinien stand im Mittelpunkt der Überlegungen als vielmehr die Herstellung friedlicher Beziehungen zwischen den europäischen Staaten.[515] Erklärtes Ziel war dabei die Unumkehrbarkeit der demokratischen Entwicklung in den Reformstaaten. Folgende Stabilisierungsmöglichkeiten bot die NATO-Osterweiterung: Die Einbindung in das Bündnis bedeutete für die Beitrittskandidaten eine feste Verankerung im westlichen Lager und damit einen Zugewinn an Sicherheit, darüber hinaus eine innenpolitischen Stärkung der pro-westlichen Regierungen gegen revisionistische oder nationalistische Bestrebungen einhergehend mit einer Absicherung des Demokratisierungskurses. Schließlich sollte die Verbesserung der Sicherheitslage ein positives Klima für ausländische Wirtschaftsinvestitionen schaffen und damit auch die wirtschaftliche Entwicklung der Länder vorantreiben. Die Bundesrepublik als großer Investor in den Reformstaaten sollte damit auch wirtschaftlich von der Einbindung profitieren.[516]

---

[511] Rühe, „Mut zur Verantwortung".

[512] Rühe, „Die neue NATO".

[513] Volker Rühe, „‚Wechsel in der Leitung der Führungsakademie der Bundeswehr.' Ansprache vom Bundesverteidigungsminister Volker Rühe anläßlich des Wechsels in der Leitung der Führungsakademie der Bundeswehr von Generalmajor Dr. Olboeter an Flottillenadmiral Lange am 26. Januar 1996 in Hamburg", in: Presse- und Informationsamt der Bundesregierung (Hrsg.), Bulletin 12/1996 (8. Februar 1996), CD-ROM-Version, Berlin 2010.

[514] Rühe, „Shaping Euro-Atlantic Policies", S. 134.

[515] Vgl. Chaya Arora, Germany's Civilian Power Diplomacy: NATO Expansion and the Art of Communicative Action, New York 2006, S. 134 sowie Marco Overhaus, Die deutsche NATO-Politik. Vom Ende des Kalten Krieges bis zum Kampf gegen den Terrorismus, Baden-Baden 2009, S. 96.

[516] Vgl. Wolf „Doubtful Mover", S. 199.

Nicht zuletzt aus diesen Gründen hatten schon im Jahr 1991 ostmitteleuropäische Entscheidungsträger gefordert, die Öffnung des Bündnisses zur innenpolitischen Absicherung ihrer Reformpolitik zu vollziehen. Schon im Februar 1991 war aus dem Umfeld Vaclav Havels verlautbart worden, dass das Land eine Sicherheitsgarantie benötige, um seine Entwicklung in Richtung Demokratie und Marktwirtschaft fortsetzen zu können: „He argued that the deteriorating situation in the Balkans and in the Persian Gulf, as well as the rise of nationalism in the Balkans and elsewhere, were all signs of growing instability that could affect Czechoslovakia."[517] Neutralität käme für sein Land nicht in Frage, während eine EU-Mitgliedschaft auf die Schnelle nicht erreichbar sei: „He suggested that NATO consider some kind of special treaty or declaration with Czechoslovakia to provide that guarantee."[518] Dementsprechend schrieb der Historiker Michael Stürmer zu Beginn der 1990er Jahre: „Seit der Weltenwende 1990 findet man keinen Verteidigungsminister im östlichen Mitteleuropa, der nicht, wenn eine gute Fee ihm einen Wunsch freigäbe, Aufnahme in das Nordatlantische Bündnis nennen würde."[519] Die „innenpolitische Stabilisierung für Reformen und Reformer, Sicherheit vor wachsenden russischen Ungewißheiten und Hoffnung auf Beruhigung zwischen mißtrauischen Nachbarn"[520] – dies waren die Triebkräfte für jenes Interesse. Das Vakuum, das das Ende des Warschauer Pakts in der Region hinterlassen hatte, sollte zugunsten einer neuen Sicherheitsordnung gefüllt werden.

Weisser erklärt die Logik der NATO-Osterweiterung zudem im Zusammenhang mit der Erweiterung der EU: „Da das ein längerer Prozess wegen der wirtschaftlichen Umstellung sein wird, nehmen wir sie [die Reformstaaten, *Anmerkung des Verfassers*] in der NATO auf, um einen Stabilitätsrahmen für diese Entwicklung zu schaffen."[521] Ein Junktim mit anderen institutionellen Prozessen war damit zwar nicht gegeben, doch wurde die Öffnung der NATO als geeignete Methode zur raschen Stabilisierung der Reformstaaten und somit des ostmitteleuropäischen Raumes insgesamt gesehen. Zur dauerhaften Lösung der politischen und wirtschaftlichen Herausforderungen galt die EU-Mitgliedschaft als geeignetes Mittel. Die Erweiterung der NATO war gewissermaßen eine ‚Abkürzung' zur Absicherung der Reformprozesse und sollte so zur Schaffung einer neuen Sicherheitsarchitektur für Gesamteuropa beitragen.[522]

---

[517] Asmus, Opening NATO's Door, S. 14. Siehe zu den Sicherheitsbedürfnissen in der Region auch Andrew Cottey, East-Central Europe after the Cold War. Poland, the Czech Republic, Slovakia and Hungary in Search of Security, Houndsmills 1996.
[518] Asmus, Opening NATO's Door, S. 14.
[519] Stürmer, „Deutsche Interessen", S. 49.
[520] Ebd., S. 49.
[521] Interview mit Vizeadmiral a.D. Ulrich Weisser, geführt am 26. April 2010.
[522] Vgl. Overhaus, NATO-Politik, S. 97.

In Übereinstimmung damit hatten Asmus, Kugler und Larrabee in ihrem Aufsatz im Spätsommer 1993 argumentiert: Osteuropäische Entscheidungsträger wüssten, dass für ein Gelingen der Reformbemühungen ein stabiles Sicherheitsumfeld im Verbund mit dem Westen notwendig sei. Die NATO sei im Gegensatz zu EG und KSZE insbesondere aufgrund ihrer effektiven Führungsstrukturen das „obvious tool"[523] für die Stabilisierung der Region. Dabei spielten selbstverständlich auch Befürchtungen eine Rolle, dass die Organisation selbst nach dem Ende des Kalten Krieges obsolet werden könnte: „NATO must go out of area or it will go out of business."[524]

Die NATO bot neben den vergleichbar geringen Beitrittshürden, der potentiell möglichen raschen Ausweitung sowie der Einbindung der Reformstaaten in die westlichen Sicherheitsstrukturen weitere Vorteile als Stabilisierungsinstrument. Rühe erklärte im Jahr 1994:

> „Die Allianz hat die Stabilisierung Mittel- und Osteuropas als strategische Hauptaufgabe angenommen. Damit kann sie heute und künftig zwei entscheidende politisch-strategische Funktionen erfüllen. Sie ist e r s t e n s der einzige funktionsfähige Mechanismus, der Nordamerika und Europa in einer Gemeinschaft verbindet. Sie ist z w e i t e n s die einzige Institution, die eine effektive Partnerschaft der euroatlantischen Gemeinschaft mit Russland und den anderen osteuropäischen Staaten schaffen kann."[525]

Hiermit war das Bestreben angesprochen, die Vereinigten Staaten dauerhaft in die europäische Sicherheitsarchitektur einzubinden. Diese Zielvorstellung wurde seitens der deutschen Politik bereits unmittelbar nach dem Ende des Kalten Krieges und insbesondere vor dem Hintergrund neuer Krisen und Konflikte in Europas Peripherie formuliert.[526] Als transatlantisches Bündnis bot die NATO dazu die geeignete Voraussetzung. Zudem sah die Konzeption Weissers und Rühes vor, Russland im Sinne einer strategischen Partnerschaft einzubinden, da Frieden in Europa nur mit, nicht aber gegen Russland möglich sei.[527] Die Partnerschaft mit Russland war der zweite Baustein der Konzeption zur Integration

---

[523] Asmus, Kugler und Larrabee, „Building a New NATO", S. 31.

[524] Ebd., S. 31.

[525] Volker Rühe, „,Europas Sicherheit und die Zukunft der Bundeswehr.' Rede von Bundesminister Rühe in Berlin", 21. März 1994, in: Presse- und Informationsamt der Bundesregierung (Hrsg.), Bulletin 28/1994 (28. März 1994), S. 253-256, hier S. 254.

[526] Vgl. Otte, Rising Middle Power, S. 162-163. Gerade als europäische Mittelmacht war es Deutschland daran gelegen, nach wie vor die Präsenz der Vereinigten Staaten in der europäischen Sicherheitsarchitektur sicherzustellen. Siehe ferner Overhaus, NATO-Politik, S. 85.

[527] Interview mit Vizeadmiral a.D. Ulrich Weisser, geführt am 26. April 2010.

und Kooperation: Integration der Reformstaaten, Kooperation mit Russland.[528] Eine Mitgliedschaft Russlands in der NATO sah die Konzeption indes nicht vor. Zusammenfassend legte Rühe die Ziele der Konzeption in einer Rede in Hamburg im Mai 1997 dar. Hier stellte er die NATO-Erweiterung in den Zusammenhang der geopolitischen Kernaufgabe, Stabilität in instabile Räume in Deutschlands Vorfeld zu exportieren und bezog dies auch auf die Schaffung einer neuen geopolitischen Lage für die Bundesrepublik im ‚Stabilitätsraum Europa':

> „NATO-Erweiterung ist Stabilitätsexport. Schon die Aussicht auf Mitgliedschaft hat zu deutlich höherer Stabilität in Zentraleuropa geführt. Dieser Prozeß muß unumkehrbar gemacht werden. Integration verhindert die Renationalisierung der Verteidigung. Stabilität und Wohlstand im Zentrum Europas ist der Schlüssel für gesamteuropäische Stabilität. Wir Deutsche haben ein vitales Interesse, auch im Osten und Südosten von Bündnispartnern umgeben zu sein. Zusammen mit der erweiterten Europäischen Union bildet die Neue NATO eine Zone der Stabilität, an die sich auch Rußland anlehnen kann und soll."[529]

Das Verteidigungsministerium verfolgte in der Frage der NATO-Osterweiterung den Anspruch einer konzeptionellen Unterfütterung der Initiative. Zum einen basierte diese auf den Überlegungen Weissers, die er insbesondere in seiner Studie von 1992 dargelegt hatte. Zum anderen bediente sich das Ministerium der Mitarbeit eines amerikanischen *Think Tanks*, der *RAND Corporation*. Weisser hatte dort im Jahr 1989 einen Forschungsaufenthalt verbracht und verfügte seit dieser Zeit über gute Kontakte zu den Wissenschaftlern in Santa Monica.[530] Mit Rühes Einverständnis schuf Weisser bereits frühzeitig einen Konsultationsprozess mit dem *Think Tank*, der den intellektuellen Austausch über den Atlantik hinweg ermöglichte.[531] Für die konzeptionellen Arbeiten an dem deutschen Ansatz bot dies große Vorteile. Ein Entwurf des bereits zitierten Artikels „Building a New NATO" der *RAND*-Wissenschaftler Asmus, Larrabee und Kugler, der die Debatte auf amerikanischer Seite im September 1993 entfachte, war Rühe und Weisser bereits im Frühjahr 1993 bekannt und beeinflusste die Überlegungen im Bundesverteidigungsministerium.[532]

---

[528] Vgl. Bernhard Kotsch, Anwalt der Mitteleuropäer?, Frankfurt am Main 2000, S. 97-98.

[529] Volker Rühe, „,40 Jahre Führungsakademie der Bundeswehr.' Rede von Bundesverteidigungsminister Volker Rühe anläßlich des Festaktes zum 40jährigen Bestehen der Führungsakademie der Bundeswehr am 22. Mai 1997 in Hamburg-Blankenese", in: Presse- und Informationsamt der Bundesregierung (Hrsg.), Bulletin 42/1997 (28. Mai 1997), CD-ROM-Version, Berlin 2010.

[530] Vgl. Goldgeier, Not Whether but When, S. 33 sowie Overhaus, NATO-Politik, S. 101.

[531] Vgl. Arora, Civilian Power Diplomacy, S. 113.

[532] Vgl. ebd., S. 123.

Zu einer Vertiefung der Zusammenarbeit zwischen der Hardthöhe und der *RAND Corporation* kam es im weiteren Verlauf der Debatte. Eine weitere konzeptionelle Studie zu den Implikationen der Erweiterung, die die *RAND Corporation* im Jahr 1995 erarbeitete, wurde sogar vom deutschen Verteidigungsministerium finanziert. Die ausländische Finanzierung eines Forschungsprojekts, das eine Frage der nationalen Sicherheit betraf, war ein Novum in der Arbeit des amerikanischen *Think Tanks*[533] und zeigt, wie sehr das Verteidigungsministerium um eine fundierte Konzeption für die Politikinitiative bemüht war. Die Studie, erarbeitet von Asmus, Kugler und Larrabee, legte einen dezidierten Schwerpunkt auf den Ansatz „Promote Stability" als Triebkraft der Erweiterung. Ziel sei die sicherheitspolitische Flankierung der Reformprozesse in Mittelosteuropa – ein Ansatz, der sich deutlich mit den inhaltlichen Vorstellungen im BMVg deckte.[534] So betrieb das Verteidigungsministerium die konzeptionelle Vorbereitung der Osterweiterung gewissermaßen auch auf transatlantischem Umweg.[535]

Geographische Gegebenheiten (die geographische Nähe der als instabil angesehenen Region zur Bundesrepublik) als Grundlage der Politik, ein deutlicher (und deutlich strategisch reflektierter) Raumbezug, die Definition darauf basierender Sicherheitsinteressen, Einflussnahme durch Stabilitätsexport in die mittelosteuropäische Region,[536] der Anspruch einer aktiven Gestaltung sowie die konzeptionelle Unterfütterung der Politikinitiative – diese Momente finden sich im Falle der NATO-Osterweiterung. Sie lassen die Konzeption als ein geopolitisches Projekt erscheinen, das den Anspruch des Stabilitätsexports und einer Erweiterung des ‚Stabilitätsraums Europa' gleichsam mustergültig in eine konkrete Ausformulierung umsetzte. Sie reflektierte das von Weisser formulierte Ziel, „den westlichen Stabilitätsraum nach Osten auszudehnen und damit gleichzeitig zu verhindern, dass östliche Instabilität auf den Westen übergreift."[537] Gleichzeitig wirkte die Erarbeitung eines Gesamtkonzepts für die Osterweiterung der NATO als Katalysator für die konzeptionelle Herausbildung der Idee des Stabilitätsexports, die die deutsche Sicherheitspolitik auch in den kommenden Jahren prägen würde. Erstmals wurde diese Idee hier mit Leben gefüllt. Nach der detaillierten konzeptionellen Ausarbeitung seitens des BMVg waren die Überlegungen in die politische Praxis umzusetzen.

---

[533] Zu der Förderung siehe Goldgeier, Not Whether but When, S. 193.

[534] Vgl. Ronald D. Asmus, Richard Kugler und F. Stephen Larrabee, „NATO Expansion: The Next Steps", in: Survival vol. 37, no. 1, 1995, S. 7-33.

[535] Vgl. Overhaus, NATO-Politik, S. 102.

[536] Die Einflussnahme auf die politischen Prozesse vor Ort beschreibt auch Otte, Rising Middle Power, S. 170. Joetze bezeichnet die Politik, die Reformstaaten an den Westen zu binden, als „a powerful means of influencing behavior". Joetze, „Pan-European Stability", S. 154.

[537] Weisser, Sicherheit für ganz Europa, S. 25.

## 5.1.2 Aspekte der Implementierung I: Deutschland, die Vereinigten Staaten und die NATO-Osterweiterung[538]

Der Eindruck der zentralen Rolle Rühes und des BMVg für die NATO-Osterweiterung bestätigt sich, wenn man den Blick auf die Entscheidungsfindung der westlichen Führungsmacht richtet. Die im Januar 1993 ins Amt gekommene amerikanische Regierung unter Präsident Bill Clinton war in der Frage der NATO-Osterweiterung anfangs gespalten, auch wenn Clinton sich bereits nach wenigen Monaten im Amt erstmals prinzipiell für eine Osterweiterung des Bündnisses aussprach.[539] Im Verlauf des Jahres 1994 bewegte sich die Administration in Richtung einer Befürwortung der Erweiterung.[540] In diesem Prozess spielte die deutsche Politik eine wesentliche Rolle.

Als entscheidender Befürworter und konzeptioneller Vordenker auf amerikanischer Seite kristallisierte sich der Nationale Sicherheitsberater Anthony Lake heraus. Die Erweiterung der NATO stand in direktem Zusammenhang zu dem von ihm propagierten Konzept einer *Strategy of Enlargement*.[541] Innerhalb der Administration war *Deputy Secretary of State* Strobe Talbott zunächst der wichtigste Gegner der Erweiterung; als Russlandexperte argumentierte er insbesondere aus Sorge um die Implikationen für Russland. Dass die Befürworter der Erweiterung vor allem im Laufe des Jahres 1994 die Oberhand gewannen,[542] dafür zeichnete indes ganz wesentlich Richard Holbrooke verantwortlich. Der Diplomat sollte die von Lake konzeptionell vorbereitete Erweiterung innerhalb der durchaus skeptischen Bürokratie durchsetzen. Im Verlauf des Jahres 1994 wurden so innerhalb der Administration der westlichen Führungsmacht die Weichen pro Erweiterung gestellt.

Holbrooke wiederum war maßgeblich von seiner Zeit als amerikanischer Botschafter in der Bundesrepublik geprägt. Noch vor seinem Amtsantritt in Bonn hatte der Diplomat argumentiert, dass ökonomische Zusammenhänge das zu-

---

[538] Da der Schwerpunkt an dieser Stelle nicht auf einer Darstellung der deutschen Diplomatie im NATO-Rahmen liegen soll, werden einige zentrale Punkte herausgegriffen, die für die Argumentation bedeutend sind.

[539] Dies hing insbesondere mit dem Besuch Havels und Walesas in Washington anlässlich der Einweihung des Holocaust Museums zusammen, in dessen Verlauf die beiden Staatschefs einen großen emotionalen Endruck bei Clinton hinterließen. Vgl Goldgeier, Not Whether But When, S. 20.

[540] Vgl. insbesondere Asmus, Opening NATO's Door, S. 58-91.

[541] The White House (Hrsg.), A National Security Study of Engagement and Enlargement, Washington, D.C. 1995. Siehe auch Keller, Eindämmung.

[542] Zu den realhistorischen Hintergründen auf amerikanischer Seite und insbesondere den bürokratischen Spannungen innerhalb der Clinton-Administration, siehe die hervorragende Studie von Goldgeier, Not Whether But When, sowie die Erinnerungen des ‚Insiders' Asmus, Opening NATO's Door.

künftige Verhältnis zwischen den Vereinigten Staaten und Deutschland wesentlich stärker prägen würden als strategische Fragen. Diese Einstellung änderte sich, als Holbrooke in der Bundesrepublik aus erster Hand über die strategische Vision Rühes informiert wurde und sich dessen Ideen zu Eigen machte. Zurück in den Vereinigten Staaten wirkte er als ‚Dolmetscher' der deutschen Positionen in die amerikanische Administration hinein.[543] Holbrooke wurde zum Mittler der Konzeption des Verteidigungsministeriums über den Atlantik hinweg.

Zum Einfluss des BMVg auf die US-Administration trugen auch die enge Zusammenarbeit deutscher Entscheidungsträger mit der *RAND Corporation* und der hierzu aufgebaute Konsultationsprozess bei. Die Wissenschaftler bei *RAND* wiederum nutzten die Zusammenarbeit mit der deutschen Seite, um ihrerseits die Diskussionen in Washington zu beeinflussen. Als Scharnier zur US-Administration fungierte der republikanische Senator Richard Lugar: „Hence, the idea to introduce the paper to the U.S. administration was a deliberate attempt by the BMVg and the RAND troika, supported also by Lugar, to encourage the Clinton administration to seize the idea".[544] Die deutsche Seite nutzte den Kanal zur *RAND Corporation* bewusst, um die amerikanische Regierung für ihre Ideen zu gewinnen.

Die Wirkung der Ideen Rühes und der große Einfluss der deutschen Seite auf die Clinton-Administration lassen sich beispielhaft an Formulierungen ablesen, mit denen die amerikanische Seite zur Erweiterung Stellung bezog. Ein Beispiel sei hier erwähnt: Im Mai 1993 bekannte Minister Rühe in einer Rede vor der Nordatlantischen Versammlung in Berlin, für ihn sei die Erweiterung der NATO „nicht so sehr eine Frage des Ob, sondern des Wie und Wann."[545] Als eine deutsche Delegation unter Leitung Weissers im Herbst 1993 nach Washington reiste, um mit den relevanten Entscheidungsträgern in Kongress und Administration die Erweiterung zu erörtern, ging es für die deutsche Delegation laut Weisser insbesondere um das Kommunizieren der Botschaft, dass die Erweiterung nicht mehr eine Frage des Ob, sondern des Wann und Wie sei.[546]

Während eines Treffens mit Mitarbeitern des Nationalen Sicherheitsrats wurde auch Weisser in eine Diskussion über die Formulierungen einer geplanten Rede des Präsidenten zur NATO-Osterweiterung einbezogen – und schlug hier vor, die Formel Rühes zu integrieren.[547] Die Lobbyarbeit zeigte Wirkung: Im Anschluss an den Brüsseler NATO-Gipfel im Januar 1994 hielt Präsident Clinton eine viel beachtete Rede in Prag, die als entscheidender Schritt hin zur ame-

---

[543] Vgl. Szabo, „Enlarging NATO", S. 336-338.
[544] Arora, Civilian Power Diplomacy, S. 123.
[545] Volker Rühe, „Die NATO als Fundament der Sicherheitsarchitektur der Zukunft", S. 494.
[546] Vgl. Weisser, Sicherheit für ganz Europa, S. 47.
[547] Vgl. Arora, Civilian Power Diplomacy, S. 142

rikanischen Befürwortung der Erweiterung gilt. Clinton drückte dies aus, indem er bekundete, dass die Erweiterung nicht mehr eine Frage des Ob, sondern des Wann und Wie sei.[548] Diese Episode verdeutlicht, dass Rühe und Weisser ihre Kontakte in den Vereinigten Staaten geschickt nutzten, um auf die Meinungsbildung in den Vereinigten Staaten einzuwirken. Dies zeigte sich zunächst an solchen rhetorischen Formulierungen. Die Osterweiterung der NATO kann auch aus diesem Grund als deutsch-amerikanisches Projekt bezeichnet werden.[549]

Nicht nur in der Frühphase der Diskussionen im Jahre 1993, sondern auch im weiteren Verlauf der Implementierung griff das Verteidigungsministerium auf die Expertise der Wissenschaftler bei *RAND* zurück. Die vom Verteidigungsministerium finanzierte *RAND*-Studie aus dem Jahr 1995 folgte letztlich dem deutschen Ansatz der Stabilitätsprojektion in die mittelosteuropäische Region (*Promote Stability*),[550] lieferte den Befürwortern der Erweiterung auf beiden Seiten des Atlantiks wichtige Argumente und unterfütterte deren Argumentation. Auch dies war ein Ergebnis der Zusammenarbeit zwischen Bonn und Santa Monica.[551]

Die von Bonn vorangetriebene Stabilitätsorientierung der Erweiterung wurde darüber hinaus auch offizielle NATO-Politik, denn auch die NATO-Erweiterungsstudie vom September 1995 folgte dem deutschen Ansatz. Die NATO veröffentlichte im September 1995 ihre Studie[552] zu den konkreten Fragen des Erweiterungsprozesses, deren Erarbeitung auf einem Treffen der NATO-Außenminister im Dezember 1994 beschlossen worden war. Die Studie wurde in der ersten Jahreshälfte 1995 erstellt und sollte Antworten auf die Fragen nach der konkreten Implementierung und zum Zeitplan für eine Erweiterung geben und so auch die kontroverse Debatte innerhalb des Bündnisses versachlichen. Darüber hinaus war sie durchaus auch nützlich, um Zeit zu gewinnen und Kompromisse zwischen den divergierenden Positionen innerhalb des Bündnisses zu finden.

Sechs Punkte gliedern die Studie; neben den Grundlagen und dem Zweck der Erweiterung werden unter anderem auch die Folgen der Erweiterung für die Allianz sowie die Vorbereitungen der potentiellen Mitgliedsländer thematisiert.

---

[548] Vgl. Asmus, Opening NATO's Door, S. 66. Die Episode beschreibt auch Overhaus, NATO-Politik, S. 101.

[549] So argumentiert Szabo, „Enlarging NATO".

[550] Vgl. Asmus, Kugler und Larrabee, „NATO Expansion: The Next Steps". Dabei soll nicht unerwähnt bleiben, dass die amerikanische Entscheidung für die Osterweiterung – im Gegensatz zu der deutschen strategischen Maxime – durchaus auch innenpolitischem Kalkül folgte. Von der republikanischen Opposition im Kongress ließ sich Clinton ebenso eine Agenda aufzwingen, wie die Administration die polnischstämmigen Wähler im Blick hatte.

[551] Vgl. hierzu auch Overhaus, NATO-Politik, S. 102 und S. 107.

[552] North Atlantic Treaty Organization (Hrsg.), „Study on NATO Enlargement", online unter http://www.nato.int/docu/basictxt/enl-9501.htm (Zugriff am 14. September 2010). Die Debatten beschreibt auch Overhaus, NATO-Politik, S. 107-109.

Die Studie steht unter maßgeblichem Einfluss des von deutscher Seite vertretenen Ansatzes *Promote Stability*.[553] Als Ziel der Erweiterung gibt die Studie an, zu Sicherheit und Stabilität im gesamten euro-atlantischen Raum beizutragen: „[E]nlargement will contribute to enhanced stability and security for all countries in the Euro-Atlantic area".[554] Auch hier liegt der Schwerpunkt auf politischen Motiven, etwa der Absicherung demokratischer Reformbestrebungen der mittelosteuropäischen Staaten, der Vertiefung der Integration und Kooperation sowie der Herstellung gutnachbarschaftlicher Beziehungen zwischen den Staaten.[555] Diese Ziele wurden maßgeblich von deutscher Seite in den Prozess eingebracht, die Bundesregierung sah folglich eine klare „deutsche Handschrift" in der NATO-Studie.[556]

Schließlich arbeiteten die Bundesrepublik und die Vereinigten Staaten eng zusammen, als es galt, Russland in den Prozess der NATO-Osterweiterung einzubeziehen. Die Konzeption Rühes schloss eine NATO-Mitgliedschaft Russlands zwar grundsätzlich aus, sah jedoch im Sinne der Strategie der Integration und Kooperation eine ‚strategische Partnerschaft' mit Russland vor. Es gab einen „sehr starken Anspruch Deutschlands und der anderen Europäer, die Erweiterung der NATO mit einer Partnerschaft mit Russland zu verbinden und sie damit praktisch auch in Moskau abzusichern."[557] Dahinter stand die Überlegung, dass es Sicherheit in Europa nur mit, nicht aber gegen Russland geben könne.[558] Auf deutscher Seite berücksichtigte vor allem das Auswärtige Amt die russischen Befindlichkeiten und setzte sich für eine Einbeziehung Russlands in den Erweiterungsprozess ein. Dies war umso bedeutender, als sich die russische Politik und namentlich Präsident Jelzin nach einer pro-westlichen Ausrichtung in den frühen 1990er Jahren zunehmend auf nationalistischen Kurs begaben – insbesondere aufgrund des innenpolitischen Drucks und der angespannten innenpolitischen Lage.[559] Eine Übereinkunft mit Russland war somit entscheidend für das Gelingen der Osterweiterung.

Die Bundesrepublik und die Vereinigten Staaten übernahmen bei der Formalisierung der westlich-russischen Beziehungen die Führungsrolle, wobei die Clinton-Administration im Januar 1995 die Initiative ergriff. Talbott reise zu Jahresbeginn 1995 nach Europa, um hier mit den Verbündeten die Idee eines formalisierten Abkommens mit Russland zu erörtern. Rühe griff dies auf deut-

---

[553] Siehe zu dieser Einschätzung etwa ebd., S. 107.
[554] North Atlantic Treaty Organization (Hrsg.), „Study on NATO Enlargement".
[555] Vgl. ebd.
[556] Die Hintergründe der Studie werden detailliert beschrieben bei Overhaus, NATO-Politik, S. 108.
[557] Interview mit Vizeadmiral a.D. Ulrich Weisser, geführt am 26. April 2010.
[558] Ebd. Siehe ferner Jörg Kastl, „Europas Sicherheit auch ohne Rußland?", in: Aussenpolitik 1/1997, S. 31-38.
[559] Zur innenpolitischen Situation in Russland: Asmus, Opening NATO's Door, S. 100.

scher Seite auf. Im Februar 1995 erläuterte er die Idee im Bundestag.[560] Noch im Frühjahr 1995 begannen die Bundesregierung und die amerikanische Administration mit der Entwicklung eines entsprechenden Gesamtkonzepts. Im Juli 1996 präsentierte die Bundesregierung den Bündnispartnern schließlich nach engen deutsch-amerikanischen Konsultationen ein Konzept, das von einem bilateralen Vertrag ausging und zur institutionellen Unterfütterung einen NATO-Russland-Rat als Konsultationsforum vorsah.

Auch in der Diplomatie mit Russland war die Bundesregierung aktiv: Allein 1996 traf Außenminister Kinkel zehnmal mit dem russischen Außenminister Primakow zusammen, der Bundeskanzler reiste 1996 und 1997 insgesamt siebenmal nach Russland.[561] Die offiziellen Verhandlungen mit Russland in der ersten Jahreshälfte 1997 erfolgten sodann mit intensiver Unterstützung der deutschen und amerikanischen Diplomatie. Die Bundesregierung spielte so im Prozess der Formalisierung der Beziehungen zwischen der NATO und Russland, die in der Unterzeichnung der Grundakte und der Einrichtung des NATO-Russland-Rats gipfelten,[562] in enger Abstimmung mit den Vereinigten Staaten eine führende Rolle und trieb den Prozess voran. Auch hier war die transatlantische Verbindung das Mittel der Wahl, um eigene konzeptionelle Vorstellungen in die praktische Politik zu übersetzen.

Zusammengefasst zeigt sich: Durch das Einwirken auf amerikanische Entscheidungsträger, durch die wissenschaftlichen Kontakte in die Vereinigten Staaten, schließlich durch die enge diplomatische Abstimmung in Fragen der Einbindung Russlands konnte die NATO-Osterweiterung maßgeblich mithilfe einer engen amerikanisch-deutschen Partnerschaft realisiert werden. Die transnationale Partnerschaft zwischen Amerika und Deutschland, der Weltmacht und der Regionalmacht,[563] war Garant für die Durchsetzung der Initiative. Die Politik für die NATO-Osterweiterung kann daher geradezu als Paradebeispiel für die *Partnership in Leadership* zwischen den beiden Nationen angesehen werden. Die deutsche Politik fand ein geeignetes Mittel, um ihren konzeptionellen Anspruch in praktische Politik umzusetzen und um sich im internationalen Rahmen gestalterischen Einfluss zu sichern.

---

[560] Vgl. Overhaus, NATO-Politik, S. 116.

[561] Vgl. zur amerikanisch-deutschen Zusammenarbeit und der deutschen Diplomatie ebd., S. 117.

[562] North Atlantic Treaty Organization (Hrsg.), „Founding Act on Mutual Relations, Cooperation and Security between NATO and the Russian Federation signed in Paris, France", online unter http://www.nato.int/cps/en/natolive/official_texts_25468.htm (Zugriff am 14. September 2010).

[563] Vgl. Christian Hacke, Zur Weltmacht verdammt. Die amerikanische Außenpolitik von J.F. Kennedy bis G.W. Bush, München 3. Auflage 2005, S. 592.

145

### 5.1.3 Aspekte der Implementierung II: Spannungen innerhalb der Bundesregierung

Innerhalb der Bundesregierung gelang die Umsetzung des Konzepts des BMVg indes keineswegs reibungslos.[564] Die ,deutsche Position' gab es in dieser Frage lange Zeit nicht – insbesondere nicht hinsichtlich der Details der Osterweiterung. So klar und eindeutig einerseits die konzeptionelle Grundlegung seitens des BMVg war, so unterschiedlich waren andererseits die Positionen innerhalb der Bundesregierung; nicht bezogen auf das Ob der Erweiterung, aber umso mehr bezogen auf das konkrete Wann und Wie. Daher kam es im Verlauf der Implementierung zu erheblichen Spannungen – und damit Verzögerungen. Bürokratische Spannungen bestanden insbesondere zwischen dem Verteidigungsministerium und dem Auswärtigen Amt. Während beide sich prinzipiell für eine NATO-Osterweiterung aussprachen, entwickelte letzteres eine in weiten Teilen andere Vorstellung von der Ausweitung westlicher Strukturen auf Mittelosteuropa. Unterschiede bestanden hinsichtlich der Berücksichtigung russischer Interessen, hinsichtlich der institutionellen Verknüpfung mit anderen Erweiterungsprozessen (Europäische Union) sowie hinsichtlich der Zeitschiene für den Erweiterungsprozess.

Das Auswärtige Amt, das traditionell als Russland-freundlich gilt, nahm wesentlich größere Rücksicht auf russische Befindlichkeiten. Zwar hatte Außenminister Kinkel sich bereits sehr früh im Jahr 1993 grundsätzlich für die Öffnung der NATO ausgesprochen. Eine unmittelbare Notwendigkeit für eine rasche Öffnung sah Kinkel indes auch im weiteren Verlauf nicht.[565] Das Auswärtige Amt mahnte im Unterschied zum BMVg eine enge Verzahnung der NATO-Osterweiterung mit der Erweiterung der Europäischen Union an. Dies bedeutete de facto, dass eine rasche Erweiterung der NATO wegen der hohen Hürden für den EU-Beitritt in Frage gestellt wurde. Kinkels Ziel war eine Vernetzung der europäischen Staaten und der unterschiedlichen multilateralen europäischen Organisationen, wobei die KSZE im Zentrum eines nicht näher definierten europäischen Sicherheitssystems stehen sollte. Insgesamt jedoch entwickelte der

---

[564] Detailliert beschreibt die Spannungen innerhalb der Bundesregierung Christian Hacke, „Die Haltung der Bundesrepublik Deutschland zur NATO-Osterweiterung", in: August Pradetto (Hrsg.), Ostmitteleuropa, Rußland und die Osterweiterung der NATO – Perzeptionen und Strategien im Spannungsfeld nationaler und europäischer Sicherheit, Opladen 1997, S. 233-249. Siehe grundlegend auch die äußerst detaillierten Schilderungen bei Arora, Civilian Power Diplomacy, Heisig, Osterweiterung sowie Overhaus, NATO-Politik, an die der folgende kurze Überblick in Grundzügen angelehnt ist.

[565] Vgl. Overhaus, NATO-Politik, S. 98 sowie „Auf der Suche nach einem Mittelweg. Kinkel: Die NATO soll sich nach Mittel- und Osteuropa stärker öffnen", in: Frankfurter Allgemeine Zeitung, 6. März 1993.

Außenminister nie ein klares Konzept, seine Äußerungen blieben vage. Ein Gesamteindruck dessen, was Kinkel zu erreichen suchte, fehlte. Am deutlichsten noch sticht seine Ablehnung einer raschen NATO-Osterweiterung hervor. So war der Hauptunterschied zwischen den Ideen Rühes und Kinkels die Frage nach der Geschwindigkeit der NATO-Osterweiterung bzw. nach der Parallelität mit weiteren Erweiterungsprozessen.[566]

Die Haltung des Bundeskanzlers in der Frage bleibt schwer zu verorten und widersprüchlich. Bundeskanzler Kohl bewegte sich zwischen den Positionen des Auswärtigen Amts und des Verteidigungsministeriums. Er trieb das Projekt selbst nicht aktiv voran und war insbesondere in der Frühphase äußerst abwartend, bis die US-Administration zu einer Entscheidung gelangt war.[567] Maßgeblich für seine Zurückhaltung waren zudem Sorgen um eine Berücksichtigung russischer Interessen. Auch die nach wie vor in Ostdeutschland stationierten russischen Truppen ließen Kohl Rücksicht auf die russische Position nehmen.[568] Dieses vorsichtige Vorgehen bestätigt auch Weisser. Kohl habe sich den Prozess anfangs nicht zu Eigen gemacht, sondern zunächst auf das internationale Echo auf die Initiative Rühes gewartet. Erst als klar gewesen sei, dass sich auch die Clinton-Administration für die Osterweiterung ausgesprochen hatte, habe Kohl sich dem nicht mehr verschließen können, sodass er schließlich „vorsichtig, aber dann kontinuierlich in diesem Sinne argumentierte."[569] Seine Rolle sei vielmehr gewesen, den Prozess politisch abzusichern – durch Rückendeckung für seinen Verteidigungsminister und durch politische Kontakte zu den Verbündeten.[570] Kohl war folglich „nicht der *mastermind* für den Prozess, aber er hat ihn doch politisch abgesichert, entweder durch Zustimmung oder im direkten Kontakt mit den wichtigsten Verbündeten. Es gab dazu intensive Briefwechsel sowohl mit Jelzin als auch mit Clinton."[571]

Auch nach der Richtungsentscheidung Washingtons behielt Kohl in der Öffentlichkeit indes seine abwartende Haltung bei, er vermied eine öffentliche Festlegung zu Details der Osterweiterung. Kohl machte sich die Initiative zudem nie zu Eigen: Seine persönlichen Überzeugungen und Interessen lagen vielmehr bei der EU-Erweiterung.[572] Doch er gab dem Verteidigungsminister tatsächlich

---

[566] Vgl. Kotsch, Anwalt der Mitteleuropäer, S. 98-99.

[567] Zu dieser Einschätzung: David G. Haglund, „NATO Expansion: Origins and Evolution of an Idea", in: ders. (Hrsg.), Will NATO go East?, S. 17-34, hier S. 27. Diese Einschätzung vertritt auch Heisig, Osterweiterung, S. 230.

[568] Vgl. Interview mit Vizeadmiral a.D. Ulrich Weisser, geführt am 26. April 2010.

[569] Interview mit Vizeadmiral a.D. Ulrich Weisser, geführt am 26. April 2010.

[570] Der Bundeskanzler habe das *Standing* des Verteidigungsministers gegenüber der amerikanischen Regierung ausdrücklich gewürdigt. Vgl. Heisig, Osterweiterung, S. 233.

[571] Interview mit Vizeadmiral a.D. Ulrich Weisser, geführt am 26. April 2010.

[572] Vgl. insbesondere Otte, Rising Middle Power, S. 176.

insofern Rückendeckung, als er dessen Initiativen nicht behinderte. Kohl stand zwar die meiste Zeit im Abseits, billigte aber auch stets die Initiativen Rühes als Ausdruck des spezifischen bürokratischen Interesses des BMVg.[573] Auf diese passive und abwartende Weise sicherte Kohl den von Rühe beschrittenen Weg letztlich politisch ab: Er gewährte seinem Minister den Raum, den dieser zur Verfolgung seiner Initiative benötigte. Besondere Bedeutung kommt diesem Umstand bei, da Rühe in der Frage der NATO-Osterweiterung äußerst forsch vorging und seine Initiative teils gar als anmaßend wahrgenommen wurde.[574]

Dass Kohl Rühe gewähren ließ, mag als Zeichen seiner politischen Rückendeckung gewertet werden. Andererseits wiederum zeigte Kohls Position viele Gemeinsamkeiten mit Kinkels Vorstellungen. Wie Kinkel plädierte auch Kohl für eine Verzahnung der NATO- mit der EU-Osterweiterung, erst in Folge des EU-Beitritts sollten die neuen Mitgliedsstaaten auch in die NATO aufgenommen werden.[575] Insgesamt bleibt der Bundeskanzler in dem Prozess schwer zu verorten, wenngleich seine Ambiguität durchaus dazu beigetragen haben mag, Deutschlands Rolle als Vermittler zu stärken: Die Bundesregierung hielt sich angesichts einer offenen internationalen Situation, angesichts der sich wandelnden amerikanischen Haltung und angesichts einer unklaren Lage in Russland lange Zeit alle Optionen offen.[576] Die Zögerlichkeit des Kanzlers legt zudem den Schluss nahe, dass er um einen Ausgleich zwischen den Lagern in seiner Regierung wie auch im westlichen Bündnis bemüht war.

Doch das Abwarten und die Ambiguität – mithin auch die in der Literatur vermutete Arbeitsteilung innerhalb der Bundesregierung[577] – hatten nicht nur positive, sondern durchaus auch negative Implikationen. Diese Erkenntnis lässt Zweifel an der These aufkommen, dass die Bundesregierung in dieser Frage eine vom Bundeskanzler gesteuerte Arbeitsteilung verfolgte. Zunächst gab die Regierung in der Öffentlichkeit ein äußerst gespaltenes Bild ab. Darüber hinaus belastete die unklare Position die Zusammenarbeit in der Koalition ebenso wie die Kooperation mit der US-Administration. Im Ergebnis bedeuteten die regierungsinternen Differenzen schließlich zudem, dass die Bundesrepublik ihre Rolle als Schrittmacher, die ihr in der grundsätzlichen Frage der Erweiterung aufgrund der Initiative Rühes zugefallen war, nicht durchweg in praktische Politik umsetzen konnte. Die oft kaum übertünchten Spannungen zwischen den Ministerien ließen die Bundesregierung im weiteren Verlauf der Erweiterungsdebatte oft als Zauderer erscheinen.

---

[573] Vgl. ebd., S. 59, 170.

[574] Vgl. Heisig, Osterweiterung, S. 234 und Wolf, „Doubtful Mover", S. 207.

[575] Vgl. Hacke, „Haltung der Bundesrepublik", S. 235.

[576] Siehe dazu etwa Overhaus, NATO-Politik, S. 133.

[577] Diese These untersucht Heisig, Osterweiterung, S. 234-236.

Die Spannungen zwischen den Ministerien äußerten sich zeitweise deutlich. Bereits vor dem Brüsseler NATO-Gipfel vom Januar 1994 wurden die Meinungsverschiedenheiten innerhalb der Bundesregierung öffentlich: Während Rühe für die rasche Aufnahme Polens, Ungarns und Tschechiens plädierte,[578] betonte Kinkel, dass eine Aufnahme neuer Mitglieder in das Bündnis noch geraume Zeit dauern werde.[579] Das in Brüssel beschlossene Programm der ‚Partnerschaft für den Frieden' wurde von Rühe und Kinkel begrüßt – auch wenn deutlich wurde, dass Rühe sein Ziel einer raschen Erweiterung vorerst nicht erreichen würde. Im Jahr 1994 trafen die unterschiedlichen Positionen wiederholt aufeinander und gelangten an die Öffentlichkeit, während der Bundeskanzler sich zurückhielt. Damit erschien die Bundesregierung öffentlich gespalten und zerstritten.[580] Nach wie vor plädierte Rühe für eine rasche Erweiterung um die unmittelbaren östlichen Nachbarn der Bundesrepublik, während Kinkel weiterhin an der Forderung nach einem langsameren Prozess festhielt.[581]

Eine interministerielle Arbeitsgruppe sollte schließlich von September 1994 an die immer wieder auch an die Öffentlichkeit getragenen Meinungsverschiedenheiten zwischen beiden Häusern ausräumen.[582] Weisser spricht im Rückblick davon, dass er die Position des BMVg ständig mit dem Politischen Direktor im Auswärtigen Amt, Wolfgang Ischinger, koordinierte. Man habe „jede Phase in einem Höchstmaß an Gemeinsamkeit gestaltet. Es passte kein Blatt Papier zwischen uns."[583] Mit Blick auf die zitierten zeitgenössischen Presseveröffentlichungen mag dies als Übertreibung erscheinen – doch in der Tat formulierte die Arbeitsgruppe im weiteren Verlauf Kompromissvorschläge hinsichtlich des Wann und Wie der geplanten Erweiterung und der Ausweitung des Gesamtprozesses um eine Übereinkunft mit Russland.[584]

---

[578] Vgl. „Rühe warnt die NATO vor ‚Vetorecht' für Russland", in: Frankfurter Allgemeine Zeitung, 9. Dezember 1993.

[579] Vgl. „Spannungen in der Koalition zur NATO-Aufnahme Osteuropas", in: Frankfurter Allgemeine Zeitung, 21. Dezember 1993 und „Vor dem Gipfeltreffen des Nordatlantik-Paktes in Brüssel. Kinkel: NATO-Erweiterung ein langfristiger Prozeß", in: Süddeutsche Zeitung, 8. Januar 1994. Die Spannungen beschreibt auch Overhaus, NATO-Politik, S. 103.

[580] Vgl. Wolf, „Doubtful Mover", S. 203-204. Erst im Oktober 1997 versuchte Kohl, die Spannungen innerhalb der Bundesregierung zu unterbinden. Vgl. „Streit über NATO-Erweiterung. Kohl ruft Kinkel und Rühe zur Ordnung", in: Süddeutsche Zeitung, 8. Oktober 1994.

[581] Vgl. „Kinkel und Rühe uneins über NATO-Erweiterung", in: Frankfurter Allgemeine Zeitung, 7. Oktober 1994 und „Offener Streit in der Bundesregierung über Sicherheitspolitik. Außenminister Kinkel geht auf Distanz zu Rühe: Gegen rasche Erweiterung der NATO nach Osten", in: Süddeutsche Zeitung, 7. Oktober 1994.

[582] Vgl. Overhaus, NATO-Politik, S. 105.

[583] Interview mit Vizeadmiral a.D. Ulrich Weisser, geführt am 26. April 2010.

[584] Vgl. Weisser, Sicherheit für ganz Europa, S. 65-67.

Dass die Bundesrepublik aufgrund ihrer zögerlichen Haltung im konkreten Erweiterungsprozess zu einem Bremser wurde, wurde indes besonders deutlich, als die amerikanische Regierung nach ihrer Grundsatzentscheidung für die Osterweiterung ab Herbst 1994 die Erweiterungsdiskussion rasch voranzutreiben suchte und auch die europäischen Partner anmahnte, den Erweiterungsprozess zu beschleunigen. Insbesondere im Auswärtigen Amt wurde der „Schwenk"[585] irritiert zur Kenntnis genommen. Nun gingen Deutschland und die Vereinigten Staaten mit unterschiedlicher Geschwindigkeit, eine enge Abstimmung in den Detailfragen der Erweiterung war nicht mehr gegeben. Asmus drückt dies im Rückblick folgendermaßen aus: „And *our* debate was influenced by Volker Rühe (…) and we actually overtook the Germans and gradually became much more forward-leaning."[586] Nach den gestalterischen Möglichkeiten, die die Bundesrepublik in der Frage des *Ob* der NATO-Erweiterung nutzte, sehen auch Beteiligte im weiteren Verlauf die treibende Kraft eher in Washington, Bonn hingegen eher als Verzögerer.[587] Nun zahlte sich die Lobbyarbeit des BMVg in Washington aus, denn nun war es die US-Administration, die die Bundesrepublik zu Fortschritten drängte: „[T]he impact of Kinkel's caution within the federal government was quickly undone by heavy pressure from the Clinton administration."[588]

Noch im Vorfeld des Madrider Gipfels im Juli 1997,[589] als dessen Ergebnis Polen, Tschechien und Ungarn formell in die NATO eingeladen wurden, galt die Bundesregierung den Amerikanern durchaus als unsicherer Verbündeter. Die Bundesregierung vermied im Vorfeld jedwede klare Festlegung auf den Kreis der Erweiterungskandidaten. Während die amerikanische Seite sich bereits auf die drei später eingeladenen Länder festgelegt hatte, sprachen sich insbesondere Frankreich und Italien für eine größere Runde aus. Vor allem in der US-Administration störte man sich an der unklaren deutschen Interessenlage – schließlich galt die Bundesrepublik den Amerikanern doch als Schlüsselstaat für die Durchsetzung der Osterweiterung.[590] Zwar mag hier das Argument der deutschen Seite eine Rolle gespielt haben, dass eine offene Verhandlungsposition die deutsche Flexibilität und damit die Rolle als Vermittler stärke.[591] Andererseits gab es in der Tat noch kurz vor dem Gipfel die bekannten Meinungsverschiedenheiten zwischen den Häusern. Dies lässt Zweifel an der Einschätzung aufkommen, dass die mangelnde Festlegung eine Frage der Verhandlungstaktik war.

---

[585] Overhaus, NATO-Politik, S. 106.

[586] Ronald Asmus, zitiert nach Arora, Civilian Power Diplomacy, S. 110.

[587] Vgl. Weisser, Stabilität für ganz Europa, S. 68-72.

[588] Wolf, „Doubtful Mover", S. 204.

[589] Vgl. Christoph Schwennicke, „NATO-Gipfel: Drei neue im Club. Tag der halboffenen Tür", in: Süddeutsche Zeitung, 9. Juli 1997.

[590] Vgl. Asmus, Opening NATO's Door, S. 225.

[591] Diese Einschätzung vertritt insbesondere Overhaus, NATO-Politik, S. 133.

So berichtet Weisser von einem Treffen der deutschen und der französischen Entscheidungsträger zur Abstimmung im Vorfeld des Madrider Gipfels. Hier trat Rühe mit seiner Forderung nach drei neuen Mitgliedern auf, Kinkel hatte gegenüber dem französischen Außenminister bereits seine Präferenz für fünf Mitglieder bekräftigt – sehr zur Verwirrung des französischen Staatspräsidenten. Kohl erläuterte schließlich, dass er sich mit Clinton intern bereits auf drei Kandidaten verständigt habe. Dies hinderte die Minister dennoch nicht daran, ihren ‚Stellungskrieg' weiterzuführen. Für Weisser ist diese Episode kurz vor Abschluss des Prozesses das deutlichste Anzeichen der Konflikte innerhalb der Bundesregierung.[592] In der Konsequenz agierten die Vereinigten Staaten – nachdem sich die Clinton-Administration im Laufe des Jahres 1994 auf die Erweiterung festgelegt hatte – wesentlich zügiger und stringenter als die Bundesregierung, die bis zum Madrider Gipfel auch um einen Ausgleich zwischen den divergierenden Positionen bemüht sein musste und so nicht zuletzt auch in der Öffentlichkeit ein gespaltenes Bild abgab.

Im Ergebnis des rund vier Jahre dauernden Prozesses von Rühes Londoner Rede im März 1993 bis zum Madrider Gipfel im Juli 1997 jedoch wurde die Konzeption des Verteidigungsministeriums in allen wesentlichen Punkten umgesetzt: Die Erweiterung erfolgte im Jahr 1999 wie vom Verteidigungsministerium ursprünglich befürwortet nach einer bemerkenswert kurzen Zeit, und sie erfolgte institutionell abgekoppelt von der parallel vorbereiteten, aber nicht parallel vollzogenen EU-Erweiterung. Auch der Kreis der aufgenommenen Mitglieder deckte sich mit den in der Konzeption vorgesehenen Kandidaten, das Ergebnis war also (auch) die Schaffung eines strategischen Vorfelds für die Bundesrepublik. Im Zuge der Debatten hatte sich schließlich auch die Stabilitätsorientierung des deutschen Konzepts durchgesetzt. Die wesentlichen vom Verteidigungsministerium definierten Interessen konnten so verwirklicht werden.

In der Frage der konzeptionellen Planung der NATO-Osterweiterung griff die Bundesregierung die Gestaltungsmöglichkeiten auf, die sich ihr nach dem Kalten Krieg boten. Deutschland zeigte sich in der grundsätzlichen Frage der NATO-Osterweiterung als Gestalter, als Impulsgeber für eine Neuordnung der europäischen Sicherheitsstrukturen.[593] Die Bundesregierung, der in außenpolitischen Fragen oft Passivität und ein konzeptionsloses Handeln attestiert wird, entwickelte nicht nur Aktivität, sondern auch eine klare und zielgerichtete Konzeption.

---

[592] Interview mit Vizeadmiral a.D. Ulrich Weisser, geführt am 26. April 2010.
[593] Siehe zu dieser Einschätzung auch Meiers, Zu neuen Ufern?, S. 200.

### 5.1.4  Zur Einordnung: Geopolitik und die NATO-Osterweiterung

Welche Schlüsse hinsichtlich des Einflusses geopolitischer Überlegungen auf die Formulierung der deutschen Sicherheitspolitik lassen sich an dieser Stelle ziehen? Die in der Fallstudie erarbeiteten Erkenntnisse sollen anhand mehrerer Thesen zusammengefasst werden.

*Erstens*: Die deutsche Politik reagierte mit einer geopolitischen Initiative auf die geopolitischen Herausforderungen in Mittelosteuropa: Die deutschen Bemühungen für die Osterweiterung der NATO sind ein Musterbeispiel für einen praktischen geopolitischen Ansatz. Dieser war in hohem Maße von einem dezidierten Raumbezug geprägt, ja der Raumbezug war dessen Ausgangspunkt und Grundlage. Die Bedeutung geographischer Faktoren für die Außenpolitik, die darauf aufbauende Formulierung von Sicherheitsinteressen, schließlich der Anspruch einer aktiven, gestaltenden Politik: Diese Momente waren in der Konzeption zur NATO-Osterweiterung prominent vertreten, begründeten diese gar.

Die Äußerungen der damaligen Entscheidungsträger verdeutlichen zudem, dass der geopolitische, raumbezogene Charakter der Konzeption bewusst konzipiert war. Er war kein Randaspekt und kein zufälliges ‚Beiprodukt' der Initiative, sondern deren konzeptioneller Kern. Die Konzeptualisten bauten ihre Überlegungen auf einer gezielten Beschäftigung mit sicherheitsrelevanten Raumfaktoren auf und entwickelten darauf aufbauend den aktiven Ansatz, der so prägend für die Initiative zur NATO-Osterweiterung wurde. Dessen Motivation war der regionale, strategische und sicherheitspolitische Anspruch unter besonderer Berücksichtigung geographischer Faktoren, während andere handlungsleitende Motivationen für die deutsche Entscheidungsfindung nur eine geringe Rolle spielten. So ergibt sich das Bild einer geopolitischen Initiative: Die erste konkrete Anwendung der Idee des Stabilitätsexports war originär raumbezogen, konzeptionell geplant und wurde schließlich stringent implementiert. Sie war nicht theoriegeleitet, basierte aber doch auf der deutlichen Betonung von und Beschäftigung mit Raumfaktoren. Insofern versinnbildlicht die Initiative die ‚Renaissance der Geopolitik' in der praktischen Politik.

*Zweitens*: Für die deutlichen geopolitischen Züge der Initiative kommt dem Faktor Persönlichkeit besondere Bedeutung zu. Die Erarbeitung des geopolitischen Ansatzes erfolgte durch Entscheidungsträger, die in geopolitischen Kategorien dachten und dies zum Ausgangspunkt ihrer Arbeit machten. Rühes Planungschef Ulrich Weisser ist in diesem Sinne von Beobachtern als herausragender geopolitischer Denker der Bundesrepublik bezeichnet worden[594] – und er bekundet selbst, dass die Bedeutung von Raumfaktoren eine wichtige Rolle für sein außenpolitisches Denken spielt.

Der geopolitische Gehalt der Konzeption lässt sich ferner damit erklären, dass diese ihren Ursprung im Verteidigungsministerium hatte. Gemeinhin ist die Bereitschaft zu geopolitischem Denken in militärischen Kreisen besonders groß.[595] Dort fanden sich bereits Anfang der 1990er Jahre Entscheidungsträger, die von der Notwendigkeit ausgingen, angesichts der internationalen Umbrüche eine Beschäftigung mit Raumfaktoren in die Formulierung der deutschen Sicherheitspolitik einzubeziehen. Der spezifische bürokratische Hintergrund dieser Politikinitiative, der es den Entscheidungsträgern im BMVg ermöglichte, einen wesentlichen Aspekt der deutschen Außenpolitik zu gestalten, trug zur Integration geopolitischen Denkens in die deutsche Politik bei. Ausgehend vom intellektuellen Hintergrund einiger Entscheidungsträger gelang die Umsetzung der geopolitischen Überlegungen in die politische Praxis.

Hinzu kamen die Verflechtung der Entscheidungsträger mit der amerikanischen *strategic community* und der intellektuelle Austausch mit amerikanischen Strategen. In den Vereinigten Staaten haben geopolitische Erörterungen einen ganz selbstverständlichen Platz im Repertoire außenpolitischer Diskussionen. Dass das Bundesverteidigungsministerium seine Positionen eng mit der *RAND Corporation* abstimmte bzw. auf die Expertise der dortigen Forscher zurückgriff, trug ebenfalls zum geopolitischen Gehalt der Konzeption bei. Ganz selbstverständlich bezogen sich die *RAND*-Autoren in ihren Studien auf das Denken in Einflusssphären und auf vergleichbare geopolitische Denkmuster und lieferten der deutschen Seite so konzeptionelle Anregungen. Über den ‚transatlantischen Umweg' floss amerikanisches geopolitisches Denken in die Entscheidungsprozesse in der Bundesrepublik ein. Insbesondere die großen Bemühungen, die Initiative konzeptionell fundiert zu unterfüttern, vermitteln insgesamt den Eindruck einer bewussten Beschäftigung mit den sicherheitsrelevanten Raumfaktoren.

*Drittens*: Die Initiative zur NATO-Osterweiterung wurde zu einem Katalysator für die Entwicklung der konzeptionellen Überlegungen zu einem Export politischer Stabilität. Der Leitgedanke der deutschen Sicherheitspolitik nach der Wiedervereinigung, zuvor konzeptionell allenfalls vage angedacht und noch nicht ausformuliert, erfuhr mit den Überlegungen zur NATO-Osterweiterung einen

---

[594] Korrespondenz mit einem Angehörigen des Auswärtigen Dienstes der Bundesrepublik Deutschland, 2. Juni 2010.

[595] Interview mit Oberst i.G. Ralph Thiele, geführt am 27. Oktober 2010. Thiele erklärt dies insbesondere mit der sicherheitspolitischen Ausbildung im Umfeld der Bundeswehr.

wesentlichen Schub. Mit der Konzeption für die NATO-Osterweiterung legte die Bundesregierung seitens des BMVg erstmals ein konzeptionell durchdachtes, „schlüssiges Gesamtkonzept"[596] vor, das auf der zunächst vagen Idee des Stabilitätsexports beruhte und den Weg für eine stringente Ausformulierung aufzeigte. Mit der als Katalysator wirkenden NATO-Osterweiterung hatte die Leitidee ihren Platz in der deutschen Sicherheitspolitik eingenommen.

In der Folge sollte die Idee des Stabilitätsexports wiederholt zur Begründung der deutschen Sicherheitspolitik herangezogen werden: Nachfolgende Bundesregierungen bezogen sich angesichts neuer Herausforderungen direkt hierauf und machten sich teils sogar die entsprechende Rhetorik zu Eigen. Die entsprechenden Verweise an den Stabilitätsexport gingen auch in der Folge jeweils mit dezidiert geopolitischen Erörterungen einher. Die Zielformulierung wurde so zu einem Vehikel für die Integration geopolitischer Erörterungen in die deutsche Sicherheitspolitik.

Parallel zu den Entwicklungen in Mittelosteuropa flammten in der Peripherie des ‚Stabilitätsraum Europa', im geographischen Umfeld der Bundesrepublik, weitere Konflikte auf. Der Zerfall des jugoslawischen Staates stellte die Bundesregierung ebenfalls vor eine geopolitische Herausforderung – sie steht im Mittelpunkt des folgenden Kapitels.

## 5.2 Die Ausweitung der Interessenzone: Geopolitische Momente der deutschen Balkanpolitik, 1991-1999

Wie im Falle der NATO-Osterweiterung stand die Bundesrepublik in den 1990er Jahren auch mit Blick auf die Balkanregion vor der Herausforderung, einen an den ‚Stabilitätsraum Europa' angrenzenden Raum zu stabilisieren. Auch die Krisen auf dem Balkan waren für die deutsche Politik eine dezidiert geopolitische Herausforderung – mit potentiell negativen Implikationen für die Sicherheit der Bundesrepublik aufgrund der geographischen Nähe.

Im folgenden Kapitel wird die deutsche Balkanpolitik an dem konzeptionellen Anspruch nach einer Stabilisierung der Peripherie des ‚Stabilitätsraums Europa' gemessen.[597] Die Frage, inwiefern der Stabilitätsansatz die deutsche Bal-

---

[596] Overhaus, NATO-Politik, S. 95.

[597] Dabei ist es selbstverständlich, dass im Rahmen dieser Untersuchung nicht die deutsche Balkanpolitik in ihrer Gänze dargestellt werden kann. Dies wäre aufgrund der vielen Facetten nicht möglich. Ausgewählte Aspekte, die die Interessenformulierungen und Entscheidungsprozesse im Hinblick auf geopolitische Momente behandeln, stehen hier im Mittelpunkt. Schwerpunkt sind zudem jene Zeiträume, in denen die Bundesrepublik prominent auf dem Balkan in Erscheinung trat: Die diplomatischen Bemühungen um die Anerkennung Sloweniens und Kroatiens 1991-1992 und der Kosovo-Krieg 1999.

kanpolitik prägte, steht im Mittelpunkt der folgenden Betrachtungen. Stabilitäts-export begegnet uns hier erstmals auch in der Form militärischer Maßnahmen zum Krisen- und Konfliktmanagement außerhalb des NATO-Gebiets. Dies stell-te die deutsche Sicherheitspolitik vor ganz spezifische neue Herausforderungen: Erstmals seit dem Zweiten Weltkrieg stand die deutsche Politik vor der Ent-scheidung, die Bundeswehr zur militärischen Interessendurchsetzung einzusetzen – und nicht mehr, wie seit Gründung der Armee, zur reinen Landesverteidi-gung.[598]

### 5.2.1 Slowenien und Kroatien, 1991-1992: Deutsche Entscheidungsfindung zwischen strategischen, idealistischen und innenpolitischen Motiven

In der Dekade von 1990 bis 2000 trat die Bundesrepublik auf dem Balkan zwei Mal prominent in Erscheinung. Die beiden Begebenheiten stehen im Mittelpunkt der folgenden Betrachtungen. Die erste aktive Phase fiel gleich in die Zeit der sich entwickelnden Balkan-Krise[599] zu Beginn der 1990er Jahre, chronologisch noch vor der Initiative zur NATO-Osterweiterung. Als Jugoslawien zerfiel, be-gann auch die Bundesregierung, den Entwicklungen in der Region größere Auf-merksamkeit zu schenken. Da die Beziehungen zwischen der Bundesrepublik Deutschland und Jugoslawien schon im Kalten Krieg lange Zeit sehr gut gewe-sen waren, setzte die Bundesrepublik auch angesichts der Krise Jugoslawiens und der um Unabhängigkeit ringenden Teilrepubliken zunächst auf die territoria-le Einheit des Gesamtstaates.[600] In der ersten Phase strebte die deutsche Politik zudem eine gemeinsame Lösung im Rahmen von EG und KSZE an.[601] Noch im

---

[598] Vgl. Gareis, „Militärische Beiträge", S. 103.

[599] Siehe zum Hintergrund der Konflikte im ehemaligen Jugoslawien insbesondere Susan L. Wood-ward, Balkan Tragedy: Chaos and Dissolution after the Cold War, Washington, D.C. 1995, Viktor Meier, Wie Jugoslawien verspielt wurde, München 1995 und eine hervorragende Gesamtschau auf die Geschichte Jugoslawiens: Marie-Janine Calic, Geschichte Jugoslawiens im 20. Jahrhundert, München 2010.

[600] Vgl. Beverly Crawford, Power and German Foreign Policy: Embedded Hegemony in Europe, Houndmills 2007, S. 72. Die realhistorischen Hintergründe werden hier detailliert beschrieben. Siehe insbesondere S. 70-83. Die Präferenz für den Erhalt des Gesamtstaats hing zudem mit den Folgen der Wiedervereinigung zusammen, die die Bundesrepublik zu bewältigen hatte, darüber hinaus auch mit den unmittelbaren Herausforderungen in Mittelosteuropa. Aus jenen Gründen war die Bundesrepu-blik – durchaus analog zu ihren europäischen Partnern – an einer Wahrung des Status quo in Südost-europa interessiert. Vgl. Hilz, Führungstrio, S. 243-249.

[601] Außenminister Genscher war zu der Zeit Vorsitzender des KSZE-Ministerrats. Der Politikwissen-schaftler Wolfram Hilz weist zudem darauf hin, dass Deutschland keineswegs von vornherein auf eine Anerkennung der nach Unabhängigkeit strebenden Teilstaaten festgelegt war, dass die deutsche Position sich vielmehr in den Sommermonaten des Jahres 1991 langsam herausbildete. Vgl. ebd., S. 265-276.

Sommer 1991 – auch nach der Abgabe der Unabhängigkeitserklärungen – hielt Bonn an der gemeinsamen europäischen Position fest.

In den Monaten nach den Unabhängigkeitserklärungen der beiden Teilstaaten Kroatien und Slowenien schwenkte die Bundesregierung jedoch auf eine neue Linie um. Bereits im August 1991 erklärte Außenminister Genscher, die Bundesrepublik werde der EG bei andauernder Gewaltbereitschaft der jugoslawischen Bundesarmee die Anerkennung der Unabhängigkeit Sloweniens und Kroatiens vorschlagen. Die EG-Außenminister beschlossen folglich im Oktober 1991, dies angesichts der fortdauernden Gewalt in Betracht zu ziehen.[602] Während die meisten EG-Außenminister nach diesen klaren Aussagen bereits im Laufe des Novembers in der Anerkennungsfrage wieder einen Schritt zurückgingen,[603] hielt Bonn nun an der Forderung nach einer diplomatischen Anerkennung Sloweniens und Kroatiens fest. Die Bundesregierung forcierte die Entscheidungsfindung insbesondere ab dem Spätherbst.[604] Dabei unterminierte sie die gemeinsame europäische Position, denn Bonn machte deutlich, nicht unter allen Umständen auf einen europäischen Konsens zu warten.[605]

Im November 1991 begann sodann der Prozess einer „vergleichsweise offenen Renationalisierung der deutschen Politik in der Anerkennungsfrage."[606] Vor dem Bundestag erklärte Kanzler Kohl im November 1991, dass die Bundesregierung auch ohne eine einstimmige europäische Position mit der diplomatischen Anerkennung voranschreiten werde.[607] Die Bundesregierung setzte sich mit ihrer Haltung schließlich auch innerhalb der EG durch, sodass beim EG-Außenministertreffen am 16. Dezember 1991 als Kompromissdatum für den gemeinsamen Vollzug der 15. Januar 1992 genannt wurde.[608] Die Bundesrepublik scherte indes abermals aus. Während der Sitzung erklärte Genscher, die Bundesregierung beabsichtige, noch vor Weihnachten über eine Anerkennung zu

---

[602] Vgl. Meiers, Zu neuen Ufern?, S. 261.

[603] Dies beschreibt Hilz, Führungstrio, S. 269.

[604] Vgl. Axel Lüdeke, „Europäisierung" der deutschen Außen- und Sicherheitspolitik?, Opladen 2002, S. 264-291 und Michael Libal, Limits of Persuasion: Germany and the Yugoslav Crisis, 1991-1992, Westport 1997, S. 150.

[605] Siehe hierzu ebd., S. 150. Siehe zu der Debatte ferner Carl Cavanagh Hodge, „Botching the Balkans: Germany's Recognition of Slovenia and Croatia", in: Ethics and International Affairs Vol. 12 (1998), S. 1-18, Peter Viggo Jakobsen, „Myth-making and Germany's Unilateral Recognition of Croatia and Slovenia", in: European Security 4 (Autumn 1995) 3, S. 400-416 und Michael Thumann, „Between Ambition and Paralysis: Germany's Policy toward Yugoslavia 1991-1993", in: Nationalities Papers 25 (September 1997) 3, S. 575-585.

[606] Lüdeke, Europäisierung, S. 268.

[607] Vgl. Helmut Kohl, „Regierungserklärung vor dem deutschen Bundestag am 2. November 1991", in: Deutscher Bundestag (Hrsg.), Plenarprotokoll 12/60, 2. November 1991, S. 5007-5017, hier S. 5015.

[608] Vgl. Libal, Limits of Persuasion, S. 82-85, Meiers, Zu neuen Ufern?, S. 263 und Hans-Dietrich Genscher, Erinnerungen, Berlin 1995, S. 961.

entscheiden. Offiziell wurde diese am 23. Dezember 1991 ausgesprochen, mit der Aufnahme der diplomatischen Beziehungen jedoch erst am 15. Januar 1992 vollzogen.[609]

Der Entscheidung der Bundesregierung lagen auch Motive zugrunde, die durchaus auf geopolitische Erörterungen verweisen. Verschiedene Momente geopolitischer Argumentation lassen sich aufspüren. Im Kern beziehen sie sich auf die Stabilisierung der Balkanregion, dies insbesondere vor dem Hintergrund der geographischen Lage der Region in Bezug zur Bundesrepublik. Es war einmal mehr die Idee des Stabilitätsexports, die mit den entsprechenden Erörterungen korrespondierte. Zu Beginn der Krise setzte Bonn auf den Erhalt des jugoslawischen Gesamtstaats – dies durchaus auch aus Stabilitätserwägungen im Südosten Europas. Genscher schreibt in seinen Memoiren, ihm erschienen „enge Beziehungen zu Jugoslawien [als] die beste Möglichkeit, zur Stabilität auf dem Balkan beizutragen".[610] In dieser sehr frühen Phase der Krise begegnen uns erstmals das Stabilisierungsmoment und durchaus auch geographische Faktoren als Triebkräfte der deutschen Politik. Die Sorge um die Stabilität in der für Europa wichtigen Region findet sich auch in einer gemeinsamen Erklärung des Bundeskanzlers und des französischen Staatspräsidenten zur Krise in Jugoslawien vom September 1991: „Wir sind überzeugt, daß diese Entwicklung die Stabilität in dieser Region bedroht und auch Rückwirkungen auf ganz Europa hat."[611]

Die Argumentation für eine Anerkennung der Teilrepubliken als souveräne Staaten, die sich im Verlauf der Krise nach den Unabhängigkeitserklärungen Sloweniens und Kroatiens herauskristallisierte, folgte ebenso auch sicherheitspolitischen Erwägungen: Eine Anerkennung der Teilrepubliken werde den innerstaatlichen Konflikt in einen zwischenstaatlichen Konflikt transformieren. So könne die jugoslawische Volksarmee von weiteren Aktionen in den Staaten abgehalten und eine Beendigung des Krieges erreicht werden.[612] Die Bundesregie-

---

[609] Die realhistorischen Hintergründe beschreibt äußerst detailliert – und aus der Sicht eines Beamten im Bonner Auswärtigen Amt – Michael Libal. Vgl. Libal, Limits of Persuasion. Siehe auch Haftendorn, Deutsche Außnpolitik, S. 405-408 für eine knappe und prägnante Zusammenfassung der Ereignisse.

[610] Genscher, Erinnerungen, S. 928.

[611] „Gemeinsame Erklärung zu Jugoslawien des Präsidenten der Französischen Republik und des Bundeskanzlers der Bundesrepublik Deutschland", in: Presse- und Informationsamt der Bundesregierung (Hrsg.), Bulletin 103/1991 (25. September 1991), S. 819.

[612] Vgl. etwa Hansjörg Eiff, „Zehn Jahre deutsches Konfliktmanagement im früheren Jugoslawien. Erfahrungen und Einsichten", in: Rafael Biermann (Hrsg.), Deutsche Konfliktbewältigung auf dem Balkan. Erfahrungen und Lehren aus dem Einsatz (Schriften des Zentrum für Europäische Integrationsforschung, Center for European Integration Studies der Rheinischen Friedrich-Wilhelms-Universität Bonn 37), Baden-Baden 2002, S. 153-172, hier S. 158. Diese Einschätzung vertritt auch Michael Schaefer, „German Foreign Policy and the Western Balkans", in: Johanna Deimel und Wim

rung verstand die Anerkennung somit auch als ein Mittel zur Beilegung des Konflikts und daher schlussendlich als Maßnahme zur Stabilisierung der Gesamtsituation auf dem Balkan.

Insbesondere in der rückblickenden wissenschaftlichen Literatur wird der geopolitische Ansatz der Bundesregierung aufgegriffen. Hier werden geopolitische Argumentationsmuster vorgebracht. Brill sieht den Ansatz einer Stabilisierungspolitik als wichtigste Triebkraft der Anerkennungsentscheidung. Ziel der deutschen Politik sei es gewesen, ein Sicherheitsglacis zu schaffen.[613] Der Balkanexperte Heinz-Jürgen Axt erwähnt im Rückblick das aus seiner Sicht wichtigste deutsche Interesse. Er argumentiert, dass die Furcht vor Flüchtlingswellen aus der Balkanregion nach Mitteleuropa eine zentrale Rolle bei der Entscheidungsfindung gespielt habe. Die friedliche Konfliktbeilegung sei daher ein zentrales sicherheitspolitisches Interesse der Bundesregierung gewesen.[614] Erneut begegnet uns geographische Nähe als Triebkraft der Politik und als Ursprung sicherheitspolitischer Interessen: Wegen der geographischen Nähe des Balkans zu Mitteleuropa sei schon in der Frühphase des Konflikts die Möglichkeit thematisiert worden, dass sich Flüchtlingsströme nach Mitteleuropa bewegen könnten. Dem habe es mittels einer Stabilisierungsstrategie entgegenzuwirken gegolten, wozu in der Wahrnehmung der Bundesregierung eine Anerkennung der Teilrepubliken habe beitragen können. Dieser Einschätzung stimmt auch Hansjörg Eiff, ehemaliger deutscher Botschafter in Jugoslawien, zu. Er nennt die Vermeidung von Flüchtlingsströmen als wichtiges Entscheidungskriterium bei der Anerkennung der Teilrepubliken durch die Bundesrepublik Deutschland.[615]

Die Stabilitätsbemühungen der Bundesregierung angesichts des zerfallenden Jugoslawien beschreibt auch Seidt. Er geht einen Schritt weiter, indem er die Balkanpolitik mit der deutschen Ostpolitik überhaupt in Zusammenhang bringt: „Unter keinen Umständen durfte der Zerfall Jugoslawiens einen Präzedenzfall schaffen, der als Berufungsgrundlage für Streitigkeiten zwischen den Teilrepubliken der sich auflösenden Sowjetunion werden konnte."[616] Das Ziel der Bundesregierung angesichts der Krise um Slowenien und Kroatien sei dementsprechend nicht nur die Befriedung der Region zur Vermeidung von Flüchtlingsbewegungen gewesen. Die Haltung sei vielmehr Ausdruck einer umfassenden Strategie: „Es galt, ein gefährliches Abgleiten des eurasischen Raumes in völker-

---

van Meurs (Hrsg.), The Balkan Prism: A Retrospective by Policy-Makers and Analysts, München 2007, S. 65-73, hier S. 65.

[613] Vgl. Brill, „Geopolitik und deutsche Ostpolitik", S. 42.

[614] Vgl. Heinz-Jürgen Axt, „Hat Genscher Jugoslawien entzweit? Mythen und Fakten zur Außenpolitik des vereinten Deutschlands", in: Europa-Archiv 12/1993, S. 351-360, hier S. 353.

[615] Vgl. Eiff, „Zehn Jahre deutsches Konfliktmanagement", S. 158.

[616] Hans-Ulrich Seidt, „Führung in der Krise? Die Balkankriege und das deutsche Konfliktmanagement", in: Biermann (Hrsg.), Deutsche Konfliktbewältigung auf dem Balkan, S. 39-55, hier S. 41.

rechtliche und politische Ordnungslosigkeit zu verhindern. Dieser Grundgedanke blieb bis Dayton eine Leitlinie deutscher Balkan-Politik."[617]

Deutliche Parallelen zu jenem geopolitischen Weltbild, das auch die Konzeption zur NATO-Osterweiterung bestimmte, finden sich schließlich bei Wolfgang Libal. Als Beamter im Auswärtigen Amt zeichnete er mit für die Südosteuropapolitik verantwortlich. Er argumentiert in der historischen Rückschau, Deutschland habe ein klares politisches Interesse an der Stabilität der Balkanregion, das sich auch in den Entscheidungsprozessen von 1991 widergespiegelt habe. In Übereinstimmung mit Seidt schreibt Libal zudem, dass es das Ziel der Bundesregierung gewesen sei, die Auflösung des jugoslawischen Staates friedlich umzusetzen, um auch den Zerfallsprozess der Sowjetunion und die Zukunft des gesamten osteuropäischen Raumes friedlich zu gestalten. Instabilität auf dem Balkan habe Konsequenzen für Europa, zumal für das im Herzen Europas gelegene Deutschland. Geopolitisch mutet folgende Feststellung an:

> „If anything went wrong in Central and Eastern Europe, Germany would be the first to feel the consequences (...). For unlike France and England, Germany does not have a buffer between herself and Eastern Europe in the form of another large European power."[618]

Dieses Zitat ist gleich mehrfach aufschlussreich; nicht nur gibt es die Einschätzung eines seinerzeit in die Entscheidungsfindung einbezogenen Mitarbeiters im Auswärtigen Amt wieder, sondern es impliziert auch die Feststellung, dass die Bundesrepublik aufgrund ihrer Lage ein besonderes Interesse an der Region habe und dies bei der Politikformulierung rezipierte. Es hat deutliche geopolitische Konnotationen, bringt es doch die deutsche Sicherheitspolitik direkt mit der Lage der Bundesrepublik in Verbindung. In der Tat ist die Argumentation vergleichbar mit dem auch im Falle der NATO-Osterweiterung vorgebrachten Argument, dass die Bundesrepublik als östlicher ‚Randstaat' der Stabilitätszone Mitteleuropa zuallererst von Krisen im Osten Europas betroffen sei. Das Zitat erinnert zudem an Rühes Ausspruch während der Rede vor dem *International Institute for Strategic Studies* in London, dass die Bundesrepublik mit der Rolle eines *cordon sanitaire* für Europa gegen die Bedrohungen aus dem Osten überfordert wäre.

Die oben zitierten Äußerungen der damals handelnden Politiker sowie die Einschätzungen in der wissenschaftlichen Rückschau lassen vermuten, dass die

---

[617] Ebd., S. 41. Der Südosteuropaexperte Klaus Becher bringt die Situation auf dem Balkan ebenfalls mit der Situation in der ehemaligen Sowjetunion in Verbindung. Durch die Querverbindungen sei den Konfliktrisiken auf dem Balkan besondere Relevanz für die europäische Sicherheit zugekommen. Siehe dazu Klaus Becher, „Nationalitätenkonflikte auf dem Balkan", in: Kaiser und Maull (Hrsg.), Deutschlands neue Außenpolitik. Band 2, S. 137-155, hier S. 148.

[618] Libal, Limits of Persuasion, S. 104.

Bundesregierung eine sicherheitspolitische Strategie verfolgte, die vor dem Hintergrund geographischer Faktoren deutsche Interessen definierte und planvoll mittels einer Strategie der Konflikteindämmung zu verfolgen suchte. Tatsächlich jedoch muss bezweifelt werden, dass die deutsche Position von 1991 auf einer konzeptionell geplanten Strategie fußte, dass die deutsche Reaktion gar bewusst geopolitisch geplant war. Geopolitische Momente spielten eine Rolle in jenem Ursachenbündel, auf dem die deutsche Anerkennungsentscheidung basierte. Es ist schwierig, genau abzugrenzen, wo die deutsche Position konzeptionell geplant war, wo geopolitische Motive rein instinktiv aufgegriffen wurden und wo sie gar nur als rückblickende Rechtfertigung für die deutsche Haltung vorgebracht wurden. Eine Annäherung ist dennoch möglich.

Zunächst fällt auf, dass das Moment der sicherheitspolitischen Interessenformulierung, welches für einen geopolitischen Ansatz konstitutiv wäre, in den Äußerungen der Entscheidungsträger deutlich weniger präsent war als ein idealistisches Interesse: das Selbstbestimmungsrecht der Völker. In allen Begründungen für die Anerkennungspolitik nahm dieses Moment einen herausgehobenen Platz ein. Bereits am 2. Juli 1991 betonte Bundeskanzler Kohl, dass für eine Lösung der jugoslawischen Krise neben der Menschenrechtssituation „die legitimen Rechte der Minderheiten wie auch das Selbstbestimmungsrecht"[619] Anwendung finden müssten. Schon im September 1991 verknüpfte Kohl sodann das Selbstbestimmungsrecht mit der Anerkennungsfrage: „Wenn Dialog, wenn friedliches Miteinander nicht mehr möglich sind, dann stellt sich für uns, auch und gerade aus unserem Verständnis von Selbstbestimmungsrecht, die Frage, diejenigen Republiken, die nicht mehr zu Jugoslawien gehören wollen, völkerrechtlich anzuerkennen."[620]

Der Bezug auf das Selbstbestimmungsrecht stand, dies verstärkte die deutsche Befürwortung der Anerkennung, unter dem Eindruck der kurz zuvor vollzogenen deutschen Wiedervereinigung. In einer Rede am 10. Oktober 1991 sagte Kohl, dass der Tag nicht mehr fern sei, an dem auch die Völker Jugoslawiens in freier Selbstbestimmung über ihre Zukunft entscheiden könnten. Freiheit und Selbstbestimmung waren indes, so Kohl, „der Schlüssel zur Wiedererlangung der

---

[619] Helmut Kohl, „„Herausforderungen für den Einigungsprozeß in Deutschland und Europa.' Erklärung des Bundeskanzlers vor der Bundespressekonferenz in Bonn", 1. Juli 1991, in: Presse- und Informationsamt der Bundesregierung (Hrsg.), Bulletin 75/1991 (2. Juli 1991), S. 601-602, hier S. 601.

[620] Helmut Kohl, „Erklärung der Bundesregierung zur Lage und Entwicklung in der Sowjetunion und Jugoslawien. Abgegeben von Bundeskanzler Dr. Helmut Kohl vor dem Deutschen Bundestag", 4. September 1991, in: Presse- und Informationsamt der Bundesregierung (Hrsg.), Bulletin 94/1991 (5. September 1991), S. 749-752, hier S. 752.

Einheit unseres Vaterlandes vor gut einem Jahr."[621] Die Betonung des Selbstbestimmungsrechts im Angesicht des jugoslawischen Krieges korrespondierte in den Stellungnahmen zudem stets mit einem Appell an ein Ende der Gewalt, den Schutz der Menschenrechte und die Durchsetzung internationalen Rechts: Außenminister Genscher bekannte etwa im September 1991 vor der Generalversammlung der Vereinten Nationen, die Bundesregierung nehme Partei „für Frieden, gegen Krieg, für Menschenrechte, für Minderheitenrechte und für das Recht auf Selbstbestimmung."[622]

Das Selbstbestimmungsrecht war ein kraftvolles deutsches Argument für die Anerkennung Sloweniens und Kroatiens; in den zeitgenössischen regierungsoffiziellen Verlautbarungen überwogen ganz deutlich idealistische Vorstellungen. Auch Meiers argumentiert daher nach einer Abwägung der verschiedenen Faktoren, dass die Bundesregierung primär eine werteorientierte Politik verfolgt habe.[623] Selbst Libal, dessen Äußerungen eine geopolitische Strategie der Bundesregierung im Jahr 1991 durchaus vermuten lassen, räumt ein, dass solche moralischen Erwägungen für die deutsche Position im Entscheidungsprozess von 1991 und 1992 vermutlich wichtiger gewesen seien als die sicherheitspolitischen Interessen.[624] Selbstbestimmung und die Ablehnung von Gewalt als Mittel der Politik – diese Momente bestimmten die deutsche Entscheidungsfindung ganz maßgeblich.

Für die deutsche Position in der Anerkennungsfrage, insbesondere für den großen Druck Deutschlands auf die internationalen Partner im Herbst 1991, die Anerkennung voranzutreiben, war ein weiteres Motiv entscheidend: die öffentliche Meinung – und somit eine innenpolitische Erwägung. Sie bestimmte die deutsche Position entscheidend mit.[625] Nicht nur das deutsche Fernsehen porträtierte die Serben als Aggressoren, auch große Zeitungen wie insbesondere die Frankfurter Allgemeine Zeitung verlangten die Anerkennung der Teilrepubliken als souveräne Staaten.[626] Zudem hatten viele Bundesbürger vor allem in Kroatien Urlaube verbracht, was die emotionalen Bindungen verstärkte. In der deutschen Öffentlichkeit, die somit durch eine „stark emotionalisierte Stimmungslage"[627]

---

[621] Helmut Kohl, „„Ein Symbol des Eintretens für Freiheit und Selbstbestimmung.' Rede des Bundeskanzlers in Berlin", 10. Oktober 1991, in: Presse- und Informationsamt der Bundesregierung (Hrsg.), Bulletin 116/1991 (18. Oktober 1991), S. 921-924, hier S. 921.

[622] Hans-Dietrich Genscher, „Rede des Bundesaußenministers vor den Vereinten Nationen", 25. September 1991, in: Presse- und Informationsamt der Bundesregierung (Hrsg.), Bulletin 104/1991 (26. September 1991), S. 825-830, hier S. 829.

[623] Vgl. Meiers, Zu neuen Ufern?, S. 266.

[624] Vgl. die entsprechenden Ausführungen bei Libal, Limits of Persuasion.

[625] Vgl. Axt, „Hat Genscher Jugoslawien entzweit?", S. 353-354.

[626] Vgl. Crawford, Power and German Foreign Policy, S. 72.

[627] Lüdeke, Europäisierung, S. 272.

gekennzeichnet war, wurde das Moment der Selbstbestimmung, dem die Deutschen ihre Wiedervereinigung verdankten, rezipiert und ausgedrückt.[628] Kurzum: „Die Wähler bestimmten die Außenpolitik zu einem erheblichen Teil mit".[629]

Die Bundesregierung betrieb ihre Anerkennungspolitik unter immensem innenpolitischem Druck. Hinzu kam, dass auch der Bundestag – hier vor allem die Fraktionen von SPD und CDU – aufgrund des Selbstbestimmungsrechts die Anerkennung der Teilrepubliken als souveräne Staaten forderten. Dem Drängen konnten sich schließlich auch Genscher und die FDP nicht entziehen.[630] Innenpolitische Erwägungen waren somit eine weitere wesentliche Triebkraft der deutschen Anerkennungspolitik, die zudem maßgeblich zu dem Druck der Bundesregierung auf die europäischen Partner beitrug: „Kohl and Genscher were increasingly pressed by domestic forces to intensify pressure on the EC to change course."[631]

Der deutschen Position in der Anerkennungsfrage lag ein komplexes Motivbündel zugrunde. Neben innenpolitischem Kalkül sowie einem starken Wertebezug der deutschen Außenpolitik spielten hier auch sicherheitspolitische Interessen hinsichtlich der Stabilisierung der Region und der Vermeidung von Flüchtlingsströmen eine Rolle, durchaus auch in der Funktion als Katalysator. Die Anerkennungspolitik jedoch als Ausfluss einer planmäßigen sicherheitspolitischen – und mithin also geopolitischen – Strategie mit dem Ziel einer Stabilisierung der Region zu verstehen, wäre verfehlt. Deutlich überwog eine wertorientierte Rhetorik in den Begründungen der Balkanpolitik, ergänzt um den starken Einfluss innen- und parteipolitischer Erwägungen in der Entscheidungsfindung. Ein kohärent geplanter sicherheitspolitischer Ansatz, dessen Grundlage das Denken in Raumzusammenhängen war, ist nicht zu erkennen.

Geopolitische Motive erscheinen in der Argumentation der Bundesregierung allenfalls vage, bruchstückhaft und nicht ausgereift. Sie bestimmten die deutsche Entscheidungsfindung zweifellos mit. Doch eine realistische Gesamtstrategie, die Ziele und Mittel verknüpfte und einen langfristigen Handlungsrahmen für die Stabilisierung der Region aufzeigte, erarbeitete die deutsche Politik nicht. All jene geopolitischen Momente, die etwa das BMVg im Falle der NATO-Osterweiterung so klar und umfassend in seiner Konzeption bündelte – geographische Nähe zu einer Krisenregion, die möglichen negativen Rückwirkungen auf die Bundesrepublik am Rande der westlichen ‚Stabilitätszone', die daraus abgeleitete Notwendigkeit zur exogenen Stabilisierung der Region – tauchen in den Reden der Entscheidungsträger allenfalls schemenhaft und vage auf, sie

---

[628] Vgl. ebd., S. 280.
[629] Axt, „Hat Genscher Jugoslawien entzweit?", S. 354.
[630] Vgl. Haftendorn, Deutsche Außenpolitik, S. 409.
[631] Crawford, Power and German Foreign Policy, S. 78.

erscheinen lediglich instinktiv vorgebracht. Am deutlichsten wurden die geopolitischen Momente in der später erschienenen Literatur erörtert, die Entscheidungsfindung im Jahr 1991 beeinflussten sie indes nur am Rande.

Deutschland verfolgte im Jahr 1991 keine ausgereifte sicherheitspolitische bzw. geopolitische Strategie gegenüber den Balkanstaaten,[632] die Bundesrepublik war auf die Entwicklung auf dem Balkan vielmehr schlecht vorbereitet. Besonders schwer wiegt die Schlussfolgerung, dass die Interessenformulierung mit Blick auf die Balkanregion noch nicht hinreichend entwickelt war. Der Balkan galt noch nicht als eine für die Sicherheit Deutschlands herausgehobene Region.[633] Erschüttert zeigte sich die deutsche Politik zwar über die Grausamkeiten auf dem Balkan, doch schien ein deutsches Eingreifen nicht geboten. So bekannte Kohl im September 1991: „Uns allen stehen die Bilder vor Augen - (...) aus Jugoslawien kommen Bilder des Schreckens und des Terrors auf die Fernsehschirme."[634] Der Krieg schien sich für die Bundesrepublik in der Tat zuallererst auf den Fernsehschirmen abzuspielen, die Rückwirkungen auf die Bundesrepublik selbst standen zu keiner Zeit im Fokus der offiziellen Äußerungen. Hier überwogen – auch dies verdeutlicht das Zitat – idealistische Vorstellungen und die Ablehnung von Krieg und Gewalt als Mittel der Politik. Die Balkan-Konflikte schienen die Sicherheit der Bundesrepublik kaum zu tangieren. Kurzum: „Ein Engagement im ‚Hinterhof' Europas, der schon nach Bismarck nicht das Leben eines preußischen Grenadiers wert war (...), schien kaum angezeigt."[635]

Nachträglich das deutsche Handeln als Ausfluss sicherheitspolitischer Überlegungen zu verstehen, würde somit in die falsche Richtung weisen. Eine konzeptionell geplante Strategie ist nicht zu erkennen, die Verfolgung sicherheitspolitischer Interessen war allenfalls ein Randaspekt der Entscheidungsfindung. Die Reaktion auf die Krise auf dem Balkan im Jahr 1991 ist vielmehr geradezu ein Paradebeispiel für das *Fehlen* klarer geopolitischer Zielsetzungen. Die konzeptionelle Erarbeitung von Leitlinien, die Definition von Interessen, die Entwicklung des außen- und sicherheitspolitischen Instrumentariums: All dies bildete sich erst in den kommenden Jahren heraus.

---

[632] Der Bundesregierung war in der Tat – besonders von serbischer Seite – vorgeworfen worden, sich mittels einer neuen machtpolitischen Besinnung eine Einflusssphäre in Südosteuropa schaffen zu wollen. Vgl. als Überblicksdarstellung Libal, Limits of Persuasion, S. 103-112.

[633] Dies galt in der Zeit nicht nur für die Bundesrepublik, sondern auch für Gesamteuropa. Siehe hierzu Marie-Janine Calic, „Jugoslawienpolitik am Wendepunkt", in: Aus Politik und Zeitgeschichte 37/1993, S. 11-20, hier S. 14.

[634] Kohl, „Erklärung der Bundesregierung zur Lage und Entwicklung in der Sowjetunion und Jugoslawien", S. 751.

[635] Rafael Biermann, „Deutsche Konfliktbewältigung auf dem Balkan – eine Einführung", in: ders. (Hrsg.), Deutsche Konfliktbewältigung auf dem Balkan, S. 13-36, hier S. 24.

Die deutsche Haltung hatte indes enorm negative Implikationen für die Situation vor Ort. Einerseits stieß die Bundesregierung mit ihrer forcierten Anerkennungsentscheidung die internationalen Partner vor den Kopf,[636] andererseits wirkte sich die Anerkennungspolitik in der Region selbst verheerend aus: Der Krieg griff von Slowenien und Kroatien auf Bosnien-Herzegowina über, das Anfang März 1992 ebenfalls seine Unabhängigkeit erklärt hatte. Die Anerkennung erwies sich nicht als geeignetes Mittel, um die Region zu stabilisieren. Die deutsche Haltung war vielmehr mitverantwortlich für die weitere Destabilisierung auf dem Balkan. Schon während des Prozesses der deutschen Entscheidungsfindung hatten nicht nur die europäischen Partner vor den gefährlichen Konsequenzen einer Anerkennung gewarnt. Auch die bosnische Regierung und selbst der deutsche Botschafter in Belgrad wiesen auf die unabsehbaren Folgen der Anerkennung hin, denn außer im Falle der „Erhaltung Jugoslawiens war in Bosnien unter jeder denkbaren Variante (...) ein Krieg zu befürchten, der bei den dortigen Siedlungsverhältnissen grausamer und verlustreicher werden würde als der laufende Krieg".[637] Die Befürchtungen bewahrheiteten sich: Die jugoslawische Armee ließ sich von der Anerkennungspolitik der europäischen Staaten nicht abschrecken und der Krieg in Bosnien-Herzegowina eskalierte.

Mit ihrem idealistischen Festhalten am Selbstbestimmungsrecht als Grundlage der Politik trug die Bundesregierung zu einer Verschärfung der Lage auf dem Balkan bei. Hacke geht hart mit der Bundesregierung ins Gericht; er kritisiert die Folgen der Fehleinschätzung ebenso wie die Tatsache, dass die Bundesregierung zwar die Einsetzung von Friedenstruppen forderte, eine deutsche Beteiligung aber ausschloss. Zudem sei die völkerrechtliche Anerkennung ohne gleichzeitige militärische Drohungen erfolgt. Ohne eine vernünftige machtpolitische Unterfütterung jedoch musste diese scheitern: „Die Außenpolitik des ‚guten Beispiels' leistete ihren Offenbarungseid: Die Maxime, Außenpolitik nur mit nichtmilitärischen Mitteln durchzusetzen, war anachronistisch geworden. Nur in Friedenszeiten konnte der ‚Genscherismus' sich voll entfalten."[638]

### 5.2.2 Aspekte der deutschen Balkanpolitik, 1992-1999

In den folgenden Jahren spielte die Bundesregierung kaum eine Rolle bei der Formulierung der europäischen bzw. internationalen Balkanpolitik. Die Zurückhaltung der Bundesregierung war „nicht zuletzt (...) dem Schock der harschen bis feindlichen westlichen Reaktionen auf ihre Forderung nach rascher Anerken-

---

[636] So insbesondere die französische Regierung. Vgl. Hilz, Führungstrio, S. 276.
[637] Eiff, „Zehn Jahre deutsches Konfliktmanagement", S. 159.
[638] Hacke, Außenpolitik der Bundesrepublik Deutschland, S. 408.

164

nung Kroatiens im Sommer 1991"[639] geschuldet. Zudem spielte wohl die „Angst vor den unerwarteten Folgen der eigenen Courage"[640] eine Rolle. Eigene Initiativen blieben aus, die Bundesrepublik fuhr im westlichen Geleitzug – was durchaus auch den tatsächlichen deutschen Einflussmöglichkeiten in jenen Jahren entsprach.[641] Teils befand sich die deutsche Balkanpolitik gar in einem „Dornröschenschlaf".[642]

Zudem folgte die Balkanpolitik der Bundesregierung stets auch bündnispolitischen und innenpolitischen Erwägungen.[643] Eine eigenständige sicherheitspolitische Linie zur Beendigung des Bosnien-Krieges auch aus geopolitischen Gründen verfolgte Deutschland daher in dieser Zeit nicht. Gleichwohl vollzog sich zwischen 1991 und 1999 vor dem Hintergrund der Balkan-Konflikte ein tiefgreifender Wandel in der deutschen Sicherheitspolitik, der die Region in der sicherheitspolitischen Wahrnehmung aufwertete und zugleich die Grundlage für späteres militärisches Krisenmanagement legte. Einige Aspekte wurden für das spätere Engagement in der Kosovo-Krise relevant.

Den Konflikten auf dem Balkan kam, wie bereits gezeigt, seit den frühen 1990er Jahren eine Schlüsselrolle für die Neuausrichtung der Bundeswehr zu. Bereits der Ausbruch der jugoslawischen Kriege zu Beginn der 1990er Jahre hatte als Katalysator auf die Bemühungen gewirkt, die Rolle der deutschen Sicherheitspolitik neu zu definieren. So fußten die Überlegungen der Verteidigungspolitischen Richtlinien aus dem Jahr 1992 zum Konfliktmanagement im „erweiterten geographischen Umfeld"[644] insbesondere auf den Erfahrungen der

---

[639] Joachim Krause, „Deutschland und die Kosovo-Krise", in: Jens Reuter und Conrad Clewing (Hrsg.), Der Kosovo-Konflikt. Ursachen, Verlauf, Perspektiven, Klagenfurt 2000, S. 395-416, hier S. 396. Der Aufsatz bietet einen hervorragenden Überblick über die deutsche Politik auf dem Balkan.

[640] Seidt, „Führung in der Krise?", S. 43. Vgl. zu der Passivität auch Manfred Görtemaker, Die Berliner Republik. Wiedervereinigung und Neuorientierung (Deutsche Geschichte im 20. Jahrhundert Band 16), Berlin 2009, S. 78.

[641] Vgl. Krause, „Deutschland und die Kosovo-Krise", S. 396. So etwa angesichts des Ultimatums des Nordatlantikrats gegenüber den bosnischen Serben vom 9. Februar 1994. Das Ultimatum wurde nach einem Angriff mit Mörsergranaten auf einen Marktplatz in Sarajevo ausgesprochen. Die Bundesregierung entwickelte indes keine eigene Position zu einer Verschärfung der westlichen Drohungen und trug lediglich die gemeinsam formulierte Linie mit – dies auch, weil Deutschland sich ohnehin nicht an militärischen Maßnahmen zur Friedenserzwingung beteiligen wollte. Vgl. Overhaus, NATO-Politik, S. 177-178.

[642] Ebd., S. 188.

[643] Die Stellungnahmen der Entscheidungsträger zu NATO-Anfragen nach einer deutschen Beteiligung an Militärmissionen sind wiederholt von Referenzen an bündnispolitische Verpflichtungen gekennzeichnet: „Die Frage nach den Möglichkeiten und Grenzen einer robusten Militärintervention zur Beendigung des bosnischen Bürgerkriegs stand (…) im Hintergrund. Was zählte, war (…) die Demonstration von Solidarität mit den europäischen NATO-Verbündeten". Ebd., S. 191. Dies trifft auch auf die Balkanpolitik während des Kosovo-Krieges zu. Siehe Kapitel 5.2.4 in dieser Arbeit.

[644] Bundesministerium der Verteidigung (Hrsg.), Verteidigungspolitische Richtlinien 1992. Die Einschätzung teilt Overhaus, NATO-Politik, S. 172.

Balkan-Kriege. In den Jahren 1991/92 und auch in den Folgejahren waren militärische Maßnahmen und ein Einsatz der Bundeswehr zum Stabilitätsexport gleichwohl noch gänzlich ausgeschlossen. Auch dies erklärt, warum die Bundesregierung in der Frage des Stabilitätsexports in jenen Teil der europäischen Peripherie zunächst große Zurückhaltung zeigte.

Entscheidend für diese militärische Zurückhaltung waren zunächst mentale Einstellungen in Politik und Bevölkerung. So verblieb die Bundesrepublik nach dem Ende des Kalten Krieges weiterhin in jenem welt- bzw. machtpolitischen Abseits, in dem sie sich während des Kalten Krieges unter dem amerikanischen Sicherheitsschirm eingerichtet hatte: Krieg galt in der Bevölkerung ebenso wie in den politischen Parteien als Anachronismus, die Bundesrepublik zeigte in machtpolitischen Fragen eine dezidierte Zurückhaltung.[645] Hinzu kamen „neutralistisch-pazifistische Neigungen in den neuen Bundesländern".[646] Bundeskanzler Kohl verband dies mit der Überzeugung, die Bundeswehr nicht dort einzusetzen, wo im Zweiten Weltkrieg die Wehrmacht gewütet hatte.[647]

Bis zum Urteil des Bundesverfassungsgerichts zu der Verfassungsmäßigkeit von Auslandseinsätzen der Bundeswehr vom Juli 1994[648] waren der deutschen Außenpolitik indes auch verfassungsrechtliche Grenzen gesetzt. Mit dem Urteil erklärten die Verfassungsrichter *out-of-area*-Einsätze der Bundeswehr – also Einsätze außerhalb des Bündnisgebiets – im Rahmen der NATO, zur Durchsetzung von Resolutionen des UN-Sicherheitsrats und bei Zustimmung des Parlaments für verfassungsgemäß. Sie eröffneten der Politik damit erstmals einen Spielraum für den Einsatz deutscher Soldaten zum militärischen Krisenmanagement – wenngleich die Bundesregierung in dieser Frage auch nach dem Urteil äußerst zögerlich blieb.[649]

Weitere Veränderungen waren indes notwendig, um die Fähigkeiten für militärische Beiträge zum Konfliktmanagement zu verbessern. Auslandseinsätze der Bundeswehr erforderten neue Entscheidungsstrukturen, die es im Laufe der kommenden Jahre aufzubauen galt. Die 1992 erschienenen Verteidigungspolitischen Richtlinien bildeten eine erste konzeptionelle Grundlage für die Neuaus-

---

[645] Siehe zu den innenpolitischen Debatten Biermann, „Konfliktbewältigung", S. 17-20 sowie allgemein Harald Müller, „Military Intervention for European Security: The German Debate", in: Lawrence Freedman (Hrsg.), Military Intervention in European Conflicts, Oxford und Cambridge 1994, S. 125-141.

[646] Biermann, „Konfliktbewältigung", S. 18.

[647] Vgl. ebd., S. 17. Ähnlich argumentierten viele weitere Entscheidungsträger. Vgl. „Überlegungen zur Beteiligung an einer Friedenstruppe. Kinkel und Rühe lehnen Einsatz deutscher Soldaten in Bosnien ab", in: Süddeutsche Zeitung, 5. Oktober 1995. Siehe ferner Meiers, Zu neuen Ufern?, S. 282 und 290.

[648] Vgl. Bundesverfassungsgericht, „Das Urteil des Bundesverfassungsgerichts vom 12. Juli 1994", in: Europa-Archiv 15/1994, S. D427-D431. Siehe auch Görtemaker, Berliner Republik, S. 83-84.

[649] Vgl. Meiers, Zu neun Ufern?, S. 281.

richtung der deutschen Sicherheitspolitik. Zu dieser Neuausrichtung trug auch das Weißbuch von 1994 bei. Im Jahr 1995 wurde mit dem Führungszentrum der Bundeswehr eine Stelle geschaffen, die Kriseneinsätze im Verteidigungsministerium koordinierte. Auch die Kooperation zwischen Verteidigungsministerium und Auswärtigem Amt in den einschlägigen Fragen verbesserte sich im Laufe der 1990er Jahre sukzessive.[650]

Ausfluss dieses mentalen, politischen, juristischen wie institutionellen Wandels im Verlauf der 1990er Jahre war die Beteiligung der Bundeswehr an verschiedenen multilateralen Missionen in der Region.[651] Wichtigste Entscheidungskriterien waren jedoch stets der Druck der Bündnispartner sowie bündnispolitische Erwägungen. So beteiligte sich die Bundeswehr an der *Implementation Force (IFOR)*, die das im amerikanischen Dayton ausgehandelte Friedensabkommen zur Beendigung des Bosnien-Krieges militärisch absichern sollte sowie an der *Stabilization Force (SFOR)*, die die *IFOR* im Dezember 1996 ablöste.[652] Mit geopolitischen, raumbezogenen und sicherheitspolitischen Argumentationsmustern wurden die entsprechenden Beteiligungen indes nicht begründet.

Entscheidend für die spätere Entscheidungsfindung im Kosovo-Konflikt und auch für das wachsende geopolitische Bewusstsein hinsichtlich der Bedeutung der Balkan-Region wirkte indes die Flüchtlingsfrage im Zuge des Bosnien-Krieges. Hunderttausende Flüchtlinge, die während des Krieges nach Deutschland drängten, führten den Entscheidungsträgern eindringlich vor Augen, dass auch die Bundesrepublik in ihren Sicherheitsinteressen von den Balkan-Kriegen direkt betroffen war. Mit der Aufnahme von rund 320.000 Flüchtlingen übernahm die Bundesrepublik humanitäre Verantwortung: Mehr als die Hälfte der bosnischen Flüchtlinge strömte in die Bundesrepublik, was die Kommunen „finanziell wie logistisch" überforderte.[653] Zudem griffen politische Radikalisierung und organisierte Kriminalität um sich: „Eine Unterscheidung zwischen innerer und äußerer Sicherheit gab es nicht mehr."[654]

Der Bezug auf Bosnien und auf die Flüchtlingsströme nach Mitteleuropa sollte eine wiederkehrende Rechtfertigung für den deutschen Beitrag zur Kon-

---

[650] Vgl. Biermann, „Konfliktbewältigung", S. 26-29.

[651] Dazu gehörten unter anderem die Luftbrücke nach Sarajevo zwischen 1992 und 1996, die Embargo-Überwachung in der Adria zwischen 1992 und 1996 und die Überwachung von Flugverbotszonen zwischen 1993 und 1995. Siehe zu den Militäroperationen auf dem Balkan Martin Wagener, „Auslandseinsätze der Bundeswehr. Normalisierung statt Militarisierung deutscher Sicherheitspolitik", in: Hanns W. Maull, Sebastian Harnisch und Constantin Grund (Hrsg.), Deutschland im Abseits? Rotgrüne Außenpolitik 1998-2003, Baden-Baden 2003, S. 33-48, hier S. 34 sowie Gareis, „Militärische Beiträge", S. 106-110. Der realpolitische Hintergrund findet sich ferner detailliert bei Overhaus, NATO-Politik, S. 166-207.

[652] Siehe hierzu Wagener, „Auslandseinsätze", S. 34.

[653] Biermann, „Konfliktbewältigung", S. 24.

[654] Seidt, „Führung in der Krise?", S. 50.

fliktbewältigung im Kosovo-Konflikt sein. Gegen Ende der Dekade war nicht mehr die Rede davon, dass der europäische ‚Hinterhof' die deutschen Interessen nicht tangiere. Die Interessenwahrnehmung gegenüber dem Balkan wandelte sich insbesondere aufgrund der Flüchtlingsbewegung, sodass der Balkan nun ein Teil der deutschen Interessensphäre wurde. Nachdem diese zu Beginn der 1990er Jahre nur die direkten osteuropäischen Nachbarstaaten der Bundesrepublik umfasst hatte, zeigte sich im Verlauf der Dekade eine schrittweise Ausweitung der geopolitischen Interessensphäre.

Im Jahr 1999 trat die Bundesregierung in der internationalen Balkanpolitik abermals prominent in Erscheinung. Im Vergleich zur Situation von 1991/92 ist der tiefgreifende Wandel der deutschen Balkanpolitik auffallend, bezogen auf die strategisch-konzeptionelle Zielsetzung der Bundesregierung, die Definition der Interessen sowie die Herangehensweise an Krisenmanagement und Konfliktprävention. Effizientere Entscheidungsstrukturen, neue Instrumente zur Krisenreaktion sowie insbesondere eine neue, geopolitischer Einflussnahme positiv gegenüberstehende mentale Disposition kamen der Bundesregierung im Kosovo-Krieg zugute. Dieser Wandel ist tatsächlich „in der internationalen Politik höchst ungewöhnlich (…), was seine Reichweite wie seine Geschwindigkeit anbelangt."[655] Der Balkan war nun Schwerpunkt deutscher Konfliktbewältigung; die Bundesregierung ergriff die Initiative bei der Konfliktreaktion ebenso wie bei der Konzeption für eine nachhaltige Stabilisierung Südosteuropas.

### 5.2.3 Sicherheitspolitische Interessendefinition im Zuge des Kosovo-Konflikts

Unmittelbarer Anlass der deutschen Beteiligung am Kosovo-Krieg war die Bemühung, eine humanitäre Katastrophe zu verhindern. Für die bis 1998 im Amt befindliche Regierung Kohl stellte Außenminister Kinkel am 16. Oktober 1998 dementsprechend im Bundestag klar, es gehe darum zu verhindern, „dass die humanitäre Katastrophe eintritt",[656] die sich zu dem Zeitpunkt bereits abzeichnete. Eile sei wegen des bevorstehenden Winters geboten. Kinkels Ausführungen waren geprägt von Referenzen an die humanitäre Situation, die sich dramatisch verschlechtert habe, und an die „akute humanitäre Notsituation".[657] Dies mache ein Eingreifen der internationalen Staatengemeinschaft notwendig. Identische Appelle richtete auch der designierte Bundeskanzler Gerhard Schröder an die

---

[655] Biermann, „Konfliktbewältigung", S. 16.
[656] Klaus Kinkel, in: Deutscher Bundestag (Hrsg.), Plenarprotokoll 13/248, 16. Oktober 1998, S. 23127-23131, hier S. 23129.
[657] Ebd., S. 23129.

168

Abgeordneten des Bundestags. Man dürfe „kein zweites Bosnien zulassen."[658] So sprach auch der künftige Außenminister Joschka Fischer von „menschenrechtlichen und ethischen Gründen",[659] die ein Eingreifen geboten erscheinen ließen. Paradebeispiel für die humanitäre Argumentation ist das später veröffentlichte Tagebuch des damaligen Verteidigungsministers Rudolf Scharping, das unter dem bezeichnenden Titel *Wir dürfen nicht wegsehen* erschien.[660]

Mit jeder Verschlechterung der Lage im Kosovo bekam die Frage nach der humanitären Intervention neue Aktualität. Die Eskalation vor Ort bestimmte den Gang der Ereignisse,[661] sodass die internationale Kosovopolitik zunächst einen höchst reaktiven Charakter hatte. Nicht die westlichen Staaten bestimmten den Gang der Ereignisse, sie waren vielmehr Getriebene angesichts der sich rapide verschlechternden humanitären Situation im Kosovo. Während des Luftkrieges war die Beendigung des serbischen Vorgehens gegen die albanische Zivilbevölkerung stets das überragende unmittelbare Ziel der Allianz. „It was not the geopolitical power struggle that had so deeply scarred southeastern Europe in the past that was the number one priority, but rather the need to avert a humanitarian catastrophe",[662] urteilt der Diplomat Wolfgang Ischinger im Rückblick in deutlicher Abgrenzung zu allen geopolitischen Interessen. Statt nationale Interessenpolitik zu verfolgen, habe die internationale Gemeinschaft für Menschenrechte gekämpft. Erneut spielte mit der Maxime, eine humanitäre Katastrophe zu verhindern, somit ein idealistischer Ansatz eine Hauptrolle in der internationalen wie insbesondere in der deutschen Balkanpolitik.

Besonders stark ist der Eindruck einer idealistischen Politik indes bei einem Blick auf die deutsche Politik. Die Bundesregierung (mit Rot-Grün erstmals gestellt von einer linken Mehrheit) legte stets großen Wert auf die Betonung humanitärer Erwägungen. Die Kosovopolitik der Bundesregierung war zweifellos maßgeblich von humanitären Argumenten geleitet, diese waren keine vorgeschobene Begründung für die deutsche Haltung. Doch keine andere Regierung eines NATO-Landes stellte in ihren offiziellen Begründungen des Krieges so außerordentlich stark die moralische Komponente heraus: Ohne Zweifel waren

---

[658] Gerhard Schröder, in: Deutscher Bundestag (Hrsg.), Plenarprotokoll 13/248, 16. Oktober 1998, S. 23135-23138, hier S. 23136.

[659] Joschka Fischer, in: Deutscher Bundestag (Hrsg.), Plenarprotokoll 13/248, 16. Oktober 1998, S. 23141-23142, hier S. 23142.

[660] Rudolf Scharping, Wir dürfen nicht wegsehen. Der Kosovo-Krieg und Europa, Berlin 1999.

[661] Der Politikwissenschaftler Roland Friedrich bringt dies auf den Punkt. Vgl. Roland Friedrich, Die deutsche Außenpolitik im Kosovo-Konflikt, Wiesbaden 2005, S. 36.

[662] Wolfgang Ischinger, „Kosovo: Germany Considers the Past and Looks into the Future", in: Wolfgang-Uwe Friedrich, (Hrsg.), The Legacy of Kosovo: German Politics and Policies in the Balkans (American Institute for Contemporary German Studies – The Johns Hopkins University, German Issues 22), Washington, D.C. 2000, S. 27-37, hier S. 27.

„das Insistieren auf dieser Legitimation und der Duktus, in dem sie vorgetragen wurde, zu einem bedeutenden Teil innenpolitisch motiviert."[663] Um den Krieg sowohl der linken Klientel als auch der breiteren Öffentlichkeit als legitim darzustellen, stellte die Regierung die Luftangriffe der NATO als eine moralisch notwendige Handlung dar – während Scharping gar davon sprach, es gelte, einen Holocaust zu verhindern.[664]

Der Politikwissenschaftler Peter Rudolf spricht in diesem Zusammenhang von einer „hypermoralization"[665] der deutschen Kosovopolitik. Hacke greift dies auf und folgert: „Bei aller Würdigung von Deutschlands Verdiensten im Kosovo-Krieg: Der hohe Grad von Moralisierung der Kriegsführung lenkte von einer notwendigen nüchternen nationalen und übernationalen Definition der Sicherheitsinteressen ab."[666] Tatsächlich jedoch erkannte die Bundesregierung diese politisch-strategischen Interessen durchaus an: die Verhinderung von Flüchtlingsströmen, die Verhinderung einer Destabilisierung der europäischen Nachbarregion sowie schließlich die Frage, welches Ordnungsmodell in Europa das Sagen haben solle: „All das wollte die Koalition aber nicht offen zugeben, weil sie Angst hatte vor dem öffentlichen Protest und der ohnehin nur schwer kontrollierbaren Stimmung der Kriegsgegner in den eigenen Reihen."[667]

Die rhetorische Fokussierung auf moralische Aspekte der Kriegführung bedeutet somit keineswegs, dass die Bundesregierung keine sicherheitspolitischen Interessen formulierte und verfolgte. Die sicherheitspolitische Interessendefinition gegenüber der Balkanregion war in den vorangegangenen Jahren, insbesondere im Vergleich zur Frühphase der Balkan-Kriege 1991/92, merklich vorangeschritten und erschien nun wesentlich kohärenter. Auch im Verlauf der eigentlichen Kosovo-Krise und in deren Folge spielten diese sicherheitspolitischen Interessen eine herausgehobene Rolle bei der Zielformulierung der deutschen Politik. Erneut stand der Stabilitätsexport im Mittelpunkt der Überlegungen – und erneut wurde er mit geopolitischen Argumentationsmustern begründet, die nun durchaus reflektiert in die Politikformulierung einflossen.

Im Jahr 1996 – bereits unter dem Eindruck des Krieges in Bosnien und der massiven Flüchtlingswelle in die Bundesrepublik – argumentierten die Politikwissenschaftler Karl Kaiser und Joachim Krause, die Bundesrepublik Deutschland habe ein Interesse daran, dass die Balkanregion nicht Quelle von Destabili-

---

[663] Friedrich, Kosovo-Konflikt, S. 88-89.
[664] Vgl. Nikolas Busse, „Die Entfremdung vom wichtigsten Verbündeten. Rot-Grün und Amerika", in: Maull, Harnisch und Grund (Hrsg.), Deutschland im Abseits?, S. 19-32, hier S. 21-22.
[665] Peter Rudolf, „Germany and the Kosovo Conflict", in: Pierre Martin und Mark R. Brawley (Hrsg.), Alliance Politics, Kosovo and NATO's War: Allied Force or Forced Allies?, New York 2001, S. 131-143, hier S. 135.
[666] Hacke, Außenpolitik der Bundesrepublik Deutschland, S. 472.
[667] Busse, „Entfremdung", S. 22.

sierungstendenzen in Südosteuropa werde. Schon die ‚alte' Bundesrepublik habe zur Stabilisierung des Balkans – vor allem durch die wirtschaftliche Anbindung Jugoslawiens – beigetragen. Mit der Rückkehr von Kriegen und Konflikten auf den Balkan müsse die Bundesrepublik dafür Sorge tragen, Krisen vorzubeugen, die die Bundesrepublik selbst bedrohen könnten. „Stabilitätspolitik" sei demnach die vordringliche Aufgabe der Bundesrepublik auf dem Balkan. Dazu zählen sie zunächst die Durchsetzung von Menschenrechten. Darüber hinaus beruhe Stabilität auf dem Balkan auf militärischen, sicherheitspolitischen, politischen und wirtschaftlichen Komponenten.[668]

Kaiser und Krause zeigen damit den umfassenden Ansatz auf, der zur Stabilisierung der Region notwendig ist. Auch die besondere Bedeutung der Stabilisierungspolitik als Schwerpunkt der deutschen Balkanpolitik ist hier bereits explizit erwähnt. Auffallend an der von Kaiser und Krause vorgenommenen Interessendefinition ist die Bezugnahme auf die auch für die Bundesrepublik deutlich spürbaren Folgen des Bosnien-Krieges in Gestalt von hunderttausenden Flüchtlingen. Dennoch merken Kaiser und Krause an, dass die Bundesrepublik keine „traditionellen, geopolitischen Interessen"[669] in der Region habe. Sie definieren gleichwohl nicht, was ihre Kriterien für „geopolitische Interessen" sind. Das Verständnis von Geopolitik in dieser Arbeit impliziert wiederum, dass die von Kaiser und Krause geforderte Stabilisierungspolitik in einer geographisch bedeutsamen Region sehr wohl einen Ausdruck praktischen geopolitischen Handelns darstellen kann.

Eine Vielzahl politikwissenschaftlicher Untersuchungen, strategischer Studien sowie publizistischer Beiträge griff Ende der 1990er Jahre die Thematik der Stabilisierung des Balkans auf – dies auch unter expliziter Bezugnahme auf die Geopolitik. Erneut war es der Ansatz des Stabilitätsexports, über den geopolitische Erörterungen in die Debatten über die deutsche Sicherheitspolitik einflossen. Der Balkan wurde in der wissenschaftlichen Betrachtung Ende der 1990er Jahre somit als *das* Zielgebiet einer geopolitisch motivierten Sicherheitspolitik beschrieben. In der historischen Rückschau auf den Krieg wird dieses Moment oftmals unzureichend gewürdigt.

In einem im Jahr 1999 veröffentlichten Aufsatz über die Entwicklung einer neuen deutschen Geostrategie stellt Thiele die deutsche Balkanpolitik in den größeren Zusammenhang der vorausschauenden Stabilitätsvorsorge – hier findet sich somit im Gegensatz zu Kaiser und Krause ein direkter Bezug zur Geopolitik in dem Verständnis, das auch dieser Arbeit zugrunde liegt. Thiele argumentiert: „Wer nicht durch gefährliche Krisenfolgen dauerhaften Schaden erleiden will,

---

[668] Vgl. Karl Kaiser und Joachim Krause, „Deutsche Politik gegenüber dem Balkan", in: dies. (Hrsg.), Deutschlands neue Außenpolitik. Band 3, S. 175-188.
[669] Ebd., S. 175.

muß aktiv Stabilitätsvorsorge treffen und den Krisen dort begegnen, wo sie entstehen."[670]

Ferner betont Thiele die Aufgabe, die Entwicklungen in den „strategisch relevanten Schlüsselregionen"[671] zu beobachten und mit einer aktiven Sicherheits- und Stabilitätspolitik zu begleiten. Thiele beschreibt die Schlüsselregionen, deren geographischer Schwerpunkt in der europäischen Peripherie liege: „Das sicherheitspolitische Hauptproblem Europas ist zweifellos der Balkan. Denn Europa ist als Ganzes nicht sicher, solange es keine Stabilität in einer Krisenregion gibt, die sich immer wieder als Katalysator für große Krisen, auch außerhalb der Balkanhalbinsel, erweist."[672] Dies ist zum einen ein klar formulierter geopolitischer Anspruch, der auf einer von Thiele versuchten Priorisierung geopolitisch bedeutsamer Regionen basiert. Zum anderen wird – insbesondere im Vergleich zur Situation rund acht Jahre zuvor, als die Regierung Kohl in der Anerkennungs-Frage eine allenfalls unzureichende Interessendefinition erkennen ließ – ein strategisch-konzeptioneller Anspruch deutlich. Deutlich werden hier auch die konzeptionellen Parallelen zur Osterweiterung der NATO wenige Jahre zuvor.

In diesem Zusammenhang sieht auch Thiele die geforderte Stabilisierungspolitik für den Balkan: Die Integration Polens, Tschechiens und Ungarns in den ‚Stabilitätsraum Europa' habe zu einem Sicherheitsgewinn geführt. Nun gelte es, eine weitere Lücke im Sicherheitsgürtel um den ‚Stabilitätsraum' zu schließen.[673] Die Äußerung weist in aller Deutlichkeit auf den planmäßigen Anspruch einer geopolitischen Absicherung der europäischen ‚Peripherie' und einer vorausschauenden Gestaltung des geographischen Umfelds hin.

Die konzeptionellen Überlegungen zur deutschen Sicherheitspolitik waren Ende der 1990er Jahre deutlich von jenem geopolitischen Thema geprägt, das nun auch die Balkanpolitik mitbestimmte: Stabilitätsexport in die Peripherie des ‚Stabilitätsraums Europa':

> „Latest with the change of government in 1998-1999, a paradigm shift in German Balkan policies became evident. The shift was triggered and motivated by the acknowledgement that only the long-term stabilisation of the Western Balkans could guarantee the security and stability of the EU and thus our own security."[674]

---

[670] Ralph Thiele, „Vor einer neuen Geostrategie?", in: ders. und Hans-Ulrich Seidt (Hrsg.), Herausforderung Zukunft. Deutsche Sicherheitspolitik in und für Europa, Frankfurt am Main und Bonn 1999, S. 13-35, hier S. 17.

[671] Ebd., S.21.

[672] Ebd. S. 23.

[673] Vgl. ebd., S. 22.

[674] Schaefer, „German Foreign Policy", S. 66.

Darauf nahmen die konzeptionellen Überlegungen zur Balkanpolitik aus der politikberatenden Wissenschaft nun deutlichen Bezug. Sie gaben der Politik eine wichtige Argumentationshilfe.

Die Zielidee des Stabilitätsexports beschreibt auch Seidt, der diese Aufgabe mit einer uns bereits bekannten Dichotomie begründet. Für das europäische Stabilitätszentrum gebe es die Herausforderung, die „südosteuropäische Krisenperipherie"[675] zu stabilisieren. Seidt betont die europäische Dimension der Herausforderung Balkan: Es gehe „darum, den Frieden Südosteuropas als gemeinsame europäische Aufgabe zu begreifen und diese Region als ‚Stabilisierungszone' zeitlich und territorial differenziert in Einzelschritten ‚europafähig' zu machen."[676] Deutschland als Europas Zentralstaat müsse, so Seidt an anderer Stelle, einen substantiellen Beitrag zur Konfliktbewältigung auf dem Balkan leisten. Andernfalls werde sich „die Stabilitätserosion an der Peripherie Europas weiter beschleunigen und die Mitte des Kontinents unmittelbar in Mitleidenschaft ziehen."[677]

Mit der Stabilisierung des Balkans könne „geostrategisch eine bedeutsame Lücke im Sicherheitsgürtel um Zentraleuropa geschlossen werden",[678] beschreibt im Rückblick ein weiterer Beobachter die deutsche Interessenlage Ende der 1990er Jahre. Deutschland habe „ein eigenes Interesse daran (…), die Region zu stabilisieren, um die Flüchtlingsbewegungen nicht noch intensiver werden zu lassen."[679] Mit Franz-Lothar Altmann argumentiert ein weiterer ausgewiesener Balkankenner, dass Deutschland im Vorfeld des Kosovo-Krieges vor allem wegen der Flüchtlingsproblematik ein Interesse an Ordnung und Stabilität auf dem Balkan gehabt habe. Dieser sei als Nachbarregion und wegen der geographischen Nähe für die Bundesrepublik bedeutsam.[680] Auch dies ist ein deutlicher Hinweis auf den geopolitischen Gehalt, den die deutsche Interessendefinition hatte.

Dementsprechend war kurz nach dem Krieg in der Berliner Zeitung die publizistische Einschätzung zu lesen:

> „Im Falle Kosovos versuchte uns die Politik einzureden, es handele sich um eine ganz neue Art von Krieg, wenn nicht gar um einen Fortschritt. Nicht um Territorium

---

[675] Hans-Ulrich Seidt, „Friedensordnung oder Destabilisierung? Balkanpolitik in europäischer Verantwortung", in: Thiele und Seidt (Hrsg.), Herausforderung Zukunft, S. 106-135, hier S. 110.

[676] Ebd., S. 115.

[677] Seidt, „Führung in der Krise?", S. 54.

[678] Sedlmayr, Außen- und Sicherheitspolitik, S. 168.

[679] Britta Joerißen, Der Balkan. Von Krieg, Frieden und Europa (Friedrich-Ebert-Stiftung – Kompass 2020: Deutschland in den internationalen Beziehungen. Ziele, Instrumente, Perspektiven), Bonn 2007, S. 7.

[680] Vgl. Franz-Lothar Altmann, „Zwischen Annäherung und Ausgrenzung: Deutschlands Rolle in der europäischen Balkanpolitik", in: Werner Süß (Hrsg.), Deutschland in den neunziger Jahren, Opladen 2002, S. 337-348, hier S. 339.

oder Bodenschätze, die traditionellen Kriegsgründe, sei es gegangen, sondern um die Durchsetzung der Menschenrechte. Tatsächlich war dies nur ein Etikett, hinter dem sich altes geopolitisches Denken verbarg: Im Kosovo haben die Europäer unter Zuhilfenahme der Amerikaner Ruhe und Ordnung auf ihrem Glacis, ihrem strategischen Einflussgebiet durchgesetzt."[681]

Die Regierung bog sich also „einen moralischen Handlungszwang zurecht, um der ungewohnten realpolitischen Begründung auszuweichen: Destabilisierung des Balkans, noch mehr Flüchtlinge in Deutschland."[682] Die Zitate verweisen auf die Problematik von Rhetorik und Realität und vermitteln erneut, dass neben den humanitären Interessen auch die Stabilisierung der Nachbarregion ein Interesse der westlichen Staaten, insbesondere der im Herzen Europas gelegenen Bundesrepublik, war. Die geopolitische Kernaufgabe der Bundesrepublik nach dem Kalten Krieg, die Stabilisierung instabiler Räume in der geographischen Nachbarschaft, wird in den wissenschaftlichen und publizistischen Äußerungen durchaus als politikbestimmende Leitlinie der deutschen Kosovopolitik deutlich.

In den späten 1990er Jahren war dieses Bewusstsein nicht nur in der Wissenschaft, sondern auch bei den politischen Entscheidungsträgern klar erkennbar. Ein Blick auf Äußerungen der Ende der 1990er Jahre handelnden Politiker verdeutlicht die geopolitischen Argumentationsmuster. Die Leitlinie der Stabilisierungspolitik fand neben Wissenschaft und Publizistik auch Eingang in die offiziellen Begründungen und Stellungnahmen der Bundesregierung zur Intervention auf dem Balkan. Dies ist ein weiterer deutlicher Beleg dafür, dass neben den stets präsenten humanitären Erwägungen auch sicherheitspolitische Motive der deutschen Kosovopolitik zugrunde lagen – wenn sie auch in der deklaratorischen Politik weit weniger prominent waren als die moralischen Interessen. Die wesentlichen Momente tauchen hier erneut auf: die geographische Lage der Bundesrepublik im Herzen Europas, die Rückwirkung der Kriege auf dem Balkan auf die Bundesrepublik, die Notwendigkeit, eigenständige Sicherheitsinteressen zu definieren sowie als Ergebnis das Moment des Stabilitätsexports in die instabile Region. Stabilitätsexport erscheint insgesamt als deutliche geopolitische Kontinuitätslinie.

Bundesaußenminister Kinkel – bis 1998 im Amt – äußerte sich dementsprechend, als er im Bundestag feststellte, es gehe im Kosovo unter anderem auch darum, „Stabilität (…) in unserer unmittelbaren Nachbarschaft zu sichern."[683] Ohne Frieden im Kosovo werde ganz Europa keine Ruhe finden, betonte der

---

[681] Herold, „Rückkehr der Geopolitik".

[682] Michael Thumann und Constanze Stelzenmüller, „Mit Gewehr aber ohne Kompass. Eine Bilanz von vier Jahren rot-grüner Außenpolitik", in: Die Zeit, 12. September 2002.

[683] Kinkel, in: Deutscher Bundestag (Hrsg.), Plenarprotokoll 13/248, S. 23131.

174

Minister ausdrücklich. Der künftige Bundeskanzler Gerhard Schröder betonte noch vor seiner Wahl, während der Bundestagsdebatte vom 16. Oktober 1998, die sicherheitspolitischen Konsequenzen des Kosovo-Konflikts. Stabilität in der Region sei aller Mühen wert, warb Schröder seinerzeit für die Annahme des Antrags der Bundesregierung zur *Activation Order* der NATO, mit der die militärischen Planungen der Allianz konkretisiert wurden. Schröder sprach das zentrale deutsche Sicherheitsinteresse an: „Denn wir wissen – auch das gilt es auszusprechen –, dass unser Land leicht das Ziel einer großen Flüchtlingsbewegung werden könnte".[684] Über 300.000 Flüchtlinge aus Bosnien habe die Bundesrepublik aufgenommen und vor allem seitens der Länder und Gemeinden dafür mehr als 20 Milliarden DM aufgewendet. „Wir sind nicht hartherzig, wenn wir sagen, dass auch wir überfordert werden können. Darum haben gerade wir ein vitales Interesse an Frieden und Stabilität, auch und gerade auf dem Balkan."[685]

Mehrfach verwies Schröder auf die geographische Nähe des Balkans, etwa als er bemerkte, dass das Kosovo „nur eine Flugstunde von uns entfernt"[686] liege. Geographische Nähe wurde zu einem Hauptargument für deutsches Engagement in der Region, von der, so Schröder ausdrücklich, Bedrohungen auch für die deutsche Sicherheit ausgehen könnten. Daher, so Schröder im Verlauf des Krieges, müsse dem Militäreinsatz eine Stabilisierungsstrategie auf dem Balkan folgen: „Der Bundesregierung und allen NATO-Partnern ist natürlich bewußt, daß die jetzige Krisenbewältigung im Kosovo eine längerfristige Stabilisierungspolitik für Südosteuropa nicht ersetzen kann."[687]

Einige Jahre später fasste der Bundeskanzler die sicherheitspolitischen Interessen der Bundesrepublik erneut zusammen. Er sprach ausdrücklich von einem nationalen Interesse Deutschlands an Stabilität in der Region:

> „Es ist mir wichtig, dass das klar wird. Die Deutschen sind auf dem Balkan, weil sie ein eigenes nationales Interesse an der Stabilität in der Region haben; denn Instabilität in der Region bedroht uns vielleicht nicht unmittelbar und gegenwärtig, aber potenziell schon. Deswegen ist es so wichtig, dass wir den Menschen, die sich nicht

---

[684] Schröder, in: Deutscher Bundestag (Hrsg.), Plenarprotokoll 13/248, S. 23136.
[685] Ebd., S. 23136.
[686] So etwa in der Bundestagsdebatte vom 8. Juni 1999: Gerhard Schröder, „Regierungserklärung des Bundeskanzlers. Ergebnisse des Europäischen Rates am 3. und 4. Juni 1999 in Köln und zum Stand der Friedensbemühungen im Kosovo-Konflikt", in: Deutscher Bundestag (Hrsg.), Plenarprotokoll 14/41, 8. Juni 1999, S. 3483-3488, hier S. 3485.
[687] Gerhard Schröder, „Erklärung von Bundeskanzler Gerhard Schröder in der 32. Sitzung des Deutschen Bundestages am 15. April 1999 zur aktuellen Lage im Kosovo", in: Presse- und Informationsamt der Bundesregierung (Hrsg.), Bulletin 16/1999 (16. April 1999), CD-ROM-Version, Berlin 2010.

jeden Tag mit Politik beschäftigen können und wollen, klarmachen, dass es ein nationales Interesse Deutschlands an der Stabilität in dieser Region gibt."[688]

Schröders außenpolitischer Berater Michael Steiner konstatierte im Jahr 1999, angesichts neuer Krisen und Konflikte müsse die Bundesrepublik „eine Friedenspolitik gezielter Stabilitätsprojektion" [689] verfolgen. Als zentrales Ziel dieser Politik erwähnte er eine „langfristig angelegte Stabilisierungsstrategie"[690] für den Balkan – und sprach in diesem Zusammenhang an prominenter Stelle von der geostrategischen Lage der Bundesrepublik, die eine neue Sicherheitspolitik auf dem benachbarten Balkan erforderlich mache.[691]

Deutlich geopolitisch motiviert waren auch Außenminister Fischers Begründungen des deutschen Balkan-Engagements. Er bezog sich ebenfalls wiederholt auf Flüchtlingswellen nach Zentraleuropa und auf die Sicherheit Gesamteuropas, die angesichts des instabilen Balkans auf dem Spiel stehe. In einem Interview mit dem Nachrichtenmagazin *Der Spiegel* äußerte der Außenminister zudem die Befürchtung, dass der Balkan ohne ein Eingreifen der westlichen Staaten von einer Macht dominiert werden könnte, die deutschen Interessen entgegenstehe. Der Minister wies darauf hin, dass die Intervention nicht allein auf moralischen Erwägungen, sondern auch auf der Durchsetzung westlicher Sicherheitsinteressen basiere. Würde der Westen nachgeben, bestehe die Gefahr, „daß auf dem Balkan noch ganz andere Landkarten ausgepackt werden aufgrund anderer großnationalistischer Ideologien."[692] Dies würde der Bemühung widerstreben, den Balkan als Stabilitätszone und Sicherheitsglacis für die Europäische Union zu etablieren. Sicherheitspolitisch motiviert war auch Fischers Argument, dass ausgehend vom Kosovo ein destabilisierender Dominoeffekt in der Region einsetzen könnte. Fischer fürchtete, der Nationalismus in der Region werde zunächst Mazedonien betreffen: „Das hätte Konsequenzen für Bulgarien, für Griechenland und die gesamte Region. Ich rede hier keiner Dominotheorie das Wort.

---

[688] Schröder, „Rede von Bundeskanzler Gerhard Schröder zur Beteiligung bewaffneter deutscher Streitkräfte an dem NATO-geführten Einsatz auf mazedonischem Territorium". Ähnlich die Argumentation Außenminister Fischers. Siehe dazu Joschka Fischer, „‚Südosteuropa am Wendepunkt.' Rede von Bundesminister Joschka Fischer bei der Vorbereitungskonferenz zum Stabilitätspakt für Südosteuropa auf dem Petersberg bei Bonn am 27. Mai 1999", in: Presse- und Informationsamt der Bundesregierung (Hrsg.), Bulletin 34/1999 (31. Mai 1999), CD-ROM-Version, Berlin 2010.

[689] Michael Steiner, „Zum Geleit", in: Thiele und Seidt (Hrsg.), Herausforderung Zukunft, S. 7-11, hier S. 8.

[690] Ebd., S. 9.

[691] Vgl. ebd., S. 7.

[692] „‚Milosevic wird der Verlierer sein.' Außenminister Joschka Fischer über den Stand im Krieg gegen Jugoslawien, über die Kriegsziele der Nato und seine fehlgeschlagene Friedensinitiative. Spiegel-Gespräch", in: Der Spiegel 16/1999, S. 34-38, hier S. 36.

176

Aber die Revision der ethnischen Landkarte wird massive politische Folgen haben."[693]

Das Außenministerium kam dementsprechend in einer Lageanalyse vom Januar 1999 zu dem Schluss, dass die deutsche Außenpolitik auf die Stabilisierung der Region hinarbeiten müsse. Da bis dato eine endogene Stabilisierung nicht möglich gewesen sei, müssten „Frieden und Stabilität weiterhin von außen auf den Balkan projiziert werden."[694] Staatsminister Gernot Erler argumentierte in diesem Zusammenhang, dass ganz Europa keine Zukunft habe, wenn es Stabilitätsinseln neben Konfliktherden gebe. Diese Ungleichzeitigkeit werde ganz Europa gefährden. Es seien komplexe Strategien notwendig, um Konfliktherde wie den Balkan zu stabilisieren.[695]

Scharping schließlich betont in einer Rückschau auf den Krieg die Bedeutung der europäisch-amerikanischen Kooperation zur Konfliktreaktion, „when a serious crisis in one of the most unstable regions of this world again jeopardized peace and stability in Europe."[696] Die Allianz müsse lernen, Konflikte an der europäischen Peripherie in Zukunft schneller zu erkennen und effektiver zu unterbinden: „Otherwise, we risk allowing conflicts to spread and instability to spill over into other states and regions."[697] „European security interests"[698] stünden hier auf dem Spiel. In die Zukunft blickend argumentierte Scharping bereits während des Krieges, eine dauerhafte Friedensregelung für das Kosovo sei die „Voraussetzung für eine mittel- und langfristige Stabilisierung des gesamten Balkans. Europa kann es sich nicht leisten, wie eine Feuerwehr immer erst dann einzuspringen, wenn ein Flächenbrand bereits droht. Wir brauchen ein umfassendes Konzept für eine dauerhafte Friedensordnung auf dem Balkan."[699] Die Kontinuität dieses Ziels betonten schließlich die Berichte der Bundesregierung über die Weiterentwicklung der Gesamtstrategie für die Region: Kernziel der

---

[693] Matthias Geis und Gunther Hofmann, „‚Serbien gehört zu Europa.' Ein Zeit-Gespräch mit Außenminister Joschka Fischer über den Balkan-Krieg", in: Die Zeit, 15. April 1999.

[694] Friedrich, Kosovo-Konflikt, S. 106.

[695] Vgl. Gernot Erler, in: Deutscher Bundestag (Hrsg.), Plenarprotokoll 14/41, 8. Juni 1999, S. 3507-3509, hier S. 3509.

[696] Rudolf Scharping, „Germany, Kosovo and the Alliance", in: Friedrich (Hrsg.), Legacy of Kosovo, S. 38-50, hier S. 38.

[697] Ebd., S. 38.

[698] Ebd., S. 38.

[699] Rudolf Scharping, „‚Das transatlantische Bündnis auf dem Weg in das 21. Jahrhundert.' Rede von Bundesverteidigungsminister Rudolf Scharping auf der Deutschen Atlantischen Gesellschaft am 18. April 1999 in Bonn-Bad Godesberg", in: Presse- und Informationsamt der Bundesregierung (Hrsg.), Bulletin 18/1999 (21. April 1999), CD-ROM-Version, Berlin 2010.

177

Bundesrepublik auf dem Balkan blieb auch rund zehn Jahre nach Ende des Kosovo-Krieges die Stabilität der Gesamtregion.[700]

Aus all diesen Positionen – nicht nur in der Wissenschaft, sondern auch von handelnden Politikern im Jahr 1999 und in der Rückschau – wird die Bedeutung geopolitischer Erwägungen zur Begründung der deutschen Balkanpolitik deutlich. Diese spiegelten sich in der Zielformulierung des Stabilisierungsansatzes wider. Konzeptionell in deutlicher Kontinuität zu früheren sicherheitspolitischen Initiativen, erscheint die Schaffung eines Sicherheitsgürtels, die Stabilisierung der europäischen ‚Peripherie‘, die Ausweitung des europäischen ‚Stabilitätsraums‘ und somit letztlich die Gestaltung des geographischen Umfelds der Bundesrepublik als Zielformulierung der deutschen Sicherheitspolitik.

Eine Stabilisierung des Balkans wurde wiederum stets aus verschiedenen Gründen als erstrebenswert dargestellt. Zunächst sprachen idealistische Vorstellungen dafür, sich für einen friedlichen Balkan einzusetzen, der möglichst nach europäischen Vorstellungen geordnet ist. Darüber hinaus aber bedrohte die Instabilität im Zuge des Kosovo-Krieges die Bundesrepublik sicherheitspolitisch – nicht direkt, etwa durch die Gefahr eines Übergreifens des Krieges auf Deutschland, aber auf vielfache Weise indirekt. Die serbische Machtpolitik widersprach zudem funamental den europäischen Idealen von Frieden und Multilateralismus.

Diese Zusammenschau zeigt den deutlichen Wandel zur Situation von 1991/92, als die Überlegungen zu einem Stabilitätsexport die Debatten in wesentlich geringerem Maße und allenfalls unzusammenhängend prägten. Keiner machte die Parallele zur geopolitischen Konzeption der NATO-Osterweiterung deutlicher als Bundeskanzler Schröder selbst. Dieser bekannte mit Blick auf das Kosovo: Der „Export politischer Stabilität“[701] müsse die deutsche Antwort auf Krisen in der europäischen Peripherie sein. Indem Schröder die Formulierung Rühes aufgriff, demonstrierte er außenpolitische Kontinuität mit der Vorgängerregierung. In der Balkanpolitik gelang indes, dies war für die deutsche Entscheidungsfindung besonders bedeutsam, eine Verknüpfung von Werten und Sicher-

---

[700] „Der Westliche Balkan war auch 2009 ein Schwerpunkt der deutschen Außenpolitik. Er verdient aufgrund der geographischen Nachbarschaft zur Europäischen Union (EU), der immer enger werdenden Kontakte mit den EU-Mitgliedstaaten und der weiterhin bestehenden Konfliktpotentiale innerhalb der Region besondere Aufmerksamkeit. Die Bundesregierung verfolgt in Südosteuropa konsequent eine Politik der politischen und wirtschaftlichen Stabilisierung und fördert die Verbesserung der regionalen Zusammenarbeit und Aussöhnung.“ Deutscher Bundestag (Hrsg.), Unterrichtung durch die Bundesregierung. Bericht der Bundesregierung über die Ergebnisse ihrer Bemühungen um die Weiterentwicklung der politischen und ökonomischen Gesamtstrategie für die Balkanstaaten und ganz Südosteuropa (Berichtszeitraum: 1. Februar 2009 bis 28. Februar 2010), Drucksache 17/1200, 23. März 2010, S. 2.

[701] Schröder, „Ausgestaltung einer europäischen Sicherheits- und Verteidigungspolitik.“

178

heitsinteressen.[702] In der Tat bedingten sich beide direkt: Die humanitäre Situation war aus idealistischer Sicht Anlass für die Intervention, wobei die humanitäre Situation die Gefahr einer Destabilisierung der Region insgesamt und die Massenflucht von Kosovo-Albanern in die ‚Stabilitätszone Mitteleuropa' auszulösen drohte. Auch die Glaubwürdigkeit und die Durchsetzungsfähigkeit der westlichen Außenpolitik standen auf dem Spiel.

Eine Analyse des Auswärtigen Amts vom April 1999 konstatierte damit übereinstimmend, dass die Beendigung ethnischer Konflikte die Voraussetzung für dauerhafte Stabilität in Europa sei.[703] Moralische und sicherheitspolitische Argumente waren damit zwei Seiten einer Medaille. Diesen Gedanken drückte Außenminister Fischers in einer Regierungserklärung zum Kosovo-Konflikt am 5. April 2000 aus. Fischer erklärte:

„Nicht nur neue Flüchtlingswellen, sondern Europas Ideale, Europas Sicherheit und die Zukunft des europäischen Integrationsprozesses standen in diesem Konflikt auf dem Spiel. Der aggressive Nationalismus wäre in Europa wieder hoffähig geworden. In Bosnien haben die Europäer die Lektion der unteilbaren Sicherheit Europas sehr spät gelernt. Das Ergebnis waren fast 200.000 Tote und hunderttausende Flüchtlinge und Vertriebene. In Kosovo durften sich diese Fehler nicht wiederholen."[704]

### 5.2.4 Deutsche Politik im Kosovo-Konflikt[705]

Im Rahmen der Balkan-Kontaktgruppe war die Bundesrepublik seit dem Ausbruch der Kosovo-Krise in die internationale Balkan-Diplomatie involviert und verfolgte hier lange Zeit eine Politik des Ausgleichs. Insgesamt jedoch reagierte die internationale Staatengemeinschaft wesentlich rascher als noch in der Bos-

---

[702] Vgl. zu dieser Einschätzung auch Friedrich, Kosovo-Konflikt, S. 129. Friedrich spricht von einem „wertorientierten Realismus", der die deutsche Außenpolitik in der Kosovo-Frage gekennzeichnet habe. Vgl. ebd., S. 125.

[703] Vgl. Wolfgang-Uwe Friedrich, „Kosovo and the Evolution of German Foreign Policy in the Balkans", in: ders. (Hrsg.), Legacy of Kosovo, S. 1-26, hier S. 21.

[704] Joseph Fischer, „Abgabe einer Erklärung der Bundesregierung zu Kosovo – Herausforderung auf dem Weg des Balkan nach Europa", in: Deutscher Bundestag (Hrsg.), Plenarprotokoll 14/97, 5. April 2000, S. 9008-9012, hier S. 9010.

[705] An dieser Stelle wird selbstverständlich keine Darstellung der deutschen Politik in ihrer Gänze geboten, sondern eine an den Leitfragen orientierte Darstellung für die Arbeit wesentlicher Aspekte. Gesamtdarstellungen der deutschen Politik im Kosovo-Konflikt liegen vor. Siehe insbesondere Friedrich, Kosovo-Konflikt, Günter Joetze, Der letzte Krieg in Europa? Das Kosovo und die deutsche Politik, Stuttgart 2001, Matthias Rüb, Kosovo. Ursachen und Folgen eines Krieges in Europa, München 1999, Erich Rathfelder, Kosovo. Geschichte eines Konflikts, Frankfurt am Main 2010 sowie – aus amerikanischer Perspektive – Ivo H. Daalder und Michael E. O'Hanlon, Winning Ugly. NATO's War to Save Kosovo, Washington, D.C. 2000.

nien-Krise auf die humanitäre Situation. Es war die deutsche Bundesregierung, die in der Kontaktgruppe auf eine Befassung mit der Kosovo-Problematik drängte.[706] Bereits nach ihrem Treffen am 9. März 1998 verurteilte die Kontaktgruppe die Gewalt in der Region.[707] Während die Amerikaner – hier insbesondere Außenministerin Albright – auch ein militärisches Eingreifen nicht ausschlossen, verfolgte Bonn zunächst die Hoffnung auf eine friedliche politische Lösung. Militärischen Alternativen stand man nach wie vor skeptisch gegenüber.[708]

Erst im Sommer 1998 räumte auch Außenminister Kinkel ein, dass militärischer Druck und ein Eingreifen der NATO im Kosovo notwendig werden könnten, um den Konflikt zu beenden und ein ‚zweites Bosnien‘ zu verhindern.[709] Deutschland stehe „nicht auf der Seite der Zauderer", betonte seinerzeit das Auswärtige Amt.[710] Bonns Drohungen mit militärischen Sanktionen vermochten die Verschärfung der Lage indes nicht zu verhindern. So pochte insbesondere Außenminister Kinkel gleichzeitig auf eine UN-Resolution zur Absegnung des militärischen Eingreifens. Russland hatte jedoch bereits signalisiert, einer solchen Resolution nicht zuzustimmen – die Drohungen blieben somit hohl. Die deutschen Drohungen mit einem militärischen Eingreifen waren daher vielmehr Kennzeichen einer symbolischen Politik, da es zudem keinen bündnisinternen Konsens für ein militärisches Eingreifen gab.[711] Im Herbst 1998, unter dem Eindruck der sich verschärfenden Krise, begann die Bundesregierung schließlich, eine Militärintervention auch ohne Sicherheitsratsmandat in Betracht zu ziehen. Diese Position hatte Rühe bereits im Sommer vertreten; nun änderten auch Kohl und Kinkel ihre Einschätzung. Auch innerhalb des Bündnisses hatte sich zwischenzeitlich der generelle Konsens herausgebildet, die Beendigung des Konflikts auf dem Balkan notfalls mit militärischen Mitteln zu erzwingen.[712]

Mit der historischen Abstimmung im Bundestag am 16. Oktober 1998 über den nächsten Schritt der NATO-Mobilmachung, die *Activation Order,*[713] stellten der Bundestag sowie die alte und die künftige Bundesregierung sicher, dass der

---

[706] Vgl. Joetze, Der letzte Krieg in Europa, S. 31.

[707] Vgl. Overhaus, NATO-Politik, S. 208-209.

[708] Siehe zu dieser Einschätzung etwa Krause, „Deutschland und die Kosovo-Krise", S. 400-408 und Friedrich, Kosovo-Konflikt, S. 39.

[709] Vgl. „Kinkel droht mit Eingreifen der NATO im Kosovo", in: Frankfurter Allgemeine Zeitung, 5. Juni 1998 sowie „Kosovo-Konflikt verschärft sich. Kinkel fordert NATO zum Handeln auf", in: Süddeutsche Zeitung, 5. Juni 1998.

[710] „NATO droht mit Militäraktion", in: Süddeutsche Zeitung, 28. Mai 1998 sowie zum Hintergrund Overhaus, NATO-Politik, S. 211.

[711] Vgl. Krause, „Deutschland und die Kosovo-Krise", S. 405.

[712] Kern der Argumentation war, dass den Nationalstaaten angesichts des offensichtlichen Unvermögens des Sicherheitsrats, die Krise im Kosovo beizulegen, das Recht zufalle, eine massive humanitäre Katastrophe abzuwenden. Vgl. Meiers, Zu neuen Ufern?, S. 296.

[713] Entsprechende Redebeiträge sind bereits zitiert worden.

180

militärische Druck auf Milosevic im internationalen Verbund glaubhaft erhöht wurde. Nach der Abstimmung, die den generellen Konsens der Parlamentarier für eine mögliche militärische Intervention verdeutlichte,[714] beruhigte sich die Lage im Kosovo vorerst tatsächlich. Diesem Schritt war amerikanischer Druck auf die europäischen Verbündeten vorausgegangen. Insbesondere die Außenministerin drängte auf eine Verschärfung der Drohkulisse gegenüber Belgrad und nahm in diesem Zusammenhang vor allem die neu gewählte (aber noch nicht vereidigte) deutsche Bundesregierung in die Pflicht.[715]

Im Herbst 1998 trat die rot-grüne Bundesregierung ihr Amt an. Auch diese verfolgte in der Kosovo-Frage zunächst keine ausgereifte sicherheitspolitische Strategie. Eine andere Erwägung stand deutlich im Mittelpunkt der Überlegungen der neuen Regierung: die Solidarität im westlichen Bündnis.[716] Der Politikwissenschaftler Wolfgang-Uwe Friedrich urteilt, dass die Bundesregierung mit der Kriegsbeteiligung die bedingungslose Anerkennung der deutschen Verwurzelung im westlichen Bündnis manifestiert habe.[717] Die neue Regierung stand durchaus unter dem Druck, die Bündnisfähigkeit und Verlässlichkeit der Bundesrepublik auch nach dem Regierungswechsel unter Beweis zu stellen.

Als der designierte Bundeskanzler Gerhard Schröder und sein zukünftiger Außenminister Joschka Fischer Anfang Oktober 1998 die amerikanische Hauptstadt besuchten, hatte der amerikanische Präsident noch Verständnis für Schröders Bitte gezeigt, dass erst der neu konstituierte Bundestag über die Frage eines militärischen Eingreifens entscheiden möge.[718] Nur wenige Tage später jedoch mahnte Washington an, dass Bonn unverzüglich über den *ActOrd*-Beschluss der NATO entscheiden solle. Deutschland müsse nun seiner Verantwortung gerecht werden, argumentierten Holbrooke und Clintons Sicherheitsberater Samuel Berger gegenüber ihren deutschen Gesprächspartnern. Für die Bundesregierung – die scheidende wie die neue – war dieses Drängen die entscheidende Triebkraft der Entscheidungsfindung, nicht etwa eigene strategische Erwägungen.[719] „Fünfzehn Minuten (...) blieben uns, um eine Frage von Krieg und Frieden zu entscheiden",[720] erinnerte sich Fischer später. Schröder und Fischer standen unter

---

[714] Vgl. „Bundestag stimmt Beteiligung an möglicher NATO-Mission zu. Deutsche Soldaten für Kosovo-Einsatz bereit", in: Süddeutsche Zeitung, 17. Oktober 1998.

[715] Vgl. Joetze, Der letzte Krieg in Europa, S. 38.

[716] Vgl. Friedrich, „Kosovo and the Evolution of German Foreign Policy", S. 2. Dass die Erwägung von Verlässlichkeit gegenüber den Bündnispartnern die deutsche Position ganz maßgeblich prägte, beschreibt auch Joetze, Der letzte Krieg in Europa, S. 38-39.

[717] Vgl. Friedrich, „Kosovo and the Evolution of German Foreign Policy ", S. 3.

[718] Zu der Reise nach Washington siehe Joschka Fischer, Die rot-grünen Jahre. Deutsche Außenpolitik – vom Kosovo bis zum 11. September, Köln 2007, S. 104 sowie Overhaus, NATO-Politik, S. 216-218.

[719] Vgl. Joetze, Der letzte Krieg in Europa, S. 38.

[720] Gunter Hofmann, „Wie Deutschland in den Krieg geriet", in: Die Zeit, 12. Mai 1999.

enormem Druck, ihre Loyalität innerhalb des Verteidigungsbündnisses unter Beweis zu stellen. Grundlage für die Entscheidung war, „dass die Rot-Grünen Lehrlinge sind. Es gibt Zweifel bei den Verbündeten, wie ihre Politik aussehen wird, und das spüren sie."[721]

Wenige Monate nach dieser dramatischen Entscheidungssituation sicherte Bundeskanzler Schröder im Februar 1999 den internationalen Partnern die Solidarität der Bundesregierung zu:

> „Schon vor Amtsantritt der neuen Regierung haben wir im Deutschen Bundestag bezüglich der gefährlichen Entwicklung im Kosovo Deutschlands Handlungsfähigkeit und Solidarität sichergestellt. Unsere Partner können sich darauf verlassen, daß das auch heute, angesichts einer erneuten bedrohlichen Zuspitzung der Lage im Balkan, so bleibt."[722]

Im April 1999 erklärte Schröder vor dem Bundestag:

> „Deutschland hat bei dem Einsatz der NATO im Kosovo seinen Anteil an der gemeinsamen Verantwortung übernommen. Unser Beitrag ist nicht nur selbstverständlicher Ausdruck unserer Bündnissolidarität. Nein, gerade wir Deutschen haben auch vor dem Hintergrund unserer eigenen Geschichte die Verpflichtung, im Rahmen der Gemeinschaft demokratischer Staaten für Frieden und Sicherheit und gegen Unterdrückung, Vertreibung und Gewaltanwendung einzutreten."[723]

Die Bündnissolidarität sei zudem die Vorbedingung für die späteren diplomatischen Initiativen gewesen, so Schröder: „Ohne diese nahtlose Bündnissolidarität hätte man bestenfalls über die Versuche einer deutschen Bundesregierung gelächelt, sich außerhalb dieser Solidarität um eine politische Lösung zu bemühen."[724] Die Kriegsbeteiligung erfolgte also „mehr aus Bündnisräson denn aus eigenen machtpolitischen Interessen".[725] Auch wenn die geopolitische Interes-

---

[721] Ebd.

[722] Schröder, „Ausgestaltung einer europäischen Sicherheits- und Verteidigungspolitik."

[723] Gerhard Schröder, „Erklärung der Bundesregierung anläßlich des 50. Jahrestages der Gründung der Nordatlantikpakt-Organisation. Abgegeben von Bundeskanzler Gerhard Schröder vor dem Deutschen Bundestag in Bonn", 22. April 1999, in: Presse- und Informationsamt der Bundesregierung (Hrsg.), Bulletin 19/1999 (23. April 1999), CD-ROM-Version, Berlin 2010.

[724] Gerhard Schröder, „Rede von Bundeskanzler Gerhard Schröder vor dem Deutschen Bundestag im Rahmen der Haushaltsdebatte in der 38. Sitzung am 5. Mai 1999 in Bonn", in: Presse- und Informationsamt der Bundesregierung (Hrsg.), Bulletin 26/1999 (6. Mai 1999), CD-ROM-Version, Berlin 2010.

[725] Gareis, „Militärische Beiträge", S. 104. Gareis fordert daher dringend eine strategische Debatte darüber, ob die Bundesrepublik als Ordnungsmacht agieren wolle oder nach wie vor als zurückhaltende Zivilmacht, die militärische Kapazitäten nur im internationalen Verbund einsetzt. Vgl. ebd., S. 114.

senformulierung gegenüber der Balkan-Region zwischenzeitlich signifikant vorangeschritten war, so bestimmte doch im Wesentlichen die Demonstration deutscher Verlässlichkeit diese Phase der deutschen Balkanpolitik.[726]

Als die im Oktober 1998 etablierte *Kosovo Verification Mission* im Januar 1999 in dem Dorf Racak die teils verstümmelten Leichen von 45 ermordeten Kosovo-Albanern auffand,[727] reagierte der Westen mit einer Verschärfung der Drohungen gegen die jugoslawische Regierung. Vor allem die Administration in Washington drängte erneut auf eine harte Antwort und forderte ein Ultimatum gegenüber Belgrad. Die deutsche Bundesregierung unterstützte dies zwar prinzipiell, forderte aber die Verknüpfung mit einer politischen Initiative, etwa einer internationalen Konferenz.[728] Ergebnis der diplomatischen Bemühungen[729] war die Friedenskonferenz von Rambouillet bei Paris im Frühjahr 1999, bei der sich die serbische und die albanische Seite auf eine Autonomie für das Kosovo einigen sollten.[730] Die Bundesregierung sah diese Konferenz als letzte Möglichkeit an, ein militärisches Eingreifen des Bündnisses abzuwenden.[731] Bei den Friedensverhandlungen spielte die Bundesrepublik indes nur eine Nebenrolle. Nachdem die Konferenz Mitte März endgültig gescheitert war, beteiligte sich Deutschland sodann an dem Kriegseinsatz im Rahmen der *Operation Allied Force*, der am Abend des 24. März 1999 begann.[732]

In der praktischen Politik fuhr die Bundesrepublik seit Ausbruch der Krise im Frühjahr 1998 im internationalen Geleitzug mit. Sie reagierte auf die Entwicklung vor Ort, legte jedoch zunächst keine eigene sicherheitspolitische Interessenbestimmung vor. Eigene politische Initiativen verfolgte die Bundesregierung in der Vorkriegsphase nicht. Die deutsche (wie auch die internationale)

---

[726] Siehe zu dieser Einschätzung auch Joerißen, Der Balkan, S. 7.

[727] Hintergründe zu dem Massaker finden sich in einer Darstellung der Menschenrechtsorganisation Human Rights Watch, „Yugoslav Government War Crimes in Racak", online unter http://www.hrw.org/campaigns/kosovo98/racak.shtml (aufgerufen am 12. September 2010) sowie bei Overhaus NATO-Politik, S. 220-224.

[728] Vgl. Fischer, Die rot-grünen Jahre, S. 123.

[729] Bei denen Minister Fischer zudem darum kämpfen musste, dass die Bundesrepublik vor allem von Großbritannien und Frankreich nicht ausgebootet wurde. Vgl. Joetze, Der letzte Krieg in Europa, S. 56-57.

[730] Die Verhandlungen in Rambouillet bei Paris waren ein letzter Versuch, den Konflikt friedlich beizulegen. Zu den Hintergründen der Konferenz, siehe etwa Marc Weller, „The Rambouillet Conference on Kosovo", in: International Affairs 75, 2 (1999), S. 211-251 sowie Jens Reuter und Melpomeni Katsaropoulou, „Die Konferenz von Rambouillet und die Folgen", in: Südosteuropa, 48 (1999) 3-4, S. 147-155. Eine detaillierte Beschreibung findet sich auch bei Joetze, Der letzte Krieg in Europa, S. 62-86.

[731] Vgl. Overhaus, NATO-Politik, S. 223.

[732] Die Militäroperation, auf die hier nicht eingegangen wird, beschreiben äußerst detailliert John E. Peters u. a., European Contributions to Operation Allied Force. Implications for Transatlantic Relations, Santa Monica 2001. Der deutsche Beitrag wird beschrieben ebd., S. 21.

Politik war vielmehr bestimmt von der Entwicklung der humanitären Situation vor Ort. Einzelne Ereignisse – insbesondere das Massaker von Racak zu Beginn des Jahres 1999 – führten zu einer Erhöhung des Drucks auf Belgrad. Die Lage vor Ort blieb maßgebliche Triebkraft der insgesamt reaktiven Politik. Hilflosigkeit angesichts der humanitären Situation charakterisierte die erste Phase des deutschen Engagements.

Insbesondere die deutsche Haltung wird daher in der wissenschaftlichen Betrachtung scharf kritisiert. Hacke argumentiert, Deutschland habe stets nur unter internationalem Druck gehandelt, militärische Beiträge nicht freiwillig eingebracht und keine eigene deutsche Interessenbestimmung vorgenommen. Statt einer aktiven Sicherheitspolitik habe Deutschland stets nur auf die Lage vor Ort reagiert.[733] Von einem eigenständigen sicherheits- oder gar geopolitischen Ansatz zu sprechen, wäre auch aus diesem Grund verfehlt. Erst im Verlauf des Kosovo-Konflikts begann die Bundesrepublik, eine interessengeleitete Politik zu verfolgen und damit auch die Idee des Stabilitätsexports abermals in die politische Praxis zu übersetzen.

Der Wandel der deutschen Rolle von der reaktiven hin zur aktiv gestaltenden Politik zur Stabilisierung der Region vollzog sich Ende März 1999. Nun ergriff die Bundesregierung die diplomatische Initiative und gab entscheidende Impulse für die Lösung des Konflikts und für die langfristige Stabilisierung der Balkan-Region. Hierbei spielten nun auch sicherheitspolitische Erwägungen eine gewichtige Rolle, auch der geopolitische Bezug begegnet uns als Motiv der Entscheidungsfindung. Auf dem internationalen Parkett durch die EU- und G8-Präsidentschaft in der ersten Jahreshälfte 1999 gestärkt,[734] erarbeitete das Auswärtige Amt nicht nur einen Friedensplan zur Beendigung des Krieges, sondern legte darüber hinaus auch eine langfristige Stabilisierungsstrategie für den Balkan vor. Deutsche Stabilisierungsbemühungen setzten bei der akuten Krisenreaktion an und setzten sich mit der darauf aufbauenden langfristigen Gesamtstrategie fort. Von nun an übte die Bundesregierung in internationaler Abstimmung ihre Gestaltungsmacht gegenüber der Balkanregion spürbar aus. Nun bestimmte die Zielsetzung des Stabilitätsexports die deutsche Diplomatie.

Der deutsche Friedensplan wurde zu einer Zeit vorgelegt, als die Luftkriegsstrategie zunehmend in eine Sackgasse geriet. Von einem politischen Vakuum schreibt Fischer in seinen Erinnerungen: In der Allianz habe es keine poli-

---

[733] Vgl. Christian Hacke, „Deutschland und der Kosovokonflikt", in: Politische Studien, Sonderheft 4, 50. Jahrgang, 1999, S. 48-59, hier S. 48.
[734] Auf den großen Spielraum, der sich für die deutsche Diplomatie dadurch ergab, weist der Politikwissenschaftler Constantin Grund hin. Vgl. Constantin Grund, „Mannschaftsdienlich gespielt. Rotgrüne Südosteuropapolitik", in: Maull, Harnisch und Grund (Hrsg.), Deutschland im Abseits?, S. 107-119, hier S. 110.

tische Strategie für die Kriegsführung gegeben, sondern lediglich die Hoffnung, dass Milosevic eines Tages nachgeben und das Abkommen von Rambouillet unterzeichnen werde.[735] „Wozu bomben wir"[736] war angesichts der mangelnden Zieldefinition die Frage, auf die auch die Bundesregierung eine Antwort suchte. Seitens der Regierung waren das Verteidigungsministerium, das Auswärtige Amt und das Bundeskanzleramt mit der Suche nach einer Strategie befasst. Ihre Aufgabe war es, der Militärkampagne einen politischen Sinn zu geben, für den sich auch der politische Einsatz der rot-grünen Bundesregierung lohnte.[737]

Erstes Ergebnis der Überlegungen innerhalb der Bundesregierung waren die von Außenminister Fischer vorgelegten ‚Fünf Punkte', erstmals am Rande eines Gesprächs zwischen Bundeskanzler Schröder und dem russischen Ministerpräsidenten Primakow präzisiert. Die Forderungen umfassten eine Waffenruhe, den Abzug der serbischen Truppen, die Entwaffnung serbischer Freischärler, die Rückkehr der Flüchtlinge und schließlich den Abschluss eines Abkommens auf der Grundlage von Rambouillet.[738] Der Außenminister ergänzte diese Punkte schließlich um die Forderung nach einer militärischen Präsenz vor Ort zur Absicherung des Friedensschlusses. Fischer führte die ‚Fünf Punkte' am 31. März während einer Telefonkonferenz in die Diskussion mit den internationalen Partnern ein. Indem er politische Ziele definierte, bereitete der deutsche Außenminister den ersten Schritt zu einer Friedenslösung vor. Er setzte den politischen Rahmen, gewissermaßen das „Rückgrat des politischen Prozesses."[739]

Aufbauend auf den ‚Fünf Punkten' legte der deutsche Außenminister sodann im April 1999 eine *Road Map* zur Erreichung der Zielformulierungen vor. Erneut begegnen uns auch innenpolitische Motivationen, denn der Minister präsentierte den Plan zu jener Zeit, als in seiner Partei die Skepsis wuchs und Abgeordnete eine Feuerpause verlangten.[740] Der offiziell „Deutsche Friedensinitiative für das Kosovo" genannte Vorschlag wurde unter dem Namen „Fischer-Plan" bekannt.[741] Dieser war letztlich die Grundlage für die Beendigung des Krieges. Er basierte auf einem dreistufigen Fahrplan und sah erstens ein Treffen der G8-Staaten zur Vorbereitung einer neuen UN-Resolution vor, zweitens die Befassung des Sicherheitsrats und drittens schließlich die Umsetzung bei gleichzeiti-

---

[735] Vgl. Fischer, Die rot-grünen Jahre, S. 175.
[736] Joetze, Der letzte Krieg in Europa, S. 99.
[737] Vgl. ebd., S. 99-100.
[738] So beschrieben etwa bei Overhaus, NATO-Politik, S. 227 sowie bei Joetze, Der letzte Krieg in Europa, S. 100.
[739] Ebd., S. 103.
[740] Vgl. ebd., S. 106.
[741] Vgl. Fischer, Die rot-grünen Jahre, S. 182-187.

ger Aussetzung der NATO-Luftangriffe.[742] Fischer stellte den Plan am 14. April 1999 der Öffentlichkeit vor. Neu waren darin im Wesentlichen die Einschaltung der G8-Ebene, um auch Russland an den diplomatischen Verhandlungen um eine Friedenslösung teilhaben zu lassen sowie die Abkehr von Rambouillet und stattdessen die Möglichkeit, bis zu einer endgültigen Statusregelung für das Kosovo eine Übergangsverwaltung zu schaffen. Mit dem Plan trat die Bundesrepublik während der Kosovo-Krise erstmals als europäische Ordnungsmacht auf.[743] Die Bundesregierung verfolgte nun eine eigenständige Strategie mit dem Ziel einer Einflussnahme auf die Region.

Auf der Grundlage der ‚Fünf Punkte' und des darauf aufbauenden Friedensplans verliefen die Verhandlungen der kommenden Monate. Schröder berief den finnischen Staatspräsidenten Martti Ahtisaari als EU-Vermittler. Ahtisaari fungierte gemeinsam mit dem russischen Sonderbeauftragten Wiktor Tschernomyrdin und dem US-Amerikaner Strobe Talbott als ‚Troika', wodurch die Einbindung Russlands in die Verhandlungen gelang.[744] Diese gipfelten schließlich in den Durchbrüchen vom 3. Juni (Zustimmung Milosevics und des serbischen Parlaments zum Papier der Troika) und 10. Juni (Beginn des Abzugs der serbischen Kräfte aus dem Kosovo).[745] Der deutschen Diplomatie war dank kluger und sachbezogener Führung[746] mit dem Friedensplan „ein Meisterstück gelungen".[747] Geschickt hatte die Bundesregierung die Doppelpräsidentschaft in EU und G8 genutzt, die internationalen Partner und insbesondere Russland eingebunden und mit Innovation und Verhandlungsgeschick maßgeblich zur Beilegung des Krieges beigetragen.

Wichtigster langfristiger Ausfluss der deutschen Initiative und deutlichste Umsetzung der Idee des Stabilitätsexports war indes der „Stabilitätspakt für Südosteuropa". Der Plan griff eine vorangegangene Initiative von Mitte der 1990er Jahre auf: Der in der Öffentlichkeit weitgehend unbeachtete Royaumont-Prozess hatte seinerzeit eine langfristige Stabilisierung der Balkanregion zum Ziel gehabt. Insbesondere Frankreich hatte die Idee einer Stabilisierungsinitiative für den Balkan forciert, die am Rande des Dayton-Friedensabkommens ins Leben gerufen worden war. Der Prozess kam allerdings nie richtig in Schwung und wurde schließlich aufgrund der Eskalation der Lage im Kosovo zugunsten einer

---

[742] Vgl. Overhaus, NATO-Politik, S. 228-229 und „Der Friedensplan", in: Frankfurter Allgemeine Zeitung, 15. April 1999.

[743] Vgl. Joetze, Der letzte Krieg in Europa, S. 8. Die Einschätzung teilt Overhaus, NATO-Politik, S. 229.

[744] Vgl. Joetze, Der letzte Krieg in Europa, S. 139-140.

[745] Eine äußerst detaillierte und kenntnisreiche Beschreibung der Friedensverhandlungen findet sich ebd., S. 129-169.

[746] So Hacke, Außenpolitik der Bundesrepublik Deutschland, S. 471.

[747] Krause, „Deutschland und die Kosovo-Krise", S. 414.

akuten Krisenintervention aufgegeben.[748] Kurz vor dem Krieg gab es auf Veranlassung der österreichischen Ratspräsidentschaft im Jahr 1998 einen weiteren Versuch, eine Gesamtstrategie für den Westbalkan auf den Weg zu bringen.[749] Die Ereignisse vor Ort verhinderten jedoch zunächst alle weiteren Ansätze zur Konfliktprävention.

Der Stabilitätspakt für Südosteuropa war eine originär deutsche Initiative, intensiv zu Jahresbeginn 1999 im Auswärtigen Amt erarbeitet. Die Bundesrepublik machte den Balkan zur Priorität ihrer EU- und G8-Präsidentschaft.[750] Laut Fischer hatte dieser schon vor dem Krieg eine Gesamtstrategie zur Stabilisierung der Region erwogen, um kriegerische Auseinandersetzungen in Europa zu eliminieren und dem aggressiven Nationalismus eine kraftvolle Alternative entgegenzustellen. Um dieses Ziel zu erreichen, müsse der Balkan stabilisiert werden.[751] Nicht noch einmal sollte ein Krieg auf dem Balkan beigelegt werden, ohne gleichzeitig die langfristige Stabilisierung der Region voranzutreiben.

Die erste konkrete Aufzeichnung aus dem Auswärtigen Amt den Stabilitätspakt betreffend stammt vom 14. Januar 1999 und gibt den Grundgedanken der Initiative wieder: Die Länder der Region seien homogen nur in ihren Stabilitätsdefiziten. Endogene Maßnahmen zur Stabilisierung des Balkans seien auf absehbare Zeit nicht zu erwarten bzw. nicht Erfolg versprechend. Stabilität müsse folglich von außen in die Region projiziert werden, bis diese selbsttragend sei.[752] Hier wird das Moment des Stabilitätsexports in eine für die Bundesrepublik wichtige Region in der Peripherie des ‚Stabilitätsraums Europa' direkt thematisiert.

Ausgehend von dieser grundlegenden Annahme erfolgte zwischen Februar und April 1999 die Abstimmung der Vorschläge innerhalb der Bundesregierung. Instrument für diese regierungsinterne Koordination war der Bundessicherheitsrat. Dies ist durchaus bemerkenswert, denn der Rat bot eine Möglichkeit, die Ressortabstimmung effektiv zu gestalten. Noch Anfang der 1990er Jahre hatte das Gremium bei außenpolitischen Krisen keine nennenswerte Rolle gespielt. Nun stellte er ein wirkungsvolles Forum dar, um die regierungsinterne Abstimmung der Stabilitätsinitiative zu gewährleisten. Dies ist ein deutliches Zeichen

---

[748] Zum Royaumont-Prozess siehe Hans-Georg Erhart, „Präventive Diplomatie oder vernachlässigte Initiative? Der Prozeß von Royaumont und die Stabilisierung Südosteuropas", in: Dieter S. Lutz (Hrsg.), Der Krieg im Kosovo und das Versagen der Politik (Demokratie, Sicherheit, Frieden Band 128), Baden-Baden 2000, S. 69-88.
[749] Vgl. Rafael Biermann, The Stability Pact for South Eastern Europe: Potential, Problems and Perspectives (ZEI Discussion paper C56), Bonn 1999, S. 12.
[750] Zu dieser Einschätzung, siehe etwa ebd., S. 13.
[751] Vgl. Fischer, Die rot-grünen Jahre, S. 246-247.
[752] Vgl. Joetze, Der letzte Krieg in Europa, S. 171.

für die institutionelle Neuausrichtung der deutschen Sicherheitspolitik angesichts internationaler Krisen.[753]

Nach der regierungsinternen Abstimmung folgte sodann von April bis Juni 1999 die Diskussion der Vorschläge in den EU-Gremien.[754] Nicht nur hatte die Bundesregierung ein wirkungsvolles internes Gremium zur Abstimmung ihrer Initiative gefunden. Auch auf dem diplomatischen Parkett bewies die Bundesregierung Verhandlungsgeschick. In den Gremien der EU wurde die deutsche Vorlage für den Pakt bis zum Juni 1999 intensiv diskutiert. Die „Mahlsteine der EU-Diplomatie"[755] führten zu einigen wichtigen Änderungen an dem ursprünglichen Plan. Eine wesentliche Modifikation gegenüber den Ideen Fischers war, dass es keine direkte Perspektive für einen EU-Beitritt der Staaten der Region geben würde.[756]

Am 27. Mai eröffnete Außenminister Fischer auf dem Petersberg bei Bonn eine Konferenz der beteiligten Staaten und Institutionen, auf der ein Text für den Stabilitätspakt abgestimmt wurde. Hier wurde als Anreiz für die Staaten der Region das Instrument der Stabilisierungs- und Assoziierungsabkommen eingeführt, das den Staaten eine Perspektive für einen späteren EU-Beitritt geben sollte.[757] In den Grundzügen jedoch wurde der Plan auch von den weiteren beteiligten Staaten akzeptiert und zur Grundlage für die künftige europäische Rolle auf dem Balkan.

So kann der Stabilitätspakt als Erfolg der deutschen Diplomatie und als „einzigartiger Fall erfolgreicher deutscher Außenpolitik"[758] gewertet werden. Der am 10. Juni 1999 in Köln geschlossene und am 30. Juli 1999 in Sarajewo feierlich bekräftigte Pakt war die „erste ernsthafte Initiative der europäischen Staatengemeinschaft, eine langfristig strukturelle Prävention (…) in Südosteuropa zu realisieren."[759] Ziel des Pakts war es, die Staaten Südosteuropas bei ihren

---

[753] Vgl. Seidt, „Führung in der Krise?", S. 52.

[754] Die Erarbeitung des Stabilitätspakts innerhalb der Bundesregierung und im internationalen Rahmen beschreibt Biermann, Stability Pact, S. 12-19.

[755] Nikolaus Blome, „Europa will dem Balkan helfen", in: Die Welt, 25. Mai 1999.

[756] Siehe zu dieser Phase der Verhandlungen Biermann, Stability Pact, S. 16-20. Um über eine rein deklaratorische Politik hinauszugehen, wurde der Rahmen des „Stabilisierungs- und Assoziierungsprozesses" geschaffen, der die Länder des Westbalkans an die EU heranführen soll. Dabei gelten für die Staaten der Region jene Beitrittskriterien, die auch für alle anderen Staaten gelten (Kopenhagener Kriterien). Vgl. Blome, „Europa will dem Balkan helfen".

[757] Vgl. Joetze, Der letzte Krieg in Europa, S. 172-173.

[758] Annegret Bendiek, „Komplexität und Kohärenz? Die Geschichte des Stabilitätspaktes für Südosteuropa und die Rolle der Europäischen Union", in: Matthias Jopp und Peter Schlotter (Hrsg.), Kollektive Außenpolitik - die Europäische Union als internationaler Akteur (Europäische Schriften 86), Baden-Baden 2007, S. 211-237, hier S. 211.

[759] Ebd., S. 213. Siehe auch Peter Münch, „Mit dem Stabilitätspakt zurück nach Europa", in: Süddeutsche Zeitung, 12. Juni 1999.

188

Bemühungen um Frieden, Demokratie, Achtung der Menschenrechte und wirtschaftlichen Wohlstand zu unterstützen, „to develop a shared strategy for stability and growth of the region."[760] Der Pakt schuf keine eigenständige Organisation, sondern er stellte vielmehr eine „Rahmenvereinbarung zur internationalen Kooperation in Südosteuropa zwischen mehr als 40 Staaten, Organisationen und regionalen Zusammenschlüssen" dar,[761] koordiniert von einem EU-Sonderkoordinator mit Sitz in Brüssel. Dem Sonderkoordinator wurde die Lenkung des ‚Regionaltischs Südosteuropa' übertragen, dem wiederum drei Arbeitstische unterstellt wurden – Tisch I für Demokratisierung und Menschenrechte, Tisch II für wirtschaftlichen Wiederaufbau, Zusammenarbeit und Entwicklung und Tisch III für Sicherheitsfragen – mit den Untertischen für Sicherheit und Verteidigung sowie Justiz und Inneres.[762]

Der Stabilitätspakt baute auf der NATO-Luftkampagne gegen die Bundesrepublik Jugoslawien auf und beschritt den Weg von der „reactive firemen policy"[763] hin zu einer vorausschauenden Konfliktprävention.[764] Folglich erklärte Bundeskanzler Schröder im Juni 1999 vor dem Deutschen Bundestag: „Die Kosovo-Krise führt uns eindringlich vor Augen, daß Europa sein Engagement auf dem Balkan nicht auf das Management periodisch immer wieder auftretender Krisen beschränken kann und darf. (…) Wir müssen uns auf eine regionale Konfliktprävention konzentrieren."[765] Der Stabilitätspakt war von Beginn an langfristig angelegt und suchte Konfliktprävention zu erreichen, indem er an den Ursachen der Konflikte ansetzte. Auffallend ist die große Übereinstimmung mit den Schlüsselthemen der rot-grünen Außenpolitik, namentlich der Konfliktprävention. Die Entwicklung einer politischen Strategie, die primär auf zivilgesellschaftlichen Maßnahmen fußte, entsprach zudem den politischen Zielvorstellungen der rot-grünen Regierung.[766]

Die deutsche Schrittmacher-Rolle spiegelte sich auch in den Posten wider, die in der Verwaltung des Stabilitätspakts und in der Übergangsverwaltung für das Kosovo zu vergeben waren. Hier setzte sich Bundeskanzler Schröder durchaus machtbewusst für eine personelle Berücksichtigung deutscher Entschei-

---

[760] „Stability Pact for South Eastern Europe", online unter http://www.stabilitypact.org/constituent/990610-cologne.asp (Zugriff am 14. September 2010).
[761] Marie-Janine Calic, „Der Stabilitätspakt für Südosteuropa. Eine erste Bilanz", in: Aus Politik und Zeitgeschichte 13-14/2001, S. 9-16, hier S. 9.
[762] Vgl. „Stability Pact for South Eastern Europe".
[763] Biermann, Stability Pact, S. 6.
[764] Vgl. etwa Hans-Georg Erhart, „Stabilitätsexport nach Südosteuropa", in: Blätter für deutsche und internationale Politik 10/2000, S. 1165-1168.
[765] Gerhard Schröder, „Regierungserklärung des Bundeskanzlers. Ergebnisse des Europäischen Rates am 3. und 4. Juni 1999 in Köln und zum Stand der Friedensbemühungen im Kosovo-Konflikt", S. 3485.
[766] Diese Einschätzung vertritt Biermann, Stability Pact, S. 13.

dungsträger ein: Neben Bodo Hombach als erstem Sonderkoordinator für den Stabilitätspakt ist insbesondere Michael Steiner als Leiter der Übergangsverwaltung im Kosovo, UNMIK, zu erwähnen. Mit Tom Königs und Hans Koschnik wurden zwei weitere Deutsche mit zentralen Aufgaben beim Wiederaufbau des Kosovo eingesetzt, und bis März 2000 war General Klaus Reinhardt zweiter Befehlshaber der KFOR-Truppen.[767]

Der Stabilitätspakt ist geradezu ein Paradebeispiel für die von Thiele geforderte geostrategisch denkende Friedens- und Sicherheitspolitik[768] und damit auch ein Paradebeispiel für den Anspruch eines Stabilitätsexports in die von Krisen und Konflikten geprägte Peripherie des ‚Stabilitätsraums Europa'. Erneut flossen über den Ansatz des Stabilitätsexports geopolitische Erörterungen in die deutsche Sicherheitspolitik ein. Die Bundesregierung definierte zumal angesichts der Erfahrungen aus dem Bosnien-Krieg die Balkanregion als Teil der deutschen Interessensphäre. Die geographische Lage wurde so zu einer Triebkraft und zur Grundlage des sicherheitspolitischen Handelns mit Blick auf den Balkan. Erneut sei etwa auf die Begründung Bundeskanzler Schröders für die aktive deutsche Rolle auf dem Balkan verwiesen: Die Deutschen engagierten sich deshalb auf dem Balkan,

> „weil sie ein eigenes nationales Interesse an der Stabilität in der Region haben; denn Instabilität in der Region bedroht uns vielleicht nicht unmittelbar und gegenwärtig, aber potenziell schon. Deswegen ist es so wichtig, dass wir den Menschen, die sich nicht jeden Tag mit Politik beschäftigen können und wollen, klarmachen, dass es ein nationales Interesse Deutschlands an der Stabilität in dieser Region gibt."[769]

Mit dem Stabilitätspakt entwickelte die Bundesregierung auf dieser geographischen Triebkraft aufbauend ein Instrument zur exogenen Einflussnahme auf die Region. Die Bundesregierung nahm in der Folge im europäischen Rahmen Einfluss auf die politischen Prozesse der Region, unterstützte den wirtschaftlichen und zivilgesellschaftlichen Wiederaufbau. Damit war der Stabilitätspakt eine beispielhafte Umsetzung des deutschen Anspruchs einer Stabilisierung der europäischen Peripherie, in diesem Falle noch deutlicher als im Falle der NATO-Osterweiterung mittels eines direkten Eingreifens, einer Einflussnahme auf die politischen Prozesse vor Ort und der Durchsetzung eigener Ordnungsvorstellungen.

---

[767] Vgl. Biermann, „Konfliktbewältigung", S. 32-33, Grund, „Mannschaftsdienlich gespielt", S. 113, Wagener, „Auslandseinsätze", S. 34-35 und Klaus Reinhardt, KFOR. Streitkräfte für den Frieden. Tagebuchaufzeichnungen als deutscher Kommandeur im Kosovo, Frankfurt am Main 2002.

[768] Vgl. Thiele, „Vor einer neuen Geostrategie?", S. 16.

[769] Schröder, „Rede von Bundeskanzler Gerhard Schröder zur Beteiligung bewaffneter deutscher Streitkräfte an dem NATO-geführten Einsatz auf mazedonischem Territorium".

Auch in der Literatur wird die Einflussnahme mit ihrem geographischen Bezug thematisiert. Von einem Ausdruck deutscher Einflusspolitik auf dem Balkan ist etwa die Rede.[770] Mit dem Friedensplan und dem Stabilitätspakt sei die Bundesrepublik zu einer aktiv gestaltenden Macht in der Region geworden. Die Lehre aus dem Kosovo-Konflikt ist für Seidt, dass die Bundesrepublik auch in Zukunft eine essentielle Rolle bei der umfassenden Stabilisierung des Balkans spielen müsse: „Sollte Deutschland als europäischer Zentralstaat dazu künftig nicht mehr in der Lage sein, dann wird sich (…) die Stabilitätserosion an der Peripherie Europas weiter beschleunigen und die Mitte des Kontinents unmittelbar in Mitleidenschaft ziehen."[771]

Dies ist ein deutlicher geopolitischer Auftrag und zugleich eine Hauptaufgabe der deutschen Sicherheitspolitik auch in den kommenden Jahren. Denn auf dem Balkan bleiben Herausforderungen: Der Bundesregierung gelang es zwar in Folge des Kosovo-Krieges, ihre kurzfristigen Ziele durchzusetzen: ein Ende der Kampfhandlungen und die Unterbindung weiterer Flüchtlingsströme aus der Region nach Mitteleuropa. Hinsichtlich des zentralen langfristigen Ziels der Bundesregierung, der nachhaltigen Stabilisierung der Region, fällt das Fazit indes zwiespältig aus. Auch rund zehn Jahre nach dem Krieg sind die positiven Entwicklungen auf dem Balkan keineswegs unumkehrbar. Das Kosovo bleibt trotz der einseitigen Unabhängigkeitserklärung der Kosovo-Albaner im Februar 2008 ein fragiles Gebilde, das in hohem Maße von exogener Hilfe abhängig ist.[772] Die Gewährleistung der Sicherheit erfolgt nach wie vor primär über die *Kosovo Force (KFOR)*. Die UN-Verwaltung (*United Nations Interim Administration Mission in Kosovo, UNMIK*) hat nach wie vor wichtige Kompetenzen und Aufsichtsbefugnisse. Zentrale Problembereiche auf dem Weg zu umfassender Stabilität betreffen unter anderem die Rechte der im Kosovo lebenden Minderheiten, die Schwäche der politischen Institutionen, die grassierende Korruption und das dadurch stark beeinträchtigte Investitionsklima. Auch die Arbeitslosigkeit von rund 40 Prozent trägt zu den massiven sozialen Schwierigkeiten bei.[773]

Nach zehn Jahren der Stabilisierungsbemühungen ist der Balkan zwar oberflächlich befriedet, doch grundsätzliche Konfliktmotive sind nach wie vor vorhanden.[774] Positiv hervorzuheben sind – neben der allgemein verbesserten Si-

---

[770] Vgl. Joetze, Der letzte Krieg in Europa, S. 176.

[771] Seidt, „Führung in der Krise?", S. 54.

[772] Siehe zu den theoretischen wie praktischen Aspekten des *State Building* auch im Kosovo Stütz, State Building.

[773] Siehe zu den Entwicklungen im Kosovo Marie-Janine Calic, „‚Balkanisierung' des Kosovo", in: Braml u. a. (Hrsg.), Einsatz für den Frieden, S. 97-104 und James Ker-Lindsay, Kosovo. The Path to Contested Statehood in the Balkans, London u. a. 2009.

[774] Ähnlich der Situation im Kosovo ist auch Bosnien-Herzegowina rund 15 Jahre nach dem Friedensabkommen von Dayton allenfalls von einer prekären Staatlichkeit gekennzeichnet. Siehe zu den

cherheitslage – die europäischen Prozesse, die in den vergangenen Jahren große Fortschritte machten: Slowenien ist seit 2004 EU-Mitglied, Kroatien wird der Union im Juli 2013 beitreten, auch Mazedonien hat den Status eines Bewerbers. Die übrigen Staaten des westlichen Balkans sind potentielle Kandidatenländer.[775] Nicht zuletzt der Krieg um das Kosovo wirkte als Katalysator für eine Stabilisierung der Region – und hierfür zeichnete insbesondere der Stabilitätspakt verantwortlich.

Die praktische Arbeit des Stabilitätspakts wird in der Literatur indes oftmals negativ bewertet. Der Politikwissenschaftler Hans-Georg Erhart beklagt vor allem das Kompetenzgerangel innerhalb der verschiedenen mit dem Balkan befassten EU-Organisationen, das verschiedene Balkan-Beauftragte und Förderprogramme hervorgebracht habe. Dies erschwere eine effektive Balkanpolitik aus einer Hand.[776] Die Politikwissenschaftlerin Annegret Bendiek beklagt Abstimmungsprobleme in der praktischen Arbeit.[777] Der ehemalige Bundestagsabgeordnete Karl Lamers sprach diese Abstimmungsprobleme Anfang 2002 ebenfalls an. Durch die Konkurrenzsituation zwischen dem Stabilitätspakt und dem Stabilitäts- und Assoziierungsprozess ergebe sich der Eindruck großer Unordnung in der internationalen Balkanpolitik. Es bestehe dringender Reformbedarf.[778] Die Abstimmungsprobleme thematisierte so auch der erste Sonderkoordinator Bodo Hombach, der die Europäische Kommission nach seinem Ausscheiden aus dem Amt für ihre mangelnde Kooperation rüde kritisierte.[779]

Dennoch betonen auch die kritischen Beobachter die grundlegende Bedeutung des Stabilitätspakts: Erhart argumentiert, dass eine vorausschauende Sicherheitspolitik sich nicht im Krisenmanagement erschöpfen dürfe. Die Stabilität der Region müsse vielmehr in einem präventiven und umfassenden Ansatz gesichert werden. Der Pakt bot bei all seinen Unzulänglichkeiten ein solches Mittel,

---

Problemen Michael Schmunk, „Ethnische Fragmentierung in Bosnien-Herzegowina", in: Braml u. a. (Hrsg.), Einsatz für den Frieden, S. 89-96. Siehe hierzu ferner Franz-Lothar Altmann, „Die Bundeswehr auf dem westlichen Balkan", in: Stefan Mair (Hrsg.), Auslandseinsätze der Bundeswehr. Leitfragen, Entscheidungsspielräume und Lehren, SWP-Studie S27, September 2007, online unter http://www.swp-berlin.org/fileadmin/contents/products/studien/2007_S27_mrs_ks.pdf (Zugriff am 29. März 2011), S. 88-98, hier S. 92. Siehe grundsätzlich auch Olaf Ihlau und Walter Mayr, Minenfeld Balkan. Der unruhige Hinterhof Europas, Berlin 2009.

[775] Calic weist darauf hin, dass die europäische Perspektive Chancen für das Kosovo bieten könnte. Vgl. Calic, „Balkanisierung", S. 103.

[776] Vgl. Erhart, „Stabilitätsexport nach Südosteuropa". Besonders hebt er die Rivalitäten zwischen dem Sonderkoordinator für den Stabilitätspakt und dem Hohen Beauftragten für die Gemeinsame Außen- und Sicherheitspolitik hervor.

[777] Vgl. Bendiek, „Komplexität und Kohärenz?".

[778] Vgl. Karl Lamers, „Reformiert den Balkan-Pakt!", in: Die Welt, 23. Januar 2002.

[779] Vgl. Katja Ridderbusch und Andreas Middel, „Brüssel reagiert verärgert auf die Attacken Bodo Hombachs", in: Die Welt, 18. Januar 2002.

so Erhart ausdrücklich, um „nachhaltige Stabilität in einer konfliktreichen Region zu fördern."[780] Auch Bendiek und der Politikwissenschaftler Andreas Wittkowsky heben die grundlegende Bedeutung des Stabilitätspakts für Kooperation und multilaterale Zusammenarbeit in der Region hervor.[781] Joetze sieht das Verdienst des Pakts darin, dass dieser einerseits ein System sternförmiger Beziehung auf Brüssel hin schuf, die durch ein enges Gewebe zwischenstaatlicher Beziehungen auf der regionalen Ebene ergänzt wurden.[782]

Differenziert beschäftigt sich die Südosteuropexpertin Marie-Janine Calic mit dem Stabilitätspakt. Sie wertete den Stabilitätspakt nach seinem ersten Jahr als Erfolg.[783] Einige Jahre später fiel auch ihre Bilanz gemischter aus. Stabilisierung bleibe zwar zu Recht eine Priorität der deutschen Außenpolitik auf dem Balkan; problematisch seien jedoch eine zunehmende „Balkanmüdigkeit" angesichts neuer Krisen und Konflikte, das Fehlen einer Exit-Strategie sowie insbesondere der Zweifel an Effizienz und Mehrwert des Stabilitätspakts gegenüber den Stabilisierungs- und Assoziierungsabkommen. Neben strukturellen organisatorischen Problemen seien Hoffnungen auf Finanzhilfen vielfach enttäuscht worden, der Geldfluss wiederum habe zu einer „Nehmermentalität" in der Region geführt. Viele Projekte seien zudem nur schleppend vorangebracht worden. All diese Kritikpunkte machten eine Neuausrichtung notwendig, argumentierte sie im Jahr 2003.[784]

Trotz der Zweifel an dessen Effizienz und trotz der Kritik sieht auch Calic den Stabilitätspakt grundsätzlich als wichtiges Instrument der Stabilisierungspolitik an. Sie spricht ihm ausdrücklich einen politischen Mehrwert gegenüber den Stabilisierungs- und Assoziierungsabkommen zu. Der Pakt habe auf höchster Regierungsebene regionalpolitische Entscheidungen möglich gemacht, da er die verschiedenen Staaten an einen Tisch brachte. Als Katalysator habe er so zu einer Normalisierung der zwischenstaatlichen Beziehungen beigetragen. Dies könnten Stabilisierungs- und Assoziierungsabkommen nicht leisten. Diese seien zudem kein Instrumentarium zur Konfliktprävention oder zur Schaffung militärischer Sicherheit.[785] In der Tat ist Calics Einschätzung zuzustimmen, dass die

---

[780] Erhart, „Stabilitätsexport nach Südosteuropa", S. 1168.

[781] Vgl. Bendiek, „Komplexität und Kohärenz?" und Andreas Wittkowsky, „Der Stabilitätspakt für Südosteuropa und die ‚führende Rolle' der Europäischen Union", in: Aus Politik und Zeitgeschichte 29-30/2000, S. 3-13.

[782] Vgl. Joetze, Der letzte Krieg in Europa, S. 176.

[783] Zu dieser ersten Bilanz, siehe Calic, „Stabilitätspakt für Südosteuropa".

[784] Siehe Marie-Janine Calic, Welche Zukunft für den Balkan-Stabilitätspakt?, SWP-Studie S11, März 2003, online unter http://www.swp-berlin.org/fileadmin/contents/products/studien/S2003_11_clc.pdf (Zugriff am 29. März 2011).

[785] Vgl. ebd., S. 10-16.

regionale Komponente unter Einbeziehung aller regionalen Beteiligten und externer Mächte ein Alleinstellungsmerkmal des Stabilitätspakts darstellte. Nicht nur bot der Pakt ein regionales Forum zur Konfliktprävention, sondern er bot ebenfalls ein Forum zur Koordinierung der internationalen Balkanpolitik. Die prinzipiellen Verdienste des Pakts werden somit auch in der Literatur aufgezeigt.

Der Politikwissenschaftler Johannes Varwick wiederum geht in seiner Kritik einen Schritt weiter. Er bezweifelt die Möglichkeit einer exogenen Stabilisierung der Region grundsätzlich. Varwick bezieht sich auf die Vielschichtigkeit der Transformationsprozesse und auf das Problem der Gleichzeitigkeit von politischen, ökonomischen und gesellschaftlichen Prozessen, die gesteuert werden müssten. Sie verliefen parallel, seien jedoch von unterschiedlicher Dauer. Das Scheitern der Stabilisierung in einem der Prozesse könne den Gesamtprozess zum Scheitern bringen. So müsse es weniger darum gehen, Südosteuropa von außen zu stabilisieren, als vielmehr eine exogene Stabilisierung so lange zu gewährleisten, bis die endogenen Strukturen tragfähig seien.[786]

Der Skepsis Varwicks, geäußert im Jahr 2000, sind verschiedene Argumente entgegenzuhalten. Zum einen brachte der Stabilisierungsprozess bei Beteiligung externer Mächte ja ausdrücklich die regionalen Staaten – seit dem Herbst 2000 auch Jugoslawien – an einen Tisch. Tatsächlich erhielt die regionale Kooperation der Staaten Südosteuropas aufgrund des Pakts eine neue Dynamik.[787] Beispielsweise in der Flüchtlingsfrage konnten so Fortschritte erzielt werden. Der Pakt wirkte zudem als Katalysator zur Stärkung der zwischenstaatlichen Beziehungen,[788] er bot also eine exogene Stabilisierung bei größtmöglicher regionaler Einbindung und ging damit über eine rein exogene Stabilisierung deutlich hinaus.

Zudem wurde im Jahr 2006 der Schritt zur Übertragung der Verantwortung in die Region vollzogen: Der Stabilitätspakt wurde im Jahr 2006 grundlegend transformiert. Im Mai 2006 einigte sich der Regionaltisch auf eine Überführung in eine Organisationsform, die der regionalen Eigenverantwortung verstärkt Rechnung tragen soll. Die Gründungssitzung des neuen ‚Regionalen Kooperationsrats' fand im Februar 2008 statt. Neben der Förderung der regionalen Kooperation gehört die Förderung der euro-atlantischen Integration zu den wichtigsten Aufgaben des Rates.[789]

---

[786] Vgl. Johannes Varwick, „Die EU nach dem Kosovo-Krieg: Ein überforderter Stabilitätsanker?", online unter http://www.ssoar.info/ssoar/files/usbkoeln/2010/997/kosovarw.pdf (Zugriff am 27. März 2011), S. 7-8.

[787] Vgl. Bendiek, „Komplexität und Kohärenz?", S. 214.

[788] Vgl. Calic, Welche Zukunft für den Balkan-Stabilitätspakt, S. 11.

[789] Vgl. Auswärtiges Amt (Hrsg.), „Stabilitätspakt für Südosteuropa und Regionaler Kooperationsrat", online unter

Die Bundesregierung unterstützt die Transformation hin zu mehr regionaler Eigenverantwortung und leistet mit jährlich 200.000 Euro freiwilligem Beitrag zudem eine finanzielle Sicherung der Arbeit des Regionalen Kooperationsrats. Im Vorstand des Rates bleibt die Bundesrepublik vertreten.[790] Auch wenn die Bundesregierung mit dem Arbeitsbeginn des Stabilitätspakts im Sommer 1999 weniger aktiv auf dem Balkan engagiert ist – was insbesondere neuen Krisen und Konflikten in anderen Weltgegenden geschuldet ist – so bleibt doch als großes Ergebnis der deutschen Politik auf dem Balkan in den 1990er Jahren, maßgeblich zum Stabilitätsexport in die für Europa wichtige Region beigetragen zu haben.

### 5.2.5 Zur Einordnung: Geopolitische Überlegungen und die deutsche Rolle auf dem Balkan

Zur Abschätzung der Bedeutung geopolitischer Erörterungen für die deutsche Balkanpolitik lohnt eine Beantwortung der Frage, wie der Stabilisierungsansatz in Anspruch und Wirklichkeit die deutsche Politik prägte. Die Erkenntnisse der vorangegangenen Analyse sollen kurz zusammengefasst und eingeordnet werden.

*Erstens*: Angesichts der geopolitischen Herausforderung, die die Krisen auf dem Balkan für die Bundesrepublik darstellten, formulierten die Bundesregierungen Kohl und Schröder den Anspruch, zur Stabilisierung der Region beizutragen. Die Idee des Stabilitätsexports erscheint durchaus als konzeptioneller Leitgedanke der deutschen Balkanpolitik. Der Ansatz des Stabilitätsexports trug erneut geopolitische Erörterungen in die deutsche Sicherheitspolitik hinein: Wann immer der Stabilisierungsansatz als Zielformulierung der deutschen Politik in der Region hervorgehoben wurde, lagen dem deutschen Handeln geopolitische Argumente zugrunde, allen voran die Betonung der räumlichen Nähe sowie die Bedrohung des ‚Stabilitätsraums' durch unkontrollierte Migrationsströme. Aus Sicherheitsgründen sei daher der Export politischer Stabilität in die instabile ‚Krisenperipherie' geboten. Die Erweiterung des europäischen ‚Stabilitätsraums', die geopolitische Sicherung der Peripherie und durchaus auch die Schaffung eines Sicherheitsgürtels in Europas Nachbarschaft erscheinen erneut als konzeptionelle Idee, die die deutsche Balkanpolitik prägte. Die Stabilisierungspolitik war auch

---

http://www.auswaertiges-amt.de/diplo/de/Europa/WestlicherBalkan/Stabilitaetspakt,navCtx=26352.html (Zugriff am 14. September 2010).
[790] Vgl. ebd.

mit Blick auf den Balkan der praktische Ausdruck einer geographisch begründeten, raumbezogenen Sicherheitspolitik.

Im Untersuchungszeitraum lässt sich hinsichtlich geopolitischer Begründungen eine Entwicklung feststellen: Geopolitische Argumentation erschien zu Beginn der 1990er Jahre unausgereift, vage und bruchstückhaft in den Äußerungen der handelnden Politiker. Im Verlauf der 1990er Jahre durchlief die deutsche Sicherheitspolitik nicht nur einen Lernprozess, sondern auch der konzeptionelle Ansatz des Stabilitätsexports kristallierte sich in der Zwischenzeit als Kernanliegen der deutschen Sicherheitspolitik heraus. Geopolitische Erörterungen wurden am Ende der Dekade deutlich kohärenter und zielorientierter in den konzeptionellen Grundlegungen zum Ausdruck gebracht.

In den entsprechenden Dokumenten finden sich Ansätze einer pragmatischen Beschäftigung mit Raumfaktoren. Die Überlegungen gerade der Regierung Schröder waren Ausfluss originär strategisch-sicherheitspolitischer Entscheidungen vor dem Hintergrund und aufbauend auf einer Rezeption der sicherheitsrelevanten Raumfaktoren. Zu dem raumbezogenen und sicherheitspolitischen Bewusstsein trugen Ende der 1990er Jahre auch die zwischenzeitlich erschienenen wissenschaftlichen Studien bei, die gegen Ende der Dekade die sicherheitspolitische Bedeutung der Region aufgrund ihrer geographischen Lage hervorhoben und in den Kontext der sicherheitspolitischen Stabilisierungsaufgabe stellten. Alle relevanten Reden und Dokumente sowie die wissenschaftlichen Betrachtungen rezipierten seinerzeit den sicherheitspolitischen Grundkonsens, der auf einer gezielten Beschäftigung mit Raumfaktoren fußte. Der sicherheitspolitische Impetus prägte die konzeptionellen Überlegungen. Dies stand im Kontext und in einer konzeptionellen Kontinuität der Leitidee des ‚Stabilitätsexports‘.

Der Blick auf den konzeptionellen Anspruch der deutschen Balkanpolitik legt somit insgesamt den Schluss einer sich allmählich entwickelnden, planvollen geopolitischen Positionierung Deutschlands angesichts der geopolitischen Herausforderungen in der Peripherie nahe. Diese kann in das Muster eingeordnet werden, den europäischen ‚Stabilitätsraum‘ in dessen Vorfeld auszudehnen und steht insofern in der Tradition der Politik zur NATO-Osterweiterung. Auch in der Balkanpolitik erscheint Raumdenken als konzeptionelle Triebkraft der Politik, zumal angesichts des Kosovo-Konflikts Ende der 1990er Jahre.

*Zweitens*: Verschiedene Momente lassen gleichwohl Zweifel an einer solcherart planvollen Balkanpolitik aufkommen. Zunächst fällt auf, dass der Begriff ‚Geopolitik‘ selbst in den deklaratorischen Begründungen der deutschen Balkanpolitik ausdrücklich nicht verwendet wurde. Geopolitische Argumentationsmuster prägten zwar wiederholt die Debatten über die deutsche Balkanpolitik. Diese verbargen sich jedoch hinter Ersatzbegriffen. Die Formulierung raumbezogener

196

Sicherheitsinteressen war überlagert von der deutlichen Betonung idealistischer Vorstellungen.

Schwerer wiegt indes, dass die *praktische* Balkanpolitik oftmals nicht als Umsetzung des sicherheitspolitischen, raumbezogenen Anspruchs erscheint. Dieses Fazit wird bei einer Gesamtschau auf die Handlungsmotivationen der deutschen Balkanpolitik deutlich: So klar geopolitische Motivationen als Grundlage der deutschen Balkanpolitik erscheinen, war diese doch stets das Ergebnis eines komplexen Begründungsmusters, welches neben sicherheitspolitischen Erwägungen eine Vielzahl weiterer Handlungsmotive umfasste.

Geographische Momente wirkten in die Entscheidungsfindung hinein. Ihnen kam durchaus die Rolle eines Katalysators zu: Geographische Nähe zur Bundesrepublik war zweifellos eine wesentliche Triebkraft für deutsches Engagement, die sich im Verlauf der Dekade als Handlungsmotivation herauskristallisierte. Doch in der Gesamtschau wirken sicherheitspolitische Triebkräfte letztlich weniger entscheidend für die entsprechenden Initiativen als moralische, innenpolitische und bündnispolitische Argumente. Anders als die konzeptionellen Grundlegungen dies vermuten lassen, folgte die *praktische* deutsche Balkanpolitik allzu lange keinem originär sicherheitspolitischen, strategisch geplanten Impetus. Sie war nicht ausschließlich oder maßgeblich geprägt von raumbezogenen, sicherheitspolitischen Erörterungen.

Deutlich wird dies gerade bei einem Blick auf die deutsche Politik im Kosovo-Krieg: Obwohl in dessen Vorfeld sowohl Raumdenken als auch originär sicherheitspolitische Stabilisierungserwägungen erstmals stringent in die konzeptionelle Debatte einflossen, dominierten moralische, insbesondere aber auch bündnispolitische Erwägungen die praktische deutsche Politik. Erst im Zusammenhang mit der Konzipierung des Balkan-Stabilitätspakts, also erst in der Spätphase des deutschen Engagements, begegnen uns Bemühungen der Politik, nicht nur die deutsche Rolle in der Region unter bewusstem Bezug auf Raumfaktoren strategisch zu begründen, sondern diesen Anspruch auch zu implementieren. Mit Blick auf den gesamten Untersuchungszeitraum stellen sich diese späten Bemühungen als Ausnahme dar.

„So war eben das ganze Thema Stabilisierung des Umfelds eine geopolitische Maßnahme. Sie war aber eben nicht bewusst geopolitisch, sondern eher ‚gefühlt' geopolitisch."[791] Praktische deutsche Initiativen waren selten die bewusste und stringente Umsetzung der konzeptionellen Überlegungen, sondern vielmehr das Ergebnis komplexer Entscheidungsprozesse, in denen geopolitische Erwägungen lediglich ein Faktor unter vielen waren: So realisierte etwa Bundeskanzler Kohl, „dass Flüchtlinge nach Deutschland kommen, das kostet Geld und

---

[791] Interview mit Oberst i.G. Ralph Thiele, geführt am 27. Oktober 2010.

bringt Probleme im Inneren. [Also] trifft er eine geopolitische Entscheidung, ohne sie bewusst geopolitisch reflektiert oder beraten bekommen zu haben."[792] Geographische Faktoren hatten für die Entscheidungsfindung stets eine flankierende und katalytische Rolle, waren ungeachtet des deutlich formulierten Anspruchs jedoch lange Zeit nicht deren Kern. Allzu lange war die praktische Politik nicht strategisch ausgerichtet.

*Drittens*: Zweifel an der Umsetzung des durchaus konzeptionell geäußerten geopolitischen Anspruchs der deutschen Balkanpolitik kommen zudem auf, wenn man deren reaktiven Charakter in Rechnung stellt. Impliziert eine planmäßige Umsetzung des Stabilisierungsansatzes die gezielte, vorausschauende Gestaltung des geographischen Umfelds, so erscheint die deutsche Balkanpolitik im Untersuchungszeitraum eher als reaktives Krisenmanagement. Bis zum Jahr 1999 suchte keine Bundesregierung auf dem Balkan eine aktive und gestaltende Rolle. Eine umfassende Strategie, die auf der Idee des Stabilitätsexport fußte und davon ausgehend Ziele und Mittel der deutschen Balkanpolitik umfassend darlegte, legte bis 1999 ebenfalls keine Bundesregierung vor.[793] Weder die Reaktion auf die Krisen um Slowenien und Kroatien folgte einer schlüssigen Stabilisierungskonzeption, noch die deutsche Balkanpolitik von 1992 bis 1999. Zwar war die Bundesrepublik auch in dieser Phase in der internationalen Balkan-Diplomatie aktiv (und dies auch mit der Maßgabe, die Region zu stabilisieren), doch unterblieb die Suche nach eigener Gestaltungsmacht ebenso wie die Erarbeitung eines umfassenden Konzepts, das den Anspruch der Stabilisierungspolitik in die politische Praxis umzusetzen suchte. Stattdessen zeigte die Bundesregierung zwischen 1992 und 1999 kaum noch ein eigenes Profil auf dem Balkan. Dieser reaktive, oftmals konzeptionslose Charakter prägte die deutsche Balkanpolitik bis in den Krieg von 1999 hinein.

Erst im Angesicht von Krieg und Vertreibung, erst im Angesicht einer akuten Krise, griff die Regierung Schröder sehr spät auf die Idee des Stabilitätsexports zurück und formulierte eine entsprechende Initiative, die auch sicherheitspolitischen Erwägungen prominent Rechnung trug. Als Reaktion auf diese akute Krise – und nicht etwa präventiv zur Konfliktvermeidung – machte sich die rotgrüne Bundesregierung jene Momente zu Eigen, die im Zuge der NATO-

---

[792] Ebd.

[793] Die Unterschiede zur NATO-Osterweiterung sind augenfällig. Dies ist zweifellos in erster Linie den unterschiedlichen strategischen Bedingungen geschuldet: Während die NATO-Osterweiterung eine multilaterale Politik der Kooperation und Integration, also eine *diplomatische* Reaktion erforderte, stand die Bundesregierung im Falle der Balkanpolitik vor der ungleich größeren Herausforderung einer militärischen Intervention. Insbesondere diesem Umstand ist es geschuldet, dass Deutschland (wie auch die europäischen Partner) auch angesichts der Krisen in der Region so lange so passiv blieb.

Osterweiterung erstmals formuliert worden waren und demonstrierte so auch Kontinuität mit ihrer Vorgängerregierung. Nun setzte sie den Anspruch der Stabilisierungspolitik gleichsam mustergültig in die politische Praxis um und suchte nach Möglichkeiten einer vorausschauenden Gestaltung des geographischen Umfelds, basierend auch auf der Anerkennung geopolitischer Faktoren.

In der politischen Praxis begegnet uns der konzeptionell so klar formulierte und geopolitisch begründete Stabilisierungsansatz daher als eine Idee, deren Umsetzung allenfalls reaktiv und einzelfallbezogen gelang, nicht jedoch antizipierend und präventiv. Dies verdeutlicht einmal mehr die Mentalität der Einzelfall-Entscheidungen und der fehlenden strategischen Weitsicht in der deutschen Außenpolitik, die sich nach dem Blick auf die konzeptionellen Grundlagen bereits angedeutet hatte. In jeweiligen konkreten Einzelfällen auf unmittelbare Herausforderungen zu reagieren – diese Tendenz prägte die deutsche Sicherheitspolitik mehr als eine antizipierende und konsequent umgesetzte Leitidee zur vorausschauenden Gestaltung des geographischen Umfelds. Dieser Trend der mangelnden Weitsicht setzt sich fort: Nachdem der Balkan im Jahr 2000 maßgeblich durch eine deutsche Initiative (vordergründig) stabilisiert war, reduzierte die Bundesrepublik ihr Engagement merklich, auch aufgrund anderer, nun akuter Krisen: „All European governments, but primarily Germany as the central country, must be blamed for neglecting the Balkan security problem, which became evident during the Kosovo riots in March 2004."[794]

## 5.3 Ausweitung der geopolitischen Interessenzone und ,erweiterter Stabilitätsraum': Jenseits des europäischen Kontinents?

Die Fallstudien beschreiben die sukzessive Ausweitung des Operationsgebietes der deutschen Sicherheitspolitik in Europa von dem unmittelbar an die Bundesrepublik angrenzenden Mittelosteuropa bis nach Südosteuropa. Doch die geopolitischen Herausforderungen in Europas Peripherie mit potentiell negativen Rückwirkungen auf die deutsche Sicherheit waren nach dem Kalten Krieg keineswegs nur auf den europäischen Kontinent beschränkt. In den Strategiepapieren zur Ausrichtung der deutschen Sicherheitspolitik sowie in den konzeptionellen Reden wurde die Bedeutung der außereuropäischen Regionen daher schon in den frühen 1990er Jahren manifest.

Während die Verteidigungspolitischen Richtlinien 1992 noch allein die Herausforderungen in Mittelosteuropa widerspiegeln, stellt das Weißbuch 1994 fest, dass die Bundesrepublik zumindest mittelbar von den instabilen Verhältnis-

---

[794] Joetze, „Pan-European Stability", S. 164.

sen im Nahen Osten und im Mittelmeerraum/Nordafrika betroffen sei.[795] Diese mittelbare, indirekte Bedrohung erläuterte Verteidigungsminister Rühe zu Beginn der 1990er Jahre so: „Auch wir Deutsche wissen, daß das Krisenpotential, mit dem Frankreich und Spanien an ihrer nordafrikanischen Gegenküste direkt konfrontiert sind, ein Problem für ganz Europa darstellt."[796] Minister Rühe fasste zudem die außereuropäischen Sicherheitsbedrohungen im Jahr 1996 in der Formel von einem „Krisenbogen" zusammen: „Ein Gürtel von Krisen und Instabilität reicht von Nordafrika über den Nahen Osten bis zum Kaukasus. Dieser Krisenbogen bringt die südliche Flanke der NATO aus einer vormaligen Randlage ins Zentrum unseres strategischen Interesses."[797] Im Jahr 1996 verknüpfte Bundeskanzler Kohl folglich die Herausforderungen in jenen Regionen mit dem Anspruch der Stabilitätspolitik: „Notwendig sind gemeinsame nachhaltige Anstrengungen zur Förderung von politischer und wirtschaftlicher Stabilität in diesen Regionen. Ich nenne hier neben Mittel- und Osteuropa vor allem die Mittelmeerregion von Nordafrika bis zum Nahen Osten."[798]

Insgesamt ist jedoch festzustellen, dass die Herausforderungen im europäischen Osten der Bundesrepublik stets deutlich stärker im Vordergrund der sicherheitspolitischen Bedrohungsanalysen standen als Herausforderungen im Süden des Kontinents, etwa im Mittelmeerraum. Weisser betont ungeachtet der in offiziellen Dokumenten nur mäßigen strategischen Aufmerksamkeit für die außereuropäischen peripheren Regionen, dass das Verteidigungsministerium unter Minister Rühe um eine Stabilisierung der südlichen NATO-Flanke bemüht gewesen sei. Seitens des BMVg habe man ein

> „sehr enges politisches Zusammenarbeitsgefüge mit Spanien, Griechenland und Italien entwickelt. Wir haben immer betont, dass die neue strategische Fokussierung der NATO im Süden liegt, dass die Integration der osteuropäischen Staaten zwar zur Abrundung der NATO gut und richtig ist, aber dass die strategischen Herausforderungen nicht mehr von da kommen, sondern aus dem Süden und Südosten, also aus dem Mittelmeerraum, Naher Osten, Mittlerer Osten. Und dass deswegen Länder wie Griechenland, Italien und Spanien künftig eine wichtigere strategische Rolle spielen müssen. Das steht so nirgends, aber in der Praxis haben wir es so betrieben."[799]

---

[795] Vgl. Bundesministerium der Verteidigung (Hrsg.), Weißbuch 1994, S. 43.
[796] Rühe, „Neue Strategie", S. 973.
[797] Rühe, „Sicherheit in und für Europa".
[798] Helmut Kohl, „,Sicherheit für ein kommendes Europa.' Rede des Bundeskanzlers bei der 33. Münchner Konferenz für Sicherheitspolitik am 3. Februar 1996 in München", in: Presse- und Informationsamt der Bundesregierung (Hrsg.), Bulletin 15/1996 (14. Februar 1996), CD-ROM-Version, Berlin 2010.
[799] Interview mit Vizeadmiral a.D. Ulrich Weisser, geführt am 26. April 2010.

Als wichtigstes sicherheitspolitisches Strategiepapier aus den Schröder-Jahren erwähnen die Verteidigungspolitischen Richtlinien von 2003 außereuropäische Nachbarregionen nicht explizit. Der geographische Fokus liegt hier erneut auf dem Osten des europäischen Kontinents. Allgemein ist allenfalls von „Krisen an seiner [Europas, *Anmerkung des Verfassers*] südlichen und südöstlichen Peripherie"[800] die Rede, die Europas Sicherheit beeinflussten. Die daraus resultierenden Migrationsbewegungen nach Europa werden ebenfalls thematisiert,[801] ohne jedoch näher auf eine der Regionen einzugehen. Besonders vernachlässigt wird der afrikanische Kontinent. Insbesondere Afrika südlich der Sahara ist im Katalog geopolitischer Herausforderungen für die Bundesrepublik völlig abwesend. Die nordafrikanische Region und der Mittelmeerraum erhielten im Laufe der Jahre zwar eine gering gestiegene Aufmerksamkeit, aber auch diese Regionen finden in offiziellen Verlautbarungen zur Sicherheitspolitik durchweg keinen herausgehobenen Platz.

Trotz dieser weitgehenden Vernachlässigung der außereuropäischen Regionen in der Peripherie des europäischen ‚Stabilitätsraums' auf der Ebene der umfassenden sicherheitspolitischen Konzeptionen lässt sich auf der Ebene der jeweiligen *regionalen* Strategiepapiere in der Tat programmatische Bewegung feststellen. Hier finden sich durchaus auch Verweise, die auf eine Anwendung der Idee des Stabilitätsexports auch in außereuropäische periphere Regionen (Naher Osten und Afrika) hindeuten – begründet auch mit geopolitischen Momenten.

Programmatische Bewegung gegenüber dem afrikanischen Kontinent ist seit den frühen 1990er Jahren zu verzeichnen – zunächst zurückhaltend, etwa seit dem Jahr 2000 verstärkt. Dabei beeinflussten zunehmend auch sicherheitspolitische Erwägungen die Debatte. Während der Regierungszeit Bundeskanzler Kohls blieb die deutsche Afrikapolitik weitgehend konzeptionslos. Trotz der Tatsache, dass das Bundesministerium für wirtschaftliche Zusammenarbeit und Entwicklung (BMZ) bereits im Jahr 1991 fünf Kriterien formulierte, an denen Partnerländer der deutschen Entwicklungszusammenarbeit künftig gemessen werden sollten, um so die Entwicklungshilfe zu politisieren und stärker interessenorientiert auszurichten,[802] weigerte sich das Auswärtige Amt aus pragmati-

---

[800] Bundesministerium der Verteidigung (Hrsg.), Verteidigungspolitische Richtlinien 2003.
[801] Vgl. ebd.
[802] Dies waren die Achtung der Menschenrechte, die Beteiligung der Bevölkerung, Rechtsstaatlichkeit und die Gewährleistung von Rechtssicherheit, die Schaffung einer markt-freundlichen und sozial orientierten Wirtschaftsordnung sowie die Entwicklungsorientierung des staatlichen Handelns. Die fünf Kriterien wurden gern auch gegenüber Partnerländern zitiert, doch ihre konsequente Anwendung blieb zumeist aus. Siehe dazu im Detail Andreas Mehler, „Die neue deutsche Afrikapolitik", in: Mir A. Ferdowsi (Hrsg.), Afrika – Ein verlorener Kontinent? München 2004, S. 293-311, hier S. 295-296.

schen Gründen, ein umfassendes Afrikakonzept vorzulegen.[803] Das Auswärtigen Amt sprach sich allerdings im Rahmen der Leitlinien von Accra[804] ebenfalls für eine stärkere Politisierung der Entwicklungshilfe aus.

Die hohen Wertmaßstäbe ließen sich „in der politischen Praxis nur schwer einhalten".[805] Erst im Jahr 1998 legte das BMZ ein neues Strategiepapier zu Afrika vor, welches erstmals Bezüge auf die zivile Krisenprävention als Aufgabe der Entwicklungspolitik thematisierte.[806] Insgesamt fällt auf, dass die Konzeptualisierung der deutschen Afrikapolitik nach 1990 nur wenig voranschritt. Lediglich das BMZ, das die Themen Krisenbeilegung und Krisenprävention stärker in den Fokus rückte, entwickelte die konzeptionellen Grundlagen der Afrikapolitik weiter.

> „Die Ausarbeitung einer gemeinsamen Afrika-Strategie mit dem AA [Auswärtigen Amt, *Anmerkung des Verfassers*], das nach wie vor die Leitlinien von Accra (1993) hochhielt, wurde aber nicht zuletzt durch das Konkurrenzverhältnis der beiden Ministerien verhindert. (…) Kurz: Die deutsche Afrikapolitik blieb in den Jahren 1990 bis 1998 marginal und fragmentiert."[807]

Mit dem Amtsantritt der rot-grünen Bundesregierung gab es schließlich Bewegung in der Afrikapolitik. Bereits kurz nach Regierungsantritt, im Januar 1999, umriss Außenminister Fischer in einer programmatischen Rede die strategischen Ziele der deutschen Afrikapolitik: Deutschland wolle insbesondere Konfliktverhütung zu einem Thema der EU-Ratspräsidentschaft machen.[808] Ungeachtet dieses konzeptionellen Anspruchs blieben viele Ansätze auch in den Anfangsjah-

---

[803] Vgl. ebd. S. 296.

[804] Die Leitlinien wurden im Jahr 1993 auf einer Botschafterkonferenz in der Hauptstadt Ghanas verabschiedet. Sie stehen insofern für eine Politisierung der Afrikapolitik, als hier deutliche Erwartungen an die afrikanischen Partnerländer formuliert wurden. *Good Governance* wurde so zu einem Leitprinzip der Entwicklungshilfe, bei dem Staaten bevorzugt werden sollten, die politische und wirtschaftliche Reformen betrieben sowie Menschenrechte achteten. Siehe dazu Andreas Jungbauer, Deutsche Afrikapolitik in den 90er Jahren, Hamburg 1998, S. 60-68. Ein konzeptioneller Entwurf für eine neue deutsche Afrikapolitik waren die Punkte indes nicht. Vgl. Stefan Mair, „Schwer berechenbar und konzeptionslos. Die Praxis der deutschen Afrikapolitik divergiert von den langfristigen deutschen Interessen in Afrika", in: Epd-Entwicklungspolitik 13/1997, S. 33-38, hier S. 38.

[805] Corina Schukraft, „Die Afrikapolitik Deutschlands. Von der ‚freundlichen Vernachlässigung' hin zu einem stärkeren Engagement", in: Gisela Müller-Brandeck-Bocquet u. a. (Hrsg.), Die Afrikapolitik der Europäischen Union. Neue Ansätze und Perspektiven, Opladen u. a. 2007, S. 195-220, hier S. 206-207.

[806] Bundesministerium für wirtschaftliche Zusammenarbeit und Entwicklung (Hrsg.), Konzept für die deutsche entwicklungspolitische Zusammenarbeit mit den Ländern Afrikas südlich der Sahara, Bonn 1998.

[807] Schukraft, „Afrikapolitik", S. 210.

[808] Vgl. ebd., S. 211.

ren der rot-grünen Regierung auf der rhetorischen Ebene verhaftet. Erst nach dem Jahr 2000 machten sich substantielle Änderungen in der Afrikapolitik bemerkbar.

Die Bundesregierung nahm nun stärker die Bedeutung von Sicherheitsinteressen in den Blick – dies insbesondere nach dem 11. September 2001. Somit stellte erneut nicht ein Regierungswechsel, sondern ein externes Ereignis den Katalysator für eine gewisse Neuausrichtung der deutschen Sicherheitspolitik dar. Afrika als potentieller Rückzugsraum für Terroristen geriet nun zunehmend in den Fokus der öffentlichen Wahrnehmung. Damit ging eine sicherheitspolitische Aufwertung des Kontinents in der deutschen Außenpolitik einher – wenngleich ein traditionell geopolitisches Argument, die durch Armut und Instabilität ausgelösten Migrationsströme aus Afrika in den ‚Stabilitätsraum Europa', nach wie vor einen herausgehobenen Stellenwert für die Konzeption der deutschen Afrikapolitik hatte.[809] Das neu erwachte sicherheitspolitische Interesse an Afrika folgte daher verschiedenen Triebkräften, die zu größerer sicherheitspolitischer Aufmerksamkeit für den Kontinent führten: „Deutschland und Europa haben größtes Interesse an Sicherheit und Stabilität auf dem afrikanischen Nachbarkontinent."[810] Dieses Interesse ergab sich auch „aus den nationalen Interessen insofern, als Instabilitäten in Afrika indirekt oder direkt Konsequenzen für Europa und damit auch für Deutschland mit sich bringen".[811]

Während der zweiten Legislaturperiode der Regierung Schröder wurden auch innerhalb der rot-grünen Bundesregierung Stimmen für eine stärkere konzeptionelle Unterfütterung der Afrikapolitik laut. Dass die Bundesrepublik im Vergleich zu den Vereinigten Staaten und Großbritannien in Afrika „geopolitisch schwach" aussehe, argumentierten die Parlamentarische Staatssekretärin im BMZ, Uschi Eid, und ihr Parteikollege Helmut Asche (Bündnis 90/Die Grünen) in ihrem Strategiepapier zu Afrika aus dem Jahr 2003. Beide Staaten seien bereit, mehr Aufgaben auf dem Kontinent zu übernehmen. Auch wenn Eid und Asche den Begriff ‚geopolitisch' als Schlagwort ohne konkrete theoretische Reflexion nutzen, fordern sie in dem Papier, die Bundesrepublik müsse sich auch sicherheitspolitischen Herausforderungen auf dem Kontinent stellen.[812]

Nicht nur die konzeptionelle Ausgestaltung der Afrikapolitik unter sicherheitspolitischen Vorzeichen schritt im Laufe der rot-grünen Jahre voran. Die

---

[809] Vgl. ebd., S. 214.

[810] Dorothee Janetzke-Wenzel, „Die Afrikapolitik der Bundesregierung", in: Herta Däubler-Gmelin u. a. (Hrsg.), Afrika. Europas verkannter Nachbar. Band 1: Ansichten und Einsichten aus Theorie und Praxis, Frankfurt am Main 2007, S. 85-94, hier S. 87.

[811] Ebd., S. 87.

[812] Vgl. Uschi Eid und Helmut Asche, „Deutsche Interessen und Pflichten in Afrika. Thesen zu einer erweiterten Friedens- und Sicherheitspolitik der Bundesrepublik Deutschland in Afrika", in: Epd-Entwicklungspolitik 22/2003, S. 36-41.

Bundeswehr beteiligte sich im Jahr 2003 an einer EU-Mission in der Demokratischen Republik Kongo, die explizit mit Sicherheitsinteressen in Verbindung gebracht und geopolitisch begründet wurde. Die zeitlich auf rund zweieinhalb Monate begrenzte Mission *Artemis* zur Unterstützung von UN-Blauhelmtruppen, an der sich die Bundeswehr unter anderem mit Transportkapazitäten beteiligte, fand vom 12. Juni bis 1. September 2003 unter französischer Führung statt.[813] Offizielles Ziel war die Stabilisierung der Sicherheitslage in der Krisenregion rund um die Stadt Bunya, wo die UN-Mission aufgrund lokaler Unruhen Unterstützung benötigte.

Interessant ist in diesem Zusammenhang die offizielle Begründung durch Außenminister Fischer vor dem Bundestag: „[W]enn dieser Kontinent, unser direkter Nachbarkontinent, beginnt, die furchtbare Instabilität, die dort herrscht, zu exportieren, ist das Sicherheitsinteresse der Europäer im 21. Jahrhundert direkt betroffen."[814] Stabilitätserwägungen, Sicherheitsinteressen und geographische Nachbarschaft begegnen uns als offizielle Begründung für den Militäreinsatz. Die Äußerungen erinnern an Begründungen des Stabilitätsexports in die europäischen peripheren Regionen.

Die deutsche Teilnahme an der (letztlich erfolgreichen) Mission in der Stadt Bunya sei durch die damaligen Handlungsträger geopolitisch begründet und mit dieser Begründung auch akzeptiert worden, argumentiert im Rückblick ein Beobachter. Handeln mit Europa zur Stabilisierung einer wichtigen Nachbarregion, so die geopolitische Lesart der deutschen Beteiligung an dem Einsatz.[815] Tatsächlich begegnet uns in der Begründung Fischers für den Beitrag zu der Mission erneut die Idee des Stabilitätsexports in eine Region, die explizit aus geographischen Gründen (Zugang von Flüchtlingen in den europäischen ‚Stabilitätsraum') als Zielgebiet für die Durchsetzung deutscher Sicherheitsinteressen definiert wurde.

Die Lesart, die deutsche Beteiligung an der Mission *Artemis* als Ausfluss einer verstärkt geopolitisch ausgerichteten deutschen Afrikapolitik zu verstehen, greift dennoch zu kurz. Zum einen ist der deutsche Beitrag allenfalls als symbolisch zu bezeichnen: Frankreich stellte das Gros der Truppen und hatte auch das Kommando inne, während die Bundeswehr sich mit zwei Stabsoffizieren an der Planung sowie mit der Bereitstellung von Transportkapazitäten an der Durchführung der Operation beteiligte. Zudem galt die Mission weniger der Krisenprovinz

---

[813] Siehe dazu die Informationen auf den Internetseiten des Europäischen Rats: „DRC/Artemis", online unter http://consilium.europa.eu/showPage.aspx?id=605&lang=de (Zugriff am 17. November 2010).

[814] Joschka Fischer, zitiert nach Mehler, „Die neue deutsche Afrikapolitik", S. 305.

[815] Korrespondenz mit einem Angehörigen des Auswärtigen Dienstes der Bundesrepublik Deutschland, 2. Juni 2010.

204

per se als vielmehr der Demonstration europäischer Geschlossenheit angesichts der kurz zuvor manifest gewordenen europäischen Differenzen angesichts der Irak-Krise. Die Demonstration der außen- und sicherheitspolitischen Handlungsfähigkeit Europas stand daher ebenso im Mittelpunkt der Mission wie der Praxistest der neuen Europäischen Sicherheits- und Verteidigungspolitik.[816] In diesem komplexen Motivationsbündel mögen – auch für die deutsche Politik – durchaus geopolitische Ideen eine Rolle gespielt haben. Insgesamt jedoch standen bei der Durchführung der Mission *Artemis* innereuropäische Erwägungen weit mehr im Mittelpunkt als, zumal aus deutscher Sicht, eine Ausweitung der geopolitischen Interessenzone auf den afrikanischen Kontinent.

Die Militäroperation wirft ein Schlaglicht auf einen wichtigen Aspekt der deutschen Afrikapolitik: Während diese – trotz einer gewissen konzeptionellen Neuausrichtung – keine eigenständigen regionalen Initiativen betrieb, engagierte sich die Bundesrepublik stets im multilateralen Rahmen, etwa innerhalb der G8 und der EU, auf dem Nachbarkontinent. Der multilaterale Charakter der deutschen Afrikapolitik bei gleichzeitigem Ausbleiben eigener Initiativen lässt Zweifel an einer eigenständigen, geschweige denn geopolitisch motivierten, Rolle aufkommen. Diese multilaterale Ausrichtung der deutschen Afrikapolitik ist nicht der einzige Grund, an einer stärker geopolitischen Rolle Deutschlands in Afrika zu zweifeln. Auffallend ist darüber hinaus insbesondere die sich oft widersprechende, in Teilen konzeptionslose deutsche Politik. Neben den benannten Unterschieden zwischen den Ministerien wirkt vor allem die Implementierung konzeptioneller Ansätze äußerst unentschlossen.

Afrika wurde seitens der deutschen Außenpolitik auch deshalb lange vernachlässigt, da die Bundesrepublik sich wiederholt mit drängenderen Herausforderungen auf dem europäischen Kontinent konfrontiert sah. Hier sei vor allem die Lage auf dem Balkan erwähnt.[817] Die Krise um das Kosovo band einen Großteil der außen- und sicherheitspolitischen Ressourcen Deutschlands zu Beginn der rot-grünen Regierungszeit. Auch dies mag ein Grund dafür sein, warum die neuen Regierungsparteien ihren jahrelangen Anspruch nach einer Neuausrichtung der Afrikapolitik zunächst nicht in die Praxis umzusetzen vermochten.

Erst als auch Afrika nach dem 11. September 2001 verstärkt in den sicherheitspolitischen Fokus Europas geriet, lenkte die Bundesregierung größeres Engagement auf den Kontinent. Dies folgte dem allgemeinen Trend einer mangelnden strategischen Vorausschau und einer gewissen Sprunghaftigkeit der deutschen Außenpolitik. Geopolitische Momente sind allenfalls in Folge konkreter Herausforderungen zu beobachten, nicht jedoch als Teil einer konzeptionell

---

[816] Vgl. Mehler, „Die neue deutsche Afrikapolitik", S. 305 und Schukraft, „Afrikapolitik", S. 215.

[817] Vgl. etwa Schukraft, „Afrikapolitik", S. 209 und 211. Sowohl Mitte der 1990er Jahre als auch angesichts der Kosovo-Krise habe sich dieser Trend manifestiert, so Schukraft.

ausgereiften und vorausschauend umgesetzten geopolitischen Leitlinie. Als planvolle Ausweitung des Stabilisierungsansatzes auf den Kontinent, gar als Ausweitung der geopolitischen Interessenzone zur Gestaltung des geographischen Umfelds, können die deutschen Initiativen daher nicht bezeichnet werden. Selbst gegenüber den Staaten des nordafrikanischen Maghreb, die der Bundesrepublik geographisch am nächsten liegen und deren Entwicklung aus sicherheitspolitischen Gründen auch für Deutschland eine geopolitische Herausforderung darstellt, ist die deutsche Politik nach wie vor weitgehend konzeptionslos.[818] Ein gewisses Umdenken begann erst – abermals aufgrund einer konkreten Herausforderung – angesichts der Umbrüche in der arabischen Welt im Frühjahr 2011.[819]

Mit Blick auf den Nahen Osten ergibt sich ein ähnliches Bild. Auch hier gelang es der Bundesrepublik nicht, eine einheitliche, konzeptionell durchdachte und implementierte Politik zu etablieren. Gerade nach dem 11. September 2001 rückte die Region verstärkt in den Fokus der deutschen Politik. Außenminister Fischer war einer der Vorreiter dieses Wandels. Wiederholt betonte er die Bedeutung der Region für Deutschlands Sicherheit: „Hier also, im weiteren nahöstlichen Krisengürtel, wird in den nächsten Jahrzehnten dieses Jahrhunderts vor allem über Europas Sicherheit entschieden werden, und deswegen wird für die europäischen Interessen diese Region an der Spitze ihrer sicherheitspolitischen Agenda zu stehen haben."[820] Maull betont damit übereinstimmend geographische Faktoren, aufgrund derer die Nahostpolitik für Deutschland „von paradigmatischem Interesse"[821] sei. Entwicklungen in der Region im unmittelbaren Umfeld Europas, die durch gewaltträchtige Konflikte gekennzeichnet seien, beeinflussten die Sicherheit der Bundesrepublik unmittelbar. Auch und gerade für den Nahen Osten gelte es daher, zu Stabilität in der Region beizutragen.[822]

Der renommierte Nahostexperte Guido Steinberg fasst den aktuellen Stand der deutschen Nahostpolitik zusammen und argumentiert hingegen, dass es der deutschen Politik nach wie vor an einer Interessendefinition sowie an Strategien und Konzepten zu deren Umsetzung mangele. Zwar sei sich die deutsche Politik des Faktors Nachbarschaft zu der Region heute stärker bewusst als noch vor

---

[818] Vgl. Isabelle Werenfels, „Maghreb", in: Guido Steinberg (Hrsg.), Deutsche Nah-, Mittelost- und Nordafrikapolitik. Interessen, Strategien, Handlungsoptionen, SWP-Studie S15, Mai 2009, online unter http://www.swp-berlin.org/fileadmin/contents/products/studien/2009_S15_sbg_ks.pdf (Zugriff am 2. April 2011), S. 7-15, hier S. 7.

[819] Vgl. einführend Almut Möller, „Neue Wege für Nordafrika. Was bei einer Reform der EU-Mittelmeerpolitik berücksichtigt werden sollte", in: Internationale Politik 2/2011, S. 46-49.

[820] Fischer, Die rot-grünen Jahre, S. 28.

[821] Hanns W. Maull, „Die deutsche Nahostpolitik: Gescheiterte Ambitionen", in: ders., Harnisch und Grund (Hrsg.), Deutschland im Abseits?, S. 121-131, hier S. 121.

[822] Vgl. ebd., S. 121.

einigen Jahren – wodurch insbesondere Faktoren wie Migration relevant würden. Mit der Umsetzung dieser Erkenntnis in eine aktive, kohärente Nahostpolitik tue sich die Bundesrepublik aber nach wie vor schwer, auch wenn sie in der Region durchaus mehr Einflussmöglichkeiten habe, als dies in zeitgenössischen Diskussionen erscheine. An Gesamtkonzepten für die Region mangele es nach wie vor, weshalb auch die jeweiligen bilateralen Beziehungen durchweg nicht von durchdachten Konzepten geleitet seien.[823] Eine kohärente Stabilisierungspolitik unterblieb – sicher auch aufgrund der Vorherrschaft der Vereinigten Staaten von Amerika in den Regionalkonflikten der Region – ebenso wie eigene deutsche Initiativen. Auch mit Blick auf den Nahen Osten lässt sich daher nicht von einer eigenen, geopolitisch motivierten Stabilisierungspolitik sprechen.

Die deutsche Sicherheitspolitik unter dem Vorzeichen des Stabilitätsexports und mit der Maßgabe einer Gestaltung des geographischen Umfelds beschränkte sich im Wesentlichen auf den europäischen Kontinent. Hier stand zunächst die unmittelbare, später im Zuge der Balkan-Konflikte auch die mittelbare Nachbarschaft der Bundesrepublik im Mittelpunkt der Initiativen. Über den europäischen Kontinent hinaus lässt sich eine geographisch begründete, aktive Sicherheitspolitik allenfalls in rudimentären Ansätzen nachweisen.

Stabilitätsexport in eine für die Sicherheit der Bundesrepublik herausgehobene Region – diese Begründung begegnet uns schließlich auch im Zusammenhang mit dem deutschen Engagement in Afghanistan. Der ehemalige deutsche Botschafter in Afghanistan, Hans-Ulrich Seidt, bringt in einem Aufsatz über die Tradition der (geopolitisch motivierten) deutschen Afghanistanpolitik das gegenwärtige deutsche Engagement am Hindukusch mit der Stabilisierungspolitik in Europa in Verbindung. Bosnien im Westen und Afghanistan im Osten seien der Grenzbereich eines Großraumes, der sich großflächig mit der enorm rohstoffreichen „strategischen Ellipse" decke. Deutschland sei gefordert, eine Gesamtstrategie für die Region zu entwickeln und den Raum zu stabilisieren. Dies sei „zur eigenen Daseinsvorsorge unerlässlich".[824] Er zieht so eine Kontinuitätslinie des Stabilisierungsansatzes vom Balkan nach Afghanistan und interpretiert das deutsche Engagement explizit als geopolitisches Handeln.

Eine Betrachtung der konzeptionellen Grundlagen der deutschen Sicherheitspolitik verdeutlicht hingegen, dass geographische Gegebenheiten ausdrück-

---

[823] Vgl. Guido Steinberg, „Schlussfolgerungen: deutsche Politik gegenüber dem Nahen und Mittleren Osten und Nordafrika", in: ders. (Hrsg.), Deutsche Nah-, Mittelost- und Nordafrikapolitik, S. 74-80. Siehe zu den historischen Hintergründen auch Markus A. Weingardt, Deutsche Israel- und Nahostpolitik. Die Geschichte einer Gratwanderung seit 1949, Frankfurt am Main 2002. Nach wie vor lesenswert ist ein Sammelband aus dem Jahr 2001, der die Beziehungen der Bundesrepublik zu den Staaten des Nahen Ostens beleuchtet. Vgl. Volker Perthes (Hrsg.), Deutsche Nahostpolitik. Interessen und Optionen, Schwalbach 2001.
[824] Seidt, „Eurasische Träume", S. 20.

lich *keine* Begründung für das Engagement am Hindukusch waren. Im engeren Sinne kann dieses daher nicht als geopolitische Initiative verstanden werden. Die „Verteidigung Deutschlands am Hindukusch" verlagerte die politisch-militärische Projektion von Sicherheit vielmehr „weit in das Vorfeld jeder unmittelbaren Bedrohung".[825] Die deutsche Beteiligung an der nach den Terroranschlägen vom 11. September 2001 gestarteten *Operation Enduring Freedom*[826] war ebenso wie die Beteiligung an der Schutztruppe für Afghanistan[827] eine „Krisenentscheidung"[828] in direkter Folge der Terroranschläge vom September 2001. Die Entscheidung stand gleichwohl bereits in jenem Kontext, der auch die späteren langfristigen Planungsentscheidungen zur Neuausrichtung der deutschen Sicherheitspolitik prägte: Die Herausforderung des internationalen Terrorismus führte zu einer *globalen* Zielrichtung der deutschen Sicherheitspolitik, gewissermaßen zu deren Globalisierung.

Geographische Zusammenhänge verloren in diesem Zusammenhang ihre maßgebliche Bedeutung für die Definition des Zielgebiets der deutschen Sicherheitspolitik. Vor diesem Hintergrund ist die Frage zu stellen: „Ist im Zeitalter der Globalisierung räumliche Nähe bzw. Ferne wirklich hilfreich als Kriterium, um abzuschätzen, ob nationale Interessen betroffen sind?"[829] Nach dem 11. September 2001 wurde der „Staatszerfall in entlegenen Weltgegenden" – ausdrücklich unabhängig von geographischen Faktoren – zu einer zentralen Herausforderung für den Westen.[830] Erinnert sei in diesem Zusammenhang auch an das wichtigste konzeptionelle Grundlagendokument für die deutsche Sicherheitspolitik aus jenen Jahren: In Folge der Anschläge vom 11. September 2001 veröffentlichte das BMVg die Verteidigungspolitischen Richtlinien von 2003. Wesentliche Aussagen wurden bereits zitiert. An dieser Stelle sei erneut an die zentrale Aussage erinnert: „Dementsprechend lässt sich Verteidigung geografisch nicht mehr

---

[825] Klaus Naumann, Einsatz ohne Ziel? Die Politikbedürftigkeit des Militärischen (Bundeszentrale für politische Bildung Schriftenreihe Band 1037), Bonn 2010, S. 25.

[826] Im Rahmen dieses Kampfeinsatzes gegen den internationalen Terrorismus waren deutsche Truppen primär außerhalb Afghanistans eingesetzt.

[827] International Security Assistance Force (ISAF). Siehe zu Hintergründen und Verlauf der Mission Citha D. Maaß, „Die Afghanistan-Mission der Bundeswehr", in: Mair (Hrsg.), Auslandseinsätze der Bundeswehr, S. 78-87, Rüdiger Hulin (Hrsg.), Der ISAF-Einsatz. Die Bundeswehr in Afghanistan (German Defense Mirror), Bonn 2004 und Dieter Weiss, „Deutschland am Hindukusch", in: Aus Politik und Zeitgeschichte 43/2008, S. 6-14.

[828] Overhaus, NATO-Politik, S. 256.

[829] Stefan Mair, „Kriterien für die Beteiligung an Militäreinsätzen", in: ders. (Hrsg.), Auslandseinsätze der Bundeswehr", S. 11-19, hier S. 17.

[830] Siehe zu dieser Einschätzung ebd., S. 17-18.

eingrenzen, sondern trägt zur Wahrung unserer Sicherheit bei, *wo immer diese gefährdet ist.*"[831]

Dies ist ein deutlicher Wandel verglichen mit der Situation, in der die Bedrohungslage primär geographisch beschreibbar war, in der auch das Operationsgebiet der deutschen Sicherheitspolitik (insbesondere) aufgrund geographischer Zusammenhänge definiert wurde. In dieser geographischen Begründung lag der spezifisch geopolitische Charakter der entsprechenden Initiativen. Die Herausforderung des Terrorismus erforderte erneut die Beschäftigung mit Krisenprävention in instabilen Zonen, dies jedoch vor dem Hintergrund einer „Entgrenzung"[832] der Sicherheitspolitik. Die Bundesrepublik gab mit diesem grundlegenden konzeptionellen Wandel ihre Konzentration auf den euro-atlantischen Raum und die unmittelbar angrenzenden Regionen auf, womit auch die geographische Begründung für Stabilisierungsbemühungen weniger relevant wurde. Das Engagement in Afghanistan war der erste praktische Ausdruck dieser konzeptionellen Neuausrichtung mit ihrem globalen Anspruch. Insofern bildete der Ansatz des Stabilitätsexports weiterhin den inhaltlichen Rahmen für die deutsche Sicherheitspolitik, wenn auch nun in einem nicht mehr geopolitischen Sinne.

Gleichwohl begegnen uns auch bei einem Blick auf die an Afghanistan angrenzende Region Zentralasien erneut klare geopolitische Begründungen in der deutschen Politik – im Zusammenhang mit der internationalen Energiepolitik. Diese Ansätze werden im folgenden Kapitel untersucht.

---

[831] Bundesministerium der Verteidigung (Hrsg.), Verteidigungspolitische Richtlinien 2003 (Hervorhebung des Verfassers).

[832] Meyer, Von der Entgrenzung nationaler deutscher Interessen.

## 5.4 Zwischenfazit: Stabilitätsexport als Leitlinie der deutschen Sicherheitspolitik?

„Als der Kalte Krieg zu Ende ging, waren wir kurzzeitig in einer Art Friedenseuphorie. Dann aber waren wir auf einmal doch wieder mitten drin in der Geschichte. Diese Probleme waren drängend, so eben auch die Stabilität unserer Nachbarn".[833] Insbesondere wegen des geographischen Moments der räumlichen Nähe sah sich die Bundesrepublik nach dem Kalten Krieg mit fundamental gewandelten geopolitischen Gegebenheiten – und eben auch mit neuen geopolitischen Herausforderungen – konfrontiert. Vor diesem Hintergrund strukturierten drei Fragen die vorangegangene Untersuchung: Wie wirkten die geopolitischen Veränderung auf Deutschlands Sicherheitspolitik? Folgte die deutsche Politik als Reaktion auf die neuen geopolitischen Herausforderungen einem eigenen (strategisch geplanten) geopolitischen Ansatz? Wie lässt sich dies im Spannungsfeld von Anspruch und Wirklichkeit darstellen? Gerade wegen der Tabuisierung der Geopolitik in Deutschland und der oft beschriebenen ‚Interessenlosigkeit' der deutschen Außen- und Sicherheitspolitik kommt der Beantwortung dieser Fragen eine besondere Bedeutung zu. Nach dem bisherigen Verlauf der Analyse ist ein Zwischenfazit angezeigt, das die bisher gewonnenen Erkenntnisse zusammenfasst und einordnet.

Die vorangegangene Analyse beleuchtete die konzeptionelle und die praktische Seite des Stabilitätsexports als Zielformulierung der deutschen Sicherheitspolitik. Blicken wir zunächst auf die konzeptionelle Ebene der deutschen Sicherheitspolitik. Stabilität in die instabile europäische Peripherie zu exportieren, den europäischen ‚Stabilitätsraum' zu erweitern und einen Sicherheitsgürtel um die Bundesrepublik zu etablieren: Dieser Ansatz zeigte sich im Untersuchungszeitraum als eine deutlich formulierte konzeptionelle Leitidee, als ein Leitgedanke der Politik und drückte die grundlegende Zielvorstellung der deutschen Sicherheitspolitik und deren generelle Ausrichtung aus. Er basierte nicht auf einer ausformulierten Konzeption, geschweige denn auf einem grundlegenden strategischen Dokument, das der Politik einen Orientierungsrahmen bieten könnte. Eine umfassende Konzeption für die deutsche Außen- und Sicherheitspolitik, wie sie etwa die amerikanische Regierung in unregelmäßigen Abständen vorlegt, ist seitens der Bundesregierung bislang nicht erarbeitet worden.[834] Der Stabilisie-

---

[833] Interview mit Oberst i.G. Ralph Thiele, geführt am 27. Oktober 2010.
[834] Diese Problematik beschreibt Sven Bernhard Gareis, „Die Organisation deutscher Sicherheitspolitik. Akteure, Kompetenzen, Verfahren und Perspektiven", in: Böckenförde und Gareis (Hrsg.), Deutsche Sicherheitspolitik, S. 79-96, hier S. 92.

rungsansatz war vielmehr eine an sich zunächst vage Leitidee der deutschen Sicherheitspolitik, deren Anspruch sich in einer Vielzahl rhetorischer Formulierungen und konzeptioneller Dokumente widerspiegelte und deren jeweilige konkrete Ausgestaltung zu einer zentralen strategischen Aufgabe der deutschen Sicherheitspolitik nach dem Kalten Krieg wurde. Ausgereifte und umfassende geopolitische Konzepte, die sodann stringent umgesetzt wurden, lagen den deutschen Stabilisierungsbemühungen daher nicht zugrunde, allenfalls vage „Leitlinien" sind erkennbar.[835]

Ungeachtet dieses zunächst vagen Charakters entsprechender Erörterungen: Als Bezugspunkt für jeweilige konkrete Ausformulierungen erscheint der Ansatz gleichwohl als ein konzeptioneller ‚roter Faden' der deutschen Sicherheitspolitik. Wiederholt war der Stabilisierungsansatz Grundlage für entsprechende konkrete Ausformulierungen, deren Vielfalt ein Zitat Rühes aus dem Jahr 1996 verdeutlicht: „In Zentral- und Osteuropa gewinnen wir Stabilität durch Öffnung unserer Bündnisstrukturen für neue Mitglieder und vertiefte Kooperation mit anderen; im früheren Jugoslawien sichern wir einen noch brüchigen Frieden militärisch ab, damit er von innen heraus wachsen kann".[836] Von der Krisenprävention mittels finanzieller und diplomatischer Anstrengungen über Ansätze des *State Building* bis hin zu militärischen Interventionen angesichts akuter Konflikte reichten die konkreten Initiativen, um diese Zielvorstellung umzusetzen.

In diesem Zusammenhang kam geographischen Gegebenheiten eine überragende Bedeutung für die Neuausrichtung der deutschen Sicherheitspolitik nach dem Kalten Krieg zu. Die geopolitischen Herausforderungen für die deutsche Politik machten eine Thematisierung geopolitischer Zusammenhänge notwendig, wirkten als Triebkraft für eine ‚Renaissance der Geopolitik'. Ausgangspunkt all jener Überlegungen war die Mittellage der Bundesrepublik im ‚Stabilitätsraum Europa', darauf aufbauend zielte der Stabilisierungsansatz auf Einflussnahme in den jeweiligen Zielregionen in der ‚instabilen Peripherie' ab. In welche Räume es Stabilität zu exportieren galt – dies war eine Entscheidung, die vor allem vor dem Hintergrund geographischer Zusammenhänge getroffen wurde. Der Peripherie des ‚Stabilitätsraums Europa' wurde in diesem Zusammenhang besondere Bedeutung für Deutschlands Sicherheit beigemessen, auf diesem Raum lag das Hauptaugenmerk sicherheitspolitischer Entscheidungsträger: Einen erweiterten ‚Stabilitätsraum' zu schaffen, einen Sicherheitsgürtel um den ‚Stabilitätsraum' zu etablieren und so das geographische Umfeld zu gestalten – dies war *der* konzeptionelle Kern der deutschen Sicherheitspolitik.

Diese Erkenntnisse sind vor dem Hintergrund der oft beschriebenen ‚Interessenlosigkeit' der deutschen Außen- und Sicherheitspolitik durchaus interes-

---

[835] Siehe zu dieser Einschätzung Brill, „Geopolitik und deutsche Ostpolitik", S. 46.
[836] Rühe, „Mut zur Verantwortung".

sant. Die deutsche Sicherheitspolitik basierte – allemal auf der konzeptionellen Ebene – nicht nur auf klar formulierten geopolitischen Interessen, sondern sie folgte auch dem Anspruch einer Suche nach Einflussmöglichkeiten in geopolitischen Schlüsselregionen. Fürwahr, den geopolitischen Interessen stand stets eine starke Betonung idealistischer Zielvorstellungen gegenüber. Auch die rhetorische Überlagerung realpolitischer Interessen mit moralischen Zielen fällt, gerade bei einem Blick auf die Balkanpolitik, ins Auge. Von einem „Übermaß an moralischem Impetus"[837] spricht daher Puglierin. Die vorangegangenen Ausführungen zeigen hingegen, dass dieser Einschätzung nur bedingt zuzustimmen ist. Gerade die konzeptionellen Grundlegungen zur deutschen Sicherheitspolitik verdeutlichen eine unverkennbare Formulierung realpolitischer Interessen, deren Durchsetzung insbesondere vor dem Hintergrund der geographischen Lage der jeweiligen Zielregion angestrebt wurde: Interessenformulierung kennzeichnete die konzeptionelle Seite der deutschen Sicherheitspolitik, während geographische Überlegungen deren angestrebtes Operationsgebiet kennzeichneten.

Trotz der Absage an alles Geopolitische bildete der geopolitische Ansatz faktisch die Grundlage für die deutsche Sicherheitspolitik – basierend auf jenen Kriterien, die als konstitutiv für geopolitisches Handeln gelten können. Er verband in der allgemeinen Zielformulierung sowie in den jeweiligen konkreten Ausformulierungen die grundlegende Bedeutung von Raumfaktoren mit dem Anspruch nach Gestaltung in geopolitischen Schlüsselregionen.

Entsprang der Stabilisierungsansatz, der in eine solch deutliche Formulierung eines geopolitischen Ansatzes mündete, nun auch einer bewussten Reflexion der Geopolitik, zumindest aber einer konzeptionellen Beschäftigung mit den sicherheitsrelevanten Raumfaktoren? Oder waren die jeweiligen Umsetzungen das Ergebnis eines unbewussten, unreflektierten geopolitischen Handelns, dem letztlich andere Motivationen zugrunde lagen und das sich erst in der Rückschau als geopolitisches ‚Programm' darstellt? Inwiefern also war der Ansatz ein Ausfluss gezielter strategischer, raumbezogener Planung?

Eine direkte Umsetzung geopolitischer Theorien in die politische Praxis im Sinne einer theoriegeleiteten Geopolitik ist im Untersuchungszeitraum nicht zu beobachten. Dahingegen sind durchaus Bemühungen der Politik erkennbar, geopolitische Faktoren strategisch reflektiert zur Grundlage der Sicherheitspolitik zu machen, ja sich konzeptionell mit raumbezogenen Momenten zu beschäftigen. In aller Deutlichkeit zeigen die analysierten Reden und Stellungnahmen die Betonung von Raumfaktoren als Grundlage für die Sicherheit der Bundesrepublik, in aller Deutlichkeit spricht gerade aus den sicherheitspolitischen Grundlagendokumenten die dezidierte Thematisierung und Analyse geographischer Zusam-

---

[837] Puglierin, Zwischen realistischen Interessen und moralischem Anspruch, S. 66.

menhänge. Eine bewusste, gezielte Auseinandersetzung mit den entsprechenden geographischen Faktoren ist bei einem Blick auf die konzeptionellen Grundlagendokumente insgesamt unverkennbar. Deutlich tritt auch der damit direkt verbundene sicherheitspolitische Impetus zutage. Praktisches geopolitisches Handeln begegnet uns somit als pragmatisches Anerkennen geopolitischer Gegebenheiten und Dynamiken. In diesem Sinne war der Ansatz des Stabilitätsexports ein Ausdruck praktischer geopolitischer Überlegungen in der deutschen Außen- und Sicherheitspolitik, wirkten geopolitische Erfahrungen und Einsichten auf die Formulierung der deutschen Sicherheitspolitik.

Neben den (raumbezogenen) sicherheitspolitischen Überlegungen bestimmten gleichwohl stets weitere Handlungsmotivationen die deutsche Sicherheitspolitik. Konkrete Umsetzungen des Stabilitätsansatzes waren daher immer auch der Ausfluss von Entscheidungsprozessen, die von einer Vielzahl unterschiedlicher Bestimmungsfaktoren gekennzeichnet waren. Deren jeweilige Relevanz wurde in den Fallstudien verdeutlicht, sie variierte von Fall zu Fall; während sie im Falle der NATO-Osterweiterung kaum ins Gewicht fiel und diese Initiative als originäre geopolitische Initiative gelten kann, fiel die Überlagerung des geopolitischen Anspruchs mit weiteren Motivationen bei der Analyse der Balkanpolitik in aller Deutlichkeit auf. In allen Fällen kam geographischen Gegebenheiten gleichwohl die Rolle eines Katalysators zu, sie bestimmten das ‚Wo' des Engagements und auch dessen Notwendigkeit.

Die größte Stringenz geopolitischer Erörterungen kennzeichnete daher zweifelsohne die konzeptionelle Seite der Politikformulierung. Zumal auf dieser rhetorischen Ebene war der Ansatz eine Leitidee der deutschen Sicherheitspolitik: Die Erweiterung des ‚Stabilitätsraums', das Schließen eines Sicherheitsgürtels um Europa – dies waren, auch wenn sie häufig neben weiteren Handlungsmotiven standen, durchaus klar benannte Zielvorstellungen der deutschen Politik. So klar der konzeptionelle Anspruch geäußert wurde, so zwiespältig muss indes eine Bewertung der Umsetzung in die politische Praxis ausfallen. Diese verlief deutlich weniger planvoll als die konzeptionelle Stringenz dies vermuten lässt.

Zwei Initiativen wurden in der Analyse untersucht. Dabei stach lediglich die Initiative der NATO-Osterweiterung heraus, bei der Anspruch und Wirklichkeit in großen Teilen deckungsgleich waren. Gerade der Blick auf die Balkanpolitik ließ hingegen Zweifel an der Vermutung aufkommen, dass die Leitidee des Stabilitätsexports auch die praktische Politik gleichsam als ‚Leitlinie' prägte. Hier standen andere Handlungsmotive neben den geopolitischen Interessen. Entsprechendes Handeln war kein Ausfluss eines strategisch geplanten und implementierten Ansatzes, sondern vielmehr das Ergebnis eines komplexen Prozesses, der innen- und bündnispolitische Bestimmungsfaktoren und Erwägungen ebenso umfasste wie idealistische Zielvorstellungen.

Während auch in der Balkanpolitik geopolitische Interessen durchaus einen festen Platz in den konzeptionellen Überlegungen und deklaratorischen Grundlegungen hatten, folgte die praktische Politik diesem deutlich formulierten Anspruch lange Zeit nicht. Erst angesichts einer konkreten Krise im Kosovo formulierte die Regierung Schröder eine Politikinitiative, die auf dem Leitgedanken des Stabilitätsexports basierte. Von einer stringent umgesetzten geopolitischen Leitidee zur Gestaltung des geographischen Umfelds kann daher nicht die Rede sein. So klar der Anspruch des Stabilitätsexports konzeptionell geäußert wurde, so sehr erscheint die praktische Umsetzung im Rückblick wie Stückwerk. Zu diesem Eindruck trägt auch die Feststellung bei, dass die Bundesrepublik dem Stabilisierungsansatz in den Regionen weniger Bedeutung beimaß, wo eigene Interessen scheinbar nicht unmittelbar betroffen waren – wie insbesondere die Analyse der Politik gegenüber Afrika und dem Nahen Osten nahe legte.

Fasst man diese Erkenntnisse zusammen, so wirkt vor allem die *praktische* deutsche Sicherheitspolitik im Rückblick äußerst reaktiv. Sie konzentrierte sich stets auf die Reaktion auf unmittelbare Krisen, Bedrohungen und Herausforderungen. Im historischen Rückblick erscheint etwa die schrittweise Ausweitung der deutschen Interessenzone als planvolle Erweiterung des Operationsgebiets der Stabilisierungspolitik, das sich ursprünglich auf die Länder Mittelosteuropas und damit auf die ganz unmittelbare Nachbarschaft der Bundesrepublik bezog und während des Kosovo-Krieges auch auf die Staaten Südosteuropas ausgeweitet wurde. Dies legt auf den ersten Blick eine stufenweise Ausweitung des europäischen ,Stabilitätsraums' nahe. Andererseits wird jedoch deutlich, dass diese Ausweitung der geopolitischen Interessenzone in den jeweiligen Einzelfällen vor allem eine Reaktion auf unmittelbare Krisen war: Die Furcht vor Instabilität an der deutschen Ostgrenze, später dann die Furcht vor Migrationsströmen aus dem Balkanraum angesichts einer humanitären Tragödie – stets ging die Ausweitung der Interessenzone mit konkreten Sicherheitsherausforderungen und Bedrohungen einher, die ein deutsches Engagement notwendig erscheinen ließen. In dieses Muster lässt sich auch die Feststellung einordnen, dass eine Ausweitung der Stabilisierungspolitik auf außereuropäische Regionen ausblieb. Keine unmittelbare Krise bzw. Herausforderung in jenen Regionen schien deutsches Handeln notwendig zu machen.

Angesichts dieser wenig weitsichtigen Grundmentalität der deutschen Sicherheitspolitik bot die Idee des Stabilitätsexports eine gewisse Orientierung. Sie stellte eine Art ,Kompass' dar, auf den die deutsche Politik sich angesichts konkreter Herausforderungen beziehen konnte. Der Stabilisierungsansatz stand insgesamt jedoch eher Pate für Krisenreaktionen, in die die Bundesrepublik ge-

214

drängt wurde, leitete die deutsche Sicherheitspolitik hingegen nicht antizipierend. Praktisches sicherheitspolitisches Handeln wirkt im Rückblick unzureichend strategisch geplant, eher sprunghaft als langfristig angelegt und vielmehr von einer gewissen Ad hoc-Mentalität gekennzeichnet.

Insofern ist zusammenfassend der Einschätzung des Politikwissenschaftlers Carlo Masala zuzustimmen, dass die Außen- und Sicherheitspolitik der Bundesrepublik den neuen internationalen Gegebenheiten nur bedingt angepasst worden sei: „Dort wo dies geschah, erfolgte die Anpassung spontan und nicht als Teil einer grundlegenden außen- und sicherheitspolitischen Strategie, die das Ziel verfolgte, die außenpolitische Staatsräson des wiedervereinigten Deutschlands neu zu bestimmen."[838] Vor diesem Hintergrund ist es umso interessanter zu untersuchen, wie die Bundesrepublik auf eine weitere geopolitische Herausforderung reagierte, die die deutsche Sicherheit zunächst – scheinbar – nicht unmittelbar zu bedrohen schien. Die Analyse wendet sich nun der Energiepolitik und ihren geopolitischen Implikationen zu.

---

[838] Carlo Masala, „Möglichkeiten einer Neuorientierung deutscher Außen- und Sicherheitspolitik", in: Aus Politik und Zeitgeschichte 43/2008, S. 22-27, hier S. 24.

# 6 Vor neuen Herausforderungen: Deutschland und die Energie-Geopolitik, 2006-2009

## 6.1 Energiepolitik ist Geopolitik: Energie als ‚Machtwährung der internationalen Beziehungen'

„Auch wenn künftig Konkurrenzsituationen zunehmen, Energie darf nicht zur Machtwährung in den internationalen Beziehungen werden."[839] Mit diesem Plädoyer vom März 2006 steckte der damalige Bundesaußenminister Frank-Walter Steinmeier die Vorstellung der deutschen Bundesregierung zur internationalen Energiepolitik ab. Das Zitat verdeutlicht den Anspruch nicht nur der Großen Koalition von 2005 bis 2009, Energieversorgung als primär marktwirtschaftliche Aufgabe zu verstehen und eben nicht als eine Frage von Machtpolitik, geopolitischen Erwägungen und staatlicher Intervention. Lange Zeit galt die Energieversorgung dementsprechend in Deutschland als ausschließliches Thema der Wirtschaftspolitik.

Ein Blick auf die internationale Energiepolitik der vergangenen Jahre zeigt hingegen Trends, die in eine andere Richtung weisen: Energieversorgung und Energiepolitik werden zunehmend von machtpolitischen und geopolitischen Erwägungen dominiert. Die Bundesrepublik ist somit vor eine dezidiert geopolitische Herausforderung gestellt. Es gibt eine Reihe von Anzeichen dafür, dass Energiesicherheit sich als *das* geopolitische Konfliktfeld des 21. Jahrhunderts herauskristallisiert, dass sich an der Schnittstelle von Geographie, Geologie und internationaler Politik eine Neuordnung der internationalen Machtverhältnisse abzeichnet. Diese werden auf den folgenden Seiten näher beleuchtet. Anhand dreier Charakteristika wird der Zusammenhang von Geopolitik und internationaler Energiepolitik verdeutlicht. So lassen sich geopolitische Entwicklungen im Energiesektor zusammenfassend darstellen, bevor ausgewählte Aspekte dieser Zusammenschau in späteren Kapiteln erneut aufgegriffen und vertieft werden.

Eine einschränkende Bemerkung ist an dieser Stelle angebracht. Selbstverständlich ist Energiepolitik von mehr Faktoren als nur geopolitischen Erwägun-

---

[839] Frank-Walter Steinmeier, „Energie-Außenpolitik ist Friedenspolitik", in: Handelsblatt, 23. März 2006.

gen geprägt, und selbstverständlich ist der Energiesektor komplexer, als dass man ihn allein mit einer geopolitischen Analyse darstellen könnte. Zudem sind die Märkte für Öl und Gas unterschiedlich strukturiert, was für Produzenten wie Verbraucher unterschiedliche Implikationen hat. Während für Öl ein (nicht perfekter und durchaus politisierter) weltweiter Markt besteht, zu dem die Verbraucher Zugang haben, werden Gasvorkommen mittels eines leitungsgebundenen Transportsystems und aufgrund langfristiger Verträge von den Produzenten zu den Verbrauchern geliefert. Diese Besonderheiten verhindern die Herausbildung eines weltweiten Marktes. Vielmehr finden sich hier bilaterale Verträge und regionale Märkte.[840] Die Energiemärkte sind zudem von einer Vielzahl von Akteuren geprägt. Neben Konzernen und anderen nichtstaatlichen Akteuren spielen auch Staaten eine Rolle im komplexen Geflecht des Energiesektors. Diese üben mittels diplomatischer Unterstützung für Energiekonzerne sowie über die direkte Kontrolle von Staatskonzernen Einfluss auf den Sektor aus. Auf diese Weise spielen politische und strategische Entscheidungen in den Energiesektor hinein. Eine Politisierung der Öl- und Gasmärkte ist dadurch zweifellos gegeben. An dieser Stelle ist es nun geboten, aus politikwissenschaftlicher Sicht aus diesem komplexen Beziehungsgeflecht jene Faktoren herauszuarbeiten, die einen spezifisch geopolitischen Charakter haben.

### 6.1.1 Geographie: Energierohstoffe im Fokus

Grundlage für jede geopolitische Betrachtung der internationalen Politik ist die Bedeutung, die geographischen Faktoren für die Abläufe der internationalen Politik zukommt. Im Falle der Energiepolitik sind diese geographischen bzw. geologischen Faktoren insbesondere Rohstoffe, hier vor allem die fossilen Energieträger Öl und Gas. Öl und Gas haben überragende Bedeutung für das Funktionieren von Volkswirtschaften, sie sind gleichsam „Schmiermittel für den sich immer schneller drehenden Motor der Weltwirtschaft."[841] Insbesondere Öl als alleiniger Energieträger des Verkehrs- und Transportsektors ist eine zurzeit noch alternativlose und „notwendige Voraussetzung für das Funktionieren eines neur-

---

[840] Vgl. etwa Enno Harks, Der globale Ölmarkt. Herausforderungen und Handlungsoptionen für Deutschland, SWP-Studie S11, Mai 2007, online unter http://www.swp-berlin.org/fileadmin/contents/products/studien/2007_S11_hrk_ks.pdf (Zugriff am 2. Juli 2009) und Friedemann Müller, „Geopolitische Marktstörungen bei endlichen Ressourcen", in: Zeitschrift für Energiewirtschaft 29 (2005) 3, S. 197-204. Aus diesem Grund stehen in dieser Fallstudie Fragen der Gas-Transportinfrastruktur im Mittelpunkt der Betrachtungen, da diese in besonderem Maße von geographischen Gegebenheiten abhängig sind.
[841] Thomas Seifert und Klaus Werner, Schwarzbuch Öl. Eine Geschichte von Gier, Krieg, Macht und Geld, Wien 2005, S. 17.

algischen volkswirtschaftlichen Sektors."[842] Gas wiederum wird in den kommenden Jahrzehnten eine zunehmend wichtigere Rolle im Energiemix vieler Länder spielen, da es im Vergleich zu anderen Energieträgern als eine umweltfreundlichere Alternative gilt. Öl und Gas sind weit mehr als ‚normale' wirtschaftliche Güter: Die Energierohstoffe sind die bedeutendsten strategischen Ressourcen auf dem Planeten,[843] entscheiden mit über Wohl und Wehe von Regierungen, Volkswirtschaften und Nationen. Michael Klare, einer der führenden amerikanischen Energieexperten, spricht gar von einer neuen Weltordnung der Energie (*„New Energy World Order"*), in der Energievorkommen Einfluss bedeuten und der Zugang zu den Vorkommen zu einer entscheidenden Frage der internationalen Politik wird.[844]

Neben der herausgehobenen Bedeutung der Rohstoffe für das Wohlergehen von Volkswirtschaften und Nationen wäre deren Bedeutung bei unbegrenzter Verfügbarkeit weit geringer. Ein geographisches Charakteristikum untermauert die strategische Bedeutung von Öl und Gas: die geographische Konzentration der Vorkommen. Daraus folgt wiederum eine steigende Importabhängigkeit der Verbraucher.

Die weltweiten Ölvorkommen konzentrieren sich insbesondere in der als ‚strategische Ellipse' bezeichneten Weltgegend vom Nahen Osten über das Kaspische Meer und Zentralasien bis nach Sibirien: Fast 60 Prozent der konventionellen Ölreserven[845] lagern allein in den Staaten des Mittleren Ostens, knapp über 10 Prozent in Europa und Eurasien – wobei der größte Teil auf die Staaten der GUS entfällt.[846] Da die Reserven in den anderen Fördergebieten schneller zur Neige gehen als im Mittleren Osten, wird die Konzentration der Vorkommen in dieser Region in Zukunft weiter zunehmen.[847] Zu den „Verschiebungen in der Geographie der Produktion"[848] zählt ferner der Rückgang der Produktion in den

---

[842] Harks, Der globale Ölmarkt, S. 7.

[843] Siehe zu dieser Einschätzung Michael Klare, Rising Powers, Shrinking Planet. The New Geopolitics of Energy, New York 2008, S. 7.

[844] Vgl. ebd., S. 7-10.

[845] Unter *Reserven* sind die derzeit technisch und wirtschaftlich gewinnbaren Mengen zu verstehen. *Ressourcen* hingegen schließen auch solche nachgewiesenen Vorkommen ein, die derzeit nicht wirtschaftlich und/oder technisch gewinnbar sind. Ressourcen umfassen auch geologisch mögliche Vorkommen, die noch nicht nachgewiesen sind. Vgl. Peter Gerling, Hilmar Rempel, Ulrich Schwarz-Schampera und Thomas Thielemann, „Kohle und Co.", in: Erich Follath und Alexander Jung (Hrsg.), Der neue Kalte Krieg. Kampf um die Rohstoffe (Bundeszentrale für Politische Bildung Schriftenreihe Band 654), Bonn 2007, S. 313-336, hier S. 332.

[846] Vgl. British Petroleum (Hrsg.), BP Statistical Review of World Energy, London Juni 2010, S. 6.

[847] Vgl. Friedemann Müller, Energie-Außenpolitik. Anforderungen veränderter Weltmarktkonstellationen an die internationale Politik, SWP-Studie S33, November 2006, online unter http://www.swp-berlin.org/fileadmin/contents/products/studien/2006_S33_mlr_ks.pdf (Zugriff am 2. Juli 2009), S. 9.

[848] Dietmar Dirmoser, Energiesicherheit. Neue Knappheiten, das Wiederaufleben des Ressourcennationalismus und die Aussichten für multilaterale Ansätze (Friedrich-Ebert-Stiftung – Kompass 2020:

OECD-Ländern: In den Vereinigten Staaten von Amerika ist die Produktion rückläufig, auch das Nordsee-Öl geht zur Neige.[849] Die Abhängigkeit von wenigen (politisch oft instabilen) Förderländern wird sich daher in Zukunft weiter verschärfen. Der Anteil der Gaseinfuhren der Europäischen Union wird Schätzungen zufolge bis zum Jahr 2030 von 57 Prozent auf 84 Prozent ansteigen, bei Erdöl wird sich die prognostizierte Importquote von 82 Prozent auf 93 Prozent erhöhen.[850]

Mit dieser Konzentration geht eine weltweite Verknappung der Ölvorkommen insgesamt einher: Wie lange diese die steigende Nachfrage werden befriedigen können, ist heftig umstritten. Jenseits der teils alarmistischen Prognosen, dass das Fördermaximum – *Peak oil* – bereits überschritten sei, gehen die meisten Schätzungen davon aus, dass der Peak der Ölförderung zwischen 2020 und 2025 erreicht sein wird.[851] „Das Problem besteht mittelfristig nicht in der mangelnden Verfügbarkeit und Erschöpfung der Vorräte. Die Risiken der nächsten Jahrzehnte liegen vor allem in geopolitischen Faktoren",[852] urteilt mit Heinrich Kreft einer der führenden deutschen Energieexperten. Das knapper werdende Öl wird indes eine rasant steigende Nachfrage bedienen müssen: Schätzungen gehen von einem Anstieg der Nachfrage von 2004 bis 2030 um 57 Prozent aus. In der (tatsächlichen oder perzipierten) Verknappung der weltweiten Ölvorkommen bei rasant steigender Nachfrage liegt ein Hauptgrund für die Nervosität auf den internationalen Energiemärkten.[853]

Den Gasvorkommen wiederum wird eine längere Lebensdauer prognostiziert, die Vorkommen werden noch für Jahrzehnte reichen.[854] Russland verfügt

---

Deutschland in den internationalen Beziehungen – Ziele, Instrumente, Perspektiven), Bonn 2007, S. 10.

[849] Vgl. ebd., S. 10.

[850] Vgl. Klaus Brummer und Stefani Weiss, Europa im Wettlauf um Öl und Gas. Leitlinien einer europäischen Energieaußenpolitik, Gütersloh 2007, S. 8.

[851] Zur Debatte um das Fördermaximum bei Rohöl siehe insbesondere die grundlegende Studie von M. King Hubbert aus dem Jahr 1956, in der dieser das Fördermaximum in den Vereinigten Staaten (korrekt) für die frühen 1970er Jahre vorhersagte. Die ‚Hubbertkurve' stellt die Förderung von Öl dar und hat die Form einer Glocke, wobei der höchste Punkt der Kurve als Peak der Ölförderung bezeichnet wird. Vgl. M. King Hubbert, Nuclear Energy and the Fossil Fuels (Shell Development Company Publication No. 95), Houston 1956, online unter http://www.hubbertpeak.com/hubbert/1956/1956.pdf (Zugriff am 14. September 2010). Siehe ferner Steffen Bukold, Öl im 21. Jahrhundert. Band 1: Grundlagen und Kernprobleme, München 2009, S. 155-214 sowie Alexander Jung, „Wie lange noch?", in: Follath und Jung (Hrsg.), Der neue Kalte Krieg, S. 84-97.

[852] Heinrich Kreft, „Die geopolitische Dimension der Energiesicherheit aus deutscher und europäischer Sicht", in: Reinhard C. Meier-Walser (Hrsg.), Energieversorgung als sicherheitspolitisches Problem (Berichte und Studien, Hanns-Seidel-Stiftung, 88), München 2007, S. 31-49, hier S. 37.

[853] Vgl. Klare, Rising Powers, S. 32-33.

[854] Vgl. Jung, „Wie lange noch?", S. 90.

mit fast 24 Prozent über die weltweit größten Reserven, gefolgt von Iran mit rund 16 Prozent und Katar mit rund 14 Prozent. Mit insgesamt fast 41 Prozent ist der Nahe Osten die wichtigste Region zur Versorgung der Welt mit Erdgas.[855] Bezogen auf die Erdgasvorkommen liegt Europa in einer geographisch äußerst günstigen Position: 80 Prozent der Weltreserven liegen in einem Umkreis von rund 4000 Kilometern – also just jener Distanz, für die der Transport von Erdgas über Pipelines rentabel ist.[856] Wegen der leitungsgebundenen Transporte von Erdgas – der Handel mit LNG (*Liquefied Natural Gas,* Flüssigerdgas), das mit Tankern transportiert wird, steckt weltweit, aber auch insbesondere mit Blick auf die Situation in der Bundesrepublik, noch in den Kinderschuhen[857] – existiert für diesen Rohstoff kein Weltmarkt. Vielmehr haben sich regionale Märkte in Asien, Europa und Nordamerika herausgebildet. Europa bezieht rund 40 Prozent seines Erdgasbedarfs aus Russland.[858] Eine infrastrukturelle Anbindung Europas an weitere Erdgaslieferanten existiert bislang nicht – eine Problematik, auf die im weiteren Verlauf der Untersuchung detailliert eingegangen wird.

Als geographische Faktoren haben die Energierohstoffe Öl und Gas eine zunehmende Bedeutung für die internationale Politik – worin sich deren geopolitische Relevanz manifestiert. Diese äußert sich sowohl auf Anbieterseite als auch auf Nachfragerseite, und die beiden folgenden Unterkapitel werden diese Zusammenhänge jeweils beleuchten. Neben der Bedeutung von Rohstoffen und deren geographischer Verteilung erlebt in der internationalen Energiepolitik mit der Lage von Staaten zudem ein weiteres klassisches geopolitisches Moment eine Renaissance. Zu beobachten ist dies vor allem in Debatten um den Verlauf von Öl- und Gaspipelines. Abgelegene Weltgegenden machen dank Rohstofffunden auf sich aufmerksam, und im Zuge dieser Entwicklung gewinnen auch rohstoffarme Staaten geostrategische Bedeutung dank ihrer Funktion als Transitstaaten oder „Energiekorridore".[859]

Prägnantes Beispiel: Der Bau der Baku-Tiflis-Ceyhan-Pipeline (BTC) „wertete die Transitländer Aserbaidschan, Georgien, Kasachstan und die Türkei er-

---

[855] Vgl. British Petroleum (Hrsg.), Statistical Review, S. 22.

[856] Vgl. Müller, Energie-Außenpolitik, S. 17.

[857] Experten fordern daher dringend den Aufbau einer entsprechenden Infrastruktur in Deutschland, um so die Energieversorgung zu diversifizieren. Der Versorger E.on besitzt die Genehmigung für den Bau eines LNG-Terminals in Wilhelmshaven. Bislang gibt es jedoch noch keine konkreten Planungen für den Bau. Siehe hierzu Deutscher Bundestag (Hrsg.), Antwort der Bundesregierung auf die Kleine Anfrage der Abgeordneten Oliver Krischer, Hans-Josef Fell, Bärbel Höhn, weiterer Abgeordneter und der Fraktion Bündnis 90/Die Grünen „Die Rolle von Flüssigerdgas (Liquid Natural Gas – LNG) für die Versorgungssicherheit Deutschlands", Drucksache 17/311, 18. Dezember 2009.

[858] Vgl. Dirmoser, Energiesicherheit, S. 10.

[859] Murat Altuglu, New Great Game. Energiepolitik im kaspischen Raum (Forum Junge Politikwissenschaft, Band 5), Bonn 2006, S. 8.

heblich auf".[860] Das kleine Georgien spielt in der US-Kaukasuspolitik eine Schlüsselrolle, unabdingbar für den sicheren Transport von Energielieferungen in den Westen – sehr zum Widerwillen Russlands, welches sich gegen Einflussverluste in seinem ‚nahen Ausland' zur Wehr setzt. Georgien stellt somit einen Schauplatz für Amerikas und Russlands geopolitische Projekte in der Region dar, erklärbar vor allem aufgrund der Lage des Landes. Ins Rampenlicht der Weltpolitik rückten diese unterschiedlichen geopolitischen Projekte der Vereinigten Staaten und Russlands während des Georgien-Krieges im Spätsommer 2008.[861]

Auch die Türkei gilt aufgrund ihrer Lage am Schnittpunkt von Nahem Osten, Zentralasien und Europa als wichtiges Transitland für zentralasiatisches Öl und Gas nach Europa.[862] Die Rolle der Türkei findet ihren Ausdruck in Schlagworten wie denen von der Brücke oder dem *„Bindeglied* zur nahöstlichen, zur kaukasisch/zentralasiatischen Welt und zum Balkan bzw. der *Barriere* gegen Gefahren, die aus diesen Regionen drohen könnten."[863] Die Führung der türkischen Regierungspartei AKP wiederum legt ihrer außenpolitischen Doktrin die Überlegung zugrunde, dass das Land ein Schlüsselstaat an der Schnittstelle verschiedener Weltregionen sei.[864] Darauf aufbauend ist die Türkei bestrebt, zu einem *energy hub* – einem zentralen Bindeglied zwischen Russland, Zentralasien, dem Nahen Osten und Europa – zu werden.[865] Auch dies ist ein Hinweis darauf, welche Bedeutung geopolitische – in diesem Falle lagebezogene – Faktoren für die internationale Energiepolitik haben.

---

[860] Kinan Jaeger und Silke Wiesneth, „Energiesicherheit für Europa. Geopolitische Implikationen", Der Mittler-Brief 3/2007, S. 5.

[861] So argumentiert Heinz Timmermann, „Geopolitische Ambitionen im Georgienkonflikt und die Rolle der EU", online unter http://de.rian.ru/comments_interviews/20080825/116246578.html (Zugriff am 15. November 2010). Es würde jedoch zu kurz greifen, Georgien lediglich als Marionette der Großmächte zu verstehen. Auch georgische Politiker – allen voran der ehemalige Staatschef Schewardnadse – betrieben das Pipelineprojekt durch Georgien als Frage der nationalen Sicherheit, um Georgien auf der Seite des Westens zu verankern. Vgl. Lutz Klevemann, Der Kampf um das heilige Feuer. Wettlauf der Weltmächte am Kaspischen Meer, Berlin 2002, S. 50-51.

[862] Vgl. Asiye Öztürk, „Die geostrategische Rolle der Türkei in Vorderasien", in: Aus Politik und Zeitgeschichte 4/2006, S. 25-31, hier S. 25.

[863] Matthias Dembinski, Bedingt handlungsfähig. Eine Studie zur Türkeipolitik der Europäischen Union (HSFK-Report 5/2001), Frankfurt am Main 2001, S. 15 (Hervorhebungen im Original).

[864] Vgl. Öztürk, „Die geostrategische Rolle der Türkei", S. 26.

[865] Diese Bemühungen beschreibt Yurdakul Yigitgüden, „Turkey – Turning the European Periphery into an Energy Hub?", in: Kristin Linke und Marcel Viëtor (Hrsg.), Prospects of a Triangular Relationship? Energy Relations between the EU, Russia and Turkey (Friedrich Ebert Stiftung und Deutsche Gesellschaft für Auswärtige Politik International Policy Analysis), Berlin 2010, S. 12-18.

## 6.1.2 Interessen: Auswirkungen auf die Machtstruktur des internationalen Systems

In Michael Klares Bild der neuen Weltenergieordnung entscheidet der Besitz von Energievorkommen über Macht und Einfluss im internationalen System. Die Mächtigen sind jene Staaten, die über Ressourcen verfügen und diese einsetzen können, um ihren internationalen Einfluss zu vergrößern. Im Mittelpunkt der folgenden Ausführungen steht also zunächst die *Anbieter*seite auf den Energiemärkten. Hier kommt ein weiteres für die Analyse bedeutsames Moment zum Vorschein: Der Energiesektor wird zunehmend renationalisiert. In den 1960er Jahren kontrollierten die großen internationalen Energiekonzerne noch 85 Prozent der weltweiten Öl- und Gasvorräte. Nach einer ersten Renationalisierungswelle in den 1960er und 1970er Jahren sehen wir heute die zweite Welle der Verstaatlichung:[866] Private Konzerne haben nunmehr nur noch Zugang zu geringen Anteilen an den weltweiten Öl- und Gasvorkommen, 72 Prozent der Öl- und 55 Prozent der Gasreserven befinden sich zwischenzeitlich in der Hand staatlicher bzw. halbstaatlicher Unternehmen.[867] Diese Tendenz hat zunächst ökonomische Konsequenzen: Nationale Ölkonzerne (*National Oil Corporation, NOC*) investieren weniger in Exploration, fördern eine geringere Menge der Reserven, verfügen über weniger moderne Technologie und gehen restriktiver mit Informationen um als private Konzerne.[868] Eine internationale Studie über die *NOCs* kommt zu dem Schluss, dass deren technische Effizienz lediglich bei 60 bis 65 Prozent der Effizienz privater Konzerne liegt.[869]

Für diese Untersuchung sind jedoch vor allem die geopolitischen Konsequenzen des Rohstoffreichtums einiger weniger Staaten relevant. Rohstoffreiche Staaten profitieren von der geographischen Vorbedingung (der Konzentration der Rohstoffvorkommen) und verfügen über ein neues Machtmittel von höchster politischer Relevanz. Öl und Gas werden zu strategischen Ressourcen, die zu politischen Zwecken eingesetzt werden können – bzw. als Mittel, um geopolitische Interessen zu verfolgen. Diese Tendenzen haben Auswirkungen auf die Märkte für Öl und Gas, die sich so zunehmend von Käufermärkten zu Verkäufermärkten entwickeln. Mehr noch als diese Entwicklung des Marktes beunruhigt indes die stufenweise *Abwendung* vom Markt: Der Reiz für die Anbieter sei gestiegen, Öl und Gas als strategische Druckmittel einzusetzen, konstatiert der außenpolitische Berater von Bundeskanzlerin Angela Merkel, Christoph Heus-

---

[866] Vgl. Dirmoser, Energiesicherheit, S. 15.
[867] Vgl. Frank Umbach, „Die neuen Herren der Welt. Öl gleich Macht: Energie-Verbraucherländer müssen umdenken", in: Internationale Politik 9/2006, S. 52-59, hier S. 55.
[868] Vgl. Dirmoser, Energiesicherheit, S. 16.
[869] So explizit beschrieben ebd., S. 16.

gen, und sieht eine Vermachtung auf der Angebotsseite. Energie werde zu einem Machtfaktor, zu einer Machtwährung für rohstoffreiche Staaten.[870] Diese Vermachtung ist nach Einschätzung des Energieexperten Enno Harks ein deutliches Anzeichen für den Mangel an marktwirtschaftlichen Strukturen im Energiesektor.[871] Vielmehr, so konstatiert der Energieexperte Dietmar Dirmoser, agierten staatliche Energieunternehmen zunehmend als Handlanger ihrer Regierungen zur Durchsetzung politischer Ziele.[872] Mit Frank Umbach stellt einer der führenden deutschen Energieexperten fest, dass Energieexporte häufig in erheblichem Umfang mit außen- und sicherheitspolitischen Motiven verknüpft seien und spricht in diesem Zusammenhang von einer „Geopolitik neuen Typs".[873]

„Nothing better exemplifies the altered power relationships of the new international energy order than the emergence of Russia as an energy superpower, capable of leveraging its extraordinary resource abundance into immense geopolitical influence."[874] Aufgrund der energiepolitischen Bedeutung Russlands gerade für die Europäische Union und Deutschland wird der russischen Energiepolitik in dieser Arbeit ein gesondertes Kapitel gewidmet.[875] Die russische Energiepolitik wird an dieser Stelle daher zunächst ausgeklammert. Doch auch neben dem russischen Beispiel lassen sich weitere Hinweise darauf finden, dass Energiereichtum nicht nur als politisches Druckmittel benutzt wird, sondern oftmals gar in Widerspruch zur Weltordnungspolitik gerät:[876] China verhindert UN-Sanktionen gegen das sudanesische Regime und deckt dessen Menschenrechtsverletzungen, weil Khartum und Peking eng auf dem Rohstoffsektor kooperieren und China auf Rohstofflieferungen aus dem Sudan angewiesen ist;[877] der Iran verfolgt seine konfrontative Politik – unter anderem sein Atomprogramm – auch mittels der Drohung, im Konfliktfall die für den Öltransport aus dem Nahen und

---

[870] Vgl. Christoph Heusgen, „Bundeskanzleramt: Energie als Machtwährung der internationalen Politik", in: Josef Braml u. a. (Hrsg.), Weltverträgliche Energiesicherheitspolitik (Jahrbuch Internationale Politik Band 27), München 2008, S. 49-53, hier S. 49-51.

[871] Vgl. Harks, Der globale Ölmarkt, S. 22-23.

[872] Vgl. Dirmoser, Energiesicherheit, S. 16.

[873] Frank Umbach, „Zielkonflikte der europäischen Energiesicherheit. Dilemmata zwischen Russland und Zentralasien", DGAP-Analyse No. 3, November 2007, S. 12.

[874] Klare, Rising Powers, S. 88.

[875] Vgl. Kapitel 6.3 in dieser Arbeit.

[876] Vgl. Christian Hacke, „Deutsche Energiesicherheit als nationale und zugleich gemeinsame Aufgabe im Zeichen neuer Unsicherheit", in: Meier-Walser (Hrsg.), Energieversorgung, S. 21-29, hier S. 22.

[877] Vgl. Heinrich Kreft, „Chinas energische Energiesicherheitspolitik", in: Braml u. a. (Hrsg.), Energiesicherheitspolitik, S. 234-242.

224

Mittleren Osten strategisch wichtige Straße von Hormuz[878] für den Schiffsverkehr zu sperren.

All dies verdeutlicht: „Energieressourcen (…) sind keine bloßen Wirtschaftsgüter, sondern strategische Mittel im internationalen Energie- und damit Machtpoker."[879] Die oftmals autoritär regierten Produzentenländer sind sich ihrer neuen Macht bewusst, treten zunehmend selbstbewusst auf dem internationalen Parkett auf und lassen sich von den Energienachfragern hofieren. Wir beobachten derzeit eine Neuverteilung der Machtstrukturen im internationalen System. Von einer unipolaren Welt verschieben sich die Machtstrukturen hin zu einer „hyperpolaren Welt", in der Energieproduzenten neue Machtmittel in die Hände bekommen und in der neben vielen Staaten auch internationale Konzerne und Terroristen an Einfluss gewinnen.[880]

Der amerikanische Journalist und Energieexperte Thomas Friedman glaubt, eine Gesetzmäßigkeit gefunden zu haben. Er bezeichnet sie als „First Law of Petropolitics":[881] Je höher der Ölpreis steige, desto konfrontativer werde die Außenpolitik wichtiger Produzentenländer.[882] Die Renationalisierung von Energierohstoffen auf Anbieterseite ist ein deutliches Anzeichen für den strategischen Charakter, den die Rohstoffe Öl und Gas haben. Sie sind Teil der außen- und sicherheitspolitischen Erwägungen der Regierungen wichtiger Lieferländer und werden von diesen nicht bloß als rein ökonomische Güter verstanden.[883] Geopolitische Erwägungen auf Anbieterseite sind ein wesentliches Charakteristikum der derzeitigen Energiepolitik, einhergehend mit einer Neuverteilung der Macht im internationalen System zugunsten der Produzentenländer.

---

[878] Die Straße von Hormuz ist eine Meerenge im Persischen Golf, durch die ein Großteil des dort geförderten Erdöls passiert. Siehe zu deren strategischer Bedeutung Christoph Plate, „Die enge Straße von Hormuz", in: Neue Zürcher Zeitung am Sonntag, 6. Juli 2008.

[879] Reinhard C. Meier-Walser, „Zur Einführung: Energieversorgung als politische Querschnittsaufgabe", in: ders. (Hrsg.), Energieversorgung, S. 7-19, hier S. 15.

[880] So argumentiert Stefan Fröhlich, „Energiesicherheit im 21. Jahrhundert. Die Verteilungskämpfe haben begonnen", in: IMS – Internationales Magazin für Sicherheit 4/2008, S. 14-17, hier S. 14.

[881] Thomas Friedman, „The First Law of Petropolitics", online unter http://www.foreignpolicy.com/articles/2006/04/25/the_first_law_of_petropolitics (Zugriff am 15. November 2010).

[882] Vgl. ebd.

[883] Vgl. Frank Umbach, „Deutsche Außenpolitik und Energiesicherheit", in: Jäger, Höse und Oppermann (Hrsg.), Deutsche Außenpolitik, S. 354-373, hier S. 363.

### 6.1.3 Einflussnahme: Ressourcenwettläufe als Kennzeichen der internationalen Energiepolitik

Weitere Argumente für die These, dass die Geopolitik neben ökonomischen Faktoren eine zunehmend wichtige Rolle in den internationalen Energiebeziehungen spielt, lassen sich finden, wenn auch die Seite der Energie*nachfrager* in die Gleichung einbezogen wird. Auch hier lassen sich neue Konfliktpotentiale herausarbeiten, die erneut die These stützen, dass Öl und Gas strategische Rohstoffe sind, und dass der Zugang zu diesen bedeutsame geopolitische Konsequenzen hat. Der globale *Run* auf die Energieressourcen ist in Anlehnung an Großmachtrivalitäten vergangener Jahrhunderte als energiepolitisches *Great Game* bezeichnet worden. Umbach zeichnet das Bild eines Teufelskreises, in dem unilaterale Strategien eines Staates zur Energiesicherung wiederum andere Staaten unter Druck setzten, ebenfalls eine aktive Ressourcensicherungs-Politik auf der Grundlage nationaler Interessen zu verfolgen.[884]

Zugespitzt konzentriert sich der Wettlauf auf den seit langem weltweit führenden Energieverbraucher, die Vereinigten Staaten von Amerika, und das aufstrebende Schwellenland China, mittlerweile der Welt zweitgrößter Ölkonsument.[885] Unzweifelhaft führt das Auftreten Chinas als großer Nachfrager auf den internationalen Energiemärkten zu geopolitischen Verwerfungen. Ein Großteil der chinesischen Ölimporte kommt mit dem Nahen Osten aus jener Region, in der die Vereinigten Staaten eine uneinholbare militärische Präsenz haben. In China führt dies zu einem Gefühl der Verwundbarkeit, das traditionellem chinesischem Sicherheitsdenken zuwiderläuft.[886]

China setzt bei der Ressourcensicherung auf eine energische, neomerkantilistische Strategie. Über die drei staatlichen Konzerne CNPC, Sinopec und CNOOC erwirbt China Öl- und Gasfelder und verhandelt mit Transitstaaten über Transportrouten.[887] Das Pekinger Politbüro, allen voran Präsident Hu Jintao

---

[884] Vgl. Frank Umbach, „Europäische und deutsche Energieversorgungssicherheit am Scheideweg", in: Energiewirtschaftliche Tagesfragen 55 (2005) 9, S. 629-639, hier S. 630.
[885] Der chinesische Gasbedarf wird in den kommenden Jahren rapide ansteigen, da die Regierung plant, dessen Anteil am Primärenergieverbrauch massiv aufzustocken. Vgl. Kreft, „Chinas energische Energiesicherheitspolitik", S. 235.
[886] Siehe insbesondere den ausgezeichneten Beitrag über das chinesische Sicherheitsdenken von Frank Umbach, „Geostrategische und Geoökonomische Aspekte der chinesischen Sicherheits- und Rüstungspolitik zu Beginn des 21. Jahrhunderts – Die Verknüpfung traditioneller Sicherheitspolitik mit Ressourcenfragen im geopolitischen Denken Chinas", in: Gunter Schubert (Hrsg.), China – Konturen einer Übergangsgesellschaft auf dem Weg ins 21. Jahrhundert, Hamburg 2001, S. 341-404.
[887] Vgl. Kreft, „Chinas energische Energiesicherheitspolitik", S. 238 und ders., „Neomerkantilistische Energie-Diplomatie. China betreibt eine immer radikalere Politik der Energiesicherung. Einbindung täte Not", in: Internationale Politik 2/2006, S. 50-57.

226

und Premier Wen Jiabao, widmet sich intensiv energiepolitischen Fragen.[888] Für die chinesische Regierung ist der Zugang zu Energieressourcen überlebenswichtig. Aus innenpolitischen Gründen, um soziale Spannungen und Unruhen in China zu verhindern, ist die Pekinger Regierung auf jährliche wirtschaftliche Wachstumsraten von rund sechs Prozent angewiesen. Eine Störung der Energieversorgung könnte aus diesem Grunde zu ernsten innenpolitischen Krisen führen und die Stabilität des Regimes auf die Probe stellen.[889]

Als Späteinsteiger auf den internationalen Energiemärkten sieht sich China indes vor besondere Herausforderungen gestellt. Die Lieferströme auf den Weltmärkten sind relativ stabil, zudem sind die Marktanteile weitgehend verteilt. Ein Einbrechen in diese Strukturen ist nicht leicht möglich, und China legt großen Aktionismus an den Tag, um diesen Problemen zu begegnen. Dabei bleiben China grundsätzlich zwei Möglichkeiten: erstens, Freundschaftsverträge mit potentiellen Förderstaaten abzuschließen und zweitens, bestehende Energiepartnerschaften aufzubrechen. Daher sind Konflikte mit den Vereinigten Staaten absehbar.[890]

Regional rücken im Zuge der Ressourcenkonkurrenz und nicht zuletzt wegen der chinesischen Bemühungen um Energiesicherheit seit geraumer Zeit eine Region und ein Kontinent in den Blickpunkt des Interesses, die lange Zeit als abgeschrieben und weltpolitisch wenig interessant galten: Zentralasien und Afrika. Auf die Bedeutung Zentralasiens für die weltweite – und insbesondere europäische – Energieversorgung wird später detailliert eingegangen.[891] In Afrika wiederum nutzt China seine Kontakte, um Energielieferungen in das ‚Reich der Mitte' zu sichern. Nach dem weitgehenden Rückzug Russlands von dem Kontinent nach dem Kalten Krieg gelang es China in den vergangenen Jahren zunehmend, das entstandene Vakuum zu füllen und afrikanischen Staaten eine Alternative zur Abhängigkeit von der westlichen Welt zu bieten.[892] Flankiert von politischen Initiativen, Waffenverkäufen und diplomatischer Rückendeckung etwa im

---

[888] Vgl. Klare, Rising Powers, S. 74.

[889] Vgl. Frank Umbach, „Interview mit Dr. Frank Umbach zu Fragen der Energiesicherheitspolitik", in: Meier-Walser (Hrsg.), Energieversorgung, S. 85-105, hier S. 96. Die chinesische Politik der Energiesicherheit beschreibt auch Erica Strecker Downs, China's Quest for Energy Security, Santa Monica 2000.

[890] Dies beschreiben Jaeger und Wiesneth, „Energiesicherheit", S. 3.

[891] Siehe dazu Kapitel 6.4 in dieser Arbeit.

[892] Vgl. Matthias Adolf und Jan Köstner, „China versus USA: Der neue Kampf um Afrika", in: Blätter für deutsche und internationale Politik 4/2007, S. 485-490, Peter Brookes und Ji Hye Shin, China's Influence in Africa. Implications for the United States (Backgrounder, Heritage Foundation; No. 1916), Washington, D.C. 2006, online unter http://www.heritage.org/research/reports/2006/02/chinas-influence-in-africa-implications-for-the-united-states (Zugriff am 2. Februar 2011) und Xuewu Gu, „China's Engagement in Afrika. Trends und Perspektiven", in: KAS-Auslandsinformationen 10/2006, S. 57-77.

UN-Sicherheitsrat schafft China sich so eine Basis für stabile und langfristig angelegte Energieabkommen. China profitiert insbesondere von seiner historisch unbelasteten Rolle auf dem Kontinent und präsentiert sich als Befreier statt als Ausbeuter.[893] Besondere Bedeutung kommt dabei dem Umstand zu, dass China seine Kooperation mit afrikanischen Regimes nicht von Menschenrechtsfragen abhängig macht.

Beobachter sprechen von einem neuen *Scramble for Africa*, wobei für afrikanische Staaten die Gefahr bestehe, in neo-koloniale Abhängigkeit zu geraten.[894] Insbesondere China und die Vereinigten Staaten scheinen auf Kollisionskurs zu sein, denn mittels des afrikanischen Erdöls versuchen auch die Vereinigten Staaten, den Rückgang der heimischen Produktion zu kompensieren. Mit „Terror bekämpfen und Öl importieren"[895] beschreibt ein Beobachter die amerikanischen Interessen in Afrika und das gestiegene Interesse der Supermacht an dem lange vernachlässigten Kontinent. Eine Aufwertung Afrikas für die amerikanische Außenpolitik war insbesondere während der Bush-Administration zu konstatieren. Dadurch, dass chinesische und amerikanische Interessen auf dem Energiesektor nun auch in Afrika direkt aufeinanderprallen, sind zukünftige Konflikte durchaus denkbar.[896]

### 6.1.4 Zwischenfazit: Geopolitische Tendenzen auf dem Energiesektor

Mit ökonomischen bzw. gar marktwirtschaftlichen Analysekriterien allein kann man die weltweiten Energiebeziehungen nicht umfassend analysieren. Energierohstoffe sind nicht nur ,normale' Wirtschaftsgüter, die auf weitgehend freien Märkten weitgehend frei gehandelt werden. Vielmehr bestimmen auch geopolitische Faktoren die internationale Energiepolitik maßgeblich; die geopolitische Trias von Geographie, Interessen und Einflussnahme ist ein prägender Faktor der internationalen Energiepolitik.

Die geographische Konzentration der Vorkommen in wenigen (dazu politisch oft instabilen) Ländern, mithin also die nicht unbegrenzte Verfügbarkeit von Öl und Gas, ist die Vorbedingung für den strategischen Charakter der Rohstoffe. Ausgehend von diesen geographischen Gegebenheiten ergibt sich auf Anbieterseite die Tendenz, dass einige wenige Staaten neue Machtmittel in die

---

[893] Vgl. Klare, Rising Powers, S. 166.
[894] Vgl. Adolf und Köstner, „China versus USA", S. 485.
[895] Pierre Abramovici, „Washington hat Afrika wiederentdeckt. Terror bekämpfen und Öl importieren", in: Le Monde Diplomatique, 9. Juli 2004, online unter http://www.monde-diplomatique.de/pm/2004/07/09/a0041.text.name,askm6vQ9f.n,29 (Zugriff am 3. Februar 2011).
[896] Siehe hierzu Matthias Basedau, Erdölkriege – Kriege der Zukunft? (GIGA Focus 6/2007), Hamburg 2007.

Hände bekommen. Ein Blick auf internationale Entwicklungen der letzten Jahre lässt den Schluss zu, dass diese ihre neuen Machtmittel durchaus einzusetzen gewillt sind. Geographische Faktoren haben somit direkte Rückwirkungen auf die internationale Machtverteilung, der geopolitische Charakter des Energiesektors tritt deutlich zutage. Konflikte ergeben sich zudem aus Wachstumsschüben wichtiger Schwellenländer, allen voran China. Die aggressive chinesische Politik der Ressourcensicherung hat einen destabilisierenden Einfluss auf die internationale Ordnung.

> „Mit anderen Worten: Die Geopolitik des 19. und 20. Jahrhunderts, als die großen Mächte in der ganzen Welt um Einflusssphären, Rohstoff- und Ressourcenzugang kämpften, scheint zu Beginn des 21. Jahrhunderts in neuer Form auf die Weltbühne zurückzukehren. Und dabei geht es – wieder, immer noch – in erster Linie um Öl."[897]

Kern der geopolitischen Tendenzen auf dem Energiesektor ist die machtpolitische Bedeutung der Energierohstoffe.

Diese geopolitische Entwicklung hat Spuren in der Außen- und Sicherheitspolitik vieler Staaten hinterlassen. Die Vereinigten Staaten von Amerika sowie zahlreiche europäische Staaten reagierten in den vergangenen Jahren mit einer Anpassung ihrer Außen- und Sicherheitspolitik auf die beschriebenen geopolitischen Entwicklungen und positionierten sich angesichts der neuen ‚Energie-Geopolitik'. Die Entwicklung wird im folgenden Kapitel genauer beleuchtet, ist sie doch ein deutliches Anzeichen dafür, dass Energieversorgung nicht rein ökonomischen Kriterien folgt, sondern vielmehr auch gewichtige politische Implikationen hat.

So drängt sich die Frage auf: Welche Perzeption herrscht in Deutschland vor? Wie positioniert sich die Bundesrepublik angesichts einer Vermachtung auf der Angebotsseite und einem zunehmenden Konkurrenzdenken auf der Nachfrageseite, mithin also angesichts der geopolitischen Tendenzen auf dem internationalen Energiesektor? Diese Fragen sollen in den folgenden Kapiteln detailliert untersucht werden. Der Blick wird zunächst auf die Entwicklung des entsprechenden Problembewusstseins in Deutschland gerichtet. Im Mittelpunkt steht hierbei die Politik der Großen Koalition von 2005 bis 2009 – schlicht aus dem Grund, weil das Thema auf der außen- und sicherheitspolitischen Agenda vor dem Jahr 2006 keine herausgehobene Rolle spielte.

---

[897] Sabine Rosenbladt, „Öl aus dem Pulverfass – Risiken für Europa", in: Jürgen Petermann (Hrsg.), Sichere Energie im 21. Jahrhundert, Hamburg 2006, S. 335-345, hier S. 337.

## 6.2 Lange verschlafen, plötzlich entdeckt: Deutschland und die geopolitische Dimension der Energiepolitik

### 6.2.1 Lange verschlafen: Deutschland und die Geopolitik des Energiesektors im internationalen Vergleich

Es ist nicht übertrieben zu konstatieren, dass die geopolitischen Dimensionen der Energiepolitik in Deutschland bis vor wenigen Jahren praktisch komplett ignoriert wurden.[898] Stattdessen beriefen sich politische Entscheidungsträger gerne auf das Mantra von Energiepolitik als Marktaufgabe. Energieversorgungssicherheit wurde – ungeachtet der sich bereits abzeichnenden oben dargestellten geopolitischen Trends auf den internationalen Energiemärkten – weitgehend der Privatwirtschaft überlassen. Für die Energiepolitik zeichneten das Wirtschafts- und das Umweltministerium verantwortlich.[899] Anstelle außenpolitischer Überlegungen war das Nachdenken über Energiepolitik in der Regel auf die intensiv diskutierte Frage der Kernenergie konzentriert. Die deutsche Debatte geriet zunehmend in Widerspruch zu den internationalen Entwicklungen im Energiesektor, die von einer Vermachtung geprägt sind.[900]

Bis in das Jahr 2005 hinein ignorierte die deutsche Politik die Geopolitik der Energieversorgung, sodass es an einer strategischen Energiepolitik mit sicherheitspolitischer Ausprägung mangelte. Deutschland habe „das energiepolitische ‚Great Game' über Jahre verschlafen",[901] folgert Hacke. Der Koalitionsvertrag der Großen Koalition vom November 2005 geht in dem Kapitel zur Energiepolitik nicht spezifisch auf internationale – geschweige denn geopolitische – Faktoren der Energiepolitik ein, legt stattdessen einen Schwerpunkt auf technologische Entwicklungen, Energieeffizienz und die Förderung erneuerbarer Energien. In dem Kapitel über globale Fragen findet sich allenfalls die wenig konkrete Aussage: „Wir beabsichtigen, eine umfassende Strategie zur Energiesicherheit zu entwickeln, damit die Energieversorgung Deutschlands und Europas auch

---

[898] Siehe zu dieser Einschätzung: Thomas Hendrik Hövelmann, „Energieversorgungssicherheit als strategisches Interesse deutscher Außen- und Sicherheitspolitik", in: Niemann (Hrsg.), Herausforderungen, S. 79-107, hier S. 79.

[899] Vgl. etwa Friedemann Müller, „Sicherheit der Energieversorgung braucht eine Sicherheitspolitik", in: Stephan Böckenförde (Hrsg.), Chancen deutscher Außenpolitik. Analysen – Perspektiven – Empfehlungen, Dresden 2005, S. 104-112, hier S. 104. Bezeichnend sind auch die im Bulletin des Presse- und Informationsamts der Bundesregierung in den Jahren vor 2006 veröffentlichten Reden zur Energiepolitik, die neben dem Bundeskanzler ausschließlich vom Wirtschafts- bzw. Umweltminister gehalten wurden.

[900] Als Überblicksdarstellung bietet sich an: Frank Umbach, „German Debates on Energy Security and Impacts on Germany's 2007 EU Presidency", in: Antonio Marquina (Hrsg.), Energy Security. Visions from Asia and Europe, Houndsmills u. a. 2008, S. 1-23, hier S. 4-7.

[901] Hacke, „Deutsche Energiesicherheit als nationale und zugleich gemeinsame Aufgabe", S. 22.

langfristig gesichert ist."[902] Dabei müsse es auch um den effizienten Umgang mit den knapper werdenden weltweiten Ressourcen und um die Förderung erneuerbarer Energien gehen.

Noch im Herbst 2005 forderten Experten angesichts dieser Ignorierung geopolitischer Faktoren, die deutsche Außenpolitik müsse sich dringend der Thematik der Versorgungssicherheit intensiver annehmen: „In Deutschland wird die Energieversorgung bislang noch von der Außenwirtschaftspolitik wahrgenommen verbunden mit einer vornehmen Zurückhaltung der Außen- und Sicherheitspolitik, die nicht aufrecht erhalten werden darf."[903] Diese Feststellung ist umso bedeutsamer, da die Bundesrepublik stark von Energieimporten abhängig ist. Als rohstoffarmes Land besteht bei allen Energieträgern außer der Braunkohle eine hohe Importabhängigkeit. Diese lag im Jahr 2008 bei Mineralöl bei 96,9 Prozent, bei Naturgasen – Erdgas, Erdölgas und Grubengas – bei 96,2 Prozent.[904] Im Jahr 2007 hatten russische Importe einen Anteil von rund 31 Prozent am Gesamtaufkommen an Rohöl. Russland war damit der mit Abstand wichtigste Lieferant. Beim Gesamtaufkommen an Erdgas lag das Land mit 36 Prozent noch unangefochtener an der Spitze. Insgesamt sind die deutschen Erdgasimporte deutlich weniger diversifiziert als die Ölimporte.[905]

Andere Staaten reagierten bereits vor Jahren auf die geopolitischen Trends auf dem Energiesektor. In den Vereinigten Staaten von Amerika schenkte die Politik internationalen Energiefragen bereits in den 1990er Jahren große Aufmerksamkeit[906] und erkannte die geopolitische Bedeutung natürlicher Ressour-

---

[902] Vgl. Christlich Demokratische Union Deutschlands (CDU), Christlich Soziale Union in Bayern (CSU), Sozialdemokratische Partei Deutschlands (SPD), „„Gemeinsam für Deutschland – Mit Mut und Menschlichkeit.' Koalitionsvertrag zwischen CDU, CSU und SPD", Berlin 2005, online unter http://www.cdu.de/doc/pdf/05_11_11_Koalitionsvertrag.pdf (Zugriff am 29. März 2011), S. 138.

[903] Enno Harks und Friedemann Müller, „Energieversorgung – Sicherheitsproblem des 21. Jahrhunderts", SWP-Diskussionspapier FG8, 8. November 2005, online unter http://www.swp-berlin.org/fileadmin/contents/products/arbeitspapiere/DiskP2005_08_hrk_mlr_sicher.pdf (Zugriff am 2. Juli 2009), S. 8.

[904] Vgl. Bundesministerium für Wirtschaft und Technologie (Hrsg.), „Energiestatistiken – Energiegewinnung – Energieverbrauch", online unter http://www.bmwi.de/BMWi/Redaktion/PDF/E/energiestatistiken-energiegewinnung-energieverbrauch,property=pdf,bereich=bmwi,sprache=de,rwb=true.pdf (Zugriff am 14. September 2010).

[905] Vgl. zu diesen Daten Bundesministerium für Wirtschaft und Technologie (Hrsg.), Bericht der Bundesregierung zur Öl- und Gasmarktstrategie, [Berlin 2008], online unter http://www.bmwi.de/BMWi/Redaktion/PDF/B/bericht-der-bundesregierung-zur-oel-und-gasmarktstrategie,property=pdf,bereich=bmwi,sprache=de,rwb=true.pdf (Zugriff am 14. September 2010), S. 30-31.

[906] Bereits während des Kalten Krieges, der vor allem vordergründig ein Konflikt antagonistischer Ideologien war, spielten energiepolitische Überlegungen eine große Rolle. So zum Beispiel mit Blick auf den Nahen Osten, hier insbesondere bei der Formulierung der Carter-Doktrin, die zu einer Stärkung der amerikanischen Vormachtrolle in der Region beitragen sollte. Siehe zu dieser Doktrin

231

cen rasch als zentrale Herausforderung der amerikanischen Sicherheitspolitik an. Auf das ausgeprägte energiepolitische Engagement der Clinton-Administration[907] baute die Bush-Administration ihre Energiepolitik auf und gab ihr einen spezifisch neuen Charakter durch gezielte strategische Planung und eine Neuausrichtung der militärischen Möglichkeiten: „Concern over the safety of vital resource supplies has, therefore, been a central feature of strategic planning for a long time. But the attention now devoted to this issue represents a qualitative shift in US thinking".[908]

Angesichts der beruflichen Verflechtungen wichtiger Mitglieder der Administration mit Ölkonzernen ist es indes wenig verwunderlich, dass „in wenigen Präsidentschaften Energiepolitik und Energieversorgungssicherheit für die Spitzen der Administration einen so hohen Stellenwert wie unter Präsident George W. Bush und seinem Vizepräsidenten Richard Cheney besaßen."[909] Die strategische Neuausrichtung begann bereits unmittelbar nach dem Amtsantritt der neuen Administration Anfang 2001, als Präsident Bush die *National Energy Policy Development Group* unter Leitung von Vizepräsident Cheney einsetzte. Bereits im Mai 2001 legte die *Task Force* ihren Bericht vor.[910] Damit bewies die neue Administration bereits bei ihrem Amtsantritt, dass Energiepolitik – und damit auch die internationalen Aspekte der Rohstoffsicherung – ganz oben auf ihrer Agenda stehen würde.

Zwar legte die Strategie einen Schwerpunkt auf die Ausnutzung heimischer Vorkommen, erneuerbarer Energien und Maßnahmen zur Steigerung der Energieeffizienz. Doch auch der Sicherung überseeischer Rohstoffe wurde Beachtung geschenkt. Präsident Bush widmete diesem Aspekt der Energiepolitik besondere Aufmerksamkeit. Im Mittelpunkt der internationalen Überlegungen standen Bemühungen, die amerikanischen Energieimporte zu diversifizieren.[911] So erklärte der Präsident bei der Vorstellung des Berichts: „Diversity is important, not only for energy security but also for national security. Over-dependence on any

---

Raymond Garthoff, Détente and Confrontation. American-Soviet Relations from Nixon to Reagan, Washington, D.C. 1994 sowie die Memoiren des damaligen Nationalen Sicherheitsberaters: Zbigniew Brzezinski, Power and Principle. Memoirs of the National Security Adviser 1977-1981, New York 1983.

[907] Siehe Kapitel 6.4.1 dieser Arbeit über das energiepolitische Engagement der Clinton-Administration in Zentralasien.

[908] Michael T. Klare, „The New Geopolitics of Energy", online unter http://www.jmhinternational.com/news/news/selectednews/files/2008/05/20080501_Nation_%20The NewGeopoliticsOfEnergy.pdf (Zugriff am 2. Juli 2009).

[909] Jens van Scherpenberg, „Energiesicherheit – die geostrategische und energiepolitische Herausforderung für die USA", in: Meier-Walser (Hrsg.), Energieversorgung, S. 253-265, hier S. 256.

[910] National Energy Policy Development Group (Hrsg.), National Energy Policy. Report of the National Energy Policy Development Group, Washington, D.C. 2001.

[911] Vgl. ebd., S. 7/1- 8/21 sowie Klare, „Geopolitics of Energy".

232

one source of energy, especially a foreign source, leaves us vulnerable to price shocks, supply interruptions, and in the worst case, blackmail."[912] Wie im Kapitel über die Energiebeziehungen in Zentralasien gezeigt wird, widmete die Bush-Administration dieser Region daher größte Aufmerksamkeit. Auch Westafrika und Lateinamerika spielten eine besondere Rolle bei den Diversifizierungsbestrebungen der amerikanischen Energiepolitik.

Diese Aufmerksamkeit für Energiefragen zieht sich wie ein roter Faden durch die strategische Planung der Administration. Zwei konkrete Beispiele mögen dies verdeutlichen: Im Oktober 2007 legte die Bush-Administration ihr Konzept für eine Neuausrichtung der amerikanischen Seestreitkräfte vor. Die *Cooperative Strategy for 21st Century Seapower* betont die Bedeutung von Seestraßen[913] für die Versorgung Amerikas mit überlebenswichtigen Ressourcen. Das Papier betont wiederholt die Gefährdung durch mögliche Ressourcenkonflikte:

> „Expansion of the global system has increased the prosperity of many nations. Yet their continued growth may create increasing competition for resources (…) Today regional conflict has ramifications far beyond the area of conflict. Humanitarian crises, violence spreading across borders, pandemics, and the interruption of vital resources are all possible when regional crises erupt."[914]

Diesen Gefahren Rechnung tragend, müssten amerikanische Seestreitkräfte insbesondere in den Krisengebieten sowie in den für Amerika vitalen Regionen eingesetzt werden, stets das Ziel einer Kontrolle wichtiger Seewege im Auge. Folglich gab das Pentagon neue Richtlinien für die Operationsgebiete der amerikanischen Marine heraus. Noch zu Beginn der Bush-Administration war ein Großteil der international operierenden Marineverbände im Nordatlantik und im Mittelmeer aktiv: „These ties still figure prominently in strategic calculations, but ever-increasing weight is placed on the protection of vital trade links in the Persian Gulf, the Southwest Pacific and the Gulf of Guinea (close to Africa's major oil producers)."[915]

---

[912] George W. Bush, „Remarks by the President to Capital City Partnership", 17. Mai 2001, online unter http://georgewbush-whitehouse.archives.gov/news/releases/2001/05/20010517-2.html (Zugriff am 14. März 2011).

[913] Das Dokument steht damit in der Tradition amerikanischer See-Geopolitik, die von Admiral Mahan begründet wurde. Vgl. zu diesem Gedanken Klare, „Geopolitics of Energy".

[914] United States Department of the Navy und United States Coast Guard (Hrsg.), A Cooperative Strategy for 21st Century Seapower, Oktober 2007, online unter http://www.navy.mil/maritime/Maritimestrategy.pdf (Zugriff am 3. Februar 2011).

[915] Klare, „Geopolitics of Energy".

Diesem Muster folgte auch die Neuausrichtung der globalen Verteilung amerikanischer Militärbasen und damit ein wesentlicher Aspekt amerikanischer Machtprojektion. War noch am Ende der Clinton-Administration der Großteil amerikanischer Militärbasen (durchaus analog zu den Operationsgebieten der amerikanischen Marine) in Europa, Japan und Südkorea konzentriert, trieb das Pentagon unter Verteidigungsminister Donald Rumsfeld deren Verlagerung in andere Weltgegenden voran.[916] Auch hier spielten Energiefragen eine gewichtige Rolle. Gegenüber Afrika verstärkte die Bush-Administration ihr politisches Engagement merklich und gab dem Kontinent zudem einen neuen Stellenwert in der Militärplanung. Nicht nur der Kampf gegen den Terrorismus bestimmte die strategische Neuausrichtung: „Washington beginnt offenbar zu begreifen, welch bedeutsame Rohstoffvorkommen der Kontinent zu bieten hat",[917] war im Juli 2004 in *Le Monde diplomatique* zu lesen. Mit „Terror bekämpfen und Öl importieren"[918] beschreibt ein Beobachter die amerikanischen Interessen in Afrika. Dies spiegelt sich auch in der Einrichtung eines eigenständigen Militärkommandos für Afrika wider.[919]

Neben der politischen Praxis beeinflussten Überlegungen zur Energiesicherheit in den vergangenen Jahren auch die politikwissenschaftliche Forschung in den Vereinigten Staaten. Hier bildete sich das Feld der *energy security* heraus und befruchtete die politische Diskussion nachhaltig. Eine enge Wechselwirkung zwischen Theorie und Praxis ist zu beobachten. Als einer der weltweit anerkanntesten Energieexperten prognostizierte Michael Klare bereits zu Beginn des Jahrzehnts zunehmende Konflikte um Ressourcen und publiziert bis dato ausgiebig zu dem Thema.[920]

Ein für die politikwissenschaftliche Forschung und den Teilbereich der *energy security studies* grundlegender Sammelband, der sowohl die bis dato geleistete Forschung resümierte als auch weiterentwickelte, erschien im Jahr 2005. Die Herausgeber weisen in ihrem Beitrag darauf hin, dass selbst in den Vereinigten Staaten die Integration von Fragen der Energiesicherheit in die Formulierung der Außenpolitik noch in den Kinderschuhen stecke und schlagen Möglichkeiten vor, wie Energiefragen in eine innovative Außenpolitikformulierung integriert werden könnten. Im Mittelpunkt stehen nachhaltige Politikinitiativen zur Ver-

---

[916] Vgl. ebd.

[917] Abramovici, „Washington hat Afrika wiederentdeckt.

[918] Ebd.

[919] Das im Jahr 2007 in der Nähe von Stuttgart eingerichtete United States African Command (AFRICOM) koordiniert als eines von sechs amerikanischen Regionalkommandos Amerikas Sicherheits- und Militärbeziehungen zu den Staaten Afrikas. Siehe hierzu Klare, „Geopolitics of Energy" sowie die Webseite des Regionalkommandos: http://www.africom.mil/ (Zugriff am 3. Februar 2011).

[920] Siehe insbesondere das grundlegende Werk von Klare, Rising Powers.

234

besserung der internen Situation in Produzentenländern sowie zur Schaffung regionaler Sicherheit mit dem Ziel, die Stabilität von Anbieterländern zu verbessern. Auch multilaterale Strukturen und die Durchsetzung von marktwirtschaftlichen Spielregeln im Energiesektor zählen die Herausgeber zu den vordringlichen Aufgaben einer nachhaltigen amerikanischen Energiestrategie, ebenso die Diversifizierung der Bezugsquellen, technologische Fortschritte zur Reduzierung der Ressourcenabhängigkeit sowie Fragen der Sicherung der Energieinfrastruktur.[921]

Darüber hinaus unterhalten alle großen außenpolitischen *Think Tanks* bereits seit Jahren eigene Abteilungen zur Forschung auf dem Gebiet der Energiesicherheit und tragen so maßgeblich zu der äußerst vielseitigen amerikanischen Forschungslandschaft bei. In der sicherheitspolitischen Planung, in der praktischen Sicherheitspolitik sowie in der politikwissenschaftlichen Forschung haben die Vereinigten Staaten die geopolitische Bedeutung des Themas Energiesicherheit bereits seit mehr als einem Jahrzehnt erkannt und die eigene Ressourcensicherung mittels klarer Interessenformulierung und strategischer Ausrichtung konsequent verfolgt. Geopolitische Erörterungen spielten dabei stets eine prominente Rolle.

Dass geopolitische Erwägungen auch in den energiepolitischen Diskursen Chinas einen überragenden Stellenwert haben, ist bereits im vorangegangenen Kapitel dargelegt worden. China verfolgt eine strategisch-geopolitisch ausgerichtete Energiepolitik, die marktwirtschaftlichen Erwägungen nur geringen Raum lässt. Auf das Beispiel Russland wird in einem separaten Kapitel hingewiesen. Doch geopolitische Überlegungen im Energiesektor sind nicht allein Sache von Großmächten. Auch Deutschlands europäische Nachbarn sind seit mehreren Jahren um eine Integration geopolitischer Erwägungen in die Formulierung ihrer nationalen Energiepolitiken bemüht.

Das britische Außenministerium erarbeitete bereits im Jahr 2004 eine Energiestrategie, die neben Reaktionen auf den Klimawandel auch Fragen der Energieversorgungssicherheit einen großen Stellenwert einräumt. Als Maßnahmen zur Sicherung der Versorgungssicherheit empfiehlt das Dokument etwa die politische und ökonomische Stabilisierung von Lieferländern sowie die Sicherstellung einer ausreichenden Transportinfrastruktur.[922] Sehr deutlich wird diese Aufmerksamkeit für Fragen der Energiesicherheit als Teil der Außen- und Sicherheitspolitik auch bei einem Blick auf die Länder Osteuropas, die zum Teil

---

[921] Die zusammenfassenden Empfehlungen finden sich in: Jan H. Kalicki und David L. Goldwyn, „Conclusion: Energy, Security, and Foreign Policy", in: dies. (Hrsg.), Energy and Security. Toward a New Foreign Policy Strategy, Baltimore 2005, S. 561-578.

[922] Vgl. Foreign and Commonwealth Office (Hrsg.), „UK International Priorities: Energy Strategy", online unter http://www.fco.gov.uk/resources/en/pdf/pdf9/fco_ukinternationalenergystrat (Zugriff am 3. November 2010). Relevant für den Problembereich Energiesicherheit sind die Seiten 13-16.

fast ausschließlich von russischen Energielieferungen abhängig sind und zudem historisch gewachsene Vorbehalte gegen die Großmacht haben. Hier gibt es eine politische Aufmerksamkeit für energiepolitische Entwicklungen; osteuropäische Länder gehören zu jenen, die das Thema am hartnäckigsten auf die europäische Agenda setzten. Schließlich nahm sich auch die Europäische Union der Thematik schon vor Jahren an und setzte sich in diversen Strategiepapieren mit der notwendigen Diversifizierung von Energielieferungen angesichts der Abhängigkeit von Russland auseinander.[923]

Den vorangegangenen Beispielen ist gemein, dass die Regierungen der angesprochenen Länder bzw. die EU-Kommission teils seit mehreren Jahren darum bemüht sind, den geopolitischen Trends im Energiesektor Rechnung zu tragen und geopolitische Erwägungen in ihre Außen- und Sicherheitspolitik zu integrieren. Auswärtige Energiepolitik erscheint so als Ergebnis strategischer Planung basierend auf einer vorausschauenden Analyse der internationalen Lage sowie der geopolitischen Entwicklungen.

### 6.2.2 Plötzlich entdeckt: Deutschland und die Geopolitik der Energieversorgung

Die durch Machttendenzen auf dem Energiesektor geforderte „Realpolitik unter dem Primat der Selbstbehauptung ist für Deutschland Neuland."[924] Nicht langfristig strategisch antizipiert wird heute auch in der Bundesrepublik das Thema Energiesicherheit – durchaus auch unter geopolitischen Vorzeichen – thematisiert. Es hat derzeit Konjunktur in Deutschland und spielt zwischenzeitlich eine bedeutende Rolle in der sicherheitspolitischen Debatte.[925] Von einem neuen „Primat der Energiesicherheit"[926] in der Außenpolitik der Großen Koalition ist die Rede. Wie lässt sich dieser bemerkenswerte Wandel erklären?

Der Startschuss für die intensive Beschäftigung mit dem Thema lässt sich recht genau mit dem Beginn des Jahres 2006 festmachen. Anlass war weniger der Regierungswechsel zur Großen Koalition wenige Monate zuvor, sondern

---

[923] Vgl. etwa das ‚Grünbuch' der Kommission aus dem Jahr 2000: European Commission (Hrsg.), Green Paper - Towards a European strategy for the security of energy supply, Brüssel 2000.

[924] Christian Hacke, „Energiesicherheit als Teil von vernetzter Sicherheit unter Berücksichtigung der maritimen Dimension", in: Politische Studien, Heft 428, 60. Jahrgang, November/Dezember 2009, S. 66-74, hier S. 67.

[925] Vgl. Hartmut Grewe, Energiesicherheit als strategisches Ziel: Anforderungen an eine Energieaußenpolitik (Analysen und Argumente aus der Konrad-Adenauer-Stiftung Nr. 36/2006), Sankt Augustin 2006, S. 1.

[926] Christian Hacke, „Deutsche Außenpolitik unter Bundeskanzlerin Merkel", in: Aus Politik und Zeitgeschichte 43/2006, S. 30-37, hier S. 35.

vielmehr ein externes Ereignis: der russisch-ukrainische Gaskonflikt zu Beginn des Jahres 2006.[927] Als Reaktion auf einen (in Politik und Öffentlichkeit so wahrgenommenen) konkreten geopolitischen Konflikt änderte die Bundesregierung ihre Haltung zur Frage der Energieversorgungssicherheit. Das Thema tauchte in der Folge verstärkt auf der politischen Agenda auf und ist dort mittlerweile nicht mehr wegzudenken.

Das gesteigerte Problembewusstsein für die geopolitischen Implikationen der Energiepolitik spiegelt sich deutlich in offiziellen Äußerungen der Entscheidungsträger sowie in sicherheitspolitischen Strategiepapieren wider. Ein Überblick über diese Verlautbarungen bietet die Möglichkeit, den Anspruch der Regierung bei der Neuausrichtung der deutschen auswärtigen Energiepolitik herauszuarbeiten. Auffallend ist dabei insbesondere die große Übereinstimmung mit den auch in dieser Arbeit aufgezeigten geopolitischen Trends auf dem Energiesektor – Importabhängigkeit von oftmals instabilen Förderregionen, ‚Vermachtung' auf Anbieterseite, zunehmendes Konkurrenzdenken auf Seiten der Energienachfrager.

Deutlich wird auch: Angesichts der Vielzahl an Referenzen an die Geopolitik und angesichts der vielfach geäußerten Einschätzung, dass Energiepolitik zunehmend geopolitisch bestimmt sei, kann dieses Politikfeld durchaus als Katalysator für eine auch terminologische ‚Renaissance der Geopolitik' in Deutschland bezeichnet werden. Das Nachdenken über die internationale Energiepolitik führt zunehmend dazu, dass nicht nur implizite geopolitische Argumentationsmuster ihren Einzug in die deutsche Sicherheitspolitik finden. Die Thematisierung geopolitischer Faktoren der Energiepolitik macht die Geopolitik als Analysemethode und selbst entsprechende Termini erneut ‚salonfähig'. Entsprechende Überlegungen führen zu einem zunehmend selbstverständlichen und ungezwungenen Umgang mit geopolitischen Erörterungen. Die Beschäftigung mit geopolitischen Implikationen gilt nunmehr als strategische Aufgabe der deutschen Sicherheitspolitik und durchaus auch als innovative Antwort auf die Herausforderungen der Zeit.

Auf der Münchner Sicherheitskonferenz im Februar 2006 lenkte der damalige Bundesaußenminister Steinmeier den Fokus der Debatte auf das Thema Energiesicherheit: „Globale Sicherheit im 21. Jahrhundert wird untrennbar auch mit Energiesicherheit verbunden sein."[928] Diese Äußerung verdeutlicht, dass das

---

[927] Siehe hierzu Kapitel 6.3.2 in dieser Arbeit. Siehe auch Frank Lübberding, „Angela Merkels Gespür. Die russisch-ukrainische Gaskrise hat die Deutschen jäh daran erinnert, dass Wirtschaftsfragen Machtfragen sind", in: Berliner Republik 1/2006, S. 6-10.

[928] Frank-Walter Steinmeier, „,Russland, Europa und die Welt – Perspektiven der Zusammenarbeit in globalen Sicherheitsfragen.' Rede des Bundesministers des Auswärtigen, Dr. Frank-Walter Steinmeier, auf der 42. Münchner Konferenz für Sicherheitspolitik am 5. Februar 2006 in München", in:

237

Problembewusstsein geopolitisch motivierter Energiekrisen und -konflikte in Folge des Gaskonfliktes Anfang 2006 von der Bundesregierung rasch aufgegriffen wurde. Seither häufen sich offizielle politische Verlautbarungen ebenso wie publizistische und wissenschaftliche Beiträge von Mitgliedern der Bundesregierung, die diese geopolitische Dimension explizit anerkennen. Steinmeier wurde zum Vorreiter einer sicherheitspolitisch geprägten Energieaußenpolitik, die durchaus auch geopolitischen Tendenzen Rechnung trägt.[929]

In einem Beitrag für das Jahrbuch der Deutschen Gesellschaft für Auswärtige Politik zum Thema Energiesicherheit plädiert Steinmeier folglich dafür, dass eine vorausschauende Außen- und Sicherheitspolitik das Thema Energiesicherheit „ins Zentrum ihrer Analysen und Handlungsstrategien stellen muss."[930] Explizit betont Steinmeier die strategische Bedeutung von Energie, die direkte Auswirkungen auf das globale Machtgefüge habe und „so zu einem Schlüsselthema nationaler Interessen und Agenden"[931] geworden sei. In diesem Zusammenhang erwähnt er China und Indien, deren Nachfrage zu einer „Neuvermessung der energiepolitischen Landkarte"[932] führe. Folglich betont Steinmeier, dass Deutschland das Thema im Rahmen der EU- und G8-Doppelpräsidentschaft in den Vordergrund gerückt habe. Überhaupt plädiert er für eine kooperative europäische Strategie zur Energiesicherheit.

Als weitere Handlungsoptionen neben diesem Multilateralismus in Energiefragen forderte Steinmeier während seiner Amtszeit stets eine geopolitische Diversifizierung. Die geopolitische Kernaufgabe für die deutsche Energiepolitik ist damit direkt angesprochen – eine möglichst breite regionale Diversifizierung der deutschen Energieimporte: „Schlüsselfaktor zukünftiger Versorgungssicherheit ist die weitere Diversifizierung unserer Bezugsräume. Wir werden dafür die energiepolitische Zusammenarbeit mit Norwegen, Nordafrika und auch den zentralasiatischen Staaten verstärkt ausbauen. Für Zentralasien bringen wir (...) eine EU-Strategie auf den Weg."[933] Neben dieser Forderung beharrte Steinmeier

---

Presse- und Informationsamt der Bundesregierung (Hrsg.), Bulletin 12-3/2006 (5. Februar 2006), CD-ROM-Version, Berlin 2010.

[929] Steinmeier hatte sich bereits als Leiter des Bundeskanzleramts mit entsprechenden Analysen des Bundesnachrichtendienstes befasst. Vgl. Umbach, „German Debates", S. 7.

[930] Frank-Walter Steinmeier, „Deutsche Energie- und Klimadiplomatie", in: Braml u. a. (Hrsg.), Energiesicherheitspolitik, S. 1-3, hier S. 1.

[931] Ebd., S. 1.

[932] Ebd., S. 2.

[933] Frank-Walter Steinmeier, „‚Internationale Aspekte der Energiepolitik.' Rede des Bundesministers des Auswärtigen, Dr. Frank-Walter Steinmeier, beim zweiten Energiegipfel der Bundesregierung am 9. Oktober 2009 in Berlin", in: Presse- und Informationsamt der Bundesregierung (Hrsg.), Bulletin 98-2/2006 (9. Oktober 2006), CD-ROM-Version, Berlin 2010.

gleichwohl stets auf einer engen Bindung an Russland, ohne die alle europäischen Bemühungen um Energiesicherheit obsolet seien.[934]

Auffallend an Steinmeiers Konzeption zur Energiesicherheitspolitik ist die Maxime, dass Energiesicherheitspolitik Friedenspolitik sei: „Nur wenn wir dafür sorgen, dass Verfügbarkeit über fossile Energieressourcen nicht zur alles entscheidenden Machtwährung wird, können wir dadurch auch potenzielle Spannungen entschärfen und langfristig Stabilität gewähren."[935] Die Überwindung von Machtpolitik, die Einbindung möglichst aller auf den internationalen Energiemärkten agierenden wichtigen Staaten, ein multilateraler Ansatz: Diese Momente ziehen sich wie ein roter Faden durch die Äußerungen des ehemaligen Außenministers zu dem Thema. Der Geopolitik müsse ein friedlicher multilateraler Entwurf entgegengesetzt werden. Mit Blick auf diese Betonung einer Überwindung von Geopolitik merkt Hacke jedoch kritisch an:

> „Große und kleine Energiemächte suchen auf rücksichtslose Weise ihre Interessen durchzusetzen. Diesen Ansinnen kann Deutschland allein mit gut gemeinter Kooperation und multilateralen Beschwichtigungsvorschlägen nur unzureichend begegnen. Diese neue energiepolitische Front von undemokratischen Regimen erfordert einen neuen Selbstbehauptungswillen der freien Welt."[936]

Für die Analyse zu diesem Zeitpunkt ist indes die Feststellung relevant, dass der ehemalige Außenminister Steinmeier deutlich die geopolitische Dimension von Energiepolitik anerkannte und versuchte, dies zum Ausgangspunkt einer neuen deutschen Energieaußenpolitik zu machen.

Diese Beschäftigung mit energiesicherheitspolitischen Fragen ist auch im Bundeskanzleramt zu beobachten. Bemerkenswert in der Klarheit der Aussagen ist ein Aufsatz, den Christoph Heusgen, außenpolitischer Berater der Bundeskanzlerin, im Jahr 2008 veröffentlichte: Heusgen sieht die Energiesicherheit in das Spektrum des erweiterten Sicherheitsbegriffs eingebettet. Das Thema sei „von der politischen Agenda nicht mehr wegzudenken".[937] Der Aufsatz stellt die Aktualität des Themas klar heraus. Heusgen spricht die wesentlichen in dieser Untersuchung aufgezeigten geopolitischen Faktoren an: Die hohe Importabhän-

---

[934] Vgl. ebd., S. 2.
[935] Frank-Walter Steinmeier, „,Kooperative Strategien zur globalen Energiesicherung' - Rede von Bundesaußenminister Steinmeier anlässlich der Eröffnung der Reihe ,Energiesicherheit und internationale Beziehungen' des Auswärtigen Amts und des Veranstaltungsforums der Verlagsgruppe Georg von Holtzbrinck im Auswärtigen Amt, Berlin", 16. Februar 2007, online unter http://www.auswaertiges-amt.de/diplo/de/Infoservice/Presse/Reden/2007/070216-Energiekonferenz.html (Zugriff am 3. November 2010).
[936] Hacke, „Deutsche Außenpolitik unter Bundeskanzlerin Merkel", S. 35.
[937] Heusgen, „Bundeskanzleramt", S. 49.

gigkeit vieler Industrieländer durch die geographische Konzentration der Ressourcen und die daraus folgende Instrumentalisierung von Energieressourcen als Machtfaktor der Förderländer. Er nennt ein Land klar beim Namen: In besonderem Maße nutze die russische Führung die Energievorräte des Landes, um Russland wieder zu alter Macht auf dem internationalen Parkett zu führen. Die staatliche Kontrolle des russischen Energiesektors sei ökonomischen Handelsbeziehungen abträglich und führe vielmehr zu einer politischen Instrumentalisierbarkeit der Energielieferungen.[938]

Entsprechende Verlautbarungen kommen mit dem Bundesministerium der Verteidigung schließlich aus einem weiteren für die Außenpolitik relevanten Ministerium. Im Weißbuch 2006 ist dem Thema Energiesicherheit in einem Kapitel über die globalen Herausforderungen Deutschlands ein eigener Unterpunkt gewidmet. Die Autoren stellen fest, dass Energiefragen „künftig für die globale Sicherheit eine immer größere Rolle spielen"[939] werden. Konkret wird auf die regionale Stabilität in Förderregionen verwiesen, weiterhin auf sichere Transportwege, eine Sicherung der Energieinfrastruktur sowie auf die Importabhängigkeit Deutschlands und Europas.[940] Damit sind einige zentrale geopolitische Aspekte angesprochen – ein krasser Unterschied verglichen mit der Situation drei Jahre zuvor, als das Thema für die strategische Ausrichtung der deutschen Sicherheitspolitik offensichtlich noch keine herausgehobene Bedeutung hatte.

Die Verteidigungspolitischen Richtlinien, die das Ministerium im Jahr 2003 veröffentlichte, stehen zwar unter dem Eindruck eines erweiterten Sicherheitsbegriffs und der Vielzahl neuer Herausforderungen. Energiesicherheit wird jedoch nicht thematisiert. Demgegenüber erwähnen die Verteidigungspolitischen Richtlinien aus dem Jahr 2011 Energiesicherheit ausdrücklich als ein sicherheitsrelevantes Politikfeld: „Freie Handelswege und eine gesicherte Rohstoffversorgung sind für die Zukunft Deutschlands und Europas von vitaler Bedeutung. (…) Deshalb werden Transport- und Energiesicherheit und damit verbundene Fragen künftig auch für unsere Sicherheit eine wachsende Rolle spielen."[941] Auch dies ist ein auffälliger Ausdruck des Bewusstseinswandels hinsichtlich energiepolitischer Fragen.

Auch in der Parteienlandschaft lässt sich dieser Wandel nachzeichnen: Hatten vor 2006 alle Bundestagsfraktionen die geopolitischen Dimensionen der Energiepolitik weitgehend ignoriert, ist auch hier ab dem Jahr 2006 ein Wandel festzustellen. Geopolitische Faktoren finden ausdrückliche Erwähnung in einem

---

[938] Vgl. ebd., S. 51-52.
[939] Bundesministerium der Verteidigung (Hrsg.), Weißbuch 2006, S. 23.
[940] Vgl. ebd., S. 22-23.
[941] Bundesministerium der Verteidigung (Hrsg.), Verteidigungspolitische Richtlinien 2011, S. 3-4.

Positionspapier der CDU/CSU-Bundestagsfraktion zur Energiepolitik aus dem Jahr 2006. Das Papier thematisiert bereits einleitend die neuen Herausforderungen der Ressourcenkonkurrenz und der deutschen Importabhängigkeit aus politischen Krisenregionen. Deutschland habe die strategischen Aspekte der internationalen Energiepolitik bislang weitgehend verschlafen, weshalb die Union für ein umfassendes strategisches Konzept eintrete: Die Entwicklungen in der Energiepolitik verdeutlichten, „dass die Frage der Versorgungssicherheit ein Anliegen nationaler Sicherheit darstellt."[942] Als Auswege aus dem Dilemma schlagen die Autoren verschiedene Maßnahmen vor, darunter die Verringerung der Importabhängigkeiten, die Diversifizierung der Energielieferungen, die Stabilisierung von Importbeziehungen sowie die Sicherung der Energieinfrastruktur.[943]

Ein Beitrag des CDU-Bundestagsabgeordneten Joachim Pfeiffer für das DGAP-Jahrbuch 2008 legt die Position der CDU/CSU-Bundestagsfraktion zur Energiepolitik dar und zielt dabei ebenfalls auf regionale Diversifizierung als zentrale Aufgabe einer strategisch-sicherheitspolitisch orientierten Energiepolitik ab.[944] Sein Kollege Rolf Hempelmann von der SPD-Fraktion legt in seinem Beitrag einen größeren Stellenwert auf die Nachhaltigkeit der Energiepolitik und verknüpft dies gezielt mit Fragen des Klimawandels. Doch auch Hempelmann, der neben dem Klimawandel in Nachfragewachstum und Ressourcenkonflikten die größten Bedrohungen auf dem Energiesektor sieht, fordert eine Flankierung der wirtschaftlich ausgerichteten Energiepolitik durch außen- und sicherheitspolitische Maßnahmen.[945] Die Grundlage aller hier zitierten Äußerungen ist die Forderung nach einer regionalen Diversifizierung der deutschen Energieimporte als effektivste kurz- und mittelfristige Strategie gegen die machtpolitischen Tendenzen im Energiebereich. Die regionale Diversifizierung der Energieimporte ist *der* Kern des geopolitischen Ansatzes, der sich nach 2006 in den deutschen Debatten manifestierte und der sich in der Rückschau deutlich aufzeigen lässt.

Die zahlreichen oben zitierten Äußerungen fanden ihren konkreten Niederschlag in einer gewissen institutionellen Neuausrichtung der deutschen Außenpolitik: Waren die außen- und sicherheitspolitischen Aspekte der deutschen Energiepolitik bis vor wenigen Jahren ausschließlich im Wirtschaftsministerium beheimatet, zog das Auswärtige Amt unter Minister Steinmeier Kompetenzen an

---

[942] CDU/CSU-Fraktion im Deutschen Bundestag (Hrsg.), „Strategische Elemente einer zukunftsfähigen Energiepolitik. Versorgungssicherheit – Wettbewerb – Forschung. Positionspapier der CDU/CSU-Fraktion im Deutschen Bundestag", 4. April 2006, online unter www.cducsu.de/GetMedium.aspx?mid=1469 (Zugriff am 29. März 2011), S. 2.

[943] Vgl. ebd., S. 3.

[944] Vgl. Joachim Pfeiffer, „CDU/CSU-Position: Für ein ideologiefreies Energiesicherheitskonzept", in: Braml u. a. (Hrsg.), Energiesicherheitspolitik, S. 23-28.

[945] Vgl. Rolf Hempelmann, „SPD-Position: Für eine zukunftsgerichtete Industrie- und Technologiepolitik", in: Braml u. a. (Hrsg.), Energiesicherheitspolitik, S. 29-33.

sich. Der Außenminister und sein Haus wurden so zu Vorreitern der von Steinmeier proklamierten neuen deutschen ‚Energieaußenpolitik'. Zu beobachten ist der Trend einer „Außenpolitisierung" der deutschen Energiepolitik mit Akzentverschiebungen von der Wirtschafts- zur Außen- und Sicherheitspolitik. Mittlerweile sind auch die entsprechenden Abteilungen im Auswärtigen Amt mit der Thematik befasst, tauschen sich aus und beobachten die internationalen Entwicklungen im Energiesektor. Eine tiefgreifende Beschäftigung mit entsprechenden Fragen findet dort seit 2006 statt. Mittlerweile verfügt das Haus über eine beachtliche Expertise zur Energiepolitik.[946] Ergebnis des Bewusstseinswandels der politischen Entscheidungsträger waren schließlich die drei ‚Energiegipfel' der Bundesregierung zwischen April 2006 und Juli 2007, deren Ziel ausdrücklich auch die Formulierung einer Strategie zur Diversifizierung der Energieimporte war.[947]

Später zwar als in vielen anderen Ländern, aber nicht weniger intensiv, griff neben der Politik auch die politikwissenschaftliche Forschung das Thema Energieversorgungssicherheit auf. Auch hier steht neben der Anerkennung geopolitischer Faktoren die Forderung nach einer Diversifizierung der Energieimporte im Zentrum der Analysen. Bis vor wenigen Jahren war Frank Umbach, ehemals Mitarbeiter der Deutschen Gesellschaft für Auswärtige Politik, der einzige nennenswerte Exponent jener Forschungsrichtung, die für eine sicherheitspolitische Betrachtung der Energiepolitik plädiert. Mit seiner Studie über globale Energiesicherheit[948] antizipierte Umbach im Unterschied zur übrigen Forschung in Deutschland bereits im Jahr 2003 die geopolitischen Herausforderungen auf dem Energiesektor und plädierte für eine Einbeziehung energiepolitischer Fragen in die Formulierung der deutschen Außen- und Sicherheitspolitik – unter expliziter Thematisierung geopolitischer Erwägungen.[949]

Nach 2006 nahm sich auch die breitere politikwissenschaftliche Forschung des Themas in größerer Intensität an. Zwei Sammelbände aus den Jahren 2007 und 2008 fassen den Stand der Forschung in Deutschland zusammen und stellen daher Grundlagenwerke für die deutsche Forschung zur Energieversorgungssicherheit dar: Im Jahr 2007 gab der Politikwissenschaftler Reinhard C. Meier-Walser einen Sammelband heraus, der Beiträge namhafter deutscher Energieexperten enthält,[950] darunter Frank Umbach sowie Roland Götz und Friedemann Müller von der Stiftung Wissenschaft und Politik. Ausdrücklich werden Themen

---

[946] Interview mit Dr. Frank Umbach, geführt am 23. Juli 2010.

[947] Vgl. etwa Meier-Walser, „Einführung", S. 12.

[948] Frank Umbach, Globale Energiesicherheit. Strategische Herausforderungen für die europäische und deutsche Außenpolitik, München 2003.

[949] Vgl. ebd.

[950] Meier-Walser (Hrsg.), Energieversorgung.

242

wie die „geopolitische Dimension der Energieversorgung"[951] an prominenter Stelle angesprochen. Der Sammelband markiert somit einen wichtigen Schritt in Richtung einer geopolitischen Analyse der Energiepolitik. Regional widmen sich die Beiträge allen relevanten Spielern der internationalen Energiepolitik, darunter Russland,[952] Zentralasien,[953] China[954] und den Vereinigten Staaten von Amerika.[955] Einleitend verweist Meier-Walser auf die aktuelle außen- und sicherheitspolitische Dimension der Energiepolitik. Diese manifestiere sich durch verschiedene Trends, unter anderem durch die politischen Implikationen der Instabilität vieler Förderländer, durch die Nutzung von Energielieferungen als ‚strategische Waffe' und durch die zunehmende Konkurrenz um die knapper werdenden Energieressourcen.[956]

Wenig später nahm sich auch die Deutsche Gesellschaft für Auswärtige Politik in ihrem Jahrbuch des Forschungsfelds an und unterstrich damit nicht nur die Aktualität des Themas, sondern trug auch der gewachsenen Bedeutung der Energiesicherheit als Herausforderung für die deutsche Außenpolitik Rechnung.[957] Ähnlich strukturiert wie der bereits erwähnte erste Sammelband, werden auch in den Beiträgen des DGAP-Jahrbuchs alle relevanten Staaten und Förderregionen besprochen. Bemerkenswert ob seiner Klarheit ist der bereits zitierte Beitrag Heusgens aus dem Bundeskanzleramt, der deutlich die geopolitische Dimension der Energiepolitik anerkennt.[958] Auch dies ist ein Anzeichen des gewandelten Bewusstseins außenpolitischer Forscher und Entscheidungsträger.

Den Gedanken der im Buchtitel angesprochenen ‚Weltverträglichkeit' greift indes Steinmeier auf. In einem einleitenden Beitrag gibt er den Tenor vor, dass Energiepolitik vor allem im Sinne der Nachhaltigkeit multilateral und kooperativ betrieben werden müsse. Er fordert, dass die Energiepolitik der Zukunft durch „lebendige Kooperation"[959] aller großen Spieler gekennzeichnet sein müsse und die Politik darauf ausgerichtet sein müsse, einem Wettbewerb um Ressourcen „präventiv zu begegnen."[960] Den geopolitischen Gehalt der Energiepolitik er-

---

[951] Vgl. Kreft, „Die geopolitische Dimension der Energiesicherheit".

[952] Helmut Hubel, „Energie-Interdependenz mit Russland – Deutschland zwischen bilateraler Sonderbeziehung und Solidarität mit seinen EU- und NATO-Partnern", in: Meier-Walser (Hrsg.), Energieversorgung, S. 123-134.

[953] Christian Fischer, „Südkaukasien im Spannungsfeld divergierender Energieinteressen", in: ebd., S. 275-289.

[954] Heinrich Kreft, „Die Energiesicherheit Chinas – eine globale Herausforderung", in: ebd., S. 199-213.

[955] Scherpenberg, „Energiesicherheit".

[956] Vgl. Meier-Walser, „Einführung".

[957] Braml u. a. (Hrsg.), Energiesicherheitspolitik.

[958] Vgl. Heusgen, „Bundeskanzleramt".

[959] Steinmeier, „Deutsche Energie- und Klimadiplomatie", S. 1.

[960] Ebd., S. 1.

kennt Steinmeier auch an dieser Stelle klar an, plädiert jedoch für dessen Überwindung mittels multilateraler Strategien.

Für diesen Sammelband wie auch für das von Meier-Walser herausgegebene Werk gilt indes eine im Vorwort des Jahrbuchs von Steinmeier getroffene Äußerung: „Ein außenpolitisches Jahrbuch mit dem Schwerpunkt ‚Energiesicherheitspolitik' – noch vor wenigen Jahren hätte dieser Titel sicher für einiges Erstaunen auf der außen- und sicherheitspolitischen Bühne gesorgt."[961] Der Prozess des Umdenkens prägte nach 2006 zweifelsohne auch die wissenschaftliche Landschaft. Betrachtet man die Sammelbände als Resümee der bisherigen Forschung in Deutschland, so fällt gleichwohl die Konzentration des Forschungsfelds auf. Die einschlägigen Analysen werden zu einem Großteil nach wie vor von wenigen Forschern geleistet, zumeist aus der Deutschen Gesellschaft für Auswärtige Politik sowie der Stiftung Wissenschaft und Politik. Dies bestätigt sich auch, wenn man den Blick über die beiden Sammelbände hinaus weitet: Wenige Wissenschaftler publizieren einen Großteil der einschlägigen Literatur. Deutsche Energieexperten, die das Thema unter sicherheitspolitischen Gesichtspunkten betrachten, lassen sich trotz der insgesamt gestiegenen Aufmerksamkeit für die Thematik nach wie vor an einer Hand abzählen, das Forschungsfeld ist nach wie vor stark konzentriert.

Die vorangegangenen Äußerungen zeigen gleichwohl den Wandel, dem die deutsche Energiesicherheitspolitik – in ihrer konzeptionellen Ausprägung – seit 2006 unterworfen war. Hatte Umbach noch 2005 konstatiert, dass die geopolitischen Faktoren der internationalen Energiesicherheit offenbar keine Frage seien, mit der sich Deutschland zu beschäftigen habe, und dass Deutschland entsprechende Implikationen komplett verschlafen habe,[962] stellte er im Jahr 2008 fest, dass das Thema zwischenzeitlich einen neuen Stellenwert habe und „insbesondere auf deutscher Seite zunehmend aufgewertet worden"[963] sei.

Vorsicht vor einer Überbewertung des Wandels ist dennoch geboten: Die Bundesrepublik befindet sich in dieser Frage nach wie vor in einer Übergangssituation. Im Vergleich mit anderen Staaten fällt insbesondere der reaktive Charakter der deutschen Beschäftigung mit der Thematik auf. So wie es der deutschen Außen- und Sicherheitspolitik an einer strategischen Kultur fehlt, mangelt es auch an einer tiefgreifenden, vorausschauenden Beschäftigung mit dem Thema. Der Energieexperte Stefan Meister drückt dies so aus:

„Es ist ein Grundproblem: Es finden keine strategischen Debatten statt. Es wird nicht gefragt, was haben wir für Interessen. Wir negieren Interessen, wir tun so, als

---

[961] Ebd., S. 1.
[962] Umbach, „Energieversorgungssicherheit am Scheideweg", S. 630.
[963] Umbach, „Interview mit Dr. Frank Umbach zu Fragen der Energiesicherheitspolitik", S. 85.

ob wir sie nicht hätten. Natürlich haben wir ökonomische Interessen, aber es wird viel zu wenig langfristig überlegt, welche Regionen sind für uns wesentlich, welche Regionen sind für die Energieversorgung, Diversifizierung usw. von Bedeutung. Es wird viel zu kurzfristig gedacht."[964]

Die Politik griff die Thematik erst als Reaktion auf eine konkrete geopolitische Herausforderung auf. Ein Prozess des Umdenkens ist deutlich auszumachen, doch steckt die deutsche Energiesicherheitspolitik nach wie vor in den Kinderschuhen.

Im Zusammenhang mit der Debatte um die Energiepolitik ist die geradezu selbstverständliche Integration nicht nur geopolitischer Argumentationsmuster, sondern auch entsprechender *Termini* auffallend. Politiker wie Autoren schrecken nicht mehr vor einer Nutzung des Begriffes ‚Geopolitik' zurück – kaum ein wissenschaftlicher Aufsatz, in dem nicht von ‚geopolitischen Konsequenzen', ‚geopolitischen Herausforderungen' oder der ‚internationalen Energie-Geopolitik' die Rede ist. Es scheint geradezu *en vogue* zu sein, geopolitische Konsequenzen auf dem Energiesektor zu erörtern. Zweifellos geht diese terminologische Aufwertung mit einer inhaltlich oftmals unscharfen und nur in wenigen Fällen theoretisch fundierten Verwendung des Begriffes einher. Gerade verglichen mit den Diskussionen über die Neuausrichtung der deutschen Sicherheitspolitik nach dem Kalten Krieg ist die ungezwungene Nutzung entsprechender Begriffe gleichwohl auffallend: Die konzeptionelle Grundlegung der deutschen Sicherheitspolitik nach der Wiedervereinigung basierte durchaus auf geopolitischen Erörterungen und Einsichten, die jedoch selten explizit thematisiert, geschweige denn klar benannt wurden. Das Nachdenken über Energiesicherheit wirkt indes als Katalysator, es macht die ungezwungene Thematisierung der Geopolitik als Konzept wie als Terminus erneut ‚salonfähig'.

Im Zuge der Neuorientierung ihrer Sicherheitspolitik nach dem Kalten Krieg, und gerade auch im Zusammenhang mit der Energiepolitik, stieß die Bundesrepublik in neue Räume vor – so etwa Zentralasien. Dass die Konfrontation mit geopolitischen Herausforderungen eine Beschäftigung mit geopolitischen Fragestellungen in den deutschen Debatten notwendig machte, zeigte bereits der Blick auf die deutsche Sicherheitspolitik in den 1990er Jahren. Müller argumentiert, dass die deutliche geopolitische Prägung der energiepolitischen Machtspiele in Zentralasien in diesem Sinne einerseits die Beschäftigung mit der Geopolitik selbst notwendig machte, andererseits aber auch die Nutzung entsprechender Begriffe erleichterte.[965] Die durch die geopolitischen Herausforderungen

---

[964] Interview mit Dr. Stefan Meister, geführt am 4. Oktober 2010.
[965] Interview mit Dr. Friedemann Müller, geführt am 1. Oktober 2009.

245

implizierten Diskussionen brachten eine Aufwertung und ungezwungene Nutzung geopolitischer Termini mit sich.

Hinzu kommt, dass die im internationalen Vergleich erst sehr spät einsetzende deutsche Diskussion über die Energiesicherheit die amerikanische Literatur als Vorbild aufgriff. Als Politik und Wissenschaft das Thema im Jahr 2006 auf breiter Basis aufgriffen, knüpften sie an die amerikanische Diskussion an, welche maßgeblich von geopolitischen Erörterungen geprägt ist. Daher fanden neben den entsprechenden Argumentationsmustern auch die Begrifflichkeiten einen erneuten Eingang in den deutschen Diskurs. Ein solcher Erkenntnistransfer ist bereits in Umbachs Studie aus dem Jahr 2003 zu beobachten. Auch diese bezieht sich wiederholt auf die amerikanische Forschung. Der Erkenntnistransfer von Amerika nach Deutschland brachte geopolitische Überlegungen auch hierzulande wieder einem breiteren Publikum näher: „Die USA beeinflussen ja unser politisches Denken und auch unsere Politikwissenschaft sehr stark (…). Ich denke, dass das eben auch aus dem politischen Alltag, aus den Konzepten gerade aus diesen Ländern sehr stark auch wieder in die Wissenschaft hineingeschwappt ist."[966]

In diesem Sinne erscheint geopolitisches Denken in den Debatten um die Energiepolitik als eine moderne, pragmatische Sicherheitspolitik, durchaus innovativ und geeignet, Deutschlands Position im internationalen Energiepoker zu erklären und zu leiten. Gerade die energiepolitischen Debatten brachten die Ungezwungenheit auch der terminologischen Nutzung mit sich.

Der Kern der diversen hier zitierten Äußerungen aus Politik und Forschung lässt sich indes so zusammenfassen: Alle relevanten geopolitischen Implikationen der internationalen Energiepolitik wurden nach 2006 auf breiter Front aufgegriffen: von den entsprechenden Entscheidungsträgern, den beteiligten Ministerien, den politischen Parteien, der außenpolitischen Elite und der politikwissenschaftlichen Forschung. Eine neue Sensibilität für machtpolitische Faktoren im Energiesektor sorgt seither für eine graduelle Loslösung von dem lange Zeit geltenden Mantra, dass der Markt die globalen Energiebeziehungen regele. Nachfragewachstum bei knapper werdenden Ressourcen, potentielle Ressourcenkonflikte, eine Vermachtung auf Anbieterseite: Die geopolitischen Triebkräfte des Energiesektors prägen nun die deutschen Debatten.

Auch der Anspruch der deutschen Energiepolitik lässt sich aus den Äußerungen herauslesen. Er lässt sich mit folgender Trias beschreiben: kooperativer Multilateralismus unter Einbindung aller wesentlichen Spieler, Bindung an Russland zur langfristigen Sicherung der Energiesicherheit, regionale Diversifizierung der Energieimporte. Im Kern streben deutsche Außenpolitiker also zunächst

---

[966] Interview mit Dr. Stefan Meister, geführt am 4. Oktober 2010.

246

eine Überwindung geopolitischer Tendenzen im Energiesektor an. Multilaterale Lösungen genießen höchste Priorität, die Einbindung bisher unilateral handelnder Staaten in ein von Recht und Gesetz geprägtes internationales Energieregime ist die wiederholt geäußerte Hoffnung deutscher Außenpolitiker. Zur Sicherstellung der europäischen Energiesicherheit begrüßen die Entscheidungsträger eine enge Bindung an Russland. Sie betonen jedoch gleichzeitig die Notwendigkeit einer regionalen Diversifizierung der Energieimporte, um einer zu hohen Lieferabhängigkeit zu entgehen.

Die Sicherstellung einer möglichst großen Vielzahl von Importquellen und somit die regionale Diversifizierung deutscher Energieimporte ist somit *der* Kern des geopolitischen Ansatzes, der sich aus den konzeptionellen Äußerungen herauslesen lässt. Hierbei wird der Blick primär auf Zentralasien gelenkt, das Ziel ist eine Minimierung der geopolitischen Risiken. Der Ansatz verbindet die Aufmerksamkeit für geographische bzw. geologische Gegebenheiten mit einem aktiven Politikansatz und der Formulierung eines klaren geopolitischen Interesses, vereint somit die geopolitische Trias von Geographie, Interessen und Einflussnahme.

Ausgehend von diesen Feststellungen drängt sich die Frage auf, inwiefern die vielfältigen Äußerungen sich auch in der politischen Praxis widerspiegeln und inwiefern sich eine entsprechende strategische Neuausrichtung der deutschen Sicherheitspolitik nachweisen lässt. Rhetorik und Realität, Anspruch und Wirklichkeit bieten als Gegensatzpaare eine Hilfestellung, um die weitere Untersuchung zu strukturieren, wenn im Folgenden energiepolitische Initiativen der Bundesregierung mit besonderem Blick auf geopolitische Aspekte analysiert.

## 6.3 Deutschlands energiepolitische Beziehungen zu Russland

### 6.3.1 Russlands Energiepolitik I: Staatliche Kontrolle des russischen Energiesektors

Unter russischen Böden lagern nicht nur fast sechs Prozent der weltweiten Ölreserven, sondern mit etwa 44 Billionen Kubikmetern auch rund 23 Prozent der Erdgasreserven. Kein anderes Land besitzt einen solchen Reichtum an Erdgas.[967] Russland ist mit fast 40 Prozent Marktanteil der bei weitem größte Lieferant für Erdgas nach Deutschland.[968] Im Zuge der – außerhalb des Untersuchungszeitraums liegenden – deutschen ‚Energiewende' von 2011 und dem Ausstieg aus der Kernenergie binnen rund zehn Jahren ist zu erwarten, dass die Abhängigkeit gerade von russischem Erdgas deutlich ansteigen wird. Der russische Gasriese Gazprom äußerte in diesem Zusammenhang ein Interesse am Einstieg bei dem Energieunternehmen E.on, um so auch Einfluss auf das deutsche Verteilnetz zu gewinnen.[969] Gerade angesichts dieser in Zukunft eher noch steigenden Abhängigkeit kommt der Frage nach den Triebkräften der russischen Energiepolitik eine entscheidende Bedeutung zu. Zunächst soll also erörtert werden, inwiefern ökonomische oder geopolitische Triebkräfte die russische Energiepolitik bestimmen. Darauf aufbauend wird die Frage untersucht, wie die deutsche Energiepolitik gegenüber Russland ausgerichtet ist.

Eine Betrachtung der russischen Energiepolitik muss bei den Überzeugungen des ehemaligen russischen Präsidenten und derzeitigen Ministerpräsidenten Wladimir Putin ansetzen. Dieser spielt eine herausragende Rolle bei der Ausrichtung der russischen Energiepolitik – und setzte seine konzeptionellen Vorstellungen besonders während der zweiten Amtszeit als Präsident in die Praxis um.[970] Mit dem Amtsantritt Putins erreichten die Energiebeziehungen zwischen Russland und dem Westen eine neue Stufe, denn auch aufgrund der steigenden Öl- und Gaspreise konnte Russland seine Machtposition ausbauen. Immer deutlicher positionierte Russland sich als Gegenspieler statt als Partner.[971] Putin

---

[967] Vgl. British Petroleum (Hrsg.), Statistical Review, S. 6-8, S. 22-24.

[968] Vgl. Dirmoser, Energiesicherheit, S. 10.

[969] Vgl. „Koalitionspolitiker öffnen Gazprom die Tür", Spiegel Online, 7. Juni 2011, online unter http://www.spiegel.de/wirtschaft/unternehmen/0,1518,767021,00.html (Zugriff am 7. Juni 2011).

[970] Siehe zu dieser Einschätzung Klare, Rising Powers, S. 91 und Robert L. Larsson, Russia's Energy Policy: Security Dimensions and Russia's Reliability as an Energy Supplier (Swedish Defence Research Agency Defence Analysis), Stockholm 2006, S. 51-52.

[971] So argumentiert Kirsten Westphal, Russisches Erdgas, ukrainische Röhren, europäische Versorgungssicherheit. Lehren und Konsequenzen aus dem Gasstreit 2009, SWP-Studie S18, Juli 2009, online unter

hatte sich indes bereits frühzeitig intensiv mit dem Energiesektor beschäftigt. Aufschluss über diese Vorstellungen bietet ein Blick auf seine Dissertation, die er Ende der 1990er Jahre veröffentlichte.[972] Putin argumentiert in der akademischen Schrift, dass die natürlichen Ressourcen die Basis für Russlands wirtschaftliche Stärke, besonders aber für Russlands internationale Position seien. Der Staat müsse folglich die Kontrolle über den strategischen Sektor erlangen. Staatliche Kontrolle garantiere, dass der Staat national wie international von den Naturschätzen profitiere und so seine Stellung im internationalen System ausbauen könne.[973]

Die strategischen Ziele der russischen Energiepolitik, basierend sowohl auf den reichen Naturschätzen als auch auf den konzeptionellen Überlegungen Putins, sind in der Energiestrategie von 2003 festgeschrieben. Sie ist die Leitlinie für die staatliche russische Energiepolitik.[974] Die Strategie formuliert das Ziel, die Energieexporte bis zum Jahr 2020 deutlich auszuweiten. Dies sei notwendig, um die Stabilität des Staates zu gewährleisten – dies insbesondere aufgrund der Tatsache, dass der Energieexport wesentlich zum russischen Staatshaushalt beiträgt. Aufgrund dieser besonderen Bedeutung des Energiesektors müsse der Staat die Kontrolle über den Sektor sicherstellen, womit eine Renationalisierung des Energiesektors direkt thematisiert wird.[975] Der Energiereichtum des Landes als „Schlüsselelement (…) für die geopolitische Wiedergeburt Russlands"[976] – dies ist der Kern der Überzeugungen Putins, die ihren programmatischen Ausfluss in der Energiestrategie fanden. Die *Energy Strategy of Russia for the Period up to*

---

http://www.swp-berlin.org/fileadmin/contents/products/studien/2009_S18_wep_ks.pdf (Zugriff am 29. März 2011), S. 33.

[972] Siehe hierzu insbesondere die ausgezeichnete Studie von Martha Brill Olcott, The Energy Dimension in Russian Global Strategy. Vladimir Putin and the Geopolitics of Oil, [Houston] 2004, online unter http://www.rice.edu/energy/publications/docs/PEC_Olcott_10_2004.pdf (Zugriff am 14. Juli 2009).

[973] Vgl. ebd., S. 16-23.

[974] Vgl. Roland Götz, „Russland und die Energieversorgung Europas", in: Russland-Analysen 28/2004, S. 3-6, hier S. 3 sowie ders., Russlands Energiestrategie und die Energieversorgung Europas, SWP-Studie S6, März 2004, online unter http://www.swp-berlin.org/fileadmin/contents/products/studien/2004_S06_gtz.pdf (Zugriff am 2. Juli 2009) , S. 7-8.

[975] Vgl. ebd. sowie Ministry of Energy of the Russian Federation (Hrsg.), The Summary of the Energy Strategy of Russia for the Period of up to 2020, Moskau 2003. Wissenschaftler weisen auf die militärische Sprache des Dokuments hin – mit Verweisen auf Konflikte und Strategien der Einflussnahme. Vgl. dazu Larsson, Russia's Energy Policy, S. 66. Siehe auch Michael Fredholm, The Russian Energy Strategy and Energy Policy: Pipeline Diplomacy or Mutual Dependence? (Defence Academy of the United Kingdom, Conflict Studies and Research Centre – Russian Series 05/41), Watchfield 2005, online unter www.da.mod.uk/colleges/arag/document-listings/russian/05(41)-MF.pdf (Zugriff am 7. Juli 2009), S. 3.

[976] Umbach, „Zielkonflikte", S. 13.

249

*2030*[977] aus dem Jahr 2009 legt darüber hinaus einen Schwerpunkt auf die Diversifizierung der Exportmärkte. Zunehmend wird Asien als Absatzmarkt für russisches Öl und Gas ins Auge gefasst. Auch die Diversifizierung der Exportrouten durch den Bau neuer Leitungssysteme steht im Mittelpunkt der Strategie.[978]

Konkreter Ausfluss dieser programmatischen Überlegungen wiederum ist die staatliche Kontrolle des Energiesektors, vorangetrieben in der Amtszeit Präsident Putins. Dieser leitete spätestens 2001 die Ausweitung der staatlichen Kontrolle über den Sektor ein, als mit Alexei Miller ein enger Vertrauter Putins Chef des Gasriesen Gazprom wurde. Zentrale Figuren auf dem russischen Energiesektor stammen aus Putins Netzwerken. Zum einen sind dies jene Zirkel, die Putin während seiner Zeit in der Verwaltung St. Petersburgs aufbaute. Putin band seine alten Kollegen in Moskau ein und beauftragte sie damit, Russland zu modernisieren.[979] Auch Miller gehört zu diesem „St. Petersburg Clan".[980]

Die Renationalisierung des russischen Energiesektors geht mit einem Einflussgewinn konservativer Eliten einher, denn eine besondere Bedeutung bei den Renationalisierungsbestrebungen kommt den so genannten *Siloviki* zu. Mit dem Begriff werden Eliten bezeichnet, die einen Hintergrund in den sowjetischen bzw. russischen Sicherheitsdiensten haben: „There is reason to assume that the mindset of the silovikis is incompatible with market values. Actions and reactions are perceived as zero-sum-games (…). Natural resources are seen as national and strategic assets that must be controlled by the state".[981] Eine Studie kommt zu dem Schluss, dass die russische Elite zu annähernd 80 Prozent aus *Siloviki* besteht.[982]

Umbach spricht daher von einer „‚KGBisierung' der Kommandohöhen der Wirtschaft".[983] Der Energieexperte Roland Götz bezweifelt diese Einschätzung. Er betont, dass die russische Staatsführung in Bezug auf Energiegeschäfte lediglich einen flankierenden Charakter habe. Er geht so weit zu konstatieren, dass die russische Führung „unter dem starken Einfluss der Gazprom-Lobby"[984] stehe.

---

[977] Ministry of Energy of the Russian Federation (Hrsg.), Energy Strategy of Russia for the Period up to 2030, Moskau 2010.

[978] Vgl. Tatiana Mitrova, „New Approaches in Russia's Foreign Energy Policy – East and West", in: Linke und Viëtor (Hrsg.), Prospects of a Triangular Relationship, S. 19-21.

[979] Vgl. Alexander Rahr, Russland gibt Gas. Die Rückkehr einer Weltmacht, München 2008, S. 83.

[980] Larsson, Russia's Energy Policy, S. 116.

[981] Ebd., S. 120.

[982] Vgl. ebd, S. 118.

[983] Frank Umbach, „Asymmetrien in den EU-Russland-Beziehungen", in: Braml u. a. (Hrsg.), Energiesicherheitspolitik, S. 313-316, hier S. 314.

[984] Roland Götz, „Deutsch-russische Energiebeziehungen – auf einem Sonderweg oder auf europäischer Spur?", SWP-Diskussionspapier FG5, 10. November 2006, online unter http://www.swp-berlin.org/fileadmin/contents/products/arbeitspapiere/Sonderweg_ks.pdf (Zugriff am 2. Juli 2009), S. 3.

250

Solchen Thesen wirft der Politikwissenschaftler Helmut Hubel wiederum politische „Naivität"[985] vor.

In der Tat ist der russische Energiesektor keineswegs ausschließlich von Hardlinern durchsetzt, und auch sind nicht alle *Siloviki* Hardliner. Dennoch: Trotz bürokratischer Rivalitäten zwischen ‚Liberalen' und ‚Hardlinern' verließ sich Präsident Putin in Energiefragen stets primär auf die Hardliner in der Regierung und in seinem Beraterstab.[986] Der Staat übt mittels direkter Kontrolle von Unternehmen und mittels des Netzwerks aus Putins Vertrauten einen großen Einfluss auf den Energiesektor aus. Differenziert beschäftigt sich Meister mit der Kontrolle des Energiekomplexes. Er sieht auch nach dem Übergang von Präsident Putin zu Präsident Medwedew keinen Wandel: Medwedew sei

> „selbst ein Teil dieser Putin-Elite, auch wenn wir vielleicht in bestimmten Bereichen neue Impulse beobachten, so handelt er doch letztlich in dem System, das Putin geschaffen hat. Medwedew ist nicht die Person, die Einfluss hat – bzw. die nur durch ihre Position begrenzten Einfluss hat – auf ökonomische Akteure, auf die Personen in den Energieunternehmen. Das sind alles die gleichen Leute, die unter Putin in den Positionen waren, und die mit ihm auch eng verbunden sind. Putin ist noch immer der Moderator, der mit diesen Gruppen bestimmte Kompromisse aushandelt und gleichzeitig ein Akteur. Das sind die Bereiche, die Siloviki und die Posten, die sie bekommen haben, die loyal zu Putin sind."[987]

Ähnlich argumentiert Umbach. Die globale Finanzkrise des Jahres 2009 habe eher Anreize für einen Wandel geboten als der Machtwechsel an der russischen Staatsspitze. Auch er teilt jedoch die Einschätzung, dass ein wirklicher Wandel hin zu mehr Kooperationsbereitschaft nicht festzustellen sei, weil das Putin-Lager nach wie vor tonangebend sei.[988]

---

[985] Hubel, „Energie-Interdependenz", S. 124.
[986] Siehe zu dieser Einschätzung Larsson, Russia's Energy Policy, S. 63-64.
[987] Interview mit Dr. Stefan Meister, geführt am 4. Oktober 2010.
[988] Interview mit Dr. Frank Umbach, geführt am 23. Juli 2010. Umbach bemerkt hier: „Es gibt eine russische Diskussion, die ist insofern interessant, als es ein Lager gibt (dem Medwedew sicher angehört), das als Folge der Finanz- und Wirtschaftskrise realisiert hat, dass Russland zwar jahrelang von den hohen Energiepreisen profitiert hat, es aber jahrelang übersehen worden ist, wie stark die russische Wirtschaft eben abhängig ist davon. Insofern muss man davon wegkommen, und insofern ist das mit der Modernisierungspartnerschaft auch richtig und wichtig. Die Frage ist, was ist im Kontext dieser Diskussionen wirklich realistisch, wie stark ist dieses Lager, Medwedew vs. Putin. Und da habe ich allerdings erhebliche Zweifel. (…) Das Putin-Lager spielt immer noch das alte Spiel. Das Medwedew-Lager, oder viele die dem angehören, sehen das inzwischen sicherlich anders. Und man muss sich daran erinnern, als Putin 2000/2001 angetreten ist, ist er auch mit dem Versprechen angetreten, die russische Wirtschaft zu diversifizieren. 2009 sagte Medwedew, die russische Wirtschaft sei genauso wenig diversifiziert wie 2000. Offensichtlich ist nichts geschehen – womit er natürlich massive Kritik an der Putin-Politik geäußert hat. Die interessante Frage, die sich jetzt stellt, ist: Ist

Zwei konkrete Ereignisse aus den vergangenen Jahren verdeutlichen die Ausweitung der staatlichen Kontrolle auf den Energiesektor: Die Zerschlagung des Jukos-Konzerns und die staatliche Übernahme der Kontrolle beim Gasriesen Gazprom. Beides zeigt, wie wenig russische Energiepolitik allein mit ökonomischen Kriterien zu fassen ist, wie stark hingegen politische Interessen und Entscheidungen in den Energiesektor hineinwirken. Unter Führung des jungen Unternehmers Michail Chodorkowski entwickelte sich Jukos zu einem erfolgreich operierenden Ölkonzern. Chodorkowski bedrohte gar die Machtstellung des russischen Präsidenten, indem er sich Einfluss im russischen Parlament schuf.[989]

Darüber hinaus prallten die Interessen von Kreml und Ölkonzern aufgrund unterschiedlicher Pipelinepläne aufeinander.[990] Chodorkowskis Pläne hätten der angestrebten staatlichen Kontrolle des Energiesektors entgegengestanden – plante der Unternehmer doch Pipelines in Konkurrenz zu dem staatlichen Ölexportunternehmen Transneft. Auch das Vorhaben, Jukos durch einen Verkauf von Anteilen an ausländische Unternehmen vor dem Zugriff russischer Behörden zu schützen, hätte der russischen Energiestrategie im Wege gestanden.[991] Das dramatische Ende des Konflikts: Chodorkowski wurde im Oktober 2003 verhaftet und 2005 zu einer langjährigen Haftstrafe verurteilt, der Konzern zerschlagen.[992] Hinter der Zerschlagung von Jukos stand neben einem politischen Machtkampf zwischen Putin und den Oligarchen um den Einfluss in Russland zweifelsohne

---

vor dem Hintergrund, dass Russland wesentlich geringere Einnahmen an Öl und Gas hat, ist das unter den Gesichtspunkten dann eine Triebkraft für das Umdenken oder das Umsteuern, und zwar nicht nur gedanklich? Kann man das auch umzusetzen? Wenn es also offensichtlich in Zeiten der hohen Einnahmen nicht möglich war, diese russische Wirtschaft so umzusteuern, ist das mit wesentlich weniger Einnahmen möglich? Das ist die Frage, die ich mir stelle. Das kann man positiv sehen, weil der Reformdruck damit größer wird. Gleichzeitig ist aber der Spielraum, das zu tun, dadurch auch geringer. Die andere Frage ist, kann das wirklich ohne grundlegende politische Reformen auch der Wirtschaft wirklich funktionieren? Da habe ich dann erheblich Zweifel."

[989] Siehe grundlegend Alexander Rahr, „Gute und schlechte Oligarchen. Der Umgang Putins mit den neuen Reichen", in: Erich G. Fritz (Hrsg.), Russland unter Putin. Weg ohne Demokratie oder russischer Weg zur Demokratie? (Forum Internationale Politik 3), Oberhausen 2005, S. 155-172 sowie Sébastien Rippert, Die energiepolitischen Beziehungen zwischen der Europäischen Union und Russland 2000-2007 (Forum Junge Politikwissenschaft, Band 16), Bonn 2008, S. 111-120.

[990] Jukos plante unter anderem, eine Pipeline von Angarsk in Sibirien nach China zu bauen. Diese hätte China – einem in Putins Wahrnehmung potentiellen geopolitischen Gegenspieler – einen Großteil russischer Energielieferungen gesichert. Jukos hatte im Jahr 2003 einen entsprechenden Vertrag mit China abgeschlossen – verhielt sich also in Putins Augen so, als ob der Konzern und nicht die Staatsspitze Außenpolitik betreibe. Auch mit den Vereinigten Staaten verhandelte Jukos über Pipelinepläne. Vgl. Fredholm, Russian Energy Strategy, S. 12.

[991] Vgl. Rippert, Die energiepolitischen Beziehungen, S. 111-120. Rippert beschreibt die hier kurz umrissenen Sachverhalte detaillierter. Eine ausgezeichnete Darstellung der Hintergründe des Chodorkowski-Prozesses findet sich ferner bei Margareta Mommsen und Angelika Nußberger, Das System Putin. Gelenkte Demokratie und politische Justiz in Russland, München 2007.

[992] Vgl. zum Hintergrund Rippert, Die energiepolitischen Beziehungen, S. 111-120.

auch die Ausweitung der staatlichen Kontrolle auf den russischen Energiesektor.[993]

Der Jukos-Vorfall war der Auftakt einer umfassenden und zielgerichteten Kampagne zur Verstaatlichung der russischen Energiewirtschaft.[994] Ein weniger offensichtliches Vorgehen verfolgte die Regierung dabei im Falle des Erdgasriesen Gazprom: Seit Juni 2005 hält der russische Staat durch Aktienankäufe eine Mehrheit von knapp über 50 Prozent an dem Gaskonzern. Als Gazprom daraufhin den fünftgrößten russischen Ölproduzenten Sibneft aufkaufte, war ein entscheidender Schritt zur staatlichen Kontrolle der russischen Energieressourcen getan – der Staat kontrolliert neben rund 90 Prozent der Erdgasproduktion nunmehr auch rund 30 Prozent der russischen Ölproduktion.[995] Mit der personellen Verzahnung der Entscheidungsträger auf Unternehmens- wie Regierungsseite entfallen Interessenkonflikte zwischen Wirtschaft und Politik. „Putins Vertreter" in der Regierung und im Aufsichtsrat des Unternehmens sind also nicht nur mit der Unternehmensentwicklung, sondern auch mit der Erarbeitung entsprechender Gesetzesvorhaben befasst. Eine auf diese Art rasch und reibungslos vorbereitete Gesetzesinitiative resultierte in einem im Juli 2006 verabschiedeten Gesetz, das Gazproms Exportmonopol gesetzlich verankerte.[996]

Von einem ökonomischen Standpunkt her muss das Fazit dieser staatlichen Einflussnahme auf den Gazprom-Konzern vernichtend ausfallen: „Most analysts agree that Gazprom is a largely mismanaged, rigid and typical Soviet-style company. Gazprom's structure, lack of transparency, state-connections, monopoly position and its actions on the market are widely criticised."[997] Zusammenfassend zeigt sich, dass nicht die Regierung unter dem Einfluss einer vermeintlichen Gazprom-Lobby steht, sondern dass sich Gazprom selbst als „Aushängeschild der neuen Energiemacht Russland"[998] unter staatlicher Kontrolle befindet. Die staatliche Kontrolle des Energiesektors ist die Voraussetzung für die potentielle Instrumentalisierung der Energieexporte.[999]

---

[993] Diese These wird vertreten ebd.

[994] Vgl. Umbach, „Asymmetrien", S. 314.

[995] Vgl. Umbach, „Zielkonflikte", S. 13.

[996] Zu der Verzahnung von Regierung und Unternehmen: Josephine Bollinger-Kanne, „Gazproms Ambitionen und europäische Mission", in: Meier-Walser (Hrsg.), Energieversorgung, S. 135-151, hier S. 140-141.

[997] Larsson, Russia's Energy Policy, S. 138.

[998] Rahr, Russland gibt Gas, S. 88.

[999] Vgl. Umbach, „Zielkonflikte", S. 13.

## 6.3.2 Russlands Energiepolitik II: Russische Energieaußenpolitik im postsowjetischen Raum

Der staatliche Einfluss auf den Energiekomplex betrifft auch die Exporte der Energierohstoffe: Für den Export russischer Ölvorkommen ist die komplett in Staatshänden befindliche Ölpipelinegesellschaft Transneft zuständig. Sie kontrolliert praktisch das gesamte Transportgeschäft russischer Ölexporte.[1000] Die Gazprom-Tochter Gazprom Export ist für den Export des russischen Erdgases zuständig.[1001] Der Kreml kontrolliert somit nicht nur die Förderung der Energierohstoffe in Russland, sondern spielt auch bei deren Export eine bedeutende Rolle. Die Renationalisierung des Sektors bedeutet indes nicht zwangsläufig, dass die russische Staatsspitze gewillt ist, die Energierohstoffe zur Durchsetzung russischer Interessen gegenüber dem Ausland einzusetzen. Zunächst trägt die Renationalisierungspolitik der großen Bedeutung des Energiekomplexes für den russischen Staatshaushalt Rechnung. Seit der russisch-ukrainischen Gaskrise, die auch bei deutschen Entscheidungsträgern zu einem Umdenken führte,[1002] wird die Verlässlichkeit Russlands als Energielieferant jedoch intensiv thematisiert und in Politik, Wissenschaft und Publizistik kontrovers debattiert. Hierbei spielen auch geopolitische Argumentationen eine wichtige Rolle.[1003]

Da die Frage nach den Triebkräften der russischen auswärtigen Energiepolitik eine heftig debattierte Kernfrage des Untersuchungsgegenstands ist, soll die Debatte hier ausführlich nachgezeichnet werden. Eine Zusammenschau der jeweiligen wissenschaftlichen Argumente steckt die Positionen ab. Ausgangspunkt ist die Frage nach der Ausrichtung der russischen Energieaußenpolitik gegenüber dem postsowjetischen Raum. Darauf aufbauend wird sodann die Frage nach der potentiellen Bedrohung für Deutschland und Westeuropa erörtert.

Der russisch-ukrainische Gaskonflikt von 2005/2006 hat eine herausragende Bedeutung für die Entwicklung der deutschen Energieaußenpolitik. Als Reaktion auf diesen Konflikt entwickelte sich in Politik und Öffentlichkeit erstmals ein Gefühl der potentiellen Verwundbarkeit Deutschlands angesichts der Energieabhängigkeit von Russland. Deutschland fühlte sich von der Politisierung der Energielieferungen (so die öffentliche Wahrnehmung) bedroht.

---

[1000] Vgl. Roland Götz, „Energiepotentes Russland", in: Braml u. a. (Hrsg.), Energiesicherheitspolitik, S. 116-126, hier S. 116-117.

[1001] Siehe hierzu den Internet-Auftritt der Firma Gazexport: http://www.gazpromexport.ru/?pkey1=00004 (Zugriff am 3. November 2010).

[1002] Vgl. Brummer und Weiss, Europa im Wettlauf, S. 9.

[1003] Die Untersuchung konzentriert sich im Folgenden auf diese geopolitischen Bestimmungsfaktoren der Energieaußenpolitik. Darüber hinaus gibt es Befürchtungen, dass Russlands Zuverlässigkeit als Energielieferant aufgrund mangelnder Investitionen in den Energiesektor fraglich ist. Diese ökonomischen Argumente können hier nicht näher thematisiert werden.

Hintergrund des Streits war eine Entwicklung, die die Ukraine als Transitland schwächte: Bereits seit Ende der 1990er Jahre waren mehrere Pipelines in Betrieb genommen worden, um Europa unter Umgehung der Ukraine mit Rohstoffen zu versorgen.[1004] In den Verhandlungen über den ukrainischen Gaspreis für das Jahr 2006 versuchte Gazprom sodann, einen Gaspreis von 160 US-Dollar pro 1000 Kubikmeter Gas zu erreichen und wich damit erheblich von dem noch kurz zuvor vereinbarten Preis von 50 US-Dollar ab. Später erhöhte Gazprom die Forderung gar auf 230 US-Dollar. Am 1. Januar 2006 unterbrach Gazprom die Lieferungen an die Ukraine komplett. Da das Land wiederum illegal die Leitungen in den Westen anzapfte, war auch der Westen von den Streitigkeiten betroffen. Am 4. Januar 2006 konnte nach intensiven Verhandlungen ein Abkommen vereinbart werden, in dem es der Ukraine gelang, einen immer noch weit unter europäischem Niveau liegenden Gaspreis durchzusetzen.[1005] Nur ein Jahr später brach ein zweiter für die Wahrnehmung Russlands im Westen bedeutender Konflikt aus: Im Winter 2006/2007 kollidierten die Interessen Russlands und Belarus' wegen der Preise für Öl und Gas. Ein Kompromiss konnte nach scharfen verbalen Attacken und gegenseitigen Drohungen erst am letzten Tag des Jahres 2006 gefunden werden. Für Belarus verdoppelte sich ab 2007 der Gaspreis, der schrittweise auf Weltmarktniveau angehoben wird.[1006]

So bedeutend beide Ereignisse für die Herausbildung der deutschen Energieaußenpolitik waren und so sehr sie die EU und Russland voneinander entfremdet haben, so differenziert werden deren Hintergründe und Kontext in der Literatur bewertet. Der Energieexperte Michael Fredholm sieht ökonomische Momente als maßgebliche Triebkräfte der russischen Energieaußenpolitik. Gazprom sei aufgrund hoher Investitionskosten und niedriger Binnenpreise auf höhere Einnahmen angewiesen.[1007] Auch das Argument des Russlandexperten Jeronim Perovic besticht: Per se sei es eine gute Entwicklung, wenn Russland von den jahrelang politisch motivierten niedrigen Preisen für ehemalige Verbündete abrücke und seine Beziehungen zu den Nachbarstaaten nach Marktpreisen strukturiere.[1008] Ähnlich argumentiert der Russlandexperte Heinz Timmermann. Demnach habe die EU nicht zuletzt in den Verhandlungen über den russischen

---

[1004] Die Jamal-Pipeline über Belarus und Polen ging 1999 in Betrieb.

[1005] Siehe zusammenfassend Rippert, Die energiepolitischen Beziehungen, S. 159-168.

[1006] Siehe zu den Hintergründen Heinz Timmermann, „Der Energiekrieg Russland – Belarus. Ursachen und Folgen", in: Meier-Walser (Hrsg.), Energieversorgung, S. 153-162.

[1007] Vgl. Michael Fredholm, Gazprom in Crisis (Defence Academy of the United Kingdom, Conflict Studies Research Centre – Russian Series 06/48), Watchfield und Swindon 2006, online unter www.da.mod.uk/colleges/arag/document-listings/russian/06(48)MF.pdf (Zugriff am 7. Juli 2009), S. 5.

[1008] Vgl. Jeronim Perovic, „Russian Energy Power Abroad", in: Russian Analytical Digest 33/22. Januar 2008, S. 2-5, hier S. 3.

WTO-Beitritt darauf gedrängt, von politisch motivierten Preisen schrittweise zu Marktpreisen überzugehen. Die Schuld für den russisch-belarussischen Konflikt sieht er bei Belarus, das durch die illegale Energieentnahme Russland provoziert habe.[1009]

Mit Blick auf die hohen Investitionskosten Gazproms für die Erschließung neuer Felder und die Reparatur und den Neubau der Transportinfrastruktur schreibt der Politikwissenschaftler und Russlandexperte Gerhard Mangott: „Der Preisdruck auf die Ukraine und andere post-sowjetische Staaten hat daher durchaus auch *betriebswirtschaftliche* Gründe."[1010] Der Politikwissenschaftler Michael Sander bezieht sich mit einer vergleichbaren Argumentation auf die deutsch-russischen Energiebeziehungen. Er geht davon aus, dass die besonderen Energiebeziehungen zwischen Deutschland und Russland vor allem von ökonomischen bzw. privatwirtschaftlichen statt von staatlichen Interessen geprägt seien. Sander beschreibt eine wachsende Interdependenz zwischen beiden Seiten der Partnerschaft. Neben den privatwirtschaftlichen Akteuren an den Schnittstellen der Energiepartnerschaft sieht er staatliche Akteure lediglich in einer unterstützenden Rolle. Dies sei insbesondere bei den Verhandlungen über die Ostseepipeline, auf die später detailliert eingegangen wird, der Fall. Explizit fährt er fort, dass deren Bau von politischen Akteuren auf beiden Seiten zwar unterstützt, nicht aber maßgeblich beeinflusst worden sei.[1011]

Der Energieexperte Marcel Viëtor schließlich hat die Triebkräfte der russischen Energiepolitik am Beispiel der russischen Energiebeziehungen zu Belarus detailliert untersucht. Er kommt zu dem Schluss, dass ökonomische Interessen die Politik weit mehr leiteten als Sicherheitsinteressen. Dies sei vor allem dem Umstand geschuldet, dass Gazprom als ökonomischer Akteur auf Profitmaximierung angewiesen sei. Zusammenfassend kommt Viëtor zu dem Schluss, dass das graduelle Anheben der Gaspreise trotz der guten russisch-belarussischen Beziehungen auf ökonomische Triebkräfte hinweise.[1012] Viëtors Schlussfolgerung ist gleichwohl insofern problematisch, als er sich zum Beleg der These ‚unpoliti-

---

[1009] Vgl. Timmermann, „Energiekrieg", S. 161.

[1010] Gerhard Mangott, „Interessen statt Werte. Überlegungen zu einer realistischen Russlandpolitik der EU", in: WeltTrends 61 (Juli/August) 16. Jahrgang, 2008, S. 87-99, hier S. 97 (Hervorhebung im Original).

[1011] Vgl. Michael Sander, „A Strategic Relationship? The German Policy of Energy Security within the EU and the Importance of Russia", in: Marco Overhaus, Hanns W. Maull und Sebastian Harnisch (Hrsg.), Dealing with Dependency. The European Union's Quest for a Common Energy Foreign Policy (Foreign Policy in Dialogue Volume 8 Issue 20), Trier 2007, S. 16-24, hier S. 18-20.

[1012] Vgl. Marcel Viëtor, Russian Foreign Policy between Security and Economics. Exporting Gas and Arms to Belarus and China 1990-2008 (Forschungsberichte Internationale Politik 39), Berlin 2009, S. 46-53.

scher' Energielieferungen lediglich auf Belarus bezieht. Er stellt die Erkenntnisse nicht in Bezug zu weiteren Ländern des postsowjetischen Raumes.

Eine andere Sichtweise auf die russische Energieaußenpolitik betont demgegenüber Momente, die Zweifel an diesen ökonomischen Thesen aufkommen lassen. Hier steht die Politisierung, teils auch die ‚Vermachtung' der Energielieferungen Russlands im Mittelpunkt der Argumentation. Die Instrumentalisierung von Energielieferungen zur Erreichung politischer Ziele folge einem Drei-Sphären-Konzept, so die zugrunde liegende Annahme: Während das russische Inland von niedrigen Preisen profitiere und das westliche und fernere Ausland bislang von direkten Drohungen nicht betroffen seien, nutze Russland seinen Einfluss gerade im ehemaligen sowjetischen Machtbereich sowie die Abhängigkeit der dortigen Staaten aus, um sich eine exklusive Einflusssphäre im postsowjetischen Raum zu schaffen.[1013]

Es waren insbesondere europäische und amerikanische Medien, die Russland im Zusammenhang mit den Energiekonflikten machtpolitische Interessen vorwarfen. So spricht der Publizist Clemens Wergin ausdrücklich von einer ‚Rückkehr der Geopolitik', die sich in der russischen Nutzung von Energierohstoffen für politische Zwecke zeige. Das machtvergessene Europa sei von der Machtpolitik des Kreml gerade gegenüber den russischen Nachbarstaaten überrascht worden und suche nach wie vor nach einer geeigneten Gegenstrategie.[1014] Auch ein Teil der Wissenschaft macht Russland für die Lieferunterbrechungen aus politischen Gründen verantwortlich.[1015] Der Ostexperte Heinz Timmermann sieht den russisch-belarussischen „Energiekrieg" im Kontext der politisch motivierten Gaspreise für Belarus. Jahrelang habe Russland Belarus niedrige Preise angeboten, in dem Bestreben, Belarus in eine politische und wirtschaftliche Struktur zu re-integrieren. Russlands Politik gegenüber dem postsowjetischen Raum habe jedoch jüngst einen Wandel durchlaufen. Ziel sei nun vielmehr eine Politik „auf das eigene Interesse bezogener Einflussnahme insbesondere über die Hebel, über die Russland als Energiegroßmacht verfügt".[1016] Ziel der russischen Politik sei die Dominanz des nahen Auslands.

Umbach schreibt, dass die Machtbewusstheit Russlands und der Wille, Energie als politisches Druckmittel einzusetzen, in den angesprochenen Energiekonflikten deutlich geworden seien.[1017] Er argumentiert aus einem geopolitischen

---

[1013] Vgl. Larsson, Russia's Energy Policy, S. 264.

[1014] Vgl. Clemens Wergin, „Russlands Energieimperialismus und die Rückkehr der Geopolitik", in: Der Tagesspiegel, 9. Januar 2007, online unter
http://www.tagesspiegel.de/politik/international/russlands-energieimperialismus-und-die-rueckkehr-der-geopolitik/796432.html (Zugriff am 15. November 2010).

[1015] Vgl. Larsson, Russia's Energy Policy, S. 291.

[1016] Timmermann, „Energiekrieg", S. 155.

[1017] Vgl. Umbach, „Asymmetrien", S. 314.

Blickwinkel und verweist auf die enorme Machtfülle, die der Staat mit der Kontrolle des Energiekomplexes in die Hände gelegt bekam: Dementsprechend würden alle Pipelinepläne im Kreml primär nach geopolitischen Kriterien entschieden, nicht allein nach ökonomischen Gesichtspunkten. „Daher wurde Transneft, der Monopolist für Erdölleitungen, ebenso wenig privatisiert wie Gasprom. Das Unternehmen ist wie Gasprom ein *Instrument russischer Regierungspolitik*".[1018]

Als Folge der Verstaatlichung der Energiekonzerne ergibt sich eine potentielle Vermischung von staatlichen Interessen und Energieexporten. Die staatlich gelenkten Energiekonzerne bieten dem Staat ein potentiell machtvolles Mittel, diese Interessen zu verfolgen. Ähnlich argumentieren Hacke, der die Konflikte in ein generelles Muster eines zunehmend machtbewussten Russlands einordnet[1019] und der Politikwissenschaftler Janusz Bugajski, der auf die große Abhängigkeit der mittelosteuropäischen Länder von russischen Energielieferungen hinweist. In dieser Region liege auch das Zielgebiet der russischen Strategie, mittels Energielieferungen Russlands Großmachtstatus zurück zu gewinnen. Die Region sei daher ganz unmittelbar von den russischen Dominanzbestrebungen betroffen.[1020] Der schwedische Russlandexperte Robert Larsson schließlich nimmt eine Aufstellung entsprechender Vorkommnisse seit Ende der Sowjetunion vor. Er kommt zu dem Schluss, dass seit 1991 über 50 ‚Vorfälle', etwa Lieferunterbrechungen oder direkte Drohungen, zu verzeichnen seien. Bei mehr als 30 Vorkommnissen macht Larsson politische Hintergründe bzw. politische Interessen Russlands als ausschlaggebende Faktoren aus.[1021]

Die so abgesteckten Positionen verweisen auf die Schwierigkeit, die Triebkräfte des russischen Handelns klar zu bestimmen. In der russischen Politik zeigt sich eine enge Verknüpfung politischer und ökonomischer Interessen. Daher ist es schwierig, die Frage nach den Motiven der russischen Energieaußenpolitik zwischen Ökonomie und Politik eindeutig zu beantworten; exakte Aussagen über die politischen bzw. ökonomischen Hintergründe jeweiliger Initiativen, wie sie etwa Larsson zu treffen versucht, bleiben zwangsläufig umstritten: So ist in Russland – wie auch in anderen postsowjetischen Ländern – die Verknüpfung zwischen Politik und Wirtschaft so eng, dass man fast von einer Symbiose sprechen kann. Ökonomische Ziele sind daher kaum von politischen Zielen zu unterscheiden.[1022] Auch aus diesem Grund bleiben die Ziele der russischen Energieaußenpolitik oftmals umstritten.

---

[1018] Umbach, „Zielkonflikte", S. 13 (Hervorhebung des Verfassers).

[1019] Vgl. Hacke, „Energiesicherheit als Teil von vernetzter Sicherheit", S. 69.

[1020] Vgl. Janusz Bugajski, „Energy Policies and Strategies: Russia's Threat to Europe's Energy Security", online unter http://csis.org/files/media/csis/events/060403_energysecuritypresentation.pdf (Zugriff am 2. Februar 2011).

[1021] Vgl. Larsson, Russia's Energy Policy, S. 262.

[1022] Interview mit Dr. Stefan Meister, geführt am 4. Oktober 2010.

Annäherungen an die Frage sind gleichwohl möglich. Verschiedene Momente weisen darauf hin, dass Energie auch dazu genutzt wird, um bestimmte politische Interessen durchzusetzen.[1023] Zudem ist eine zunehmende „Integrationskonkurrenz" zwischen Russland und der EU im postsowjetischen Raum zu beobachten: „Als größter Energielieferant strukturiert Moskau diesen Raum gemeinsamer Nachbarschaft über bilaterale und exklusive Verträge, die wegen der Machtasymmetrie vor allem entlang der russischen Interessen ausgehandelt werden."[1024] Dies hat nicht nur energiepolitische Konsequenzen, denn die unterschiedlichen Ordnungsvorstellungen für den Raum der gemeinsamen Nachbarschaft weisen in aller Deutlichkeit auch auf geopolitische Implikationen und Zielvorstellungen der russischen Politik hin.[1025]

Dabei gilt es zu beachten, dass die russische Politik gegenüber den verschiedenen Regionen im postsowjetischen Raum – gegenüber dem Baltikum, der westlichen GUS und dem Südkaukasus – jeweils unterschiedlichen Bestimmungsfaktoren unterworfen ist und teils unterschiedliche Schwerpunkte hat. Stets jedoch haben Energiefragen entscheidende Bedeutung für die russische Außenpolitik.[1026] Zahlreiche Hinweise für eine Politisierung der Energielieferungen lassen sich finden: Gegenüber den baltischen Staaten setzte Russland in den vergangenen Jahren wiederholt ökonomische Instrumente zur Erreichung außenpolitischer Ziele ein,[1027] wobei der jeweilige Zeitpunkt der Unterbrechung von Energielieferungen[1028] neben marktwirtschaftlichen Faktoren durchaus auch auf die Verknüpfung mit politischen Interessen hindeutet. Auch im Südkaukasus legt Russland ein hegemoniales Verhalten an den Tag, das sich primär darin ausdrückt, „sich zu behaupten und andere Akteure zurückzudrängen".[1029] Hier finden sich ebenso Hinweise auf die Koinzidenz zwischen dem Einsatz energiepolitischer Mittel und dem Verfolgen außenpolitischer Ziele. Gerade gegenüber Georgien setzte Russland in der Vergangenheit eine Vielzahl unterschiedlicher Mittel ein, um die pro-westliche Orientierung des Landes zu verhindern. Immer wieder wurden seit dem Ende der Sowjetunion Energieliefe-

---

[1023] Ebd.

[1024] Westphal, Russisches Erdgas, S. 34.

[1025] Siehe zu dieser Einschätzung ebd., S. 34.

[1026] Siehe hierzu grundlegend Susan Stewart, Russische Außenpolitik im postsowjetischen Raum. Das Baltikum, die westliche GUS und der Südkaukasus im Vergleich, SWP-Studie S5, März 2010, online unter http://www.swp-berlin.org/fileadmin/contents/products/studien/2010_S05_stw_ks.pdf (Zugriff am 29. März 2011).

[1027] Etwa gegenüber Estland im Zusammenhang mit dem Streit um das Kriegerdenkmal für die Rote Armee im Jahr 2007, in dessen Folge Russland den Energieexport durch estnische Häfen erheblich einschränkte. Vgl. ebd., S. 11 sowie Karsten Brüggemann und Andreas Kasekamp, „The Politics of History and the ‚War of Monuments' in Estonia", in: Nationalities Papers 36 (July 2008) 3, S. 425-448.

[1028] Vgl. Stewart, Russische Außenpolitik, S. 32.

[1029] Ebd., S. 6.

259

wieder wurden seit dem Ende der Sowjetunion Energielieferungen an das Land unterbrochen – stets dann, wenn in Georgien Wahlen anstanden oder zum Zeitpunkt bilateraler Verhandlungen.[1030]

Dieses Muster zeigt sich auch bei einem Blick auf das Beispiel Ukraine. Bereits in den 1990er Jahren wiesen mehrere Lieferunterbrechungen einen Zusammenhang mit politischen Entscheidungen auf: Im Jahr 1993 setzte Russland der Ukraine ein Ultimatum, das mit der Forderung verknüpft war, die verbliebenen Atomwaffen an die Schwarzmeerflotte zu übergeben – im Verlauf der Verhandlungen wurde damals ein Viertel der russischen Energielieferungen an das Land vorübergehend zurückbehalten.[1031] Auch in der jüngeren Vergangenheit lassen sich Beispiele finden: Im Jahr 2009 äußerte Gazprom-Chef Miller im Vorfeld der Wahlen in der Ukraine im Winter 2010, er hoffe, dass es „im Winter keine Katastrophe gebe."[1032] Von Beobachtern wurde dies als deutliche Warnung an die Ukraine verstanden, ebenso aber auch als gezielter Versuch Russlands, auf die politische Entwicklung des Landes Einfluss zu nehmen.

Im Zusammenhang mit der Verlängerung des Sewastopol-Vertrags von 2010, der es der russischen Schwarzmeerflotte gestattet, für weitere 25 Jahre den Hafen auf der Krim als Marinestützpunkt zu nutzen, spielten die Gaslieferungen an das Land erneut eine Rolle. Der von Russland im Zuge der Verhandlungen versprochene Preisabschlag auf Energielieferungen ist ebenso wie der in anderen Fällen angewandte oder angedrohte Druck „eindeutig eine politische Verknüpfung."[1033] Selbst Viëtor, der die ökonomischen Triebkräfte der russischen Energiepolitik betont, konzediert, dass die preisliche Bevorzugung Belarus' in den 1990er Jahren auch damit zu erklären sei, dass die beiden Länder in jenen Jahren einen Kurs der Integration verfolgten, und dass die Energiepolitik in diesem Sinne durchaus politisiert war.[1034] Auch hier zeigen sich die bilateralen Beziehungsstrukturen als Muster der russischen Energieaußenpolitik.

Zusammenfassend zeigt sich, dass Russland in der Vergangenheit durchaus gewillt war, seine Energiemacht einzusetzen, um politische Interessen in seiner Nachbarschaft durchzusetzen – mittels Druck und Drohungen, ebenso aber auch mittels eines Entgegenkommens und Preisnachlässen. Auch wenn ökonomische

---

[1030] Vgl. Larsson, Russia's Energy Policy, S. 228.

[1031] Vgl. Tyler Felgenhauer, „Ukraine, Russia, and the Black Sea Fleet Accords", online unter http://wws.princeton.edu/research/cases/ukraine.pdf (Zugriff am 15. November 2010).

[1032] „Gazprom warnt Ukrainer vor falscher Wahlentscheidung", Spiegel Online, 13. September 2009, online unter http://www.spiegel.de/wirtschaft/soziales/0,1518,648667,00.html (Zugriff am 15. September 2009).

[1033] Interview mit Dr. Stefan Meister, geführt am 4. Oktober 2010.

[1034] Vgl. Viëtor, Russian Foreign Policy, S. 28-53. Wenngleich es der EU, wie bereits erwähnt, daran gelegen sein muss, dass Russland seine Beziehungen zu den Nachbarstaaten nach Marktpreisen strukturiert.

und politische Momente stark miteinander verwoben sind und sich kaum exakt abgrenzen lassen, lässt sich eine Politisierung der Energielieferungen doch nicht übersehen.

Mit Blick auf die Länder der westlichen GUS kommt ein weiteres Moment russischen Dominanzstrebens hinzu. Hier versucht Russland, die Kontrolle über die jeweiligen Pipelinenetze zu erlangen. Im Jahr 2007 sicherte sich Gazprom für 2,5 Milliarden US-Dollar einen 50-prozentigen Anteil an dem belarussischen Staatsunternehmen Beltransgas, das einen Großteil des dortigen Pipelinenetzes kontrolliert. Die Ukraine verhinderte einen vergleichbaren Versuch per Gesetz. Nichtsdestotrotz ist das Bestreben, die Kontrolle auf die Energie-Infrastruktur im postsowjetischen Raum auszuweiten, ein zentrales Anliegen und ein Muster der russischen Politik in der Region – und weist erneut auf russische Dominanzversuche hin.[1035]

Auch wenn die globale Finanzkrise den russischen Entscheidungsträgern die Modernisierungsdefizite der Wirtschaft und die Abhängigkeit von westlichen Märkten bewusst machte, glaubt dementsprechend auch Meister: „Aber was gerade den postsowjetischen Raum betrifft, würde ich sagen, dass gerade das letzte Jahr da eher auch wieder eine Entwicklung gezeigt hat, dass Russland die Krise nutzt, seine Machtmittel (auch Energie) einsetzt, um Boden gutzumachen und einen gewissen Einfluss zu gewinnen."[1036] Auch Meister verweist damit auf die besondere Zielrichtung der energiepolitischen Instrumentalisierung – mit einem Schwerpunkt im postsowjetischen Raum. Russlands Energielieferungen gerade in das nahe Ausland sind stark politisiert. Sie stehen auch in einem direkten Zusammenhang zu außenpolitischen Zielen und Interessen; Energielieferungen werden instrumentalisiert, um Russlands politischen Einfluss in der Region zu festigen. Dies ist der Kern einer Energiepolitik, die neben ökonomischen Erwägungen auch von geopolitischen Erwägungen geleitet ist.

### 6.3.3 Russlands Energiepolitik III: Die EU und Russland – Symmetrische oder asymmetrische Partnerschaft?

Wie ist vor diesem Hintergrund die potentielle Bedrohung durch eine zu hohe Lieferabhängigkeit für Westeuropa und die Bundesrepublik einzuschätzen? Hinsichtlich der direkten Bedrohung Westeuropas argumentiert ein Teil der Wissenschaft, die europäisch-russische Partnerschaft sei eine *symmetrische*, in der beide Seiten gegenseitig voneinander abhängig seien. Daher verfüge Russland über keine Druckmittel gegenüber Westeuropa. Kernargument ist, dass der russische

---

[1035] Vgl. Stewart, Russische Außenpolitik, S. 19.
[1036] Interview mit Dr. Stefan Meister, geführt am 4. Oktober 2010.

Staatshaushalt von den Rohstoffeinnahmen abhängig sei. Der Russlandexperte Alexander Rahr ist in Deutschland einer der Hauptbefürworter jener Position. Er fasst die Argumente für eine symmetrische Abhängigkeit so zusammen: Europa liege den russischen Öl- und Gasfeldern am nächsten und sei infrastrukturell bereits gut an Russland angebunden. Daher sei das Riesenreich auf die Einnahmen aus Europa angewiesen – vor allem aufgrund hoher Investitionskosten zur Modernisierung der heimischen Energieinfrastruktur.[1037] Da Russland infrastrukturell bislang nicht an andere Märkte etwa in Asien angebunden sei, könne das Land sich ernsthafte Lieferunterbrechungen gegenüber Europa nicht leisten.

Auch Götz, einer der Hauptbefürworter der These einer symmetrischen Partnerschaft, schätzt das russische Drohpotential gegenüber den Abnehmerstaaten Westeuropas als gering ein: Ein Wirtschaftskrieg gegen Europa hätte auch für Russland verheerende Folgen, zudem sei der russische Staat auf die Erträge aus dem Energiegeschäft ebenso angewiesen wie auf westliche Investitionen in die russische Wirtschaft. Wegen dieser gegenseitigen Abhängigkeit rät Götz zu mehr Gelassenheit in den europäischen Debatten über das russische Drohpotential.[1038] Dementsprechend argumentiert auch Fredholm:

> „There is no doubt that Russia in the future will occupy a dominant position with regard to energy supplies in particular to the European Union. However, the dependence will be mutual. While the European Union will not be able to forego Russian energy deliveries, Russia will for reasons of export infrastructure not be able swiftly to divert its energy exports elsewhere, in case the two parties cannot agree. And Russia will need the revenues from gas exports as badly as the European Union will need Russian energy. (…) In other words, Russia and the European Union will be mutually dependent, the European Union on energy imports, Russia on export revenues. There is thus no need to exaggerate the risks of a Russo-European mutual energy dependence. Russia is increasingly becoming a rational trading partner. "[1039]

Der Politikwissenschaftler Sébastien Rippert greift das Argument von Gazprom als einem rationalen, ökonomisch denkenden Handelspartner auf und argumentiert, dass Gazprom seinen wichtigsten Absatzmarkt verlöre, würde der Konzern seine Energielieferungen nach Westeuropa aus politischen Gründen unterbre-

---

[1037] Vgl. Alexander Rahr, „Symmetrische Partnerschaft der EU mit Russland", in: Braml u. a. (Hrsg.); Energiesicherheitspolitik, S. 308-312, hier S. 310, ders., „Russland – ein sicherer Partner?", in: Petermann (Hrsg.), Sichere Energie, S. 347-353, hier S. 351, ders., „Germany and Russia: A Special Relationship", in: The Washington Quarterly 30:2 (Spring 2007), S. 137-145 sowie allgemein ders., Russland gibt Gas.
[1038] Vgl. etwa Götz, „Energiepotentes Russland", S. 125-126.
[1039] Fredholm, Russian Energy Strategy, S. 6.

chen.[1040] Viëtor schließlich legt einen Schwerpunkt auf die These, dass Gazprom als Unternehmen Gewinne machen müsse:

> „Gazprom (…) ist zwar ein mehrheitlich vom Staat kontrolliertes Unternehmen, aber nichts desto trotz ein Unternehmen, das Gewinne einfahren muss. Es ist nicht ein Unternehmen, das einfach Gelder aus dem Staatshaushalt bekommt und dafür dann als politisches Werkzeug ökonomisch unsinnige Aktionen durchführen kann, sondern es ist ein Unternehmen, das Gewinne erwirtschaften muss, die es dann in den Staatssäckel zu überweisen hat – und das obwohl es zwei Drittel seiner Gasfördermenge auf dem russischen heimischen Inlandsmarkt zu Verlustpreisen absetzen muss."[1041]

Befürworter der These einer symmetrischen Partnerschaft argumentieren schließlich, dass schon die Sowjetunion stets ein zuverlässiger Rohstofflieferant für Westeuropa gewesen sei. Daher gehe von Russland auch heute keine Gefahr für die europäische Energieversorgung aus.[1042] Mangott bezeichnet aus all diesen Gründen das Argument, Russland habe gegenüber Europa energiepolitisches Erpressungspotential, als „gänzlich unzutreffend".[1043]

Andere Wissenschaftler vertreten hingegen die These von der *asymmetrischen* Abhängigkeit Westeuropas von Russland. Mit ihren Argumenten werfen die Befürworter der These von einer asymmetrischen Partnerschaft ein Schlaglicht auf mögliche negative Implikationen einer zu hohen Energieabhängigkeit Westeuropas von Russland.[1044] Ausgangspunkt der Überlegungen ist die Annahme, dass die machtpolitische Instrumentalisierung von Energielieferungen zunächst nur den postsowjetischen Raum betreffe. Selbst Befürworter der These einer symmetrischen Partnerschaft konzedieren jedoch, dass dieses Argument durchaus problematisch sei. Westeuropa, so urteilt etwa Götz, könne es nicht egal sein, wenn EU-Mitgliedsstaaten Mittelosteuropas sich mit einer dominanten russischen Außenpolitik konfrontiert sehen, die faktisch auf deren Schwächung hinauslaufe.[1045] Die Feststellung, dass russische Lieferunterbrechungen Westeuropa bislang nicht betreffen, greift daher zu kurz. Eine machtpolitische Einfluss-

---

[1040] Vgl. Rippert, Die energiepolitischen Beziehungen, S. 138.

[1041] Interview mit Marcel Viëtor, geführt am 21. Juli 2010.

[1042] Vgl. Rippert, Die energiepolitischen Beziehungen, S. 137.

[1043] Mangott, „Interessen statt Werte", S. 95.

[1044] Siehe einführend Zeyno Baran, „EU Energy Security: Time to End Russian Leverage", in: The Washington Quarterly 30:4 (Autumn 2007), S. 131-144. Baran bezeichnet die Abhängigkeit von Russland als deutliche Bedrohung der europäischen Sicherheit.

[1045] Vgl. Roland Götz, „Die Ostseegaspipeline. Instrument der Versorgungssicherheit oder politisches Druckmittel?", SWP-Aktuell 41, September 2005, online unter http://www.swp-berlin.org/fileadmin/contents/products/aktuell/aktuell2005_41_gtz_ks.pdf (Zugriff am 2. Juli 2009), S. 4.

nahme auf die mittelosteuropäischen Staaten betrifft wegen der institutionellen Einbindung indirekt auch die übrigen Staaten der Europäischen Union bzw. die Union als Ganzes.

Darüber hinaus lassen sich vier Argumente aufzeigen, die Zweifel an Russlands Zuverlässigkeit als Energielieferant aufkommen lassen – trotz der russischen Abhängigkeit von den Rohstoffeinnahmen, trotz der infrastrukturellen Anbindung an Westeuropa und trotz der bestehenden langfristigen Lieferverträge. Das erste Argument betrifft die unterschiedlichen Leitvorstellungen auf beiden Seiten der Partnerschaft. So erkennt die russische Elite im Gegensatz zu deren europäischem Gegenüber eine symmetrische Interdependenz nicht an. Die russische Machtelite denke, so Umbach, eben nicht in den Kategorien von Verflechtung und Interdependenz, sondern in „geopolitischen Einflusssphären einer klassischen Machtpolitik des 19. und 20. Jahrhunderts."[1046]

Diese Ungleichheit der Vorstellungen fällt auch dem Energieexperten Vladimir Milov auf. Während Europa über eine Liberalisierung des Energiebinnenmarkts räsoniere, verstaatliche Russland den heimischen Energiekomplex. Eine Abschätzung der Folgen jener unterschiedlichen Wahrnehmungen sei zwangsläufig spekulativ. Mit Blick auf Russlands Energiereichtum ergebe sich tendenziell aber ein Vorteil für das Riesenreich: „Is such an environment a stage for cooperation or confrontation? In any case, given the resource gap, it obviously risks creating a strong imbalance in competitiveness between Europe and Russia in the energy area."[1047] Besonders aufgrund der bereits unter Beweis gestellten Fähigkeit und des Willens Russlands, Energie als Druckmittel gegenüber ehemaligen Sowjetrepubliken einzusetzen, müsse sich auch der Westen des Risikos einer zu hohen Lieferabhängigkeit bewusst sein.[1048]

Die Ungleichzeitigkeit von freier Marktwirtschaft, Ökologie und Effizienz als Grundprinzipien der Energiepolitik einerseits, von Energie als strategischem Mittel und außenpolitischem Instrument andererseits nennt Hacke einen neuen „Kampf der Kulturen".[1049] Der Westen müsse einen Selbstbehauptungswillen gegenüber den machtpolitisch denkenden Energieproduzenten entwickeln. Schließlich glaubt auch der Politikwissenschaftler Helmut Hubel, dass Europa dem in Großmachtstreben verfangenen Russland gegenüber politisch naiv sei. Während die Regierung im Kreml maßgeblich über die Ausrichtung der Energiepolitik entscheide, überließen deutsche Entscheidungsträger die entsprechenden Entscheidungen nur allzu gern der Privatwirtschaft. Hubel führt dies insbesondere auf den strukturellen Unterschied zwischen dem „staatsmonopolisti-

---

[1046] Umbach, „Asymmetrien", S. 316.

[1047] Valdimir Milov, Russia and the West. The Energy Factor, Washington, D.C. u. a. 2008, S. 7.

[1048] Vgl. ebd., S. 7.

[1049] Hacke, „Energiesicherheit als Teil von vernetzter Sicherheit", S. 69.

schen Kapitalismus" Russlands einerseits und einem wenig kohärenten Auftreten der politisch nicht wirklich integrierten EU andererseits zurück. Wäre Russland ein demokratisch regierter Staat mit dem Willen zu einer marktwirtschaftlichen Ausrichtung der Energiepolitik, so sei an der hohen Importabhängigkeit nichts auszusetzen. So aber würden die unterschiedlichen Leitvorstellungen „früher oder später kollidieren".[1050]

Diese Gedanken sowie die bereits beschriebene Einflussnahme von Regierungsvertretern auf die unternehmerischen Entscheidungen Gazproms lassen in der Tat Zweifel an der These aufkommen, dass sich in der Energiepolitik auf beiden Seiten rein private Akteure gegenüberstehen: Dem durchaus auch geopolitisch denkenden Russland steht eine EU gegenüber, die Energiepolitik primär als Aufgabe privater Konzerne mit einer allenfalls flankierenden Rolle der Politik versteht. Die geopolitische Bedeutung der Thematik wird – dies zeigt zumal der Blick auf Russland – verkannt.

Das zweite Argument für eine asymmetrische Partnerschaft hinterfragt die Überzeugung, dass sich die Lieferzuverlässigkeit der Sowjetunion ohne weiteres auch auf das heutige Russland übertragen lasse. Während des Kalten Krieges waren die Energieexporte für die Sowjetunion primär ein wirtschaftliches Überlebensinstrument. Sie waren eine Möglichkeit, um an die dringend benötigte harte Währung zu gelangen, mit der die Sowjetunion seinerzeit ihren Niedergang abzuwehren suchte. Der Zweck der Energieimporte habe sich seitdem jedoch grundlegend gewandelt, argumentiert Umbach. Heute benutze Russland die Energieexporte zwar auch zur Sanierung des Staatshaushalts, darüber hinaus aber eben auch als außenpolitisches Machtinstrument mit dem Ziel, nationale Interessen gegenüber den Nachbarn durchzusetzen.[1051] Milov pflichtet dem bei. Er betont ausdrücklich die gewandelten Rahmenbedingungen: Statt der Monetarisierung nutze Russland Energieimporte nun auch zur Dominierung der direkten westlichen Nachbarn.[1052]

Verschiedene Wissenschaftler weisen drittens auf Russlands Drohpotential gegenüber Westeuropa selbst hin. Milov glaubt, dass auch die Bundesrepublik potentiell von Lieferunterbrechungen gefährdet sein könnte. „[A]lthough the Kremlin is demonstrably constructive and reliable in its relations with Western European energy importers, there are no guarantees that the methods used against East European nations will not be used against them on future occasions."[1053] Hubel spricht angesichts der hohen Importquote denn auch von einer

---

[1050] Hubel, „Energie-Interdependenz" S. 124, 131.
[1051] Vgl. Umbach, „Asymmetrien", S. 316.
[1052] Vgl. Milov, Russia and the West, S. 6.
[1053] Vgl. ebd., S. 8.

265

potentiellen Verwundbarkeit Westeuropas. Angesichts dieser Importquote habe Deutschland „die Schwelle zur ‚Verwundbarkeit' längst überschritten".[1054]

Dies trifft umso mehr zu, als Russland nicht ‚den Gashahn zudrehen' muss, um eine Dominanz gegenüber Westeuropa auszuspielen. Eine Herausforderung für die europäische Politik ergebe sich vielmehr dadurch, dass Russland die Energielieferungen nutze, um damit Politik zu machen, glaubt etwa Müller. Er vergleicht den Energiereichtum Russlands mit dem Besitz von Atomwaffen. Kein Staat, der Atomwaffen besitze, müsse diese tatsächlich einsetzen, um daraus politischen Nutzen zu ziehen. Allein der Besitz und die (explizite oder implizite Drohung) reiche aus, um einen Gegenüber zu Konzessionen bewegen zu können. Mit dem durch die Energieabhängigkeit gegebenen Drohpotential könne Russland Politik machen.[1055] Energiereichtum und die damit einhergehende hohe Abhängigkeit einiger Staaten könne in diesem Sinne auch ohne direkte Drohungen, auf einer impliziten Ebene, genutzt werden. Die Instrumentalisierung der Abhängigkeit sei ein Mittel der Politik und somit auch ein Ausdruck des geopolitischen Willens Russlands.

Verschiedene Wissenschaftler vermuten schließlich viertens, dass auch westeuropäische Staaten – insbesondere Deutschland – bereits jetzt unter dem Eindruck der russischen Energiemacht agieren. Götz bezeichnet dieses Verhalten als „Schweigen für Gas".[1056] Er selbst betont, dass er zu dieser Befürchtung keinen Anlass sieht. Mit Claudia Kemfert vom Deutschen Institut für Wirtschaftsforschung sieht eine der führenden deutschen Energieexpertinnen hingegen durchaus einen Zusammenhang zwischen Deutschlands Russland gegenüber zurückhaltender Außenpolitik und der Rohstoffabhängigkeit der Bundesrepublik.[1057] Deutschland sei zu abhängig von russischem Gas, und dies spiegele sich bereits in der politischen Ausrichtung gegenüber dem östlichen Nachbarn wi-

---

[1054] Hubel, „Energie-Interdependenz", S. 125.

[1055] Müller argumentiert, „dass Russland diese Abhängigkeit Westeuropas nicht nur will, sondern dass sie diese auch instrumentalisiert. Das hat Russland betrieben, die ganze Zeit und mit der Abhängigkeit des Importeurs kann man Politik machen, ohne dass man den Gashahn zudreht. Man hat einfach ein Drohpotential. Die Stellung von Gazprom etwa ist vollkommen entgegen WTO-Regeln. Die WTO ist dazu da, internationalen Wettbewerb zu schaffen. Davon ist nichts zu spüren. Es ist so wie mit Atomwaffen. Man hat nicht Atomwaffen um sie einzusetzen. Ich glaube, kein Staat mit Atomwaffen plant wirklich, sie einzusetzen. Aber man kann mit dem Drohpotential Politik machen." Interview mit Dr. Friedemann Müller, geführt am 1. Oktober 2009.

[1056] Roland Götz, „Schweigen für Gas", SWP-Aktuell 43, September 2004, online unter http://www.swp-berlin.org/fileadmin/contents/products/aktuell/aktuell2004_43_gtz_ks.pdf (Zugriff am 2. Juli 2009).

[1057] Vgl. Judy Dempsey, „Russian Gas to Flow to Europe via Baltic Sea", in: The New York Times, 12. April 2005, online unter http://www.nytimes.com/2005/04/11/world/europe/11iht-ties.html (Zugriff am 14. Juli 2009). Kemfert spricht hier von Gazprom als „Putin's foreign policy instrument".

266

der.[1058] Larsson beschreibt in seiner detaillierten Studie zur russischen Energiepolitik einen Zusammenhang zwischen Deutschlands Abhängigkeit von russischen Energielieferungen und Schröders Zurückhaltung, Russland in Menschenrechtsfragen zu kritisieren.[1059] Er sieht Deutschland gar als „hostage to Russian energy."[1060]

Der Politikwissenschaftler Jochen Franzke interpretiert „Schweigen für Gas" als den „realpolitischen" Ansatz in der deutschen Russlandpolitik. Die Bundesregierung – er sieht insbesondere den ehemaligen sozialdemokratischen Außenminister Steinmeier als Befürworter dieses Ansatzes – thematisiere wertebezogene Interessen gegenüber Russland gezielt nicht, um die Partnerschaft mit dem Land nicht zu gefährden. Allenfalls hoffe man im Sinne von „Annäherung durch Verflechtung", dass Russland langfristig westliche Werte annehme. Der realpolitische Ansatz betone stattdessen kurz- und mittelfristige realpolitische Interessen anstelle von Werten, und der Energieversorgung seien alle weiteren außenpolitischen Ziele unterzuordnen.[1061] Dementsprechend glaubt schließlich Umbach, dass Deutschland gegenüber Russland aufgrund der Gasabhängigkeit zu strittigen außen- und innenpolitischen Themen schweige. Er sieht auch aus diesem Grund eine zu große Abhängigkeit von russischen Energielieferungen als politisch höchst problematisch an.[1062] Die zitierten Äußerungen zeugen deutlich von der nicht direkten, sondern vielmehr impliziten Wirkweise der hohen Lieferabhängigkeit.

Hinsichtlich dieses vierten Arguments ist gleichwohl kritisch anzumerken, dass eine monokausale Erklärung mit alleinigem Bezug auf Deutschlands Energieabhängigkeit für eine Erklärung der engen und oft unkritischen deutsch-russischen Partnerschaft zu kurz greift – auch wenn sie durchaus einen Teil der Motivation gerade für Bundeskanzler Schröders enge Bande zum russischen Staatschef darstellen mag. Neben der Energieabhängigkeit sind jedoch sowohl weitergehende sicherheitspolitische Überlegungen (die Bedeutung Russlands für Sicherheit und Stabilität in Europa) als auch schlicht persönliche Freundschaften relevant. Gegen das Argument des ‚Schweigens für Gas' spricht ferner, dass Angela Merkel, Schröders Nachfolgerin im Bundeskanzleramt, durchaus gewillt war, die Menschenrechtslage in Russland zu thematisieren. Die Partnerschaft

---

[1058] Vgl. Claudia Kemfert, „Tagesklima. Deutschland ist zu abhängig von russischem Gas", online unter
http://www.claudiakemfert.de/en/tagesklima/tagesklima/period/1220220000/2591999/archived/artic-le/10/deutschland_ist_zu_abhaengig_vom_russischen_gas.html (Zugriff am 10. November 2008).
[1059] Vgl. Larsson, Russia's Energy Policy, S. 192.
[1060] Ebd., S. 192.
[1061] So Jochen Franzke, „Wertepolitik versus Realpolitik. Die Russlandpolitik der Regierung Merkel/Steinmeier", in: WeltTrends 67 (Juli/August) 17. Jahrgang, 2009, S. 91-99.
[1062] Vgl. Umbach, „Energieversorgungssicherheit am Scheideweg", S. 637.

267

kühlte zu Zeiten der Großen Koalition phasenweise merklich ab, der wertebezogene Ansatz gewann zeitweise spürbar an Einfluss.[1063]

Die vier Argumente verdeutlichen gleichwohl, dass Russlands Energieaußenpolitik neben ökonomischen Motiven auch von geopolitischen Überlegungen geleitet wird. Sie deuten zudem darauf hin, dass aufgrund der durchaus vorhandenen Asymmetrien in den Energiebeziehungen zu Russland von europäischer bzw. deutscher Seite allemal Skepsis gegenüber dem machtbewussten Russland angebracht ist. Die hier erwähnten Momente (Renationalisierung des Energiesektors, Einsatz von Energielieferungen zur Durchsetzung politischer Ziele im nahen Ausland) legen den Schluss nahe, dass Russland die Energieaußenpolitik *auch* unter geopolitischen Kategorien betrachtet. Für die Bundesrepublik ergeben sich potentiell eine Reihe negativer Implikationen bei zu hoher Energieabhängigkeit von Russland. Vor diesem Hintergrund warnten in der Vergangenheit auch die Internationale Energieagentur, die EU-Kommission und eine Vielzahl europäischer Staaten Deutschland wiederholt und eindringlich vor einer zu engen Bindung an Russland.[1064]

Selbst die deutsche Politik erkannte in ihren konzeptionellen Äußerungen an, dass eine zu große Energieabhängigkeit von einem einzelnen Anbieter negative Implikationen mit sich bringe: Stattdessen sei eine Diversifizierung der Anbieter geboten. Diese Erkenntnis war eine der Triebkräfte für die Herausbildung der deutschen Energieaußenpolitik seit 2006. Gleich welche Schlüsse man aus der Debatte um die Triebkräfte der russischen Energieaußenpolitik zieht: Diese *regionale Diversifizierung* ist der zentrale (geopolitische) Anspruch der deutschen Energieaußenpolitik, so geäußert und gefordert sowohl seitens der Wissenschaft als auch der Politik. An jenem Anspruch soll die praktische deutsche Energieaußenpolitik nun gemessen werden.

---

[1063] Vgl. Franzke, „Wertepolitik versus Realpolitik".

[1064] Vgl. Umbach, „Energieversorgungssicherheit am Scheideweg", S. 637. „We need to give ourselves a flexibility that we are missing", schrieb der frühere IEA-Chef Claude Mandil den EU-Energieministern ins Stammbuch. Vgl. „Europe must end energy dependence on Russia, says ex-IEA chief", in: The Nation, 6. Juli 2008, online unter http://www.nation.com.pk/pakistan-news-newspaper-daily-english-online/Business/06-Jul-2008/Europe-must-end-energy-dependence-on-Russia-says-exIEA-chief (Zugriff am 2. Februar 2011). Bereits 2004 warnte die IEA explizit Deutschland vor einer zu hohen Abhängigkeit: „The agency's chief economist, Fatih Birol, said last week that German moves to increase Russian gas imports were risky because Moscow ‚will need very high oil and gas prices in the coming years to maintain its growth targets'." Vgl. „Europe growing dependent on Russian energy: IEA", online unter http://www.energybulletin.net/node/3534 (Zugriff am 2. Februar 2011).

### 6.3.4 Deutschland und die europäisch-russischen Energiebeziehungen: Ein Überblick

Trotz der potentiell negativen Implikationen einer hohen europäischen Energieabhängigkeit von Russland vertiefte die Bundesregierung in den vergangenen Jahren die Energiebeziehungen zu Russland merklich. In der politischen Praxis zeigt sich die deutsch-russische Partnerschaft von größter Besonderheit und Intensität.

Die bilateralen Beziehungen spielen sich in einem europäischen Rahmen ab, der bereits mit dem 1997 in Kraft getretenen und maßgeblich auf deutscher Initiative fußenden Partnerschafts- und Kooperationsabkommen abgesteckt wurde. Das Abkommen thematisiert Energiefragen, wenn auch nicht im Detail. Erst im Oktober 2000 starteten die EU und Russland ihren Energiedialog als ein Diskussionsforum, das Experten auf dem Sektor in verschiedenen themenbezogenen Arbeitsgruppen zusammenbringt und so eine gewisse Institutionalisierung der europäisch-russischen Energiebeziehungen bietet.[1065] Zu Beginn der 2000er Jahre intensivierten beide Seiten ihre Kooperation weiter und besiegelten im Jahr 2003 eine „strategische Partnerschaft".[1066] Für beide Partner liegen die Argumente für enge Beziehungen auf der Hand: Da ein Großteil des russischen Außenhandels im europäischen Binnenmarkt abgewickelt wird, hängt die Entwicklung der russischen Volkswirtschaft zu einem großen Teil von der europäischen Nachfrage ab – insbesondere wegen der bestehenden Transportinfrastruktur in den Westen. Die EU wiederum sieht in der Partnerschaft mit Russland einen Weg zur langfristigen Sicherung des (in Zukunft steigenden) Importbedarfs insbesondere beim Gas.[1067]

Dennoch sind die Beziehungen von gegenseitigem Misstrauen geprägt. Es ist auch in der russischen Weigerung begründet, den Energiechartavertrag[1068] zu unterzeichnen. Die EU bemüht sich daher um eine stärkere Hervorhebung der relevanten Energiethemen im neu auszuhandelnden Partnerschafts- und Kooperationsabkommen.[1069] Doch auch die weiteren, bereits beschriebenen Interessen-

---

[1065] Siehe zu den Hintergründen Rippert, Die energiepolitischen Beziehungen, S. 150-158 sowie Peter Casny, Europas Kampf um Energie. Der Ausbau der Beziehungen zur Russischen Föderation und Überlegungen zu einer zukünftigen Energiesicherheit, Berlin 2007.

[1066] Vgl. Dov Lynch, „Russia's Strategic Partnership with Europe", in: The Washington Quarterly 27:2 (Spring 2004), S. 99-118.

[1067] Vgl. Franz Kernic, Die Außenbeziehungen der Europäischen Union. Eine Einführung, Frankfurt am Main u. a. 2007, S. 135-137.

[1068] Energy Charter Secretariat (Hrsg.), The Energy Charter Treaty and Related Documents, online unter http://www.encharter.org/fileadmin/user_upload/document/EN.pdf (Zugriff am 15. November 2010).

[1069] Vgl. Rippert, die energiepolitischen Beziehungen, S. 157-158.

gegensätze prägen das Verhältnis: Staatliche Kontrolle des Energiekomplexes gepaart mit dem Versuch, Russland über den Energieexport zu neuer (alter) Größe zu führen auf der einen Seite, auf der anderen Seite der Glaube der europäischen Staaten an Energierohstoffe als normale Wirtschaftsgüter, die frei und marktwirtschaftlich gehandelt werden. Die unterschiedlichen Leitvorstellungen charakterisieren die Beziehungen. Beobachter bewerten den Energiedialog daher weitgehend negativ: Gerade aufgrund dieser unterschiedlichen Leitvorstellungen bestehe eine deutliche Diskrepanz zwischen Anspruch und Wirklichkeit.[1070]

Die Einstellung der europäischen Staaten gegenüber Russland ist indes keineswegs einheitlich. Vor allem die Staaten Osteuropas warnten in den vergangenen Jahren wiederholt vor zu großer Importabhängigkeit von Russland, wobei hier sowohl historische Gründe als auch die bestehende große Abhängigkeit jener Staaten reflektiert werden. Ein Staat wiederum gilt als Anwalt Russlands in Westeuropa und forciert die Bindung an das Riesenreich: die Bundesrepublik Deutschland. Die Wurzeln der besonderen Beziehungen zwischen Deutschland und Russland liegen tief in der jahrhundertealten gemeinsamen Geschichte Preußens und Russlands begründet, ebenso in der geographischen Nachbarschaft beider Staaten. Bereits zu Zeiten Peters des Großen und Katharinas der Großen hatten deutsche Immigranten beim Aufbau des Riesenreichs geholfen, Russlands Entwicklung hing stets auch von Deutschland ab. Russland wiederum blieb als Rohstofflieferant für den Westen wichtig. So entwickelte sich über Jahrhunderte zwischen Geographie und Geschichte eine „symbiotische Beziehung".[1071]

Nach dem Ende des Kalten Krieges etablierte sich die Bundesrepublik Deutschland erneut als Anwalt Russlands im Westen. Nicht unterschätzt werden darf in diesem Zusammenhang die persönliche Komponente. Die ‚Saunafreundschaft' zwischen Kohl und Jelzin ist ebenso in Erinnerung wie Schröders Freundschaft zu Putin, die besonders während der Regierungszeit Schröders in einer de facto vollkommen unkritischen Haltung gegenüber innenpolitischen Entwicklungen in Russland und Schröders Charakterisierung Putins als ‚lupenreinem Demokraten' gipfelte.[1072] Die „bilaterale strategische Partnerschaft"[1073] zwischen Deutschland und Russland kristallisierte sich in jenen Jahren heraus und wurde trotz leichter Akzentverschiebungen auch von der Großen Koalition unter Führung von Bundeskanzlerin Merkel im Prinzip nicht angetastet. Dabei

---

[1070] Siehe zu dieser Einschätzung ebd. sowie Katrin Bastian, Die Europäische Union und Russland. Multilaterale und bilaterale Dimensionen der europäischen Außenpolitik, Wiesbaden 2006, S. 108-115.

[1071] Angela Stent, „Russland", in Schmidt, Hellmann und Wolf (Hrsg.), Handbuch, S. 436-454, hier S. 436-437. Stent beschreibt die historischen Wurzeln des bilateralen Verhältnisses detailliert. Siehe zu den deutsch-russischen Beziehungen auch Bastian, Europäische Union und Russland, S. 145-197.

[1072] Vgl. Stent, „Russland", S. 448.

[1073] Gerhard Schröder, zitiert nach ebd., S. 446.

zeigt sich, dass auch die innere Entwicklung Russlands die Bundesrepublik nicht von enger Kooperation in allen Feldern der Partnerschaft abhält. In Deutschland setzte sich eine äußerst pragmatische Sichtweise auf Russland durch.[1074]

Die deutsche Russlandpolitik ist von zwei zentralen Interessen geleitet: erstens, Russland in die europäische Sicherheitsarchitektur zu integrieren und zweitens, eine für beide Seiten profitable Wirtschaftspartnerschaft aufzubauen. Beide Momente prägen deutsche Diskussionen über Russland. Das Sicherheitsinteresse kam bereits während des Kalten Krieges (es sei an Bundeskanzler Willy Brandts Ostpolitik erinnert) und dann erneut im Umfeld der deutschen Wiedervereinigung zum Tragen. In deren Folge war die Bundesregierung darum bemüht, dem neuen Russland das Gefühl zu geben, Teil des neuen Europas zu sein.[1075] Nach dem Zerfall der Sowjetunion verfolgte Deutschland stets das Ziel, Russland als Partner in den Aufbau einer neuen europäischen Sicherheitsarchitektur einzubinden. Gerade aufgrund seines Einflusses auf die mittelosteuropäische Region sei das Land unverzichtbar. In diesem Sinne betonte Außenminister Steinmeier im Vorfeld der deutschen EU-Ratspräsidentschaft (durchaus in sozialdemokratischer Tradition der Brandt'schen Ostpolitik und der Initiative Rühes zur NATO-Osterweiterung), Russland sei unverzichtbar, wolle man Frieden und Stabilität auf dem europäischen Kontinent sichern. Die Große Koalition machte den Osten zu dem außenpolitischen Schwerpunkt der EU-Ratspräsidentschaft im Jahr 2007.[1076] All dies diente letztlich auch dem Ziel, Russlands demokratische Entwicklung zu konsolidieren und so den Frieden in Europa langfristig zu sichern.

Besonders ausgeprägt sind indes die deutsch-russischen Wirtschaftsbeziehungen. Deutschland ist Russlands wichtigster Handelspartner. Die Bundesrepublik wiederum ist nicht nur abhängig von russischen Energielieferungen, sondern auch der größte Investor in Russland. Die Wirtschaftsbeziehungen sind daher ohne Zweifel ein wichtiger Motor der deutsch-russischen Beziehungen, bilden den Kern der besonderen bilateralen Beziehungen[1077] und sind als „Aushängeschild der strategischen Freundschaft"[1078] bezeichnet worden. Die Energiebeziehungen als spezielles Feld der Wirtschaftsbeziehungen ragen aus dem bilateralen Beziehungsgeflecht deutlich heraus. Für Kanzler Schröder sollten die Energiebe-

---

[1074] Vgl. Sven C. Singhofen, Deutschland und Russland zwischen strategischer Partnerschaft und neuer Konkurrenz (Arbeitspapier, Konrad-Adenauer-Stiftung, Nr. 169/2007), Berlin u. a. 2007.

[1075] Vgl. Rahr, Russland gibt Gas, S. 189-191.

[1076] Vgl. Frank-Walter Steinmeier, „Verflechtung und Integration. Eine neue Phase der Ostpolitik der EU: Nicht Abgrenzung, sondern Vernetzung lautet das Gebot der Globalisierung", in: Internationale Politik 3/2007, S. 6-11.

[1077] Vgl. Nicholas Kulish, „Germany Aims to Guide the West's Ties to Russia", in: The New York Times, 1. Dezember 2008, online unter http://www.nytimes.com/2008/12/02/world/europe/02germany.html (Zugriff am 14. Juli 2009).

[1078] Rahr, Russland gibt Gas, S. 197.

ziehungen analog zur deutsch-französischen Montanunion der Nachkriegszeit dazu beitragen, Russland und Europa fest aneinander zu binden.[1079] Die Energiebeziehungen dienen dieser Lesart nach nicht nur der europäischen Belieferung mit Energierohstoffen, sondern sie sind auch ein Instrument der Integration Russlands in ein zusammenwachsendes Europa. Für die Bundesrepublik selbst bieten die engen Beziehungen insofern eine Aufwertung, als Deutschland für die russischen Energielieferungen eine „Energiedrehscheibe" wird.[1080] Die Kombination aus historischen, sicherheitspolitischen und wirtschaftlichen Motiven und Interessen begründet den enorm russlandfreundlichen Ansatz der deutschen Ostpolitik.

### 6.3.5 Die Ostseegaspipeline

Das offiziell ‚Nordeuropäische Gaspipeline' bzw. *Nord Stream* genannte Projekt bezeichnet eine rund 1200 km lange Unterwasserleitung vom russischen Wyborg nach Greifswald an der deutschen Ostseeküste mit einer Anbindung an das deutsche Netz.[1081] Mit einer jährlichen Gesamtkapazität von 55 Mrd. Kubikmetern soll sie ab Ende 2011[1082] Erdgas von der Jamal-Halbinsel, dem westsibirischen Gasfeld Jushno-Russkoje sowie dem Schtokman-Feld in der Barentssee nach Deutschland liefern. Neben Gazprom (51% der Anteile) sind die beiden deutschen Unternehmen Wintershall und E.on Ruhrgas mit je 20% und seit dem Jahr 2007 auch die niederländische Gasunie mit 9% an dem Konsortium beteiligt.[1083] Die Kosten des Projekts haben sich von zunächst geschätzten 4,5 Milliarden Euro zwischenzeitlich etwa verdoppelt.[1084]

Die Pipeline ist seit Jahren ein Lieblingsprojekt deutscher Bundesregierungen. Deutschland ist hierbei Russlands zentraler Partner – ganz im Sinne der

---

[1079] Vgl. ebd., S. 195.

[1080] Vgl. etwa Götz, „Deutsch-russische Energiebeziehungen", S. 1.

[1081] Erste Planungen zu der Pipeline datieren aufgrund andauernder russisch-ukrainischer Streitigkeiten bereits aus den 1990er Jahren – damals noch unter dem Namen *North Transgas Pipeline*, die von Russland über Finnland nach Deutschland führen sollte. Im Jahr 2000 verlieh die EU dem Projekt den Status eines *Trans-European Network*-Projekts. Auch Großbritannien gehörte aufgrund des absehbaren Gasdefizits zu den frühen Befürwortern der Pipeline. Vgl. Götz, „Ostseegaspipeline", S. 1-2.

[1082] Vgl. „Ostseepipeline im Zeitplan", in: Die Welt, 7. Januar 2011.

[1083] Vgl. Rippert, Die energiepolitischen Beziehungen, S. 176.

[1084] Vgl. Judy Dempsey, „EU leader's plea for pipeline financing goes unanswered", in: The New York Times, 7. Februar 2009, online unter http://www.nytimes.com/2009/01/27/world/europe/27iht-pipe.4.19721498.html (Zugriff am 14. Juli 2009). Darunter fallen allein rund 100 Millionen Euro für umweltbezogene Planungskosten.

strategischen Partnerschaft zwischen beiden Ländern.[1085] Die Pipeline ist als „crowning of the special relationship between Russia and Germany"[1086] beschrieben worden und wird mit großer politischer Unterstützung bedacht. Dies traf nicht nur auf die Regierung Schröder zu. Schröder war es, der am 8. September 2005 gemeinsam mit Präsident Putin und den beteiligten Unternehmen in Berlin eine Absichtserklärung für den Bau der Pipeline unterzeichnete.[1087] Auch seine Nachfolgerin im Kanzleramt – vor Amtsantritt wegen der potentiellen Abhängigkeit von russischen Energielieferungen dem Projekt gegenüber skeptisch eingestellt – setzte sich als Bundeskanzlerin wiederholt vehement für den Bau der Pipeline ein: Dies spiegelte sich zunächst in wiederholten rhetorischen Absichtserklärungen sowie der Betonung der Bedeutung von *Nord Stream* wider. Die Bundeskanzlerin bezog sich bei Überlegungen zu Deutschlands Energiesicherheit in den vergangenen Jahren stets primär auf die baltische Pipeline und erwähnte andere Pipelineprojekte demgegenüber kaum.[1088]

Abgesehen von rhetorischen Bekundungen unterstützte Merkel die Pipeline in den vergangenen Jahren auch mit politischen Initiativen nachhaltig. Deutlich trat dies zu Beginn des Jahres 2009 zutage. Seinerzeit stellten sich der damalige tschechische Ministerpräsident und EU-Ratsvorsitzende Mirek Topolanek und die Bundeskanzlerin hinter zwei unterschiedliche Pipelineprojekte. Einen Tag nachdem Topolanek *Nord Stream* wegen der hohen Abhängigkeit von Russland kritisiert und stattdessen die Bedeutung der Gaspipeline Nabucco[1089] für die europäische Energiesicherheit betont hatte, forderte die Kanzlerin in einem Brief an Topolanek und EU-Kommissionspräsident Barroso alle EU-Mitgliedsstaaten auf, *Nord Stream* politisch zu unterstützen. Dies war ein deutliches Signal einer politischen Bevorzugung der Ostseepipeline gegenüber anderen Pipelineprojekten. Von dieser Episode wird später erneut zu sprechen sein.

Deutschland verfolgt zwei Hauptinteressen mit dem Bau der Pipeline. Im Sinne einer Vertiefung der deutsch-russischen Beziehungen gilt das Projekt zunächst als ‚Leuchtturm' für den Ausbau der bilateralen Wirtschaftspartnerschaft. Götz argumentiert, dass *Nord Stream* interessante Aufträge für deutsche Firrmen

---

[1085] Vgl. Nicholas Kulish, „Germany Aims to Guide the West's Ties to Russia." Die Pipeline hat ursprünglich eine gesamteuropäische Geschichte, ist dann aber vor allem bilateral von Deutschland und Russland forciert worden. Vgl. Umbach, „Interview mit Dr. Frank Umbach zu Fragen der Energiesicherheitspolitik", S. 86.

[1086] Judy Dempsey, „Pipeline Dreams entangle Russians and Europeans", in: The New York Times, 25. Dezember 2008, online unter http://www.nytimes.com/2008/12/25/world/europe/25iht-letter.1.18918834.html (Zugriff am 14. Juli 2009).

[1087] Vgl. Stephan Raabe, „Der Streit um die Ostsee-Gaspipeline. Bedrohung oder notwendiges Versorgungsprojekt?", in: KAS-Auslandsinformationen 2/2009, S. 67-94, hier S. 67.

[1088] Vgl. Dempsey, „EU leader's plea".

[1089] Zur Nabucco-Pipeline, siehe Kapitel 6.4.4 dieser Arbeit. Dort wird auch die hier dargestellte Debatte wieder aufgegriffen.

273

bringe: Da die bilateralen Wirtschaftsbeziehungen oftmals eher durch bescheidene und von mittelständischen Unternehmen getragene Investitionsprojekte geprägt seien, erfülle die Ostseepipeline durchaus die Funktion eines wirtschaftlichen „Leuchtturmprojekts".[1090] Die wirtschaftsbezogene Leitvorstellung Deutschlands in den Beziehungen zu Russland kommt also deutlich zum Ausdruck. Diese Leitvorstellung spiegelt sich in einer Antwort der Bundesregierung auf eine Anfrage aus den Reihen des Bundestages vom Januar 2006 wider. Gefragt nach den Interessen der Bundesregierung an dem Projekt, antwortete das federführende Bundesministerium für Wirtschaft und Technologie, über die Planung würden allein die an dem Projekt beteiligten Unternehmen entscheiden. Die Bundesregierung sei an dessen Realisierung nicht beteiligt. In dem Dokument sucht man vergeblich nach Detailauskünften. Diese lägen der Bundesregierung aufgrund des privatwirtschaftlichen Charakters von *Nord Stream* nicht vor, so die Begründung. Der Bau der Gasleitung jedenfalls, so heißt es explizit, werde in seinem Routenverlauf „von den beteiligten Unternehmen unter wirtschaftlichen Gesichtspunkten erfolgen."[1091]

Das zentrale Interesse der Bundesrepublik bei der Verwirklichung von *Nord Stream* ist jedoch die Diversifizierung der Energieversorgung.[1092] Die neue Pipeline biete eine direkte Anbindung Deutschlands an das Schtokman-Feld – und damit aus wirtschaftlicher Sicht einmalige Möglichkeiten einer langfristig sicheren Energieversorgung, so die gängige Lesart. Angesichts der dort lagernden großen Vorräte kann die Wirtschaftlichkeit des Projektes zweifellos als sicher gelten. Ohne potentielle Unterbrechungen aufgrund möglicher Konflikte mit Transitstaaten können die Erdgasvorkommen nach Deutschland geleitet werden. Mit einer Transportkapazität von 55 Milliarden Kubikmetern pro Jahr hat die Pipeline gar das Potential, rund 25 Prozent des zusätzlichen europäischen Importbedarfs zu decken. Die großen Gasfelder Russlands lägen also „geografisch einfach günstig für Westeuropa",[1093] betont ein Befürworter der Pipeline. Mit einer direkten Anbindung Deutschlands an diese Felder werde die Energieversorgung Deutschlands und Europas unabhängiger von Konflikten Russlands mit

---

[1090] Vgl. Götz, „Ostseegaspipeline", S. 4.

[1091] Deutscher Bundestag (Hrsg.), Antwort der Bundesregierung auf die Kleine Anfrage der Abgeordneten Rainder Steenblock, Hans Josef Fell und der Fraktion Bündnis 90/Die Grünen, „Auswirkungen der Ostseegaspipeline auf die Bundesrepublik Deutschland", Drucksache 16/344, 5. Januar 2006, S. 2.

[1092] Vgl. Götz, „Ostseegaspipeline", S. 3 und Rippert, Die energiepolitischen Beziehungen, S. 179.

[1093] Matthias Warning, „Energie und Macht – ,Gegenseitig abhängig'. Europa braucht Russland und umgekehrt. Interview mit Matthias Warnig, Geschäftsführer der Nord Stream AG mit ,Die Zeit', erschienen am 03.01.2008", online unter http://www.wintershall.com/1443.html?&L=1 (Zugriff am 15. November 2010).

den Transitstaaten und somit „langfristig sichergestellt",[1094] so auch die offizielle Einschätzung der Bundesregierung.

Dem pflichtet Meister prinzipiell bei. Er betont in Übereinstimmung mit den Pipeline-Befürwortern die ökonomischen Aspekte des Projekts:

> „Deutschland wird damit als Energiedrehscheibe für Russland aufgewertet. Es gewinnt also weiter an Bedeutung für Gazprom und für die russische Gaswirtschaft. Das stärkt in gewisser Weise den Wirtschaftsstandort Deutschland. (...) Durch diese enge Vermischung oder Vernetzung deutscher Unternehmen mit Gazprom oder russischen Unternehmen ist hier auch ein besonderes Verhältnis entstanden, wo ich sagen würde, dass da auch ein großes Interesse da ist, Deutschland auch als wichtigen Partner zu behalten, bzw. nicht zu verlieren. Es stärkt auch die Energieversorgung für Deutschland über die Ostseepipeline. Wenn es zu Transitproblemen kommen würde, dann gibt es natürlich hier die Möglichkeit, Deutschland über die Ostseepipeline zu versorgen. Damit ist eine Erhöhung der Versorgungssicherheit gewährleistet."[1095]

Scheinbar grenzenlose russische Erdgasvorkommen vor der europäischen Haustür mit dem Potential, einen Großteil des steigenden europäischen Importbedarfs ohne die Gefahr von Lieferunterbrechungen in osteuropäischen Transitstaaten zu decken – auf den ersten Blick mag dies ein überzeugendes Argument für die Pipeline sein. Tatsächlich ist gerade der Anspruch der Diversifizierung mittels der Ostseegaspipeline negativ zu beurteilen. So bietet *Nord Stream* lediglich hinsichtlich der Transportroute eine Diversifizierung. Eine sichere Versorgung Deutschlands mit Erdgas kann jedoch nicht allein durch die Reserven Russlands gewährleistet werden.[1096] Das auf diesem Wege in den Westen strömende Gas könnte auch ohne die neue Route und durch bestehende Pipelines nach Europa gelangen: Die Ostseegaspipeline „verbessert die Situation auch kaum, weil auf absehbare Zeit durch die Ostseepipeline nur Erdgas aus Produktionsstätten fließt, die auch jetzt schon mit Deutschland verbunden sind."[1097]

Die Pipeline bietet somit keine Diversifizierung hinsichtlich der Gasquellen. Doch Experten und politische Entscheidungsträger fordern vor allem eine *regionale* Diversifizierung deutscher Gasimporte, nicht allein eine Diversifizierung der Versorgungsrouten bei Konzentration auf einen großen Exporteur.[1098] Der einzige Grund, in der Ostseepipeline eine Möglichkeit zur Diversifizierung zu sehen, ist folglich die Umgehung von Transitstaaten. Europa und Deutschland

---

[1094] Deutscher Bundestag (Hrsg.), „Auswirkungen der Ostseegaspipeline", S. 1.

[1095] Interview mit Dr. Stefan Meister, geführt am 4. Oktober 2010.

[1096] Siehe zu dieser Einschätzung Götz, „Ostseegaspipeline", S. 4.

[1097] Interview mit Dr. Friedemann Müller, geführt am 1. Oktober 2009.

[1098] Vgl. Brummer und Weiss, Europa im Wettlauf, S. 13.

275

entgehen dem Problem der hohen Importabhängigkeit speziell aus Russland mit der neuen Pipeline nicht.

Der Publizist Michael Thumann geht einen Schritt weiter. Er argumentiert, dass allein Russland von der Diversifizierung der Lieferroute profitiere. Er sieht durchaus die Gefahr von Energie als einer „politischen Waffe".[1099] Die Kontrolle über Gasrohre sichere die Vormacht der Lieferanten, nicht der Empfänger. Wenn argumentiert werde, dass eine Vielzahl von Rohren die Energiesicherheit erhöhe, so sei dies sicher richtig, schreibt Thumann, „aber wenn die Pipelines den Produzenten gehören, verbessern sie vor allem dessen Sicherheit und nicht die der Verbraucher."[1100] Weiter steigende Energieabhängigkeit von einem *einzelnen* Anbieter könne folglich keineswegs im europäischen Interesse sein – denn es sei davon auszugehen, dass damit die Gefahr steige, von russischen Interessen abhängig zu werden. Das Hauptargument für *Nord Stream*, größere Diversifizierung der Energieimporte, erscheine daher zweifelhaft.

Dabei wären Alternativen zu *Nord Stream* unter Einbeziehung der betroffenen Transitländer durchaus denkbar gewesen, teils sogar erheblich kostengünstiger und damit aus rein ökonomischer Sicht sinnvoller: Die existierenden Landpipelines durch die genannten Transitländer hätten wesentlich kostengünstiger modernisiert werden können.[1101] Dies gilt nicht zuletzt angesichts der enorm gestiegenen Kosten für *Nord Stream*. Bemerkenswert sind in diesem Zusammenhang auch die Schwierigkeiten, vor denen das Projekt unter Umweltgesichtspunkten steht. Die betroffenen Anrainerstaaten der Ostsee jedenfalls haben in den vergangenen Jahren die Genehmigung des Pipelinebaus wiederholt hinausgezögert – was in aller Deutlichkeit darauf hinweist, dass der Routenverlauf durch die Ostsee keineswegs die am wenigsten komplizierte Trasse ist. Umbach schreibt, dass selbst der Bau einer neuen Landpipeline durch eines der bisherigen Transitländer erheblich günstiger gewesen wäre als die Trassenführung durch die Ostsee. Selbst russische Experten konzedierten mittlerweile, dass Russland Verhandlungen über eine solche Landpipeline mit Polen frühzeitig scheitern ließ – dies vor allem aus politischen Gründen.[1102]

Hauptargument für Russland beim Bau der Pipeline ist indes die Umgehung der Transitstaaten Ukraine, Belarus und Polen. Russland verbessert dadurch seine Kontrolle der Energieinfrastruktur in Europa. „Insofern kann Nord Stream

---

[1099] Michael Thumann, „Machiavelli für Gas und Öl", in: Die Zeit, 3. Januar 2008.

[1100] Ebd. Ähnlich argumentiert aus amerikanischer Perspektive Ariel Cohen, The North European Gas Pipeline Threatens Europe's Energy Security (Backgrounder, Heritage Foundation, No. 1980), Washington, D.C. 2006, online unter http://www.heritage.org/research/reports/2006/10/the-north-european-gas-pipeline-threatens-europes-energy-security (Zugriff am 2. Februar 2011).

[1101] Vgl. Larsson, Russia's Energy Policy, S. 195.

[1102] So beschrieben bei Umbach, „Interview mit Dr. Frank Umbach zu Fragen der Energiesicherheitspolitik", S. 87.

auch als ein Baustein der russischen Strategie betrachtet werden, die darin besteht, den Gasexport aus dem Bereich der GUS-Staaten an sich zu ziehen und über Gasprom zu monopolisieren sowie eine möglichst starke Kontrolle über (…) die Leitungen (…) auszuüben."[1103] Dies bietet Russland zudem die Möglichkeit, *politischen* Einfluss ausüben zu können.[1104] Von dieser Einflussnahme sind zunächst jene Staaten betroffen, deren Rolle als Transitstaaten für russisches Gas geschwächt wird. Wirtschaftlich eröffnet dies Gazprom die Möglichkeit, eine Anpassung der immer noch niedrigen Preise für die Ukraine und Belarus auf Weltmarktniveau zu erreichen. Doch neben ökonomischen Erwägungen dient die Umgehung der Transitstaaten vor allem einem *politischen* Interesse Russlands. Aus russischer Sicht stellt die Ostseepipeline einen „Schachzug im Wettstreit um sein westliches Vorfeld dar".[1105] In der Tat dürfte *Nord Stream* die Machtposition der mittelosteuropäischen Staaten und deren Spielraum gegenüber Russland deutlich einschränken. Russland sichert sich dank der Umgehung der Transitstaaten größeren Einfluss auf sein westliches Vorfeld, während den dortigen Staaten ein wichtiges Einflussmittel aus der Hand genommen wird.

Geopolitisch hat dies gewichtige Konsequenzen: Der mit dem Pipelinebau einhergehende russische Einflussgewinn zerstört das bestehende Gleichgewicht in Mittelosteuropa und erleichtert es Moskau, in Zukunft größeren wirtschaftlichen wie politischen Druck auf sein westliches Vorfeld auszuüben. Die Pipeline verschlechtert somit die Position der mittelosteuropäischen Staaten.[1106] Zudem steht das Projekt im Widerspruch zu den strategischen Interessen Polens, das daran interessiert ist, seine Position als Transitland auszubauen, um so seinerseits Einflussmöglichkeiten gegenüber Russland zu behalten. Die Ostseegaspipeline bedroht dieses Interesse: Im Falle bilateraler Konflikte könnte Russland Polen den Gashahn zudrehen.[1107] Neben wirtschaftlichen Motiven treten hier auch geopolitische Interessen Russlands zutage. Hierdurch drohen Staaten, die der EU und der NATO angehören, erneut unter russischen Einfluss zu geraten.[1108] Der EU und der Bundesrepublik kann es jedoch „nicht gleichgültig sein, wie die EU-Mitglieder Polen, Estland, Lettland und Litauen das in ihren Augen gegen ihre Interessen gerichtete Pipelineprojekt bewerten."[1109] In den offiziellen deutschen Debatten zu der Pipeline, die primär die ökonomischen Konsequenzen im Blick haben, wird diese strategische bzw. geopolitische Dimension der Pipeline indes wenig beachtet.

---

[1103] Raabe, „Ostsee-Gaspipeline", S. 85.
[1104] So beschrieben ebd., S. 86.
[1105] Götz, „Ostseegaspipeline", S. 2-3.
[1106] Vgl. ebd, S. 4.
[1107] Vgl. Raabe, „Ostsee-Gaspipeline", S. 74.
[1108] Vgl. Umbach, „Interview mit Dr. Frank Umbach zu Fragen der Energiesicherheitspolitik", S. 88.
[1109] Götz, „Ostseegaspipeline", S. 4.

Neben der mangelnden Möglichkeit zur Diversifizierung der deutschen Erdgasimporte brachte das Projekt in den vergangenen Jahren folglich nicht nur negative Implikationen für die Integration der EU mit sich, sondern darüber hinaus auch außenpolitische ‚Kollateralschäden'. Politisch ist dies eine weitere negative Implikation der Pipeline. „Die ganze Art und Weise, wie die Ostseepipeline ins Leben gerufen worden ist, wie sie kommuniziert worden ist – sowohl von deutscher Seite unter Schröder als auch von russischer Seite – hat Deutschlands Ruf als Partner in der EU geschädigt. Das ist ein negativer Aspekt."[1110] Die Politik der Regierung Schröder wie auch der Regierung Merkel wirkte als „Spaltpilz"[1111] Europas. Polen und andere mittelosteuropäische Staaten fühlten sich von Deutschland und Russland hintergangen und sahen ihre Position durch die deutsch-russische Politik akut gefährdet.

Dabei entfalteten auch historische Analogien ihre Wirkungsmacht. Die *New York Times* argwöhnte, polnische Politiker litten unter dem ‚Yalta-Syndrom', in Anlehnung an die Konferenz von Yalta im Jahr 1944, als sich Großbritannien, die Vereinigten Staaten und die Sowjetunion über die Köpfe der Mitteleuropäer hinweg über die Verteilung der Einflusszonen in Europa einigten.[1112] Ungeachtet der oft unsachlichen und in schrillen Tönen vorgebrachten polnischen Proteste zeigt sich doch, welch schwerwiegende Misstöne und Konflikte das deutsche Ignorieren osteuropäischer Wahrnehmungen und Interessen mit sich brachte.

Diese europäischen Dissonanzen dienen primär russischen Interessen. Eine der Strategien Gazproms bei der Kontrolle des europäischen Energiemarktes ist es, die ohnehin nicht sehr ausgeprägte Einigkeit der EU in Energiefragen aufzubrechen.[1113] Würde es der Europäischen Union gelingen, in Energiefragen mit einer Stimme gegenüber Russland zu sprechen, könnte sie ein Gegengewicht zu den russischen Machtansprüchen aufbauen. Solange es Russland jedoch gelingt, diesen europäischen Konsens und eine gemeinsame europäische Energiepolitik zu verhindern, ist es Russland möglich, seine Stellung auszubauen. Russland profitiert von Situationen, in der es einzelne Länder gegeneinander ausspielen kann: „If the EU would take a common stand as a consumer group, it would be easier to affect Russia and more difficult for Russia to set the rules of the game and exploit differences between EU members."[1114]

---

[1110] Interview mit Dr. Stefan Meister, geführt am 4. Oktober 2010.

[1111] Umbach, „Interview mit Dr. Frank Umbach zu Fragen der Energiesicherheitspolitik", S. 87.

[1112] Vgl. Judy Dempsey, „Tensions persist between Germany and Poland", in: The New York Times, 20. Juni 2007, online unter http://www.nytimes.com/2007/06/20/world/europe/20iht-poland.4.6241688.html (Zugriff am 14. Juli 2009).

[1113] Vgl. Robert R. Amsterdam, „Get though with Gazprom", in: The New York Times, 9. Januar 2007, online unter http://www.nytimes.com/2007/01/09/opinion/09iht-edamster.html (Zugriff am 14. Juli 2009).

[1114] Larsson, Russia's Energy Policy, S. 181.

Problematisch ist darüber hinaus, dass die Bundesregierung sich nicht imstande zeigte, aus den diplomatischen Verwerfungen der vergangenen Jahre hinreichend zu lernen. Nachdem sich bereits während der Amtszeit Gerhard Schröders gezeigt hatte, wie kritisch die osteuropäischen Staaten auf die deutsch-russischen Bemühungen um den Bau von *Nord Stream* reagierten, fühlten sich jene Staaten erneut vor den Kopf gestoßen, als sich Kanzlerin Merkel im Frühjahr 2009 faktisch gegen osteuropäische Bemühungen für die Nabucco-Pipeline stellte und stattdessen eine europäische Unterstützung für das Ostsee-Projekt anmahnte. Nur bedingt hat Umbach daher Recht, wenn er *Nord Stream* als eine „schwere politische Altlast und Hypothek der Schröder-Regierung"[1115] bezeichnet. Auch die Regierung Merkel unterstützte den Pipelinebau, sorgte mit entsprechenden Plädoyers für osteuropäische Proteste und zeigte sich nicht imstande, osteuropäische Bedenken gegen das Projekt diplomatisch auszuräumen.

Die deutschen Energiebeziehungen zu dem Nachbarn im Osten werden unverkennbar aus einem ökonomischen Blickwinkel heraus verfolgt, während strategische und geopolitische Erwägungen in der Regierungspolitik kaum Erwähnung finden. Dass die russische Energieaußenpolitik auch von macht- bzw. geopolitischen Interessen geprägt ist, wird seitens der Bundesregierung indes nicht ausreichend thematisiert. Die Zusammenfassung der jeweiligen Positionen verdeutlicht hingegen, dass die Ostseepipeline durchaus negative Implikationen für die Versorgungssicherheit der Bundesrepublik haben kann. Diplomatische Verwerfungen innerhalb der Europäischen Union hat sie bereits hervorgerufen. Insbesondere jedoch bleibt die Feststellung, dass Anspruch und Wirklichkeit der deutschen Energiepolitik in dieser Frage deutlich auseinanderklaffen: Der deutlich und wiederholt geäußerte Anspruch einer dringend gebotenen *regionalen* Diversifizierung der deutschen Energieimporte kann mithilfe der Pipeline nicht erreicht werden. Vielmehr steigt die Abhängigkeit vom Versorger Russland weiter an. Umso entscheidender ist die Frage, ob die Bundesrepublik mit Blick auf Zentralasien eine Politik der Energiediversifizierung verfolgte und in dieser Region den geopolitischen Implikationen der Energiepolitik eher Rechnung trug als in den deutsch-russischen Energiebeziehungen.

---

[1115] Umbach, „Interview mit Dr. Frank Umbach zu Fragen der Energiesicherheitspolitik", S. 86.

## 6.4 Deutsche und europäische Zentralasienpolitik

### 6.4.1 Der Kontext: Die Vereinigten Staaten, China und Russland im ‚Great Game' um die Energievorkommen Zentralasiens

Zentralasien[1116] ist die „älteste Ölregion auf dem eurasischen Kontinent".[1117] Bereits an der Wende zum 20. Jahrhundert und in den beiden Weltkriegen hatte die Region große strategische Bedeutung. Danach verschwand sie für viele Jahre aus den Augen der westlichen Staaten, fest integriert in das sowjetische Imperium. Umso größer war das Interesse des Auslands, als Zentralasien nach dem Zusammenbruch der Sowjetunion wieder auf der Landkarte auftauchte. Im ersten Überschwang – oder aus politischem Kalkül – überschätzten Energieexperten das Energiepotential der Region massiv. Von einem „Golf des 21. Jahrhunderts"[1118] war die Rede, das amerikanische Außenministerium gab die insgesamt möglichen Ölreserven in einer Studie aus dem Jahr 1997 mit bis zu 178 Milliarden Barrel an.[1119] Neuere Schätzungen haben die damalige Euphorie merklich schrumpfen lassen; sie gehen von Reserven in Höhe von rund 47 Milliarden Barrel aus.

Mit fast 40 Milliarden Barrel ist Kasachstan der weitaus wichtigste Ölproduzent der Region, gefolgt von Aserbaidschan.[1120] Beim Erdgas verfügt Turkmenistan gesichert über rund 8 Billionen Kubikmeter, Kasachstan über rund 2 Billionen Kubikmeter und Aserbaidschan über rund 1,3 Billionen Kubikmeter.[1121] Bedeutsam ist, dass der Anteil der Region an der Gas-Weltproduktion geringer ist als der Anteil an den Weltreserven – bis auf den Persischen Golf zehren alle anderen Produktionsregionen ihre Reserven schneller auf.[1122] Zudem liegt der

---

[1116] Gemeint ist hier nach gängiger Definition die Region östlich des Kaspischen Meeres, die sich aus den fünf Staaten Kasachstan, Usbekistan, Tadschikistan, Turkmenistan und Kirgisistan zusammensetzt. Auch Aserbaidschan wird, obgleich nicht Teil der Region, zum Zwecke der Untersuchung hier ebenfalls eingeschlossen, da ein Großteil der Energierohstoffe im Kaspi-Raum rund um das Kaspische Meer lagern. Eingeschlossen werden in dieser Untersuchung unter dem Schlagwort ‚Zentralasien' zudem jene Räume, die Europa mit Zentralasien verbinden – dies insbesondere wegen der Bedeutung, die jenen Räumen als Transportkorridore für zentralasiatische Energierohstoffe Richtung Europa zukommt. Daher wird hier beispielsweise auch die Bedeutung des Südkaukasus als Brücke zwischen dem zentralasiatischen Raum und Europa mit betrachtet, obwohl die Region selbst kein Teil Zentralasiens ist.

[1117] Friedemann Müller, „Ölrausch in der kaspischen Region, Zentralasien und der türkischen Schwarzmeer-Region", in: Braml u. a. (Hrsg.), Energiesicherheitspolitik, S. 127-135, hier S. 127

[1118] Ebd., S. 127.

[1119] Vgl. US Department of State (Hrsg.), Caspian Region Energy Development Report, Washington, D.C. 1997 sowie Müller, „Ölrausch", S. 127.

[1120] Vgl. British Petroleum (Hrsg.), Statistical Review, S. 6.

[1121] Vgl. ebd., S. 22.

[1122] Vgl. Müller, „Ölrausch", S. 128.

Raum strategisch zwischen zwei bedeutenden Energiemärkten – der EU und China. Dies macht „die Länder Zentralasiens zu einem Dreh- und Angelpunkt sowohl der internationalen Energiepolitik als auch strategischer Überlegungen."[1123]

Die Großmächte der Welt sowie die unmittelbaren Anrainer erkannten das Potential der Region bereits in den 1990er Jahren. Seitdem geistert ein Schlagwort durch die politische Publizistik: In Anlehnung an frühere Großmachtkonflikte um Zentralasien ist von einem ‚neuen *Great Game*'[1124] die Rede. Beteiligt sind die Großmächte Amerika, Russland und China, aber auch einige Anrainerstaaten der Region. Öl und Gas sind wichtige Triebkräfte des Ringens der Mächte um die Region, aber auch weitergehende Macht- und Sicherheitsinteressen wirken hinein. Hier soll der Schwerpunkt auf den Energieinteressen liegen, die sich auf den Zugang zu den Energieressourcen und auf den Poker um den Verlauf von Pipelines beziehen.

Die Energieexpertin Kirsten Westphal argumentiert: Auch wenn es den auswärtigen Mächten primär um einen Wettlauf um die Ressourcen Zentralasiens gehe, so „spielen doch Machtprojektionen und globale Ordnungspolitik in der Region eine wichtige Rolle."[1125] Dies führe zu einer „Renaissance geopolitischen und machtpolitischen Denkens und Handelns",[1126] Raum und geographische Lage würden zu zentralen Determinanten der Energiebeziehungen. „Die Berücksichtigung (...) der Geopolitik als Analyseraster darf nicht überraschen. Schließlich gilt der (...) zugrunde liegende politische Realismus, mit seiner räumlichen Kontrolle als Machtressource, gerade in den Vereinigten Staaten und Russland (...) als sehr ausgeprägt."[1127] Der französische Journalist Régis Genté schreibt damit übereinstimmend: „Öl und Gas sind auch Mittel im Kampf um Macht und Einfluss in der eurasischen Region. Und die Pipelines sind wie lange Taue, mit denen die Supermächte die acht heute unabhängigen früheren GUS-

---

[1123] Kirsten Westphal, „Wettlauf um Energieressourcen. Markt und Macht in Zentralasien", in: Manfred Sapper u. a. (Hrsg.), Machtmosaik Zentralasien. Traditionen, Restriktionen, Aspirationen (Bundeszentrale für politische Bildung Schriftenreihe Band 656), Bonn 2007, S. 463-478, hier S. 466.

[1124] Das russisch-britische Ringen um die Vorherrschaft in der Region im Zeitalter des Imperialismus wird literarisch in Rudyard Kiplings Roman Kim thematisiert. Siehe hierzu Rudyard Kipling, Kim, London u. a. 2000,. Siehe ferner Heinrich Kreft und Manfred Huterer, „Neues ‚Great Game' in Zentralasien: Die Entwicklung im Südkaukasus, in Zentralasien, dem Mittleren Osten und im westlichen Südasien als Herausforderung für Europa", in: Österreichische militärische Zeitschrift 5/2001, S. 614-619 und Marie-Carin von Gumppenberg, „Zentralasien – Schauplatz eines neuen ‚Great Game' rivalisierender Mächte?", in: Österreichische militärische Zeitschrift 6/2003, S. 747-752.

[1125] Westphal, „Wettlauf um Energieressourcen", S. 464.

[1126] Ebd., S. 464.

[1127] Alexander Warkotsch, Die Zentralasienpolitik der Europäischen Union. Interessen, Strukturen und Reformoptionen (Europäische Hochschulschriften Serie XXXI Band 537), Frankfurt am Main u. a. 2006, S.95.

Staaten der Region an sich zu binden versuchen".[1128] Geopolitik, schreibt der ehemalige deutsche Botschafter in Kirgistan, Klaus Grewlich, „gehört zur politischen Erlebniswelt der Zentralasiaten. Dass sich fremde Staaten (…) um Ressourcen, Einfluss und Partnerschaft bemühen",[1129] sei eine Grundtatsache der Politik in der Region – wenn er auch anmerkt, dass die zentralasiatischen Staaten von Figuren selbst zu Spielern in diesem *Great Game* geworden seien. Ihr Interesse liege darin, die auswärtigen Mächte zum eigenen Vorteil gegeneinander auszuspielen.[1130] Doch die hier zitierten Äußerungen zeigen: Für die auswärtigen Mächte spielen geopolitische Überlegungen eine herausgehobene Rolle. Weil Zentralasien keinen direkten Zugang zu den Weltmeeren hat und Rohstofflieferungen über die Territorien verschiedener Staaten auf die Weltmärkte geleitet werden müssen, werden Lage und Raum zu wichtigen Determinanten zentralasiatischer Energiepolitik. In diesem Zusammenhang erklärt sich die geopolitische Bedeutung des zentralasiatischen und des südkaukasischen Raumes.[1131]

Eine wichtige Rolle kommt den Vereinigten Staaten von Amerika zu. Die Bedeutung Zentralasiens für die Außenpolitik der Vereinigten Staaten (und ebenso die geopolitischen Triebkräfte der amerikanischen Zentralasienpolitik) lassen sich aus Zbigniew Brzezinskis geopolitischer Blaupause für Amerikas globale Vorherrschaft herauslesen. Brzezinski entwickelte sich zum Vordenker jener Denkschule, die der Region besondere strategische Bedeutung beimisst – und hatte in den vergangenen Jahren einen bedeutenden Einfluss auf die amerikanische Zentralasienpolitik.[1132] Brzezinski sieht die als „eurasischer Balkan" bezeichnete Region als zentralen Schauplatz eines Machtwettlaufs, insbesondere aufgrund der Instabilität der Region und dem daraus resultierenden Machtvakuum. Zentrale Bedeutung habe der eurasische Balkan, „weil er sich zu einem ökonomischen Filetstück entwickeln könnte, konzentrieren sich in dieser Region doch ungeheuere Erdgas- und Erdölvorkommen".[1133] Dass diese Vorkommen in den 1990er Jahren teils massiv überschätzt wurden, ist ein Umstand, der nicht unwesentlich zu der Goldgräbermentalität der rivalisierenden Großmächte beitrug.

---

[1128] Régis Genté, „Die Macht kommt aus den Pipelines. Das Große Spiel um die Energiereserven in Zentralasien", in: Le Monde diplomatique, deutsche Ausgabe, 8. Juni 2007.

[1129] Klaus W. Grewlich, Pipelines, Drogen, Kampf ums Wasser – greift die EU-Zentralasien-Strategie? Neues Great Game von Afghanistan bis zum kaspischen Meer? (ZEI Discussion Paper C200), Bonn 2010, S. 10.

[1130] Vgl. ebd., S. 16.

[1131] Vgl. Stefan Meister, „A new EU approach towards the South Caucasus", in: außenpolitik.net, 4. März 2011, online unter
http://aussenpolitik.net/themen/eurasien/kaukasus/a_new_eu_approach_towards_the_south_caucasus/ (Zugriff am 17. Mai 2011).

[1132] Vgl. Warkotsch, Zentralasienpolitik, S. 106.

[1133] Brzezinski, Weltmacht, S. 182.

Dennoch: Mit ihren reichen Energievorräten und dem Wachstumspotential der Produktion ist Zentralasien für Überlegungen zur Energiesicherheit unverzichtbar.[1134] Bereits während der Regierungszeit der Clinton-Administration weiteten die Vereinigten Staaten ihr Engagement in der Region spürbar aus. Ziel der amerikanischen Politik war es, Einfluss auf die Energievorkommen der Region zu gewinnen.[1135] Vorreiter einer aktiveren amerikanischen Rolle waren zunächst die großen Konzerne. Bereits 1993 erwarb der Energiekonzern Chevron einen Zugang zu dem kasachischen Tengiz-Ölfeld.[1136] Die amerikanische Politik definierte ihre Interessen gegenüber der Region im Jahr 1999 mit der so genannten ‚Seidenstraßenstrategie'.[1137] Doch schon vor dieser offiziellen Deklaration zeigte sich in der praktischen Politik: Amerika hatte bereits im Verlauf der 1990er Jahre einen geopolitischen Blick auf die Region und deren Energievorkommen. Der Einfluss Brzezinskis auf die konzeptionellen Grundlagen der amerikanischen Zentralasienpolitik tritt deutlich zutage.[1138]

In Einklang mit Brzezinskis Empfehlungen für eine amerikanische Balancepolitik auf dem eurasischen Kontinent verfolgten die Clinton- und die Bush-Administration mittels intensiver diplomatischer Involvierung eine Neuausrichtung der Pipeline-Infrastruktur in der Region. Deutlichster Ausdruck dieses Ansatzes war die *multiple pipelines*-Politik. Diese hatte das Ziel, ein Monopol eines einzelnen Akteurs auf den Export zentralasiatischer Energieressourcen zu verhindern[1139] und war somit keineswegs einseitig anti-russisch angelegt. Im Gegenteil: Eines der Großprojekte, das die amerikanische Regierung unterstützte, war die 2001 in Betrieb genommene CPC-Pipeline, die ausschließlich über russisches Territorium verläuft.[1140] Dank dieses Entgegenkommens gegenüber Russland war es möglich, das eigentliche Kernstück der amerikanischen Pipeline-Politik durchzusetzen: eine Pipeline von Baku am Kaspischen Meer bis ins türkische Ceyhan.

---

[1134] Siehe etwa Mehdi P. Amineh, „Die Politik der USA, der EU und Chinas in Zentralasien", in: Aus Politik und Zeitgeschichte 4/2006, S. 11-18.

[1135] Siehe etwa Eugene B. Rumer, „Peripherie, Zentrum, Problemfall. Die Zentralasienpolitik der USA", in: Osteuropa, 57. J., 8-9/2007, S. 295-312, hier S. 295-296.

[1136] Vgl. Genté, „Die Macht kommt aus den Pipelines".

[1137] Benannt nach dem Silk Road Strategy Act, den der US-Kongress im Jahr 1999 verabschiedete. Zu der Strategie und ihrer geopolitischen Bedeutung, siehe Brigitte Vassort-Rousset, „The US Silk Road Strategy. American Geostrategy for Central Asia", in: Ares 1 (2003), S. 91-109.

[1138] Vgl. Hacke, Zur Weltmacht verdammt, S. 601.

[1139] Vgl. Swante E. Cornell, „Pipeline Power. The War in Georgia and the Future of the Caucasian Energy Corridor", in: Georgetown Journal of International Affairs, Volume 10, No. 1 (Winter) 2009, S. 131-139, hier S. 132.

[1140] Die CPC verbindet das Tengiz-Ölfeld mit dem russischen Schwarzmeerhafen Noworossisk. Ein internationales Konsortium, an dem unter anderem Chevron und BP beteiligt sind, hält die Anteile an der Pipeline.

Mit dem Bau der maßgeblich von der Clinton-Administration vorangetriebenen Baku-Tiflis-Ceyhan-Pipeline (BTC) gelang erstmals die Anbindung Zentralasiens an westliche Ölmärkte, ohne den Weg über russisches Territorium zu nehmen.[1141] Betrieben von einem Konsortium, in dem der Konzern BP der größte Anteilseigner ist, verbindet die Pipeline das Kaspische Meer mit dem Mittelmeer. Parallel zur BTC verläuft die BTE-Pipeline von Baku über Tiflis nach Erzerum, die Erdgas aus dem Raum nach Europa transportiert. Zum Weitertransport des Gases ist die Nabucco-Pipeline vorgesehen, die an späterer Stelle detailliert betrachtet wird.[1142] Der geostrategische Charakter der Pipeline wird unter anderem dadurch deutlich, dass andere Routen – etwa durch den Iran – aus ökonomischer Sicht effektiver gewesen wären. Die Umgehung Russlands und des Iran und die Führung der Pipeline-Trasse sogar durch Erdbebengebiet verdeutlichen, dass geopolitische Erwägungen mehr als ökonomisches Kalkül den Pipelineverlauf bestimmen. Hauptargument für die Pipeline waren sowohl die Umgehung Russlands als auch die direkte Anbindung Zentralasiens an den Westen: „Die Entscheidungen für Ölpipelinerouten folgen einem klaren geopolitischen Primat (…), den Ölexport aus der Region zu kontrollieren und den eigenen Einfluss in der Region zu behaupten oder auszubauen."[1143]

Auch aus anderen Gründen ist die Pipeline als strategischer Meilenstein für Eurasien bezeichnet worden. Die BTC veränderte die geopolitische Dynamik in der Region, da sie die Transitstaaten, allen voran Georgien, näher an Europa heranführte. Zudem eröffnete die BTC die Möglichkeit, Transportrouten wie etwa die Dardanellen oder die Straße von Hormuz zu umgehen – zwei Gefahrenpunkte für eine sichere Ölinfrastruktur. Für den Westen bietet die Pipeline somit eine direkte Anbindung an die ölreiche Region und bindet gleichzeitig einige Staaten des Südkaukasus in die westliche Einflusssphäre ein.[1144] Für den Journalisten Steve Levine ist die BTC folglich „der größte außenpolitische Sieg in den letzten 15 Jahren"[1145] und das greifbarste Resultat der amerikanischen Zentral-

---

[1141] Vgl. Jaeger und Wiesneth, „Energiesicherheit", S. 5. Zur amerikanischen Zentralasienpolitik siehe ferner Hacke, Zur Weltmacht verdammt, S. 600-609. Da es keinen Gas-Weltmarkt gibt, sind die Vereinigten Staaten im Gassektor wesentlich weniger in Zentralasien aktiv. Wie an anderer Stelle zu zeigen sein wird, bleibt dies daher eine vorrangige europäische Aufgabe ohne zu erwartende amerikanische Flankierung. Vgl. Müller, „Ölrausch", S. 133-134. Auch Müller beschreibt die amerikanische Diplomatie, dank derer die BTC realisiert werden konnte.

[1142] Vgl. Hilmar Rempel u. a., „Die Rohstoffe Zentralasiens. Vorkommen und Versorgungspotenzial für Europa", in: Sapper u. a. (Hrsg.), Machtmosaik Zentralasien, S. 433-447, hier S. 441.

[1143] Westphal, „Wettlauf um Energieressourcen", S. 470.

[1144] Vgl. Swante E. Cornell, Mamuka Tsereteli und Vladimir Socor, „Geostrategic Implications of the Baku-Tbilisi-Ceyhan Pipeline", in: S. Frederick Starr und Swante E. Cornell (Hrsg.), The Baku-Tbilisi-Ceyhan-Pipeline: Oil Window to the West, Washington, D.C. und Uppsala 2005, S. 17-38, hier S. 17-19.

[1145] Steve Levine, zitiert nach Genté, „Die Macht kommt aus den Pipelines".

asienpolitik. Spiegel-Redakteur Uwe Buse bezeichnet die Pipeline schlicht als das „perfekte Rohr".[1146]

Besondere Bedeutung hat die Region auch für China.[1147] Verschiedene Interessen leiten Chinas Zentralasienpolitik, darunter Erwägungen zur Stabilität der Region. Instabilität in Zentralasien strahlt direkt auf Chinas westliche Provinzen, insbesondere die Provinz Xinjiang, aus.[1148] Zentralasien ist ferner bedeutsam als Pufferzone gegen den radikalen Islamismus, der die muslimischen Provinzen in Westchina beeinflusst.[1149] Neben diesen Erwägungen zur Stabilität der Region misst die Führung in Peking der Energieversorgung aus dem zentralasiatischen Raum große Bedeutung bei, bietet Zentralasien doch eine Alternative zum Persischen Golf. Die Golfregion wird militärisch unangefochten von den Vereinigten Staaten dominiert, und die US-Marine kontrolliert die Weltmeere und damit auch die Lieferwege nahöstlichen Öls nach Fernost. Dies verstärkt Chinas Gefühl der Verletzlichkeit und lässt die chinesische Führung nach neuen Bezugsquellen suchen – dies insbesondere in der direkten Nachbarschaft.[1150]

Nur wenige Jahre nach der Intensivierung des amerikanischen Engagements in der Region stieg auch China als großer Spieler in den zentralasiatischen Energiepoker ein, auch hier nach dem bereits beschriebenen neo-merkantilistischen Muster. Zu den Charakteristika des chinesischen Engagements gehört, dass China keine politischen Vorbedingungen an die Verfasstheit der Systeme stellt, mit denen es Wirtschaftsbeziehungen aufnimmt. Seit 1997 umwirbt das ‚Reich der Mitte' mit Kasachstan den weitaus bedeutsamsten Energieproduzenten Zentralasiens. Kasachstan ist das wichtigste Zielland des chinesischen Engagements in der Region. Bereits die erste energiepolitische Initiative Chinas in Zentralasien war die bis dato größte chinesische Auslandsinvestition: Für 9,5 Milliarden Dollar vereinbarten Chinas Ministerpräsident Li Peng und der kasachische Präsident Nursultan Nazarbaev 1997 den Kauf verschiedener kasachischer Ölfelder durch die chinesische *China National Petroleum Company (CNPC)*.[1151]

China baute in den vergangenen Jahren eine Pipeline vom kasachischen Atasu ins chinesische Alashankou. Die 2005 fertig gestellte Leitung hat eine An-

---

[1146] Uwe Buse, „Das perfekte Rohr", in: Follath und Jung (Hrsg.), Der neue Kalte Krieg, S. 53-63.

[1147] Siehe als Überblicksdarstellung Gudrun Wacker, „Neue alte Nachbarn. China und Zentralasien", in: Osteuropa, 57. Jg., 8-9/2007, S. 313-325.

[1148] Vgl. Klare, Rising Powers, S. 133, Wacker, „Nachbarn", S. 314-316 sowie Ramakant Dwivedi, „China's Central Asia Policy in Recent Times", in: China and Eurasia Forum Quarterly Vol. 4, No. 4 (2006), S. 139-159, hier S. 141.

[1149] Vgl. Altuglu, New Great Game, S. 75. Siehe zu den sicherheitspolitischen Interessen Chinas auch Warkotsch, Zentralasienpolitik, S. 116-119.

[1150] Vgl. Klare, Rising Powers, S. 135.

[1151] Vgl. Wacker, „Nachbarn", S. 318 und Friedemann Müller, „Machtspiele um die kaspische Energie?", in: Aus Politik und Zeitgeschichte 4/2006, S. 3-10, hier S. 7.

fangskapazität von 10 Millionen Tonnen pro Jahr, die auf 25 Millionen Tonnen erhöht werden soll.[1152] Darüber hinaus investiert China in Usbekistans Energiesektor und steht in engem Kontakt mit Turkmenistan. China bezieht über eine Ende 2009 fertig gestellte Pipeline Gas direkt aus Turkmenistan.[1153] Götz urteilt, dass die Gasmengen, die von Zentralasien aus in Richtung China fließen, das für Europa zur Verfügung stehende Exportpotential mindern.[1154] Damit gibt er die Auffassung wieder, dass der Wettlauf um die Energieressourcen der Region in der Tat einem Nullsummenspiel gleichkommt, in dem Gewinne des einen Spielers zu Lasten anderer Spieler gehen. Dem stimmt Grewlich ausdrücklich zu. Nach China geleitetes Gas konterkariere europäische Diversifizierungsinteressen: „Der Wettstreit zwischen der EU und China um turkmenisches Gas – sozusagen zwischen ‚Wien und Shanghai' – ist das eigentlich signifikante Geschehen"[1155] im *Great Game* um Zentralasien.

So wichtig Chinas Rolle in Zentralasien in den vergangenen Jahren geworden ist: Russland hat in der Vergangenheit wiederholt gezeigt, dass es nach wie vor „die stärkste aller Großmächte"[1156] in der Region ist. Dabei sah es zunächst ganz anders aus, ermöglichte doch erst der Zusammenbruch der Sowjetunion es anderen Staaten, in Zentralasien aktiv zu werden. Zwar verfügte Russland Anfang der 1990er Jahre über einen entscheidenden Startvorteil, da es alle Leitungen kontrollierte, mit denen die Staaten der Region ihre Energielieferungen exportierten.[1157] Doch als ausländische Unternehmen sich ab Mitte der 1990er Jahre zunehmend um Erschließungsrechte für zentralasiatische Öl- und Gasfelder bemühten, rief dies massive russische Interventionen hervor.[1158] Hinzu kam, dass sich parallel zu der größeren Aktivität ausländischer Regierungen und Konzerne in Zentralasien auch die innenpolitische Situation in Russland änderte. Statt den pro-westlichen „Atlantikern", die die russische Politik nach dem Kalten Krieg

---

[1152] Vgl. ebd., S. 7. Siehe zum Hintergrund Lyle Goldstein, „China in the New Central Asia: The Fen (RMB) is Mightier than the Sword", in: The Fletcher Forum of World Affairs, Winter 2005, Vol. 29:1, S. 13-34 und Altuglu, New Great Game, S. 81.

[1153] Vgl. Meister, „EU Approach towards the South Caucasus", John C.K. Daly, „Tashkent Explores Options to Exploit Energy Resources", Eurasia Daily Monitor 4/93, 11. Mai 2007, online unter http://www.jamestown.org/single/?no_cache=1&tx_ttnews[tt_news]=32737 (Zugriff am 7. Juli 2009) und „China sichert sich turkmenisches Erdgas", in: Frankfurter Allgemeine Zeitung, 26. Juli 2007.

[1154] Vgl. Roland Götz, „Zentralasiatische Energieexporte. Zwischen russischer Dominanz, Diversifizierungsplänen der EU und neuen Märkten in Asien", Russland-Analysen 137/2007, S. 2-8, hier S. 5.

[1155] Grewlich, Pipelines, S. 15.

[1156] Genté, „Die Macht kommt aus den Pipelines". Siehe zur russischen Zentralasienpolitik mit ihren Interessen und Strategien Martin Christian Schäfer, Russlands Außenpolitik gegenüber Zentralasien. Eine Analyse der Interessen, Mittel und Strategien unter Präsident Putin, Berlin 2007.

[1157] Vgl. ebd.

[1158] Russland verhängte gegen Kasachstan eine Art Blockade, indem es das Caspian Pipeline Consortium zum Bau der CPC-Pipeline nach Noworossisk lahm legte. Russland protestierte zudem bei den Vereinten Nationen gegen den ‚Jahrhundertvertrag'. Vgl. Müller, „Ölrausch", S. 133.

am Westen orientierten und der als rückständig angesehenen Region wenig Beachtung schenkten, erstarkten nach 1993 die neoimperialen Kräfte in der Duma. Außenminister Jewgeni Primakow als Verfechter russischen Großmachtstrebens beflügelte das Erstarken des „Eurasismus".[1159]

Russland wandte sich also bereits Mitte der 1990er Jahre wieder verstärkt seinem ‚Hinterhof' zu. Diese Tendenz setzte sich verstärkt unter Präsident Putin fort – insbesondere während dessen zweiter Amtszeit und mitunter auch als Reaktion auf die einseitige amerikanische Interessenpolitik in Zentralasien nach dem 11. September 2001. Diese begleitete Russland zunächst entgegenkommend, revidierte diese Position jedoch mit der immer deutlicher unilateral ausgerichteten US-Politik.[1160] Zunehmend bestimmen heute geopolitische Erwägungen die russische Zentralasienpolitik.[1161] Dazu trug auch der Einfluss der *Siloviki* auf die Politikformulierung in Russland bei. Diese Gruppe strebt gerade mit Blick auf Zentralasien die Verfolgung dezidiert geopolitischer Zielsetzungen an.[1162] Zentralasien ist dadurch in den vergangenen Jahren zu einem Schauplatz geworden, auf dem Russland seine Macht demonstriert, seine ökonomischen und sicherheitspolitischen Interessen verfolgt und in Konkurrenz zu China und den Vereinigten Staaten tritt.[1163] Beobachter konstatieren, dass Russland in diesem Ringen um die Schaffung einer exklusiven Einflusssphäre bemüht sei. Durch das Pipelinemonopol in der Region habe Russland nach wie vor einen erheblichen Einfluss in der Region – und könne angesichts der mangelnden westlichen Einflussmöglichkeiten oft „ohne Rücksicht agieren".[1164]

Den Energievorräten gilt dabei einerseits ein ursprüngliches Interesse. Darüber hinaus sind sie ein Mittel zu dem Zweck, die russische Machtposition auszuweiten. Auch gegenüber Zentralasien zeigt sich das Bestreben, Russland zu einem ‚Energieimperium' aufzubauen, das ein Monopol auf Energielieferungen in Eurasien besitzt. Mit langfristigen Lieferverträgen bemüht sich die russische Führung daher seit Jahren darum, das zentralasiatische Öl und Gas unter russi-

---

[1159] Vgl. Alexander Warkotsch, „Russlands Rolle in Zentralasien", in: Aus Politik und Zeitgeschichte 4/2006, S. 19-25, hier S. 19-20. Siehe auch Charles Glover, „Dreams of the Eurasian Heartland. The Reemergence of Geopolitics", in: Foreign Affairs 78, no. 2 (March/April 1999), S. 9-13.

[1160] Vgl. Warkotsch, Zentralasienpolitik, S. 98.

[1161] Siehe zum Überblick Roy Allison, „Strategic Reassertion in Russia's Central Asia Policy", in: International Affairs 2 (2004), S. 277-293.

[1162] Vgl. Warkotsch, Zentralasienpolitik, S. 98-99.

[1163] Dies beschreibt Anna Matveeva, „Traditionen, Kalküle, Funktionen. Russlands Rückkehr nach Zentralasien", in: Osteuropa 8-9/2007, S. 277-294, hier S. 277.

[1164] Stefan Meister, „Zentralasien – eine Region von strategischer Bedeutung zwischen Russland, China und der Europäischen Union", in: außenpolitik.net, 12. Februar 2010, online unter http://aussenpolitik.net/themen/eurasien/zentralasien/zentralasien-eine_region_von_strategischer_bedeutung_zwischen_russland-china_und_der_europaischen_union/ (Zugriff am 3. November 2010).

sche Kontrolle zu bekommen. Ein Beispiel hierfür ist Turkmenistan: Mit einem im Jahr 2003 zwischen Präsident Putin und dem turkmenischen Präsidenten Nijasow ausgehandelten Vertrag stärkte Russland seinen Einfluss in der Region. Turkmenistan verpflichtete sich für die folgenden 25 Jahre, den Großteil seines Erdgases an ein Tochterunternehmen Gazproms zu verkaufen.[1165] Von dem im Jahr 2006 geförderten Gas verkaufte Turkmenistan folglich vier Fünftel nach Russland.[1166]

Um die Lieferkapazität nach Russland zu erhöhen und die Lieferverpflichtungen garantieren zu können, reiste Präsident Putin im Mai 2007 eigens nach Turkmenbaschi und handelte eine Modernisierung der nach Russland führenden Pipelines aus. Die Ergebnisse des Gipfels wurden in Russland wie im Westen „als Sieg Russlands in einem geopolitischen Spiel um das Erdgas des Kaspischen Raumes interpretiert",[1167] geht die Ausweitung der Lieferungen nach Russland doch zu Lasten der von der EU geplanten Nabucco-Pipeline, die ohne turkmenisches Gas nicht rentabel wäre. Europäischen Diversifizierungsplänen kam Russland mit seiner Intervention zuvor.

Parallel zu den Energieabkommen schließt Russland in der Regel sicherheitspolitische Kooperationsvereinbarungen mit den zentralasiatischen Herrschaftseliten und bindet diese so noch stärker an sich.[1168] Wie schon beim chinesischen Beispiel zeigt sich in der russischen Zentralasienpolitik ein Muster: „Für Russland (…) liegen die Interessen gegenüber diesen Staaten im geopolitischen Bereich und sie lassen sich dabei von inneren Rechtsstrukturen wenig abhängig machen."[1169] In der „nicht an Bedingungen geknüpften Unterstützung, wie sie Russland und China gewähren"[1170] liegt ein wichtiger Grund für den Einfluss beider Mächte in der Region.

Insbesondere die russische und die amerikanische Geopolitik prallen folglich in Zentralasien aufeinander. Europa ist von der Konkurrenz direkt betroffen. Auch der Georgien-Konflikt, der im Sommer 2008 offen ausbrach, bietet Anhaltspunkte für die These, dass diese geopolitischen Visionen bestimmenden Einfluss auf die Politik der Mächte in der Region haben. Der Krieg im Südkaukasus ist – auch bei Berücksichtigung der Tatsache, dass ihm kein monokausales,

---

[1165] Vgl. Warkotsch, „Russlands Rolle in Zentralasien", S. 21.

[1166] Vgl. Genté, „Die Macht kommt aus den Pipelines".

[1167] Götz, „Zentralasiatische Energieexporte", S. 3.

[1168] Vgl. Warkotsch, „Russlands Rolle in Zentralasien", S. 22.

[1169] Friedemann Müller, „Die Bedeutung Zentralasiens für die Energieversorgung der Europäischen Union", in: IMS-Internationales Magazin für Sicherheit 4/2008, S. 28-30, hier S. 30.

[1170] Andrea Schmitz, „Interessen, Instrumente, Einflussgrenzen. Die Europäische Union und Zentralasien", in: Sapper u. a. (Hrsg.), Machtmosaik Zentralasien, S. 327-338, hier S. 337.

288

sondern ein komplexes Ursachenbündel zugrunde liegt[1171] – somit ein treffendes Beispiel für die Konfliktlinien in der Region. Er zeigt zudem, wie fragil der über Jahre konzipierte und ausgebaute Transportkorridor für Energielieferungen in den Westen ist: „Russia's message (…) is clear; energy projects that exclude Russia in ‚former Soviet space' are inherently unsafe."[1172]

Hinter dem direkten Auslöser für den Konflikt im Sommer 2008 – Auseinandersetzungen um den Status von Südossetien und Abchasien – lassen sich tiefer liegende Ursachen aufspüren, die sich auf das Zusammenprallen verschiedener geopolitischer Ordnungsvorstellungen beziehen: Für die Vereinigten Staaten ist Georgien bedeutsam als Kernstaat der westlichen Kaukasuspolitik, die das Ziel einer Sicherung der Energielieferungen verfolgt. Russland wiederum hat nach dem Kalten Krieg einige Rückschläge in seinem ‚nahen Ausland' hinnehmen müssen und versucht nun, Boden in der Region zurück zu gewinnen. Sowohl den Vereinigten Staaten als auch Russland geht es daher weniger um Georgien selbst. Das Land im Kaukasus bildet vielmehr den Schauplatz für die geopolitischen Projekte der Großmächte.[1173]

Einer vergleichbaren Argumentation folgt der Zentralasienexperte Swante Cornell, der den Krieg als „watershed event in post-Cold War international politics"[1174] bezeichnet. Russland habe gezielt auf den Krieg hingearbeitet, mit der Absicht, das Machtgleichgewicht in der Region zu seinen Gunsten zu verändern: „Moscow now overtly seeks to return to a Europe divided into spheres of influence, demanding exclusive influence over all former Soviet states".[1175] Der Krieg verdeutlichte, dass der Energiekorridor aus Zentralasien durch den Südkaukasus inkompatibel mit Russlands geopolitischen Ambitionen ist. In dem Aufeinanderprallen zweier unterschiedlicher geopolitischer Visionen liegt die eigentliche Herausforderung, das eigentliche Konfliktfeld in der Region.[1176] So berichtete die Süddeutsche Zeitung im August 2008, die russische Luftwaffe habe im Verlauf der Kampfhandlungen unter anderem die BTC-Pipeline angegriffen und damit auch die „Energie-Interessen des Westens im Visier"[1177] gehabt. Um Zentralasien und den Südkaukasus ist also ein (auch und vor allem)

---

[1171] Siehe hierzu den Abschlussbericht einer internationalen Kommission zur Untersuchung des Konflikts: Independent International Fact-Finding Mission on the Conflict in Georgia, Report, September 2009, online unter http://www.euractiv.de/fileadmin/images/IIFFMCG_Volume_I.pdf (Zugriff am 14. März 2011).

[1172] James Sherr, „A Dangerous Game", in: The World Today, October 2008, S. 8-10.

[1173] Vgl. Timmermann, „Geopolitische Ambitionen im Georgienkonflikt und die Rolle der EU".

[1174] Cornell, „Pipeline Power", S. 131.

[1175] Ebd., S. 131.

[1176] Vgl. ebd., S. 132 und S. 136-138.

[1177] Hanns-Willy Bein und Jannek Schmidt, „Energie-Interessen des Westens im Visier", in: Süddeutsche Zeitung, 12. August 2008.

energiepolitisch bestimmter Wettlauf im Gange. Im Georgien-Konflikt brachen diese Konfliktmuster erstmals offen aus. Dies lässt es einmal mehr geboten erscheinen, von einer ‚Energie-Geopolitik' zu sprechen.[1178]

Der Überblick zeigt in aller Deutlichkeit, dass die großen Spieler die Region unter geopolitischem Blickwinkel betrachten. Angesichts der zunehmenden Konkurrenz ist eine aktive Rolle der Politik im Sinne einer einheitlichen europäischen Rohstoffpolitik dringend geboten.[1179] „Interessenkollisionen sind zahlreich vorhanden, insbesondere im Bereich der ‚nullsummenspielartig' unterlegten Geopolitik."[1180] In diesem Kontext sind Europas sowie Deutschlands Bemühungen zu sehen, ihre Energieversorgung gemäß den konzeptionellen Ansprüchen zu diversifizieren. Illusorisch scheinen angesichts dieser klaren Interessenpolitik die Bestrebungen Berlins, die internationale Energiepolitik entlang multilateraler Leitsätze zu organisieren. Wie dies angesichts der Zielstrebigkeit der Vereinigten Staaten, Chinas und Russlands gelingen soll, ist nach diesem Überblick fraglicher denn je. Umso erstaunlicher ist es, dass selbst die Bundesregierung die geopolitische Bedeutung der Region vor einigen Jahren klar anerkannte und entscheidend dazu beitrug, dass die Europäische Union sich stärker in der Region engagierte.

### 6.4.2  Deutschland und Zentralasien: Rückkehr der Geopolitik?

Die geopolitische Bedeutung Zentralasiens und des Südkaukasus spielte für die deutsche Außenpolitik vor dem Jahr 2007 keine Rolle: Es gab ein relativ geringes Interesse an dem gesamten östlichen Raum.[1181] Erneut wird eine weitgehende Ignorierung geopolitischer Faktoren im Energiesektor deutlich. Ein beispielhaftes Anzeichen für diese Vernachlässigung der Thematik ist das Zentralasienkonzept der Bundesregierung vom März 2002.[1182] Dieses stellte die deutsche Zentralasienpolitik nach dem 11. September 2001 auf eine neue Grundlage.[1183] Bezeichnend ist, dass das Konzept der Bundesregierung wesentlich auf einem

---

[1178] Zu Russlands Politik in der Region allgemein, siehe auch Michael Stürmer, Russland. Das Land, das aus der Kälte kommt, Hamburg 2008. Für Stürmer steht fest: Der Krieg sei im Wesentlichen dadurch motiviert gewesen, dass Russland dem Westen seine Einflusssphäre signalisieren wollte.

[1179] Vgl. Rempel u. a.., „Die Rohstoffe Zentralasiens", S. 440-447.

[1180] Warkotsch, Zentralasienpolitik, S. 134.

[1181] Interview mit Dr. Stefan Meister, geführt am 4. Oktober 2010.

[1182] Presse- und Informationsamt der Bundesregierung (Hrsg.), Zentralasienkonzept der Bundesregierung, Berlin 18. März 2002, online unter http://www.giga-hamburg.de/content/ias/pdf/zentralasien_konzept_bure.pdf (Zugriff am 15. November 2010).

[1183] Zu dieser Einschätzung: Ellen Bos, „Die GUS-Staaten", in: Schmidt, Hellmann und Wolf (Hrsg.), Handbuch, S. 455-467, hier S. 461.

Regionalkonzept des Bundesministeriums für wirtschaftliche Zusammenarbeit und Entwicklung aus dem Jahr 2001 basierte – dessen aktuelle Fassung aus dem April 2005 datiert.[1184] Folglich liegt der Schwerpunkt des Zentralasienkonzepts der Bundesregierung von 2002 auf entwicklungspolitischen Fragen: Friedliche soziale, ökologische und ökonomische Entwicklung, der Aufbau demokratischer und transparenter politischer Strukturen, Menschenrechte und Rechtsstaatlichkeit, soziale Gerechtigkeit und Armutsbekämpfung sind die wesentlichen Ziele der Bundesregierung, die das Papier für diese Region nennt.[1185]

Zu einem Zeitpunkt, als die Vereinigten Staaten, Russland und China die energiepolitischen Potentiale der Region nicht nur erkannt hatten, sondern aktiv in ihre Außen- und Sicherheitspolitik einbezogen, wurden entsprechende energiepolitische Interessen Deutschlands in der Region mit keinem Wort erwähnt.[1186] Eine Ausnahme in dieser weitgehend interessenlosen Politiklandschaft war der sozialdemokratische Vordenker Egon Bahr. Er forderte bereits im Jahr 1998, dass Deutschland der zentralasiatischen Region dringend mehr Aufmerksamkeit schenken müsse – ausdrücklich auch mit Blick auf die Rohstoffvorkommen Zentralasiens. Das Bewusstsein für den Raum sei in Deutschland unterentwickelt. Nun jedoch habe das „Große Spiel" erneut begonnen, und Deutschland als Land in der Mitte Europas komme nicht umhin, eigene Interessen für die Region zu definieren und mit Europa durchzusetzen.[1187] Die außenpolitischen Eliten setzten diese Forderung gleichwohl jahrelang weder in konzeptionelle noch in praktische Initiativen um. Noch im Jahr 2006 beklagte der Zentralasienexperte Alexander Warkotsch, dass vor allem das zentralasiatische Erdgas kaum eine Rolle auf dem EU-Markt spiele. Dies liege auch

„an der unzureichenden Transportinfrastruktur. (…) Ein wichtiger Grund für den Abschluss des turkmenisch-russischen ‚Gasdeals' waren die fehlenden Exportalternativen Aschgabats. Hätte die EU erfolgreich auf den Bau einer Erdgastrasse nach Zentralasien gedrängt, stünde das turkmenische Gas dem europäischen Markt in Zukunft in sehr viel größeren Mengen zur Verfügung."[1188]

Vier Jahre nach der Vorlage des Zentralasienkonzepts von 2002, im Vorfeld der deutschen EU-Ratspräsidentschaft während der ersten Jahreshälfte 2007, folgte der politische Diskurs in Deutschland deutlich anderen Vorzeichen. Zentralasien

---

[1184] Bundesministerium für wirtschaftliche Zusammenarbeit und Entwicklung (Hrsg.), Zentralasienkonzept, Bonn April 2005, online unter http://www.giga-hamburg.de/content/ias/pdf/asien_konzept.pdf (Zugriff am 15. November 2010).

[1185] Vgl. Presse- und Informationsamt der Bundesregierung (Hrsg.), Zentralasienkonzept.

[1186] Vgl. ebd.

[1187] So Bahr, Deutsche Interessen, S. 93-95.

[1188] Warkotsch, Zentralasienpolitik, S. 173.

war *der* außenpolitische Schwerpunkt der deutschen EU-Ratspräsidentschaft. Während der deutschen Ratspräsidentschaft verabschiedete die Union ihre von deutscher Seite maßgeblich vorbereitete Zentralasien-Strategie, die die europäische Politik gegenüber Zentralasien auf eine neue Grundlage stellen sollte.[1189] Deutschland wurde so zu einem Vorreiter einer neuen Zentralasienpolitik. Die Bundesrepublik war prädestiniert für eine Neuausrichtung der europäischen Ostpolitik: Als einziges europäisches Land hatte Deutschland zu dem Zeitpunkt Botschaften in allen zentralasiatischen Staaten und verfügte bereits über bilaterale Erfahrungen mit den Staaten der Region.[1190]

Eine wichtige Triebkraft für die Initiative lag zudem in der historischen Verantwortung Deutschlands gegenüber Mittel- und Osteuropa. Auch die seit jeher intensiven Kontakte in die osteuropäischen Hauptstädte und nach Moskau waren eine optimale Voraussetzung für die ‚Neue Ostpolitik'. Die Bezeichnung ‚Neue Ostpolitik' verweist zudem auf eine wichtige außenpolitische Tradition der deutschen Sozialdemokratie.[1191] Die Aufmerksamkeit für den Raum ist auch damit zu erklären, dass das Konzept aus einem sozialdemokratischen Hintergrund kam. Von der CDU wurden die Bemühungen nie in der Form angenommen.[1192] Die politische Tradition mündete ebenso in einen neuen Politikansatz gegenüber Zentralasien wie die Herausforderungen, die durch die EU-Erweiterung auf die Union zukamen, und die eine Neuausrichtung der europäischen Nachbarschaftspolitik notwendig machten.[1193]

In Verlautbarungen des damaligen Außenministers Steinmeier finden sich klassische geopolitische Argumentationsmuster, die auf die Bedeutung von Raumdenken im Zusammenhang mit Zentralasien verweisen. In einem Beitrag Steinmeiers für die Frankfurter Allgemeine Zeitung vom 30. Juni 2007 ist durchaus in Anlehnung an Mackinder zu lesen, dass Zentralasien eine „Drehscheibe der Weltpolitik"[1194] sei. Darüber hinaus beschwört Steinmeier hier den Mythos

---

[1189] „Die EU und Zentralasien. Strategie für eine neue Partnerschaft", online unter http://www.auswaertiges-amt.de/cae/servlet/contentblob/347892/publicationFile/3096/Zentralasien-Strategie-Text-D.pdf (Zugriff am 10. November 2008). Siehe auch Birgit Brauer, „Fünf Staaten, eine Strategie: Die deutsche EU-Ratspräsidentschaft sucht einen neuen Zugang zu Zentralasien", in: Internationale Politik 3/2007, S. 75-81.

[1190] Vgl. Grewlich, Pipelines, S. 35.

[1191] Vgl. Iris Kempe, „A New Ostpolitik? Priorities and Realities of Germany's EU Council Presidency", CAP Policy Analysis 4/August 2007, S. 2.

[1192] Interview mit Dr. Stefan Meister, geführt am 4. Oktober 2010.

[1193] Siehe zur Europäischen Nachbarschaftspolitik einführend Iris Kempe, „Die Nachbarschaftspolitik der Europäischen Union", in: Werner Weidenfeld (Hrsg.), Die Europäische Union. Politisches System und Politikbereiche (Bundeszentrale für politische Bildung Schriftenreihe Band 689), Bonn 2008, S. 504-523 sowie Kernic, Außenbeziehungen der Europäischen Union.

[1194] Frank-Walter Steinmeier, „Die Seidenstraße neu beleben", in: Frankfurter Allgemeine Zeitung, 30. Juni 2007.

Seidenstraße, welche China und Europa über Jahrhunderte verbunden habe und greift explizit auf Raumdenken zurück, wenn er Zentralasiens „traditionelle Rolle als Begegnungs- und Verbindungsraum zwischen Asien, Russland und Europa"[1195] als Triebkraft für die deutsche Politik hervorhebt.

Ungeachtet solch rhetorischer Verweise definierte die Bundesregierung im Vorfeld der Ratspräsidentschaft auch klare geopolitische Interessen in der Region. In diesem Zuge wurde Zentralasien Teil der deutschen Interessenzone. Zu *dem* Kern der geopolitischen Sichtweise auf Zentralasien wurde die regionale Diversifizierung der europäischen Energieversorgung. Steinmeier drückte dies im Vorfeld der Ratspräsidentschaft so aus: „Schlüsselfaktor zukünftiger Versorgungssicherheit ist die weitere Diversifizierung unserer Bezugsräume. Wir werden dafür die energiepolitische Zusammenarbeit mit Norwegen, Nordafrika und auch den zentralasiatischen Staaten verstärkt ausbauen. Für Zentralasien bringen wir (...) eine EU-Strategie auf den Weg."[1196] Nun lag auch der deutschen Zentralasienpolitik ein realpolitisches Interesse zugrunde, nun hatte sie einen deutlich formulierten konzeptionellen Anspruch mit einer klaren geopolitischen Ausprägung. Auch das Moment der Einflussnahme begegnet uns in diesem Falle in Form der diplomatischen Bemühungen um einen Zugang zu den Energievorkommen des zentralasiatischen Raumes.

Eine wichtige Rolle bei der Integration geopolitischer Erörterungen in die deutsche Zentralasienpolitik spielte zudem der SPD-Bundestagsabgeordnete und damalige Staatsminister im Auswärtigen Amt, Gernot Erler. Dessen Ansatz spiegelt exemplarische Momente der ‚Renaissance der Geopolitik' wider – obwohl der Politiker sich selbst explizit *nicht* als Anhänger einer geopolitischen Denkweise bezeichnet.[1197] Bei einem Blick auf seine Publikationen und Äußerungen fallen geopolitische Argumentationsmuster dennoch deutlich ins Auge. Erler begründet die europäische Aufmerksamkeit für die Region stets mit Blick auf Raumfaktoren. So sei Zentralasien für Deutschland wichtig, weil die Region „eine besondere Rolle als Verbindung zwischen Europa und Asien hat."[1198] Auch an anderer Stelle argumentiert Erler, dass die Region ihre strategische Bedeutung insbesondere der geographischen Lage verdanke: Zentralasien sei die „große

---

[1195] Ebd.

[1196] Steinmeier, „Internationale Aspekte der Energiepolitik".

[1197] Vgl. Gernot Erler, „,European Energy Relations with Russia and Central Asia.' Rede von Staatsminister Gernot Erler am IFRI (Institut francais des relations internationals)", Brüssel, 1. Februar 2008, online unter http://www.gernot-erler.de/cms/front_content.php?idart=642 (Zugriff am 2. Juli 2009).

[1198] Gernot Erler, „Zentralasien verbindet Europa und Asien", in: Zentralasien-Analysen 8/2008, online unter http://www.gernot-erler.de/cms/front_content.php?idart=759 (Zugriff am 2. Juli 2009).

Landbrücke zwischen den Kontinenten mit der klassischen Seidenstraße, die immer wieder die Phantasie angeregt hat."[1199]

Neben den rhetorischen Verweisen stellte Erler im Vorfeld der Ratspräsidentschaft wiederholt den Zusammenhang zwischen Europas Interessen in der Region und dem Rohstoffreichtum Zentralasiens her. Ein zentraler europäischer Interessenkomplex in der Region betreffe die „Nutzung der reichen Energieressourcen der Region, um die Energieversorgung Europas zu diversifizieren."[1200] In der Aussage spiegelt sich erneut das Moment der sicheren Energieversorgung als Kern einer neuen geopolitischen Ausrichtung der deutschen Zentralasienpolitik wider. In den konzeptionellen Überlegungen wird dies stets in einem Atemzug mit dem Interesse an Stabilität in der Region genannt: Die EU habe ein Interesse an Stabilität in dem Raum, weil „ein Konflikt dort, natürlich auch bis hin zu den Energiefragen, große Auswirkungen auf Europa haben könnte."[1201]

In Erlers Reden und Schriften begegnet uns somit erneut auch die geopolitische Leitidee einer Ausweitung des ‚Stabilitätsraums Europa' in dessen periphere Regionen: Die Zentralasienpolitik sei geleitet von der „Einsicht, dass es keine stabile Entwicklung der Union ohne Stabilität in ihrer Nachbarschaft geben kann."[1202] Die Ausweitung des ‚Stabilitätsraums' als überwölbendes Interesse an der Region thematisierte Erler im Jahr 2007 explizit:

> „The regional priority of the German EU Presidency is to expand the European area of security and stability. To this end we intend to devote particular attention to the EU's relations with its neighbours to the east. Like the United States, the EU has a keen interest in the long-term stabilization, democratization and modernization of its eastern neighbours. For if we do not export stability, we will end up importing instability."[1203]

Bis in die rhetorischen Formulierungen hinein zeigt sich hier die Kontinuität zu früheren Initiativen des Stabilitätsexports. Erst im Jahr 2007, so Erler weiter, habe sich die EU Zentralasien als „Nachbarschaft der Nachbarschaft" zugewandt, da zunächst drängendere Fragen des Stabilitätsexports im Mittelpunkt der

---

[1199] Gernot Erler, „Wir machen Angebote", in: Business and Diplomacy 2/2007, S. 22-25, hier S. 24.

[1200] Vgl. etwa Gernot Erler, „Erfahrung und Interesse. Das EU-Engagement in Zentralasien", in: Sapper u. a. (Hrsg.), Machtmosaik Zentralasien, S. 369-376, hier S. 373. Erler betont stets das gegenseitige Interesse an einer Diversifizierung der Energielieferrouten.

[1201] Gernot Erler, „Zentralasien verbindet Europa und Asien".

[1202] Erler, „Erfahrung und Interesse", S. 371.

[1203] Gernot Erler, „‚Towards a new EU Ostpolitik? - Russia, Eastern Europe and Central Asia' - Speech by Minister of State Erler at Georgetown University in Washington, 7.2.2007", online unter https://www.auswaertiges-amt.de/diplo/en/Infoservice/Presse/Reden/2007/070207-Erler-EUOstpolitik.html (Zugriff am 2. Juli 2009).

gemeinsamen Außenpolitik gestanden hätten.[1204] Nun jedoch wurde Zentralasien nach Mittelosteuropa und dem Balkan ein weiterer Raum, in dem auch die Bundesrepublik die Politik des Exports politischer Stabilität zu verfolgen suchte.

Das Interesse an einer Diversifizierung der Energieimporte erscheint als eine weitere, spezifische Begründung für den Export politischer Stabilität. Beide Momente sind eng miteinander verwoben. Experten gehen wiederum davon aus, dass die Energievorkommen der Region und die Notwendigkeit der Diversifizierung die eigentlichen Triebkräfte der verstärkten Aufmerksamkeit für Zentralasien und die Erarbeitung der Strategie waren. Die Aufmerksamkeit für Zentralasien just zu diesem Zeitpunkt verdankte die Region daher in erster Linie ihrem Rohstoffreichtum.[1205]

Auch der Politikwissenschaftler Behrooz Abdolvand beschäftigt sich mit Erlers geopolitischen Überlegungen. Er sieht diese als „die ersten ‚praktischen Ansätze' eines Umdenkungsprozesses in der deutschen (…) Außenpolitik".[1206] Mit Erlers Überlegungen werde Geopolitik nicht mehr nur als wissenschaftliche Kategorie, sondern auch als Bestandteil der praktischen deutschen Außenpolitik nutzbar gemacht. Gleichwohl weist Abdolvand auf die überaus vorsichtige Thematisierung der Geopolitik durch Erler hin, der lange Zeit geopolitische Interessen Deutschlands offiziell verneint habe. Er kommt zu dem Schluss:

> „Die Tatsache, dass Gernot Erler in seiner Eigenschaft als deutscher Politiker damals mit Unbehagen von geopolitischen und geostrategischen Interessen Deutschlands und Europa [*sic!*] sprach, kann allenfalls damit begründet werden, dass der Begriff ‚Geopolitik' in der Zeit nach dem Zweiten Weltkrieg zu den am stärksten tabuisierten Begriffen in Deutschland gehörte".[1207]

Die vorangegangenen Überlegungen zur deutschen Sicherheitspolitik nach dem Kalten Krieg verdeutlichen gleichwohl, dass Erlers Äußerungen in einer Kontinuitätslinie stehen, dass die deutsche Politik schon zuvor geopolitische Ansätze hervorgebracht hatte. Mit Blick auf die rhetorische Nutzung des Begriffes ‚Geo-

---

[1204] Vgl. Erler, „Erfahrung und Interesse", S. 371.
[1205] Vgl. etwa Schmitz, „Interessen, Instrumente, Einflussgrenzen", S. 327, Neil J. Melvin, „Introduction", in: ders. (Hrsg.), Engaging Central Asia. The European Union's New Strategy in the Heart of Eurasia, Brüssel o.J., S. 1-8 sowie Interview mit Stefan Meister, geführt am 4. Oktober 2010.
[1206] Behrooz Abdolvand, Die geoökonomischen Interessen der USA und deren Auswirkung auf die Neuverteilung der kaspischen Energieressourcen, Dissertation zur Erlangung des Grades eines Doktors der Philosophie, online unter
http://www.diss.fu-ber-
lin.de/diss/servlets/MCRFileNodeServlet/FUDISS_derivate_000000002616/0_abdolvand.pdf?hosts=
local (Zugriff am 14. Mai 2009), S. 370.
[1207] Ebd., S. 369.

295

politik' ist indes eine bereits zitierte Beobachtung Lacostes nicht von der Hand zu weisen: „Ob man das Wort ‚Geopolitik' nun mit mehr oder weniger großen Skrupeln benutzt oder ob man seine Verwendung völlig ablehnt – auf jeden Fall wird man in Zukunft (…) sehr viel mehr über Probleme diskutieren, die nun einmal geopolitischer Natur sind."[1208] Erst 2006 und 2007, so zeigte die vorangegangene Analyse, schien es auch für Erler selbstverständlich zu sein, den Begriff in Reden zu nutzen – durchaus ein weiteres Anzeichen für verstärktes Denken in geopolitischen Kategorien, zumal auf der konzeptionellen Ebene.

### 6.4.3 Die Zentralasien-Strategie der EU

Konkreter Ausfluss der Vorbereitungen seitens der Bundesregierung, bei denen geopolitische Erörterungen einen entscheidenden Platz hatten, war das im Juni 2007 im Rahmen der Gemeinsamen Außen- und Sicherheitspolitik (GASP) der EU verabschiedete Dokument „Die EU und Zentralasien: Strategie für eine neue Partnerschaft".[1209] Dies war der erste Versuch einer kohärent geplanten Politik für die Region, die deren geopolitische Bedeutung reflektierte.[1210] Zentralasien habe eine herausgehobene Bedeutung aufgrund der Lage als „Bindeglied zwischen Europa und Asien (…) an einer strategisch wichtigen Schnittstelle zwischen den beiden Kontinenten."[1211] Das Moment des Stabilitätsexports in die Region lag der Formulierung der Strategie zugrunde. Besondere Bedeutung wurde der Region wiederum aufgrund ihres Rohstoffreichtums beigemessen – dieser Faktor war einer der ausschlaggebenden Gründe für die Priorisierung der europäisch-zentralasiatischen Beziehungen während der deutschen EU-Ratspräsidentschaft.[1212]

Die Zentralasien-Strategie der EU nennt drei große Ziele der EU in der Region: Erstens, „durch friedliche Interaktion Stabilität und Wohlstand herbeizuführen",[1213] zweitens, verantwortungsvolle Staatsführung, Rechtsstaatlichkeit, Menschenrechte, Demokratisierung sowie allgemeine und berufliche Bildung

---

[1208] Lacoste, Geographie und politisches Handeln, S. 19. Im Zusammenhang mit Erlers geopolitischen Überlegungen erwähnt auch Abdolvand das entsprechende Zitat.

[1209] „Die EU und Zentralasien".

[1210] Vgl. zu dieser Einschätzung Grewlich, Pipelines, S. 33.

[1211] „Die EU und Zentralasien", S. 1.

[1212] Siehe zu dieser Einschätzung Andrea Schmitz, „Effizienz als Leitmotiv: Die ‚Strategie für eine neue Partnerschaft mit Zentralasien'", in: Daniela Kietz und Volker Perthes (Hrsg.), Handlungsspielräume einer EU-Ratspräsidentschaft. Eine Funktionsanalyse des deutschen Vorsitzes im ersten Halbjahr 2007, SWP-Studie S 24, September 2007, online unter http://www.swp-berlin.org/fileadmin/contents/products/studien/2007_S24_ktz_prt_ks.pdf (Zugriff am 2. Juli 2009), S. 75-79.

[1213] „Die EU und Zentralasien", S. 1.

296

durchzusetzen und drittens schließlich, durch verstärkte Energiebeziehungen mit Zentralasien zur Diversifizierung der europäischen Energieversorgung beizutragen: „Die EU und Zentralasien haben größtes Interesse an der Stärkung der Energiesicherheit (...). Es besteht gemeinsames Interesse an einer Diversifizierung der Exportwege".[1214] Die Öl- und Gasvorkommen der Region würden zu einer besseren Versorgung der EU beitragen. „Erdgaslieferungen aus der Region sind für die EU von besonderer Wichtigkeit."[1215] Im Rahmen einer langfristigen Partnerschaft mit den Staaten Zentralasiens wolle die EU alle Optionen für die Erschließung und den Export dieser Rohstoffe prüfen sowie „die Entwicklung zusätzlicher Pipeline-Verbindungen und Energietransportnetze unterstützen."[1216]

Um diese Interessen zu realisieren, formuliert die Strategie das Ziel, einen regelmäßigen Dialog mit den zentralasiatischen Staaten im Rahmen der Baku-Initiative[1217] zu führen, mit dem erklärten Ziel einer Stärkung der Energiesicherheit durch Diversifizierung. Auch Unterstützung für die Sanierung vorhandener Pipelines und für den Bau neuer Leitungen wird als Interesse der EU formuliert.[1218] Mit den Themen Energiesicherheit und Stabilitätsexport prägen gleich zwei geopolitische Momente die Ausführungen der Strategie. Deutlich wird zudem, dass das Interesse an einer Diversifizierung der Energieimporte seinerseits als Triebkraft für einen Stabilitätsexport nach Zentralasien fungiert.

Insgesamt ist der Spagat zwischen wertorientierten Interessen wie der Förderung von Demokratisierung und Menschenrechten einerseits und realpolitischen Interessen wie der Stabilisierung der Region und der Diversifizierung der Energieversorgung andererseits auffallend.[1219] Diese Konditionalisierung der Zusammenarbeit verringert die Erfolgsaussichten der Initiative[1220] - zumal sich die anderen großen Mächte im Wettlauf um die Region anders positionieren. So „pflegt Russland, anders als westliche Staaten, die Zusammenarbeit nicht zu konditionalisieren (...). Die Ähnlichkeit des politischen Systems und der politischen Kultur ist ein Grund auch für die wachsende Gestaltungsmacht Chinas in Zentralasien."[1221] Es ist in der Tat fraglich, ob die stets an politische Bedingun-

---

[1214] Ebd., S. 10.

[1215] Ebd., S. 10.

[1216] Ebd., S. 10-11.

[1217] Die Initiative ist ein Gesprächsforum im Rahmen des EU-Programms INOGATE (*Interstate Oil and Gas Transport to Europe*). INOGATE fördert den Ausbau der Energieinfrastruktur zwischen der EU und den östlichen Nachbarn. Zu den Teilnehmerstaaten zählen unter anderem alle Länder des Südkaukasus und Zentralasiens. Vgl. Warkotsch, Zentralasienpolitik, S. 154-155.

[1218] Vgl. „Die EU und Zentralasien", S. 12.

[1219] Bereits vor der Erarbeitung der Strategie beschrieb Warkotsch im Jahr 2006 die Zielkonflikte zwischen idealistischen und realistischen Interessen der EU in Zentralasien als Hindernis für eine effektive Zentralasienpolitik. Vgl. Warkotsch, Zentralasienpolitik, S. 178.

[1220] Vgl. Schmitz, „Interessen, Instrumente, Einflussgrenzen", S. 337.

[1221] Ebd., S. 334.

gen geknüpfte Unterstützung ein wirksamer Anreiz für die zentralasiatischen Eliten ist, mit Europa zu kooperieren. Das Insistieren auf politischen Reformen scheint die Gestaltungsmacht der EU in Zentralasien, gerade im Vergleich zu Russland und China, vielmehr zu beschränken.[1222]

Die EU steht folglich vor der Herausforderung, ihr Interesse an Rohstoffen bzw. die Abhängigkeit von oftmals nicht demokratisch verfassten Staaten mit der Forderung nach Demokratie und Menschenrechten zu vereinbaren. Diese Frage bleibt für die EU ein „chronisch sensibles Thema"[1223] und verlangt nach wiederholten Abwägungen zwischen wertorientierter und interessengeleiteter Politik.[1224] Das Dokument dreht die Argumentation hingegen um. Beide Seiten seien komplementär, wertorientierte wie realpolitische Interessen bedingten sich gegenseitig. Explizit formulieren die Autoren der Strategie die Auffassung:

> „Die EU ist davon überzeugt, dass ein verstärktes Eintreten der zentralasiatischen Staaten für Völkerrecht, Rechtsstaatlichkeit, Menschenrechte und demokratische Werte sowie Marktwirtschaft zur Förderung von Sicherheit und Stabilität in der Region beitragen und deren Staaten zu verlässlichen Partnern der EU mit gemeinsamen Interessen und Zielsetzungen machen wird."[1225]

Die Wechselseitigkeit werte- und interessenbasierter Außenpolitik wird als Methode interpretiert, um die schwierige Kooperation beider Seiten zu vereinfachen: Wenn das Problem der Kooperation sei, dass die zentralasiatischen Staaten eine andere politische Verfasstheit haben als die Staaten der EU, so müsse langfristig versucht werden, die zentralasiatischen Staaten an westliche politische Systeme heranzuführen.[1226] Die EU setze auf Modernisierung der zentralasiatischen Regime und auf die „transformatorische Kraft der EU",[1227] erläuterte Steinmeier den Ansatz. Befürworter eines normengeleiteten Ansatzes befürchten jedoch andererseits, dass die EU im Begriff sei, ihre Werte aufgrund eines staatsbezogenen, engen Sicherheitsbegriffs aufzugeben und ihre Identität durch die Kooperation mit autoritären Regimes preiszugeben.[1228]

---

[1222] Vgl. ebd., S. 337.

[1223] Schmitz, „Effizienz als Leitmotiv", S. 76. Vgl. allgemein auch Bhavana Dave, „The EU and Kazakhstan. Is the Pursuit of Energy and Security Cooperation compatible with the Promotion of Human Rights and Democratic Reforms?", in: Melvin (Hrsg.), Engaging Central Asia, S. 43-67.

[1224] Vgl. Jörg Schneider und Christian Hannemann, „Die neue Zentralasien-Strategie der EU", Deutscher Bundestag – Wissenschaftliche Dienste Nr. 25/07, 19. Juli 2007, S. 2.

[1225] „Die EU und Zentralasien", S. 3.

[1226] Vgl. Schmitz, „Interessen, Instrumente, Einflussgrenzen", S. 337.

[1227] Steinmeier, „Verflechtung und Integration", S. 11.

[1228] Vgl. Neil Melvin und Jos Boonstra, „The EU Strategy for Central Asia @ Year One", FRIDE Policy Brief No. 1 – October 2008, online unter http://www.fride.org/publication/512/the-eu-strategy-for-central-asia:-year-one (Zugriff am 15. November 2008), S. 3.

Die starke Betonung des normativen Ansatzes ist indes nicht allein (vorausschauend geplantes oder nachträglich so gerechtfertigtes) Mittel zum Zweck einer belastbaren Kooperation mit den zentralasiatischen Staaten, sondern durchaus auch ein Ergebnis des internen europäischen Formulierungs- und Abstimmungsprozesses der Strategie. An dessen Beginn war die als primär deutsches Anliegen geltende verstärkte Energiezusammenarbeit besonders betont worden. Im Zuge der weiteren Abstimmung flossen vermehrt Werteaspekte in die Strategie ein. Der Spagat lässt sich auf eine Kontroverse innerhalb der EU sowie auf unterschiedliche Prioritäten der EU-Mitgliedsstaaten zurückführen: „The planning stage of the strategy was marked by a controversy between proponents of an interest-based approach focusing on energy and security (…), and supporters of a value-based approach that stressed the importance of human rights and democratization".[1229] Als Hauptbefürworter des interessengeleiteten Ansatzes firmierte die Bundesrepublik Deutschland. Im Gegensatz dazu standen insbesondere Großbritannien, Irland, die Niederlande und Schweden für einen wertorientierten Ansatz ein. Das Strategiepapier stellt daher einen Minimalkonsens der Mitgliedsstaaten dar.[1230] Insofern kann die Betonung des Wertekomplexes in der Strategie als Zugeständnis der deutschen Ratspräsidentschaft an die Befürworter einer stärker idealistischen Außenpolitik verstanden werden.[1231] Ausgerechnet Deutschland also positionierte sich im Verlaufe des Abstimmungsprozesses als Befürworter eines stärker realistisch bzw. geopolitisch orientierten Ansatzes gegenüber Zentralasien.

Die Strategie formuliert trotz der Bedeutung idealistischer Aspekte in der Tat geopolitische Interessen. Kooperation in der Energiepolitik, Diversifizierung der Energieexportrouten, Unterstützung beim Bau neuer Pipelines in den Westen und somit zusammengefasst die Sicherung der europäischen Energieversorgung: Dies sind deutliche Aussagen hinsichtlich der geopolitischen Ziele Europas in der Region.

> „Es war das erste Konzept, das deutlich machte, dass Zentralasien eine Vielzahl von anderen – auch sicherheitspolitischen – Dimensionen hat, die diese Region immer wichtiger machen. Natürlich sind die Interessen auch energiepolitischer Art, und natürlich war man sich im Auswärtigen Amt klar, dass nun die Menschenrechtler kommen und sagen, dass Menschenrechte viel stärker berücksichtigt werden müssten und alles für die Energiepolitik geopfert werde. Es war also das erste Konzept, das versucht hat, ein balancierteres Verhältnis zu bekommen, um eine Bandbreite

---

[1229] Cornelius Graubner, „EU Strategy on Central Asia: Realpolitik After All", CACI Analyst 14.5.2008, online unter http://www.cacianalyst.org/?q=node/4859 (Zugriff am 10. November 2008).
[1230] So die Formulierung ebd.
[1231] Siehe zu dieser Einschätzung Schmitz, „Effizienz als Leitmotiv", S. 77.

von Interessen dort zu definieren, die für uns energiepolitisch, aber natürlich auch generell außen- und sicherheitspolitisch von großer Bedeutung sind."[1232]

Anzumerken bleibt allerdings, dass diese realpolitischen Interessen ohne einen klaren zeitlichen oder inhaltlichen Gestaltungsrahmen benannt werden. Sie haben vielmehr den Stellenwert allgemeiner Absichtserklärungen. Darüber hinaus bleiben weitere Fragen. Hindert oder befördert der wertegeleitete Ansatz die Durchsetzung der geopolitischen Interessen Europas in der Region? Und: Wie werden diese geopolitischen Interessen, so allgemein sie benannt werden, in der praktischen Politik verfolgt?

Bevor diese Fragen untersucht werden, soll zunächst ein weiteres Strategiepapier der EU betrachtet werden, das ebenfalls während der deutschen Ratspräsidentschaft im Jahr 2007 vorgelegt wurde: das Papier zur erweiterten Schwarzmeerregion. Beide Strategiepapiere ergänzen sich gegenseitig und beziehen sich explizit aufeinander. Mit der Initiative „Schwarzmeersynergie"[1233] verfolgt die EU das Ziel, die Beziehungen zur erweiterten Schwarzmeerregion[1234] auf eine neue regionale Basis zu stellen. Ziel ist nicht die Schaffung neuer institutioneller Strukturen, sondern vielmehr die Nutzung von Synergieeffekten aus bereits bestehenden Initiativen.[1235] Insgesamt also verfolgte die EU während der deutschen Ratspräsidentschaft die Aufwertung ihrer Beziehungen zu einem Raum, der bis dahin geopolitisch als eher peripher galt.[1236]

Als zentrale Interessen der EU in der Region nennt das Dokument: „Konsolidierung demokratischer Staaten, Sicherheit und Energie(versorgungs)-sicherheit."[1237] Auch mit Blick auf die Schwarzmeerregion begegnet uns somit erneut die Idee des Stabilitätsexports in eine an den europäischen ‚Stabilitätsraum' angrenzende Region. Als unmittelbare Nachbarschaft der erweiterten EU ist die Union daran interessiert, dass die Region sich in die richtige Richtung entwickelt. Die langfristige regionale Stabilität – einhergehend mit demokratischen Reformen, Rechtsstaatlichkeit und Menschenrechten – liegt im Interesse

---

[1232] Interview mit Dr. Frank Umbach, geführt am 23. Juli 2010.

[1233] Commission of the European Communities (Hrsg.), Communication from the Commission to the Council and the European Parliament. Black Sea Synergy – A New Regional Cooperation Initiative, Brüssel 2007.

[1234] Die Region umfasst Griechenland, Bulgarien, Rumänien, Moldawien, die Ukraine, Russland, Georgien, Armenien und Aserbaidschan.

[1235] Vgl. Anneli Ute Gabanyi, „‚Die Initiative ‚Schwarzmeersynergie.' Die EU plant den Ausbau der regionalen Zusammenarbeit", SWP-Aktuell 29, Mai 2007, online unter http://www.swp-berlin.org/fileadmin/contents/products/aktuell/2007A29_gbn_ks.pdf (Zugriff am 29. März 2011), S. 2.

[1236] Vgl. ebd., S. 3.

[1237] Barbara Thoma, „Ziele und Interessen der EU im Schwarzmeerraum", Deutscher Bundestag – Wissenschaftliche Dienste Nr. 16/07, 18. April 2007, S. 2.

Brüssels.[1238] Die Strategie geht von der Prämisse aus, dass der Beitritt Bulgariens und Rumäniens in die EU den Wohlstand sowie die Stabilität und Sicherheit der Region zu einem direkten Anliegen der EU machten. Bereits im folgenden Absatz des Papiers wird jedoch auf die zweite Triebkraft der Strategie verwiesen. Die Region sei „rich in natural resources and strategically located at the junction of Europe, Central Asia and the Middle East" und damit ein „important hub for energy and transport flows".[1239]

Als ein zentrales Feld der angestrebten Kooperation wird daher neben Demokratisierung, Sicherheitskooperation, der Lösung regionaler Konflikte und diversen Umwelt-, Wirtschafts- und Wissenschaftsbereichen an prominenter Stelle die Kooperation im Energiesektor angeführt: „The Black Sea Region is a production and transmission area of strategic importance for EU energy supply security",[1240] wird die Bedeutung der Region umschrieben. Auch mit Blick auf den Schwarzmeerraum führten daher erneut primär energiepolitische Zusammenhänge zu einer Aufwertung der Region im Jahr 2007. Ziel der EU sei es, mittels bereits bestehender Initiativen – das Papier bezieht sich hier ausdrücklich auf bestehende Initiativen im Energiesektor, allen voran die Baku-Initiative – einen „*new trans-Caspian trans-Black Sea energy corridor*"[1241] zu errichten, um eine Diversifizierung der europäischen Energieversorgung zu erreichen. Dabei sind die Bezüge zu der zum selben Zeitpunkt erarbeiteten Zentralasien-Strategie augenfällig.

Im Zusammenspiel mit der Zentralasien-Strategie legte die EU innerhalb weniger Monate des Jahres 2007 konzeptionelle Überlegungen zur Neudefinition der Beziehungen zu zwei für die Energieversorgung wichtigen Regionen vor und machte damit – zumindest konzeptionell – deutlich, dass es ihr Ernst war mit einer Diversifizierung der Energieimporte. Die Bundesregierung spielte bei der Neuformulierung dieser energiepolitischen Ostpolitik unter geopolitischen Vorzeichen eine bedeutende Rolle als Vorreiter und Gestalter. Sie griff die Thematik auf und leistete einen wesentlichen Beitrag zur Formulierung geopolitischer Interessen in der Region.

Die EU veröffentlichte im Juni 2008 den ersten Joint Progress Report by the Council and the European Commission to the European Council on the implementation of the EU Central Asia Strategy.[1242] Der Bericht sieht ermutigende

---

[1238] Vgl. Swante E. Cornell u. a., The Wider Black Sea Region: An emerging Hub in European Security, Washington, D.C. 2006, S. 17-21.

[1239] Commission of the European Communities (Hrsg.), Black Sea Synergy, S. 2.

[1240] Ebd., S. 4.

[1241] Ebd., S. 5 (Hervorhebung im Original).

[1242] European Commission (Hrsg.), Joint Progress Report by the Council and the European Commission to the European Council on the implementation of the EU Central Asia Strategy, Brüssel 24. Juni 2008, online unter

Erfolge der Umsetzung während des ersten Jahres. Die Zusammenarbeit habe vertieft werden können, eine „new quality of cooperation has evolved between Central Asia and the EU."[1243] Explizit verweist der Bericht auf die Menschenrechtsdialoge, die die EU zwischenzeitlich mit allen zentralasiatischen Staaten führe.[1244] Der politische Dialog sei vertieft worden, auch eine Reihe von Gesprächen mit hochrangigen Teilnehmern habe durchgeführt werden können.

Bei der Bewertung der Energiezusammenarbeit, die auf nicht einmal einer Seite abgehandelt wird, bleibt der Text jedoch schwammig. Zunächst wird das gemeinsame Interesse beider Seiten an diversifizierten Lieferstrukturen wiederholt. Es folgt eine generelle Absichtserklärung: „The EU remains committed to the success of the Nabucco project and welcomes the progress achieved in the last six months."[1245] Einzige greifbare Ergebnisse: zwei *Memoranda of Understanding* mit Kasachstan und Turkmenistan im Energiesektor. Auffallend ist, dass gerade im Bereich der Energiezusammenarbeit, wo es (im Gegensatz zu schwer bezifferbaren Fortschritten etwa im Bereich der Förderung der Menschenrechte) durchaus klare *benchmarks* für eine Bewertung der Strategie gäbe, das Fazit mager ausfällt. Ein Ausblick auf die Zukunft lässt ebenso keine weitere Priorisierung des Energiesektors vermuten. Der Fokus der weiteren Umsetzung der Strategie liege vielmehr in einem anderen Bereich. So hält der Bericht knapp fest: „Greater effort will be made to promote human rights and democratisation".[1246]

Der zweite Fortschrittsbericht,[1247] veröffentlicht im Juni 2010, wertet die Unterzeichnung zweier *Memoranda of Understanding* im Energiebereich mit Kasachstan und Turkmenistan als Erfolg der Strategie. Er hebt die Bedeutung des südlichen Energietransportkorridors nicht nur für Europa, sondern auch für die zentralasiatischen Staaten hervor. Dies zu verfolgen bleibe ein zentrales Ziel der europäischen Politik in der Region – wobei der Bericht hinsichtlich konkreter Erfolge bzw. zukünftiger Aufgaben erneut auffallend vage bleibt.[1248]

---

http://eeas.europa.eu/central_asia/docs/progress_report_0608_en.pdf (Zugriff am 15. November 2010).

[1243] Ebd.

[1244] Vgl. ebd.

[1245] Ebd.

[1246] Ebd.

[1247] Council of the European Union (Hrsg.), Joint Progress Report by the Council and the European Commission to the European Council on the implementation of the EU Strategy for Central Asia, Brüssel 28. Juni 2010, online unter

http://www.eeas.europa.eu/delegations/kazakhstan/documents/eu_kazakhstan/joint_progress_report_eu_ca_strategy_en.pdf (Zugriff am 15. November 2010).

[1248] Vgl. ebd., S. 16-17.

### 6.4.4 Zentralasienpolitik im Zeichen des Great Game: Die Nabucco-Pipeline

Die Vernachlässigung der Energie-Thematik in offiziellen Fortschrittsberichten zur Zentralasien-Strategie bedeutet gleichwohl nicht, dass auf diesem Gebiet keine Fortschritte zu verzeichnen wären. Die EU bemühte sich nach 2007 intensiv um eine Vertiefung der Energiepartnerschaft mit Zentralasien, einige Fortschritte wurden gemacht. Nicht zuletzt aufgrund der hohen Symbolkraft des Projekts soll auf den kommenden Seiten die Diskussion um die Nabucco-Pipeline im Mittelpunkt der Betrachtungen stehen. Die Nabucco-Pipeline ist zudem – analog zu der bereits beschriebenen BTC-Pipeline – ein außerordentlich geopolitisches Projekt, da mithilfe von Nabucco der Versuch unternommen werden soll, unter territorialer Umgehung Russlands einen Transportkorridor zur Diversifizierung der europäischen Gasimporte vom Südkaukasus nach Europa auszubauen. Lage und Raum sind entscheidende Kriterien zum Verständnis von Nabucco. Der Verlauf der Trasse unter Umgehung russischen Territoriums weist auf die geopolitische Komponente der Pipelineplanungen hin. Die Untersuchung des Projekts und Deutschlands Rolle darin gibt somit auch Aufschluss über die Frage, wie sich Deutschlands geopolitische Interessen seit 2007 entwickelten.

Nabucco gilt als Testfall für eine europäische Energieaußenpolitik und für die Bemühungen, alternative Routen der Energieversorgung unter Umgehung Russlands zu schaffen. Pläne für eine Pipeline aus dem zentralasiatischen Raum durch den Südkaukasus nach Europa gibt es bereits seit 2002. Die EU-Gremien betrachten das Nabucco-Projekt insbesondere seit der Gaskrise von 2006 als strategisches Projekt. Die 3300 km lange Pipeline soll vom Osten der Türkei bis ins österreichische Baumgarten führen, für den Bau wurde 2002 ein internationales Konsortium gegründet. Hauptanteilseigner ist die österreichische OMV, auch die deutsche RWE ist beteiligt.[1249] Die geplante Pipeline wäre die erste direkte infrastrukturelle Anbindung Europas an die erdgasreiche Region.

Konkrete Schritte in Richtung einer Energiepartnerschaft mit Zentralasien und zum Bau der Nabucco-Pipeline brachte das Jahr 2009. Dass die „Großwetterlage (…) sich zugunsten von Nabucco gedreht"[1250] hat, ist durchaus auch dem Georgien-Konflikt von 2008 und dem erneuten russisch-ukrainischen Gasstreit von 2009 zuzuschreiben. Die EU verfolgte nun die Unabhängigkeitsbestrebungen von „den Launen der russischen Führung"[1251] mit Nachdruck, während vor

---

[1249] Vgl. „Mehr Freiheit für acht Milliarden Euro", in: Frankfurter Allgemeine Zeitung, 14. Juli 2009.

[1250] „Nabucco wird konkret", in: Financial Times Deutschland, 12. Juli 2009, online unter http://www.ftd.de/meinung/kommentare/:leitartikel-nabucco-wird-konkret/539165.html (Zugriff am 14. Juli 2009).

[1251] Otto Graf Lambsdorff, „Launischer Lieferant", in: Die Welt, 13. Juli 2009.

allem die osteuropäischen Länder als Vorreiter der Nabucco-Pipeline sowie eines Gaskorridors nach Zentralasien in Erscheinung traten.[1252]

Dies zeigte sich bereits im Verlauf eines Gipfels in Budapest im Januar 2009. Seinerzeit trat der damalige ungarische Premierminister Ferenc Gyurcsány als einer der Hauptbefürworter einer EU-Finanzierung des Nabucco-Projekts auf. Seine Argumentation: Nabucco verbessere die nationale Sicherheit seines Landes.[1253] Im Verlauf der Verhandlungen einigte man sich darauf, 250 Millionen Euro für den Bau von Nabucco bereitzustellen. Trotz der vergleichsweise kleinen Summe kam dieser Entscheidung eine wichtige symbolische Bedeutung zu: „Although paltry when compared with the project's estimated cost is €8 billion ($10 billion), this start-up credit could at least help kick-start the project and boost the confidence of other possible investors."[1254]

Bedeutung für das Pipelineprojekt hatte sodann ein außerplanmäßiges EU-Gipfeltreffen am 8. Mai 2009 in Prag. Dieses Treffen sollte den Stillstand bei den Verhandlungen über den ,südlichen Gaskorridor' überwinden.[1255] Der Gipfel war zunächst als hochrangiges Treffen geplant, bei dem EU-Staats- und Regierungschefs anwesend sein sollten, wurde jedoch später heruntergestuft und brachte schließlich die tschechische Ratspräsidentschaft, die EU-Kommission und das Generalsekretariat des Rates zusammen. Die geladenen Partnerländer waren Aserbaidschan, die Türkei, Georgien, Turkmenistan und Kasachstan. Die im Vorfeld hohen Erwartungen konnte der Gipfel indes nicht befriedigen, da die wichtigen potentiellen Lieferländer Kasachstan, Usbekistan und Turkmenistan die Schlusserklärung nicht unterzeichneten. Seitens der Lieferländer unterzeichneten nur Aserbaidschan und Ägypten, seitens der Transitstaaten die Türkei und Georgien die Erklärung. Auch das Dokument bleibt in seinen Ausführungen vage: Von politischer Unterstützung für den südlichen Gaskorridor ist darin ebenso zu lesen wie von technischer und finanzieller Unterstützung – ohne konkrete Ziele zu nennen. Die potentiellen Lieferländer werden darüber hinaus dazu

---

[1252] Auf die hohe Abhängigkeit dieser Länder von Russland sowie die problematischen Verhältnisse zwischen Mittelosteuropa und Russland ist bereits hingewiesen worden.

[1253] Vgl. „No EU funding for Nabucco, says Merkel", Euractiv, 3. März 2009, online unter http://www.euractiv.com/en/energy/eu-funding-nabucco-merkel/article-179883 (Zugriff am 5. März 2009).

[1254] Vladimir Socor, „Chancellor Merkel Says Nein to Nabucco", Eurasia Daily Monitor 6/45, 9. März 2009, online unter http://www.jamestown.org/single/?no_cache=1&tx_ttnews[tt_news]=34679 (Zugriff am 7. Juli 2009).

[1255] Vgl. „EU versucht Rätsel des ,Südlichen Gaskorridors' zu lösen", Euractiv, 5. Mai 2009, online unter http://www.euractiv.com/de/energie/eu-versucht-rtsel-sdlichen-gaskorridors-lsen/article-181965 (Zugriff am 7. Juli 2009) und Martin Winter, „Erdgas aus dem Osten", in: Süddeutsche Zeitung, 9./10. Mai 2009.

304

aufgefordert, noch verfügbare Gasreserven zu erforschen, die für den Export nach Europa zur Verfügung stehen könnten.[1256]

Ein Durchbruch gelang indes wenige Monate später. Die Europäische Union war Mitte Juli 2009 ihrem Ziel, in der Energiepolitik unabhängiger von Russland zu werden, „einen bedeutenden Schritt näher gekommen."[1257] In Ankara unterzeichneten die vier EU-Staaten Bulgarien, Rumänien, Ungarn und Österreich sowie die Türkei ein Abkommen, das die rechtlichen Grundlagen für den Pipelinebau schafft – just an dem Tag, an dem zwölf europäische Großunternehmen den Startschuss für das Solarstrom-Projekt *Desertec* gaben:[1258] Ein Tag energiepolitischer Großprojekte also. Die Nabucco-Verhandlungen hatten sich zu dem Zeitpunkt bereits jahrelang hingezogen,[1259] sodass der Vertrag für das Pipelineprojekt in der Tat einen Durchbruch bedeutete: Der Rechtsrahmen sowie regulatorische Detailfragen waren nun eindeutig geregelt, schließlich muss die Pipeline über verschiedene Landesgrenzen hinweg gebaut werden.[1260] Als einen kleinen Sieg im großen Spiel um die Energievorräte Zentralasiens beschrieben Beobachter seinerzeit die Unterzeichnung.[1261] Kommissionspräsident Barroso forderte erneut eindringlich einen baldigen Baubeginn.[1262] Verlassen wir an dieser Stelle zunächst die Chronologie der Ereignisse und wenden uns der deutschen Haltung zu Nabucco zu.

Offiziell gab es auch von deutscher Seite stets Unterstützung für das Projekt. Ein Blick auf die Antwort der Bundesregierung auf eine Große Anfrage der Fraktion Bündnis 90/Die Grünen im Deutschen Bundestag zu dem Thema vom Oktober 2008 – bezeichnenderweise beantwortet nicht vom Auswärtigen Amt, sondern vom Bundeswirtschaftsministerium – gibt erste Aufschlüsse. Zwar wird das Thema Energiepolitik hier (ähnlich wie im Fortschrittsbericht der EU) nur knapp abgehandelt. Die Vorbemerkung skizziert die Schwerpunkte des EU-Engagements aus Sicht der Bundesregierung. Konkrete Vorhaben seien auf den

---

[1256] Vgl. Council of the European Union (Hrsg.), Prague Summit – Southern Corridor, May 8, 2009, online unter http://www.consilium.europa.eu/uedocs/cms_data/docs/pressdata/en/misc/107598.pdf (Zugriff am 17. Juli 2009).

[1257] „Abkommen über die Nabucco-Leitung in Ankara unterzeichnet", in: Frankfurter Allgemeine Zeitung, 14. Juli 2009.

[1258] Vgl. ebd., „Brüder, zur Sonne...", in: Die Welt, 14. Juli 2009 sowie Isabelle Werenfels und Kirsten Westphal, „Solarstrom aus der Wüste: Sinnvoll und machbar?", SWP-Aktuell 38, Juli 2009, online unter http://www.swp-berlin.org/fileadmin/contents/products/aktuell/2009A38_wrf_wep_ks.pdf (Zugriff am 29. März 2011).

[1259] Vgl. „Europa emanzipiert sich von russischem Gas", Spiegel Online, 13. Juli 2009, online unter http://www.spiegel.de/wirtschaft/0,1518,635771,00.html (Zugriff am 13. Juli 2009).

[1260] Vgl. „Abkommen über die Nabucco-Leitung in Ankara unterzeichnet".

[1261] Vgl. Jeanne Rubner, „Das große Spiel ums Gas", in: Süddeutsche Zeitung, 13. Juli 2009.

[1262] Vgl. „Abkommen über die Nabucco-Leitung in Ankara unterzeichnet."

Weg gebracht worden, primär „zu regionalen Themen wie Bildung, Rechtsstaat, Wasser und Umwelt".[1263] Bis zum nächsten Fortschrittsbericht im Jahr 2010 seien weitere Initiativen geplant, „insbesondere Fortschritte beim Menschenrechtsdialog, beim zentralasiatischen Netzwerk für Bildung und Forschung (E-Seidenstraße), bei der Stärkung des Rechtsstaats und des regionalen Wassermanagements".[1264] Die Bundesregierung leiste eine „Fülle eigener Beiträge, mit Schwerpunkten in den Bereichen Rechtsstaatlichkeit, nachhaltige Entwicklung einer sozialen Marktwirtschaft, Sicherung sozialer Grunddienste, Wasser, Bildung, Umwelt, Grenzschutz und Drogenbekämpfung."[1265]

Ungeachtet dieser Schwerpunktsetzung fernab des energiepolitischen Engagements bekennt sich die Bundesregierung im Kapitel über die Energiebeziehungen zu Nabucco: „Die Bundesregierung sieht die Nabucco-Pipeline als ein Projekt, das zur Erhöhung der Gasversorgungssicherheit der EU beitragen kann. (…) Unter diesem Gesichtspunkt begrüßt die Bundesregierung die Teilnahme der RWE AG an diesem Projekt."[1266] Ähnlich lesen sich die Äußerungen in einer Antwort der Bundesregierung vom Februar 2009 auf eine Kleine Anfrage aus den Reihen der FDP-Fraktion:

> „Die Bundesregierung unterstützt politisch den Bau der Nabucco-Pipeline, da dieses Projekt eine Diversifizierung der Gasbezugsquellen mit Zugang zu den Gasquellen im kaspischen Raum darstellt. Diese Unterstützung hat die Bundesregierung zuletzt auf dem Nabucco-Gipfel am 26. und 27. Januar 2009 in Budapest zum Ausdruck gebracht."[1267]

Der Bericht der Bundesregierung zur Öl- und Gasmarktstrategie[1268] beschreibt die Notwendigkeit der Nabucco-Pipeline ebenso wie eine offizielle Verlautbarung aus der (damals regierungstragenden) SPD-Bundestagsfraktion, die diese

---

[1263] Deutscher Bundestag (Hrsg.), Antwort der Bundesregierung auf die Große Anfrage der Abgeordneten Marieluise Beck (Bremen), Volker Beck (Köln), Alexander Bonde, weiterer Abgeordneter und der Fraktion Bündnis 90/Die Grünen „Zur Umsetzung der EU-Zentralasienstrategie", Drucksache 16/10712, 24. Oktober 2008.

[1264] Ebd., S. 2.

[1265] Ebd., S. 2.

[1266] Ebd., S. 9.

[1267] Deutscher Bundestag (Hrsg.), Antwort der Bundesregierung auf die Kleine Anfrage der Abgeordneten Gudrun Kopp, Jens Ackermann, Christian Ahrendt, weiterer Abgeordneter und der Fraktion der FDP „Reaktionen der Bundesregierung auf den Gasstreit zwischen der Russischen Föderation und der Ukraine", Drucksache 16/11957, 13. Februar 2009, S. 9.

[1268] Bundesministerium für Wirtschaft und Technologie (Hrsg.), Öl- und Gasmarktstrategie.

306

Anfang 2009 als „dringender denn je"[1269] einstufte. An offizieller, rhetorischer Unterstützung für Nabucco mangelt es in der deutschen Politik keineswegs.

Ein anderes Bild ergibt sich jedoch, wenn man den Blick auf die praktische Politik richtet: Es war ausgerechnet die deutsche Bundesregierung, allen voran Bundeskanzlerin Angela Merkel, die die alternative Energieroute unter Umgehung Russlands wiederholt in Frage stellte und im Verlauf des Jahres 2009 für eine nachhaltige Abwertung des Projekts sowie für heftige innereuropäische Spannungen sorgte. Im Januar 2009 zog Merkel den Unmut insbesondere der mittelosteuropäischen EU-Mitglieder auf sich. In einem Brief an Kommissionspräsident Barroso forderte Merkel die europäischen Staaten auf, aus Gründen einer stärkeren Diversifizierung der europäischen Energieimporte die umstrittene Ostseepipeline zu unterstützen, die jedoch insbesondere von den Osteuropäern abgelehnt wird.[1270] Besonders brisant ist, dass der Brief Merkels durchaus als Gegenentwurf zu Äußerungen des damaligen tschechischen Ministerpräsidenten Topolanek gewertet werden kann, der kurz zuvor zur Unterstützung des Nabucco-Projekts aufgerufen hatte.[1271] Deutlich prallten hier die Interessen Deutschlands und der Osteuropäer aufeinander. In Kommentaren war daraufhin von einer Brüskierung der Osteuropäer durch die Bundeskanzlerin zu lesen: „On a tactical level, Merkel's first point is a rebuke to Topolanek, who told the Budapest [summit] that South Stream and Nord Stream were threats to Nabucco and aimed at reinforcing Europe's dependence on Russia. Thus, the Chancellor implicitly rejects Nabucco's main *raison d'etre.*"[1272]

Diese Haltung spiegelte sich zudem in der deutschen Gipfeldiplomatie wider: An Konferenzen zu der Nabucco-Pipeline in der ersten Jahreshälfte 2009 nahmen seitens der Bundesregierung jeweils lediglich Staatssekretäre teil.[1273] Auf dem EU-Sondergipfel am 1. März 2009 in Brüssel zu den Beratungen über ein EU-Konjunkturprogramm als Reaktion auf die globale Finanz- und Wirt-

---

[1269] SPD-Bundestagsfraktion (Hrsg.), „Die Nabucco-Pipeline muss kommen", Pressemitteilung 54/2009, 23. Januar 2009, online unter http://www.spdfraktion.de/cnt/rs/rs_dok/0,,46078,00.pdf (Zugriff am 25. Mai 2009).

[1270] Vgl. „Merkel Calls on EU to Support Baltic Gas Pipeline", Spiegel Online, 29. Januar 2009, online unter http://www.spiegel.de/international/europe/0,1518,604277,00.html (Zugriff am 25. Mai 2009) und „Neuer Streit um die Ostseepipeline", in: Handelsblatt, 30. Januar 2009, online unter http://www.handelsblatt.com/politik/international/neuer-streit-um-die-ostseepipeline/3100450.html (Zugriff am 14. Juli 2009).

[1271] Vgl. ebd.

[1272] Vladimir Socor, „Chancellor Merkel's Letter Perturbs EU's Energy Debate", Eurasia Daily Monitor 6/23, 4. Februar 2009, online unter http://www.jamestown.org/single/?no_cache=1&tx_ttnews[tt_news]=34452 (Zugriff am 2. November 2010).

[1273] Vgl. Stefanie Bolzen, „Gaskonferenz: Bulgarien kritisiert mangelndes Interesse Deutschlands", in: Die Welt, 11. April 2009.

schaftskrise gab die Bundeskanzlerin ihre Auffassung wieder, dass die Bundesregierung einer EU-Finanzierung für Nabucco nicht zustimmen werde – mit der offiziellen Begründung, dass das Projekt bis zum Jahr 2010 keine spürbaren Anreize für die Konjunktur bieten könne.[1274] Bei einem Treffen der EU-Außenminister am 16. März 2009 wurde daraufhin verlautbart, dass Nabucco von einer Liste der Energieprojekte gestrichen worden sei, die durch den EU-Konjunkturplan finanziert werden sollten. Diese Entwicklung werteten Fachleute und Diplomaten sogleich als eine deutliche Schwächung des Projekts – die offenbar wegen des deutschen Widerstands gegen die öffentliche Finanzierung und auf ausdrücklichen Wunsch Merkels erfolgte.[1275] Der Wirtschaftsminister Bulgariens brachte die Gründe für den schleppenden Fortschritt bei Nabucco – sicherlich mit Blick vor allem auf Deutschland – folglich so auf den Punkt: „Es fehlt an politischem Willen der großen EU-Staaten."[1276] Deutsche Unterstützung für Nabucco äußerte sich in der kritischen Anschubphase des Projekts weit mehr in vagen rhetorischen Formulierungen als in konkreten politischen Initiativen. Diese Initiativen trugen vielmehr zu einer Schwächung des Projekts bei.

Interessant ist in diesem Zusammenhang, dass die Bundeskanzlerin in einer Rede im Juni 2009 betonte, dass es gelte, die beiden großen Pipelineprojekte *Nord Stream* und Nabucco gleichermaßen voranzutreiben:

> „Deutschland hat immer gut damit gelebt, dass es einen Energiemix gab. Genauso ist es wichtig, sich viele Lieferquellen zu erschließen. Deshalb glaube ich, dass wir bei den verschiedenen Pipelines keinen gegeneinander gerichteten Kampf brauchen. Die Nord-Stream-Pipeline, die South-Stream-Pipeline und die Nabucco-Pipeline können sehr gut nebeneinander stehen. Die Szenarien über die Abhängigkeit der Mitgliedstaaten der Europäischen Union von Gaslieferungen von außen in den nächsten zehn, 20, 30 Jahren zeigen deutlich: Durch das Versiegen klassischer Gas-

---

[1274] Vgl. Socor, „Chancellor Merkel Says Nein to Nabucco" und Stefanie Bolzen, „Berlin verärgert vor Gipfel neue EU-Mitglieder", in: Die Welt, 19. März 2009.

[1275] Vgl. „No EU funding for Nabucco, says Merkel" und „Barrosos Konjunkturpaket: Neue Version geht auf Kosten von Nabucco", Euractiv, 10. März 2009, online unter http://www.euractiv.com/de/prioritaten/barrosos-konjunkturpaket-neue-version-geht-kosten-nabucco/article-180084 (Zugriff am 10. März 2009). Es waren erneut osteuropäische Politiker, die dazu beitrugen, dass das Projekt am Leben gehalten wurde: Der polnische Premierminister Donald Tusk betonte im Vorfeld des EU-Gipfels vom 19. und 20. März 2009 in Brüssel, dass man eine öffentliche Finanzierung des Projekts einfordern werde – und betonte dabei die strategische Bedeutung des Projekts für die Energiesicherheit Europas. Polen übernahm dann auch die Führung bei den Bemühungen, die deutsche Haltung zu ändern. Die Förderung von Nabucco konnte letztlich sichergestellt werden, indem der Name des Projekts in ‚Südlicher Gaskorridor' geändert wurde.

[1276] Bolzen, „Gaskonferenz: Bulgarien kritisiert mangelndes Interesse Deutschlands".

308

quellen wird es notwendig sein, neue Bezugsquellen aufzumachen. Deshalb sollten wir mit gleicher Energie an den verschiedenen Pipeline-Systemen arbeiten."[1277]

Der Blick auf die politische Praxis lässt jedoch Zweifel an der Einschätzung aufkommen, dass die Bundeskanzlerin die beiden Pipelineprojekte *Nord Stream* und Nabucco gleichermaßen voranzutreiben suchte. Merkel balancierte die große Unterstützung für *Nord Stream* nicht mit einer ebensolchen Unterstützung für Nabucco aus. Die deutsche Politik wirkte in hohem Maße unausgewogen und einseitig, denn Merkel gelang es nicht, eine ausgewogene Politik zwischen der Konzentration auf Russland einerseits und der Definition eigenständiger Ansätze im postsowjetischen Raum andererseits durchzusetzen.[1278] Umbach zeigt im Rückblick deutlich seine Enttäuschung über diese Schwerpunktsetzung der Bundeskanzlerin:

„Es war wirklich sehr enttäuschend, weil aus meiner Sicht wirklich jegliche strategische Initiative fehlte. Es war auch relativ klar, dass diese Position von Deutschland nicht durchgehalten werden kann. Und es war auch klar, welche Reaktionen das auslösen würde. Deshalb ist heute die Perzeption in Brüssel eben die – anders als in den 1990er Jahren, wo wir der Motor der europäischen Integration waren – wir sind vor allem auch in der Energiepolitik (…) in vielen Bereichen in den letzten Jahren *der* Bremsklotz schlechthin geworden. Da stellen sich dann für mich durchaus auch Fragen der Berechenbarkeit deutscher Außenpolitik. Dieses Bild gab es in den 1990er Jahren in Brüssel nicht."[1279]

Meister sieht die Haltung der Bundeskanzlerin ebenso in einer mangelnden strategischen Weitsicht auf das Projekt begründet.

„Das Grundproblem der Bundesregierung ist, dass die Politik doch relativ reaktiv und überhaupt nicht aktiv ist. Es gibt ein relativ geringes Interesse an diesem gesamten Raum, an diesem östlichen Raum. Das schließt zum Teil auch Russland ein, das schließt Zentralasien und den Kaukasus ein. Die meisten Entscheidungen, die die Bundesregierung trifft, werden von der Wirtschaft ‚lobbyiert'. Der Druck der Lobbyarbeit in Bezug auf *Nord Stream* war letztlich besser koordiniert als der in Bezug auf Nabucco, und erst seit RWE in dem Projekt [Nabucco] mit drin ist und klar gemacht hat, auch öffentlich klar gemacht hat, dass es ein großes Interesse daran hat, gibt es verstärkt Unterstützung aus der Bundesregierung für dieses Projekt."[1280]

---

[1277] Angela Merkel, „Rede von Bundeskanzlerin Dr. Angela Merkel auf dem Kongress des Bundesverbandes der Energie- und Wasserwirtschaft e.V. (BDEW) am 24. Juni 2009 in Berlin", in: Presse- und Informationsamt der Bundesregierung (Hrsg.), Bulletin 75-2/2009 (24. Juni 2009), CD-ROM-Version, Berlin 2010.

[1278] Vgl. Meister, „EU approach towards the South Caucasus".

[1279] Interview mit Dr. Frank Umbach, geführt am 23. Juli 2010.

[1280] Interview mit Dr. Stefan Meister, geführt am 4. Oktober 2010.

Interessant ist, dass Meister die Entscheidungsfindung der Bundskanzlerin mit ökonomischen Parametern erklärt. Ökonomische Erwägungen prägten in der Tat die Argumentation der Bundeskanzlerin bei der Ablehnung einer öffentlichen Förderung: Es gebe eine große Zahl privater Investoren innerhalb des Nabucco-Konsortiums, weshalb eine staatliche Unterstützung nicht notwendig sei. Darüber hinaus sei es die Aufgabe des EU-Konjunkturpakets, kurzfristige Anreize für die Wirtschaft zu geben – da der Baubeginn von Nabucco aber nicht in absehbarer Zeit geplant sei, seien keine kurzfristigen Stimulierungseffekte für die Wirtschaft zu erwarten. Drittens schließlich betonte Merkel wiederholt, das Hauptproblem der geplanten Pipeline sei nicht die Finanzierung, sondern die Sicherung ausreichender Liefermengen an Gas, um die Pipeline ökonomisch rentabel zu machen. Die Argumente der Bundeskanzlerin verdeutlichen die mangelnde strategische Rezeption des Nabucco-Projekts, sie beziehen sich ausnahmslos auf ökonomische Parameter.[1281]

Das Nein der Bundeskanzlerin zu einer öffentlichen Förderung für Nabucco – indirekt durchaus als Nein zu einer stärker strategisch bzw. geopolitisch orientierten Zentralasienpolitik zu deuten – zeigt, in welchem Maße sich die deutsche Haltung im Vergleich zum Jahr 2007 verändert hatte. Noch 2007 hatte das Interesse an der Wahrung deutscher Energie-Interessen in der Region die deutsche Zentralasienpolitik maßgeblich geleitet und bildete eine zentrale Triebkraft für die Schwerpunktsetzung der deutschen Ratspräsidentschaft auf Zentralasien und für die Erarbeitung der Zentralasien-Strategie. Anders als noch während der deutschen EU-Ratspräsidentschaft, als deutsche Entscheidungsträger die geopolitische Bedeutung einer diversifizierten Energieversorgung auch aus Zentralasien betonten, trugen die Initiativen der Kanzlerin im Verlauf des Jahres 2009 durchaus zu einer Schwächung des geopolitischen Projekts bei.

Die Haltung der Kanzlerin ist ein Ausdruck jener bereits skizzierten Einstellung, dass Energiepolitik der Privatwirtschaft zu überlassen sei, primär ökonomischen Erwägungen folge und eben nicht geopolitisch motiviert sei. Die Bundesregierung, im Jahr 2007 ein Vorreiter einer neuen Zentralasienpolitik auch mit geopolitischen Zielsetzungen, war zwischenzeitlich erneut zum geopolitischen Zögerer geworden und konnte den eigenen Anspruch nach einer Diversifizierung der Energielieferungen nicht in die praktische Politik umsetzen. Letztlich wird hier deutlich, dass der Wandel der deutschen Energiepolitik von der ökonomischen zur sicherheitspolitischen Sichtweise auf der konzeptionellen Ebene verhaftet blieb. Die praktische Politik gehorcht nach wie vor weitgehend ökonomi-

---

[1281] Dementsprechend unterscheidet auch Westphal zwei Vorgehensweisen beim Bau neuer Energietrassen: Die geopolitisch-strategische und die kommerzielle. Vgl. Westphal, Russisches Erdgas, S. 25-26.

schen Erwägungen, eine entsprechende Ergänzung um sicherheitspolitisch-strategische Überlegungen lässt sich nicht aufzeigen.

Aufgrund ihrer ökonomischen Sichtweise auf das Projekt betonte die Bundeskanzlerin wiederholt die wirtschaftlichen Parameter als entscheidende Kriterien für die Pipeline. Insbesondere bezog sich Merkel auf die fehlenden Gasmengen. Die Frage der Rentabilität wird auch in der Literatur von den Kritikern des Projekts angeführt. Die Politikwissenschaftler Oliver Geden und Andreas Goldthau argumentieren dementsprechend:

> „Wo sind ausreichende Mengen an Gas vorhanden, um diese Pipeline überhaupt wirtschaftlich betreiben zu können? Die europäische Diskussion über Strategien einer gemeinsamen ‚Energieaußenpolitik' leidet unter einem zentralen Mangel: Das Bemühen um Energieversorgungssicherheit wird primär als neues ‚Great Game' interpretiert, also als geopolitisch auszufechtender Kampf um Liefer- und Transitregionen."[1282]

Fehlende Lieferzusagen führten dazu, dass die Pipeline nicht rentabel betrieben werden könne, seien doch in der Region nicht genügend Gaskapazitäten verfügbar.[1283]

Bei aller Skepsis an Nabucco aufgrund fehlender Lieferzusagen übersehen die ökonomisch argumentierenden Kritiker einen entscheidenden Faktor: Wenn Geden und Goldthau schreiben, dass ökonomische statt geopolitischer Parameter für das Projekt entscheidend seien, dass also fehlende Gaskapazitäten das Hauptproblem des Nabucco-Projekts seien, erwähnen sie nicht, dass diese fehlenden Kapazitäten für den europäischen Markt aus geopolitischen Gründen fehlen. Europa trifft auf keine „tabula rasa"[1284] in der Region. Russland und China waren dort in den vergangenen Jahren aktiv und sicherten sich Rohstofflieferungen mithilfe langfristiger Lieferverträge. Dass die Nabucco-Pipeline nun vor ökonomischen Herausforderungen steht, ist vor allem darin begründet, dass Europa jahrelang das *Great Game* um Zentralasien verschlafen hat: „Da jede existierende Pipeline neue parallele Projekte unwahrscheinlicher werden lässt (…) gelingt es Russland, die Diversifizierungsbemühungen der EU zu konterkarieren".[1285]

Vor dem Hintergrund der aktiven russischen (und chinesischen) Einflussnahme in der Region verwundert es, wenn Politikwissenschaftler nachträglich

---

[1282] Oliver Geden und Andreas Goldthau, „Das Luftschloss ‚Nabucco'", in: Der Standard, 27. Januar 2009, online unter http://derstandard.at/1231152919947/Kommentar-der-anderen-Das-Luftschloss-Nabucco (Zugriff am 7. Juli 2009).

[1283] Vgl. ebd.

[1284] Kirsten Westphal, „Die Nabucco-Erdgaspipeline und die Europäer", in: Russland-Analysen 176/2009, S. 15-16, hier S. 16.

[1285] Westphal, „Wettlauf um Energieressourcen", S. 474.

die ökonomischen Parameter der Energiepolitik hervorheben und unerwähnt lassen, dass geopolitische Erwägungen für eine Neuverteilung der ökonomischen Karten ursächlich verantwortlich waren. Selbst die Autoren der Öl- und Gasmarktstrategie der Bundesregierung konzedieren, dass der kaspische Raum große Bedeutung für die Diversifizierung der Erdgasimporte habe. „Die russische Gazprom hat allerdings große Gasmengen in der Region aufgekauft. Bisher ist es äußerst schwierig, Lieferverträge über eine ausreichende Menge von Gas abzuschließen".[1286]

Faktisch sind bislang tatsächlich keine ausreichenden Gasmengen gesichert, um die Pipeline ökonomisch rentabel zu betreiben.[1287] Bisher ist vor allem Gas des aserbaidschanischen Schach Deniz-Feldes zur Einspeisung in die Nabucco-Pipeline vorgesehen. Aserbaidschan wird durch die Erschließung dieses *offshore*-Feldes zu einem großen Gasexporteur, der zudem Interesse am westeuropäischen Markt bekundet. Langfristig könnte damit eine Belieferung Europas im Umfang von bis zu 30 Milliarden Kubikmetern möglich werden.[1288] Nach Angaben der EU-Kommission könnte das für den Betrieb benötigte Mindestvolumen von acht Milliarden Kubikmetern Gas aus dem Schach Deniz II-Feld gewonnen werden.[1289] Diesbezügliche Hoffnung bot zudem die Zusage Aserbaidschans an EU-Kommissionspräsident Barroso im Januar 2011, „beträchtliche Mengen" an Erdgas für Europa bereitzuhalten. Seitens des Nabucco-Konsortiums wurde diese Zusage sogleich als hoffnungsvolles Signal gewertet – gilt Aserbaidschan doch als Brücke in die erdgasreiche Region und als primäre Quelle für die Befüllung von Nabucco.[1290] Neue Quellen müssen jedoch dringend erschlossen werden, um Nabucco nicht nur kurzfristig, sondern auch langfristig rentabel zu machen.

Potential zur Deckung des Energiebedarfs der Pipeline ist in der Region durchaus vorhanden. Die Autoren des *World Energy Outlook* der Internationalen Energieagentur sprechen der Region, vor allem Turkmenistan, die Möglichkeit einer massiven Ausweitung der Erdgasförderung zu. Von rund 160 Milliarden Kubikmetern im Jahr 2009 sei eine Steigerung auf bis zu 310 Milliarden Kubikmeter im Jahr 2035 möglich. Die Exporte könnten von unter 30 Milliarden Kubikmetern im Jahr 2009 auf rund 130 Milliarden Kubikmeter im Jahr 2035 ausgeweitet werden. Die Internationale Energieagentur kommt zu dem Schluss:

---

[1286] Bundesministerium für Wirtschaft und Technologie (Hrsg.), Öl- und Gasmarktstrategie, S. 42.

[1287] Nicht übersehen werden darf jedoch andererseits auch, dass es in der Vergangenheit ausgerechnet die russische Führung war, die Zweifel an ausreichenden Gasmengen für Nabucco nährte – durchaus auch im eigenen Interesse hinsichtlich geplanter Pipelineprojekte in die EU.

[1288] Vgl. Roland Götz, „Die Nabucco-Gaspipeline. Probleme und Alternativen", in: Osteuropa-Wirtschaft 54. Jhg., 1-2/ 2009, S. 1-8, hier S. 2.

[1289] Vgl. „Abkommen über die Nabucco-Leitung in Ankara unterzeichnet."

[1290] Vgl. Eduard Steiner, „EU umwirbt Gaslieferanten", in: Die Welt, 15. Januar 2011.

„Der Kaspische Raum kann potenziell einen Großteil des europäischen und chinesischen Gasbedarfs decken".[1291]

Die EU-Kommission zeigte sich gleich nach Unterzeichnung des Abkommens von Ankara hoffnungsvoll, dass ein neu entdecktes Feld in Turkmenistan mit einer noch unbestimmten Größe zwischen vier und 14 Billionen Kubikmetern in die Pipeline eingespeist werden könnte. Nach Auskunft von Geologen verfügt Turkmenistan über ausreichende Reserven, um einen Teil über Nabucco nach Europa zu exportieren.[1292] Ende September 2010 spezifizierte der turkmenische Präsident Gurbanguly Berdimuhamedow, die neu entdeckte südliche Yoloten-Osman-Feldergruppe umfasse nach neuesten Erkenntnissen 18 Billionen Kubikmeter. Das Land sei bereit, auch den viel versprechenden europäischen Markt zu beliefern.[1293]

Diese Aussage folgt dem Muster der turkmenischen Außenpolitik der vergangenen Jahre, sich zunehmend der EU anzunähern. In diesem Kontext intensivierte Turkmenistan auch die Kontakte zur deutschen Bundesregierung merklich. Zwar sind Zweifel an den von offizieller Seite geäußerten Zahlen zum Umfang der neu entdeckten Felder angebracht. Dennoch ist angesichts der geologischen wie politischen Entwicklungen insgesamt davon auszugehen, dass – mit den noch unentwickelten Feldern – das Potential für Lieferungen nach Europa durchaus vorhanden ist. Hinzu kommt das politische Interesse der zentralasiatischen Staaten, auch Europa zu beliefern: „Das Interesse der zentralasiatischen Staaten, sich von Russland zu diversifizieren, (…) ist groß. Und auch das Interesse, nicht zu abhängig von China zu werden, ist groß. Die zentralasiatischen Staaten haben ein Interesse, eher noch mit einem dritten Partner ins Geschäft zu kommen".[1294]

Problematisch stellt sich nach wie vor gleichwohl der Transport turkmenischen Gases gen Westen dar. Aufgrund des ungeklärten Rechtsstatus des Kaspischen Meeres[1295] scheint eine transkaspische Pipeline auf dem Meeresgrund vorerst nicht durchsetzbar. Alternativ wird eine Verschiffung des Gases nach Baku in Aserbaidschan diskutiert. Verflüssigtes Gas kann mit Schiffen transpor-

---

[1291] International Energy Agency (Hrsg.), World Energy Outlook 2010. Zusammenfassung, online unter http://www.worldenergyoutlook.org/docs/weo2010/weo2010_es_german.pdf (Zugriff am 14. Dezember 2010), S. 12.

[1292] Vgl. „Europa emanzipiert sich von russischem Gas."

[1293] Vgl. „Turkmenistan claims 'huge gas reserves' to supply Europe, Euractiv, 1. Oktober 2010, online unter http://www.euractiv.com/en/energy/turkmenistan-claims-huge-gas-reserves-supply-europe-news-498347 (Zugriff am 13. Dezember 2010). Vgl. auch Steiner, „EU umwirbt Gaslieferanten".

[1294] Interview mit Dr. Stefan Meister, geführt am 4. Oktober 2010.

[1295] Vgl. Götz, „Nabucco-Gaspipeline", S. 3-4 und Barbara Janusz, „The Caspian Sea. Legal Status and Regime Problems", Chatham House Russia and Eurasia Programme REP BP 05/02, August 2005, online unter http://www.chathamhouse.org.uk/files/3273_bp0805caspian.pdf (Zugriff am 1. Februar 2011).

tiert werden, wenn auch das Verfahren technisch umständlich ist und die Kosten rund zehn Prozent höher lägen als bei der Nutzung von Pipelines. Gleichwohl böte diese Option die notwendige Flexibilität für den Transport turkmenischen Gases.[1296] Es gibt also durchaus verschiedene Wege, turkmenisches Gas auch in Richtung Westen zu transportieren.[1297]

Neben Zentralasien haben Geologen darüber hinaus einen weiteren Raum im Blick: den Nahen Osten. Die an Nabucco beteiligten Firmen intensivierten in den vergangenen Jahren ihre Bemühungen um Zugänge zu Feldern im Nordirak. Der ägyptische Energieminister zeigte ebenso seine Bereitschaft zur Kooperation im Nabucco-Projekt wie der irakische Ministerpräsident Nuri al-Maliki, der in Ankara eine Kooperation mit dem Konsortium in Aussicht stellte. „Given uncertainties in the Caspian, European gas diversification might well end up coming from the Middle East."[1298] Auch die Nutzung von Gasvorräten der arabischen Halbinsel wäre perspektivisch möglich. Langfristig könnten zudem auch iranische Gasvorkommen – nachgewiesen sind Reserven in Höhe von fast 16 Prozent der weltweiten Vorkommen[1299] – in die Nabucco-Pipeline eingespeist werden. Nabucco könnte so dazu beitragen, Europa infrastrukturell an den Nahen Osten anzubinden, der als *das* Herkunftsgebiet europäischer Gaslieferungen der Zukunft gilt.[1300]

Dieser Überblick zeigt, dass es durchaus Nischen gibt, in die die Europäische Union bei ihren Diversifizierungsbemühungen vorstoßen kann – auch abseits der zentralasiatischen Energievorkommen. Die an dem Nabucco-Projekt beteiligten Unternehmen verfolgen dementsprechend verschiedene Möglichkeiten mit Hochdruck. Ohne den Bau der Pipeline, ohne diesen infrastrukturellen Ansatz zur Anbindung der potentiellen Gasvorräte an Europa, lässt sich dieses mögliche Potential an Rohstofflieferungen jedoch nicht nutzen. Auch dies verdeutlicht die Diskussion um die Pipeline. An Nabucco beteiligte Firmen bemühen sich um Lieferzusagen für ungenutzte Gasvorräte in der Region sowie im Nahen Osten, weil sie vor der Herausforderung stehen, die in Planung befindliche Nabucco-Pipeline rentabel zu befüllen. So führen die Diskussionen um den Bau der Pipeline ihrerseits zu Bemühungen der beteiligten Unternehmen, Mög-

---

[1296] Vgl. Birgit Wetzel, „Gas aus Turkmenistan für Westeuropa – Erfolgsaussichten und Probleme", in: Zentralasien-Analysen 5/2008, S. 2-4, hier S. 3.

[1297] So argumentiert etwa Jos Boonstra, „The EU-Turkmenistan Energy Relationship: difficulty or opportunity?", EDC 2020 Policy Brief 5, Oktober 2010, online unter http://www.edc2020.eu/fileadmin/publications/Pbrief_No_5_Oct_2010_The_EU_Turkmenistan_energy_relationship_difficulty_or_opportunity.pdf (Zugriff am 1. Februar 2011).

[1298] Alexandros Petersen, „Energy Aria. Gas for the Nabucco Pipeline", in: The World Today, January 2010, S. 30-31, hier S. 31. Siehe ferner Götz, „Nabucco-Gaspipeline", S. 4-5.

[1299] Vgl. British Petroleum (Hrsg.), Statistical Review, S. 22.

[1300] Diese Einschätzung vertreten etwa Rempel u. a., „Die Rohstoffe Zentralasiens", S. 447.

314

lichkeiten der Rohstofflieferungen zu prüfen: Die Diskussion um die Infrastrukturanbindung wirkt als Katalysator für die Suche nach entsprechenden Quellen. Probleme bestehen also weniger hinsichtlich der vorhandenen Rohstoffe als vielmehr hinsichtlich des europäischen Willens zur Diversifizierung, denn der

> „Verteilungskampf ist mitten im Geschehen, und die Europäer denken gerade mal ein bisschen drüber nach, wie man das über die transkaspische Transitroute gewährleisten kann. (…) Es ist einfach nur die Frage, ob die europäische Politik und die europäischen Konzerne, unterstützt auch von der europäischen Politik, dazu bereit oder in der Lage sind, in dieser Auseinandersetzung, in diesem Wettbewerb tatsächlich als ein relevanter Akteur aufzutreten."[1301]

Dementsprechend plädiert Müller aus geopolitischer Sicht für den Bau der Pipeline, obschon ausreichende konkrete Lieferzusagen noch nicht vorliegen:

> „Nabucco ist für mich nicht nur das konkrete Projekt, sondern das *catchword* für die Verbindung des, wie ich es nenne, erweiterten südkaspischen Raumes (einschließlich Iran als Ganzes, aber auch Irak) mit Europa. Dass Erdgas aus dieser Region nach Europa transportiert werden kann, halte ich für ein dringendes Projekt, und es hat natürlich geopolitische Implikationen, gewaltige! (...) Dort gibt es mehr Erdgas als in ganz Russland. Und Europa ist mit Abstand der größte Importmarkt der Welt. Angesichts der geographisch günstigen Lage (über 70 Prozent der Weltreserven liegen in einem mit Pipelines erreichbaren Umkreis von Europa) könnte und sollte Europa viel mehr tun, um sich diesen Raum zu erschließen. Nabucco ist davon nur ein Teil, ein Anfang."[1302]

Die Zweifel am Vorhandensein ausreichender Quellen, wie von der Bundeskanzlerin geäußert, sind mithin kein Argument, das Projekt von vornherein in Frage zu stellen und damit faktisch zu lähmen – bietet die Pipeline doch die Möglichkeit, Europa an den erdgasreichen Raum direkt anzubinden. Das Projekt ist ein Testfall für den Willen der Europäer, ihre Energieversorgung zu diversifizieren.[1303] Darüber hinaus sind die öffentlich geäußerten Zweifel an der Pipeline seitens einiger europäischer Regierungen nicht geeignet, bei der Privatwirtschaft und bei potentiellen Lieferanten Anreize für das Projekt zu schaffen. Die öffentliche Förderung und politische Unterstützung für Nabucco nicht nur in Absichtserklärungen, sondern auch durch konkrete politische Initiativen wäre daher auch symbolisch wichtig, um die Bedeutung des Projekts für die europäischen Diversifizierungsbemühungen herauszustellen und so Privatwirtschaft wie Lieferanten

---

[1301] Interview mit Dr. Stefan Meister, geführt am 4. Oktober 2010.
[1302] Interview mit Dr. Friedemann Müller, geführt am 1. Oktober 2009.
[1303] Vgl. Westphal, „Nabucco-Erdgaspipeline", S. 15.

von dem europäischen Willen zur Diversifizierung zu überzeugen.[1304] Wo auch immer das Gas für die Pipeline schließlich herkommt, „decision-makers in Brussels (…) had better get serious abut wooing producer-countries to sign on to the project".[1305]

Die ablehnende Haltung der Bundeskanzlerin hatte darüber hinaus eine weitere negative Implikation: So spaltete das offensichtliche deutsche Desinteresse an Nabucco die europäischen Staaten und trug mit dazu bei, eine gemeinsame europäische Energiepolitik zu verhindern. Europäische Interessengegensätze in der Energiefrage spielen indes vor allem einem in die Hand: Russland. Russland betonte gleich nach der deutschen Absage an eine EU-Finanzierung für Nabucco, dass dies ein Sieg für die von Russland favorisierte *South Stream*-Pipeline – also ein Konkurrenzprojekt zu Nabucco unter russischer Federführung – sei.[1306] Eine Diversifizierung der europäischen Gasimporte, hierin sind sich alle Beobachter einig, ist dringend geboten. Mit ihrer Initiative, die im Endeffekt auf eine Schwächung Nabuccos hinauslief, trug die Kanzlerin gleichwohl dazu bei, eine gemeinsame europäische Energiepolitik in dieser konkreten Frage zu unterminieren.

So problematisch die rein ökonomisch argumentierende Bewertung der Nabucco-Pipeline ist: Auch die Position der Befürworter von Nabucco, die aus einer geopolitischen Erwägung heraus eine Unterstützung der Pipeline fordern, wirft durchaus Fragen auf. So steht die unangenehme Feststellung Westphals im Raum, dass Europas Gasinteressen leicht von den zentralasiatischen Staaten instrumentalisiert werden könnten, da es den Staaten der Region letztlich um höhere Preise und bessere Konditionen mit Russland und China gehe, nicht aber um eine Verschlechterung der Beziehungen zu den beiden Geschäftspartnern. „Das trifft auch auf ein innenpolitisches Kalkül, denn die Europäer werden als ‚unangenehmere' Partner wahrgenommen, die zu innenpolitischen Reformen und auf einen klareren Rechtsrahmen drängen könnten."[1307]

---

[1304] Zu dieser Einschätzung: John Roberts, „Going for Gas", in: The World Today, October 2008, S. 14-16.

[1305] Petersen, „Energy Aria", S. 31.

[1306] Umbach betont jedoch: „Was South Stream betrifft: Es kostet mindestens das dreifache. Und woher der Markt kommen soll für 60 Milliarden Kubikmeter Gas ist völlig unklar. Diesen Markt gibt es eigentlich nicht, jedenfalls nicht in absehbarer Zeit. Diese Pipeline kostet mindestens das dreifache, weil sie unter dem Schwarzen Meer gebaut wird. Und trotz der Fortschritte, die es da mit dem *Memorandum of Understanding* gibt – das sind Absichtserklärungen. Das Nabucco-Projekt ist letztendlich schon wesentlich weiter. Aber die Russen versuchen den Eindruck zu erwecken, dass sie alles unter Kontrolle haben. Auch das ist eine hoch ordnungspolitische Frage: Werden wir weiter einen monopolisierten Gasmarkt haben, oder werden wir es nicht haben." Interview mit Dr. Frank Umbach, geführt am 23. Juli 2010.

[1307] Westphal, „Nabucco-Erdgaspipeline", S. 16.

316

Die Feststellung weist auf grundlegende Fragen hin: Es geht um die Kohärenz der europäischen Zentralasien-Strategie mit ihrem potentiellen Widerspruch von geopolitischen und wertebezogenen Interessen und insbesondere um die damit zusammenhängenden Fragen, was die Europäer mit ihrem ambitionierten Ansatz in der Region angesichts der Interessen der zentralasiatischen Staaten überhaupt erreichen können und welchen Einfluss Europa angesichts der komplexen Interessenlage überhaupt geltend machen kann.

Die Zentralasienpolitik Russlands und Chinas zeigt strukturelle Vorteile im Vergleich zu Europas Ansatz, da beide Staaten die Energie-Zusammenarbeit nicht mit der Forderung nach politischen Reformen verknüpfen. Russland und China agieren in der Region „nach dem Prinzip der Nichteinmischung in innere Angelegenheiten und haben grundsätzlich kein Interesse, den politischen Status quo zu verändern."[1308] Dies wiederum kommt den Interessen der zentralasiatischen Regierungen sehr entgegen: Die relativ schwache Politik der EU in der Region kann von diesen genutzt und instrumentalisiert werden, um den Einfluss der Vereinigten Staaten, Russlands und Chinas auszubalancieren. Die europäische Politik „birgt dabei nicht die Gefahr einer zu starken Abhängigkeit, wird jedoch von den zentralasiatischen Staaten genutzt, um z. B. höhere Preise für den Export von Rohstoffen mit Russland auszuhandeln."[1309]

Andererseits scheint jedoch gerade die wenig kohärente und schwache Position der EU in der Region zu dieser Instrumentalisierung beizutragen. Denn auch der Wille der zentralasiatischen Regierungen, nicht zu abhängig von Russland oder China zu werden, wurde im Verlauf der Analyse wiederholt deutlich. Dies ist ein potentieller Vorteil für eine stärkere europäische Rolle in der Region. Doch so lange Europa kein gewichtiger Spieler in Zentralasien ist, besteht die Gefahr der Instrumentalisierung.[1310] Als Hauptproblem der europäischen Rolle in der Region stellt sich insgesamt weniger die politische Dynamik in Zentralasien dar, sondern vielmehr die mangelnde Kohärenz der EU-Politik selbst. Darüber hinaus fehlt es der Union an den notwendigen Ressourcen für eine effektive Politik in Zentralasien.[1311]

Schließlich bleibt die Feststellung, dass die regionale Diversifizierung der europäischen Energieimporte dringend geboten ist. Darin stimmen Politik und Wissenschaft überein. Europa ist für die Diversifizierung der Gasimporte nicht nur geographisch in einer äußerst günstigen Position, sondern auch Zentralasien ist an einer Diversifizierung seiner Energieexporte interessiert. Verschiedene zentralasiatische Staaten nähern sich der EU an. Diese Bewegung und die vor-

---

[1308] Vgl. Meister, „Zentralasien".
[1309] Ebd.
[1310] So argumentiert auch Meister, „EU approach towards the South Caucasus".
[1311] Vgl. ebd.

317

sichtige Öffnung energiereicher Staaten gegenüber den europäischen Staaten sind ein Fundament, auf dem die Europäische Union aufbauen kann. Wirkliche politische Unterstützung für Nabucco gepaart mit einer intensiven Diplomatie in der Region und dem Ausbau der politischen Beziehungen scheint daher dringender denn je geboten.

## 6.5 Zwischenfazit: Deutschland und die Energie-Geopolitik

Geopolitische Tendenzen prägen das internationale Spiel um Öl und Gas. Diesem Umstand trug die Bundesregierung allzu lange keine Rechnung. Im Gegensatz zu anderen Staaten, Großmächten wie kleinen Spielern auf der Bühne der internationalen Energiepolitik, blieben energiepolitische Entscheidungen in der Bundesrepublik lange Zeit eine Domäne der Privatwirtschaft. Die Große Koalition griff das Thema zu Beginn des Jahres 2006 auf und machte es gar zu einem der Schwerpunkte ihrer Außenpolitik. Die Selbstverständlichkeit, mit der Politik, Wissenschaft und Öffentlichkeit in diesem Zusammenhang in den vergangenen Jahren die Geopolitik thematisierten, ist in der Tat bemerkenswert. Das Nachdenken über Entwicklungen auf dem Energiesektor wirkte als Katalysator für eine ‚Renaissance der Geopolitik': Es machte gerade die entsprechenden Termini in politischen Reden, Stellungnahmen und Veröffentlichungen erneut salonfähig – wenn die zunehmende Nutzung entsprechender Termini oftmals auch mit einer deutlichen inhaltlichen Unschärfe einhergeht.

Andererseits zeigen die Erkenntnisse der Fallstudie, dass auch mit Blick auf die Energiepolitik von einer wirklichen ‚Renaissance der Geopolitik' im Denken und Handeln keinesfalls die Rede sein kann. Eine solche steckt allenfalls in den Kinderschuhen, wobei das Handeln dem Denken hinterherhinkt. So bleibt das Zwischenfazit, dass die deutsche Politik nach wie vor in einem Prozess des Umdenkens verhaftet ist, den eine eklatante Diskrepanz von Anspruch und Wirklichkeit kennzeichnet. Ihren Anspruch äußerte die Bundesregierung deutlich. Auf der konzeptionellen Ebene ist der Prozess des Umdenkens am weitesten fortgeschritten: So thematisierte die Bundesregierung in den konzeptionellen Äußerungen all jene geopolitischen Faktoren, die die geopolitischen Entwicklungen auf dem Energiesektor kennzeichnen.

Als Reaktion auf die konkrete Herausforderung entwickelte die deutsche Politik rasch den deutlich formulierten geopolitischen Anspruch, dieser Entwicklung durch eine regionale Diversifizierung der Energieimporte zu begegnen. Mit der Suche nach Diversifizierungsmöglichkeiten formulierte die deutsche Politik ein dezidiert geopolitisches Interesse, verbunden mit der Suche nach Einflussmöglichkeiten in potentiellen Lieferregionen. In einer Fallstudie wurde dieser aktive, gestaltende Anspruch mit Blick auf Zentralasien verdeutlicht. Die Trias von Geographie, Interessenformulierung und einer aktiven, nach Einflussnahme suchenden Rolle spiegelt sich in dem Ansatz wider, der auf einer pragmatischen Suche nach Auswegen aus der potentiellen Lieferverwundbarkeit basierte.

Das praktische Handeln folgte diesem konzeptionellen Anspruch im Untersuchungszeitraum indes nur bedingt. Zwar betonten die Entscheidungsträger wiederholt die Notwendigkeit einer Diversifizierung deutscher Energieimporte, doch die deutsche Politik stieß ihre europäischen Partner mit einer als Sonderbeziehung zu bezeichnenden Verbindung mit Russland vor den Kopf. Sie band Deutschland stärker an eine ,Energie-Supermacht', die ihren Willen zu geopolitischer Interessenpolitik auch gegenüber Deutschlands europäischen Partnern in der Vergangenheit oft genug unter Beweis stellte. Es ist in diesem Zusammenhang durchaus bemerkenswert, dass die deutsche Politik das Problem der geopolitischen Entwicklungen in der Energiepolitik gerade aufgrund der russisch-ukrainischen Lieferkonflikte aufgriff und davon ausgehend lautstark eine Diversifizierung der Energieimporte forderte – dies aber durch ihre einseitige Unterstützung des *Nord Stream*-Projekts konterkarierte.

Zwar betonte die deutsche Politik wiederholt die Notwendigkeit, die Beziehungen zu potentiellen Lieferländern zu intensivieren – dies gerade in Bezug auf Zentralasien. Dieser konzeptionelle Anspruch drückte sich in der Folge gleichwohl nicht in praktischen politischen Initiativen aus. Die Diskrepanz zwischen Anspruch und Realität ist gerade in der Zentralasienpolitik evident. So war Deutschland noch im Jahr 2007 *der* Vorreiter einer neuen europäischen Zentralasienpolitik. Dabei standen unter dem Eindruck der russisch-ukrainischen Krise von 2006 auch handfeste Energieinteressen auf der Agenda der Bundesregierung. Der Versuch einer Diversifizierung der europäischen Energieimporte war eine entscheidende Triebkraft der von deutscher Seite vorangetriebenen Zentralasien-Initiative, dem jedoch nach Verabschiedung der Strategie von Seiten der Bundesregierung die Luft ausging. So muss denn auch das Fazit dieser Fallstudie in Bezug auf die Leitfrage dieser Arbeit nach einer ,Renaissance der Geopolitik' zwiespältig ausfallen.

Der Widerspruch zwischen Anspruch und Wirklichkeit ist ein Ausdruck des Prozesses des Umdenkens, in dem die deutsche Politik nach wie vor steckt. Zwar betrachtet die deutsche Politik energiepolitische Fragen zunehmend unter einem sicherheitspolitischen Blickwinkel. Diese Sichtweise beeinflusste das praktische Handeln im Untersuchungszeitraum gleichwohl nur in geringem Maße. Das energiepolitische Handeln im geographischen Umfeld blieb nach wie vor in tradierten ökonomischen Parametern verhaftet. Hierzu trug auch die institutionelle Ausprägung der deutschen Politik bei. Während das Auswärtige Amt unter Außenminister Steinmeier energiepolitische Kompetenzen an sich zog und Impulse für eine sicherheitspolitische Betrachtung der Energiepolitik erkennen ließ, folgten gerade die Initiativen der Bundeskanzlerin einer ökonomischen Sichtweise. Nach wie vor ist zudem das Wirtschaftsministerium das führende Ressort auf dem Gebiet.

Deutlich wurde in der Fallstudie indes die Notwendigkeit einer multilateralen Einbindung der deutschen Energieaußenpolitik. Gemeinsame europäische Anstrengungen sind notwendig, nur in einem europäischen Rahmen können Deutschlands geopolitische Interessen verwirklicht werden. Deutschland unterminierte mit der bilateralen Russlandpolitik eine gemeinsame europäische Haltung und damit auch eine bessere Verhandlungsposition der Union gegenüber Russland. In der Zentralasienpolitik unterstützte die Bundesregierung aufgrund ihrer Zögerlichkeit ein europäisches Diversifizierungsprojekt nur unzureichend. Beides zeigt: Energiepolitik ist eine Gemeinschaftsaufgabe. Naturgemäß gehen auch in dieser Frage die Expertenmeinungen auseinander. Neben Hubel[1312] plädiert auch Hacke für größere deutsche Eigenständigkeit angesichts der europäischen Kleinstaaterei in der Energiepolitik.[1313]

Forderungen nach nationalstaatlicher Energiepolitik können sich indes lediglich auf die in dieser Arbeit nicht thematisierten Aspekte beziehen – Sinn oder Unsinn des deutschen Ausstiegs aus der Atomenergie etwa, oder die Bedeutung der Förderung und des Ausbaus erneuerbarer Energien. Entsprechende Aspekte der Energiepolitik sind jedoch von den geopolitischen Implikationen zu trennen. Bei letzteren ist eine multilaterale Kooperation mit den europäischen Partnern unabdingbar. Brüssel muss aktiv werden, während entsprechende Initiativen der Bundesregierung sich in einem europäischen Rahmen abspielen müssen, um Wirkung entfalten zu können.

Dies wiederum verdeutlicht, dass deutsche geopolitische Erörterungen in europäische Prozesse eingebunden sind, ja europäischen Gemeinschaftsinteressen dienen. Dementsprechend wurden bereits im Jahr 2004 Forderungen nach einer gemeinschaftlichen europäischen Geostrategie laut: Wolle Europa angemessen auf die internationalen Krisen und Konflikte reagieren, müsse die Union sich eine klare geostrategische Ausrichtung geben. Da Raumdenken in innereuropäischen Prozessen durchaus eine Rolle spiele (etwa bei der interregionalen Kooperation), müsse sich die EU auch außenpolitisch zu einem raumbezogenen

---

[1312] Vgl. Hubel, „Energie-Interdependenz", S. 132. Hubel argumentiert hier, dass Deutschland angesichts der mangelhaften Koordinierung der europäischen Energiepolitik nichts übrig bleibe, als eigene Vorsorge zu betreiben.

[1313] Vgl. Hacke, „Deutsche Energiesicherheit als nationale und zugleich gemeinsame Aufgabe", S. 24.

Konzept bekennen. Dies laufe auf ein neues europäisches Machtbewusstsein hinaus, umfasse aber auch einen zivilisatorischen Anspruch.[1314]

Ein geopolitischer Ansatz der Bundesrepublik im Energiesektor entfaltet seine Wirkung nur im Kontext eines entsprechenden Ansatzes im europäischen Rahmen und gemeinsam mit den europäischen Partnern. So wie die Herausforderungen in ‚Europas Krisenperipherie' nach dem Kalten Krieg nur im internationalen Verbund bewältigt wurden, kann eine geopolitische, regionale Diversifizierung der Energieimporte nur im europäischen Verbund gelingen. Dass sich eine wirklich geopolitische Betrachtung der Energiepolitik in Deutschland jedoch bislang nicht durchsetzen konnte und sich entsprechende Vorstöße allzu sehr auf rhetorische Forderungen denn auf praktische Initiativen bezogen – dies wiederum ist die zentrale Erkenntnis einer Betrachtung der deutschen Politik auf dem Energiesektor.

---

[1314] Vgl. Ulrike Guérot und Andrea Witt, „Europas neue Geostrategie", in: Aus Politik und Zeitgeschichte 17/2004, S. 6-12.

# Resümee und Ausblick: Geopolitik und deutsche Sicherheitspolitik zwischen konzeptionellem Anspruch und praktischer Politik

Wie also steht es um die oft beschriebene ‚Renaissance der Geopolitik' in der Bundesrepublik? Die vorliegende Arbeit bot einen Blick sowohl auf die wissenschaftlichen Erörterungen als auch auf ein breites Spektrum praktischer politischer Initiativen. Dabei wurde deutlich, dass die Selbstverständlichkeit geopolitischer Erörterungen – insbesondere jedoch die Selbstverständlichkeit der Nutzung geopolitischer Termini – im Verlauf des Untersuchungszeitraums deutlich zunahm. Eine entsprechende ‚Normalisierung' ist deutlich festzustellen, wenn die terminologische Wiederkehr des Begriffes oftmals auch mit einer inhaltlichen Unschärfe einhergeht. Dass es in Wissenschaft, Publizistik und Politik mittlerweile geradezu *en vogue* ist und als unverdächtig gilt, von ‚Geopolitik' zu sprechen, bedeutet gleichwohl nicht zwangsläufig, dass auch die praktische deutsche Sicherheitspolitik nach der Wiedervereinigung von einer Formulierung und planmäßigen Umsetzung geopolitischer Leitlinien geprägt war.

Dabei zeigt sich in der historischen Rückschau durchaus, welch tiefe Spuren das neue geopolitische Umfeld und die neuen geopolitischen Herausforderungen in der Sicherheitspolitik des wiedervereinigten Deutschlands hinterließen. Die Bundesrepublik schickte sich an, geopolitische Interessen zu definieren und diese auch durchzusetzen. Die Öffnung des osteuropäischen Raumes nach dem Ende des Kalten Krieges stellte sich als fundamentaler Katalysator dar, der eine neue Aufmerksamkeit für diese Raumzusammenhänge in die deutsche Politik hineintrug. Die entsprechenden geopolitischen Ansätze zeichnen sich im Rückblick deutlich ab.

Zunächst war dies ein Ansatz, der die Bedeutung von Raumfaktoren mit einem Gestaltungsanspruch in Europas ‚Peripherie' verband: Den ‚Stabilitätsraum Europa' zu erweitern, einen Sicherheitsgürtel um Europa zu schließen und zu diesem Zweck auch eigene ordnungspolitische Vorstellungen in bestimmten geopolitischen Zielregionen gerade im osteuropäischen Raum durchzusetzen – diese geopolitische Zieldefinition prägte die konzeptionellen Verlautbarungen zur deutschen Sicherheitspolitik nach dem Kalten Krieg in großer Kontinuität. In der Energiepolitik formulierte die Bundesregierung sodann einen konzeptionellen Ansatz, der eine möglichst breite regionale Diversifizierung der deutschen Energieimporte anstrebte, um so geopolitischen Gefährdungen für Deutschlands Energiesicherheit zu begegnen. Beide Ansätze verdeutlichen die *konzeptionelle* Wirkungsmacht geopolitischer Erörterungen in aller Deutlichkeit.

Die eingangs beschriebenen geopolitischen Erfahrungen und Einsichten, die die deutsche Sicherheitspolitik durchaus prägten, erscheinen nicht als eine bewusste Reflexion geopolitischer Theorien. Hierfür fehlte der Politik ein wissenschaftlich erarbeiteter geopolitischer Referenzrahmen. Eine deutliche Beschäftigung mit den jeweiligen sicherheitsrelevanten geographischen Gegebenheiten und Dynamiken fällt jedoch allemal auf. Die konzeptionellen Äußerungen, Reden und Strategiedokumente waren durchaus der Ausfluss einer strategischen, sicherheitspolitisch motivierten Beschäftigung mit geographischen Einflüssen auf die deutsche Politik, mit Raumzusammenhängen und geopolitischen Dynamiken. Die zentralen außen- und sicherheitspolitischen Strategiepapiere und Reden zeugen deutlich von der zentralen Stellung, die geographischen Gegebenheiten für die Politikformulierung zukam. Das pragmatische Moment der jeweiligen Ansätze, begründet auf einer strategischen Beschäftigung mit Raumfaktoren, tritt deutlich zutage.

So bleibt insgesamt die Feststellung: Allemal auf der konzeptionellen Ebene basierte die deutsche Sicherheitspolitik nicht nur auf klar formulierten geopolitischen Interessen, sondern sie folgte auch dem Anspruch einer Suche nach Einflussmöglichkeiten in geopolitischen Schlüsselregionen. Die konzeptionellen Grundlegungen zur deutschen Sicherheitspolitik zeigen eine unverkennbare Formulierung realpolitischer Interessen, deren Durchsetzung insbesondere vor dem Hintergrund der geographischen Lage der jeweiligen Zielregion relevant wurde: Die Gestaltung des geographischen Umfelds und die Schaffung eines ‚erweiterten Stabilitätsraums' sowie die breite Diversifizierung der deutschen Energieimporte waren deutlich geäußerte und durchaus einer strategischen Reflexion entsprungene geopolitische Ansätze. Insofern lässt sich in der historischen Rückschau eine ‚Renaissance der Geopolitik' nachzeichnen.

In der *praktischen Politik* gelang die Umsetzung des deutlich geäußerten Anspruchs indes allenfalls unzureichend. Anspruch und Wirklichkeit klafften deutlich auseinander. Die Diskrepanz zwischen dem geopolitischen Anspruch einerseits und der oft konzeptionslos wirkenden praktischen Implementierung andererseits zeigt sich bei einem Blick auf alle hier untersuchten Politikfelder geradezu als prägendes Kennzeichen der deutschen Sicherheitspolitik.

Die Gründe für die Diskrepanz zwischen Anspruch und Wirklichkeit waren, das verdeutlichte der Verlauf der Analyse, durchaus vielfältig und variierten je nach Politikfeld. In der deutschen Politik zur NATO-Osterweiterung, bei der eine weitgehende Implementierung des Anspruchs in die praktische Politik ge-

324

lang, zeigten sich heftige regierungsinterne Spannungen, die die praktische Politik teils wenig kohärent erscheinen ließen. Die Balkanpolitik war von einer deutlichen Überlagerung sicherheitspolitischer Zielsetzungen mit weiteren handlungsleitenden Motiven geprägt, hinzu kam die Tragweite der Entscheidung, deutsche Soldaten in einen Kampfeinsatz zu schicken. In der Energiepolitik, die sich im Untersuchungszeitraum nach wie vor in einer Übergangssituation befand, folgte die praktische Politik nach wie vor den tradierten Mustern einer ökonomischen Maxime. Auch hier prägten unterschiedliche Akzentsetzungen innerhalb der Bundesregierung die deutsche Politik: Während der Außenminister das Thema zu einem Schwerpunkt seiner Politik machte und dabei auch sicherheitspolitischen Faktoren Rechnung trug, standen die Äußerungen der Bundeskanzlerin insgesamt in einem von ökonomischen Parametern geprägten Kontext. Auch die Fixierung auf Russland als Partner der deutschen Ostpolitik behinderte die Suche nach eigenständigen Ansätzen im postsowjetischen Raum. Die deutsche Politik zeigte sich unfähig, eine ausgewogene Ostpolitik zu implementieren.

Ungeachtet der jeweils spezifischen Gründe für das Auseinanderklaffen von Anspruch und Wirklichkeit zeigt sich bei einem Blick auf die hier untersuchten Fallstudien gleichwohl ein Muster: Die mangelnde strategische Weitsicht der deutschen Sicherheitspolitik. Diese wirkte gerade in ihrer praktischen Umsetzung und trotz der so klar geäußerten konzeptionellen Zielsetzungen insgesamt äußerst reaktiv. Sie nahm sich stets konkreten Herausforderungen an, folgte jedoch keinen darüber hinausgehenden und vorausschauenden Visionen. Ein Blick auf die regionalen Schwerpunkte der deutschen Sicherheitspolitik verdeutlicht dies. Die schrittweise Ausweitung der geopolitisch definierten Interessenzone erscheint bei einem Blick auf die konzeptionellen Grundlagen sowie im historischen Rückblick zunächst durchaus als eine planvolle Erweiterung des Operationsgebiets der deutschen (und europäischen) Stabilisierungspolitik von der unmittelbaren Nachbarschaft der Bundesrepublik bis in die ‚Nachbarschaft der Nachbarschaft' hinein. Gerade die Analyse der praktischen Politik verdeutlichte jedoch, dass diese Ausweitung der geopolitischen Interessenzone in den jeweiligen Einzelfällen vor allem eine Reaktion auf unmittelbare Krisen war. Die Furcht vor Instabilität an der deutschen Ostgrenze, die Furcht vor Migrationsströmen aus dem Balkanraum angesichts einer humanitären Tragödie, schließlich das Interesse an zentralasiatischen Energieexporten nach Europa – stets ging die Ausweitung der Interessenzone mit konkreten Sicherheitsherausforderungen einher, die deutsches Engagement notwendig erscheinen ließen.

Gerade das tatsächliche sicherheitspolitische Handeln wirkt daher im Rückblick insgesamt unzureichend strategisch geplant, eher sprunghaft als langfristig angelegt und vielmehr von einer gewissen Ad hoc-Mentalität und der Reaktion auf konkrete Krisen und Herausforderungen gekennzeichnet. Eine stringente

Umsetzung des durchaus vorhandenen geopolitischen Anspruchs zur vorausschauenden Gestaltung des geopolitischen Umfelds der Bundesrepublik gelang der deutschen Sicherheitspolitik zumeist nicht, sie blieb in einer reaktiven Grundausrichtung verhaftet.

Dabei könnte eine gezielte Nutzbarmachung geopolitischer Analysemethoden der deutschen Sicherheitspolitik durchaus als ,Kompass' dienen. Nun war der Fokus der vorliegenden Arbeit ein historischer. Dennoch ist vor dem Hintergrund der erarbeiteten Erkenntnisse ein Ausblick geboten: Geopolitik im Sinne einer strategischen Beschäftigung mit Raumfaktoren, mit geographischen Gegebenheiten, Zusammenhängen und Dynamiken kann der praktischen Sicherheitspolitik eines Staates insofern eine Orientierungshilfe und eine Richtschnur bieten, als sie zu einer Priorisierung geographischer Räume und deren Bedeutung für die Sicherheit eines Staates beiträgt. Sie dient dazu, sicherheitspolitische Entscheidungen bezogen auf bestimmte Räume strategisch zu begründen – zu begründen, welche Räume für die Sicherheit eines Staates herausgehobene Bedeutung haben, auf welche Räume ein Staat ein besonderes Augenmerk richten soll, in welchen Räumen ein Staat, abhängig von den politischen Entwicklungen vor Ort, gestaltenden Einfluss suchen soll. Geopolitik kann das ,Wo' eines deutschen Engagements strategisch reflektiert begründen. Angesichts der in Wissenschaft und Politik geforderten Debatte über die strategische Ausrichtung der deutschen Außen- und Sicherheitspolitik[1315] liegt hier ein politikberatendes Potential der Geopolitik.

Zwar gelang der deutschen Sicherheitspolitik nach dem Kalten Krieg auch trotz deren oftmals sprunghaft wirkender Ausprägung eine in weiten Teilen erfolgreiche Bewältigung der Sicherheitsherausforderungen. Dennoch:

> „Mit einer sinnvollen geopolitischen Beratung von vornherein käme man besser an das Ziel und könnte zudem Akzente setzen. Das geht uns wirklich verloren, das Akzentsetzen. Wir haben doch auch für Europa eine Motor-Funktion. Von daher wären unsere Impulse maßgebend, wenn sie denn hinreichend reflektiert wären. Der Mangel an Reflexion führt zu einer beständigen Unterperformance, die wir dann eben frustriert erleben."[1316]

Auch nach der Stabilisierung der europäischen Peripherie in der unmittelbaren Nachbarschaft der Bundesrepublik bleiben für die deutsche Politik zahlreiche geopolitische Herausforderungen – wie gerade der Blick auf die Energiepolitik zeigt. Zudem trat im Zusammenhang mit dem Stabilitätsexport in den vergange-

---

[1315] Vgl. Gareis, „Militärische Beiträge", S. 113-116. Siehe hierzu auch Volker Perthes, „Wie? Wann? Wo? Wie oft? Vier zentrale Fragen müssen vor Auslandseinsätzen beantwortet werden", in: Internationale Politik 5/2007, S. 16-21.

[1316] Interview mit Oberst i.G. Ralph Thiele, geführt am 27. Oktober 2010.

326

nen Jahren zunehmend die ‚Nachbarschaft der Nachbarschaft' in den Fokus der Betrachtungen. Nach den Revolutionen in den nordafrikanischen Staaten zu Beginn des Jahres 2011 gewinnt auch die südliche Peripherie Europas erneut an Aufmerksamkeit.[1317] Auch den weltweiten (maritimen) Handelswegen schenkte die deutsche Politik in den vergangenen Jahren größere Aufmerksamkeit. Angesichts dieser vielfältigen geopolitischen Herausforderungen könnten geopolitische Analysen der deutschen Politik im Rahmen einer dringend gebotenen strategischen Debatte wichtige Entscheidungshilfen hinsichtlich geographischer Prioritäten geben.

Diese Forderung betrifft zunächst die politikberatende Wissenschaft – und somit insbesondere die Deutsche Gesellschaft für Auswärtige Politik und die Stiftung Wissenschaft und Politik. Vor allem letztere stieg in den vergangenen Jahren zur führenden Institution der außen- und sicherheitspolitischen Beratung für Exekutive und Legislative auf. Gleichwohl fällt auf, dass das Feld der außenpolitischen Politikberatung in der Bundesrepublik äußerst konzentriert ist – dies insbesondere im Vergleich zu anderen Staaten.[1318] Auch aufgrund der starken Stellung der politischen Parteien im deutschen Regierungssystem findet sich ein Großteil der politischen Expertise dort bzw. in den Mitarbeiterstäben von Abgeordneten und Bundestagsfraktionen. Eine Integration geopolitischer Analysemethoden müsste daher auf einer tiefer liegenden Ebene ansetzen.

Für eine verstärkte Integration geopolitischer Analysemethoden in die Außenpolitikformulierung scheint langfristig insbesondere der Aufbau eines entsprechenden Ausbildungsangebots an den Universitäten zielführend. Ein entsprechendes universitäres Forschungsfeld im Bereich der Politischen Wissenschaft existiert in der Bundesrepublik bislang nicht, während die Geopolitik in anderen Staaten zu den selbstverständlichen Inhalten einer politikwissenschaftlichen Ausbildung gehört. Für die Ausbildung künftiger Entscheidungsträger scheint es dringend erforderlich, geopolitische Analysemethoden im Sinne einer raumbezogenen Sicherheitspolitik in universitäre Ausbildungsgänge zu integrieren, um so mittel- und langfristig eine möglichst breite Aufmerksamkeit für geo-

---

[1317] Siehe als Überblicksdarstellungen die Aufsätze in der Ausgabe der Zeitschrift „Internationale Politik" vom März 2011, insbesondere Sally Khalifa Isaac, „Enthusiastisch ins Ungewisse. Was kommt nach Hosni Mubarak?", in: Internationale Politik 2/2011, S. 10-17, Isabel Schäfer, „Von der Revolution ins Reformlabor. Wer gestaltet den Übergang in Tunesien?", in: Internationale Politik 2/2011, S. 20-25 und Möller, „Neue Wege für Nordafrika".
[1318] Vgl. Stephan Böckenförde, „Deutsche Außenpolitik und wissenschaftliche Politikberatung. Ein annäherndes Vorwort", in: ders. (Hrsg.), Chancen deutscher Außenpolitik, S. 9-15 und Stefan Mair, Michael Paul und Ulrich Schneckener, „Wissenschaftliche Politikberatung am Beispiel der Stiftung Wissenschaft und Politik", in: Stephan Bröchler und Rainer Schützeichel (Hrsg.), Politikberatung, Stuttgart 2008, S. 508-523.

politische Analysemethoden an allen Schnittstellen sicherheitspolitischer Entscheidungsfindung zu erreichen.

Gleichwohl erscheint es zweifelhaft, dass allein diese Prämissen eine strategisch konzipierte, auch unter geopolitischen Gesichtspunkten reflektierte Sicherheitspolitik ermöglichen. Allein eine wissenschaftliche Reflexion wird nicht zu einer stärkeren geopolitischen Ausrichtung der deutschen Sicherheitspolitik beitragen, denn im Rückblick erweist sich die mangelnde strategische Weitsicht der deutschen Außen- und Sicherheitspolitik als entscheidendes Problem. Ad hoc-Mentalität und Sprunghaftigkeit erscheinen geradezu als prägende Momente der deutschen Außen- und Sicherheitspolitik im gesamten Untersuchungszeitraum. Es gelang der deutschen Politik allenfalls unzureichend, ihren jeweiligen konzeptionellen Anspruch umzusetzen.

Deutschlands Außenpolitik spielt sich in einem komplexen Geflecht aus innen- und koalitionspolitischen, bündnispolitischen und moralischen Erwägungen ab. Bei einer Betrachtung der Balkanpolitik fiel dieses Geflecht handlungsleitender Motivationen besonders ins Auge. Auch der Blick auf die Energiepolitik zeigte deren mangelnde strategische Planung. Selbst die Fallstudie zur NATO-Osterweiterung verdeutlichte, dass die eigentliche Implementierung der so klaren konzeptionellen Überlegungen von teils heftigen koalitionspolitischen Spannungen geprägt war. Dies stand jeweils einer strategisch geplanten und sodann auch stringent implementierten Politik im Wege. Insgesamt, das verdeutlichen die Ergebnisse der Fallstudien, fällt das Moment der mangelnden strategischen Ausrichtung der deutschen Sicherheitspolitik besonders ins Gewicht.

Ein erster konkreter Schritt zur Überwindung dieses Mangels an strategischer Planung und Implementierung wäre eine Straffung des außen- und sicherheitspolitischen Entscheidungsapparats der Bundesrepublik. Eine Möglichkeit hierzu bietet eine Aufwertung des Bundessicherheitsrats (BSR). Der Bundessicherheitsrat ist ein Kabinettsausschuss, zu dessen Kernaufgabe neben der Genehmigung von Rüstungsexporten vor allem die Koordinierung der deutschen Sicherheitspolitik sowie die Diskussion und Abstimmung ihrer strategischen Ausrichtung gehört. Neben dem Bundeskanzleramt (den Vorsitz führt der Bundeskanzler bzw. die Bundeskanzlerin) bringt der Rat die Minister des Auswärtigen, der Verteidigung, der Finanzen, des Innern, der Justiz, für Wirtschaft und Technologie, für wirtschaftliche Zusammenarbeit und Entwicklung, den Chef des Bundeskanzleramts sowie, in beratender Funktion, den Generalinspekteur der Bundeswehr an einen Tisch.[1319] Der Bundessicherheitsrat ist somit ein potentiell wirkungsvolles Gremium, um der deutschen Sicherheitspolitik eine konzeptionell geplante, effizient koordinierte strategische Richtung zu geben und Res-

---

[1319] Vgl. Christian Behme, „Der Bundessicherheitsrat", Deutscher Bundestag – Wissenschaftliche Dienste Nr. 22/08, 9. Mai 2008.

sortabstimmungen zu gewährleisten. Deutlich zeigte das Beispiel der regierungsinternen Abstimmung des ‚Stabilitätspakts für Südosteuropa' im Frühjahr 1999, dass die Regierung Schröder mit dem BSR ein effizientes Gremium für die notwendigen regierungsinternen Abstimmungen fand.

Gleichwohl führt der Rat seit Jahren ein Schattendasein. Den ihm ursprünglich zugewiesenen Auftrag, die deutsche Sicherheitspolitik zu koordinieren und ihr durch interministeriell abgestimmte Debatten eine strategische Ausrichtung zu geben, erfüllt der BSR nicht. Dessen Hauptaufgabe bestand in den vergangenen Jahren primär in der Diskussion deutscher Rüstungsexporte. Die bereits im Jahr 1998 von der rot-grünen Bundesregierung geplante institutionelle Aufwertung des Bundessicherheitsrats lässt bis heute auf sich warten. Dringend geboten wäre dessen Aufwertung einhergehend mit der Schaffung eines starken und leistungsfähigen administrativen Unterbaus.[1320] Ein solcher organisatorischer Ausbau könnte zur Koordinierung, Vernetzung und Abstimmung der deutschen Sicherheitspolitik beitragen. Ein administrativer Unterbau, der sicherheitsrelevante Akteure aus den beteiligten Ministerien zusammenbringt, würde zudem die Möglichkeit bieten, über die Parteigrenzen der Koalitionsparteien hinweg abgestimmte strategische Überlegungen für die deutsche Sicherheitspolitik zu erarbeiten. So könnten auch geopolitische Analysen koordiniert und an zentraler Stelle in politische Prozesse eingebracht werden.

Auch aus der Politik selbst kamen in den vergangenen Jahren wiederholt entsprechende Rufe nach einer Aufwertung dieses Gremiums. Plakativ – und seinerzeit in der Presse heftig diskutiert – forderte die CDU/CSU-Bundestagsfraktion im Frühjahr 2008 eine Aufwertung des BSR zu einem „nationalen Sicherheitsrat". Dieser könne unter anderem eine ressortübergreifende Analyse möglicher Bedrohungen erarbeiten sowie die Krisenbewältigung und – prävention im Ausland koordinieren. Ein handlungsfähiger Stab sei geeignet, um Lageanalysen vorzubereiten und der Exekutive Handlungsalternativen aufzuzeigen.[1321]

---

[1320] Vgl. zu diesen Forderungen Cord Meier-Klodt, Einsatzbereit in der Krise? Entscheidungsstrukturen der deutschen Sicherheitspolitik auf dem Prüfstand, SWP-Studie S34, Oktober 2002, online unter http://www.swp-berlin.org/fileadmin/contents/products/studien/S34_02_sicher.pdf (Zugriff am 2. April 2011), S. 13-15 und Fritjof von Nordenskjöld, „Alle Macht dem Kanzler. Plädoyer für eine effizientere außenpolitische Struktur der Bundesregierung", in: Internationale Politik 9-10/2009, S. 92-95, hier S. 95.
[1321] Vgl. CDU/CSU-Fraktion im Deutschen Bundestag (Hrsg.), Eine Sicherheitsstrategie für Deutschland. Beschluss der CDU/CSU-Bundestagsfraktion vom 6. Mai 2008, Berlin 2008, online unter http://www.cducsu.de/Titel__Themen_des_Tages/TabID__1/SubTabID__5/InhaltTypID__4/InhaltID__9735/Inhalte.aspx (Zugriff am 29. März 2011).

Eine solche Aufwertung des Bundessicherheitsrats als Gremium, das alle sicherheitsrelevanten Ministerien an einen Tisch bringt und gemeinsame strategische Vorschläge für die deutsche Sicherheitspolitik erarbeitet, könnte dazu beitragen, einen Teil der im Verlauf der Analyse festgestellten Mängel zu beheben. Die Aufmerksamkeit für geopolitische Zusammenhänge ist in der deutschen Politik merklich gestiegen – viele Initiativen der deutschen Sicherheitspolitik tragen durchaus geopolitische Züge. Eine effiziente Struktur, die diese geopolitischen Erörterungen und Einsichten auch strategisch und konzeptionell geplant unterfüttern, zugleich zwischen mehreren Ministerien koordinieren und die Möglichkeit für deren stringente Implementierung verbessern würde, scheint daher dringend geboten.

Die deutsche Sicherheitspolitik entwickelte nach dem Kalten Krieg durchaus geopolitische Initiativen und reagierte mit dezidiert geopolitischen Ansätzen auf die neuen geopolitischen Dynamiken im internationalen Umfeld. Dies ist ein viel versprechender Ansatzpunkt für eine strategische Unterfütterung entsprechender Initiativen, um eine vorausschauende Sicherheitspolitik zu etablieren. Dass die entsprechenden Initiativen indes nur unzureichend in praktische Politik umgesetzt wurden, ist eine weitere zentrale Erkenntnis der Untersuchung und verdeutlicht die Herausforderungen, die es bei einer strategischen Fundierung der deutschen Sicherheitspolitik zu bewältigen gilt. Die faktische Bedeutung geopolitischer Ansätze für die Neuausrichtung der deutschen Sicherheitspolitik einerseits, die mangelnde strategische Umsetzung andererseits – dies ist das zwiespältige Ergebnis einer Betrachtung der ‚Renaissance der Geopolitik' in der Bundesrepublik. Ohne gezielte Anstrengungen für eine bewusste Nutzbarmachung geopolitischer Analysemethoden einhergehend mit einer institutionellen Straffung des Entscheidungsapparats bleibt zu erwarten, dass die Diskrepanz zwischen Anspruch und Wirklichkeit auch in Zukunft ein prägendes Moment der deutschen Sicherheitspolitik bleiben wird.

# Literaturverzeichnis

## Reden und offizielle Dokumente

*Reden (jeweils chronologisch geordnet)*

Bush, George W., „Remarks by the President to Capital City Partnership", 17. Mai 2001, online unter http://georgewbush-whitehouse.archives.gov/news/releases/2001/05/20010517-2.html (Zugriff am 14. März 2011).

Erler, Gernot, in: Deutscher Bundestag (Hrsg.), Plenarprotokoll 14/41, 8. Juni 1999, S. 3507-3509.

Erler, Gernot, „,Towards a new EU Ostpolitik? - Russia, Eastern Europe and Central Asia' – Speech by Minister of State Erler at Georgetown University in Washington, 7.2.2007", online unter https://www.auswaertiges-amt.de/diplo/en/Infoservice/Presse/Reden/2007/070207-Erler-EUOstpolitik.html (Zugriff am 2. Juli 2009).

Erler, Gernot, „,European Energy Relations with Russia and Central Asia.' Rede von Staatsminister Gernot Erler am IFRI (Institut francais des relations internationals)", Brüssel, 1. Februar 2008, online unter http://www.gernot-erler.de/cms/front_content.php?idart=642 (Zugriff am 2. Juli 2009).

Fischer, Joschka, in: Deutscher Bundestag (Hrsg.), Plenarprotokoll 13/248, 16. Oktober 1998, S. 23141-23142.

Fischer, Joschka, „,Südosteuropa am Wendepunkt.' Rede von Bundesminister Joschka Fischer bei der Vorbereitungskonferenz zum Stabilitätspakt für Südosteuropa auf dem Petersberg bei Bonn am 27. Mai 1999", in: Presse- und Informationsamt der Bundesregierung (Hrsg.), Bulletin 34/1999 (31. Mai 1999), CD-ROM-Version, Berlin 2010.

Fischer, Joseph, „Abgabe einer Erklärung der Bundesregierung zu Kosovo – Herausforderung auf dem Weg des Balkan nach Europa", in: Deutscher Bundestag (Hrsg.), Plenarprotokoll 14/97, 5. April 2000, S. 9008-9012.

Genscher, Hans-Dietrich, „Perspektiven gemeinsamer Politik kooperativer Sicherheit in Europa", 8. Juli 1991, in: Presse- und Informationsamt der Bundesregierung (Hrsg.), Bulletin 81/1991 (12. Juli 1991), S. 655-657.

Genscher, Hans-Dietrich, „Rede des Bundesaußenministers vor den Vereinten Nationen", 25. September 1991, in: Presse- und Informationsamt der Bundesregierung (Hrsg.), Bulletin 104/1991 (26. September 1991), S. 825-830.

Kinkel, Klaus, in: Deutscher Bundestag (Hrsg.), Plenarprotokoll 13/248, 16. Oktober 1998, S. 23127-23131.

Kohl, Helmut, „‚Unsere Verantwortung für die Freiheit', Regierungserklärung des Bundeskanzlers vor dem Deutschen Bundestag", 30. Januar 1991, in: Presse- und Informationsamt der Bundesregierung (Hrsg.), Bulletin 11/1991 (31. Januar 1991), S. 61-76.

Kohl, Helmut, „‚Herausforderungen für den Einigungsprozeß in Deutschland und Europa.' Erklärung des Bundeskanzlers vor der Bundespressekonferenz in Bonn", 1. Juli 1991, in: Presse- und Informationsamt der Bundesregierung (Hrsg.), Bulletin 75/1991 (2. Juli 1991), S. 601-602.

Kohl, Helmut, „Erklärung der Bundesregierung zur Lage und Entwicklung in der Sowjetunion und Jugoslawien. Abgegeben von Bundeskanzler Dr. Helmut Kohl vor dem Deutschen Bundestag", 4. September 1991, in: Presse- und Informationsamt der Bundesregierung (Hrsg.), Bulletin 94/1991 (5. September 1991), S. 749-752.

Kohl, Helmut, „‚Ein Symbol des Eintretens für Freiheit und Selbstbestimmung.' Rede des Bundeskanzlers in Berlin", 10. Oktober 1991, in: Presse- und Informationsamt der Bundesregierung (Hrsg.), Bulletin 116/1991 (18. Oktober 1991), S. 921-924.

Kohl, Helmut, „Regierungserklärung vor dem deutschen Bundestag am 2. November 1991", in: Deutscher Bundestag (Hrsg.), Plenarprotokoll 12/60, 2. November 1991, S. 5007-5017.

Kohl, Helmut, „Regierungserklärung des Bundeskanzlers zu aktuellen Fragen der deutschen Außenpolitik", in: Deutscher Bundestag (Hrsg.), Plenarprotokoll 12/87, 2. April 1992, S. 7175-7179.

Kohl, Helmut, „‚Die Sicherheitsinteressen Deutschlands.' Rede des Bundeskanzlers in München", 6. Februar 1993, in: Presse- und Informationsamt der Bundesregierung (Hrsg.), Bulletin 13/1993 (10. Februar 1993), S. 101-105.

Kohl, Helmut, „‚Sicherheit für ein kommendes Europa.' Rede des Bundeskanzlers bei der 33. Münchner Konferenz für Sicherheitspolitik am 3. Februar 1996 in München", in:

Presse- und Informationsamt der Bundesregierung (Hrsg.), Bulletin 15/1996 (14. Februar 1996), CD-ROM-Version, Berlin 2010.

Merkel, Angela, „‚Deutschlands Außen- und Sicherheitspolitik vor globalen Herausforderungen.' Rede von Bundeskanzlerin Dr. Angela Merkel auf der 42. Münchner Konferenz für Sicherheitspolitik am 4. Februar 2006 in München", in: Presse- und Informationsamt der Bundesregierung (Hrsg.), Bulletin 12/2006 (5. Februar 2006), CD-ROM-Version, Berlin 2010.

Merkel, Angela, „Rede von Bundeskanzlerin Dr. Angela Merkel auf dem Kongress des Bundesverbandes der Energie- und Wasserwirtschaft e.V. (BDEW) am 24. Juni 2009 in Berlin", in: Presse- und Informationsamt der Bundesregierung (Hrsg.), Bulletin 75-2/2009 (24. Juni 2009), CD-ROM-Version, Berlin 2010.

Rühe, Volker, „‚Neue Strategie für die Zukunft der euro-atlantischen Gemeinschaft.' Rede des Bundesministers der Verteidigung in Paris", 29. September 1992, in: Presse- und Informationsamt der Bundesregierung (Hrsg.) Bulletin 104/1992 (30. September 1992), S. 973-974.

Rühe, Volker, „‚Verantwortung Deutschlands in der internationalen Völkergemeinschaft.' Rede des Bundesverteidigungsministers in Düsseldorf", 12. Januar 1993, in: Presse- und Informationsamt der Bundesregierung (Hrsg.), Bulletin 6/1993 (18. Januar 1993), S. 41-44.

Rühe, Volker, „Shaping Euro-Atlantic Policies: A Grand Strategy for a New Era", in: Survival, vol. 35, no. 2, Summer 1993, S. 129-137.

Rühe, Volker, „Die NATO als Fundament der Sicherheitsarchitektur der Zukunft", 21. Mai 1993, in: Presse- und Informationsamt der Bundesregierung (Hrsg.), Bulletin 46/1993 (2. Juni 1993), S. 493-494.

Rühe, Volker, „‚Angemessene Sicherheitsvorsorge ist das Gebot der Zeit.' Erklärung von Bundesminister Rühe zum Jahreswechsel", in: Presse- und Informationsamt der Bundesregierung (Hrsg.), Bulletin 1/1994 (4. Januar 1994), S. 5.

Rühe, Volker, „‚Europas Sicherheit und die Zukunft der Bundeswehr.' Rede von Bundesminister Rühe in Berlin", 21. März 1994, in: Presse- und Informationsamt der Bundesregierung (Hrsg.), Bulletin 28/1994 (28. März 1994), S. 253-256.

Rühe, Volker, „‚Deutschlands Verantwortung – Perspektiven für das neue Europa.' Rede von Bundesminister Rühe in Düsseldorf", 12. September 1994, in: Presse- und Informationsamt der Bundesregierung (Hrsg.), Bulletin 86/1994 (22. September 1994), S. 804-807.

Rühe, Volker, „‚Agenda einer neuen Friedensordnung für Europa.' Rede von Bundesminister Rühe in Bonn", 20. April 1995, in: Presse- und Informationsamt der Bundesregierung (Hrsg.), Bulletin 32/1995 (24. April 1995), S. 270-273.

Rühe, Volker, „‚Wechsel in der Leitung der Führungsakademie der Bundeswehr.' Ansprache vom Bundesverteidigungsminister Volker Rühe anläßlich des Wechsels in der Leitung der Führungsakademie der Bundeswehr von Generalmajor Dr. Olboeter an Flottillenadmiral Lange am 26. Januar 1996 in Hamburg", in: Presse- und Informationsamt der Bundesregierung (Hrsg.), Bulletin 12/1996 (8. Februar 1996), CD-ROM-Version, Berlin 2010.

Rühe, Volker, „‚Mut zur Verantwortung – Deutschland und der Frieden in Europa.' Rede von Bundesverteidigungsminister Volker Rühe im Rahmen der Vortragsreihe ‚Politik und Moral' in der Hauptkirche St. Katharinen am 5. Februar 1996 in Hamburg", in: Presse- und Informationsamt der Bundesregierung (Hrsg.), Bulletin 15/1996 (14. Februar 1996), CD-ROM-Version, Berlin 2010.

Rühe, Volker, „‚Die neue NATO.' Vortrag von Bundesverteidigungsminister Volker Rühe an der Johns Hopkins School for Advanced International Studies/American Institute for Contemporary German Studies am 30. April 1996 in Washington D.C.", in: Presse- und Informationsamt der Bundesregierung (Hrsg.), Bulletin 34/1996 (2. Mai 1996), CD-ROM-Version, Berlin 2010.

Rühe, Volker, „Ansprache des Bundesverteidigungsministers Volker Rühe anläßlich einer Festveranstaltung zum sechsten Jahrestag der Deutschen Einheit am 3. Oktober 1996 im Roten Rathaus von Berlin", in: Presse- und Informationsamt der Bundesregierung (Hrsg.), Bulletin 78/1996 (8. Oktober 1996), CD-ROM-Version, Berlin 2010.

Rühe, Volker, „‚Sicherheit in und für Europa.' Vortrag von Bundesverteidigungsminister Volker Rühe vor dem Royal-Institute of International Affairs und der Konrad-Adenauer-Stiftung in Chatham House am 19. November 1996 in London", in: Presse- und Informationsamt der Bundesregierung (Hrsg.), Bulletin 94/1996 (22. November 1996), CD-ROM-Version, Berlin 2010.

Rühe, Volker, „‚Der Marshall-Plan – Signal der Solidarität und des Aufbruchs.' Rede von Bundesminister Rühe auf der Konferenz des George C. Marshall European Center for Security Studies am 29. April 1997 in Garmisch-Partenkirchen", in: Presse- und Informationsamt der Bundesregierung (Hrsg.), Bulletin 36/1997 (12. Mai 1997), CD-ROM-Version, Berlin 2010.

Rühe, Volker, „‚40 Jahre Führungsakademie der Bundeswehr.' Rede von Bundesverteidigungsminister Volker Rühe anläßlich des Festaktes zum 40jährigen Bestehen der Führungsakademie der Bundeswehr am 22. Mai 1997 in Hamburg-Blankenese", in:

Presse- und Informationsamt der Bundesregierung (Hrsg.), Bulletin 42/1997 (28. Mai 1997), CD-ROM-Version, Berlin 2010.

Scharping, Rudolf, „,Das transatlantische Bündnis auf dem Weg in das 21. Jahrhundert.' Rede von Bundesverteidigungsminister Rudolf Scharping auf der Deutschen Atlantischen Gesellschaft am 18. April 1999 in Bonn-Bad Godesberg", in: Presse- und Informationsamt der Bundesregierung (Hrsg.), Bulletin 18/1999 (21. April 1999), CD-ROM-Version, Berlin 2010.

Scharping, Rudolf, „,Grundlinien deutscher Sicherheitspolitik.' Rede von Bundesverteidigungsminister Rudolf Scharping an der Führungsakademie der Bundeswehr am 8. September 1999 in Hamburg", in: Presse- und Informationsamt der Bundesregierung (Hrsg.), Bulletin 56/1999 (23. September 1999), CD-ROM-Version, Berlin 2010.

Scharping, Rudolf, „,Globale Sicherheit – Neue Herausforderungen, neue Strategien.' Rede des Bundesministers der Verteidigung, Rudolf Scharping, auf der 38. Konferenz für Sicherheitspolitik am 3. Februar 2002 in München", in: Presse- und Informationsamt der Bundesregierung (Hrsg.), Bulletin 6-3/2002 (4. Februar 2002), CD-ROM-Version, Berlin 2010.

Schröder, Gerhard, in: Deutscher Bundestag (Hrsg.), Plenarprotokoll 13/248, 16. Oktober 1998, S. 23135-23138.

Schröder, Gerhard, „,Weil wir Deutschlands Kraft vertrauen.' Regierungserklärung des Bundeskanzlers vor dem Deutschen Bundestag – in der Dritten Sitzung des Deutschen Bundestages am 10. November 1998", in: Presse- und Informationsamt der Bundesregierung (Hrsg.), Bulletin 74/1998 (11. November 1998), CD-ROM-Version, Berlin 2010.

Schröder, Gerhard, „,Ausgestaltung einer europäischen Sicherheits- und Verteidigungspolitik.' Rede von Bundeskanzler Gerhard Schröder anläßlich der XXXV. Münchner Konferenz für Sicherheitspolitik am 6. Februar 1999 in München", in: Presse- und Informationsamt der Bundesregierung (Hrsg.), Bulletin 8/1999 (22. Februar 1999), CD-ROM-Version, Berlin 2010.

Schröder, Gerhard, „Erklärung von Bundeskanzler Gerhard Schröder in der 32. Sitzung des Deutschen Bundestages am 15. April 1999 zur aktuellen Lage im Kosovo", in: Presse- und Informationsamt der Bundesregierung (Hrsg.), Bulletin 16/1999 (16. April 1999), CD-ROM-Version, Berlin 2010.

Schröder, Gerhard, „Erklärung der Bundesregierung anläßlich des 50. Jahrestages der Gründung der Nordatlantikpakt-Organisation. Abgegeben von Bundeskanzler Gerhard Schröder vor dem Deutschen Bundestag in Bonn", 22. April 1999, in: Presse- und Informationsamt der Bundesregierung (Hrsg.), Bulletin 19/1999 (23. April 1999), CD-ROM-Version, Berlin 2010.

335

Schröder, Gerhard, „Rede von Bundeskanzler Gerhard Schröder vor dem Deutschen Bundestag im Rahmen der Haushaltsdebatte in der 38. Sitzung am 5. Mai 1999 in Bonn“, in: Presse- und Informationsamt der Bundesregierung (Hrsg.), Bulletin 26/1999 (6. Mai 1999), CD-ROM-Version, Berlin 2010.

Schröder, Gerhard, „Regierungserklärung des Bundeskanzlers. Ergebnisse des Europäischen Rates am 3. und 4. Juni 1999 in Köln und zum Stand der Friedensbemühungen im Kosovo-Konflikt“, in: Deutscher Bundestag (Hrsg.), Plenarprotokoll 14/41, 8. Juni 1999, S. 3483-3488.

Schröder, Gerhard, „‚Deutsche Politik zu Beginn des neuen Jahrhunderts.' Rede von Bundeskanzler Gerhard Schröder bei der Konferenz der Leiterinnen und Leiter deutscher Auslandsvertretungen am 4. September in Berlin“, in: Presse- und Informationsamt der Bundesregierung (Hrsg.), Bulletin 53/2000 (4. September 2000), CD-ROM-Version, Berlin 2010.

Schröder, Gerhard, „Rede von Bundeskanzler Gerhard Schröder zur Beteiligung bewaffneter deutscher Streitkräfte an dem NATO-geführten Einsatz auf mazedonischem Territorium zum Einsammeln und Zerstören der Waffen, die durch die ethnisch albanischen bewaffneten Gruppen freiwillig abgegeben werden in der Debatte der 184. Sitzung des Deutschen Bundestages am 29. August 2001 in Berlin“, in: Presse- und Informationsamt der Bundesregierung (Hrsg.), Bulletin 53-1/2001 (29. August 2001), CD-ROM-Version, Berlin 2010.

Schröder, Gerhard, „Rede von Bundeskanzler Gerhard Schröder zur Eröffnung der Bundesakademie für Sicherheitspolitik am 19. März 2004 in Berlin“, in: Presse- und Informationsamt der Bundesregierung (Hrsg.), Bulletin 25-3/2004 (19. März 2004), CD-ROM-Version, Berlin 2010.

Steinmeier, Frank-Walter, „‚Russland, Europa und die Welt – Perspektiven der Zusammenarbeit in globalen Sicherheitsfragen.' Rede des Bundesministers des Auswärtigen, Dr. Frank-Walter Steinmeier, auf der 42. Münchner Konferenz für Sicherheitspolitik am 5. Februar 2006 in München“, in: Presse- und Informationsamt der Bundesregierung (Hrsg.), Bulletin 12-3/2006 (5. Februar 2006), CD-ROM-Version, Berlin 2010.

Steinmeier, Frank-Walter, „‚Kooperative Strategien zur globalen Energiesicherung' – Rede von Bundesaußenminister Steinmeier anlässlich der Eröffnung der Reihe ‚Energiesicherheit und internationale Beziehungen' des Auswärtigen Amts und des Veranstaltungsforums der Verlagsgruppe Georg von Holtzbrinck im Auswärtigen Amt, Berlin“, 16. Februar 2007, online unter http://www.auswaertiges-amt.de/diplo/de/Infoservice/Presse/Reden/2007/070216-Energiekonferenz.html (Zugriff am 3. November 2010).

336

Steinmeier, Frank-Walter, „‚Internationale Aspekte der Energiepolitik.' Rede des Bundesministers des Auswärtigen, Dr. Frank-Walter Steinmeier, beim zweiten Energiegipfel der Bundesregierung am 9. Oktober 2009 in Berlin", in: Presse- und Informationsamt der Bundesregierung (Hrsg.), Bulletin 98-2/2006 (9. Oktober 2006), CD-ROM-Version, Berlin 2010.

Steinmeier, Frank-Walter, „‚Geopolitische Neuordnung', Rede an der Helmut Schmidt-Universität Hamburg am 28.4.2010", online unter http://www.spdfraktion.de/cnt/rs/rs_dok/0,,51969,00.html (Zugriff am 15. November 2010).

## *Dokumente aus dem Bundestag und den Bundesbehörden*

Auswärtiges Amt (Hrsg.), Aktionsplan „Zivile Krisenprävention, Konfliktlösung und Friedenskonsolidierung", 12. Mai 2004, online unter http://www.auswaertiges-amt.de/diplo/de/Aussenpolitik/Themen/Krisenpraevention/Downloads/Aktionsplan-De.pdf (Zugriff am 14. September 2010).

Auswärtiges Amt (Hrsg.), „Stabilitätspakt für Südosteuropa und Regionaler Kooperationsrat", online unter http://www.auswaertiges-amt.de/diplo/de/Europa/WestlicherBalkan/Stabilitaetspakt,navCtx=26352.html (Zugriff am 14. September 2010).

Bundesministerium der Verteidigung (Hrsg.), Verteidigungspolitische Richtlinien. Erlassen vom Bundesverteidigungsministerium am 26. November 1992, online unter http://www.ag-friedensforschung.de/themen/Bundeswehr/vpr1992.html (Zugriff am 15. Juni 2010).

Bundesministerium der Verteidigung (Hrsg.), Verteidigungspolitische Richtlinien. Erlassen vom Bundesminister für Verteidigung am 21. Mai 2003, online unter http://www.ag-friedensforschung.de/themen/Bundeswehr/vpr2003.html (Zugriff am 15. Juni 2010).

Bundesministerium der Verteidigung (Hrsg.), Verteidigungspolitische Richtlinien. Nationale Interessen wahren – Internationale Verantwortung übernehmen – Sicherheit gemeinsam gestalten, Berlin, 18. Mai 2011, online unter http://www.bmvg.de/portal/a/bmvg/!ut/p/c4/LYsxEoAgDATf4gdIb-cv1MYBzcQbMDgQ8ftSONtssUsrddQ3iDdk9YlmWnaM4XXhauIq9pPLybB65wR DdF6FQzZ2R47PxdqtcTHGAXlU_q72byv9tgQFK91xGj6tRgx1/ (Zugriff am 22. Mai 2011).

Bundesministerium der Verteidigung (Hrsg.), Weißbuch 1994 zur Sicherheit der Bundesrepublik Deutschland und zur Lage und Zukunft der Bundeswehr, Bonn 1994.

Bundesministerium der Verteidigung (Hrsg.), Weißbuch 2006 zur Sicherheitspolitik Deutschlands und zur Zukunft der Bundeswehr, Berlin 2006.

Bundesministerium für Wirtschaft und Technologie (Hrsg.), „Energiestatistiken – Energiegewinnung – Energieverbrauch", online unter http://www.bmwi.de/BMWi/Redaktion/PDF/E/energiestatistiken-energiegewinnung-energieverbrauch,property=pdf,bereich=bmwi,sprache=de,rwb=true.pdf (Zugriff am 14. September 2010).

Bundesministerium für Wirtschaft und Technologie (Hrsg.), Bericht der Bundesregierung zur Öl- und Gasmarktstrategie, [Berlin 2008], online unter http://www.bmwi.de/BMWi/Redaktion/PDF/B/bericht-der-bundesregierung-zur-oel-und-gasmarktstrategie,property=pdf,bereich=bmwi,sprache=de,rwb=true.pdf (Zugriff am 14. September 2010).

Bundesministerium für wirtschaftliche Zusammenarbeit und Entwicklung (Hrsg.), Konzept für die deutsche entwicklungspolitische Zusammenarbeit mit den Ländern Afrikas südlich der Sahara, Bonn 1998.

Bundesministerium für wirtschaftliche Zusammenarbeit und Entwicklung (Hrsg.), Zentralasienkonzept, Bonn April 2005, online unter http://www.giga-hamburg.de/content/ias/pdf/asien_konzept.pdf (Zugriff am 15. November 2010).

Bundesverfassungsgericht, „Das Urteil des Bundesverfassungsgerichts vom 12. Juli 1994", in: Europa-Archiv 15/1994, S. D427-D431.

Deutscher Bundestag (Hrsg.), Antwort der Bundesregierung auf die Große Anfrage der Abgeordneten Angelika Beer, Winfried Nachtwei, Christian Sterzing und der Fraktion Bündnis 90/Die Grünen „Neue Sicherheitspolitik der Bundesrepublik Deutschland (I)", Drucksache 13/5181, 2. Juli 1996.

Deutscher Bundestag (Hrsg.), Antwort der Bundesregierung auf die Kleine Anfrage der Abgeordneten Rainder Steenblock, Hans Josef Fell und der Fraktion Bündnis 90/Die Grünen, „Auswirkungen der Ostseegaspipeline auf die Bundesrepublik Deutschland", Drucksache 16/344, 5. Januar 2006.

Deutscher Bundestag (Hrsg.), Antwort der Bundesregierung auf die Große Anfrage der Abgeordneten Marieluise Beck (Bremen), Volker Beck (Köln), Alexander Bonde, weiterer Abgeordneter und der Fraktion Bündnis 90/Die Grünen „Zur Umsetzung der EU-Zentralasienstrategie", Drucksache 16/10712, 24. Oktober 2008.

338

Deutscher Bundestag (Hrsg.), Antwort der Bundesregierung auf die Kleine Anfrage der Abgeordneten Gudrun Kopp, Jens Ackermann, Christian Ahrendt, weiterer Abgeordneter und der Fraktion der FDP „Reaktionen der Bundesregierung auf den Gasstreit zwischen der Russischen Föderation und der Ukraine", Drucksache 16/11957, 13. Februar 2009.

Deutscher Bundestag (Hrsg.), Antwort der Bundesregierung auf die Kleine Anfrage der Abgeordneten Oliver Krischer, Hans-Josef Fell, Bärbel Höhn, weiterer Abgeordneter und der Fraktion Bündnis 90/Die Grünen „Die Rolle von Flüssigerdgas (Liquid Natural Gas – LNG) für die Versorgungssicherheit Deutschlands", Drucksache 17/311, 18. Dezember 2009.

Deutscher Bundestag (Hrsg.), Unterrichtung durch die Bundesregierung. Bericht der Bundesregierung über die Ergebnisse ihrer Bemühungen um die Weiterentwicklung der politischen und ökonomischen Gesamtstrategie für die Balkanstaaten und ganz Südosteuropa (Berichtszeitraum: 1. Februar 2009 bis 28. Februar 2010), Drucksache 17/1200, 23. März 2010.

„Gemeinsame Erklärung zu Jugoslawien des Präsidenten der Französischen Republik und des Bundeskanzlers der Bundesrepublik Deutschland", in: Presse- und Informationsamt der Bundesregierung (Hrsg.), Bulletin 103/1991 (25. September 1991), S. 819.

„Gemeinsame Sicherheit und Zukunft der Bundeswehr", Bericht der Kommission an die Bundesregierung, 23. Mai 2000,
online unter http://www.spdfraktion.de/cnt/rs/rs_datei/0,,1663,00.pdf (Zugriff am 15. Juni 2010).

Presse- und Informationsamt der Bundesregierung (Hrsg.), Zentralasienkonzept der Bundesregierung, Berlin 18. März 2002, online unter http://www.giga-hamburg.de/content/ias/pdf/zentralasien_konzept_bure.pdf (Zugriff am 15. November 2010).

*Sonstige Dokumente*

British Petroleum (Hrsg.), BP Statistical Review of World Energy, London Juni 2010.

CDU/CSU-Fraktion im Deutschen Bundestag (Hrsg.), Eine Sicherheitsstrategie für Deutschland. Beschluss der CDU/CSU-Bundestagsfraktion vom 6. Mai 2008, Berlin 2008, online unter
http://www.cducsu.de/Titel__Themen_des_Tages/TabID__1/SubTabID__5/InhaltTy pID__4/InhaltID__9735/Inhalte.aspx (Zugriff am 29. März 2011).

CDU/CSU-Fraktion im Deutschen Bundestag (Hrsg.), „Strategische Elemente einer zukunftsfähigen Energiepolitik. Versorgungssicherheit – Wettbewerb – Forschung. Positionspapier der CDU/CSU-Fraktion im Deutschen Bundestag", 4. April 2006, online unter www.cducsu.de/GetMedium.aspx?mid=1469 (Zugriff am 29. März 2011).

Christlich Demokratische Union Deutschlands (CDU), Christlich Soziale Union in Bayern (CSU), Sozialdemokratische Partei Deutschlands (SPD), „‚Gemeinsam für Deutschland – Mit Mut und Menschlichkeit.' Koalitionsvertrag zwischen CDU, CSU und SPD", Berlin 2005,
online unter http://www.cdu.de/doc/pdf/05_11_11_Koalitionsvertrag.pdf (Zugriff am 29. März 2011).

Commission of the European Communities (Hrsg.), Communication from the Commission to the Council and the European Parliament. Black Sea Synergy – A New Regional Cooperation Initiative, Brüssel 2007.

Council of the European Union (Hrsg.), Joint Progress Report by the Council and the European Commission to the European Council on the implementation of the EU Strategy for Central Asia, Brüssel 28. Juni 2010, online unter http://www.eeas.europa.eu/delegations/kazakhstan/documents/eu_kazakhstan/joint_progress_report_eu_ca_strategy_en.pdf (Zugriff am 15. November 2010).

Council of the European Union (Hrsg.), Prague Summit – Southern Corridor, May 8, 2009, online unter http://www.consilium.europa.eu/uedocs/cms_data/docs/pressdata/en/misc/107598.pdf (Zugriff am 17. Juli 2009).

„Die EU und Zentralasien. Strategie für eine neue Partnerschaft", online unter http://www.auswaertiges-amt.de/cae/servlet/contentblob/347892/publicationFile/3096/Zentralasien-Strategie-Text-D.pdf (Zugriff am 10. November 2008).

„DRC/Artemis", online unter http://consilium.europa.eu/showPage.aspx?id=605&lang=de (Zugriff am 17. November 2010).

Energy Charter Secretariat (Hrsg.), The Energy Charter Treaty and Related Documents, online unter http://www.encharter.org/fileadmin/user_upload/document/EN.pdf (Zugriff am 15. November 2010).

European Commission (Hrsg.), Green Paper - Towards a European strategy for the security of energy supply, Brüssel 2000.

European Commission (Hrsg.), Joint Progress Report by the Council and the European Commission to the European Council on the implementation of the EU Central Asia Strategy, Brüssel 24. Juni 2008, online unter http://eeas.europa.eu/central_asia/docs/progress_report_0608_en.pdf (Zugriff am 15. November 2010).

Foreign and Commonwealth Office (Hrsg.), „UK International Priorities: Energy Strategy", online unter http://www.fco.gov.uk/resources/en/pdf/pdf9/fco_ukinternationalenergystrat (Zugriff am 3. November 2010).

Independent International Fact-Finding Mission on the Conflict in Georgia, Report, September 2009, online unter http://www.euractiv.de/fileadmin/images/IIFFMCG_Volume_I.pdf (Zugriff am 14. März 2011).

International Energy Agency (Hrsg.), World Energy Outlook 2010. Zusammenfassung, online unter http://www.worldenergyoutlook.org/docs/weo2010/weo2010_es_german.pdf (Zugriff am 14. Dezember 2010).

Ministry of Energy of the Russian Federation (Hrsg.), The Summary of the Energy Strategy of Russia for the Period of up to 2020, Moskau 2003.

Ministry of Energy of the Russian Federation (Hrsg.), Energy Strategy of Russia for the Period up to 2030, Moskau 2010.

National Energy Policy Development Group (Hrsg.), National Energy Policy. Report of the National Energy Policy Development Group, Washington, D.C. 2001.

North Atlantic Treaty Organization (Hrsg.), „Founding Act on Mutual Relations, Cooperation and Security between NATO and the Russian Federation signed in Paris, France", online unter http://www.nato.int/cps/en/natolive/official_texts_25468.htm (Zugriff am 14. September 2010).

North Atlantic Treaty Organization (Hrsg.), „The Alliance's Strategic Concept agreed by the Heads of State and Government participating in the meeting of the North Atlantic Council, 7.-8. November 1991", online unter http://www.nato.int/cps/en/natolive/official_texts_23847.htm (Zugriff am 14. September 2010).

North Atlantic Treaty Organization (Hrsg.), „Study on NATO Enlargement", online unter http://www.nato.int/docu/basictxt/enl-9501.htm (Zugriff am 14. September 2010).

341

North Atlantic Treaty Organization (Hrsg.), „The Alliance's Strategic Concept. Approved by the Heads of State and Government participating in the meeting of the North Atlantic Council in Washington D.C., 24. April 1999",
online unter http://www.nato.int/cps/en/natolive/official_texts_27433.htm (Zugriff am 14. September 2010).

Sozialdemokratische Partei Deutschlands (SPD) und Bündnis90/Die Grünen, „Aufbruch und Erneuerung – Deutschlands Weg ins 21. Jahrhundert. Koalitionsvereinbarung zwischen der Sozialdemokratischen Partei Deutschlands und Bündnis90/Die Grünen", Bonn 20. Oktober 1998, online unter http://archiv.gruene-partei.de/gremien/rot-gruen/vertrag/vertrag-i.htm (Zugriff am 14. September 2010).

SPD-Bundestagsfraktion (Hrsg.), „Die Nabucco-Pipeline muss kommen", Pressemitteilung 54/2009, 23. Januar 2009, online unter
http://www.spdfraktion.de/cnt/rs/rs_dok/0,,46078,00.pdf (Zugriff am 25. Mai 2009).

„Stability Pact for South Eastern Europe",
online unter http://www.stabilitypact.org/constituent/990610-cologne.asp (Zugriff am 14. September 2010).

The White House (Hrsg.), A National Security Study of Engagement and Enlargement, Washington, D.C. 1995.

United States Department of the Navy und United States Coast Guard (Hrsg.), A Cooperative Strategy for 21st Century Seapower, Oktober 2007, online unter http://www.navy.mil/maritime/Maritimestrategy.pdf (Zugriff am 3. Februar 2011).

US Department of State (Hrsg.), Caspian Region Energy Development Report, Washington, D.C. 1997.

„Vertrag zwischen der Bundesrepublik Deutschland, der Deutschen Demokratischen Republik, Frankreich, Großbritannien, der Sowjetunion und den Vereinigten Staaten über die abschließende Regelung der Deutschland-Frage, unterzeichnet in Moskau am 12. September 1990 (mit Brief des deutschen Außenministers)", in: Europa-Archiv, Folge 19/1990, S. D 509-D 514.

http://www.africom.mil/ (Zugriff am 3. Februar 2011).

http://www.gazpromexport.ru/?pkey1=00004 (Zugriff am 3. November 2010).

342

## Interviews und Korrespondenz

Interview mit Dr. Friedemann Müller, geführt am 1. Oktober 2009.

Interview mit Vizeadmiral a.D. Ulrich Weisser, geführt am 26. April 2010.

Interview mit Marcel Viëtor, geführt am 21. Juli 2010.

Interview mit Dr. Frank Umbach, geführt am 23. Juli 2010.

Interview mit Dr. Stefan Meister, geführt am 4. Oktober 2010.

Interview mit Oberst i.G. Ralph Thiele, geführt am 27. Oktober 2010.

Korrespondenz mit einem Mitarbeiter des Auswärtigen Dienstes der Bundesrepublik Deutschland, 1. Juni 2010.


## Monographien und Aufsatzsammlungen

Abdolvand, Behrooz, Die geoökonomischen Interessen der USA und deren Auswirkung auf die Neuverteilung der kaspischen Energieressourcen, Dissertation zur Erlangung des Grades eines Doktors der Philosophie, online unter http://www.diss.fu-berlin.de/diss/servlets/MCRFileNodeServlet/FUDISS_derivate_000000002616/0_abdolvand.pdf?hosts=local (Zugriff am 14. Mai 2009).

Adenauer, Konrad, Erinnerungen 1945-1953, Stuttgart 1965.

Altuglu, Murat, New Great Game. Energiepolitik im kaspischen Raum (Forum Junge Politikwissenschaft, Band 5), Bonn 2006.

Angenendt, Steffen (Hrsg.), Migration und Flucht. Aufgaben und Strategien für Deutschland, Europa und die internationale Gemeinschaft, Bonn 1997.

Ante, Ulrich, Zur Grundlegung des Gegenstandsbereiches der Politischen Geographie. Über das ‚Politische' in der Geographie, Stuttgart 1985.

Arora, Chaya, Germany's Civilian Power Diplomacy: NATO Expansion and the Art of Communicative Action, New York 2006.

Art, Robert, A Grand Strategy for America, Ithaca und London 2003.

Asmus, Ronald D., Opening NATO's Door: How the Alliance Remade Itself for a New Era, New York 2002.

Bahr, Egon, Der deutsche Weg. Selbstverständlich und normal, München 2003.

Bahr, Egon, Deutsche Interessen. Streitschrift zu Macht, Sicherheit und Außenpolitik, München 1998.

Bakker, Geert, Duitse Geopolitiek 1919-1945. Een imperialistische ideologie, Assen 1967.

Baring, Arnulf (Hrsg.), Germany's New Position in Europe. Problems and Perspectives (Germany Historical Perspectives VIII), Oxford und Providence 1994.

Barnett, Peter, The Pentagon's New Map: War and Peace in the Twenty-First Century, New York 2004.

Basedau, Matthias, Erdölkriege – Kriege der Zukunft? (GIGA Focus 6/2007), Hamburg 2007.

Bastian, Katrin, Die Europäische Union und Russland. Multilaterale und bilaterale Dimensionen der europäischen Außenpolitik, Wiesbaden 2006.

Baumann, Rainer, Rittberger, Volker und Wagner, Wolfgang, Macht und Machtpolitik. Neorealistische Außenpolitiktheorie und Prognosen für die deutsche Außenpolitik nach der Vereinigung (Tübinger Arbeitspapiere zur internationalen Politik 30), Tübingen 1998.

Besson, Waldemar, Die Außenpolitik der Bundesrepublik. Erfahrungen und Maßstäbe, München 1970.

Bierling, Stephan, Die Außenpolitik der Bundesrepublik Deutschland. Normen, Akteure, Entscheidungen, München 2. Auflage 2005.

Biermann, Rafael (Hrsg.), Deutsche Konfliktbewältigung auf dem Balkan. Erfahrungen und Lehren aus dem Einsatz (Schriften des Zentrum für Europäische Integrationsforschung, Center for European Integration Studies der Rheinischen Friedrich-Wilhelms-Universität Bonn 37), Baden-Baden 2002.

Biermann, Rafael, The Stability Pact for South Eastern Europe: Potential, Problems and Perspectives (ZEI Discussion paper C56), Bonn 1999.

Braml, Josef u. a. (Hrsg.), Einsatz für den Frieden. Sicherheit und Entwicklung in Räumen begrenzter Staatlichkeit (Jahrbuch Internationale Politik Band 28), München 2010.

344

Braml, Josef u. a. (Hrsg.), Weltverträgliche Energiesicherheitspolitik (Jahrbuch Internationale Politik Band 27), München 2008.

Böckenförde, Stephan (Hrsg.), Chancen deutscher Außenpolitik. Analysen – Perspektiven – Empfehlungen, Dresden 2005.

Böckenförde, Stephan und Gareis, Sven Bernhard (Hrsg.), Deutsche Sicherheitspolitik. Herausforderungen, Akteure und Prozesse, Opladen und Farmington Hills 2009.

Boesler, Klaus-Achim, Politische Geographie, Stuttgart 1983.

Bracher, Karl Dietrich, Betrachtungen zum Problem der Macht, Opladen 1991.

Bredow, Wilfried von, Turbulente Welt-Ordnung, Stuttgart 1994.

Bredow, Wilfried von und Jäger, Thomas, Neue deutsche Außenpolitik. Nationale Interessen in internationalen Beziehungen, Opladen 1993.

Brill, Heinz, Geopolitik heute. Deutschlands Chance?, Frankfurt am Main und Berlin 1994.

Brill, Heinz, Geopolitische Analysen. Beiträge zur deutschen und internationalen Sicherheitspolitik 1974-2004, Bissendorf 2005.

Bröchler, Stephan und Schützeichel, Rainer (Hrsg.), Politikberatung, Stuttgart 2008.

Brummer, Klaus und Weiss, Stefani, Europa im Wettlauf um Öl und Gas. Leitlinien einer europäischen Energieaußenpolitik, Gütersloh 2007.

Brunner, Georg (Hrsg.), Politische und ökonomische Transformation in Osteuropa (Osteuropaforschung Band 36), Berlin 3. Auflage 2000.

Brzezinski, Zbigniew, Die einzige Weltmacht. Amerikas Strategie der Vorherrschaft, Frankfurt am Main 8. Auflage 2004.

Brzezinski, Zbigniew, Game Plan. A Geostrategic Framework for the Conduct of the U.S.-Soviet Contest, Boston 1986.

Brzezinski, Zbigniew, Power and Principle. Memoirs of the National Security Adviser 1977-1981, New York 1983.

Buck, Felix, Weltordnung im Wandel. Geopolitik 2000. Deutschland in der Welt am Vorabend des 3. Jahrtausends, Frankfurt am Main und Bonn 1996.

Bukold, Steffen, Öl im 21. Jahrhundert. Band 1: Grundlagen und Kernprobleme, München 2009.

Bundesakademie für Sicherheitspolitik (Hrsg.), Sicherheitspolitik in neuen Dimensionen. Kompendium zum erweiterten Sicherheitsbegriff, Hamburg 2001.

Bundeszentrale für politische Bildung (Hrsg.), Grundgesetz für die Bundesrepublik Deutschland, Bonn 2010.

Buttmann, Günther, Friedrich Ratzel. Leben und Werk eines deutschen Geographen 1844-1904, Stuttgart 1977.

Calic, Marie-Janine, Geschichte Jugoslawiens im 20. Jahrhundert, München 2010.

Casny, Peter, Europas Kampf um Energie. Der Ausbau der Beziehungen zur Russischen Föderation und Überlegungen zu einer zukünftigen Energiesicherheit, Berlin 2007.

Chandler, David (Hrsg.), State Building and Intervention. Policies, Practices and Paradigms, London 2009.

Cohen, Saul B., Geography and Politics in a World Divided, London und Toronto 2. Auflage 1973.

Cornell, Swante E. u. a., The Wider Black Sea Region: An emerging Hub in European Security, Washington, D.C. 2006.

Cottey, Andrew, East-Central Europe after the Cold War. Poland, the Czech Republic, Slovakia and Hungary in Search of Security, Houndsmills 1996.

Crawford, Beverly, Power and German Foreign Policy: Embedded Hegemony in Europe, Houndmills 2007.

Daalder, Ivo H. und O'Hanlon, Michael E., Winning Ugly. NATO's War to Save Kosovo, Washington, D.C. 2000.

Däubler-Gmelin, Herta u. a. (Hrsg.), Afrika. Europas verkannter Nachbar. Band 1: Ansichten und Einsichten aus Theorie und Praxis, Frankfurt am Main 2007.

Dalby, Simon, Creating the Second Cold War. The Discourse of Politics, New York 1990.

David, Charles-Philippe und Lévesque, Jacques (Hrsg.), The Future of NATO: Enlargement, Russia, and European Security, Montreal 1999.

Deimel, Johanna und Meurs, Wim van (Hrsg.), The Balkan Prism: A Retrospective by Policy-Makers and Analysts, München 2007.

346

Dembinski, Matthias, Bedingt handlungsfähig. Eine Studie zur Türkeipolitik der Europäischen Union (HSFK-Report 5/2001), Frankfurt am Main 2001.

Diekmann, Irene, Krüger, Peter und Schoeps, Julius H. (Hrsg.), Geopolitik. Grenzgänge im Zeitgeist. 2 Bände, Potsdam 2000.

Dirmoser, Dietmar, Energiesicherheit. Neue Knappheiten, das Wiederaufleben des Ressourcennationalismus und die Aussichten für multilaterale Ansätze (Friedrich-Ebert-Stiftung – Kompass 2020: Deutschland in den internationalen Beziehungen – Ziele, Instrumente, Perspektiven), Bonn 2007.

Dodds, Klaus, Geopolitics. A Very Short Introduction, Oxford und New York 2007.

Dollinger, Heinz, Gründer, Horst und Hausschmidt, Alwin (Hrsg.), Weltpolitik – Europagedanke – Regionalismus. Festschrift für Heinz Gollwitzer zum 65. Geburtstag, Münster 1982.

Dussouy, Gérard, Quelle géopolitique aus XXIe siècle ?, Brüssel 2001.

Ebeling, Frank, Geopolitik. Karl Haushofer und seine Raumwissenschaft 1919-1945, Berlin 1994.

Faßler, Manfred, Will, Johanna und Zimmermann, Marita (Hrsg.), Gegen die Restauration der Geopolitik. Zum Verhältnis von Ethnie, Nation und Globalität (Schriftenreihe des Evangelischen Studienwerks Villigst Band 17), Gießen 1996.

Feiner, Sabine, Weltordnung durch US-Leadership? Die Konzeption Zbigniew K. Brzezinskis, Wiesbaden 2000.

Ferdowsi, Mir A. (Hrsg.), Afrika – Ein verlorener Kontinent? München 2004.

Fischer, Joschka, Die rot-grünen Jahre. Deutsche Außenpolitik – vom Kosovo bis zum 11. September, Köln 2007.

Flint, Colin und Taylor, Peter, Political Geography. World-Economy, Nation-State and Locality, Essex 5. Auflage 2007.

Follath, Erich und Jung, Alexander (Hrsg.), Der neue Kalte Krieg. Kampf um die Rohstoffe (Bundeszentrale für Politische Bildung Schriftenreihe Band 654), Bonn 2007.

Frankel, Joseph, National Interest, London 1970.

Fredholm, Michael, Gazprom in Crisis (Defence Academy of the United Kingdom, Conflict Studies Research Centre – Russian Series 06/48), Watchfield und Swindon

2006, online unter www.da.mod.uk/colleges/arag/document-listings/russian/06(48)MF.pdf (Zugriff am 7. Juli 2009).

Fredholm, Michael, The Russian Energy Strategy and Energy Policy: Pipeline Diplomacy or Mutual Dependence? (Defence Academy of the United Kingdom, Conflict Studies and Research Centre – Russian Series 05/41), Watchfield 2005, online unter www.da.mod.uk/colleges/arag/document-listings/russian/05(41)-MF.pdf (Zugriff am 7. Juli 2009).

Freedman, Lawrence (Hrsg.), Military Intervention in European Conflicts, Oxford und Cambridge 1994.

Friedrich, Roland, Die deutsche Außenpolitik im Kosovo-Konflikt, Wiesbaden 2005.

Friedrich, Wolfgang-Uwe (Hrsg.), The Legacy of Kosovo: German Politics and Policies in the Balkans (American Institute for Contemporary German Studies – The Johns Hopkins University, German Issues 22), Washington, D.C. 2000.

Fritz, Erich G. (Hrsg.), Russland unter Putin. Weg ohne Demokratie oder russischer Weg zur Demokratie? (Forum Internationale Politik 3), Oberhausen 2005.

Fröhlich, Stefan, Zwischen selektiver Verteidigung und globaler Eindämmung. Geostrategisches Denken in der amerikanischen Außen- und Sicherheitspolitik während des Kalten Krieges, Baden-Baden 1998.

Fukuyama, Francis, Staaten bauen. Die neuen Herausforderungen internationaler Politik, Berlin 2004.

Gaddis, John Lewis, Strategies of Containment. A Critical Appraisal of Postwar American National Security Policy, Oxford und New York 1982.

Gareis, Sven Bernhard, Deutschlands Außen- und Sicherheitspolitik. Eine Einführung, Opladen und Farmington Hills 2. Auflage 2006.

Garthoff, Raymond, Détente and Confrontation. American-Soviet Relations from Nixon to Reagan, Washington, D.C. 1994.

Genscher, Hans-Dietrich, Erinnerungen, Berlin 1995.

Glatz, Sebastian, Die Energiesicherheit der Bundesrepublik Deutschland. Nationale Interessen im geopolitischen Kontext (Forum Junge Politikwissenschaft, Band 26), Bonn 2010.

Goebel, Peter (Hrsg.), Von Kambodscha bis Kosovo. Auslandseinsätze der Bundeswehr, Frankfurt am Main und Bonn 2000.

Görtemaker, Manfred, Die Berliner Republik. Wiedervereinigung und Neuorientierung (Deutsche Geschichte im 20. Jahrhundert Band 16), Berlin 2009.

Goldgeier, James M., Not Whether but When: The U.S. Decision to Enlarge NATO, Washington, D.C. 1999.

Goldmann, Marshall I., What went wrong with Perestroika?, New York u. a. 1992.

Gorbatschow, Michail, Perestroika. Die zweite russische Revolution. Eine neue Politik für Europa und die Welt, München 1989.

Grewe, Hartmut, Energiesicherheit als strategisches Ziel: Anforderungen an eine Energieaußenpolitik (Analysen und Argumente aus der Konrad-Adenauer-Stiftung Nr. 36/2006), Sankt Augustin 2006.

Grewlich, Klaus W., Pipelines, Drogen, Kampf ums Wasser – greift die EU-Zentralasien-Strategie? Neues Great Game von Afghanistan bis zum kaspischen Meer? (ZEI Discussion Paper C200), Bonn 2010.

Hacke, Christian, Die Außenpolitik der Bundesrepublik Deutschland. Von Konrad Adenauer bis Gerhard Schröder, Berlin 2. Auflage 2004.

Hacke, Christian, Zur Weltmacht verdammt. Die amerikanische Außenpolitik von J.F. Kennedy bis G.W. Bush, München 3. Auflage 2005.

Hacke, Christian, Zuviel Theorie? Zuwenig Geschichte? Eine kritische Zwischenbilanz der Disziplin der Internationalen Beziehungen in Deutschland (Studien zur Internationalen Politik Heft 2 (2003)), Hamburg 2003.

Haftendorn, Helga, Deutsche Außenpolitik zwischen Selbstbeschränkung und Selbstbehauptung, Stuttgart und München 2001.

Haftendorn, Helga, Sicherheit und Entspannung. Zur Außenpolitik der Bundesrepublik Deutschland 1955-1982, Baden-Baden 2. Auflage 1986.

Haftendorn, Helga u. a. (Hrsg.), The Strategic Triangle: France, Germany, and the United States in the Shaping of the New Europe, Washington, D.C. 2006.

Haglund, David G. (Hrsg.), Will NATO go East? The Debate over Enlarging the Atlantic Alliance, Kingston 1996.

Harnisch, Sebastian, Katsioulis, Christos und Overhaus, Marco (Hrsg.), Deutsche Sicherheitspolitik. Eine Bilanz der Regierung Schröder, Baden-Baden 2004.

Haslam, Jonathan, No Virtue like Necessity. Realist Thought in International Relations since Machiavelli, New Haven und London 2002.

Haushofer, Karl, Dai Nihon. Betrachtungen über Groß-Japans Wehrkraft, Weltstellung und Zukunft, Berlin 1913.

Haushofer, Karl, Geopolitik der Pan-Ideen, Berlin 1931.

Heisig, Johannes Volker, Warum eine Osterweiterung der NATO? Analyse der Entscheidungsprozesse und Kontroversen in Deutschland und in den USA im Zusammenhang der sicherheitspolitisch-strategischen Orientierungsdebatten nach dem Ost-West-Konflikt, Berlin 2004.

Heller, Hermann, Staatslehre, herausgegeben von Gerhart Niemeyer, Leiden 1934.

Hildebrand, Klaus, Das Dritte Reich (Oldenbourg Grundriss der Geschichte Band 17), München 6. Auflage 2003.

Hillgruber, Andreas, Die gescheiterte Großmacht. Eine Skizze des deutschen Reiches 1871-1945, Düsseldorf 1980.

Hilz, Wolfram, Europas verhindertes Führungstrio. Die Sicherheitspolitik Deutschlands, Frankreichs und Großbritanniens in den Neunzigern, Paderborn u. a. 2005.

Hipler, Bruno, Hitlers Lehrmeister. Karl Haushofer als Vater der NS-Ideologie, St. Ottilien 1996.

Hoppe, Christoph, Zwischen Teilhabe und Mitsprache. Die Nuklearfrage in der Allianzpolitik Deutschlands 1959-1966, Baden-Baden 1994.

Hulin, Rüdiger (Hrsg.), Der ISAF-Einsatz. Die Bundeswehr in Afghanistan (German Defense Mirror), Bonn 2004.

Huntington, Samuel P., The Clash of Civilizations and the Remaking of World Order, New York 1996.

Ihlau, Olaf und Mayr, Walter, Minenfeld Balkan. Der unruhige Hinterhof Europas, Berlin 2009.

Isensee, Josef und Kirchhof, Paul (Hrsg.), Handbuch des Staatsrechts der Bundesrepublik Deutschland. Band VII: Normativität und Schutz der Verfassung – Internationale Beziehungen, Heidelberg 1992.

Jacobsen, Hans-Adolf, Karl Haushofer. Leben und Werk. 2 Bände, Boppard 1979.

Jäger, Thomas, Höse, Alexander und Oppermann, Kai (Hrsg.), Deutsche Außenpolitik. Sicherheit, Wohlfahrt, Institutionen und Normen, Wiesbaden 2007.

Joerißen, Britta, Der Balkan. Von Krieg, Frieden und Europa (Friedrich-Ebert-Stiftung – Kompass 2020: Deutschland in den internationalen Beziehungen. Ziele, Instrumente, Perspektiven), Bonn 2007.

Joetze, Günter, Der letzte Krieg in Europa? Das Kosovo und die deutsche Politik, Stuttgart 2001.

Jopp, Matthias und Schlotter, Peter (Hrsg.), Kollektive Außenpolitik – die Europäische Union als internationaler Akteur (Europäische Schriften 86), Baden-Baden 2007.

Josten, Daniel, Gibt es eine Renaissance der Geopolitik?, Norderstedt 2004.

Jungbauer, Andreas, Deutsche Afrikapolitik in den 90er Jahren, Hamburg 1998.

Kagan, Robert, Die Demokratie und ihre Feinde. Wer gestaltet die neue Weltordnung? (Bundeszentrale für politische Bildung Schriftenreihe Band 714), Bonn 2008.

Kaiser, Karl (Hrsg.), Zur Zukunft der Deutschen Außenpolitik. Reden zur Außenpolitik der Berliner Republik, Bonn 1998.

Kaiser, Karl und Maull, Hanns W. (Hrsg.), Deutschlands neue Außenpolitik. Band 1: Grundlagen (Schriften des Forschungsinstituts der Deutschen Gesellschaft für Auswärtige Politik e.V., Bonn, Reihe Internationale Politik und Wirtschaft Band 59), München 1994.

Kaiser, Karl und Maull, Hanns W. (Hrsg.), Deutschlands neue Außenpolitik. Band 2: Herausforderungen (Schriften des Forschungsinstituts der Deutschen Gesellschaft für Auswärtige Politik e.V., Bonn, Reihe Internationale Politik und Wirtschaft Band 61), München 1995.

Kaiser, Karl und Krause, Joachim (Hrsg.), Deutschlands neue Außenpolitik. Band 3: Interessen und Strategien (Schriften des Forschungsinstituts der Deutschen Gesellschaft für Auswärtige Politik e.V., Bonn, Reihe Internationale Politik und Wirtschaft Band 62), München 1996.

Kalicki, Jan H. und Goldwyn, David L. (Hrsg.), Energy and Security. Toward a New Foreign Policy Strategy, Baltimore 2005.

Keller, Patrick, Von der Eindämmung zur Erweiterung. Bill Clinton und die Neuorientierung der amerikanischen Außenpolitik (Forum Junge Politikwissenschaft, Band 13), Bonn 2008.

Ker-Lindsay, James, Kosovo. The Path to Contested Statehood in the Balkans, London u. a. 2009.

Kernic, Franz, Die Außenbeziehungen der Europäischen Union. Eine Einführung, Frankfurt am Main u. a. 2007.

Kietz, Daniela und Perthes, Volker (Hrsg.), Handlungsspielräume einer EU-Ratspräsidentschaft. Eine Funktionsanalyse des deutschen Vorsitzes im ersten Halbjahr 2007, SWP-Studie S 24, September 2007, online unter http://www.swp-berlin.org/fileadmin/contents/products/studien/2007_S24_ktz_prt_ks.pdf (Zugriff am 2. Juli 2009).

Kipling, Rudyard, Kim, London u. a. 2000.

Kissinger, Henry, The White House Years, Boston und Toronto 1979.

Kjellén, Rudolph, Der Staat als Lebensform, Leipzig 1917.

Klare, Michael, Rising Powers, Shrinking Planet. The New Geopolitics of Energy, New York 2008.

Klevemann, Lutz, Der Kampf um das heilige Feuer. Wettlauf der Weltmächte am Kaspischen Meer, Berlin 2002.

Kliot, Nurit und Newman, David (Hrsg.), Geopolitics at the End of the Twentieth Century, London 2000.

Kliot, Nurit und Waterman, Stanley (Hrsg.), The Political Geography of Conflict and Peace, London 1991.

Korinman, Michel, Quand l'Allemagne pensait le monde. Grandeur et décadence d'une géopolitique, Paris 1990.

Kost, Klaus, Die Einflüsse der Geopolitik auf Forschung und Theorie der Politischen Geographie von ihren Anfängen bis 1945. Ein Beitrag zur Wissenschaftsgeschichte der Politischen Geographie und ihrer Terminologie unter besonderer Berücksichtigung von Militär- und Kolonialgeographie (Bonner Geographische Abhandlungen 76), Bonn 1988.

Kotsch, Bernhard, Anwalt der Mitteleuropäer?, Frankfurt am Main 2000.

Lacoste, Yves (Hrsg.), Dictionnaire de géopolitique, Paris 1995.

Lacoste, Yves, Geographie und politisches Handeln. Perspektiven einer neuen Geopolitik (Kleine kulturwissenschaftliche Bibliothek, Band 26), Berlin 1990.

Larsson, Robert L., Russia's Energy Policy: Security Dimensions and Russia's Reliability as an Energy Supplier (Swedish Defence Research Agency Defence Analysis), Stockholm 2006.

Libal, Michael, Limits of Persuasion: Germany and the Yugoslav Crisis, 1991-1992, Westport 1997.

Linke, Kristin und Viëtor, Marcel (Hrsg.), Prospects of a Triangular Relationship? Energy Relations between the EU, Russia and Turkey (Friedrich Ebert Stiftung und Deutsche Gesellschaft für Auswärtige Politik International Policy Analysis), Berlin 2010.

Lüdeke, Axel, „Europäisierung" der deutschen Außen- und Sicherheitspolitik?, Opladen 2002.

Luttwak, Edward N., Weltwirtschaftskrieg. Export als Waffe – aus Partnern werden Gegner, Reinbek bei Hamburg 1994.

Lutz, Dieter S. (Hrsg.), Der Krieg im Kosovo und das Versagen der Politik (Demokratie, Sicherheit, Frieden Band 128), Baden-Baden 2000.

Mackinder, Sir Halford, Democratic Ideals and Reality. A Study in the Politics of Reconstruction, London 1919.

Mahan, Alfred Thayer, The Influence of Sea Power Upon History 1600-1783, Boston 1890.

Mair, Stefan (Hrsg.), Auslandseinsätze der Bundeswehr. Leitfragen, Entscheidungsspielräume und Lehren, SWP-Studie S27, September 2007, online unter http://www.swp-berlin.org/fileadmin/contents/products/studien/2007_S27_mrs_ks.pdf (Zugriff am 29. März 2011).

Marquina, Antonio (Hrsg.), Energy Security. Visions from Asia and Europe, Houndsmills u. a. 2008.

Martin, Pierre und Brawley, Mark R. (Hrsg.), Alliance Politics, Kosovo and NATO's War: Allied Force or Forced Allies?, New York 2001.

Matznetter, Josef (Hrsg.), Politische Geographie, Darmstadt 1977.

Maull, Hanns W. (Hrsg.), Germany's Uncertain Power. Foreign Policy of the Berlin Republic, Houndsmills und New York 2008.

Maull, Hanns W., Harnisch, Sebastian und Grund, Constantin (Hrsg.), Deutschland im Abseits? Rot-grüne Außenpolitik 1998-2003, Baden-Baden 2003.

Meier, Viktor, Wie Jugoslawien verspielt wurde, München 1995.

Meiers, Franz-Josef, Zu neuen Ufern? Die deutsche Sicherheits- und Verteidigungspolitik in einer Welt des Wandels 1990-2000, Paderborn 2006.

Meier-Walser, Reinhard C. (Hrsg.), Energieversorgung als sicherheitspolitisches Problem (Berichte und Studien, Hanns-Seidel-Stiftung, 88), München 2007.

Melvin, Neil J. (Hrsg.), Engaging Central Asia. The European Union's New Strategy in the Heart of Eurasia, Brüssel o.J.

Merkel, Wolfgang, Systemtransformation. Eine Einführung in Theorie und Empirie der Transformationsforschung, Opladen 1999.

Meyer, Berthold, Von der Entgrenzung nationaler deutscher Interessen. Die politische Legitimation weltweiter Militäreinsätze (HSFK-Report 10/2007), Frankfurt am Main 2007.

Milov, Valdimir, Russia and the West. The Energy Factor, Washington, D.C. u. a. 2008.

Mols, Manfred, Lauth, Hans-Joachim und Wagner, Christian (Hrsg.), Politikwissenschaft: Eine Einführung, Paderborn u. a. 5. Auflage 2006.

Mommsen, Margareta und Nußberger, Angelika, Das System Putin. Gelenkte Demokratie und politische Justiz in Russland, München 2007.

Morgenthau, Hans, In Defense of the National Interest. A Critical Examination of American Foreign Policy, New York 1951.

Müller-Brandeck-Bocquet, Gisela u. a. (Hrsg.), Die Afrikapolitik der Europäischen Union. Neue Ansätze und Perspektiven, Opladen u. a. 2007.

Naumann, Klaus, Einsatz ohne Ziel? Die Politikbedürftigkeit des Militärischen (Bundeszentrale für politische Bildung Schriftenreihe Band 1037), Bonn 2010.

Niemann, Arne (Hrsg.), Herausforderungen an die deutsche und europäische Außenpolitik. Analysen und Politikempfehlungen, Dresden 2005.

354

Nuscheler, Franz, Entwicklungspolitik (Bundeszentrale für politische Bildung Schriftenreihe Band 488), Bonn 2005.

Nye, Joseph S. Jr., Soft Power. The Means to Success in World Politics, New York 2004.

Olcott, Martha Brill, The Energy Dimension in Russian Global Strategy. Vladimir Putin and the Geopolitics of Oil, [Houston] 2004, online unter http://www.rice.edu/energy/publications/docs/PEC_Olcott_10_2004.pdf (Zugriff am 14. Juli 2009).

O'Loughlin, John (Hrsg.), Dictionary of Geopolitics, Westport und London 1994.

Oßenbrügge, Jürgen, Politische Geographie als räumliche Konfliktforschung. Konzepte zur Analyse der politischen und sozialen Organisation des Raumes auf der Grundlage anglo-amerikanischer Forschungsansätze (Hamburger Geographische Studien 40), Hamburg 1983.

Otte, Max, A Rising Middle Power? German Foreign Policy in Transformation, 1989-1999, New York 2000.

Ó Tuathail, Geraóid, Critical Geopolitics. The Politics of Writing Global Space, London 1996.

Ó Tuathail, Gearóid u. a. (Hrsg.), The Geopolitics Reader, London 2. Auflage 2007.

Overhaus, Marco, Die deutsche NATO-Politik. Vom Ende des Kalten Krieges bis zum Kampf gegen den Terrorismus, Baden-Baden 2009.

Overhaus, Marco, Maull, Hanns W. und Harnisch, Sebastian (Hrsg.), Dealing with Dependency. The European Union's Quest for a Common Energy Foreign Policy (Foreign Policy in Dialogue Volume 8 Issue 20), Trier 2007.

Parker, Geoffrey, Western Geopolitical Thought in the Twentieth Century, New York 1985.

Perthes, Volker (Hrsg.), Deutsche Nahostpolitik. Interessen und Optionen, Schwalbach 2001.

Petermann, Jürgen (Hrsg.), Sichere Energie im 21. Jahrhundert, Hamburg 2006.

Peters, John E. u. a., European Contributions to Operation Allied Force. Implications for Transatlantic Relations, Santa Monica 2001.

Pradetto, August (Hrsg.), Ostmitteleuropa, Rußland und die Osterweiterung der NATO – Perzeptionen und Strategien im Spannungsfeld nationaler und europäischer Sicherheit, Opladen 1997.

Puglierin, Jana, Zwischen realistischen Interessen und moralischem Anspruch. Eine theoriegeleitete Analyse der deutschen Außenpolitik seit 1989/90 (Studien zur Internationalen Politik Heft 1 (2004)), Hamburg 2004.

Rahr, Alexander, Russland gibt Gas. Die Rückkehr einer Weltmacht, München 2008.

Rathfelder, Erich, Kosovo. Geschichte eines Konflikts, Frankfurt am Main 2010.

Ratzel, Friedrich, Der Lebensraum. Eine biogeographische Studie. Sonderausgabe. Unveränderter reprografischer Nachdruck, Darmstadt 1966.

Reinhardt, Klaus, KFOR. Streitkräfte für den Frieden. Tagebuchaufzeichnungen als deutscher Kommandeur im Kosovo, Frankfurt am Main 2002.

Reiter, Erich (Hrsg.), Jahrbuch für internationale Sicherheitspolitik 2000, Hamburg u. a. 2000.

Reuber, Paul und Wolkersdorfer, Günter (Hrsg.), Politische Geographie. Handlungsorientierte Ansätze und Critical Geopolitics (Heidelberger Geographische Arbeiten 112), Heidelberg 2001.

Reuter, Jens und Clewing, Conrad (Hrsg.), Der Kosovo-Konflikt. Ursachen, Verlauf, Perspektiven, Klagenfurt 2000.

Riemer, Andrea K., Geopolitik und Strategie am Beginn des 21. Jahrhunderts. Theoretische Überlegungen (ISS International Security Studies Band 3), Frankfurt am Main u. a. 2006.

Riemer, Andrea K., Strategie wofür? Texte zu strategischen Überlegungen im 21. Jahrhundert (ISS International Security Studies Band 6), Frankfurt am Main u. a. 2007.

Rippert, Sébastien, Die energiepolitischen Beziehungen zwischen der Europäischen Union und Russland 2000-2007 (Forum Junge Politikwissenschaft, Band 16), Bonn 2008.

Rittberger, Volker (Hrsg.), German foreign policy since unification. Theories and case studies (Issues in German Politics), Manchester und New York 2001.

Rohde, Christoph, Hans J. Morgenthau und der weltpolitische Realismus, Wiesbaden 2004.

Rosenau, James, Turbulence in World Politics. A Theory of Continuity and Change in World Politics, Princeton 1992.

Rotberg, Robert I. (Hrsg.), When States fail. Causes and Consequences, Princeton 2004.

Rüb, Matthias, Kosovo. Ursachen und Folgen eines Krieges in Europa, München 1999.

Sandschneider, Eberhard, Externe Demokratieförderung. Theoretische und praktische Aspekte der Außenunterstützung von Transformationsprozessen. Gutachten für das Centrum für angewandte Politikforschung, München 2003.

Sapper, Manfred u. a. (Hrsg.), Machtmosaik Zentralasien. Traditionen, Restriktionen, Aspirationen (Bundeszentrale für politische Bildung Schriftenreihe Band 656), Bonn 2007.

Schäfer, Martin Christian, Russlands Außenpolitik gegenüber Zentralasien. Eine Analyse der Interessen, Mittel und Strategien unter Präsident Putin, Berlin 2007.

Scharping, Rudolf, Wir dürfen nicht wegsehen. Der Kosovo-Krieg und Europa, Berlin 1999.

Schlögel, Karl, Die Mitte liegt ostwärts. Europa im Übergang, München 2002.

Schlögel, Karl (Hrsg.), Go East oder die zweite Entdeckung des Ostens, Berlin 1995.

Schlögel, Karl, Im Raume lesen wir die Zeit. Über Zivilisationsgeschichte und Geopolitik, München 2003.

Schmidt, Helmut, Strategie des Gleichgewichts. Deutsche Friedenspolitik und die Weltmächte, Stuttgart 1969.

Schmidt, Manfred G. und Zohlnhöfer, Reimut (Hrsg.), Regieren in der Bundesrepublik Deutschland. Innen- und Außenpolitik seit 1949, Wiesbaden 2006.

Schmidt, Siegmar, Hellmann, Gunther und Wolf, Reinhard (Hrsg.), Handbuch zur deutschen Außenpolitik, Wiesbaden 2007.

Schmitt, Karl (Hrsg.), Politik und Raum (Veröffentlichungen der Deutschen Gesellschaft für Politikwissenschaft DGfP Band 19), Baden-Baden 2002.

Schöllgen, Gregor, Angst vor der Macht. Die Deutschen und ihre Außenpolitik, Frankfurt am Main 1993.

Schöllgen, Gregor, Der Auftritt. Deutschlands Rückkehr auf der Weltbühne, Berlin 2004.

Schubert, Gunter (Hrsg.), China – Konturen einer Übergangsgesellschaft auf dem Weg ins 21. Jahrhundert, Hamburg 2001.

Schwarz, Hans-Peter, Die gezähmten Deutschen. Von der Machtbesessenheit zur Machtvergessenheit, Stuttgart 1985.

Schwarz, Hans-Peter, Die Zentralmacht Europas. Deutschlands Rückkehr auf die Weltbühne, Berlin 1994.

Schwarz, Hans-Peter, Republik ohne Kompass? Anmerkungen zur deutschen Außenpolitik, Berlin 2005.

Sedlmayr, Sebastian, Die aktive Außen- und Sicherheitspolitik der rot-grünen Bundesregierung 1998-2005, Wiesbaden 2008.

Seidt, Hans-Ulrich, Berlin, Kabul, Moskau. Oskar Ritter von Niedermayer und Deutschlands Geopolitik, München 2002.

Seifert, Thomas und Werner, Klaus, Schwarzbuch Öl. Eine Geschichte von Gier, Krieg, Macht und Geld, Wien 2005.

Sell, Axel und Schauf, Tobias (Hrsg.), Bilanz und Perspektiven der Transformation in Osteuropa (Institut für Weltwirtschaft und Internationales Management Band 10), Münster 2003.

Singhofen, Sven C., Deutschland und Russland zwischen strategischer Partnerschaft und neuer Konkurrenz (Arbeitspapier, Konrad-Adenauer-Stiftung, Nr. 169/2007), Berlin u. a. 2007.

Sprengel, Rainer, Kritik der Geopolitik. Ein deutscher Diskurs 1914-1944, Berlin 1996.

Spykman, Nicholas John, The Geography of the Peace, New York 1944.

Starr, S. Frederick und Cornell, Swante E. (Hrsg.), The Baku-Tbilisi-Ceyhan-Pipeline: Oil Window to the West, Washington, D.C. und Uppsala 2005.

Steinberg, Guido (Hrsg.), Deutsche Nah-, Mittelost- und Nordafrikapolitik. Interessen, Strategien, Handlungsoptionen, SWP-Studie S15, Mai 2009, online unter http://www.swp-berlin.org/fileadmin/contents/products/studien/2009_S15_sbg _ks.pdf (Zugriff am 2. April 2011).

Straßner, Alexander und Klein, Margarete (Hrsg.), Wenn Staaten scheitern. Theorie und Empirie des Staatszerfalls, Wiesbaden 2007.

Strecker Downs, Erica, China's Quest for Energy Security, Santa Monica 2000.

Stürmer, Michael, Die Grenzen der Macht. Begegnung der Deutschen mit der Geschichte, Berlin 1992.

Stürmer, Michael, Russland. Das Land, das aus der Kälte kommt, Hamburg 2008.

Stütz, Julia, „State Building" – aus theoretischer und praktischer Perspektive (Nomos Universitätsschriften Band 158), Baden-Baden 2008.

Süß, Werner (Hrsg.), Deutschland in den neunziger Jahren, Opladen 2002.

Theiler, Olaf (Hrsg.), Deutsche Interessen in der sicherheitspolitischen Kommunikation (Schriften der Akademie der Bundeswehr für Information und Kommunikation Band 24), Baden-Baden 2001.

Thiele, Ralph und Seidt, Hans-Ulrich (Hrsg.), Herausforderung Zukunft. Deutsche Sicherheitspolitik in und für Europa, Frankfurt am Main und Bonn 1999.

Umbach, Frank, Globale Energiesicherheit. Strategische Herausforderungen für die europäische und deutsche Außenpolitik, München 2003.

Viëtor, Marcel, Russian Foreign Policy between Security and Economics. Exporting Gas and Arms to Belarus and China 1990-2008 (Forschungsberichte Internationale Politik 39), Berlin 2009.

Wallerstein, Immanuel, Alternatives: The U.S. Confronts the World, Boulder 2004.

Warkotsch, Alexander, Die Zentralasienpolitik der Europäischen Union. Interessen, Strukturen und Reformoptionen (Europäische Hochschulschriften Serie XXXI Band 537), Frankfurt am Main u. a. 2006.

Weber, Max, Soziologische Grundbegriffe, Tübingen 3. Auflage 1976.

Wehler, Hans-Ulrich, Entsorgung der deutschen Vergangenheit? Ein polemischer Essay zum „Historikerstreit", München 1988.

Wehler, Hans-Ulrich, Politik in der Geschichte. Essays, München 1998.

Weidenfeld, Werner (Hrsg.), Die Europäische Union. Politisches System und Politikbereiche (Bundeszentrale für politische Bildung Schriftenreihe Band 689), Bonn 2008.

Weingardt, Markus A., Deutsche Israel- und Nahostpolitik. Die Geschichte einer Gratwanderung seit 1949, Frankfurt am Main 2002.

Weisser, Ulrich, NATO ohne Feindbild. Konturen einer europäischen Sicherheitspolitik, Bonn 1992.

Wellershoff, Dieter, Mit Sicherheit. Neue Sicherheitspolitik zwischen gestern und morgen, Bonn 1999.

Woodward, Susan L., Balkan Tragedy: Chaos and Dissolution after the Cold War, Washington, D.C. 1995.

Woyke, Wichard (Hrsg.), Handwörterbuch Internationale Politik, Opladen und Farmington Hills 11. Auflage 2008.

Zänker, Alfred, Epoche der Entscheidungen. Deutschland, Eurasien und die Welt von morgen, Asendorf 1992.

## Aufsätze, Zeitungs- und Zeitschriftenartikel

„Abkommen über die Nabucco-Leitung in Ankara unterzeichnet", in: Frankfurter Allgemeine Zeitung, 14. Juli 2009.

Abramovici, Pierre, „Washington hat Afrika wiederentdeckt. Terror bekämpfen und Öl importieren", in: Le Monde Diplomatique, 9. Juli 2004, online unter http://www.monde-diplomatique.de/pm/2004/07/09 /a0041.text.name,askm6vQ9f.n,29 (Zugriff am 3. Februar 2011).

Adolf, Matthias und Köstner, Jan, „China versus USA: Der neue Kampf um Afrika", in: Blätter für deutsche und internationale Politik 4/2007, S. 485-490.

Allison, Roy, „Strategic Reassertion in Russia's Central Asia Policy", in: International Affairs 2 (2004), S. 277-293.

Altmann, Franz-Lothar, „Die Bundeswehr auf dem westlichen Balkan", in: Mair, Stefan (Hrsg.), Auslandseinsätze der Bundeswehr. Leitfragen, Entscheidungsspielräume und Lehren, SWP-Studie S27, September 2007, online unter http://www.swp-berlin.org/fileadmin/contents/products/studien/2007_ S27_mrs_ks.pdf (Zugriff am 29. März 2011), S. 88-98.

Altmann, Franz-Lothar, „Zwischen Annäherung und Ausgrenzung: Deutschlands Rolle in der europäischen Balkanpolitik", in: Süß, Werner (Hrsg.), Deutschland in den neunziger Jahren, Opladen 2002, S. 337-348.

Amineh, Mehdi P., „Die Politik der USA, der EU und Chinas in Zentralasien", in: Aus Politik und Zeitgeschichte 4/2006, S. 11-18.

Amsterdam, Robert R., „Get though with Gazprom", in: The New York Times, 9. Januar 2007, online unter http://www.nytimes.com/2007/01/09/opinion/09ihtedamster.html (Zugriff am 14. Juli 2009).

Angenendt, Steffen, „Migration: Herausforderung deutscher und europäischer Politik", in: Kaiser, Karl und Maull, Hanns W. (Hrsg.), Deutschlands neue Außenpolitik. Band 2: Herausforderungen (Schriften des Forschungsinstituts der Deutschen Gesellschaft für Auswärtige Politik e.V., Bonn, Reihe Internationale Politik und Wirtschaft Band 61), München 1995, S. 175-199.

Asmus, Ronald D., Kugler, Richard L. und Larrabee, F. Stephen, „Building a New NATO", in: Foreign Affairs Vol. 72, No. 4, Sep.-Oct., 1993, S. 28-40.

Asmus, Ronald D., Kugler, Richard L. und Larrabee, F. Stephen, „NATO Expansion: The Next Steps", in: Survival vol. 37, no. 1, 1995, S. 7-33.

„Auf der Suche nach einem Mittelweg. Kinkel: Die NATO soll sich nach Mittel- und Osteuropa stärker öffnen", in: Frankfurter Allgemeine Zeitung, 6. März 1993.

Axt, Heinz-Jürgen, „Hat Genscher Jugoslawien entzweit? Mythen und Fakten zur Außenpolitik des vereinten Deutschlands", in: Europa-Archiv 12/1993, S. 351-360.

Baran, Zeyno, „EU Energy Security: Time to End Russian Leverage", in: The Washington Quarterly 30:4 (Autumn 2007), S. 131-144.

Baring, Arnulf, „Germany, What Now?", in: ders. (Hrsg.), Germany's New Position in Europe. Problems and Perspectives (Germany Historical Perspectives VIII), Oxford und Providence 1994, S. 1-20.

Baring, Arnulf, „Wie neu ist unsere Lage? Deutschland als Regionalmacht", in: Internationale Politik 4/1995, S. 12-21.

„Barrosos Konjunkturpaket: Neue Version geht auf Kosten von Nabucco", Euractiv, 10. März 2009, online unter http://www.euractiv.com/de/prioritaten/barrososkonjunkturpaket-neue-version-geht-kosten-nabucco/article-180084 (Zugriff am 10. März 2009).

Baumann, Rainer, „Deutschland als Europas Zentralmacht", in: Schmidt, Siegmar, Hellmann, Gunther und Wolf, Reinhard (Hrsg.), Handbuch zur deutschen Außenpolitik, Wiesbaden 2007, S. 62-72.

Becher, Klaus, „Nationalitätenkonflikte auf dem Balkan", in: Kaiser, Karl und Maull, Hanns W. (Hrsg.), Deutschlands neue Außenpolitik. Band 2: Herausforderungen (Schriften des Forschungsinstituts der Deutschen Gesellschaft für Auswärtige Politik e.V., Bonn, Reihe Internationale Politik und Wirtschaft Band 61), München 1995, S. 137-155.

Behme, Christian, „Der Bundessicherheitsrat", Deutscher Bundestag – Wissenschaftliche Dienste Nr. 22/08, 9. Mai 2008.

Bein, Hanns-Willy und Schmidt, Jannek, „Energie-Interessen des Westens im Visier", in: Süddeutsche Zeitung, 12. August 2008.

Bendiek, Annegret, „Komplexität und Kohärenz? Die Geschichte des Stabilitätspaktes für Südosteuropa und die Rolle der Europäischen Union", in: Jopp, Matthias und Schlotter, Peter (Hrsg.), Kollektive Außenpolitik - die Europäische Union als internationaler Akteur (Europäische Schriften 86), Baden-Baden 2007, S. 211-237.

Biermann, Rafael, „Deutsche Konfliktbewältigung auf dem Balkan – eine Einführung", in: ders. (Hrsg.), Deutsche Konfliktbewältigung auf dem Balkan. Erfahrungen und Lehren aus dem Einsatz (Schriften des Zentrum für Europäische Integrationsforschung, Center for European Integration Studies der Rheinischen Friedrich-Wilhelms-Universität Bonn 37), Baden-Baden 2002, S. 13-36.

Blome, Nikolaus, „Europa will dem Balkan helfen", in: Die Welt, 25. Mai 1999.

Böckenförde, Stephan, „Deutsche Außenpolitik und wissenschaftliche Politikberatung. Ein annäherndes Vorwort", in: ders. (Hrsg.), Chancen deutscher Außenpolitik. Analysen – Perspektiven – Empfehlungen, Dresden 2005, S. 9-15.

Böckenförde, Stephan, „Die Veränderung des Sicherheitsverständnisses", in: ders. und Gareis, Sven Bernhard (Hrsg.), Deutsche Sicherheitspolitik. Herausforderungen, Akteure und Prozesse, Opladen und Farmington Hills 2009, S. 11-44.

Bollinger-Kanne, Josephine, „Gazproms Ambitionen und europäische Mission", in: Meier-Walser, Reinhard C. (Hrsg.), Energieversorgung als sicherheitspolitisches Problem (Berichte und Studien, Hanns-Seidel-Stiftung, 88), München 2007, S. 135-151.

Bolzen, Stefanie, „Berlin verärgert vor Gipfel neue EU-Mitglieder", in: Die Welt, 19. März 2009.

Bolzen, Stefanie, „Gaskonferenz: Bulgarien kritisiert mangelndes Interesse Deutschlands", in: Die Welt, 11. April 2009.

Boonstra, Jos, „The EU-Turkmenistan Energy Relationship: difficulty or opportunity?", EDC 2020 Policy Brief 5, Oktober 2010, online unter http://www.edc2020.eu/fileadmin/publicati-ons/Pbrief_No_5_Oct_2010_The_EU_Turkmenistan_energy_relationship_difficulty _or_opportunity.pdf (Zugriff am 1. Februar 2011).

Bos, Ellen, „Die GUS-Staaten", in: Schmidt, Siegmar, Hellmann, Gunther und Wolf, Reinhard (Hrsg.), Handbuch zur deutschen Außenpolitik, Wiesbaden 2007, S. 455-467.

Brauer, Birgit, „Fünf Staaten, eine Strategie: Die deutsche EU-Ratspräsidentschaft sucht einen neuen Zugang zu Zentralasien", in: Internationale Politik 3/2007, S. 75-81.

Bredow, Wilfried von, „Internationale Politik als Raumordnung", in: Diekmann, Irene, Krüger, Peter und Schoeps, Julius H. (Hrsg.), Geopolitik. Grenzgänge im Zeitgeist. Band 2, Potsdam 2000, S. 433-452.

Bredow, Wilfried von, „Machtpolitikresistenzanordnungsproblem", in: WeltTrends 43 (Sommer) 12. Jahrgang, 2004, S. 18-22.

Brill, Heinz, „Die NATO-Osterweiterung und der Streit um Einflusssphären in Europa", in: Österreichische militärische Zeitschrift 6/2009, S. 715-726.

Brill, Heinz, „Geopolitik in der Diskussion", in: Zeitschrift für Politik 45. Jg. 2/1998, S. 205-219.

Brill, Heinz, „Geopolitik und deutsche Ostpolitik", in: WeltTrends Nr. 65, November/Dezember 2008, S. 33-46.

Brill, Heinz, „Geopolitisches Denken in den Internationalen Beziehungen", in: Zeitschrift für Politik 51. Jg. 2/2004, S. 201-219.

Brill, Heinz, „Politische Geographie in Deutschland", in: Zeitschrift für Politik 39. Jg. 1/1992, S. 86-109.

Brookes, Peter und Shin, Ji Hye, China's Influence in Africa. Implications for the United States (Backgrounder, Heritage Foundation; No. 1916), Washington, D.C. 2006, online unter http://www.heritage.org/research/reports/2006/02/chinas-influence-in-africa-implications-for-the-united-states (Zugriff am 2. Februar 2011).

„Brüder, zur Sonne...", in: Die Welt, 14. Juli 2009.

Brüggemann, Karsten und Kasekamp, Andreas, „The Politics of History and the ‚War of Monuments' in Estonia", in: Nationalities Papers 36 (July 2008) 3, S. 425-448.

Bugajski, Janusz, „Energy Policies and Strategies: Russia's Threat to Europe's Energy Security", online unter http://csis.org/files/media/csis/events/060403_energysecuritypresentation.pdf (Zugriff am 2. Februar 2011).

Bunde, Tobias, „Im deutschen Interesse? Der Begriff des ‚nationalen Interesses' in der deutschen Außenpolitik", in: Niemann, Arne (Hrsg.), Herausforderungen an die deutsche und europäische Außenpolitik. Analysen und Politikempfehlungen, Dresden 2005, S. 27-53.

„Bundestag stimmt Beteiligung an möglicher NATO-Mission zu. Deutsche Soldaten für Kosovo-Einsatz bereit", in: Süddeutsche Zeitung, 17. Oktober 1998.

Buse, Uwe, „Das perfekte Rohr", in: Follath, Erich und Jung, Alexander (Hrsg.), Der neue Kalte Krieg. Kampf um die Rohstoffe (Bundeszentrale für Politische Bildung Schriftenreihe Band 654), Bonn 2007, S. 53-63.

Busse, Nikolas, „Die Entfremdung vom wichtigsten Verbündeten. Rot-Grün und Amerika", in: Maull, Hanns W., Harnisch, Sebastian und Grund, Constantin (Hrsg.), Deutschland im Abseits? Rot-grüne Außenpolitik 1998-2003, Baden-Baden 2003, S. 19-32.

Calic, Marie-Janine, „‚Balkanisierung' des Kosovo", in: Braml, Josef u. a. (Hrsg.), Einsatz für den Frieden. Sicherheit und Entwicklung in Räumen begrenzter Staatlichkeit (Jahrbuch Internationale Politik Band 28), München 2010, S. 97-104.

Calic, Marie-Janine, „Der Stabilitätspakt für Südosteuropa. Eine erste Bilanz", in: Aus Politik und Zeitgeschichte 13-14/2001, S. 9-16.

Calic, Marie-Janine, „Jugoslawienpolitik am Wendepunkt", in: Aus Politik und Zeitgeschichte 37/1993, S. 11-20.

Calic, Marie-Janine, Welche Zukunft für den Balkan-Stabilitätspakt?, SWP-Studie S11, März 2003, online unter http://www.swp-berlin.org/fileadmin/contents/products/studien/S2003_11_clc.pdf (Zugriff am 29. März 2011).

„China sichert sich turkmenisches Erdgas", in: Frankfurter Allgemeine Zeitung, 26. Juli 2007.

Cohen, Ariel, The North European Gas Pipeline Threatens Europe's Energy Security (Backgrounder, Heritage Foundation, No. 1980), Washington, D.C. 2006, online unter http://www.heritage.org/research/reports/2006/10/the-north-european-gas-pipeline-threatens-europes-energy-security (Zugriff am 2. Februar 2011).

Cornell, Swante E., „Pipeline Power. The War in Georgia and the Future of the Caucasian Energy Corridor", in: Georgetown Journal of International Affairs, Volume 10, No. 1 (Winter) 2009, S. 131-139.

Cornell, Swante E., Tsereteli, Mamuka und Socor, Vladimir, „Geostrategic Implications of the Baku-Tbilisi-Ceyhan Pipeline", in: Starr, S. Frederick und Cornell, Swante E. (Hrsg.), The Baku-Tbilisi-Ceyhan-Pipeline: Oil Window to the West, Washington, D.C. und Uppsala 2005, S. 17-38.

Czempiel, Ernst-Otto, „Determinanten zukünftiger deutscher Außenpolitik", in: Aus Politik und Zeitgeschichte 24/2000, S. 13-21.

Daly, John C.K., „Tashkent Explores Options to Exploit Energy Resources", Eurasia Daily Monitor 4/93, 11. Mai 2007, online unter http://www.jamestown.org/single/?no_cache=1&tx_ttnews[tt_news]=32737 (Zugriff am 7. Juli 2009).

Dave, Bhavana, „The EU and Kazakhstan. Is the Pursuit of Energy and Security Cooperation compatible with the Promotion of Human Rights and Democratic Reforms?", in: Melvin, Neil J. (Hrsg.), Engaging Central Asia. The European Union's New Strategy in the Heart of Eurasia, Brüssel o.J., S. 43-67.

Dempsey, Judy, „EU leader's plea for pipeline financing goes unanswered", in: The New York Times, 7. Februar 2009, online unter http://www.nytimes.com/ 2009/01/27/world/europe/27iht-pipe.4.19721498.html (Zugriff am 14. Juli 2009).

Dempsey, Judy, „Pipeline Dreams entangle Russians and Europeans", in: The New York Times, 25. Dezember 2008, online unter http://www.nytimes.com/ 2008/12/25/world/europe/25iht-letter.1.18918834.html (Zugriff am 14. Juli 2009).

Dempsey, Judy, „Russian Gas to Flow to Europe via Baltic Sea", in: The New York Times, 12. April 2005, online unter http://www.nytimes.com/ 2005/04/11/world/europe/11iht-ties.html (Zugriff am 14. Juli 2009).

Dempsey, Judy, „Tensions persist between Germany and Poland", in: The New York Times, 20. Juni 2007, online unter http://www.nytimes.com/ 2007/06/20/world/europe/20iht-poland.4.6241688.html (Zugriff am 14. Juli 2009).

„Der Friedensplan", in: Frankfurter Allgemeine Zeitung, 15. April 1999.

Dicke, Klaus, „Raumbezogene Leitbilder in der politischen Ideengeschichte", in: Schmitt, Karl (Hrsg.), Politik und Raum (Veröfflichungen der Deutschen Gesellschaft für Politikwissenschat DGfP Band 19), Baden-Baden 2002, S. 11-27.

Diekmann, Irene, Krüger, Peter und Schoeps, Julius H., „Vorwort", in: dies. (Hrsg.), Geopolitik. Grenzgänge im Zeitgeist. Band 1, Potsdam 2000, S. 9-12.

Dussouy, Gérard, „Die neue Attraktivität der Geopolitik in Frankreich", in: Diekmann, Irene, Krüger, Peter und Schoeps, Julius H. (Hrsg.), Geopolitik. Grenzgänge im Zeitgeist. Band 2, Potsdam 2000, S. 507-519.

Dwivedi, Ramakant, „China's Central Asia Policy in Recent Times", in: China and Eurasia Forum Quarterly Vol. 4, No. 4 (2006), S. 139-159.

Eid, Uschi und Asche, Helmut, „Deutsche Interessen und Pflichten in Afrika. Thesen zu einer erweiterten Friedens- und Sicherheitspolitik der Bundesrepublik Deutschland in Afrika", in: Epd-Entwicklungspolitik 22/2003, S. 36-41.

Eiff, Hansjörg, „Zehn Jahre deutsches Konfliktmanagement im früheren Jugoslawien. Erfahrungen und Einsichten", in: Biermann, Rafael (Hrsg.), Deutsche Konfliktbewältigung auf dem Balkan. Erfahrungen und Lehren aus dem Einsatz (Schriften des Zentrum für Europäische Integrationsforschung, Center for European Integration Studies der Rheinischen Friedrich-Wilhelms-Universität Bonn 37), Baden-Baden 2002, S. 153-172.

Erhart, Hans-Georg, „Präventive Diplomatie oder vernachlässigte Initiative? Der Prozeß von Royaumont und die Stabilisierung Südosteuropas", in: Lutz, Dieter S. (Hrsg.), Der Krieg im Kosovo und das Versagen der Politik (Demokratie, Sicherheit, Frieden Band 128), Baden-Baden 2000, S. 69-88.

Erhart, Hans-Georg, „Stabilitätsexport nach Südosteuropa", in: Blätter für deutsche und internationale Politik 10/2000, S. 1165-1168.

Erler, Gernot, „Erfahrung und Interesse. Das EU-Engagement in Zentralasien", in: Sapper, Manfred u. a. (Hrsg.), Machtmosaik Zentralasien. Traditionen, Restriktionen, Aspirationen (Bundeszentrale für politische Bildung Schriftenreihe Band 656), Bonn 2007, S. 369-376.

Erler, Gernot, „Wir machen Angebote", in: Business and Diplomacy 2/2007, S. 22-25.

Erler, Gernot, „Zentralasien verbindet Europa und Asien", in: Zentralasien-Analysen 8/2008, online unter http://www.gernot-erler.de/cms/front_content.php?idart=759 (Zugriff am 2. Juli 2009).

„EU versucht Rätsel des ‚Südlichen Gaskorridors' zu lösen", Euractiv, 5. Mai 2009, online unter http://www.euractiv.com/de/energie/eu-versucht-rtsel-sdlichen-gaskorridors-lsen/article-181965 (Zugriff am 7. Juli 2009).

„Europa emanzipiert sich von russischem Gas", Spiegel Online, 13. Juli 2009, online unter http://www.spiegel.de/wirtschaft/0,1518,635771,00.html (Zugriff am 13. Juli 2009).

„Europe growing dependent on Russian energy: IEA", online unter http://www.energybulletin.net/node/3534 (Zugriff am 2. Februar 2011).

„Europe must end energy dependence on Russia, says ex-IEA chief", in: The Nation, 6. Juli 2008, online unter http://www.nation.com.pk/pakistan-news-newspaper-daily-english-online/Business/06-Jul-2008/Europe-must-end-energy-dependence-on-Russia-says-exIEA-chief (Zugriff am 2. Februar 2011).

Faber, Karl-Georg, „Zur Vorgeschichte der Geopolitik. Staat, Nation und Lebensraum im Denken deutscher Geographen vor 1914", in: Dollinger, Heinz, Gründer, Horst und Hausschmidt, Alwin (Hrsg.), Weltpolitik – Europagedanke – Regionalismus. Festschrift für Heinz Gollwitzer zum 65. Geburtstag, Münster 1982, S. 389-406.

Felgenhauer, Tyler, „Ukraine, Russia, and the Black Sea Fleet Accords", online unter http://wws.princeton.edu/research/cases/ukraine.pdf (Zugriff am 15. November 2010).

Fincke, Gunilla und Hatakoy, Arzu, „Krisenprävention als neues Leitbild der deutschen Außenpolitik: Friedenspolitik mit zivilen und militärischen Mitteln?", in: Harnisch, Sebastian, Katsioulis, Christos und Overhaus, Marco (Hrsg.), Deutsche Sicherheitspolitik. Eine Bilanz der Regierung Schröder, Baden-Baden 2004, S. 59-87.

Fischer, Christian, „Südkaukasien im Spannungsfeld divergierender Energieinteressen", in: Meier-Walser, Reinhard C. (Hrsg.), Energieversorgung als sicherheitspolitisches Problem (Berichte und Studien, Hanns-Seidel-Stiftung, 88), München 2007, S. 275-289.

Franzke, Jochen, „Wertepolitik versus Realpolitik. Die Russlandpolitik der Regierung Merkel/Steinmeier", in: WeltTrends 67 (Juli/August) 17. Jahrgang, 2009, S. 91-99.

Freudenstein, Roland, „Die neuen Demokratien in Ostmitteleuropa und die Europäische Union", in: Kaiser, Karl und Maull, Hanns W. (Hrsg.), Deutschlands neue Außenpolitik. Band 2: Herausforderungen (Schriften des Forschungsinstituts der Deutschen Gesellschaft für Auswärtige Politik e.V., Bonn, Reihe Internationale Politik und Wirtschaft Band 61), München 1995, S. 103-119.

Friedman, Thomas, „The First Law of Petropolitics", online unter http://www.foreignpolicy.com/articles/2006/04/25/the_first_law_of_petropolitics (Zugriff am 15. November 2010).

Friedrich, Wolfgang-Uwe, „Kosovo and the Evolution of German Foreign Policy in the Balkans", in: ders. (Hrsg.), The Legacy of Kosovo: German Politics and Policies in the Balkans (American Institute for Contemporary German Studies – The Johns Hopkins University, German Issues 22), Washington, D.C. 2000, S. 1-26.

367

Fritz-Vannahme, Joachim, „Die Nation als Idee und Theater", in: Die Zeit, 11. Februar 1994.

Fröhlich, Stefan, „Energiesicherheit im 21. Jahrhundert. Die Verteilungskämpfe haben begonnen", in: IMS – Internationales Magazin für Sicherheit 4/2008, S. 14-17.

Fröhlich, Stefan, „Geopolitisches Denken und amerikanische Strategiepolitik während des Kalten Krieges", in: Diekmann, Irene, Krüger, Peter und Schoeps, Julius H. (Hrsg.), Geopolitik. Grenzgänge im Zeitgeist. Band 2, Potsdam 2000, S. 559-589.

Gabanyi, Anneli Ute, „'Die Initiative ‚Schwarzmeersynergie.' Die EU plant den Ausbau der regionalen Zusammenarbeit", SWP-Aktuell 29, Mai 2007, online unter http://www.swp-berlin.org/fileadmin/contents/products/aktuell/2007A29_gbn_ks.pdf (Zugriff am 29. März 2011).

Gareis, Sven Bernhard, „Die Organisation deutscher Sicherheitspolitik. Akteure, Kompetenzen, Verfahren und Perspektiven", in: Böckenförde, Stephan und Gareis, Sven Bernhard (Hrsg.), Deutsche Sicherheitspolitik. Herausforderungen, Akteure und Prozesse, Opladen und Farmington Hills 2009, S. 79-96.

Gareis, Sven Bernhard, „Militärische Beiträge zur Sicherheit", in: Böckenförde, Stephan und Gareis, Sven Bernhard (Hrsg.), Deutsche Sicherheitspolitik. Herausforderungen, Akteure und Prozesse, Opladen und Farmington Hills 2009, S. 99-129.

„Gazprom warnt Ukrainer vor falscher Wahlentscheidung", Spiegel Online, 13. September 2009, online unter http://www.spiegel.de/wirtschaft/soziales/0,1518,648667,00.html (Zugriff am 15. September 2009).

Geden, Oliver und Goldthau, Andreas, „Das Luftschloss ‚Nabucco'", in: Der Standard, 27. Januar 2009, online unter http://derstandard.at/1231152919947/Kommentar-der-anderen-Das-Luftschloss-Nabucco (Zugriff am 7. Juli 2009).

Geis, Matthias und Hofmann, Gunther, „'Serbien gehört zu Europa.' Ein Zeit-Gespräch mit Außenminister Joschka Fischer über den Balkan-Krieg", in: Die Zeit, 15. April 1999.

Genté, Régis, „Die Macht kommt aus den Pipelines. Das Große Spiel um die Energiereserven in Zentralasien", in: Le Monde diplomatique, deutsche Ausgabe, 8. Juni 2007.

Gerling, Peter, Rempel, Hilmar, Schwarz-Schampera, Ulrich und Thielemann, Thomas, „Kohle und Co.", in: Follath, Erich und Jung, Alexander (Hrsg.), Der neue Kalte

Krieg. Kampf um die Rohstoffe (Bundeszentrale für Politische Bildung Schriften-reihe Band 654), Bonn 2007, S. 313-336.

Glover, Charles, „Dreams of the Eurasian Heartland. The Reemergence of Geopolitics", in: Foreign Affairs 78, no. 2 (March/April 1999), S. 9-13.

Görtemaker, Manfred, „Politischer Zeitgeist und Geopolitik – Über die zeitbedingten Voraussetzungen anwendungsorientierter Wissenschaft", in: Diekmann, Irene, Krü-ger, Peter und Schoeps, Julius H. (Hrsg.), Geopolitik. Grenzgänge im Zeitgeist. Band 1, Potsdam 2000, S. 15-36.

Götz, Roland, „Deutsch-russische Energiebeziehungen – auf einem Sonderweg oder auf europäischer Spur?", SWP-Diskussionspapier FG5, 10. November 2006, online uter http://www.swp-berlin.org/fileadmin/contents/products/arbeitspapiere/Sonderweg_ks.pdf (Zugriff am 2. Juli 2009).

Götz, Roland, „Die Nabucco-Gaspipeline. Probleme und Alternativen", in: Osteuropa-Wirtschaft 54. Jhg., 1-2/ 2009, S. 1-8.

Götz, Roland, „Die Ostseegaspipeline. Instrument der Versorgungssicherheit oder politi-sches Druckmittel?", SWP-Aktuell 41, September 2005, online unter http://www.swp-berlin.org/fileadmin/contents/products/aktuell/aktuell2005_41_gtz_ks.pdf (Zugriff am 2. Juli 2009).

Götz, Roland, „Energiepotentes Russland", in: Braml, Josef u. a. (Hrsg.), Weltverträgliche Energiesicherheitspolitik (Jahrbuch Internationale Politik Band 27), München 2008, S. 116-126.

Götz, Roland, „Russland und die Energieversorgung Europas", in: Russland-Analysen 28/2004, S. 3-6.

Götz, Roland, Russlands Energiestrategie und die Energieversorgung Europas, SWP-Studie S6, März 2004, online unter http://www.swp-berlin.org/fileadmin/contents/products/studien/2004_S06_gtz.pdf (Zugriff am 2. Juli 2009).

Götz, Roland, „Schweigen für Gas", SWP-Aktuell 43, September 2004, online unter http://www.swp-berlin.org/fileadmin/contents/products/aktuell/aktuell2004_43_gtz_ks.pdf (Zugriff am 2. Juli 2009).

Götz, Roland, „Zentralasiatische Energieexporte. Zwischen russischer Dominanz, Diver-sifizierungsplänen der EU und neuen Märkten in Asien", Russland-Analysen 137/2007, S. 2-8.

Goldstein, Lyle, „China in the New Central Asia: The Fen (RMB) is Mightier than the Sword", in: The Fletcher Forum of World Affairs, Winter 2005, Vol. 29:1, S. 13-34.

369

Graubner, Cornelius, „EU Strategy on Central Asia: Realpolitik After All", CACI Analyst 14.5.2008, online unter http://www.cacianalyst.org/?q=node/4859 (Zugriff am 10. November 2008).

Grund, Constantin, „Mannschaftsdienlich gespielt. Rot-grüne Südosteuropapolitik", in: Maull, Hanns W., Harnisch, Sebastian und Grund, Constantin (Hrsg.), Deutschland im Abseits? Rot-grüne Außenpolitik 1998-2003, Baden-Baden 2003, S. 107-119.

Gu, Xuewu, „China's Engagement in Afrika. Trends und Perspektiven", in: KAS-Auslandsinformationen 10/2006, S. 57-77.

Guérot, Ulrike und Witt, Andrea, „Europas neue Geostrategie", in: Aus Politik und Zeitgeschichte 17/2004, S. 6-12.

Gumppenberg, Marie-Carin von, „Zentralasien – Schauplatz eines neuen ‚Great Game' rivalisierender Mächte?", in: Österreichische militärische Zeitschrift 6/2003, S. 747-752.

Hacke, Christian, „Deutsche Außenpolitik unter Bundeskanzlerin Merkel", in: Aus Politik und Zeitgeschichte 43/2006, S. 30-37.

Hacke, Christian, „Deutsche Energiesicherheit als nationale und zugleich gemeinsame Aufgabe im Zeichen neuer Unsicherheit", in: Meier-Walser, Reinhard C. (Hrsg.), Energieversorgung als sicherheitspolitisches Problem (Berichte und Studien, Hanns-Seidel-Stiftung, 88), München 2007, S. 21-29.

Hacke, Christian, „Deutschland und der Kosovokonflikt", in: Politische Studien, Sonderheft 4, 50. Jahrgang, 1999, S. 48-59.

Hacke, Christian, „Deutschland und die neue Weltordnung. Zwischen innenpolitischer Überforderung und außenpolitischen Krisen", in: Aus Politik und Zeitgeschichte 46/1992, S. 3-16.

Hacke, Christian, „Die Haltung der Bundesrepublik Deutschland zur NATO-Osterweiterung", in: Pradetto, August (Hrsg.), Ostmitteleuropa, Rußland und die Osterweiterung der NATO – Perzeptionen und Strategien im Spannungsfeld nationaler und europäischer Sicherheit, Opladen 1997, S. 233-249.

Hacke, Christian, „Energiesicherheit als Teil von vernetzter Sicherheit unter Berücksichtigung der maritimen Dimension", in: Politische Studien, Heft 428, 60. Jahrgang, November/Dezember 2009, S. 66-74.

Hacke, Christian, „Macht", in: Woyke, Wichard (Hrsg.), Handwörterbuch Internationale Politik, Opladen und Farmington Hills 11. Auflage 2008, S. 311-325.

Hacke, Christian, „Nationales Interesse als Handlungsmaxime für die Außenpolitik Deutschlands", in: Kaiser, Karl und Krause, Joachim (Hrsg.), Deutschlands neue Außenpolitik. Band 3: Interessen und Strategien (Schriften des Forschungsinstituts der Deutschen Gesellschaft für Auswärtige Politik e.V., Bonn, Reihe Internationale Politik und Wirtschaft Band 62), München 1996, S. 3-13.

Haftendorn, Helga, „Gulliver in der Mitte Europas. Internationale Verflechtung und nationale Handlungsmöglichkeiten", in: Kaiser, Karl und Maull, Hanns W. (Hrsg.), Deutschlands neue Außenpolitik. Band 1: Grundlagen (Schriften des Forschungsinstituts der Deutschen Gesellschaft für Auswärtige Politik e.V., Bonn, Reihe Internationale Politik und Wirtschaft Band 59), München 1994, S. 129-152.

Haglund, David G., „NATO Expansion: Origins and Evolution of an Idea", in: ders. (Hrsg.), Will NATO go East? The Debate over Enlarging the Atlantic Alliance, Kingston 1996, S. 17-34.

Harks, Enno, Der globale Ölmarkt. Herausforderungen und Handlungsoptionen für Deutschland, SWP-Studie S11, Mai 2007, online unter http://www.swp-berlin.org/ fileadmin/contents/products/studien/2007_S11_hrk_ks.pdf (Zugriff am 2. Juli 2009).

Harks, Enno und Müller, Friedemann, „Energieversorgung – Sicherheitsproblem des 21. Jahrhunderts", SWP-Diskussionspapier FG8, 8. November 2005, online unter http://www.swp-berlin.org/fileadmin/contents/products/arbeitspapiere/DiskP2005_ 08_hrk_mlr_sicher.pdf (Zugriff am 2. Juli 2009).

Hellmann, Gunther, „Sicherheitspolitik", in: Schmidt, Siegmar, Hellmann, Gunther und Wolf, Reinhard (Hrsg.), Handbuch zur deutschen Außenpolitik, Wiesbaden 2007, S. 605-617.

Hellmann, Gunther, „Wider die machtpolitische Resozialisierung der deutschen Außenpolitik. Ein Plädoyer für offensiven Idealismus", in: WeltTrends 42 (Frühjahr) 12. Jahrgang, 2004, S. 79-88.

Helmig, Jan, „Geopolitik – Annäherung an ein schwieriges Konzept", in: Aus Politik und Zeitgeschichte 20-21/2007, S. 31-37.

Hempelmann, Rolf, „SPD-Position: Für eine zukunftsgerichtete Industrie- und Technologiepolitik", in: Braml, Josef u. a. (Hrsg.), Weltverträgliche Energiesicherheitspolitik (Jahrbuch Internationale Politik Band 27), München 2008, S. 29-33.

Herold, Frank, „Die Rückkehr der Geopolitik", in: Berliner Zeitung, 21. September 1999.

Heske, Henning, „Haushofers neue Epigonen. Eine Warnung vor der Rehabilitierung der deutschen Geopolitik", in: Geographie und Schule 17, Heft 93, 1995, S. 43-45.

Heusgen, Christoph, „Bundeskanzleramt: Energie als Machtwährung der internationalen Politik", in: Braml, Josef u. a. (Hrsg.), Weltverträgliche Energiesicherheitspolitik (Jahrbuch Internationale Politik Band 27), München 2008, S. 49-53.

Hodge, Carl Cavanagh, „Botching the Balkans: Germany's Recognition of Slovenia and Croatia", in: Ethics and International Affairs Vol. 12 (1998), S. 1-18.

Hövelmann, Thomas Hendrik, „Energieversorgungssicherheit als strategisches Interesse deutscher Außen- und Sicherheitspolitik", in: Niemann, Arne (Hrsg.), Herausforderungen an die deutsche und europäische Außenpolitik. Analysen und Politikempfehlungen, Dresden 2005, S. 79-107.

Hofmann, Gunter, „Wie Deutschland in den Krieg geriet", in: Die Zeit, 12. Mai 1999.

Hubbert, M. King, Nuclear Energy and the Fossil Fuels (Shell Development Company Publication No. 95), Houston 1956, online unter http://www.hubbertpeak.com/hubbert/1956/1956.pdf (Zugriff am 14. September 2010).

Hubel, Helmut, „Deutsche Außenpolitik vor neuen sicherheitspolitischen Herausforderungen", in: Jäger, Thomas, Höse, Alexander und Oppermann, Kai (Hrsg.), Deutsche Außenpolitik. Sicherheit, Wohlfahrt, Institutionen und Normen, Wiesbaden 2007, S. 71-86.

Hubel, Helmut, „Energie-Interdependenz mit Russland – Deutschland zwischen bilateraler Sonderbeziehung und Solidarität mit seinen EU- und NATO-Partnern", in: Meier-Walser, Reinhard C. (Hrsg.), Energieversorgung als sicherheitspolitisches Problem (Berichte und Studien, Hanns-Seidel-Stiftung, 88), München 2007, S. 123-134.

Human Rights Watch, „Yugoslav Government War Crimes in Racak", online unter http://www.hrw.org/campaigns/kosovo98/racak.shtml (Zugriff am 12. September 2010).

Isaac, Sally Khalifa, „Enthusiastisch ins Ungewisse. Was kommt nach Hosni Mubarak?", in: Internationale Politik 2/2011, S. 10-17.

Ischinger, Wolfgang, „Kosovo: Germany Considers the Past and Looks into the Future", in: Friedrich, Wolfgang-Uwe (Hrsg.), The Legacy of Kosovo: German Politics and Policies in the Balkans (American Institute for Contemporary German Studies – The Johns Hopkins University, German Issues 22), Washington, D.C. 2000, S. 27-37.

Jacobsen, Hans-Adolf, „Geopolitik im Denken und Handeln deutscher Führungseliten. Anmerkungen zu einem umstrittenen Thema", in: WeltTrends Nr. 4, 1994, S. 39-46.

Jacobsen, Hans-Adolf, „‚Kampf um Lebensraum'. Karl Haushofers ‚Geopolitik' und der Nationalsozialismus", in: Aus Politik und Zeitgeschichte 34-35/1979, S. 17-29.

Jaeger, Kinan und Wiesneth, Silke, „Energiesicherheit für Europa. Geopolitische Implikationen", Der Mittler-Brief 3/2007.

Jakobsen, Peter Viggo, „Myth-making and Germany's Unilateral Recognition of Croatia and Slovenia", in: European Security 4 (Autumn 1995) 3, S. 400-416.

Janetzke-Wenzel, Dorothee, „Die Afrikapolitik der Bundesregierung", in: Däubler-Gmelin, Herta u. a. (Hrsg.), Afrika. Europas verkannter Nachbar. Band 1: Ansichten und Einsichten aus Theorie und Praxis, Frankfurt am Main 2007, S. 85-94.

Janusz, Barbara, „The Caspian Sea. Legal Status and Regime Problems", Chatham House Russia and Eurasia Programme REP BP 05/02, August 2005, online unter http://www.chathamhouse.org.uk/files/3273_bp0805caspian.pdf (Zugriff am 1. Februar 2011).

Joetze, Günter, „Pan-European Stability: Still a Key Task?", in: Maull, Hanns W. (Hrsg.), Germany's Uncertain Power. Foreign Policy of the Berlin Republic, Houndsmills und New York 2008, S. 152-162.

Jung, Alexander, „Wie lange noch?", in: Follath, Erich und Jung, Alexander (Hrsg.), Der neue Kalte Krieg. Kampf um die Rohstoffe (Bundeszentrale für Politische Bildung Schriftenreihe Band 654), Bonn 2007, S. 84-97.

Kaiser, Karl, „Das vereinigte Deutschland in der internationalen Politik", in: ders. und Maull, Hanns W. (Hrsg.), Deutschlands neue Außenpolitik. Band 1: Grundlagen (Schriften des Forschungsinstituts der Deutschen Gesellschaft für Auswärtige Politik e.V., Bonn, Reihe Internationale Politik und Wirtschaft Band 59), München 1994, S. 1-9.

Kaiser, Karl und Krause, Joachim, „Deutsche Politik gegenüber dem Balkan", in: dies. (Hrsg.), Deutschlands neue Außenpolitik. Band 3: Interessen und Strategien (Schriften des Forschungsinstituts der Deutschen Gesellschaft für Auswärtige Politik e.V., Bonn, Reihe Internationale Politik und Wirtschaft Band 62), München 1996, S. 175-188.

Kaiser, Karl und Maull, Hanns W., „Einleitung: Die Suche nach Kontinuität in einer Welt des Wandels", in: dies. (Hrsg.), Deutschlands neue Außenpolitik. Band 1: Grundlagen (Schriften des Forschungsinstituts der Deutschen Gesellschaft für Auswärtige Politik e.V., Bonn, Reihe Internationale Politik und Wirtschaft Band 59), München 1994, S. xv-xxv.

Kalicki, Jan H. und Goldwyn, David L., „Conclusion: Energy, Security, and Foreign Policy", in: dies. (Hrsg.), Energy and Security. Toward a New Foreign Policy Strategy, Baltimore 2005, S. 561-578.

Kamp, Karl-Heinz, „Die NATO nach Kosovo: Friedensengel oder Weltpolizist?", in: Reiter, Erich (Hrsg.), Jahrbuch für internationale Sicherheitspolitik 2000, Hamburg u. a. 2000, S. 709-723.

Kastl, Jörg, „Europas Sicherheit auch ohne Rußland?", in: Aussenpolitik 1/1997, S. 31-38.

Kemfert, Claudia, „Tagesklima. Deutschland ist zu abhängig von russischem Gas", online unter http://www.claudiakemfert.de/en/tagesklima/tagesklima/period/1220220000/2591999/archived/article/10/deutschland_ist_zu_abhaengig_vom_russischen_gas.html (Zugriff am 10. November 2008).

Kempe, Iris, „A New Ostpolitik? Priorities and Realities of Germany's EU Council Presidency", CAP Policy Analysis 4/August 2007.

Kempe, Iris, „Die Nachbarschaftspolitik der Europäischen Union", in: Weidenfeld, Werner (Hrsg.), Die Europäische Union. Politisches System und Politikbereiche (Bundeszentrale für politische Bildung Schriftenreihe Band 689), Bonn 2008, S. 504-523.

„Kinkel droht mit Eingreifen der NATO im Kosovo", in: Frankfurter Allgemeine Zeitung, 5. Juni 1998.

„Kinkel und Rühe uneins über NATO-Erweiterung", in: Frankfurter Allgemeine Zeitung, 7. Oktober 1994.

Klare, Michael T., „The New Geopolitics of Energy", online unter http://www.jmhinternational.com/news/news/selectednews/files/2008/05/20080501_Nation_%20TheNewGeopoliticsOfEnergy.pdf (Zugriff am 2. Juli 2009).

Kliot, Nurit, „The Political Geography of Conflict and Peace. An Introduction", in: ders. und Waterman, Stanley (Hrsg.), The Political Geography of Conflict and Peace, London 1991, S. 1-17.

Knelangen, Wilhelm, „Demokratisierungs- und Stabilisierungspolitik", in: Woyke, Wichard (Hrsg.), Handwörterbuch Internationale Politik, Opladen und Farmington Hills 11. Auflage 2008, S. 51-62.

„Koalitionspolitiker öffnen Gazprom die Tür", Spiegel Online, 7. Juni 2011, online unter http://www.spiegel.de/wirtschaft/unternehmen/0,1518,767021,00.html (Zugriff am 7. Juni 2011).

„Kosovo-Konflikt verschärft sich. Kinkel fordert NATO zum Handeln auf", in: Süddeutsche Zeitung, 5. Juni 1998.

Krause, Joachim, „Deutschland und die Kosovo-Krise", in: Reuter, Jens und Clewing, Conrad (Hrsg.), Der Kosovo-Konflikt. Ursachen, Verlauf, Perspektiven, Klagenfurt 2000, S. 395-416.

Kreft, Heinrich, „Chinas energische Energiesicherheitspolitik", in: Braml, Josef u. a. (Hrsg.), Weltverträgliche Energiesicherheitspolitik (Jahrbuch Internationale Politik Band 27), München 2008, S. 234-242.

Kreft, Heinrich, „Die Energiesicherheit Chinas – eine globale Herausforderung", in: Meier-Walser, Reinhard C. (Hrsg.), Energieversorgung als sicherheitspolitisches Problem (Berichte und Studien, Hanns-Seidel-Stiftung, 88), München 2007, S. 199-213.

Kreft, Heinrich, „Die geopolitische Dimension der Energiesicherheit aus deutscher und europäischer Sicht", in: Meier-Walser, Reinhard C. (Hrsg.), Energieversorgung als sicherheitspolitisches Problem (Berichte und Studien, Hanns-Seidel-Stiftung, 88), München 2007, S. 31-49.

Kreft, Heinrich, „Neomerkantilistische Energie-Diplomatie. China betreibt eine immer radikalere Politik der Energiesicherung. Einbindung täte Not", in: Internationale Politik 2/2006, S. 50-57.

Kreft, Heinrich und Huterer, Manfred, „„Neues ‚Great Game' in Zentralasien: Die Entwicklung im Südkaukasus, in Zentralasien, dem Mittleren Osten und im westlichen Südasien als Herausforderung für Europa", in: Österreichische militärische Zeitschrift 5/2001, S. 614-619.

Kulish, Nicholas, „Germany Aims to Guide the West's Ties to Russia", in: The New York Times, 1. Dezember 2008, online unter http://www.nytimes.com/2008/12/02/world/europe/02germany.html (Zugriff am 14. Juli 2009).

Laak, Dirk van, „Von Alfred T. Mahan zu Carl Schmitt: Das Verhältnis von Land- und Seemacht", in: Diekmann, Irene, Krüger, Peter und Schoeps, Julius H. (Hrsg.), Geopolitik. Grenzgänge im Zeitgeist. Band 1, Potsdam 2000, S. 257-282.

Lacoste, Yves, „Für eine neue und umfassende Konzeption der Geopolitik", in: WeltTrends Nr. 4, 1994, S. 21-24.

Lambsdorff, Otto Graf, „Launischer Lieferant", in: Die Welt, 13. Juli 2009.

Lamers, Karl, „Reformiert den Balkan-Pakt!", in: Die Welt, 23. Januar 2002.

Létourneau, Paul und Hébert, Philippe, „NATO Enlargement: Germany's Euro-Atlantic Design", in: David, Charles-Philippe und Lévesque, Jacques (Hrsg.), The Future of NATO: Enlargement, Russia, and European Security, Montreal 1999, S. 108-118.

Lübberding, Frank, „Angela Merkels Gespür. Die russisch-ukrainische Gaskrise hat die Deutschen jäh daran erinnert, dass Wirtschaftsfragen Machtfragen sind", in: Berliner Republik 1/2006, S. 6-10.

Lynch, Dov, „Russia's Strategic Partnership with Europe", in: The Washington Quarterly 27:2 (Spring 2004), S. 99-118.

Maaß, Citha D., „Die Afghanistan-Mission der Bundeswehr", in: Mair, Stefan (Hrsg.), Auslandseinsätze der Bundeswehr. Leitfragen, Entscheidungsspielräume und Lehren, SWP-Studie S27, September 2007, online unter http://www.swp-berlin.org/fileadmin/contents/products/studien/2007_S27_mrs_ks.pdf (Zugriff am 29. März 2011), S. 78-87.

Mackinder, Halford J., „The Geographical Pivot of History", in: The Geographical Journal, Vol. 23, No. 4, April, 1904, S. 421-437.

Mäurer, Lutz, „Heinz Brills geopolitische Analysen. Deutschlands prekäre Mittellage als politische Herausforderung", in: Das Parlament 42/2005.

Magenheimer, Heinz, „Renaissance der Geopolitik. Deutschland und Mitteleuropa 1890-1990", in: Österreichische militärische Zeitschrift 2/1991, S. 131-139.

Mair, Stefan, „Deutsche Friedens- und Stabilisierungseinsätze", in: Braml, Josef u. a. (Hrsg.), Einsatz für den Frieden. Sicherheit und Entwicklung in Räumen begrenzter Staatlichkeit (Jahrbuch Internationale Politik Band 28), München 2010, S. 181-189.

Mair, Stefan, „Intervention und ‚state failure'. Sind schwache Staaten noch zu retten?", in: Internationale Politik und Gesellschaft 3/2004, S. 82-98.

Mair, Stefan, „Kriterien für die Beteiligung an Militäreinsätzen", in: ders. (Hrsg.), Auslandseinsätze der Bundeswehr. Leitfragen, Entscheidungsspielräume und Lehren, SWP-Studie S27, September 2007, online unter http://www.swp-berlin.org/fileadmin/contents/products/studien/2007_S27_mrs_ks.pdf (Zugriff am 29. März 2011), S. 11-19.

Mair, Stefan, „Schwer berechenbar und konzeptionslos. Die Praxis der deutschen Afrikapolitik divergiert von den langfristigen deutschen Interessen in Afrika", in: Epd-Entwicklungspolitik 13/1997, S. 33-38.

376

Mair, Stefan, Paul, Michael und Schneckener, Ulrich, „Wissenschaftliche Politikberatung am Beispiel der Stiftung Wissenschaft und Politik", in: Bröchler, Stephan und Schützeichel, Rainer (Hrsg.), Politikberatung, Stuttgart 2008, S. 508-523.

Mangott, Gerhard, „Interessen statt Werte. Überlegungen zu einer realistischen Russlandpolitik der EU", in: WeltTrends 61 (Juli/August) 16. Jahrgang, 2008, S. 87-99.

Masala, Carlo, „Möglichkeiten einer Neuorientierung deutscher Außen- und Sicherheitspolitik", in: Aus Politik und Zeitgeschichte 43/2008, S. 22-27.

Matveeva, Anna, „Traditionen, Kalküle, Funktionen. Russlands Rückkehr nach Zentralasien", in: Osteuropa 8-9/2007, S. 277-294.

Matznetter, Josef, „Einleitung", in: ders. (Hrsg.), Politische Geographie, Darmstadt 1977, S. 1-27.

Maull, Hanns W., „Deutschland als Zivilmacht", in: Schmidt, Siegmar, Hellmann, Gunther und Wolf, Reinhard (Hrsg.), Handbuch zur deutschen Außenpolitik, Wiesbaden 2007, S. 73-84.

Maull, Hanns W., „Die deutsche Nahostpolitik: Gescheiterte Ambitionen", in: ders., Harnisch, Sebastian und Grund, Constantin (Hrsg.), Deutschland im Abseits? Rotgrüne Außenpolitik 1998-2003, Baden-Baden 2003, S. 121-131.

Maull, Hanns W., „Die prekäre Kontinuität: Deutsche Außenpolitik zwischen Pfadabhängigkeit und Anpassungsdruck", in: Schmidt, Manfred G. und Zohlnhöfer, Reimut (Hrsg.), Regieren in der Bundesrepublik Deutschland. Innen- und Außenpolitik seit 1949, Wiesbaden 2006, S. 421-446.

Maull, Hanns W., „‚Normalisierung' oder Auszehrung? Deutsche Außenpolitik im Wandel", in: Aus Politik und Zeitgeschichte 11/2004, S. 17-23.

Maull, Hanns W., „Zivilmacht Bundesrepublik Deutschland. Vierzehn Thesen für eine neue deutsche Außenpolitik", in: Europa-Archiv 10/1992, S. 269-278.

Mayer, Tilman, „Im Raum sehen. Heinz Brills schluderig gesammelte Aufsätze zur Geopolitik", in: Frankfurter Allgemeine Zeitung, 5. September 2005.

Mearsheimer, John J., „Back to the Future. Instability in Europe after the Cold War", in: International Security, Vol. 15, No. 1 (Summer 1990), S. 5-56.

Mehler, Andreas, „Die neue deutsche Afrikapolitik", in: Ferdowsi, Mir A. (Hrsg.), Afrika – Ein verlorener Kontinent? München 2004, S. 293-311.

„Mehr Freiheit für acht Milliarden Euro", in: Frankfurter Allgemeine Zeitung, 14. Juli 2009.

Meier-Klodt, Cord, Einsatzbereit in der Krise? Entscheidungsstrukturen der deutschen Sicherheitspolitik auf dem Prüfstand, SWP-Studie S34, Oktober 2002, online unter http://www.swp-berlin.org/fileadmin/contents/products/studien/S34_02_sicher.pdf (Zugriff am 2. April 2011).

Meier-Walser, Reinhard C., „Zur Einführung: Energieversorgung als politische Querschnittsaufgabe", in: ders. (Hrsg.), Energieversorgung als sicherheitspolitisches Problem (Berichte und Studien, Hanns-Seidel-Stiftung, 88), München 2007, S. 7-19.

Meister, Stefan, „A new EU approach towards the South Caucasus", in: außenpolitik.net, 4. März 2011, online unter http://aussenpolitik.net/themen/eurasien/kaukasus/a_new_eu_approach_towards_the_south_caucasus/ (Zugriff am 17. Mai 2011).

Meister, Stefan, „Zentralasien – eine Region von strategischer Bedeutung zwischen Russland, China und der Europäischen Union", in: außenpolitik.net, 12. Februar 2010, online unter http://aussenpolitik.net/themen/eurasien/zentralasien/zentralasien-eine_region_von_strategischer_bedeutung_zwischen_russland-china_und_der_europaischen_union/ (Zugriff am 3. November 2010).

Melvin, Neil J., „Introduction", in: ders. (Hrsg.), Engaging Central Asia. The European Union's New Strategy in the Heart of Eurasia, Brüssel o.J., S. 1-8.

Melvin, Neil und Boonstra, Jos, „The EU Strategy for Central Asia @ Year One", FRIDE Policy Brief No. 1 – October 2008, online unter http://www.fride.org/publication/512/the-eu-strategy-for-central-asia:-year-one (Zugriff am 15. November 2008).

„Merkel Calls on EU to Support Baltic Gas Pipeline", Spiegel Online, 29. Januar 2009, online unter http://www.spiegel.de/international/europe/0,1518,604277,00.html (Zugriff am 25. Mai 2009).

„‚Milosevic wird der Verlierer sein.' Außenminister Joschka Fischer über den Stand im Krieg gegen Jugoslawien, über die Kriegsziele der Nato und seine fehlgeschlagene Friedensinitiative. Spiegel-Gespräch", in: Der Spiegel 16/1999, S. 34-38.

Mitrova, Tatiana, „New Approaches in Russia's Foreign Energy Policy – East and West", in: Linke, Kristin und Viëtor, Marcel (Hrsg.), Prospects of a Triangular Relationship? Energy Relations between the EU, Russia and Turkey (Friedrich Ebert Stiftung und Deutsche Gesellschaft für Auswärtige Politik International Policy Analysis), Berlin 2010, S. 19-21.

Möller, Almut, „Neue Wege für Nordafrika. Was bei einer Reform der EU-Mittelmeerpolitik berücksichtigt werden sollte", in: Internationale Politik 2/2011, S. 46-49.

Mols, Manfred, „Einführung und Überblick. Politik als Wissenschaft: Zur Definition, Entwicklung und Standortbestimmung einer Disziplin", in: ders., Lauth, Hans-Joachim und Wagner, Christian (Hrsg.), Politikwissenschaft: Eine Einführung, Paderborn u. a. 5. Auflage 2006, S. 25-66.

Müller, Friedemann, „Die Bedeutung Zentralasiens für die Energieversorgung der Europäischen Union", in: IMS-Internationales Magazin für Sicherheit 4/2008, S. 28-30.

Müller, Friedemann, Energie-Außenpolitik. Anforderungen veränderter Weltmarktkonstellationen an die internationale Politik, SWP-Studie S33, November 2006, online unter http://www.swp-berlin.org/fileadmin/contents/products/studien/2006_S33_mlr _ks.pdf (Zugriff am 2. Juli 2009).

Müller, Friedemann, „Geopolitische Marktstörungen bei endlichen Ressourcen", in: Zeitschrift für Energiewirtschaft 29 (2005) 3, S. 197-204.

Müller, Friedemann, „Machtspiele um die kaspische Energie?", in: Aus Politik und Zeitgeschichte 4/2006, S. 3-10.

Müller, Friedemann, „Ölrausch in der kaspischen Region, Zentralasien und der türkischen Schwarzmeer-Region", in: Braml, Josef u. a. (Hrsg.), Weltverträgliche Energiesicherheitspolitik (Jahrbuch Internationale Politik Band 27), München 2008, S. 127-135.

Müller, Friedemann, „Sicherheit der Energieversorgung braucht eine Sicherheitspolitik", in: Böckenförde, Stephan (Hrsg.), Chancen deutscher Außenpolitik. Analysen – Perspektiven – Empfehlungen, Dresden 2005, S. 104-112.

Müller, Harald, „Military Intervention for European Security: The German Debate", in: Freedman, Lawrence (Hrsg.), Military Intervention in European Conflicts, Oxford und Cambridge 1994, S. 125-141.

Münch, Peter, „Mit dem Stabilitätspakt zurück nach Europa", in: Süddeutsche Zeitung, 12. Juni 1999.

„Nabucco wird konkret", in: Financial Times Deutschland, 12. Juli 2009, online unter http://www.ftd.de/meinung/kommentare/:leitartikel-nabucco-wird-konkret/539165.html (Zugriff am 14. Juli 2009).

„NATO droht mit Militäraktion", in: Süddeutsche Zeitung, 28. Mai 1998.

„Neuer Streit um die Ostseepipeline", in: Handelsblatt, 30. Januar 2009, online unter http://www.handelsblatt.com/politik/international/neuer-streit-um-die-ostseepipeline/3100450.html (Zugriff am 14. Juli 2009).

„No EU funding for Nabucco, says Merkel", Euractiv, 3. März 2009, online unter http://www.euractiv.com/en/energy/eu-funding-nabucco-merkel/article-179883 (Zugriff am 5. März 2009).

Nordenskjöld, Fritjof von, „Alle Macht dem Kanzler. Plädoyer für eine effizientere außenpolitische Struktur der Bundesregierung", in: Internationale Politik 9-10/2009, S. 92-95.

Öztürk, Asiye, „Die geostrategische Rolle der Türkei in Vorderasien", in: Aus Politik und Zeitgeschichte 4/2006, S. 25-31.

„Offener Streit in der Bundesregierung über Sicherheitspolitik. Außenminister Kinkel geht auf Distanz zu Rühe: Gegen rasche Erweiterung der NATO nach Osten", in: Süddeutsche Zeitung, 7. Oktober 1994.

O'Loughlin, John, „Introduction", in: ders. (Hrsg.), Dictionary of Geopolitics, Westport und London 1994, S. vii-xi.

O'Loughlin, John, „Ordering the ‚Crush Zone': Geopolitical Games in Post-Cold War Eastern Europe", in: Kliot, Nurit und Newman, David (Hrsg.), Geopolitics at the End of the Twentieth Century, London 2000, S. 34-56.

O'Loughlin, John und Heske, Henning, „From ‚Geopolitik' to ‚Geopolitique'. Converting a Discipline for War to a Discipline for Peace", in: Kliot, Nurit und Waterman, Stanley (Hrsg.), The Political Geography of Conflict and Peace, London 1991, S. 37-59.

Oßenbrügge, Jürgen, „Die neue Geopolitik und ihre Raumordnung", online unter http://www.geowiss.uni-hamburg.de/i-geogr/personal/ossenbruegge/polgeo/ geopolitik_aktuell (Zugriff am 15. November 2010).

Oßenbrügge, Jürgen, „Entwicklungslinien der Politischen Geographie nach 1945. Konzeptionen der internationalen und globalen Maßstabsebene", in: Diekmann, Irene, Krüger, Peter und Schoeps, Julius H. (Hrsg.), Geopolitik. Grenzgänge im Zeitgeist. Band 2, Potsdam 2000, S. 382-402.

Osterhammel, Jürgen, „Die Wiederkehr des Raumes: Geopolitik, Geohistorie und historische Geographie", in: Neue Politische Literatur 43 (1998), 3, S. 374-397.

„Ostseepipeline im Zeitplan", in: Die Welt, 7. Januar 2011.

Ó Tuathail, Gearóid, „Introduction. Thinking critically about geopolitics", in: ders. u. a. (Hrsg.), The Geopolitics Reader, London 2. Auflage 2007, S. 1-12.

Perovic, Jeronim, „Russian Energy Power Abroad", in: Russian Analytical Digest 33/22. Januar 2008, S. 2-5.

Perthes, Volker, „Wie? Wann? Wo? Wie oft? Vier zentrale Fragen müssen vor Auslandseinsätzen beantwortet werden", in: Internationale Politik 5/2007, S. 16-21.

Peters, Dirk, „The debate about a new German foreign policy after unification", in: Rittberger, Volker (Hrsg.), German foreign policy since unification. Theories and case studies (Issues in German Politics), Manchester und New York 2001, S. 11-33.

Petersen, Alexandros, „Energy Aria. Gas for the Nabucco Pipeline", in: The World Today, January 2010, S. 30-31.

Pfeiffer, Joachim, „CDU/CSU-Position: Für ein ideologiefreies Energiesicherheitskonzept", in: Braml, Josef u. a. (Hrsg.), Weltverträgliche Energiesicherheitspolitik (Jahrbuch Internationale Politik Band 27), München 2008, S. 23-28.

Plate, Christoph, „Die enge Straße von Hormuz", in: Neue Zürcher Zeitung am Sonntag, 6. Juli 2008.

Pradetto, August, „Europa nach der Revolution. Ost und West vor säkularen Herausforderungen", in: Aus Politik und Zeitgeschichte 6/1992, S. 3-10.

Pradetto, August, „Ganz und gar nicht ohne Interessen. Deutschland formuliert nicht nur klare Ziele. Es setzt sie auch durch", in: Internationale Politik 1/2006, S. 114-121.

Pradetto, August, „Interessen und ‚nationale Interessen' in der Außen- und internationalen Politik. Definition und Reichweite des Begriffs", in: Theiler, Olaf (Hrsg.), Deutsche Interessen in der sicherheitspolitischen Kommunikation (Schriften der Akademie der Bundeswehr für Information und Kommunikation Band 24), Baden-Baden 2001, S. 33-68.

Raabe, Stephan, „Der Streit um die Ostsee-Gaspipeline. Bedrohung oder notwendiges Versorgungsprojekt?", in: KAS-Auslandsinformationen 2/2009, S. 67-94.

Rahr, Alexander, „Germany and Russia: A Special Relationship", in: The Washington Quarterly 30:2 (Spring 2007), S. 137-145.

Rahr, Alexander, „Gute und schlechte Oligarchen. Der Umgang Putins mit den neuen Reichen", in: Fritz, Erich G. (Hrsg.), Russland unter Putin. Weg ohne Demokratie oder russischer Weg zur Demokratie? (Forum Internationale Politik 3), Oberhausen 2005, S. 155-172.

Rahr, Alexander, „Russland – ein sicherer Partner?", in: Petermann, Jürgen (Hrsg.), Sichere Energie im 21. Jahrhundert, Hamburg 2006, S. 347-353.

Rahr, Alexander, „Symmetrische Partnerschaft der EU mit Russland", in: Braml, Josef u. a. (Hrsg.), Weltverträgliche Energiesicherheitspolitik (Jahrbuch Internationale Politik Band 27), München 2008, S. 308-312.

Ratzel, Friedrich, „Die Gesetze des räumlichen Wachstums der Staaten. Ein Beitrag zur wissenschaftlichen politischen Geographie", in: Matznetter, Josef (Hrsg.), Politische Geographie, Darmstadt 1977, S. 29-53.

Rempel, Hilmar u. a., „Die Rohstoffe Zentralasiens. Vorkommen und Versorgungspotenzial für Europa", in: Sapper, Manfred u. a. (Hrsg.), Machtmosaik Zentralasien. Traditionen, Restriktionen, Aspirationen (Bundeszentrale für politische Bildung Schriftenreihe Band 656), Bonn 2007, S. 433-447.

Reuter, Jens und Katsaropoulou, Melpomeni, „Die Konferenz von Rambouillet und die Folgen", in: Südosteuropa, 48 (1999) 3-4, S. 147-155.

Ridderbusch, Katja und Middel, Andreas, „Brüssel reagiert verärgert auf die Attacken Bodo Hombachs", in: Die Welt, 18. Januar 2002.

Risse, Thomas, „Kontinuität durch Wandel: Eine ‚neue' deutsche Außenpolitik?", in: Aus Politik und Zeitgeschichte 11/2004, S. 24-31.

Roberts, John, „Going for Gas", in: The World Today, October 2008, S. 14-16.

Roloff, Ernst-August, „Die Wiederentdeckung des Raumes", in: Das Parlament 21-22/1995.

Rosenbladt, Sabine, „Öl aus dem Pulverfass – Risiken für Europa", in: Petermann, Jürgen (Hrsg.), Sichere Energie im 21. Jahrhundert, Hamburg 2006, S. 335-345.

Rubner, Jeanne, „Das große Spiel ums Gas", in: Süddeutsche Zeitung, 13. Juli 2009.

Rudolf, Peter, „Germany and the Kosovo Conflict", in: Martin, Pierre und Brawley, Mark R. (Hrsg.), Alliance Politics, Kosovo and NATO's War: Allied Force or Forced Allies?, New York 2001, S. 131-143.

„Rühe warnt die NATO vor ‚Vetorecht' für Russland", in: Frankfurter Allgemeine Zeitung, 9. Dezember 1993.

Rumer, Eugene B., „Peripherie, Zentrum, Problemfall. Die Zentralasienpolitik der USA", in: Osteuropa, 57. J., 8-9/2007, S. 295-312.

Salewski, Michael, „Geopolitik und Ideologie", in: Diekmann, Irene, Krüger, Peter und Schoeps, Julius H. (Hrsg.), Geopolitik. Grenzgänge im Zeitgeist. Band 2, Potsdam 2000, S. 357-380.

Sander, Michael, „A Strategic Relationship? The German Policy of Energy Security within the EU and the Importance of Russia", in: Overhaus, Marco, Maull, Hanns W. und Harnisch, Sebastian (Hrsg.), Dealing with Dependency. The European Union's Quest for a Common Energy Foreign Policy (Foreign Policy in Dialogue Volume 8 Issue 20), Trier 2007, S. 16-24.

Sandner, Gerhard, „Deterministische Wurzeln und funktionaler Einsatz des ‚Geo' in Geopolitik", in: WeltTrends Nr. 4, 1994, S. 8-20.

Sandner, Gerhard, „Wiederbegegnung nach 40 Jahren: Peter Schöller und der Start der Auseinandersetzung der Geographie mit der Geopolitik im ‚Dritten Reich'", in: Diekmann, Irene, Krüger, Peter und Schoeps, Julius H. (Hrsg.), Geopolitik. Grenzgänge im Zeitgeist. Band 2, Potsdam 2000, S. 403-418.

Sandschneider, Eberhard, „Demokratieförderung von außen", in: Internationale Politik 5/1997, S. 11-18.

Schäfer, Isabel, „Von der Revolution ins Reformlabor. Wer gestaltet den Übergang in Tunesien?", in: Internationale Politik 2/2011, S. 20-25.

Schaefer, Michael, „German Foreign Policy and the Western Balkans", in: Deimel, Johanna und Meurs, Wim van (Hrsg.), The Balkan Prism: A Retrospective by Policy-Makers and Analysts, München 2007, S. 65-73.

Scharping, Rudolf, „Germany, Kosovo and the Alliance", in: Friedrich, Wolfgang-Uwe (Hrsg.), The Legacy of Kosovo: German Politics and Policies in the Balkans (American Institute for Contemporary German Studies – The Johns Hopkins University, German Issues 22), Washington, D.C. 2000, S. 38-50.

Scherpenberg, Jens van, „Energiesicherheit – die geostrategische und energiepolitische Herausforderung für die USA", in: Meier-Walser, Reinhard C. (Hrsg.), Energieversorgung als sicherheitspolitisches Problem (Berichte und Studien, Hanns-Seidel-Stiftung, 88), München 2007, S. 253-265.

Schlögel, Karl, „Die Wiederkehr des Raumes", in: ders. (Hrsg.), Go East oder die zweite Entdeckung des Ostens, Berlin 1995, S. 17-33.

Schmitz, Andrea, „Effizienz als Leitmotiv: Die ‚Strategie für eine neue Partnerschaft mit Zentralasien'", in: Kietz, Daniela und Perthes, Volker (Hrsg.), Handlungsspielräume einer EU-Ratspräsidentschaft. Eine Funktionsanalyse des deutschen Vorsitzes im ersten Halbjahr 2007, SWP-Studie S 24, September 2007, online unter http://www.swp-berlin.org/fileadmin/contents/products/studien/2007_S24_ktz_prt_ks.pdf (Zugriff am 2. Juli 2009), S. 75-79.

Schmitz, Andrea, „Interessen, Instrumente, Einflussgrenzen. Die Europäische Union und Zentralasien", in: Sapper, Manfred u. a. (Hrsg.), Machtmosaik Zentralasien. Traditionen, Restriktionen, Aspirationen (Bundeszentrale für politische Bildung Schriftenreihe Band 656), Bonn 2007, S. 327-338.

Schmunk, Michael, „Ethnische Fragmentierung in Bosnien-Herzegowina", in: Braml, Josef u. a. (Hrsg.), Einsatz für den Frieden. Sicherheit und Entwicklung in Räumen begrenzter Staatlichkeit (Jahrbuch Internationale Politik Band 28), München 2010, S. 89-96.

Schneider, Jörg und Hannemann, Christian, „Die neue Zentralasien-Strategie der EU", Deutscher Bundestag – Wissenschaftliche Dienste Nr. 25/07, 19. Juli 2007.

Schöller, Peter, „Wege und Irrwege der politischen Geographie und Geopolitik", in: Matznetter, Josef (Hrsg.), Politische Geographie, Darmstadt 1977, S. 249-302.

Schöllgen, Gregor, „Geschichte als Argument. Was kann und was muß die deutsche Großmacht auf dem Weg ins 21. Jahrhundert tun?", in: Internationale Politik 2/2007, S. 1-7.

Schröder, Hans-Jürgen, „Frontier - Mythos und Realität in den USA", in: Diekmann, Irene, Krüger, Peter und Schoeps, Julius H. (Hrsg.), Geopolitik. Grenzgänge im Zeitgeist. Band 1, Potsdam 2000, S. 239-251.

Schukraft, Corina, „Die Afrikapolitik Deutschlands. Von der ‚freundlichen Vernachlässigung' hin zu einem stärkeren Engagement", in: Müller-Brandeck-Bocquet, Gisela u. a. (Hrsg.), Die Afrikapolitik der Europäischen Union. Neue Ansätze und Perspektiven, Opladen u. a. 2007, S. 195-220.

Schulz, Hans-Dietrich, „Die deutsche Geographie im 19. Jahrhundert und die Lehre Friedrich Ratzels", in: Diekmann, Irene, Krüger, Peter und Schoeps, Julius H. (Hrsg.), Geopolitik. Grenzgänge im Zeitgeist. Band 1, Potsdam 2000, S. 39-84.

Schwarz, Hans-Peter, „Das deutsche Dilemma", in: Kaiser, Karl und Maull, Hanns W. (Hrsg.), Deutschlands neue Außenpolitik. Band 1: Grundlagen (Schriften des Forschungsinstituts der Deutschen Gesellschaft für Auswärtige Politik e.V., Bonn, Reihe Internationale Politik und Wirtschaft Band 59), München 1994, S. 81-97.

384

Schwennicke, Christoph, „NATO-Gipfel: Drei neue im Club. Tag der halboffenen Tür", in: Süddeutsche Zeitung, 9. Juli 1997.

Seidt, Hans-Ulrich, „Brill, Heinz, Geopolitische Analysen", in: Die Erde. Zeitschrift der Gesellschaft für Erdkunde zu Berlin, 137. Jahrgang, 2006, Heft 1-2, S. 45-46.

Seidt, Hans-Ulrich, „Eurasische Träume? – Afghanistan und die Kontinuitätsfrage deutscher Geopolitik", in: Orient Jg. 45/2004/Heft 3, S. 1-20.

Seidt, Hans-Ulrich, „Friedensordnung oder Destabilisierung? Balkanpolitik in europäischer Verantwortung", in: Thiele, Ralph und Seidt, Hans-Ulrich (Hrsg.), Herausforderung Zukunft. Deutsche Sicherheitspolitik in und für Europa, Frankfurt am Main und Bonn 1999, S. 106-135.

Seidt, Hans-Ulrich, „Führung in der Krise? Die Balkankriege und das deutsche Konfliktmanagement", in: Biermann, Rafael (Hrsg.), Deutsche Konfliktbewältigung auf dem Balkan. Erfahrungen und Lehren aus dem Einsatz (Schriften des Zentrum für Europäische Integrationsforschung, Center for European Integration Studies der Rheinischen Friedrich-Wilhelms-Universität Bonn 37), Baden-Baden 2002, S. 39-55.

Senghaas, Dieter, „Deutschlands verflochtene Interessen", in: Internationale Politik 8/1995, S. 31-37.

Sherr, James, „A Dangerous Game", in: The World Today, October 2008, S. 8-10.

Siedschlag, Alexander, „Definition und Reichweite des Interessenbegriffs in den Internationalen Beziehungen. Unter besonderer Berücksichtigung innenpolitischer Aspekte der Interessendefinition in der deutschen Außen- und Sicherheitspolitik", in: Theiler, Olaf (Hrsg.), Deutsche Interessen in der sicherheitspolitischen Kommunikation (Schriften der Akademie der Bundeswehr für Information und Kommunikation Band 24), Baden-Baden 2001, S. 17-32.

Socor, Vladimir, „Chancellor Merkel Says Nein to Nabucco", Eurasia Daily Monitor 6/45, 9. März 2009, online unter
http://www.jamestown.org/single/?no_cache=1&tx_ttnews[tt_news]=34679 (Zugriff am 7. Juli 2009).

Socor, Vladimir, „Chancellor Merkel's Letter Perturbs EU's Energy Debate", Eurasia Daily Monitor 6/23, 4. Februar 2009, online unter
http://www.jamestown.org/single/?no_cache=1&tx_ttnews[tt_news]=34452 (Zugriff am 2. November 2010).

„Spannungen in der Koalition zur NATO-Aufnahme Osteuropas", in: Frankfurter Allgemeine Zeitung, 21. Dezember 1993.

Sprengel, Rainer, „Geopolitik und Nationalsozialismus: Ende einer deutschen Fehlentwicklung oder fehlgeleiteter Diskurs?", in Diekmann, Irene, Krüger, Peter und Schoeps, Julius H. (Hrsg.), Geopolitik. Grenzgänge im Zeitgeist. Band 2, Potsdam 2000, S. 147-172.

Staack, Michael, „Normative Grundlagen, Werte und Interessen deutscher Sicherheitspolitik", in: Böckenförde, Stephan und Gareis, Sven Bernhard (Hrsg.), Deutsche Sicherheitspolitik. Herausforderungen, Akteure und Prozesse, Opladen und Farmington Hills 2009, S. 45-78.

Steinberg, Guido, „Schlussfolgerungen: deutsche Politik gegenüber dem Nahen und Mittleren Osten und Nordafrika", in: ders. (Hrsg.), Deutsche Nah-, Mittelost- und Nordafrikapolitik. Interessen, Strategien, Handlungsoptionen, SWP-Studie S15, Mai 2009, online unter http://www.swp-berlin.org/fileadmin/contents/products/studien/2009_S15_sbg_ks.pdf (Zugriff am 2. April 2011), S. 74-80.

Steiner, Eduard, „EU umwirbt Gaslieferanten", in: Die Welt, 15. Januar 2011.

Steiner, Michael, „Zum Geleit", in: Thiele, Ralph und Seidt, Hans-Ulrich (Hrsg.), Herausforderung Zukunft. Deutsche Sicherheitspolitik in und für Europa, Frankfurt am Main und Bonn 1999, S. 7-11.

Steinmeier, Frank-Walter, „Deutsche Energie- und Klimadiplomatie", in: Braml, Josef u. a. (Hrsg.), Weltverträgliche Energiesicherheitspolitik (Jahrbuch Internationale Politik Band 27), München 2008, S. 1-3.

Steinmeier, Frank-Walter, „Die Seidenstraße neu beleben", in: Frankfurter Allgemeine Zeitung, 30. Juni 2007.

Steinmeier, Frank-Walter, „Energie-Außenpolitik ist Friedenspolitik", in: Handelsblatt, 23. März 2006.

Steinmeier, Frank-Walter, „Verflechtung und Integration. Eine neue Phase der Ostpolitik der EU: Nicht Abgrenzung, sondern Vernetzung lautet das Gebot der Globalisierung", in: Internationale Politik 3/2007, S. 6-11.

Stent, Angela, „Russland", in Schmidt, Siegmar, Hellmann, Gunther und Wolf, Reinhard (Hrsg.), Handbuch zur deutschen Außenpolitik, Wiesbaden 2007, S. 436-454.

Stewart, Susan, Russische Außenpolitik im postsowjetischen Raum. Das Baltikum, die westliche GUS und der Südkaukasus im Vergleich, SWP-Studie S5, März 2010, online unter http://www.swp-berlin.org/fileadmin/contents/products/studien/2010_S05_stw_ks.pdf (Zugriff am 29. März 2011).

386

„Streit über NATO-Erweiterung. Kohl ruft Kinkel und Rühe zur Ordnung", in: Süddeutsche Zeitung, 8. Oktober 1994.

Stürmer, Michael, „Deutsche Interessen", in: Kaiser, Karl und Maull, Hanns W. (Hrsg.), Deutschlands neue Außenpolitik. Band 1: Grundlagen (Schriften des Forschungsinstituts der Deutschen Gesellschaft für Auswärtige Politik e.V., Bonn, Reihe Internationale Politik und Wirtschaft Band 59), München 1994, S. 39-61.

Szabo, Stephen F., „Enlarging NATO: The German-American Design for a New Alliance", in: Haftendorn, Helga u. a. (Hrsg.), The Strategic Triangle: France, Germany, and the United States in the Shaping of the New Europe, Washington D.C. 2006, S. 327-349.

Taylor, Peter J., „Geopolitische Weltordnungen", in: WeltTrends Nr. 4, 1994, S. 25-37.

Thiele, Ralph, „Vor einer neuen Geostrategie?", in: ders. und Seidt, Hans-Ulrich (Hrsg.), Herausforderung Zukunft. Deutsche Sicherheitspolitik in und für Europa, Frankfurt am Main und Bonn 1999, S. 13-35.

Thoma, Barbara, „Ziele und Interessen der EU im Schwarzmeerraum", Deutscher Bundestag – Wissenschaftliche Dienste Nr. 16/07, 18. April 2007.

Thumann, Michael, „Between Ambition and Paralysis: Germany's Policy toward Yugoslavia 1991-1993", in: Nationalities Papers 25 (September 1997) 3, S. 575-585.

Thumann, Michael, „Machiavelli für Gas und Öl", in: Die Zeit, 3. Januar 2008.

Thumann, Michael und Stelzenmüller, Constanze, „Mit Gewehr aber ohne Kompass. Eine Bilanz von vier Jahren rot-grüner Außenpolitik", in: Die Zeit, 12. September 2002.

Timmermann, Heinz, „Der Energiekrieg Russland – Belarus. Ursachen und Folgen", in: Meier-Walser, Reinhard C. (Hrsg.), Energieversorgung als sicherheitspolitisches Problem (Berichte und Studien, Hanns-Seidel-Stiftung, 88), München 2007, S. 153-162.

Timmermann, Heinz, „Geopolitische Ambitionen im Georgienkonflikt und die Rolle der EU", online unter http://de.rian.ru/comments_interviews/20080825/116246578.html (Zugriff am 15. November 2010).

„Turkmenistan claims 'huge gas reserves' to supply Europe, Euractiv, 1. Oktober 2010, online unter http://www.euractiv.com/en/energy/turkmenistan-claims-huge-gas-reserves-supply-europe-news-498347 (Zugriff am 13. Dezember 2010).

„Überlegungen zur Beteiligung an einer Friedenstruppe. Kinkel und Rühe lehnen Einsatz deutscher Soldaten in Bosnien ab", in: Süddeutsche Zeitung, 5. Oktober 1995.

Umbach, Frank, „Asymmetrien in den EU-Russland-Beziehungen", in: Braml, Josef u. a. (Hrsg.), Weltverträgliche Energiesicherheitspolitik (Jahrbuch Internationale Politik Band 27), München 2008, S. 313-316.

Umbach, Frank, „Deutsche Außenpolitik und Energiesicherheit", in: Jäger, Thomas, Höse, Alexander und Oppermann, Kai (Hrsg.), Deutsche Außenpolitik. Sicherheit, Wohlfahrt, Institutionen und Normen, Wiesbaden 2007, S. 354-373.

Umbach, Frank, „Die neuen Herren der Welt. Öl gleich Macht: Energie-Verbraucherländer müssen umdenken", in: Internationale Politik 9/2006, S. 52-59.

Umbach, Frank, „Europäische und deutsche Energieversorgungssicherheit am Scheideweg", in: Energiewirtschaftliche Tagesfragen 55 (2005) 9, S. 629-639.

Umbach, Frank, „Geostrategische und Geoökonomische Aspekte der chinesischen Sicherheits- und Rüstungspolitik zu Beginn des 21. Jahrhunderts – Die Verknüpfung traditioneller Sicherheitspolitik mit Ressourcenfragen im geopolitischen Denken Chinas", in: Schubert, Gunter (Hrsg.), China – Konturen einer Übergangsgesellschaft auf dem Weg ins 21. Jahrhundert, Hamburg 2001, S. 341-404.

Umbach, Frank, „German Debates on Energy Security and Impacts on Germany's 2007 EU Presidency", in: Marquina, Antonio (Hrsg.), Energy Security. Visions from Asia and Europe, Houndsmills u. a. 2008, S. 1-23.

Umbach, Frank, „Interview mit Dr. Frank Umbach zu Fragen der Energiesicherheitspolitik", in: Meier-Walser, Reinhard C. (Hrsg.), Energieversorgung als sicherheitspolitisches Problem (Berichte und Studien, Hanns-Seidel-Stiftung, 88), München 2007, S. 85-105.

Umbach, Frank, „Zielkonflikte der europäischen Energiesicherheit. Dilemmata zwischen Russland und Zentralasien", DGAP-Analyse No. 3, November 2007.

Varwick, Johannes, „Die EU nach dem Kosovo-Krieg: Ein überforderter Stabilitätsanker?", online unter http://www.ssoar.info/ssoar/files/usbkoeln/2010/997/kosovarw.pdf (Zugriff am 27. März 2011).

Vassort-Rousset, Brigitte, „The US Silk Road Strategy. American Geostrategy for Central Asia", in: Ares 1 (2003), S. 91-109.

„Vor dem Gipfeltreffen des Nordatlantik-Paktes in Brüssel. Kinkel: NATO-Erweiterung ein langfristiger Prozeß", in: Süddeutsche Zeitung, 8. Januar 1994.

Wacker, Gudrun, „Neue alte Nachbarn. China und Zentralasien", in: Osteuropa, 57. Jg., 8-9/2007, S. 313-325.

Wagener, Martin, „Auslandseinsätze der Bundeswehr. Normalisierung statt Militarisierung deutscher Sicherheitspolitik", in: Maull, Hanns W., Harnisch, Sebastian und Grund, Constantin (Hrsg.), Deutschland im Abseits? Rot-grüne Außenpolitik 1998-2003, Baden-Baden 2003, S. 33-48.

Wallace, William, „Deutschland als europäische Führungsmacht", in: Internationale Politik 5/1995, S. 23-28.

Walther, Rudolf, „Ein alter Begriff macht erneut Karriere: die ‚Geopolitik'", in: Die Zeit, 21. Juli 1995.

Warkotsch, Alexander, „Russlands Rolle in Zentralasien", in: Aus Politik und Zeitgeschichte 4/2006, S. 19-25.

Warning, Matthias, „Energie und Macht – ‚Gegenseitig abhängig'. Europa braucht Russland und umgekehrt. Interview mit Matthias Warnig, Geschäftsführer der Nord Stream AG mit ‚Die Zeit', erschienen am 03.01.2008", online unter http://www.wintershall.com/1443.html?&L=1 (Zugriff am 15. November 2010).

Weidenfeld, Werner und Huterer, Manfred, „Osteuropa, Deutschland und die Strategie des Westens", in: Deutschland-Archiv 3/1992, S. 225-227.

Weiss, Dieter, „Deutschland am Hindukusch", in: Aus Politik und Zeitgeschichte 43/2008, S. 6-14.

Weller, Christian, „Aktionsplan Zivile Krisenprävention der Bundesregierung – Jetzt ist dynamische Umsetzung gefordert. Eine Zwischenbilanz nach drei Jahren", Institut für Entwicklung und Frieden, INEF Policy Brief 2007, online unter http://inef.uni-due.de/page/documents/PolicyBrief02.pdf (Zugriff am 10. September 2010).

Weller, Marc, „The Rambouillet Conference on Kosovo", in: International Affairs 75, 2 (1999), S. 211-251.

Werenfels, Isabelle, „Maghreb", in: Steinberg, Guido (Hrsg.), Deutsche Nah-, Mittelost- und Nordafrikapolitik. Interessen, Strategien, Handlungsoptionen, SWP-Studie S15, Mai 2009, online unter http://www.swp-berlin.org/fileadmin/contents/products/studien/2009_S15_sbg_ks.pdf (Zugriff am 2. April 2011), S. 7-15.

Werenfels, Isabelle und Westphal, Kirsten, „Solarstrom aus der Wüste: Sinnvoll und machbar?", SWP-Aktuell 38, Juli 2009, online unter http://www.swp-berlin.org/fileadmin/contents/products/aktuell/2009A38_wrf_wep_ks.pdf (Zugriff am 29. März 2011).

Wergin, Clemens, „Russlands Energieimperialismus und die Rückkehr der Geopolitik", in: Der Tagesspiegel, 9. Januar 2007, online unter http://www.tagesspiegel.de/politik/international/russlands-energieimperialismus-und-die-rueckkehr-der-geopolitik/796432.html (Zugriff am 15. November 2010).

Westphal, Kirsten, „Die Nabucco-Erdgaspipeline und die Europäer", in: Russland-Analysen 176/2009, S. 15-16.

Westphal, Kirsten, Russisches Erdgas, ukrainische Röhren, europäische Versorgungssicherheit. Lehren und Konsequenzen aus dem Gasstreit 2009, SWP-Studie S18, Juli 2009, online unter http://www.swp-berlin.org/fileadmin/contents/products/studien/2009_S18_wep_ks.pdf (Zugriff am 29. März 2011).

Westphal, Kirsten, „Wettlauf um Energieressourcen. Markt und Macht in Zentralasien", in: Sapper, Manfred u. a. (Hrsg.), Machtmosaik Zentralasien. Traditionen, Restriktionen, Aspirationen (Bundeszentrale für politische Bildung Schriftenreihe Band 656), Bonn 2007, S. 463-478.

Wetzel, Birgit, „Gas aus Turkmenistan für Westeuropa – Erfolgsaussichten und Probleme", in: Zentralasien-Analysen 5/2008, S. 2-4.

Winkler, Rainer, „Deutschlands geopolitische Lage im sich wandelnden Europa", in: WeltTrends Nr. 6, 1995, S. 98-111.

Winter, Martin, „Erdgas aus dem Osten", in: Süddeutsche Zeitung, 9./10. Mai 2009.

Wittkowsky, Andreas, „Der Stabilitätspakt für Südosteuropa und die ‚führende Rolle' der Europäischen Union", in: Aus Politik und Zeitgeschichte 29-30/2000, S. 3-13.

Wolf, Reinhard, „The Doubtful Mover: Germany and NATO Expansion", in: Haglund, David G. (Hrsg.), Will NATO go East? The Debate over Enlarging the Atlantic Alliance, Kingston 1996, S. 197-224.

Wolff-Poweska, Anna, „Die Zukunft Osteuropas. Herausforderungen, Probleme, Strategien", in: Europa-Archiv 19/1991, S. 567-572.

Wolfrum, Rüdiger, „Grundgesetz und Außenpolitik", in: Schmidt, Siegmar, Hellmann, Gunther und Wolf, Reinhard (Hrsg.), Handbuch zur deutschen Außenpolitik, Wiesbaden 2007, S. 157-168.

Yannis, Alexandros, „Kosovo under International Administration", in: Survival 2/2001, S. 31-48.

Yigitgüden, Yurdakul, „Turkey – Turning the European Periphery into an Energy Hub?", in: Linke, Kristin und Viëtor, Marcel (Hrsg.), Prospects of a Triangular Relationship? Energy Relations between the EU, Russia and Turkey (Friedrich Ebert Stiftung und Deutsche Gesellschaft für Auswärtige Politik International Policy Analysis), Berlin 2010, S. 12-18.

# VS Forschung | VS Research
## Neu im Programm Politik

Michaela Allgeier (Hrsg.)
**Solidarität, Flexibilität, Selbsthilfe**
Zur Modernität der Genossenschaftsidee
2011. 138 S. Br. EUR 39,95
ISBN 978-3-531-17598-0

Susanne von Hehl
**Bildung, Betreuung und Erziehung als neue Aufgabe der Politik**
Steuerungsaktivitäten in drei Bundesländern
2011. 406 S. (Familie und Familienwissenschaft) Br. EUR 49,95
ISBN 978-3-531-17850-9

Isabel Kneisler
**Das italienische Parteiensystem im Wandel**
2011. 289 S. Br. EUR 39,95
ISBN 978-3-531-17991-9

Frank Meerkamp
**Die Quorenfrage im Volksgesetzgebungsverfahren**
Bedeutung und Entwicklung
2011. 596 S. (Bürgergesellschaft und Demokratie Bd. 36) Br. EUR 39,95
ISBN 978-3-531-18064-9

Martin Schröder
**Die Macht moralischer Argumente**
Produktionsverlagerungen zwischen wirtschaftlichen Interessen und gesellschaftlicher Verantwortung
2011. 237 S. (Bürgergesellschaft und Demokratie Bd. 35) Br. EUR 39,95
ISBN 978-3-531-18058-8

Lilian Schwalb
**Kreative Governance?**
Public Private Partnerships in der lokalpolitischen Steuerung
2011. 301 S. (Bürgergesellschaft und Demokratie Bd. 37) Br. EUR 39,95
ISBN 978-3-531-18151-6

Kurt Beck / Jan Ziekow (Hrsg.)
**Mehr Bürgerbeteiligung wagen**
Wege zur Vitalisierung der Demokratie
2011. 214 S. Br. EUR 29,95
ISBN 978-3-531-17861-5

Erhältlich im Buchhandel oder beim Verlag.
Änderungen vorbehalten. Stand: Juli 2011.

Einfach bestellen:
SpringerDE-service@springer.com
tel +49 (0)6221 / 345–4301
springer-vs.de